परिप्रेक्ष्य को सही करते हुए

(प्रगतिवाद : प्रगतिशीलता)

परिप्रेक्ष्य को सही करते हुए

(प्रगतिवाद : प्रगतिशीलता)

डॉ. शिवदान सिंह चौहान

सम्पादक

डॉ. विश्वंभरनाथ उपाध्याय

वाणी प्रकाशन

वाणी प्रकाशन
4695, 21-ए, दरियागंज, नयी दिल्ली 110 002
शाखा
अशोक राजपथ, पटना 800 004
फ़ोन: +91 11 23273167 फ़ैक्स: +91 11 23275710
www.vaniprakashan.in
vaniprakashan@gmail.com

PARIPREKSHYA KO SAHI KARTE HUYE
by Dr. Shivdan Singh Chouhan
Edited by V. N. Upadhyaya

ISBN : 81-7055-648-1
Criticism

संस्करण 1999
आवृत्ति 2012

मूल्य : ₹ 395

मेहरा ऑफ़सेट, नयी दिल्ली-110002 में मुद्रित

वाणी प्रकाशन का लोगो मक़बूल फ़िदा हुसेन की कूची से

कर्तार सिंह दुग्गल

और

उनकी जीवन-संगिनी

आयशा दुग्गल

के लिए

लेख-क्रम

संपादक का वक्तव्य

वरिष्ठतम विचारक और आलोचक श्री शिवदान सिंह चौहान, अब डॉक्टर (कानपुर विश्वविद्यालय की मानद डी.लिट्. की उपाधि) शिवदान सिंह चौहान के आलोचनात्मक निबंधों का यह संग्रह कई वर्षों के बाद अब प्रकाशित हो रहा है।

वस्तुतः पत्र-पत्रिकाओं में प्रकाशित ऐसे निबंधों की तब एक जीवंत भूमिका थी और वे आज भी उतने ही विचारोत्तेजक और प्रासंगिक हैं कि प्रगतिवाद : प्रगतिशीलता को लेकर चतुर्थ दशक के उत्तरार्ध में जो बहस शुरू हुई थी, वह जारी है और उस संवाद और विवाद में, चौहानजी के निबंधों में जो परिप्रेक्ष्य प्रस्तुत हुआ था, वह समग्रतः सही परिप्रेक्ष्य था। इन निबंधों को पढ़ते हुए कोई भी निस्संग विवेचक यह महसूस करेगा कि हिंदी-आलोचना केवल सारस्वत या अकादमिक पुस्तकों के रूप में ही नहीं, वह बहस के रूप में भी विकसित हुई है और इस महान् संवाद : विवाद की यह विशेषता है कि वह साहित्य को एक प्रगतिशील मोड़ देने में सफल और कारगर साबित हुई है।

इस संवाद की महत्ता इस बात में है कि यह साहित्य की शास्त्रीय और तत्त्वमीमांसक आलोचना के स्थान पर एक ओर तो प्रगतिवादी या मार्क्सवादी विश्वबोध और तज्जन्य मूल्यों के आलोक में कला और विशेषकर साहित्य की परिवर्तनकारी, वर्गवर्णहीन सम-समाज की स्थापक प्रगतिशील चेतना और उससे निःसृत विश्व-दृष्टिकोण को प्रस्तुत करती है और दूसरी ओर यह 'प्राध्यापकीय आलोचना' (चौहानजी का शब्द) से भिन्न स्वतंत्रता संग्राम की कालावधि में साहित्य को नया दृष्टिपथ प्रदान करती है, दशा और दिशा का निर्धारण करती है।

तीसरे यह आलोचना प्रगतिवाद और प्रगतिशीलता के संबंध में अधिक युक्तियुक्त संवाद, प्रलेख या 'थीसिस' या सैद्धांतिक दस्तावेजों के रूप में, अपनी समसामयिक व्याख्याओं में विन्यस्त परिप्रेक्ष्यों (पर्सपेक्टिव्ज) को शुद्ध करती है। सहमति हो या इससे असहमति डॉ. चौहान के इस आलोचनात्मक लेखन के बिना प्रगतिशील आंदोलन, संगठन और उसकी भूमिका को, उसके इतिहास को, विकास को, उसके वैचारिक द्वन्द्वों को, उसके आग्रहों और विग्रहों को नहीं समझा जा सकता।

डॉ. शिवदान सिंह चौहान की आलोचना 'नया हिंदुस्तान', 'हंस', 'आलोचना (त्रैमासिक, दिल्ली) आदि के उन्हीं के संपादन की प्रक्रिया में और राष्ट्रीय स्वतंत्रता संग्राम के संदर्भ में विकसित प्रगतिवाद : प्रगतिशीलता की नवीन विचारधारा की स्थापना के प्रसंग में लिखी गई है। एक महान् राजनैतिक : विचारधारात्मक संघर्ष के संदर्भ में लिखे गए निबंधों और पुस्तकों का स्वरूप, प्राध्यापकीय आलोचना का न होकर यहाँ सैद्धांतिक तथा प्रकार्यात्मक है, क्योंकि यह मात्र कृतियों और प्रवृत्तियों का दिग्दर्शन नहीं अपितु परंपरागत साहित्य-प्रतिमानों के स्थान पर नए प्रगतिशील प्रतिमानों की खोज करते हुए एक सशक्त बौद्धिक हस्तक्षेप भी है, साहित्य को नया मोड़ देने का सजग प्रयत्न भी है।

डॉ. चौहान ने 'प्रगतिवाद' (1946), 'साहित्य की परख' (1948), 'हिंदी साहित्य के अस्सी वर्ष' (1954), 'हिंदी साहित्य की समस्याएँ' (1954), 'साहित्यानुशीलन' (1955), 'आलोचना के मान' (1958) तथा 'आलोचना के सिद्धांत' (1960) जैसी पुस्तकें भी प्रकाशित कराई थीं और इनमें भी निबंधात्मकता है। ये पुस्तकें, इनके दूसरे संस्करण प्रकाशित न हो पाने अथवा चौहान ग्रंथावली को छापने की दूरदर्शिता किसी प्रकाशक के मन में न आने से चौहानजी को साहित्य में लोग भूलने लगे थे और उनके प्रतिद्वंद्वी, शायद यही चाहते भी थे क्योंकि प्रभावशाली हो जाने पर भी बहस में उपजी कटुता और क्रोध से उन्होंने इस वरिष्ठतम, बुद्धिमान और सही परिप्रेक्ष्य प्रस्तुतकर्ता मूर्धन्य आलोचक की उपेक्षा करना ही उचित समझा और इसका परिणाम यह हुआ कि डॉ. चौहान के अनेक पत्र-पत्रिकाओं में बिखरे लेख असंकलित पड़े हुए हैं।

ऐसे महत्त्वपूर्ण लेखों की संख्या सैकड़ों में है और चौहानजी ने अंग्रेजी भाषा में भी बहुत लिखा है जिसको अनूदित कर प्रकाशित होना है पर यह भी नहीं हो सका…।

चौहानजी 'आलोचना' त्रैमासिक के संपादक के रूप में, संपादकीयों में लगातार निबंध लिखते रहे, वे भी असंकलित हैं। इसके सिवा, स्वतंत्र रूप से लिखे गए आलोचनात्मक निबंध भी अनेक हैं। 'परिप्रेक्ष्य को सही करते हुए' शीर्षक से यहाँ चौहानजी के कुछ चुने हुए निबंध दिए जा रहे हैं। जाहिर है कि ये निबंध हमारे द्वारा चुने गए हैं और इन्हें चुनते वक्त डॉ. शिवदान सिंह चौहान ने मुझसे यह आग्रह भी किया कि मैं इनका संपादन भी करूँ और भूमिका भी लिखूँ।

क्योंकि चौहानजी का आग्रह मेरे लिए आदेश है अतएव मैंने तमाम निबंधों में से इन निबंधों का चयन किया और 'वाणी प्रकाशन' के श्री अरुण माहेश्वरी को सौंप दिया जिन्होंने इनके प्रकाशन की व्यवस्था की। वह निश्चय ही हमारे धन्यवाद के पात्र हैं।

इन आलोचनात्मक निबंधों को पढ़ते हुए मुझे लगा कि डॉ. रामविलास शर्मा

तथअन्यों के साथ छिड़ी बहस में, दो परिप्रेक्ष्यों : दृष्टि-बिंदुओं की भिड़ंत ही नहीं है इन दोनों प्रगतिवादी विचारकों में सहमति के बिंदु भी हैं, जिन पर प्रायः नजर ई ही नहीं। उदाहरण के लिए 'नई कविता' के विषय में दोनों दिग्गजों की दृष्टि यह है कि शीतयुद्धकाल में प्रयोगवाद और 'नई कविता' के साम्यवाद-विरोधी कवियों और आलोचकों (परिमल-ग्रुप तथा अज्ञेय) ने ह्रासवादी योरोपीय सृजन को अपना प्रादर्श (मॉडल) बनाया। टी.एस. इलियट, टी. ई. ह्यूम (Hulme), एज़रापौंड और प्रतीकवादी (मलार्मे : बोदलेयर) आदि कवियों का, 'नई कविता' के नाम से जो अनुसरण किया गया, वह योरोप की मानववादी परंपरा के विपरीत धारा थी।

डॉ. चौहान तथा डॉ. रामविलास दोनों ने परिमलीय शीतयुद्धकालीन रचनाकारों के दावों का विरोध किया और प्रगतिशील नए कवियों केदारनाथ अग्रवाल, त्रिलोचन, नागार्जुन आदि का समर्थन किया...यह कार्य डॉ. शर्मा ने अधिक विस्तार से किया और मुक्तिबोध पर अस्तित्ववादी प्रभावों को खोलते हुए भी, अंततः प्रगतिशील काव्य परंपरा में मुक्तिबोध को शामिल कर लिया। इसी तरह 'नई कहानी' के स्थापकों के यथार्थवादी परंपरा तथा मानववादी कथा प्रवाह से विचलनों (डीवियेशन) को भी दोनों विवेचकों ने खारिज किया।

चौहानजी के इस संग्रह में 'आधुनिक समाज में अलगाव की समस्या' पर एक महत्त्वपूर्ण लेख है। यहाँ 'अ-लगाव' या एलियनेशन को मार्क्सवाद के संदर्भ में रखकर इसका शुद्ध परिप्रेक्ष्य पेश किया गया है जबकि व्यक्तिकेंद्रित 'नई कविता' और 'नई कहानी' वालों के लेखन में यह 'अ-लगाव', 'अजनबीपन' आदि की अवधारणा भिन्न रूप में प्रस्तुत की गई है। यहाँ भी डॉ. शर्मा और चौहानजी का दृष्टिपथ समान और सदृश प्रतीत होता है।

किंतु भाषा और भारतीय परंपरा की व्याख्याओं में डॉ. शर्मा और डॉ. चौहान में गंभीर मतभेद हैं। चौहानजी महापंडित राहुल सांकृत्यायन के इस मत को मानते हैं कि जनपदीय भाषाओं (ब्रज, अवधी, राजस्थानी, मैथिली, भोजपुरी, मगही, बुंदेली आदि) में ही (मातृभाषाओं में) प्राथमिक शिक्षा दी जानी चाहिए और हिंदी को इन मातृभाषाओं को आच्छादित नहीं करना चाहिए।

इस संबंध में इस संग्रह में डॉ. चौहान के विचार विस्तार से दिए गए हैं और भाषा समस्या के समाधान में ये निबंध जो पक्ष प्रस्तुत करते हैं, वह उपेक्षणीय नहीं है।

जहाँ तक मेरा प्रश्न है, मुझे यह लगता है कि इस संबंध में भाषाशास्त्र में जो निकटता का सिद्धांत है (कौंटीग्विटी), उस पर ध्यान दिया जाना चाहिए। मसलन हिंदी क्षेत्र की जो अनेक मातृभाषाएँ हैं, उनकी खड़ीबोली से कहीं कम, कहीं अधिक निकटता है अतएव ब्रज, अवधी, भोजपुरी, राजस्थानी, बुंदेली आदि बोलियों और विभाषाओं में जनता ने, ऐतिहासिक कारणों से प्रचलित और स्वीकृत खड़ीबोली को

ही मातृभाषा मान लिया था क्योंकि खड़ीबोली के रूप में हिंदी राजनैतिक-सामाजिक-व्यापारिक-व्यावसायिक-संस्कृति, साहित्य और वैचारिक आदान-प्रदान की भाषा बन चुकी थी। यही कारण है कि हिंदी प्रदेश में उन भाषाओं में जिनमें खड़ीबोली के साहित्य से भी अधिक समृद्ध साहित्य था, खड़ीबोली को उसके व्यापक संचरण और विचारमाध्यम होने के कारण अपनी भाषा मान लिया गया था और शिक्षा का माध्यम भी वही बनी क्योंकि ब्रज-अवधी-राजस्थानी-मगही-बुंदेली आदि भाषाओं के क्षेत्रों के बच्चों को खड़ीबोली सीखने में कोई कठिनाई नहीं हुई।

अब अपनी-अपनी क्षेत्रीय या जनपदीय भाषाओं को संविधान की आठवीं सूची में शामिल कराने और द्वितीय राजभाषा बनवाने का संघर्ष अवश्य हो रहा है और इस संदर्भ में चौहानजी तथा महापंडित राहुल सांकृत्यायन का जनपदीय भाषाओं के विषय में जो चिन्तन है, वह एक बार पुनः प्रासंगिक या विचारणीय हो गया है। अतएव चौहानजी के इस विषय से संबंधित लेख यहाँ दिए जा रहे हैं।

भाषा के संबंध में एक अन्य बिंदु है जिस पर सोचा जाना चाहिए। वह यह है कि अभी हिंदी भी, हिंदी प्रदेशों में शिक्षा, प्रशासन और ज्ञान-विज्ञान का माध्यम नहीं बन पाई है। ऐसे में मातृभाषाओं को शिक्षा, ज्ञान-विज्ञान और प्रबंधप्रशासन का माध्यम बनाने से जो हिंदीकरण की प्रक्रिया चल रही है, वह यकीनन बाधित होगी और अखिल भारतीय स्तर पर अंग्रेजी का जो सामान्य व्यापक विकल्प (हिंदी) तैयार हो रहा है, उसमें बाधा पड़ेगी। अंततः अंग्रेजी का विकल्प तो हिंदी ही हो सकती है और जनपदीय भाषाओं को राज्यभाषा तथा संविधान में स्थान दिलानेवालों को तब हिंदी की जरूरत सिर्फ 'लिंक-लैंग्वेज' या संपर्कभाषा के रूप में ही रह जाएगी और संपूर्ण हिंदी प्रदेश की भाषागत एकता विघटित हो जाएगी या हो सकती है।

बहरहाल, डॉ. शिवदान सिंह चौहान और राहुलजी के भाषाचिंतन से रूबरू हुए बिना, इस जटिल, भावात्मक समस्या का समाधान संभव नहीं है। इसी कारण चौहानजी के भाषाविषयक निबंध ध्यान देने योग्य हैं।

राजनीतिक दृष्टि से तथा साहित्य के प्रगतिशीलीकरण की दृष्टि से मतभेद का बिंदु यह था कि प्रगतिशील लेखक संघ की नीति क्या हो ? चौहानजी, 'प्रगतिशील लेखक संघ' के स्थापकों में से एक हैं। सर्वप्रथम उन्होंने ही, 'प्रगतिवाद', 'साहित्य की परख' जैसे लेखों में, साहित्य के प्रगतिवादी : प्रगतिशील प्रतिमान प्रस्तुत किए थे और चौहानजी के विवेचन में वैशिष्ट्य यह था कि वह स्वतंत्रता संग्राम के संदर्भ को, उसके मूल्य और नैरंतर्य को नहीं छोड़ना चाहते थे...एक व्यापक मानववादी परिप्रेक्ष्य में वह राष्ट्रीय आंदोलन के साम्राज्यवादविरोध, धर्मनिरपेक्षता, समता, सामंतवादविरोध आदि को प्रगतिशील लेखक आंदोलन का आधार मानते थे। 'प्रलेसं' में तब केवल मार्क्सवादी लेखक नहीं थे, सभी राष्ट्रवादी मानववादी लेखक शामिल

कि गए थे अतः तब रवींद्रनाथ ठाकुर, जवाहरलाल नेहरू, विशंभरनाथ पांडेय आदि अक राष्ट्रीय आंदोलन के लोग प्रलेसं के अधिवेशनों में आते थे।

चौहानजी का विचार है कि वामपंथी रुझान में डॉ. रामविलास शर्मा ने (रणदिवे-काल) प्रलेसं को संकीर्ण बनाया और मार्क्सवाद की 'कुत्सित समाजशास्त्री' व्याख्या कर अनेक मानववादी लेखकों को मार भगाया—यशपाल, रांगेयराघव, अमृतराय, उपेंद्रनाथ अश्क जैसे प्रतिबद्ध लेखकों की कहीं सही और कहीं गलत धुनाई कर उन्हें भी प्रलेसं से तटस्थ कर दिया और स्वयं भी इस संकीर्णता तथा प्रहारात्मकता के कारण 'प्रलेसं' से किनाराकशी करने को विवश हुए और अब डॉ. नामवर सिंह भी उन्हीं के नक्शेकदम पर चलते हुए अपने चहेतों को स्थापित और मतभेद रखनेवालों को विस्थापित या उपेक्षित कर रहे हैं और इस अदूरदर्शी नीति या टैक्टिक्स से एक महान् संभावनापूर्ण संगठन, 'प्रलेसं' में बिखराव बाढ़ पर है।

डॉ. रामविलास शर्मा मार्क्सवाद के प्रति पूर्णतः प्रतिबद्ध थे और पूँजीवादी व्यवस्था के विरोध में वह उग्र लेखन चाहते थे, किंतु उनके मार्क्सवाद में, पूँजीवादी देशों में, साम्यवादी सिद्धांतों के विरोध में विकसित 'नई समीक्षा' के प्रत्ययों का खंडन था अतः कोई सहमत हो या असहमत, डॉ. शर्मा की मार्क्सवादी व्याख्याओं में एकसूत्रता, संगति और मूलमार्क्सवाद का नैरंतर्य है। इसके विपरीत नामवर सिंह में, मार्क्सवाद विरोधी, प्रत्ययों, अवधारणाओं का घालमेल है। मेरा मत यह है कि मार्क्सवादी चौखटे में विश्लेषण के नए अस्त्रों (टूल्स) और प्रविधियों शैलीविज्ञान संरचनावाद, संकेतवाद (सेमियोटिक्स) का प्रयोग हो सकता है जैसा हेमन ने अपनी पुस्तक 'सशस्त्र-दृष्टि' (Armed Vision) में सुझाया है किंतु मार्क्सवादी-चिंतन की चतुष्कोटि को भूलकर, नई समीक्षा, एफ. आर. लविस और अन्य पाश्चात्यों के प्रत्ययों को मनमाने ढंग से प्रयुक्त करना मार्क्सवाद से विचलन है। अतएव डॉ. चौहान और डॉ. शर्मा की सैद्धांतिक आलोचना का नैरंतर्य डॉ. नामवर सिंह की दावघाती या टैक्टिकल आलोचना में समाप्त या विच्छिन्न होता हुआ प्रतीत होता है और इसी कारण उन्हें 'प्रलेसं' की नैया डूबती-सी लगती है। (प्रलेसं के 1995 के दिल्ली अधिवेशन में दिया गया वक्तव्य) किंतु चौहानजी के इन निबंधों से यह स्पष्ट है कि संपूर्ण विश्व में, अपने देश में, प्रगतिशील शक्तियों और मार्क्सवादी धारणाओं एवं तज्जन्य क्रांतिकारी मूल्यों (स्वतंत्रता, समता, बंधुत्व) की भूमिका अपरिहार्य है…जब तक जनगण, शोषित-पीडित है, जब तक उसको बूर्ज्वा जनतंत्रों या तानाशाहियों में, सत्ताधारी वर्ग, संचार माध्यमों से मूर्ख बनाकर, उसे उपभोक्ता समाज में परिणत कर या पटाकर उसे उसके अधिकारों से वंचित किए हुए है। तब तक मार्क्सवाद और प्रगतिवादी : प्रगतिशील संगठनों के सिवा अन्य कोई विकल्प नहीं है। जनगण का भविष्य यही विचारधारा बना सकती है। वह सोवियत संघ के

पतन से कुछ समय के लिए दब जाए या दावघाती वक्ताओं द्वारा फैलाए मतिभ्रम का भले ही शिकार हो जाए किंतु जनता की मुक्ति की गारंटी मार्क्सवाद ही दे सकता है।

यह संघर्ष जारी है, जारी रहेगा और इस वैचारिक संघर्ष में, विश्लेषण में डॉ. शिवदान सिंह चौहान के ये निबंध, मानवता और जनमुक्ति के संग्राम में प्रकाश स्रोत का कार्य करते रहेंगे।

विश्वंभरनाथ उपाध्याय

कुछ अपने शब्दों में

'परिप्रेक्ष्य को सही करते हुए' मेरे आलोचनात्मक निबंधों का नया संग्रह है। लेखों का चुनाव करके उन्हें तरतीब देना, संपादन करके संग्रह की भूमिका लिखना—यह सारा काम मैंने नहीं, मेरे भाई तुल्य परम मित्र डॉ. विश्वंभरनाथ उपाध्याय ने मेरी लंबी बीमारी और बढ़ती उम्र के मद्देनजर सहर्ष अपने हाथ में लेकर पूरा किया है—इसके लिए उनके प्रति आभार प्रकट करना शायद औपचारिकता ही होगी। हिंदी के प्रबुद्ध पाठक जानते हैं कि डॉ. उपाध्याय स्वातंत्र्योत्तर काल के सबसे प्रमुख प्रगतिवादी (मार्क्सवादी) आलोचक और चिंतक हैं। वे एक प्रसिद्ध उपन्यासकार और कवि हैं और एक सफल शिक्षाविद् और प्रशासक की हैसियत से कई वर्षों तक कानपुर विश्वविद्यालय के कुलपति भी रह चुके हैं। उन्होंने इस संग्रह को जो नाम दिया है, वह उनकी गंभीर ऐतिहासिक चेतना और अचूक साहित्यिक अंतर्दृष्टि का प्रमाण है।

आरंभ में संग्रह का नाम पढ़कर मुझे कुछ हैरानी अवश्य हुई, लेकिन विचार करने पर महसूस हुआ कि इन निबंधों को समग्रता में देखने पर शायद इससे अधिक सार्थक और सटीक नाम दूसरा नहीं हो सकता था। पहली बार मुझे अहसास हुआ कि सन् 1937 से लेकर अब सन् 1997 तक की अवधि में लगातार बीमारियों से जूझते हुए स्वतंत्रता संग्राम और वामपंथी राजनीति में स्वेच्छापूर्वक एक स्वयंसेवक की भूमिका निभाते हुए अपनी खानाबदोश जिंदगी में प्रेमचंदजी के मासिक 'हंस' और बाद में त्रैमासिक 'आलोचना' जैसी प्रमुख पत्रिकाओं का संपादन करते हुए मैंने साहित्य और आलोचना संबंधी जो निंबध लिखे उनमें अंतर्निहित बौद्धिक भावना 'प्रगतिशीलता' और 'प्रगतिवाद' की प्रवृत्ति और विचारधारा को मार्क्सवाद की वैज्ञानिक तथा मानववादी दृष्टि से समझने-समझाने और परिभाषित करने के एक अनवरत प्रयास का अंग रही है। मेरी ही क्यों ? जनवादी भावना से प्रेरित हर धर्म-निरपेक्ष और संवेदनशील मार्क्सवादी-समाजवादी विचारक ने अपने चिंतन और लेखन के माध्यम से इसी कर्तव्य का निर्वाह किया है—ऐतिहासिक परिप्रेक्ष्य को सही करते हुए ! हमारे रचनाकारों—प्रगतिशील कवियों, उपन्यासकारों, नाटककारों और

कहानीकारों ने भारतीय जीवन में होनेवाले परिवर्तनों को इंसानी रिश्तों के बदलते रूपों में उकेरकर दर्शाया है।

लेकिन भारत के अमीर-गरीब, पढ़े-लिखे या अनपढ़ लोगों के दिमाग पर वैदिक काल से धर्म के नाम पर चली आ रही जादू-टोने, कर्म-कांड, कल्पित देवी-देवताओं की मूर्ति-पूजा आदि की पुरोहितवादी अबुद्धिवाद और जहालत की एक दीर्घकालीन परंपरा का इतना मोटा परदा पड़ा हुआ है कि इस बीच वैज्ञानिक चेतना के विकास और भौतिक जगत् संबंधी जानकारी के बावजूद उस परदे को हटाकर खुली आँखों से वास्तविकता को देखने का साहस कम लोग ही इतने लंबे इतिहास-काल में कर पाए हैं। और जब कभी ऐसा हुआ है, 'भारतीय संस्कृति खतरे में है' का नारा बुलंद करके पुरोहितवादी निंदकों की टोलियों ने मिथ्या आरोप लगाकर उनका चरित्र-हनन करने में कसर नहीं छोड़ी। हमारे देश की यह एक अत्यंत प्राचीन और प्रबल *मानव-द्रोही परंपरा है,* जिसकी मिसाल अन्यत्र नहीं मिलती। इस परंपरा ने चतुष्वर्ण व्यवस्था के जरिए मनुष्यों को जात-पाँत के इतने कठोर और क्रूर शिकंजों में जकड़ रखा है कि अछूत और नीच कही जानेवाली दलित जातों पर होते आनेवाले द्विज वर्ग की जातों (ब्राह्मण, क्षत्रिय, वैश्य) के अत्याचारों और अन्यायों को देखकर भी हमारा ज़मीर बेदार नहीं होता। दुर्भाग्य से यह हमारे इतिहास का 'सत्य' है। इस 'सत्य' के अनेक अमानवीय पहलू हैं। मार्क्स ने कहा है कि किसी व्यक्ति वर्ग या देश की आजादी छीनकर कोई व्यक्ति वर्ग या देश स्वतंत्र होने का दावा नहीं कर सकता। जो शोषण करके दूसरे की आजादी छीनकर उसे मनुष्यत्व की गरिमा से वंचित करता है, वह स्वयं भी इस गरिमा से वंचित हो जाता है। मिसाल के लिए हमारे देश की इस प्राचीनतम परंपरा में *प्रेम या मोहब्बत* वर्जित है, क्योंकि प्रेम ऊँच-नीच या जात-पाँत का भेद नहीं मानता—और इसलिए भी प्रेम को सर्वोच्च मानव-मूल्य माना जाता है। लेकिन यहाँ ब्राह्मण लड़की शूद्र या दलित लड़के से प्रेम नहीं कर सकती चाहे वह कबीर जैसी प्रतिभा का आशु कवि हो, चाहे वह कितना ही चरित्रवान, योग्य और शरीफ क्यों न हो। इस परंपरा ने हिंदुओं को हजारों जातों में बाँट रखा है। ये कम नहीं होतीं, बढ़ती जाती हैं। उतना ही भेदभाव बढ़ता जाता है। आज भी अगर कोई लड़की अपने से नीची जात के लड़के से चोरी-छिपे शादी कर लेती है तो गाँव की पंचायत उन दोनों के साथ वैसा ही बर्ताव करती है जैसा बर्ताव कुछ समय पहले तक नीग्रो गुलामों को अमरीकी गोरे lynching करके जान से मारकर करते थे। इससे सिद्ध है कि दलितों का 'मनुष्यत्व' छीनकर द्विजों ने स्वयं अपने बेटे-बेटियों को भी 'मनुष्यत्व' से वंचित कर दिया है। इस परंपरा पर कोई भी संवेदनशील व्यक्ति गर्व नहीं कर सकता, क्योंकि यह पूर्णतः मानव-द्रोही है। इसे 'भारतीय संस्कृति' का नाम देना भी गलत है। 'इतिहास के परिप्रेक्ष्य' में हम इसे भारतीय संस्कृति की *प्रतिगामी परंपरा* कह सकते हैं, जिसने अपनी बर्बरताकालीन

(सनातनी) जड़ता से हिंदू-मात्र को कहीं-न-कहीं 'मनुष्यत्व' से नीचे गिरा रखा है। धर्म और संस्कृति, दर्शन-विज्ञान, नैतिकता भारतीय समाज की एकता आदि किसी ऐसे कार्य या विचार से इस परंपरा का कोई संबंध नहीं है, जो रचनात्मक हो, जो जन-साधारण को आध्यात्मिक और नैतिक रूप से अधिक उदात्त और संवेदनशील बना सके। सदा के लिए अपना वर्चस्व कायम रखने के उद्देश्य से पुरोहित-वर्ग ने देवी-देवताओं की ईजाद की और स्वयं उनके एजेंट बनकर धर्म के नाम पर भोली-भाली सहज-विश्वासी जनता को लूटने का व्यवसाय चलाया। इतना ही नहीं, देश-भर में जहाँ कहीं कुदरती तौर पर कोई रमणीक और सुंदर स्थान मिला, वहाँ किसी भी देवता का निवास घोषित कर मंदिर स्थापित किए।

समाज के सहज-स्वाभाविक विकास के दौरान अब तक इस परंपरा का स्वतः उन्मूलन हो जाना चाहिए था, लेकिन जात-पाँत के भेदभाव के कारण ऐसा नहीं हुआ। परिणाम यह है कि एक भारतीय समाज की बात तो दूर रही, एक हिंदू-समाज भी आज तक विकसित नहीं हो सका, जिसमें सामान्यतः आपस में रोटी-बेटी के संबंधों पर कोई प्रतिबंध न हो। इसके अलावा यह प्रतिगामी परंपरा हर युग में समय की आवश्यकता के अनुकूल नए-नए रूप बदलकर (नए-नए अवतारों में ?) हिंदू जनता पर अपना वर्चस्व स्थापित करती आई है और बीसवीं सदी में आकर इसने राज सत्ता पर कब्जा करने के लिए अपना राजनीतिक संगठन भी कायम कर लिया है। अपने उद्देश्यों की पूर्ति के लिए इसे हिंसा-अहिंसा के पचड़ों में पड़ना पसंद नहीं है। जिस साधन से उद्देश्य की पूर्ति हो सके, वही उनकी दृष्टि में नैतिक है। यह राजनीतिक अवतरण डिमॉक्रेसी, सेक्युलरिज्म समाजवाद के विरोध में 'हिंदू राष्ट्र', 'हिंदू राष्ट्रीयता', 'हिंदू-संस्कृति' आदि की रक्षा का उद्देश्य लेकर हुआ है। और अब इन तीनों को मिलाकर इस हिंदू सांप्रदायिक आंदोलन ने मनुष्यत्व के जवाब में 'हिंदुत्व' को अपना लक्ष्य घोषित किया है। इस जमाने में सांप्रदायिक वैमनस्य बढ़ाना, सांप्रदायिक दंगे करवाना, विरोधियों का चरित्र-हनन करने के लिए अफवाहें फैलाना—ये सब इसके राजनीतिक हरबे रहे हैं। देश की सत्ता हाथ में आते-आते छूट गई लेकिन इसके हौसले बुलंद हैं। इलेक्ट्रॉनिक और प्रिंटिड मीडिया पर यह परंपरा आज हावी है। यह देश के लिए खतरनाक बात है।

सौभाग्य से जहालत और अबुद्धिवाद की इस मानवद्रोही *पहली हिन्दू परंपरा* के समानांतर और विरोधी इतनी ही प्राचीन *एक दूसरी परंपरा भी* हमारे देश में रही है, जिसे हम भारतीय और विश्व इतिहास के परिप्रेक्ष्य में मानव सभ्यता और संस्कृति की प्रगतिशील परंपरा कह सकते हैं। इस *दूसरी परंपरा* का सूत्रपात बोध प्राप्ति के बाद गौतम बुद्ध के इस क्रांतिकारी विचार से हुआ कि *'मनुष्य जन्म से ऊँचा या नीचा नहीं होता'*—अर्थात् *सभी मनुष्य जन्मतः बराबर हैं।*

तब से (2500 वर्ष से) पुरोहितवाद की मानवद्रोही-प्रतिगामी परंपरा और

मनुष्यों में फैले दुःख के कारणों की खोज करनेवाली गौतम बुद्ध प्रवर्तित मानववादी प्रगतिशील परंपरा—इन दोनों की द्वंद्वात्मक टक्कर जीवन के हर क्षेत्र में चलती आई है। विदेशों में (विशेषकर यूनान, इटली, मिस्र तथा पश्चिम एशिया के अरब देशों में) बर्बरता के दौर से चली आ रही देवी-देवताओं की कल्पना के सहारे टिकी जादू-टोने की परंपराओं के अवशेष ऐतिहासिक विकास के साथ मिटते गए हैं और बुद्धिसंगत, यथार्थ अनुभव पर आधारित दार्शनिक चिंतन की मानववादी परंपरा आगे आती गई है। दोनों परंपराओं में वैचारिक और भौतिक स्तर पर वहाँ भी और हमारे यहाँ भी हिंसात्मक और अहिंसात्मक, दोनों कोटि के जबर्दस्त संघर्ष होते रहे हैं, जिनमें हिंसात्मक हमले अक्सर प्रतिगामी परंपरा के समर्थकों की ओर से ही होते रहे हैं, क्योंकि मनुष्य के दिल और दिमाग पर अबुद्धिवाद की पकड़ कमजोर होने की आशंका पुरोहित वर्ग को सदा रही है। मिसाल के लिए जब भारत की शोषित-पीड़ित नीच जातियों ने बड़ी तादाद में उत्साहपूर्वक बौद्ध धर्म को अपना लिया, और इनमें से जो प्रतिभाशाली थे, उन्होंने सारे भारत में बौद्ध-विहार, बौद्ध अर्हतों के स्तूप और बौद्ध मूर्तियाँ बनाकर और अजंता की गुफाओं में बुद्ध के जीवन की कथा को महान् भित्ति-चित्रों से सजाकर यह सिद्ध कर दिया कि हर व्यक्ति अपना मानव-गौरव पाकर कला की श्रेष्ठतम कृतियों की रचना करने में सक्षम हो सकता है तो पुरोहितवादी प्रतिक्रिया ने क्षत्रिय-ब्राह्मण राजाओं की मदद से न केवल बौद्धों के बनाए कलात्मक चित्रों, स्तूपों, बिहारों आदि की बेहुरमती की और उन्हें नष्ट-भ्रष्ट कर डाला, बल्कि बौद्धों का कत्लेआम करके उन्हें उत्तर-पूरब के पहाड़ी क्षेत्रों, तिब्बत तथा मध्य-एशिया में जाकर शरण लेने पर मजबूर कर दिया। नुकसान बौद्ध-धर्म का नहीं, भारत का हुआ। बौद्ध-धर्म सारे पूर्व-एशिया में फैल गया। अंततः सत्य अविजित रहा। भारत में यह मानववादी परंपरा-तत्काल के लिए चाहे दब गई थी लेकिन मरी नहीं थीं, और जब इस्लाम भारत में आया तो प्रगतिशील परंपरा के चिंतक और कवि पुनः जनता में इंसान की बराबरी और एक नई मिली-जुली मानववादी संस्कृति की चेतना फैलाने लगे। मध्य-युग में कबीर, दादू, रैदास की कविताओं और फिर मुस्लिम पीर-फकीरों, सूफी-संतों के प्रेम-गीतों और नानक और फिर अन्य सिख-गुरुओं की वाणी ने जो प्रेम की धारा प्रवाहित की उसमें हिंदू-मुस्लिम चिंतकों और कवियों के प्रभाव से एक मिली-जुली संस्कृति के नकूश निखरने लगे। इसके जवाब में, ऊपर से विरोध न करते हुए भी तुलसीदास आदि भक्त कवियों ने देवी-देवताओं और अवतारों की कथाओं पर महाकाव्य या स्फुट गीत रचकर अलग से पुरोहितवादी प्रतिगामी परंपरा को एक दिखावटी उदात्त मानवीय रूप देने का प्रयत्न किया—लेकिन इसमें इस्लामी संस्कृति के एकेश्वरवादी प्रभावों को स्वीकार नहीं किया और न जाति-भेद वाली विचारधारा को ही त्यागा।

भारतीय इतिहास के परिप्रेक्ष्य में इन दोनों परस्पर-विरोधी सांस्कृतिक परंपराओं

की वास्तविक भूमिकाओं का काव्य की भाषा में वैज्ञानिक जायजा पेश करते हुए अल्लामा इक़बाल ने 'नानक' पर लिखी अपनी प्रसिद्ध कविता में जो कहा है वह अक्षरशः सत्य है। यथा :

नानक

क़ौम ने पैग़ामे गौतम की ज़रा परवाह न की
क़दर पहचानी न अपने गौहरे यक़दार की

आह ! बदक़िस्मत रहे आवाज़े हक़ से बेख़बर
ग़ाफिल अपने फल की शीरीनी में होता है शजर

आशकार उसने किया जो ज़िंदगी का राज़ था,
हिंद को लेकिन ख़्याली फ़लसफ़े पर नाज़ था

शम्म ए-हक़ से जो मुनव्वर हो यह वह महफ़िल न थी
बारिशे रहमत हुई—लेकिन ज़मीन क़ाबिल न थी

आह ! शूद्र के लिए हिंदोस्तां ग़मख़ाना है
दर्दे इंसानी से इस बस्ती का दिल बेगाना है

बरहमन सरशार है अब तक मये-पिन्दार में
शम्म ए-गौतम जल रही महफ़िले अग़यार में

बुतकदा फिर बाद मुद्दत के रौशन हुआ
नूरे इब्राहीम से आज़र का घर रौशन हुआ

फिर उठी आख़िर सदा तौहीद की पंजाब से
हिंद को एक मर्दे कामिल ने जगाया ख़्वाब से

अंग्रेजों के आने के बाद अंग्रेजी भाषा के माध्यम से हमारे बुद्धिजीवी यूरोपीय साहित्य और दर्शन से परिचित हुए और यहाँ कुछ प्रतिभाशाली नौजवान नए विचारों को अपनी रचनाओं में पेश करने लगे। हमारे यहाँ की प्रगतिशील परंपरा यूरोपीय साहित्य और चिंतन से प्रेरणा लेने लगी। भारत के मानसिक क्षितिज पर आधुनिक युग का सूर्योदय होने लगा। राजा राममोहन राय ने प्राचीन प्रतिगामी परंपरा से

समर्थित सती-प्रथा का डटकर विरोध किया। फिर तो बंगाल में तथा अन्य प्रांतों में भी प्रगतिशील चिंतन की लहर चल पड़ी और बड़े-बड़े दिग्गज विचारक पैदा हुए। उर्दू में महान् शायर पैदा हुए। बीसवीं सदी आते-आते रवींद्रनाथ ठाकुर और अल्लामा इक़बाल जैसे महान् कवि भारतीय जनता की चेतना का नया संस्कार कर रहे थे, और एक प्रकार से हमारे यहाँ का प्रगतिशील आंदोलन योरप के यथार्थवादी साहित्य और कला का अनुभव लेकर अपनी कला और रचना में नए-नए प्रयोग भी कर रहा था। और जब मार्क्सवाद से प्रभावित होकर लेखकों और कलाकारों ने आम शोषित और पीड़ित लोगों की अभिशप्त ज़िंदगी के यथार्थ चित्र उकेरे तो प्रगतिशील आंदोलन में एक नया उभार आया। मानववादी परंपरा को आगे बढ़ाने का जैसे एक नया मार्ग मिला। तब तक भारत ही नहीं, एशिया, अफ्रीका, लातीनी अमरीका आदि दुनिया के सैकड़ों देशों में, जो योरपीय-अमरीकी साम्राज्यवाद की औपनिवेशिक गुलामी में शोषण और उत्पीड़न के शिकार थे, राष्ट्रीय जागृति की एक लहर दौड़ गई थी। लेनिन, तॉल्स्तॉय, गांधी, माओ और नेहरू इस जागृति के अग्रणी नेता और वाहक थे। एक ज़बर्दस्त हलचल थी, एक ज़बर्दस्त उत्साह था आम लोगों में–और इस राष्ट्रीय आज़ादी के विश्वव्यापी संघर्ष में मार्क्सवादी चिंतन से प्रभावित प्रगतिशील आंदोलन इतिहास का सबसे बड़ा साहित्यिक आंदोलन बन गया। इस दावे पर शायद कुछ लोग चौंके, लेकिन ताशकंद कान्फ्रेंस में मैंने अनुभव किया कि यह आंदोलन सारे महाद्वीपों के हर देश में पहुँचा है, केवल किसी एक या दो देशों तक सीमित नहीं है। हर देश में अमीर और ग़रीब की जिंदगी में इतना वैषम्य और अंतर्विरोध है कि समता का सपना इतने तकनीकी और औद्योगिक विकास के बावजूद सपना ही बना हुआ है और जब तक यह वैषम्य है, संवेदनशील लेखकों और कलाकारों के पास कला और साहित्य के शाहपारे रचने की विपुल सामग्री उपलब्ध होती रहेगी। सच तो यह है कि आज ताशकंद कान्फ्रेंस के चालीस बरस बाद भी, सोवियत यूनियन के विघटन के पश्चात् पूँजीवाद द्वारा उदारीकरण के ज़रिये दुनिया से ग़रीबी, अशिक्षा और प्रदूषण मिटाने के वादों के बावजूद ये अलामतें बढ़ती जा रही हैं। पूँजीवाद के इस वादे पर विश्वास करने का कोई कारण नहीं है, क्योंकि पूँजीवाद ने अपने तीन सौ साल के इतिहास में किसी देश में ऐसा करने में सफलता नहीं पाई, अमरीका सब से अमीर देश है, वहाँ भी ग़रीबी और बेरोज़गारी है।

ख़ैर, इस सिलसिले में मिसाल के तौर पर मैं आपके सामने एक अमरीकी कलाकार का साक्ष्य पेश करना चाहता हूँ :

सन् 1937, इलाहाबाद विश्वविद्यालय की बात है। मैं किताब-घर से प्रसिद्ध अमरीकी उपन्यासकार अप्टन सिंक्लेयर की नई पुस्तक Money Writes खरीद कर लाया। आरंभ में ही किसी कलाकार की बनाई तस्वीर छपी थी। उसे देखा तो देखता रह गया। मानव-समाज की जिस हक़ीकत को हम रोज़मर्रा देखते हुए भी नहीं देखते,

जिसके बारे में पुस्तकों में पढ़कर भी समग्रता में उसकी क्रूर विषमता को नहीं समझ पाते, वह तस्वीर जैसे उस हक़ीकत का आईना बनकर मुझे और हर दर्शक को धिक्कार रही थी—हमारी असंवेदनशीलता पर। तब से वह तस्वीर एक क्षण के लिए भी निगाह से दूर नहीं हुई।

एक आलीशन हॉल में अमीरज़ादों और अमीरज़ादियों के जोड़े चमचमाती रोशनी में एक-दूसरे की कमर में बाँहें डाले और दूसरे हाथ में शैम्पेन के छलकते जाम पकड़े नृत्य कर रहे हैं, रंगरेलियाँ मना रहे हैं—फर्श के नीचे एक विशाल तहख़ाना है, जिसके अँधेरे में सैकड़ों भूखे, नंगे, काले मज़दूर पसीने से तरबतर पूरा ज़ोर लगाकर हॉल के फ़र्श को अपने हाथों पर उठाए हुए हैं। उनके दिलों में एक ज़बर्दस्त कशमकश है, आक्रोश उमड़ रहा है—और अचानक एक मज़दूर का घूँसा फर्श को तोड़कर ऊपर निकल आता है—सारे पूँजीपति और उनकी प्रेमिकाएँ इस अप्रत्याशित हस्तक्षेप से भयभीत और त्रस्त हो, पीछे हटते हुए उस घूँसे को हैरत से आँखें फाड़-फाड़कर देखते रहे जाते हैं !

यह अमरीकी पूँजीवाद की तस्वीर है—दरअसल हर देश के पूँजीवाद की तस्वीर है। यह साठ बरस पहले भी पूँजीवादी समाज का 'सत्य' था, आज भी है। इसलिए प्रगतिशील आंदोलन तब भी विश्व का सबसे बड़ा साहित्यिक आंदोलन था और आज भी है। किसी नौजवान आलोचक को शोध करके बताना चाहिए कि इस आंदोलन से जुड़े हर देश के लेखकों की विश्व-साहित्य को देन कितनी विशाल और महत्त्वपूर्ण है। कितने महान् शाहपारे रचे गए हैं जिनका कोई मुक़ाबला नहीं। हमारे देश में लेखकों और कलाकारों के सामने तो आज भी *पहली मानवद्रोही प्रतिगामी परंपरा* से खुलकर संघर्ष करने की ज़रूरत है, और पूँजीवादी व्यवस्था से भी। कला की भाषा में।

अंत में मैं वाणी प्रकाशन के श्री अरुण माहेश्वरी का तहे-दिल से शुक्रिया अदा करना चाहता हूँ, जिन्होंने इस निबंध संग्रह को इसी वर्ष (मेरे अस्सी वर्ष पूरे होने के उपलक्ष में ?) प्रकाशित करने का वादा किया है। सच तो यह है कि प्रकाशन व्यवसाय इन दिनों जैसे संकट से गुज़र रहा है, उसको देखते, अरुणजी का यह फैसला काफ़ी साहसपूर्ण है। इसलिए एक बार फिर शुक्रिया; साथ में हार्दिक आशीर्वाद भी कि पुस्तक-प्रकाशन के मिशन में अरुणजी सदा सफल हों।

शिवदान सिंह चौहान

C-211, साकेत,
नयी दिल्ली-17
22 जून 1997

आलोचक और लेखक*

यह मैं अपने अनुभव से कह सकता हूँ कि पंद्रह-सोलह साल पहले तक, अनेक सैद्धांतिक मतभेदों के बावजूद, आलोचकों और लेखकों के बीच पारस्परिक सद्भावना और मैत्री का एक स्वस्थ संबंध स्थापित था। तब लेखक आलोचक की राय की क़द्र करता था, चाहे वह राय उसकी कृति के सर्वथा पक्ष में न हो। तब आलोचक भी लेखक की ईमानदारी और उसके व्यक्तित्व की क़द्र करता था, चाहे उसकी कृतियाँ या जीवन के प्रति उसका दृष्टिकोण उसे सर्वथा पसंद न हो, तब लेखक और आलोचक व्यक्तिगत मेल-मिलाप द्वारा या गोष्ठियों में बैठकर गंभीरतापूर्वक विचारों का आदान-प्रदान करते थे और इस तरह लेखक अपनी जीवन-दृष्टि और आलोचक अपनी कलानुभूति के दायरों को बढ़ाने की कोशिश करते थे। साहित्य के स्वस्थ विकास के लिए दोनों ही इस पारस्परिक संपर्क, आदान-प्रदान और विचार-संघर्ष को आवश्यक और अनिवार्य समझते थे। यह किसी काल्पनिक 'स्वर्ण-युग' की बात नहीं है, आजादी से पहले की बात है। तब यह सामान्य स्थिति थी, यद्यपि उस ज़माने में प्रगतिशील और प्रतिक्रियावादी, यथार्थवादी और रूपवादी विचारधाराओं की टक्कर कटुता और तीक्ष्णता में किसी क़दर कम नहीं थी। गिरोहबन्दियाँ भी उन दिनों कम नहीं थीं। फिर भी इतनी असहिष्णुता नहीं थी कि वार्तालाप ही बंद हो जाए और मतभेदों की अभिव्यक्ति या तो मौन उपेक्षा द्वारा की जाए या दूर से, केवल पत्र-पत्रिकाओं में अपने विरोधियों पर आक्रोश-भरे आरोपों और लांछनों की बौछार करके।

इस स्थिति के लिए कौन ज़िम्मेदार है ? लेखक या आलोचक ? या दोनों ? इन प्रश्नों की छानबीन करना इस समय व्यर्थ है, शायद आसान भी नहीं है। लेकिन इतना सभी जानते हैं कि दोनों के बीच अ-सहानुभूति की खाई बढ़ती गई है और अब इतनी चौड़ी हो गई है कि दुर्लंघ्य-सी दिखाई देती है। दोनों ओर एक-दूसरे के प्रति शिकायतों की फेहरिस्त लंबी होती जा रही है और कोई ऐसी चेष्टा नजर नहीं आती कि इन शिकायतों को मिल-बैठकर रफ़ा-दफ़ा किया जा सके। इस दिशा में

*संपादकीय : आलोचना, अक्तूबर 1963

हमारा आग्रह है कि आलोचकों को ही पहलक़दमी करनी चाहिए, क्योंकि उनके रवैये के प्रति लेखकों की, विशेषकर नई पीढ़ी के लेखकों की शिकायतें बहुत कुछ जायज़ ही नहीं हैं, बल्कि यह उनका मौलिक कर्तव्य है।

जहाँ तक पुरानी पीढ़ी के लेखकों का संबंध है, उनकी शिकायतों को नज़रअंदाज़ किया जा सकता है। इसका यह मतलब नहीं कि उनकी उपेक्षा की जाय या उनके कृतित्व की जाँच-परख न की जाय। हिंदी के आलोचक या किसी भी भाषा के आलोचक अपने साहित्य के उन निर्माताओं की उपेक्षा नहीं कर सकते, जिन्होंने अपनी कृतियों में राष्ट्रीय जागरण को वाणी दी है और जन-जीवन की समस्याओं को रूपायित करने की चेष्टा की है। उनकी कृतियों का वस्तुपरक विवेचन और मूल्यांकन और हिंदी तथा भारतीय साहित्य के इतिहास में उनके स्थान का सही-सही निरूपण करना आलोचकों का एक ज़रूरी कर्तव्य बना रहेगा। लेकिन आज़ादी के बाद से, पुरानी पीढ़ी के, उन अग्रजों में, यानी सरकारी संरक्षण और मान्यता प्राप्त 'इस्टेब्लिशमेण्ट' के सदस्यों में यह जो प्रवृत्ति पैदा हुई है कि उनकी तारीफ़-ही-तारीफ़ की जाय, यहाँ तक कि उनकी कला की ख़ामियों और उनकी जीवन-दृष्टि की पुराणपंथी या सुधारवादी संकीर्णताओं को भी सराहा जाय—आलोचकों से उनकी यह माँग सरासर नाजायज़ है और इसकी अवहेलना करना साहित्य के स्वास्थ्य के लिए ज़रूरी है।

आलोचकों से यह अपेक्षा करना कि वे सन् बीस और चालीस के ज़माने की बौद्धिक चेतना और युग-बोध के आधार पर आज भी उनकी कृतियों और उनके व्यक्तित्व की परख करेंगे, उचित नहीं है, क्योंकि विवेचन-मूल्यांकन करनेवाला आलोचक गत पच्चीस-तीस वर्षों के जीवानुभव और ऐतिहासिक पर्सपेक्टिव को भुला नहीं सकता। उसका प्रयत्न तो आधुनिक मानव के युग-बोध और आज के ऐतिहासिक पर्सपेक्टिव में ही पुराने साहित्य को समझना-समझाना होगा। ऐसे में उसे अगर पुरानी पीढ़ी के अनेक लेखकों की कृतियों में चित्रित मानव-संबंधों में परंपरा के प्रति अंधा मोह, सामंती जीवन-मूल्यों के प्रति गहरी आस्था और आदर्शवादी सरल-समाधानों की स्वीकृति मिलती है, तो वह आज के मानव के अनुभव को भूलकर उनके दृष्टिकोण में प्राप्त इन संकीर्णताओं और पिछड़ेपन की केवल इस आधार पर तारीफ़ नहीं कर सकता कि उस ज़माने में यह दृष्टिकोण ही प्रगतिशील था। यह सच नहीं है और न यह सच है कि भारतीय साहित्य में तब आधुनिक युग-चेतना एकदम विरल थी। और अगर यह सच भी होता तो भी आज का आलोचक पुरानी पीढ़ी के लेखकों की कृतियों के प्रति सर्वथा 'अनक्रिटिकल' दृष्टि नहीं अपना सकता, क्योंकि इसका अर्थ उन लेखकों को 'राष्ट्रीय म्यूज़ियम' के शो-केस में प्रस्थापित कर देना होगा। उनकी कृतियों में कला के जो भी जीवंत तत्त्व हैं, उनको आधुनिक मानव के युग-बोध की कसौटी पर खरा सिद्ध करके ही भविष्य

की ओर प्रवहमान वर्तमान की परंपरा में उनका समाहार करना होगा।

मिसाल के लिए गुलामी के दिनों हमारे अनेक लेखकों ने श्रेष्ठ नाटकों, उपन्यासों और कहानियों में प्राचीन भारतीय इतिहास के गौरवशाली प्रसंगों को कला की मूर्त भाषा में अभिव्यक्ति दी थी। आज़ादी के संघर्ष में जूझनेवाली जनता को अपने अतीत गौरव की चेतना ने एक नया आत्मविश्वास और मनोबल प्रदान किया। लेकिन अतीत को रूपायित करने की इन चेष्टाओं में प्राचीन सामंती दुनिया को अक्सर अंध-श्रद्धाभाव से देखा गया है, और ऐतिहासिक अथवा पौराणिक नायकों के चरित्रों में संघर्षकालीन राष्ट्रीय भावनाओं को प्रक्षेपित करके उनका अधिक-से-अधिक आदर्शीकरण किया गया है। जब तक आज़ादी के लिए संघर्ष था, तब तक तो अतीत से प्रेरणा लेने की इस प्रवृत्ति का उपयोग था, किंतु आज़ादी के बाद से, विशेषकर बँटवारे के समय होनेवाले सांप्रदायिक हत्याकांडों और साम्राज्यवादियों के प्रोत्साहन और देशी सामंतवाद और पूँजीवाद के घोर प्रतिक्रियावादी गिरोहों की मदद से भारतीय (बनाम हिंदू) संस्कृति के उद्धार का झंडा उठाकर चलनेवाले फ़ासिस्ट संगठनों के उदय ने इस बात की आशंका पैदा कर दी है कि पुरानी पीढ़ियों के साहित्यकारों की इन अतीतोन्मुखी प्रवृत्तियों में देश की आज़ादी, उसकी प्रभुसत्ता, उसकी निष्पक्षता और शांति की नीति और भारत में समाजवादी-जनवादी समाज बनाने की आकांक्षा के दुश्मन अपनी सांप्रदायिक—सामंती-पुनरुत्थानवादी नीतियों के लिए औचित्य तलाश कर सकते हैं, क्योंकि अतीत के प्रति अंध-श्रद्धा की मनोभूमि में ही अक्सर कंज़रवेटिज़्म और प्रतिक्रिया के बीज पनपते हैं। इसलिए हिंदी के आलोचकों को भारतेंदु से लेकर दिनकर तक की पीढ़ी के लेखकों का विशेषरूप से आज़ादी के बाद के अनुभव और भावी-विकास के दिशा-ज्ञान की रोशनी में वस्तुपरक पुनर्मूल्यांकन करने की ज़रूरत है। अब इस दलील में अधिक सार्थकता नहीं नज़र आती कि उस ज़माने में हिंदी की चेतना ही परंपरा से आबद्ध थी, क्योंकि उस समय भी विश्व-मानव के बौद्धिक और सांस्कृतिक जीवन में जो क्रांतिकारी परिवर्तन हो रहे थे, उनसे हिंदी के साहित्यकार नितांत अनभिज्ञ नहीं थे। फिर भी अगर उनमें से अधिकांश लेखक विचार के क्षेत्र में युग के सर्वोच्च ज्ञान और विश्व-बोध को अपनाकर परंपरा के रूढ़ि-जर्जर तत्त्वों और सामंती संस्कारों और जीवन-मूल्यों को ठुकरा नहीं सके तो उनकी कृतियों में पुनरुत्थानवादी विचारों की अनुगूँज सुनाई देना अप्रत्याशित नहीं है। संभवतः यही कारण है कि ऐसी रचनाओं में नई पीढ़ी के लेखकों और प्रबुद्ध पाठकों को इतनी घोर अरुचि और अश्रद्धा पैदा हो गई है।

ये पंक्तियाँ मैं बहुत सोच-विचार और जिम्मेदारी का पूरा अहसास करके लिख रहा हूँ, क्योंकि इसमें हिंदी-आलोचना को अंध-भक्ति और भावुकता का परित्याग कर एक नया मोड़ लेने का आग्रह है, ताकि हिंदी-आलोचना आज और आनेवाले कल की ज़िम्मेदारियाँ उठा सके—साहित्य के विकास में साधक बन सके, बाधक

न बने। संभव है कि आरंभ में इससे और ज्यादा 'कन्फ्यूजन' पैदा होगा। संभव है कि पुरानी पीढ़ी के कुछ लेखक इससे नाराज़ भी होंगे—लेकिन आलोचना अगर दृष्टिकोण की संकीर्णताओं और कुत्सित समाजशास्त्रीयता या अस्तित्ववादी-दर्शन की इतिहास-विरोधी दृष्टि से अपना दामन बचाकर चल सकी तो मुझे यह अधिक संभव दिखता है कि हम पुरानी पीढ़ी की देन का अधिक गहरा और सही मूल्यांकन कर सकेंगे।

जहाँ तक नई पीढ़ी के लेखकों का संबंध है, हिंदी-आलोचकों के प्रति उनकी शिकायतें काफ़ी हद तक जायज़ हैं और जो नाजायज़ हैं उनको भी नज़रअंदाज़ नहीं करना चाहिए। उनकी यह शिकायत जायज़ है कि हिंदी के आलोचक नई पीढ़ी के लेखकों के प्रति, चाहे वे कवि हों या कथाकार, एक प्रकार की मौन उपेक्षा या उदासीनता दिखाते हैं, उनके कृतित्व की जाँच-परख नहीं करते, उसे स्वीकृति नहीं देते, क्योंकि शायद उसे समझते ही नहीं। समझते क्यों नहीं ? क्योंकि आलोचकों की दृष्टि या तो परंपरावादी है या इतनी रूढ़ि-बद्ध है कि साहित्य की नई उपलब्धियों को सहानुभूति से देख ही नहीं सकती। निस्संदेह, नई पीढ़ी के लेखकों की इस शिकायत में, जो उनके लेखों और वक्तव्यों में आए दिन मुखरित होती रहती है, काफ़ी सचाई है।

यह स्वीकार करने की ज़रूरत है कि पुराणपंथी, धर्म-प्रवण भारतीय साहित्य और संस्कृति की परंपरा से नई पीढ़ी के लेखकों ने जितनी निर्भीकता से अपना संबंध तोड़ा है, उतनी निर्भीकता से पहले की पीढ़ियों के लेखक परंपरा से विद्रोह नहीं कर पाए—प्रगतिवादी लेखक भी नहीं। आधुनिक मानव की चेतना को आत्मसात करने की दिशा में यह उनका पहला पॉज़िटिव क़दम है। इसमें संदेह नहीं कि इस ऐतिहासिक उपलब्धि को अपनी सहानुभूतिपूर्ण स्वीकृति देकर ही हिंदी आलोचना नई पीढ़ी के लेखकों को इस दिशा में दूसरे पॉज़िटिव क़दम उठाने की प्रेरणा दे सकेगी, यानी उन्हें अपनी नई सर्जना द्वारा विश्व-साहित्य की उस आधुनिकतम धारा का अंग बनने की दृष्टि प्रदान करने में सहायक बन सकेगी जो फ़ासिज्म, साम्राज्यवाद, हथियारबंदी की दौड़, शीत-युद्ध और नस्ल-भेद से उत्पन्न शोषण, ग़रीबी, अनाचार, सांस्कृतिक ह्रास, मानव-मूल्यों के विघटन और व्यक्ति-मानस में अकेलेपन की भावना से उत्पन्न आंतक, कुंठा और हाहाकार जैसी कुत्साओं को इतिहास के पर्सपेक्टिव में रूपायित करके मानव-तत्त्व को उजागर करती है, जो विज्ञान और तकनीकी उपलब्धियों को मानव-संस्कृति के अभूतपूर्व विकास का साधन मानती है और युद्ध और हथियारबंदी के लिए उनके दुरुपयोग का विरोध करती है।

मैंने विश्व-साहित्य की इस धारा को 'आधुनिकतम धारा' कहा है क्योंकि उसमें विश्व-मानव का आधुनिकतम भाव-बोध और इतिहास-बोध कलात्मक अभिव्यक्ति पा रहा है। प्रगतिशील आंदोलन ने विश्व-साहित्य की इस धारा का ही

अंग बनने की चेष्टा की थी। लेकिन हमारी नई पीढ़ी के अनेक लेखक, शायद प्रतिक्रियावश, शायद क्रोध के आवेश में या शायद पाश्चात्य प्रचार के प्रभाव में, डगमगा गए और परंपरा से विद्रोह करके उनके अगले क़दम अनचाहे ही उस रास्ते की ओर उठ गए जो विश्व-साहित्य की उस घोर व्यक्तिवादी और ह्रासोन्मुखी धारा की ओर जाते हैं, जिसे 'आधुनिक मानव' (यानी संस्कृत और सभ्य मानव) के युग-बोध की उपज कहकर प्रचारित किया जाता है। नई पीढ़ी में जो सचमुच प्रतिभाशाली थे, वे तो फ़ौरन ही देख सके कि यह बंजर और ऊबड़-खाबड़ रास्ता है, और उन्होंने अपने क़दम साधे और सही दिशा की ओर मुड़ने की कोशिश करने लगे, लेकिन जिनमें प्रतिभा का उन्मेष अधिक नहीं था, वे उस बीहड़ मार्ग पर आज भी भटकते जा रहे हैं। इसलिए 'नई कविता' हो या 'नई कहानी' इनमें कोई एक ही प्रवृत्ति या विचारधारा दिखाई नहीं देती। अभी तक चूँकि पुराने साहित्य और पुराने लेखकों के प्रति विद्रोह की सामान्य भावना के कारण नई पीढ़ी के लेखकों में यह प्रवृत्यात्मक भेद स्पष्ट नज़र नहीं आता और उनके बीच गिरोहबंदियाँ अधिकतर व्यक्ति-केंद्रित हैं, तो भी हिंदी के आलोचकों को नए रचनाकारों की कृतियों का अध्ययन करके इन परस्पर-विरोधी प्रवृत्तियों का विवेचन और निरूपण करना चाहिए। इस विवेचन को सार्थक बनाने के लिए सबसे पहले मॉडर्न या 'आधुनिक' की व्याख्या करनी होगी, क्योंकि नई पीढ़ी में अधिकतर प्रगतिशील चेतना के जो लेखक हैं, वे भी अपने को मॉडर्न या आधुनिक दृष्टिकोण और जीवन-बोध से संपन्न बताते हैं और वे भी जो पाश्चात्य की ह्रासोन्मुखी प्रवृत्ति की नक़ल करके मानवद्रोही भावनाओं की अभिव्यक्ति करते हैं और vulgarity और banality को नव-लेखन के झंडे का निशान बनाकर चलते हैं, या जो माडर्निज़्म की झोंक में कविता को अ-कविता कहानी को अ-कहानी और नाटक को अ-नाटक बनाने पर तुले हैं और कला से भी स्ट्रिपटीज़ का नंगा नाच नचवाते हैं। मॉडर्न और मॉडर्निज़्म का भेद भी, इसलिए स्पष्ट विवेचन की अपेक्षा रखता है।

हमारे साहित्य में यह एक ज़बर्दस्त संक्रांति का काल है। आलोचकों का दायित्व बहुत बढ़ गया है। नई पीढ़ी के लेखकों की यह माँग जायज़ है कि उनकी उठाई समस्याओं को और उनके कृतित्व को सहानुभूतिपूर्वक जाँचा-परखा जाए। विश्व-साहित्य की समकक्षता में आधुनिक साहित्य की हिंदी में रचना करने की यह कोशिश अभिनन्दनीय है। जीवन-वास्तव को कलात्मक अभिव्यक्ति देने के नए मार्ग इससे खुलेंगे। नई पीढ़ी के लेखकों की यह माँग भी जायज़ है कि आलोचक स्वयं आधुनिक मानव के दृष्टिकोण को आत्मसात करें, अन्यथा पुरानी दृष्टि से वे नए को न तो समझ सकेंगे, न समझा सकेंगे। लेकिन उनकी यह माँग, जो उनके वक्तव्यों में ध्वनित होती है, कि आलोचक एकदम उनकी ही शब्दावली में, उनकी ही दृष्टि से उनकी रचनाओं को देखें, सर्वथा नाजायज़ है। रचनाकार को अपनी अधकचरी

रचना में भी सार-ही-सार दिखाई देता है, लेकिन आलोचक तो क्या साधारण पाठक भी उसके अधकचरेपन को परख लेता है। इसलिए आलोचक पर ऐसी कोई बंदिश नहीं लगाई जा सकती।

दरअसल लेखक और आलोचक के संबंध को साहित्य के स्वस्थ विकास के लिए किसी औपचारिक रीति से फलदायक नहीं बनाया जा सकता, न एक-दूसरे पर कोई पाबंदी या बंदिश लगा कर ही। इसका एकमात्र तरीक़ा यह है कि आलोचक यह स्वीकार करके चले कि लेखक को अपने अनुभव और विज़न के अनुसार लिखने की स्वतंत्रता होनी चाहिए और लेखक भी यह स्वीकार करके चले कि आलोचक को भी अपने चिंतन-मनन और अनुभव की रोशनी में उसकी कृति की आलोचना करने की पूरी स्वतंत्रता है। एक-दूसरे की इस मौलिक स्वतंत्रता का आदर-सम्मान करके ही हम लेखक और आलोचक के बीच पुनः सद्भावना और सहयोग का वातावरण पैदा कर सकेंगे।

इतिहास का परिप्रेक्ष्य*

गत अंक के संपादकीय से इस चर्चा का सूत्र पकड़ें। हमने कहा था कि 'नई कविता' हो या 'नई कहानी' इनमें कोई एक ही विचारधारा नहीं दिखाई देती और हमने आग्रह किया था कि हिंदी के आलोचक नए रचनाकारों की कृतियों का अध्ययन करके इन परस्पर-विरोधी प्रवृत्तियों का निरूपण करें। हमने इस बात का भी संकेत किया था कि इस विवेचन को सार्थक बनाने के लिए 'मॉडर्न' या 'आधुनिक' की व्याख्या करनी होगी, क्योंकि दोनों प्रवृत्तियाँ अपने को 'मॉडर्न' या 'आधुनिक' दृष्टिकोण और भाव-बोध से संपन्न बताती हैं। इससे निश्चय ही यह ध्वनि निकलती थी कि इनमें से केवल एक दृष्टिकोण और भाव-बोध (प्रगतिशील, मानववादी) ही वास्तव में 'आधुनिक' है और दूसरा दृष्टिकोण और भाव-बोध (निराशावादी, अनास्थावादी) वास्तव में 'आधुनिक' नहीं है, 'आधुनिक' का आभास-मात्र है, एक समसामयिक विकृति है, अधिक-से-अधिक हम उसे 'आधुनिकतावादी' कह सकते हैं, क्योंकि हमने संपादकीय में 'आधुनिक' और 'आधुनिकतावादी' के भेद का 'स्पष्ट विवेचन' करने की भी माँग की थी।

वर्तमान के संदर्भ में (वह भी केवल पूँजीवादी जगत् के, विशेषकर पाश्चात्य योरप और अमेरिका में फैले आध्यात्मिक हाहाकार और अराजकता के संदर्भ में ही) इन ह्रासोन्मुखी, अनास्थावादी प्रवृत्तियों को एक सीमा तक 'आधुनिक' कह सकते हैं (पूँजीवादी संस्कृति के प्रवक्ता और आलोचक दरअसल इनको ही आधुनिक मानव की सर्वोच्च उपलब्धियाँ और उसके स्वतंत्र व्यक्तित्व की गहनतम अभिव्यक्ति कहकर प्रचारित करते हैं) लेकिन इतिहास के परिप्रेक्ष्य में ये प्रवृत्तियाँ 'आधुनिक मानव' के भाव-बोध और उसकी जीवन-दृष्टि की एण्टी-थीसिस हैं।

औद्योगीकरण और पूँजीवाद के उत्थान के साथ मनुष्य ने 'आधुनिक युग' में प्रवेश किया था और फ्रांसीसी क्रांति के झंडे पर 'लिबरटी, इक्वालिटी, फ्रेटरनिटी' (स्वतंत्रता, बराबरी और भाईचारा) के जो तीन नारे अंकित थे, वे ही आधुनिक मानव के भाव-बोध और युग-चेतना के प्रतीक और उसके जीवनादर्श की आधारशिला बने

*संपादकीय : आलोचना, जनवरी 1964

थे। यह भाव-बोध और युग-चेतना न पुराणपंथी थी, न सामंतवादी, बल्कि 'आधुनिक' थी, जिसने पहली बार मनुष्य-मात्र को विश्व के केंद्र में स्थापित किया था, मनुष्य को प्रकृति का स्वामी और अपने भाग्य का विधाता घोषित किया था और एक ऐसे समाज की कल्पना जगाई थी, जिसमें हर व्यक्ति बराबर होगा। धर्म, वर्ण, जाति और सेक्स के भेद के आधार पर ऊँच-नीच की व्यवस्था नहीं होगी। एक शब्द में फ्रांसीसी क्रांति की घोषणा थी कि सामाजिक व्यवस्था, मानव-संबंध, विचार और भावना के स्तर पर 'डिमॉक्रेसी' ही आधुनिक मानव के व्यवहार और संस्कार का प्रमाण होगी। लेकिन समाज-जीवन के हर क्षेत्र में या मनुष्य के व्यवहार में 'डिमॉक्रेसी' सही अर्थों में स्थापित नहीं हो सकी, क्योंकि फ्रांसीसी क्रांति ने समाज के वर्ग-आधार का मूलोच्छेद नहीं किया था, केवल सामंतवर्ग से सत्ता छीनकर नवोत्थित पूँजीपति वर्ग के हाथ में दे दी थी। उस समय यही संभव था। लेकिन औद्योगीकरण ने अगर फ्रांसीसी क्रांति की मानववादी उपलब्धियों को कालांतर में विकृत और खंडित करनेवाला पूँजीपति वर्ग पैदा किया था तो एक संघर्षशील मज़दूर वर्ग भी पैदा किया जिसमें मनुष्य के ऐतिहासिक अनुभव को एक ऐसे वैज्ञानिक जीवन-दर्शन (समाजवाद) में ढालने की क्षमता थी, जिसके आधार पर वर्ग-समाज की असंगतियों को मिटाकर एक नए वर्ग-मुक्त, शोषण-मुक्त और युद्ध-मुक्त समाज का निर्माण किया जा सके और फ्रांसीसी क्रांति के उन तीनों नारों को भी वास्तविक जीवन में कार्यान्वित किया जा सके, जिन्हें पूँजीवाद ने झुठला दिया था। 'समाजवाद'—आधुनिक मानव के भाव-बोध और जीवन-दृष्टि में यह महानतम आशावादी मूल्य इस मज़दूर वर्ग का ही योगदान है। इतिहास का परिप्रेक्ष्य यदि सामने रहे तो हमें इस परिणाम पर पहुँचने में देर न लगेगी कि आज 'डिमॉक्रेसी' और समाजवाद मानव-संस्कृति के चरम लक्ष्य हैं, महानतम जीवन-मूल्य हैं और हर व्यक्ति की सुख-समृद्धि की गारंटी है। दुनिया के एक-तिहाई भाग में, जहाँ सौ करोड़ इन्सान आज डिमॉक्रेसी और समाजवाद का निर्माण कर रहे हैं, हर व्यक्ति अपने को अपना भाग्य-विधाता महसूस करता है। उसमें एक अदम्य जीवनाकांक्षा, उत्साह और आशावाद है। हर व्यक्ति में 'हीरो' बनने की महत्वाकांक्षा है। हर व्यक्ति मानव-जीवन को सजाने-सँवारने के स्वप्न देखता है। वहाँ विज्ञान और कला में अन्तर्विरोध नहीं है। यह 'नए मानव' का 'नया भाव-बोध' और उसकी 'नयी युगचेतना' है।

इस सारे ऐतिहासिक अनुभव को दुहराने की ज़रूरत नहीं है। केवल यह बताना ही अभीष्ट है कि तब से मानव-समाज में दो परस्पर-विरोधी संस्कृतियों—जीवन और जगत् के प्रति दो विरोधी विचारधाराओं और युग-बोधों में संघर्ष जारी है। इस संघर्ष के परिणामस्वरूप वस्तु-जगत् के प्रति मनुष्य की प्रतिक्रियाएँ भी दो विपरीत कोटि की भावधाराओं में बँट गई हैं। मूलतः यह संघर्ष भी 'नए' और 'पुराने' के ही बीच है, लेकिन चूँकि हम अभी तक पूँजीवादी जगत् में रहते हैं और पूँजीवादी प्रचार के

सत्याभासों से प्रभावित हैं, इसलिए अक्सर नए को पुराना और पुराने को नया समझ बैठते हैं और जो वास्तव में नया है, इतिहास का आग्रह लेकर उभर रहा है, उसको लांछित करने लगते हैं और जो वास्तव में 'पुराना' है और इतिहास के मंच पर अपनी लीला समाप्त करके अतीत के गर्भ में विसर्जित हो रहा है, उसे 'नया' समझकर उसके अलमबरदार बन जाते हैं।

आज की दुनिया पर नज़र डालें। दो सौ साल का इतिहास साक्षी है कि पूँजीवाद के अंतर्गत मानव-संबंधों का कोई न्याय-संगत, मनावोचित या कहें 'डिमॉक्रेटिक' नियमन असंभव सिद्ध हुआ है, कि पूँजीवाद वर्ग-वैषम्य, शोषण, भुखमरी, बेकारी, जाति-भेद और युद्धवाद जैसी कुत्साओं का जनक और पोषक रहा है। पूँजीवाद में विज्ञान का उपयोग उत्पादन बढ़ाने और विध्वंसक अस्त्र-शस्त्रों के निर्माण के लिए किया जाता रहा है और अबुद्धिवाद का प्रयोग सामाजिक चेतना को खोखला करने के लिए। फलतः पूँजीवाद में व्यक्ति और समाज के जीवन को ख़तरा बढ़ता जाता है। आज एक भयंकर अराजकता फैली हुई है। अन्याय, वैषम्य, झूठ और बेकारी के विरुद्ध हर व्यक्ति में असंतोष और व्रिदोह की भावना का पैदा होना स्वाभाविक है। लेकिन यह विद्रोह अंधा बना रहे, इसके लिए पूँजीवादी विचारक और प्रचार के अपरिमित साधन अबुद्धिवाद का आश्रय लेकर लोगों को संज्ञाहीन और असंवेदनशील बनाने की कोशिश करते हैं, जिसका एकमात्र लक्ष्य होता है कि लोग बौद्धिक स्तर पर 'डिमॉक्रेटिक' और 'समाजवादी' विचारधाराओं को अव्यावहारिक, मानव-स्वभाव के प्रतिकूल और असंभव समझने लगें और भावना के स्तर पर नैतिक मर्यादाओं, सामाजिक दायित्वों और सभी प्रगतिशील जीवनादर्शों को भ्रामक, अपनी व्यक्तिगत स्वतंत्रता और अस्तित्व-रक्षा के लिए किए जानेवाले उपायों और समझौतों पर एक कठोर प्रतिबंध के रूप में देखने लगें। शीतयुद्ध की नीति चलाकर साम्राज्यवाद ने भय, झूठ और फ़रेब के इस अबुद्धिवादी प्रचार को युद्धास्त्र बनानेवाले उद्योग के बाद पूँजीवादी जगत् का सबसे बड़ा उद्योग बना दिया है, जिसने 'व्यक्ति की स्वतंत्रता' के नाम पर हर व्यक्ति के विचार-स्वातंत्र्य का अपहरण करनेवाले एक विराट् अंतर्राष्ट्रीय षड्यंत्र का जाल दो-तिहाई दुनिया में फैला रखा है। इस उद्योग में सैकड़ों अरब की पूँजी लगाई गई है। परिणामतः पूँजीवादी जगत् में आमतौर पर हर व्यक्ति का मानव जीवन पर छाए अविच्छिन्न संकट के भय से आक्रांत है, हर व्यक्ति अपने अंदर एक मर्मांतक खोखलापन, कटुता, दूसरों के दुख-दर्द के प्रति असंवेदना, घोर निराशा, अकिंचनता, व्यर्थता और पुंसत्वहीनता महसूस करता है। उसे लगता है कि जन-समूह के बीच व्यक्ति अकेला है, उसकी स्थिति एक अनचाहे अणु से अधिक नहीं है, उसकी आवाज़ 'अँधेरे में एक चीख' मात्र है, वह केवल 'भोक्ता' है, दिशा-ज्ञान खो कर केवल 'प्रवाह' में बहने को मजबूर है। जीवन के नाम पर जो कुछ 'संवेग' वह अभी भी महसूस करता है, केवल वे ही 'रीयल' हैं, उनको ही बार-बार सँजोने

की ज़रूरत है, बाकी सब झूठ है। श्रीमती सिमोन द बीवॉयर ने अपने प्रसिद्ध उपन्यास 'द मेंडारिंस' में पेरिस और पाश्चात्य जगत् के बुद्धिजीवियों की वर्तमान मानसिक स्थिति का चित्रण करते हुए बताया है कि अपनी बौद्धिक वाचालता के बावजूद वे यह अहसास खो बैठे हैं कि वे ज़िंदा भी हैं। वे अभी तक जिंदा हैं, इसका सबूत उन्हें केवल सेक्स के क्षणों में ही मिलता है और मैथुन समाप्त होते ही उनके अंतर में फिर एक भयावह शून्य और खोखलापन भर जाता है। इसलिए स्त्री और पुरुष सभी शाम होते ही किसी जाने-अनजाने पार्टनर की टोह में निकल पड़ते हैं, जिसके साथ हम-बिस्तर होकर एक बार फिर अपने शरीर की मुरदा लाश में जीवन का एक स्पन्दन महसूस कर सकें। उनका कहना है कि प्रेम, एकनिष्ठा, संयम, नैतिकता एक अर्थहीन आदर्शवादी बकवास है, केवल 'सेक्स' ही 'सच' है, इसलिए शील और मर्यादा त्यागकर बेटी सुबह घर लौटकर माँ-बाप से बड़े गर्व से कहती है कि मैं आज अमुक व्यक्ति के साथ सोई थी और पत्नी विदेश-यात्रा से लौटकर पति से प्रेमालाप करते हुए बताती है कि अकेलेपन की भावना से बचने के लिए वह किस-किस युवक के साथ सोई थी और अपने सेक्स-अनुभवों का तुलनात्मक विवेचन करती है और पति इस सूचना को 'आधुनिक' मानव का 'नार्मल' व्यवहार समझकर ईर्ष्या-द्वेष महसूस किए बिना ही निस्संग भाव से ग्रहण कर लेता है। लेकिन यह सात साल पुराने उपन्यास की बात है। बाद के पाश्चात्य जगत् के उपजीवी वर्ग के जीवन में 'बलात्कार' ही स्त्री-पुरुष के संबंध का सामान्य आधार बन गया और उपन्यासों में उसका खुला चित्रण कला का सबसे काम्य विषय। (अगर यही 'आधुनिक भाव-बोध' है तो निश्चय ही हिंदी की 'नई कहानी' न केवल रूढ़िवादी है, बल्कि 'गँवारू' है, और 'नए कहानीकारों' का भाव-बोध भी 'गँवारू' है, 'आधुनिकता' की भंगिमा के बावजूद !) संक्षेप में ह्रासोन्मुखी पूँजीवादी संस्कृति ने आज के व्यक्ति में इस अमानवीय स्तर का भाव-बोध और जीवन-दृष्टि पैदा की है। सार्त्र ने विश्वनिरस्त्रीकरण कांग्रेस के अवसर पर लेखकों के सम्मेलन में क्षुब्ध स्वर में कहा, "हम पश्चिम की संस्कृति के निर्माता आज अपनी आँखों के आगे पाश्चात्य संस्कृति का विनाश होते देख रहे हैं।"

इसीलिए हमने कहा कि अनास्था और निराशा का यह भाव-बोध केवल ह्रासोन्मुखी पूँजीवादी समाज के संदर्भ में ही 'आधुनिक' है, अन्यथा इतिहास के परिप्रेक्ष्य में वह भाव-बोध और इसको जन्म देनेवाली अबुद्धिवादी युग-चेतना मरणशील और पुरानी है। कला, साहित्य या दर्शन में यह भावबोध और युग-चेतना इधर जिस नए और उद्धत रूप में सामने आई है, वह उसकी समसामयिक विकृति है, जिसे आणुविक युद्ध के ख़तरे ने एक मानसिक विक्षिप्ति का रूप दे दिया है। अन्यथा, जब से पूँजीवाद का जन्म हुआ है, वर्ग-वैषम्य, व्यवसायिकता, आर्थिक संकट और युद्धों की बढ़ती हुई विकरालता से व्यक्ति-मानस में ऐसी प्रतिक्रियाएँ होती ही आई

हैं। ये प्रतिक्रियाएँ परिस्थिति-जन्य हैं, मानव की सहज भावनाएँ नहीं हैं; इस बात को पिछली शताब्दियों के लेखक और कलाकार देख-समझ सकते थे, यद्यपि 'भोक्ता' वे सब भी थे। शेक्सपियर, ह्यूगो, गेटे, बाल्ज़क, पुश्किन, दॉस्तॉयव्स्की, तॉल्स्तॉय, चेखव, गोर्की, इब्सन, रोम्या रोलाँ, टामस मान, मायाकोव्स्की, रवींद्रनाथ ठाकुर या बर्नार्ड शॉ जैसे पुरानी पीढ़ियों के महान् कलाकारों ने मनुष्य की भाव-संपदा और चेतना को कुंठित और खोखला बनानेवाले पूँजीवादी शोषण और वर्ग-वैषम्य के संदर्भ में रखकर इन सारी मनोवैज्ञानिक विकृतियों का चित्रण किया है, लेकिन कभी उन्हें 'आधुनिक मानव का भावबोध' कहकर नहीं स्वीकारा। ये विकृतियाँ मानव-स्वभाव का आधुनिकतम बायलोजीकल विकास नहीं हैं, जिनके बिना आज का मनुष्य 'आधुनिक' मानव कहलाने योग्य न हो। उन्होंने इन विकृतियों को कभी मनुष्य की 'मनुष्यता' का प्रतीक नहीं समझा, इसीलिए उन्होंने इन विकृतियों को उत्पन्न करनेवाली समाज-व्यवस्था के वास्तविक रूप का इतने मूर्त्त और शक्तिशाली ढंग से निरावरण किया कि उनकी रचनाएँ महान् कला की मिसाल बन गईं। उनमें हर प्रकार के अन्याय के प्रति कला की भाषा में तीव्र प्रतिवाद का स्वर है, वे मानव-विवेक को जगाती हैं और मनुष्य के भाव-बोध को अधिक मानवीय गुणों से समृद्ध करती हैं। यह महान् और स्थायी मूल्य के साहित्य की जीवंत परंपरा है और इसको किसी स्वेच्छाचारी तर्क-जाल और अंध-आक्रोश की फूत्कारों से झुठला देना या 'पुरानी', 'पिछड़ी' या 'फार्मूलाबद्ध' कहकर उड़ा देना मानव-विवेक कभी सहन नहीं करेगा। शीतयुद्ध के 'आईडियोलोग' मानव-संस्कृति की इस महान् परंपरा को अनाधुनिक और शुद्ध-कला-विरोधी घोषित करते आए हैं, और लेखक और कलाकार के लिए 'अनकमिटेड' (जीवन के प्रगतिशील लक्ष्यों और आंदोलनों से असंबद्ध या उनका विरोधी) होना ही कला-सृजन की प्रक्रिया का मूल-मंत्र बताते आए हैं, लेकिन इस कला-विरोधी मार्ग पर चलकर किसी ने अभी तक महान् कला का निर्माण नहीं किया।

इस ऐतिहासिक परिप्रेक्ष्य को पेश करने की ज़रूरत इसलिए पड़ी कि आज़ादी के बाद से हमारे साहित्य में भी कला-संबंधी इन ह्रासोन्मुखी विचारधाराओं की अनुगूँज सुनाई देती रही है। सबसे पहले 'नई कविता' में फिर अब 'नई कहानी' में। हमने पिछले संपादकीय में आलोचकों से माँग की थी कि वे नए रचनाकारों के कृतित्व को सहानुभूतिपूर्वक जाँचें-परखें। हम चाहते हैं कि 'आलोचना' के अगले अंकों में आज़ादी के बाद के हिंदी साहित्य, विशेषकर उपन्यास, कहानी, कविता और नाटक के क्षेत्र में जो भी सार्थक और मूल्यवान साहित्य रचा गया है, उसकी चर्चा हो, केवल 'नई कहानी' या 'नई कविता' के नाम पर 'जेनरल' वक्तव्य जैसी आलोचना न होकर हर महत्त्वपूर्ण नए रचनाकार की कृतियों का गंभीर अध्ययन प्रस्तुत किया जाए, ताकि उसके विशिष्ट व्यक्तित्व और उसकी प्रवृत्ति और देन को पाठकों के सामने पेश किया जा सके।

दुर्भाग्य से 'नई कविता' के प्रवक्ताओं की तरह, 'नई कहानी' के प्रवक्ताओं ने भी इस ऐतिहासिक परिप्रेक्ष्य को भुलाकर अपनी 'आधुनिकता' की बानगी दिखाने के लिए 'नई कहानी' की वकालत उसी घिसे-पिटे, ऊल-जलूल और अनपचे 'जार्गन' (गुह्य-भाषा) में शुरू कर दी है, जो 'नए भाव-बोध' का प्रतीक नहीं, बल्कि उन ह्रासोन्मुखी प्रवृत्तियों का प्रतीक है, जिनका उल्लेख हम पहले कर चुके हैं। 'दुर्भाग्य से' इसलिए कि इनमें से कई नई पीढ़ी के प्रमुख कहानीकार हैं और उन्होंने हिंदी कहानी को एक नई सामर्थ्य, गहराई और मानववादी स्वर दिया है। अपने कृतित्व से असंतुष्ट होना, कलाकार की विकासमान क्षमताओं का प्रमाण है, और अपने माध्यम की समस्त संभावनाओं को 'एक्सप्लॉयट करने की अकुलाहट और नए-नए प्रयोग करने की आकांक्षा इस बात का सबूत है कि उसका कला-बोध अपने दायित्वों के प्रति जागरूक है। लेकिन अपने अग्रजों के प्रति विद्रोह और आक्रोश की भावना इतनी अंधी नहीं बन जानी चाहिए कि 'परंपरा से मुक्ति' के नाम पर 'नई कहानी' में चरित्र-विधान और घटना को 'पुराना फार्मूला' घोषित करके, 'नई कहानी' अब चौदह साल बाद केवल 'अनुभव-खंडों' या 'क्षण-संवेगों' की माला पिरोने लगे और पाश्चात्य देशों में प्रचलित 'एण्टी-थियेटर' की तरह 'एण्टी-कहानी' बन जाय। इस तरह के इरादों की घोषणाएँ इस ओर संकेत करती हैं कि उनकी आनेवाली कहानी में 'आधुनिक भाव-बोध' के बहाने रुग्ण-मानस की असंबद्ध प्रतिक्रियाओं की ही विवृत्ति मिलेगी और इस प्रकार वे स्वयं अपने पुराने कृतित्व को झुठला देंगे। जिनमें आरंभ से ही यह प्रवृत्ति रही है, उनसे गिला-शिकवा व्यर्थ है, लेकिन जिनकी कहानियों में एक जागरूक मानव के भाव-बोध और युग-चेतना को अभिव्यक्ति मिली है, उनमें इस तथाकथित 'नए' के आक्रमण के आगे अपने आध्यात्मिक व्यक्तित्व को मिटा देने की लालसा संभवतः एक क्षणिक कमजोरी ही सिद्ध होगी, या वह केवल आक्रोश और वैचारिक स्तर के 'कन्फ़्यूजन' से उत्पन्न एक तात्कालिक भटकाव है जिसका उनकी नई रचनाओं पर विशेष प्रभाव नहीं पड़ेगा, हमारी यही कामना है।

औद्योगीकरण और पूँजीवादी विकास के बावजूद आज हम भी अपने देश में पूँजीवादी-सामंती संस्कृति का विनाश होते देख रहे हैं, लेकिन साथ ही उन शक्तियों को उभरते हुए भी देख रहे हैं जो इस संस्कृति के स्थान पर नए मानव-संबंधों और नई संस्कृति का निर्माण करेंगी। इसलिए एक कलाकार के लिए इस ह्रास और विनाश के 'बहाव में बहना उसकी मजबूरी' नहीं है। एक नए मानव-समाज को जन्म देने में कला भी भाग ले सकती है—कला की कलात्मकता को अक्षुण्ण रखकर हर व्यक्ति की प्रेरणा का स्रोत बन सकती है, ताकि फ्रांसीसी क्रांति के झंडे पर जो तीन शब्द लिखे थे, वे हर व्यक्ति की कल्पना में पुनरुज्जीवित हो जाएँ और उसके नए भाव-बोध और जीवन-दृष्टि का निर्माण करें।

लेखक की स्वतंत्रता और प्रतिबद्धता*

शीतयुद्ध के पाश्चात्य संचालकों ने उन उदात्त शब्दों के परंपरागत अर्थों को विकृत करके और उनमें विपरीत अर्थ-ध्वनियाँ और आशय भरकर, जिनके प्रति जन-साधारण के मन में सहज अनुराग और आस्था थी, जो उनकी मुक्तिकामी, प्रगतिशील आकांक्षाओं को स्वरित करते थे और शताब्दियों से दार्शनिक चिंतन और जन-संघर्ष के लक्ष्य बने हुए थे पिछले पंद्रह वर्षों में भाषा, संस्कृति और मनुष्य की पुनीत भावनाओं के साथ ऐसा बलात्कार किया है जिसकी तुलना हिटलर के समय जर्मनी में पुस्तकों की होली जलाने से ही की जा सकती है।

शीत-योद्धाओं के शब्दकोश में 'स्वतंत्रता से प्रेम' का अर्थ है, 'समाजवाद से घृणा'। 'स्वतंत्र-जगत्' का अर्थ है, पाश्चात्य-जगत् के पुराने साम्राज्यवादी देश और एशिया-अफ्रीका-अमरीका के वे देश, जो या तो अभी तक उनकी औपनिवेशिक गुलामी में हैं या उनके आर्थिक प्रभुत्व में हैं और 'प्रजातंत्र' का अर्थ होता है, व्यक्ति की स्वतंत्रता का अपहरण करनेवाली जाति-भेद, रंग-भेद, नस्ल-भेद, वर्ग-भेद-जैसी अमानवीय और बर्बर कुत्साओं को अक्षुण्ण रखकर उनको और भी प्रोत्साहन देनेवाला फ़ासिस्ट क़िस्म का सैनिक अथवा पूँजीवादी प्रशासन, जो उद्योगपतियों और ज़मींदारों के आर्थिक स्वार्थों की रक्षा करे और स्वतंत्रता, बराबरी और एकता के लिए लड़नेवाली भूखी और दुखी जनता की आवाज़ को दबाने की ख़ातिर लाखों 'व्यक्तियों' का क़त्ल करने में भी आनाकानी न करे।

मनुष्य के हृदय में पुनीत सामाजिक लक्ष्यों की झंकार पैदा करनेवाले इन शब्दों के ऐतिहासिक अर्थों को बिलकुल बदलकर या कहें कि अपने 'नूतन-उपनिवेशवादी' उद्देश्यों को छिपाने के लिए इनको आवरण के रूप में इस्तेमाल करके, साम्राज्यवादियों ने पिछले पंद्रह सालों में कितने षड्यंत्र और कितने हत्या-कांड रचे हैं, कितने देशों को युद्ध की भट्ठी में झोंका है और कितने देशों का बँटवारा करवाया है, इस इतिहास को दोहराने की ज़रूरत नहीं है। गोयबल्स का विश्वास था कि प्रचार के बल पर असत्य को सत्य के रूप में मनवाया जा सकता है। शीतयुद्ध के संचालकों का भी

*संपादकीय : आलोचना, अप्रैल 1964

कुछ ऐसा ही विश्वास है कि 'स्वतंत्रता', 'व्यक्ति की स्वतंत्रता', 'स्वतंत्र-जगत्' और 'प्रजातंत्र' का जय-घोष करते हुए वे अपने डॉलरों से हर चीज़ ख़रीद सकते हैं—व्यक्ति और राष्ट्र की आत्मा भी। और जो व्यक्ति, पार्टी या आंदोलन ख़रीदा नहीं जा सकता उसे 'कम्युनिस्ट' या 'कम्युनिस्ट-प्रेरित' कहकर वे उसे जन-साधारण की दृष्टि में 'स्वतंत्रता-विरोधी' सिद्ध कर सकते हैं और ज़रूरत पड़े, तो उसे हथियारों से कुचलने का नैतिक समर्थन पा सकते हैं।

शीत-योद्धाओं की जो उपलब्धि है और लेखक के नाते जिससे हमारा सीधा संबंध है, वह यह कि वे तथाकथित 'स्वतंत्र-जगत्' (फ्री वर्ल्ड) के अधिकांश देशों में, यहाँ तक कि उन सभी नए आज़ाद देशों में भी, जिन्होंने गुटों से दूर रहकर 'निष्पक्षता' की नीति अपनाई है, बुद्धिजीवी वर्ग के एक भाग को, विशेषकर तरुण पीढ़ी के लेखकों, चित्रकारों और अध्यापकों को गुमराह करने में सफल हुए हैं। तात्पर्य यह कि पश्चिम के शीत-योद्धा 'स्वतंत्रता', 'स्वतंत्र-जगत्' और 'प्रजातंत्र' जैसे शब्दों में जो नए, विपरीत और विकृत अर्थ भरकर प्रचारित करते हैं, इतिहास-ज्ञान और अनुभव की कमी के कारण बुद्धिजीवियों के एक वर्ग ने उनको ही 'सत्य' स्वीकार कर लिया है। इस स्वीकृति को हर बिकाऊ व्यक्ति-विशिष्ट के लिए काम्य और अस्तित्ववादी दृष्टि से लाभदायक बनाने की ख़ातिर विभिन्न डॉलर-संपन्न अंतर्राष्ट्रीय संस्थाओं, फाउंडेशंस तथा उनकी राष्ट्रीय शाखाओं की ओर से अनेक रूपों में जो आर्थिक सहायता बाँटी जाती है, उसने 'व्यक्ति-स्वातंत्र्य' और सामाजिक कार्यों और उद्देश्यों से व्यक्ति (विशेषकर लेखक और कलाकार) की 'असंबद्धता' को जीवन का सर्वोच्च मूल्य घोषित करनेवाले इन 'विशिष्ट' व्यक्तियों को हर देश में और फिर अंतर्राष्ट्रीय स्तर पर शीतशुद्ध के उद्देश्यों की पूर्ति के लिए 'परिसंबद्ध' होने यानी राष्ट्रीय आजादी, समाजवाद तथा अन्य प्रगतिशील जनवादी उद्देश्यों और विचारधाराओं के विरुद्ध शीतशुद्ध की प्रचार-मशीन का अंग बनने की 'अंतःप्रेरणा' प्रदान की है और उनके मनोजगत् को इस 'नए भाव-बोध' और एक 'नई संवेदनशीलता' से संपन्न बनाया है !

समाजवादी देशों को छोड़कर बाकी सारे संसार में और विशेषकर पाश्चात्य साम्राज्यवादी देशों में, आज अस्तित्ववादी-दर्शन का इतना व्यापक प्रसार क्यों है ? हर व्यक्ति केवल 'अपनी' 'सुख-सुविधा' के लिए ही अपने को क्यों ज़िम्मेदार समझता है ? वह समाज के जीवन से अपने को विच्छिन्न क्यों महसूस करता है ? आज बुद्धिजीवी-वर्ग में इतनी निराशा, इतना अवसाद, इतनी कुंठा और मानव-इतिहास, साहित्य और कला की परंपरा और मानववादी आदर्शों और प्रयोजनों के प्रति इतनी अनास्था और उपेक्षा क्यों है ? सामाजिक मूल्यों और नैतिक मान्यताओं का इतनी तेजी से विघटन क्यों हो रहा है ? व्यक्ति की मानवीय संवेदनाओं का क्षेत्र इतना संकीर्ण और आत्म-सीमित क्यों होता जा रहा है ? सेक्स के उत्तेजनापूर्ण क्षणों के

अलावा व्यक्ति में जीवित होने का अहसास क्यों खो गया है ? कला में मानव-रूप और भावनाओं की पाशविक-विकृति को ही नई कला का श्रेय क्यों माना जाने लगा है ? मानव के सहज सौंदर्य-बोध और आनंद-भावना की परितुष्टि के लिए हिंसा, बर्बरता, नग्नता, अश्लीलता और अबौद्धिकता-जैसी निम्न प्रवृत्तियों और रुचियों को क्यों उभारा जा रहा है ? आज व्यक्ति अपने को इतना निरीह, त्रस्त और आतंकित क्यों महसूस करता है ? क्या यह सारा परिवर्तन स्वाभाविक है ? 'आधुनिकता' का तकाज़ा है ? क्या सांस्कृतिक ह्रास और सामाजिक, मानववादी चेतना का लोप और आत्म-केंद्रित व्यक्तिवाद की बाढ़, औद्योगीकरण और भौतिक विकास और समृद्धि की एक दुर्निवार अनिवार्यता है, जैसा कि विभिन्न ढंगों से प्रचारित किया जाता है ? या ये विकृतियाँ उस ह्रासोन्मुखी समाज-व्यवस्था की आंतरिक असंगतियों के परिणामस्वरूप पैदा हुई हैं, जो अपना ऐतिहासिक औचित्य खो बैठी हैं, किंतु अपने अस्तित्व की रक्षा के लिए हर संभव उपाय से मनुष्य के विवेक, उसकी न्याय-भावना, उसकी सत्यान्वेषी दृष्टि, उसकी मानवीय संवेदना को धूमिल और कुंठित करके उसे संकीर्ण और मानवद्रोही बना देना चाहती हैं ?

सन् '36 के आस-पास, जब मैंने साहित्य की दुनिया में पहला क़दम ही रखा था, मुझे प्रसिद्ध अमरीकी उपन्यासकार अप्टन सिन्क्लेयर की एक विचारोत्तेजक पुस्तक पढ़ने को मिली। नाम था Money Writes ! (पैसा लिखता है !) इसमें लेखक ने साहित्य के इतिहास से मिसालें देकर बताया था कि पूँजीवादी समाज की विषमताओं और उसके अंतर्गत अन्याय और भेद पर आधारित मानव-संबंधों की क्रूरता का यथार्थ चित्रण करनेवाले महान् मानववादी और सत्यान्वेषी लेखकों को अनिवार्यतः दुःसह आर्थिक कठिनाइयाँ झेलनी पड़ी हैं और पूँजीपतियों की पत्र-पत्रिकाओं ने अकसर उनको लांछित और बदनाम करके उनके बहिष्कार की माँग की है। मिसाल के लिए, Doll's House (गुड़िया का घर), Hedda Gabler (हेडा गैब्लर), और Pillars of Society (समाज के स्तंभ) जैसे, पूँजीवादी नैतिकता की वास्तविकता का पर्दाफ़ाश करनेवाले नाटकों के विरोध में उनके महान् लेखक इब्सन को यूरोप के प्रायः सभी देशों के पूँजीवादी अख़बारों ने चुन-चुनकर जो गालियाँ दीं, उनको सभ्य समाज में दोहराना भी संभव नहीं है। लेकिन इसके विपरीत, अप्टन सिन्क्लेयर ने आँकड़े और तथ्य उद्धृत करके सिद्ध किया कि उन असंख्य घटिया लेखकों को, जिनमें प्रतिभा का अंश नाममात्र को ही है, पूँजीवादी व्यवस्था ने अपनी विचारधारा का प्रचार करने के लिए मोटी-मोटी रक़में और तनख़्वाहें देकर पाल रखा है।

इससे सिद्ध हो जाता है कि पूँजीवाद के अंतर्गत लेखक को विचार और लेखन की 'स्वतंत्रता' उपलब्ध नहीं है। इसीलिए पूँजीवादी व्यवस्था में एक 'सच्चा', 'ईमानदार' और 'जागरूक' लेखक (लांछन, अपवाद और अभावों से अविचलित

रहकर) वर्ग-वैषम्य से पीड़ित मनुष्यों के जीवन की क्रूर वास्तविकताओं का उद्घाटन करके, उस पर कला की भाषा में प्रहार करके समूचे जन-साधारण की स्वतंत्रता के दायरे को बढ़ाने में योग देता है, जिससे हर 'व्यक्ति' की स्वतंत्रता का दायरा बढ़ता है, जिनमें 'लेखक' भी शामिल है। समाज में जब इतना दुःख-दैन्य हो, इतनी अशिक्षा और ग़रीबी हो, इतना अन्याय और शोषण हो, तब अलग से 'लेखक की स्वतंत्रता' सिद्ध नहीं हो सकती, न भावना के स्तर पर जन-साधारण के संघर्षों, प्रगतिशील आकांक्षाओं और लक्ष्यों से उदासीन और असंबद्ध रहकर ही लेखक ऐसी प्रेरणादायी, मूर्त और मांसल कला-कृतियों की रचना कर सकता है, जो मनुष्य का सौंदर्य-बोध बढ़ाने के साथ ही चेतना-विकासी भी हों।

पूँजीवादी व्यवस्था में 'लेखक की स्वतंत्रता' की माँग का अर्थ ही यह है कि लेखक को इस बात का अधिकार हो कि वह शोषित-पीड़ित जनसाधारण की प्रगतिशील, मुक्तिकामी आकांक्षाओं और संघर्षों, उसके दुःख-दर्द को कलात्मक अभिव्यक्ति दे सके, अन्यायपूर्ण मानव-संबंधों, जर्जर रूढ़ियों, नैतिक मान्यताओं और अबुद्धिवादी विचारपद्धतियों की खुलकर आलोचना कर सके और अपनी कला से नए, उच्चतर मानव-मूल्यों की सृष्टि कर सके। यानी 'लेखक की स्वतंत्रता' और 'लेखक की प्रतिबद्धता' दो परस्पर-विरोधी विचार-सूत्र नहीं हैं, बल्कि प्रगतिशील सामाजिक उद्देश्यों के प्रति 'प्रतिबद्धता' ही 'लेखक की स्वतंत्रता' की माँग को गरिमा और सामाजिक औचित्य प्रदान करती है।

लेकिन पूँजीवादी समाज-व्यवस्था में 'लेखक की स्वतंत्रता' के प्रश्न को एक सीमित व्यक्तिपरक अर्थ में भी देखा जा सकता है। उन्नीसवीं शताब्दी के अंत में फ्रांस के रिम्बाँ, बोदूलियर, मलार्मे आदि कवियों ने 'कला के लिए कला' का जो आंदोलन चलाया था और उसके फलस्वरूप प्रतीकवाद, बिंबवाद, अभिव्यंजनावाद आदि योरपीय काव्य में जो अनेक प्रवृत्तियाँ मुखरित हुईं, वे आरंभ में साहित्य और लेखन के क्षेत्र में पूँजीवादी व्यावसायिकता के बढ़ते हुए संक्रमण के विरुद्ध, जिसने कलाहीन, प्रकृतवादी उपन्यासों और घिसी-पिटी पद्धति की कविता को कमाई का साधन बना रखा था, संवेदनशील, किंतु आत्मनिष्ठ रचनाकारों के विद्रोह के रूप में प्रकट हुई थीं।

दुर्भाग्य से यह विद्रोह भाषागत प्रयोगों तक ही सीमित रह गया, जिससे सूक्ष्म भावाभिव्यंजन के नए, अपरिचित सीमांत तो खुले, लेकिन पूँजीवादी व्यावसायिकता को इस वर्ग की रचनाओं ने न कोई क्षति पहुँचाई और न जन-साधारण में उसके विरुद्ध चेतना ही जगाई। इसके विपरीत, अपनी कला के प्रति पूँजीवादी समाज की व्यंग्यपूर्ण उपेक्षा से इस वर्ग के संवेदनशील लेखक और भी आत्मनिष्ठ होते गए और आगे चलकर उनका व्यक्तिवाद सामाजिक चेतना, सामाजिक जीवन और सामाजिक दायित्वों से विमुख होने को ही 'लेखक की स्वतंत्रता' की आधारशिला मानने लगा।

कलावादियों के 'व्यावसायिकता से विद्रोह' की परिणति जाकर हुई समाज से विद्रोह में, यानी प्रगतिशील सामाजिक लक्ष्यों से लेखक की असंबद्धता के नारे में। इस दयनीय परिणति के लिए इस वर्ग के लेखकों की आत्मनिष्ठा और व्यक्तिवाद के अलावा, साहित्य और कला को व्यवसाय की वस्तु बनानेवाले प्रकाशकों, फ्रायडीय् मनोविज्ञान, अस्तित्ववादी दर्शन और शीतयुद्ध की रणनीति के अनुसार विभिन्न देशों में 'सांस्कृतिक स्वतंत्रता' और 'प्रजातांत्रिक रिसर्च' या ऐसे ही आकर्षक नामों से स्थापित प्रचार-केंद्रों, उनके द्वारा प्रकाशित पत्र-पत्रिकाओं और सेठाश्रयी अख़बारों की ज़िम्मेदारी भी कुछ कम नहीं है। कोरी व्यावसायिकता के युग में पहले घटिया किस्म के लेखक ही फ़रमायशी साहित्य की रचना करते थे, लेकिन अब विश्व में समाजवादी विचारधारा के बढ़ते हुए प्रभाव और एशिया-अफ्रीका में प्रगतिशील, मानववादी जीवनादर्शों और प्रजातांत्रिक लक्ष्यों के अनुकूल अपने पिछड़े आर्थिक, सामाजिक और सांस्कृतिक जीवन का पुनर्निर्माण करने में संलग्न जनता की शांति-समर्थक नीति से उत्पन्न खतरे से, जो उनकी दृष्टि में लेखक को इन आदर्शों से बलात् संबद्ध करके उसके 'व्यक्तित्व' और उसकी 'स्वतंत्रता' का अपहरण कर लेती है, पुरानी पीढ़ी के अनेक 'क्रांतिकारी' लेखक और नई पीढ़ी के अनेक 'संवेदनशील' रचनाकार अपने 'व्यक्तित्व' और 'लेखन की स्वतंत्रता' की रक्षा के लिए 'फ्री-वर्ल्ड' के संरक्षक अमरीकी सैनिक अड्डों की तरह दुनिया-भर में फैले शीतयुद्ध के प्रचार-केंद्रों में जाकर शरणागत बने हैं। प्रतिभा और स्टेटस के अनुसार इनमें बख्शीश, वेतन और वज़ीफे के रूप में जिसको जितना अधिक धन बाँटा जाता है, जनता की बर्बर, 'टोटेलिटेरियन' शक्तियों और प्रवृत्तियों से 'व्यक्ति-स्वातंत्र्य' और 'आधुनिक सभ्यता' और 'संस्कृति' के लिए उत्पन्न ख़तरे के प्रति उसमें उतना ही अधिक अहसास बढ़ जाता है। और वह इन प्रचार-साधनों के माध्यम से ऐसे वातावरण की सृष्टि में लग जाता है, जिसमें क्या सच है, क्या झूठ है, क्या शुभ है, क्या अशुभ है और क्या सुंदर है, क्या असुंदर है, साधारण व्यक्ति में इसका बोध और विवेक ही खो जाय और उसे सभी प्रकार की उदात्त, नैतिक, मानववादी भावनाएँ ऊपर से ओढ़ी हुई बाह्य आडंबर-मात्र दीखने लगें—यानी अपनी मनुष्यता से ही उसका विश्वास उठ जाय।

निस्संदेह, Money Writes !

कुछ लोग आपत्ति कर सकते हैं कि यह विश्लेषण राजनीतिक है और इसमें लेखक की स्वतंत्रता और प्रतिबद्धता के प्रश्न को साहित्य के संदर्भ में देखने का प्रयास नहीं किया गया। लेकिन हमारी कठिनाई यह है कि लेखक की 'स्वतंत्रता' को लेखक के सामाजिक 'दायित्व' या उसकी 'प्रतिबद्धता' के विरोध में बलात् खड़ा करके, जैसे दोनों परस्पर-विरोधी स्थितियाँ हों—जिन्होंने पिछले पंद्रह वर्षों से, अपने

वक्तव्यों, विवेचनाओं और रचनाओं द्वारा, मनुष्य की प्रेम, न्याय, त्याग, करुणा-जैसी मानवीय भावनाओं और साहित्य और कला की उन सभी प्रवृत्तियों और विचारधाराओं और कला-सर्जन की उन सभी प्रक्रियाओं और पद्धतियों की लगातार खिल्ली उड़ाई है, जिनमें सामाजिकता की ज़रा भी गंध मिलती है, उन्होंने अपने समाजवाद (और हमारे देश में नेहरू की निष्पक्षता और शांति की नीति) विरोधी शीतयुद्धीय राजनीतिक मंतव्यों को छिपाने की कभी कोशिश नहीं की। 'एन्काउंटर' और 'क्वेस्ट', 'धर्मयुग' और 'ज्ञानोदय' तथा अन्य सैकड़ों पत्र-पत्रिकाओं में अकसर प्रकाशित होनेवाली ऐसी रचनाएँ और वक्तव्य इस बात के प्रमाण हैं। इसलिए इस प्रश्न के राजनीतिक संदर्भ को इस युग के वास्तविक संघर्ष की पृष्ठभूमि में पेश करने की ज़रूरत थी।

अन्यथा, अगर केवल साहित्य और कला के संदर्भ में ही देखा जाय तो हमारी मान्यता है कि 'व्यक्ति की स्वतंत्रता' जीवन का सर्वोच्च मूल्य है। आदिकाल से मानववादी विचारधाराएँ और दर्शन इस बात को स्वीकार करते आए हैं। लेखक और कलाकार का कार्य चूँकि 'रचनात्मक' होता है, इसलिए उसकी 'स्वतंत्रता' और भी अधिक स्पृहणीय है।

साहित्य और कला के इतिहास से यह भी प्रमाणित है कि उसमें मूलतः यथार्थवादी और कल्पनावादी—साहित्य में रोमांटिक और चित्रकला में अमूर्त—ये दो प्रवृत्तियाँ, कला-निर्माण की ये दो वस्तुनिष्ठ और भावनिष्ठ सौंदर्य-दृष्टियाँ ही किसी-न-किसी रूप में अपने को दोहराती आई हैं, कभी एक-दूसरी की प्रतिक्रिया के रूप में उभरी है, कभी दोनों समानांतर चली हैं, कभी दोनों की सीमाएँ एक-दूसरे में घुलमिल गई हैं तो कभी दोनों में जोर की टक्कर और विरोध भी हुआ है। और यद्यपि 'आज' की स्थिति में हम चाहे 'यथार्थवादी' प्रवृत्ति को अधिक उपयुक्त मानते हों, लेकिन रोमांटिक साहित्य या अमूर्त कला से हमारा कोई विरोध नहीं है। न वे हमें अरुचिकर लगती हैं और न अपने-आप में ह्रासोन्मुखी (डिकेडेंट) ही। दोनों में से कोई भी प्रवृत्ति देश-काल की विशिष्ट परिस्थितियों में विकृत होकर ह्रासोन्मुखी भूमिका अदा कर सकती है।

हमारी यह भी मान्यता है कि कोई भी व्यक्ति आत्मनिरपेक्ष इकाई नहीं है, न परंपरा से असंबद्ध हो सकता है। दरअसल, हर व्यक्ति जन्म के साथ ही एक संश्लिष्ट कड़ी के रूप में—ऐतिहासिक, सांस्कृतिक और सामाजिक-आर्थिक संबंधों के ताने-बाने से बुनी परंपरा का वाहक होता है। इस परंपरा और विरासत से वह चाहकर भी मुक्ति नहीं पा सकता। अंतरस्थ विरासत का यह बीज ही प्रस्फुटित होकर व्यक्ति की कला को सचाई, गहराई और मौलिकता प्रदान करता है। इस अंतरस्थ विरासत को खोजने-पहचानने की दीर्घ कला-साधना के मार्ग में हम नहीं चाहते कि किसी भी लेखक या कलाकार को किसी प्रकार की बाधा का सामना

करना पड़े। उस पर केवल राष्ट्रीय, जातीय या लोक-साहित्य या कला को ही आदर्श मानकर चलने का कोई दुराग्रह या प्रतिबंध नहीं होना चाहिए, बल्कि उसे अपनी आंतरिक रुचि के अनुसार विश्व-साहित्य और कला में जो सर्वश्रेष्ठ है–आज या गत युगों में–उसकी उपलब्धियों और अनुभवों को आत्मसात करने और ग्रहण करने की पूरी स्वतंत्रता होनी चाहिए, ताकि वह राष्ट्रीय विरासत को नया रूप और नई अभिव्यक्ति देकर समृद्ध कर सके; ताकि वह रवींद्रनाथ ठाकुर और शेक्सपियर की तरह 'राष्ट्र-कवि' भी बन सके और 'विश्व-कवि' भी।

साहित्य समाज का दर्पण और जीवन की आलोचना है–ये पुरानी मान्यताएँ आज भी सही हैं और किसी भी समाज-व्यवस्था में सही रहेंगी। इस दर्पण को मैला करने का अधिकार न लेखक या कलाकार को है और न समाज-व्यवस्था को ही। यानी लेखक और कलाकार की जीवन-सत्य को प्रतिबिंबित करने की स्वतंत्रता के हम हामी हैं–बल्कि लेखक से अगर कोई आग्रह है तो यह कि हर परिस्थिति और हर समाज में वह जीवन की वास्तविकता को कलात्मक अभिव्यक्ति दे। ऐसी हर कलात्मक अभिव्यक्ति अनिवार्यतः जीवन की–जीवन को कलुषित, क्षुद्र, अनैतिक, अभाव-ग्रस्त, पाशविक या हिंस्र बनानेवाली प्रवृत्तियों, समाज-व्यवस्थाओं, विचारधाराओं और नीतियों की–आलोचना होती है, स्पष्ट नहीं तो संकेत रूप में। इसलिए उन्नीसवीं शती के महान् यथार्थवादी उपन्यासकारों की तरह, आज भी लेखक निर्भीक भाव से 'सत्य' को रूपायित करें, पूँजीवादी जगत् में ही नहीं, समाजवादी देशों में भी, इससे किसी विचारशील व्यक्ति को आपत्ति नहीं हो सकती।

जिन देशों में व्यक्तिवाद और अस्तित्व-दर्शन ने व्यक्तियों के बीच अहं की दुर्लंघ्य दीवारें खड़ी कर दी हैं और उनमें अपने सुख-दुःख का विनिमय बंद हो गया है, उनकी सर्जना चाहे व्यापक सामाजिक उद्देश्यों से उद्बुद्ध और उत्प्रेरित न हो पाती हो और उन्हें कामू की तरह लगता हो कि जीवन भी व्यर्थ है और मृत्यु भी व्यर्थ है और यह व्यर्थता की भावना भी व्यर्थ है, और अपने आप से बाहर किसी अन्य की बात सोचना भी 'प्रतिबद्धता' है जो लेखक की स्वतंत्रता पर प्रतिबंध लगाती है, लेकिन हमारे देश की परंपरा और परिस्थितियाँ इससे मूलतः भिन्न हैं। दीर्घकालीन गुलामी के दौर में रहने के कारण हमारे देश के ईमानदार लेखकों के लिए 'असंबद्ध' रहकर ऐसी 'स्वतंत्रता' की कल्पना भी संभव नहीं है जो समाजवाद, प्रजातंत्र और विश्व शांति-जैसे मान्य राष्ट्रीय लक्ष्यों के विरोध में साम्राज्यवादियों के शीतयुद्धीय घृणा-प्रचार का प्रच्छन्न साधन हो।

आज की कहानी : आंदोलन की उपलब्धियाँ*

'आज की कहानी' यानी स्वतंत्रता प्राप्ति के बाद की (हिंदी) कहानी। 'नई कहानी' उसे मैं इसलिए नहीं पुकार रहा, क्योंकि राजेंद्र 'यादव' की तरह मुझे भी अहसास है कि "चूँकि हर युग की कहानी 'नई' होती है इसलिए पिछले दशक की कहानी को 'नई कहानी' नाम देना आगे जाकर अध्येताओं के लिए ग़लतफहमी पैदा कर सकता है।" और इसी अहसास के कारण मैं उनसे इस बात में सहमत नहीं हूँ कि चूँकि आज की कहानी की "इस धारा को कोई-न-कोई नाम तो देना ही होगा" इसलिए और किसी उपयुक्त नाम के अभाव में उसे 'नई कहानी' कहकर ही पुकारा जाय। ऐसी किसी विवशता का तर्क-संगत आधार नहीं दिखाई देता। बल्कि, इस विवेकपूर्ण अहसास के बावजूद आज की कहानी को 'नई कहानी' का नाम देने का जो बहुप्रचारित दुराग्रह चलाया गया है, उसने आलोचकों और पाठकों से ज़्यादा स्वयं 'नई कहानी' नाम के विज्ञापक रचनाकारों के लिए जटिल उलझनें पैदा कर दी हैं।

साहित्य और कला में अब तक प्रवृत्यात्मक नामकरण की ही प्रथा रही है, जैसे यथार्थवाद और कल्पनावाद (रोमांटिसिज़्म) जो मनुष्य की सहज, वस्तुनिष्ठ और भावनिष्ठ सौंदर्य-दृष्टियों पर आधारित हैं, अथवा प्रतीकवाद, प्रयोगवाद आदि, जो कला-निर्माण की किसी विशिष्ट पद्धति को रेखांकित करते हैं या अंत में प्रगतिवाद और रूपवाद (कलावाद) जो साहित्य संबंधी दो दार्शनिक दृष्टिकोणों के सूचक हैं। इन सौंदर्य-दृष्टियों और रचना-पद्धतियों में से किसी को अपने-आप में 'नए' या 'पुराने' की कोटि में रखना संभव नहीं है, क्योंकि रचना-प्रक्रिया में उनकी विवृत्ति आदिकाल से होती आई है और किसी देश-काल के विशिष्ट संदर्भ में ही नए उभरते सत्य या पुराने रूढ़िवादी जीवन-मूल्यों और मान्यताओं का प्रतीक मानकर उनका समर्थन या विरोध किया जाता रहा है। इस ऐतिहासिक अनुभव का तिरस्कार करके आज की कहानी को 'नई कहानी' नाम देने का परिणाम यह हुआ है कि उसके विश्लेषण और मूल्यांकन का कोई सामान्य आधार नहीं रहा।

'नई कविता' और उससे पहले 'प्रयोगवादी कविता' वालों ने भी यह

---

*संपादकीय : आलोचना, जुलाई 1964

ग़लतफ़हमी पैदा करने की कोशिश की थी, ताकि 'प्रयोगों' की विशिष्टता, प्रतीकों और बिंबों की नवीनता पर ही ध्यान दिया जाय, कथ्य या विचार-वस्तु को जीवन वास्तव के व्यापक संदर्भों में रखकर उसका मूल्यांकन न किया जाय। सूक्ष्म संकेतों की परिमार्जित भाषा में यह बात विभिन्न ढंगों से कही और समझाई गई। 'युग-सत्य' को सार्थक और सशक्त अभिव्यक्ति देने योग्य भाषा गढ़ने और सँवारने के प्रयोग प्रतिभाशाली लेखक आदिकाल से करते आए हैं, इसलिए 'प्रयोग' से किसी भी संवेदनशील कवि को कोई आपत्ति नहीं थी, और स्वस्थ प्रगतिशील चेतना तथा रुग्ण मानस के आत्मवादी, कुंठाग्रस्त दोनों प्रकार के कवियों ने 'प्रयोग' की इस नई धारा में समान रूप से क्रियात्मक योग दिया। लेकिन धीरे-धीरे 'प्रयोगवाद' और बाद में 'नई कविता' ने एक आंदोलन का रूप ले लिया और एक विशेष प्रकार की समाजद्रोही और अनास्थावादी मानसिकता से इस आंदोलन को संबद्ध करके स्वस्थमना प्रगतिशील कवियों को इस आंदोलन के प्रचार-वृत्त से बहिष्कृत कर दिया गया। इस आंदोलन के प्रवक्ताओं ने ईलियट, पाउंड और दूसरे पाश्चात्य कवियों से प्रेरणा लेकर प्रयोगवाद के सूत्र गढ़े और आरंभ से ही काव्य की हर भारतीय परंपरा का तिरस्कार किया—केवल इसलिए नहीं कि उनकी भाषा, अभिव्यक्ति के प्रकार, बिंब, प्रतीक और उपमाएँ बहुत घिसी-पिटी और निरर्थक हो गई थीं, बल्कि इसलिए भी कि उनमें अंतर्धारा के रूप में प्रवाहित जीवन के प्रति आस्था और आशा का स्वर उन्हें अपने विशिष्ट गुट के समाजवाद-विरोधी जीवन-दर्शन और व्यक्तिवादी मनोवृत्ति के प्रतिकूल लगा। ख़ैर नई कविता का यह आंदोलन जितने दर्प से नगाड़े बजाता हुआ उठा था, वह एक दशक के अंदर ही एक दयनीय मौन चीत्कार के साथ विस्मृति के गर्त में विलीन हो गया, अर्चिन-कट के बालोंवाले फैशन की तरह जिसने सुंदर और स्वस्थ स्त्रियों को भी एक विक्षिप्त और अकाम्य रूप दे दिया था। नई-कविता के आंदोलन की उपलब्धि ? हिंदी कविता से सामान्य पाठक की भयंकर विरुचि और उसकी काव्य-संवेदना की विकृति। कहने का यह मतलब नहीं कि इस बीच प्रयोगवादी ढंग की श्रेष्ठ और सफल कविताएँ नहीं लिखी गईं, लेकिन जितने बड़े दावे किए गए उनके मुक़ाबले में श्रेष्ठ प्रयोगवादी या 'नई' कविताओं की फ़सल नगण्य रही और नई सामाजिकता, युग-सत्य आदि को अभिव्यक्ति देने के जो वादे किए गए, वे सामाजिकता और युग-सत्य को झुठलाने के रूप में ही अक्सर पूरे हुए। स्फूर्ति, अंतर्दृष्टि और चेतना को गहराई देने की जगह उन्होंने अवसाद, कुंठा, व्यर्थता और अनास्था ही पैदा करने की कोशिश की। फिर भी इस प्रसंग में इस तथ्य को रेखांकित करने की ज़रूरत है कि प्रगतिवादी आंदोलन की तरह प्रयोगवादी आंदोलन भी (काव्यगत प्रयोग नहीं) आधुनिक युग के उस विश्व-व्यापी संघर्ष का अंग था जो समाजवादी और पूँजीवादी शक्तियों और जीवन-दर्शनों के बीच छिड़ा हुआ है। दोनों साहित्य-दृष्टियों में विरोध का आधार व्यक्तिगत नहीं था, न ये आंदोलन कुछ

व्यक्ति-लेखकों को साहित्यिक मान्यता प्रदान कराने के निमित्त उनके कवित्व की 'अपूर्व विशिष्टताओं' के मनगढ़ंत और स्वेच्छाचारी दावों से शुरू हुए थे।

हर नया साहित्यिक आंदोलन अपनी पूर्ववर्ती परंपरा से विद्रोह करता है, किंतु साथ ही उस परपंरा की श्रेष्ठ और मूल्यवान उपलब्धियों का अपने अंदर समाहार करके उसका विस्तार भी करता है। सामंती नैतिक भाव-बोध की संकीर्णताओं में कैद रीतिवादी कविता के विरुद्ध छायावाद का विद्रोह, अगर ऐतिहासिक परिप्रेक्ष्य में देखा जाय तो वास्तविक अेर्थ में मौलिक और युगांतरकारी था। लेकिन व्यक्ति की महत्ता का उद्घोष करते हुए भी छायावाद ने भावना और विचार के स्तर पर भक्ति-काव्य की जनवादी परंपराओं का तिरस्कार नहीं किया। प्रगतिवाद ने छायावादी काव्य में बढ़ती हुई असामाजिक व्यक्तिनिष्ठा और पराजयवाद की प्रवृत्तियों के विरुद्ध विद्रोह किया, लेकिन साथ ही प्रसाद, पंत, निराला के काव्य के मूलतः मानववादी और मुक्तिकामी स्वर को पूरा समर्थन दिया और उसे हिंदी-साहित्य की अक्षुण्ण विरासत के रूप में स्वीकारा। इसके विपरीत एक आंदोलन के रूप में प्रयोगवाद और बाद में नई कविता ने पाश्चात्य की मानवद्रोही कला-प्रवृत्तियों के प्रभाव में समूची भारतीय साहित्य-परंपरा का तिरस्कार करके अपने को एकदम अभूतपूर्व और विशिष्ट सिद्ध करने की कोशिश की। इस आंदोलन के संचालकों ने औद्धत्य से भरा कुछ ऐसा रुख अपनाया मानो उनसे पहले के सभी कवि और साहित्यकार मूर्ख थे, 'आरोपित आदर्शवाद' की दलदल में फँसे दयनीय प्राणी थे, जिससे वे 'यथार्थ' को खुली आँखों से देखने में असमर्थ रहे और चूँकि वे कला की 'रचना-प्रक्रिया' से अनभिज्ञ थे, इसलिए उनकी कविता सही मानों में कविता नहीं है, वह इतिहास, पुराण, दर्शन, नैतिक-उपदेश, समाजशास्त्र आदि और चाहे जो कुछ हो। परंपरा का इस तरह संपूर्ण तिरस्कार हमारे इतिहास में पहली बार किया गया। फिर भी जैसा मैं पहले कह चुका हूँ, इस 'विद्रोह' का मुख्य उद्देश्य कुछ व्यक्तियों को साहित्यिक मान्यता दिलवाना नहीं था, बल्कि साहित्य-जगत् में ऐसी उद्धत व्यक्तिवादी कुंठा और मानवद्रोही अनास्था का वातावरण पैदा करना था, जिसमें नई पीढ़ी के लेखकों का सहज मानवीय भावबोध इतना विकृत, आत्मपरक और क्षुद्र बन जाय कि युग के व्यापक प्रश्नों और जनजीवन के यथार्थों के प्रति उनका मन एकदम असंवेदनशील हो जाय और एक संकीर्ण अस्तित्ववादी भावना के वशीभूत होकर वे सभी सामाजिक लक्ष्यों, प्रगतिशील जीवनादर्शों और मानवमूल्यों को झूठा और व्यक्ति-स्वातंत्र्य पर बाहर से आरोपित बंधन के रूप में समझने लगें। संगठित आंदोलन के रूप में प्रगतिवाद और प्रयोगवाद चाहे विघटित हो गए हों, लेकिन वे आधुनिक युग की जिन दो परस्परविरोधी विचारधाराओं का प्रतिनिधित्व करते हैं, वे आज भी उतनी ही सक्रिय हैं और उनका संघर्ष भी उतना ही गहरा है। दोनों ने अपने-अपने ढंग की मानसिकता को जन्म दिया है और कोई पुराना या नया

लेखक यह दावा नहीं कर सकता कि वह इनमें से किसी भी प्रवृत्ति से प्रभावित नहीं है।

इसमें संदेह नहीं कि स्वतंत्रता के बाद व्यक्तिनिष्ठ प्रयोगवादी विचारदर्शन से हमारा कथा-साहित्य भी एक सीमा तक प्रभावित हुआ और अनेक आत्मकथात्मक और नीरस उपन्यास लिखे गए। लेकिन जीवन-यथार्थ को व्यापक सामाजिक संदर्भ में प्रस्तुत करने की अनिवार्यता ने हमारे कथाकारों को अधिक देर तक गुमराह नहीं होने दिया और वे जीवन के बड़े कैनवस को चित्रित करने की ओर प्रवृत्त हुए। अनेक सशक्त और कलात्मक कृतियाँ सामने आईं। हिंदी उपन्यास ने रवींद्र, शरत् और प्रेमचंद की परंपरा को एक नए बौद्धिक और कलात्मक स्तर पर नया रूप-संस्कार और गहराई दी। कहानीकारों ने भी नई सामाजिक दृष्टि से प्रेरित अनेक श्रेष्ठ कहानियाँ रचीं। इनमें पुरानी और नई दोनों पीढ़ियों के लेखकों का योगदान था।

लेकिन प्रयोगवाद और नई कविता के आंदोलनों ने परंपरा का तिरस्कार करके अपनी काव्य-शैली की विशिष्टता और प्रगतिशील विचारधारा और सामाजिक दायित्वों के प्रति उदासीन रहने की जिस प्रवृत्ति का इतने जोर-शोर से प्रचार किया था, उसकी तात्कालिक सफलता ने स्वतंत्रता प्राप्ति के बाद की पीढ़ी के कथाकारों और आलोचकों को एक प्रकार से चकाचौंध कर दिया और उन्हें 'आत्माभिव्यक्ति' का ही नहीं बल्कि साहित्य में जल्द-से-जल्द 'आत्म-प्रतिष्ठा' का एक प्रोग्राम भी सुझा दिया। 'नई कहानी' का मंच तैयार करने की शुरुआत हुई, जो संभवतः आरंभ में 'नई कविता' के मंच के मुक़ाबले में खड़ा किया गया था, ताकि युग के विचार-संघर्ष में तरुण कवियों की तरह तरुण कथाकार भी लक्ष्य-भ्रष्ट न हो जाएँ। इसके अलावा राकेश, रेणु, कमलेश्वर, राजेंद्र 'यादव', शिवप्रसादसिंह, मार्कण्डेय, अमरकांत और कई दूसरी तरुण रचनात्मक प्रतिभाएँ सामने आ चुकी थीं, उनकी कहानियों में व्यक्तिगत वैशिष्ट्य के साथ-साथ, कुछ सामान्य शिल्पगत विशेषताएँ भी थीं, और भाषा, अभिव्यक्ति और 'एप्रोच' में भी कुछ नवीनता थी। ऐसा होना स्वाभाविक था। अगर वे प्रेमचंद और यशपाल या जैनेंद्र और अज्ञेय की शैली और कहानी-शिल्प की आवृत्ति ही करते तो निश्चय ही उनकी कहानियाँ मूल्यवान न होतीं और न कथाकार के रूप में उनके व्यक्तित्वों का विकास होता। दरअसल यह 'नवीनता' बदलते हुए सामाजिक परिवेश के संदर्भ में स्वाभाविक विकास-प्रक्रिया का परिणाम थी, जिस तरह यशपाल, मंटो और कृश्नचंदर की कहानियाँ प्रेमचंद और सुदर्शन की कहानियों से भिन्न और नए ढंग की थीं। लेकिन 'नई कविता आंदोलन' की देखा-देखी नामवरसिंह ने सन् 50 के बाद की कहानी की शैली-शिल्प-भाषा और 'एप्रोच' की 'नवीनता' को समझाने के लिए 'नई कहानी' का नया सौंदर्यशास्त्र और उसकी नई परिभाषा तराशने का ज़िम्मा लिया। 'नई कहानी' का जब मंच तैयार हो गया और उसे नई परिभाषाओं के शाब्दिक वंदनवारों से सजा दिया गया तो मंच पर कब्ज़ा

जमाने के लिए आपस में खींचतान शुरू हुई। जिन्हें ग्राम्य जीवन का ज़्यादा अनुभव था और 'रेणु' के 'मैला आँचल' की अभूतपूर्व सफलता से सोच बैठे थे कि 'आंचलिकता' ही 'नई कहानी' के नएपन का आधार है, उन्होंने दावा किया कि नई कहानी देश के अस्सी फ़ीसदी ग्रामीण जनों के अंतर्बाह्य जीवन के यथार्थ-चित्रण की कहानी है। शहर के वातावरण में पले कथाकारों ने प्रतिवाद किया कि युग का बदलता परिवेश नगरवासी मध्यवर्ग के जीवन और चेतना पर दबाव डालकर उसे संश्लिष्ट बना रहा है—इस जीवन की द्रुतगामिता, घुटन और संकुलता को नए परिवेश के संदर्भ में रखकर पेश करना ही नई कहानी का कार्य है। इसमें संदेह नहीं कि ग्राम और नगर के आधार पर किसी युग की कहानी का विभाजन कृत्रिम है और जीवन के किसी एक क्षेत्र तक ही कहानी के कथ्य को सीमित कर देने की कोशिश तो और भी गलत है। यह तो कथाकारों के एक वर्ग की अक्षमताओं को सैद्धांतिक मान्यता दिलवाने के प्रयत्न जैसी चीज़ है। आज की कहानी अगर शहर के मध्यवर्ग के जीवन की ही कहानी हो सकती है तो 'रेणु' की 'तीसरी कसम' और 'लाल पान की बेगम' तथाकथित 'नई कहानी' के वृत्त में नहीं आतीं। और अगर आंचलिक जीवन का चित्रण ही 'नई कहानी' की विशेषता है तो 'मलवे का मालिक', 'मिस पॉल' और 'एक ज़िंदगी और' को उसके वृत्त से बाहर रखना होगा। संतोष की बात है कि इस बहस की निरर्थकता शीघ्र ही समझ ली गई और यह परिच्छेद बंद हो गया। लेकिन फिर भी अंदर-ही-अंदर एक ऐसा तिलिस्म घटित हुआ कि 'नई कहानी' के मंच पर सिर्फ मध्यवर्ग के 'आकुल जन की संकुलता' का चित्रण करनेवाले ही रह गए। यह क्यों और कैसे हुआ, यह महत्त्व की बात नहीं है। इस प्रसंग में याद रखने लायक महत्त्व की बात सिर्फ़ यह है कि इससे मंच छोटा हो गया और प्रचार की ख़ातिर Mass circulation वाली सेठाश्रयी पत्र-पत्रिकाओं की मदद पाने के लिए, जो समस्त जनवादी और राष्ट्रीय उद्देश्यों और लक्ष्यों का खुले आम विरोध करती हैं, इस मंच को और भी संकीर्ण बनाते जाना पड़ा। यानी 'नई कहानी' की परिभाषाओं को अधिक-से-अधिक अस्पष्ट, दुर्बोध, अमूर्त और नकारात्मक बनाने की विवशता के आगे झुकना पड़ा—शायद जानबूझकर नहीं, बल्कि अनजाने ही उस विकृत और रुग्ण मानसिकता के दबाव में पड़कर, जिसे सामाजिक और राजनीतिक प्रतिक्रियावाद की शक्तियाँ अपने सूचना और प्रसार के यंत्र-साधनों द्वारा पैदा कर रही हैं। इस 'बहाव' में अपने को बहने देने का परिणाम यह हुआ कि परिस्थिति के तर्क ने उन्हें इस बात के लिए मजबूर कर दिया कि वे कुछ मित्र-कथाकारों की साहित्यिक प्रतिष्ठा बढ़ाने के लिए 'तू मरा हाजी बिगोयम, मैं तुरा हाजी बिगो', की कहावत के अनुसार एक-दूसरे की प्रशंसा और आत्म-प्रशंसा के लिए 'नई कहानी' के मंच का इस्तेमाल करें और अपने वक्तव्यों में कुछ ऐसी उद्धत भंगिमा अपनाएँ कि पाठक को लगे कि आज हिंदी कहानी में केवल ये चार-छः रचनात्मक प्रतिभाएँ

ही हैं, बाकी सब पुराने या नए लेखकों में या तो प्रेमचंद-यशपाल की तरह आधुनिक भाव-बोध का अभाव है या वे जैनेंद्र-अज्ञेय की तरह 'कुंठा, पराजय और घुटन' को 'स्वयं-सिद्ध सत्य' मानकर चलते हैं, उसे 'व्यापक परिप्रेक्ष्य में, अधिक तटस्थ और निर्वैयक्तिक दृष्टि के साथ चित्रित' करने में असमर्थ हैं।

साहित्य-रचना का मुख्य उद्देश्य जब हर संभव तरीके से साहित्य में शीर्ष स्थान पाने के लिए आत्म-विज्ञापन करना हो जाय तो दृष्टि स्व-केंद्रित हो जाती है, इतिहास का परिप्रेक्ष्य आँख से ओझल हो जाता है और विचार और भावना का संतुलन खो जाता है। 'नई कहानी' के आंदोलनकर्ताओं ने भी यही ग़लती दुहराई। नामवरसिंह ने तथाकथित 'नई कहानी' को मूल्यांकन से मुक्त रखने के लिए आरंभ में ही फतवा दिया कि आलोचना की रूढ़ पद्धति के अनुसार नई कहानी पर 'अच्छी और बुरी' या 'श्रेष्ठ और घटिया' के मानदंड लागू नहीं किए जा सकते। विश्लेषण इस बात का होना चाहिए कि कहानी 'नई' है या 'पुरानी' ! फिर सिद्ध किया गया कि 'नई कहानी' न परंपरा का तिरस्कार है न विस्तार, क्योंकि नई कहानी से पहले कहानी की 'कोई तात्कालिक परंपरा' ही नहीं थी (राजेंद्र यादव)। यानी सन् 40 से 50 के दशक (प्रगतिवाद) ने आज की कहानी को कुछ नहीं दिया (यशपाल, अश्क, चंद्रगुप्त विद्यालकार, भगवतीचरण वर्मा, रांगेयराघव, चंद्रकिरण, अमृतलाल नागर, विष्णु प्रभाकर, मंटो, कृश्नचंदर, राजेंद्र सिंह बेदी, अस्मत चुग़ताई, अब्बास और एक दर्जन दूसरे कहानीकारों की श्रेष्ठतम कहानियाँ युद्धकाल या उसके कुछ पहले और बाद की उथल-पुथल और संक्रांति के बीच ही रची गई थीं और वे सारी-की-सारी न 'रिपोर्ताज' हैं, न उन सब में 'नारे और भाषण' हैं, न 'आवेश, उत्साह और आग की लपटों के साथ-साथ अंधाधुंध शब्दों का लावा फूटता' है और न उन कहानियों के 'हर दूसरे वाक्य में नया सूरज निकाल दिया जाता' है।) अपने अग्रजों के ही नहीं, अपने इतिहास की प्रगतिशील परंपरा के प्रति इस तरह का हिक़ारत भरा दृष्टिकोण 'दृष्टि' की स्वस्थता के दावों के बावजूद रुग्ण और आत्म-केंद्रित बौद्धिकता का सूचक है। परंपरा को नकारने के लिए शब्दों की विचित्र जादूगरी से काम लिया गया। कहा गया कि पुरानी कहानी ने 'समूहगत सामाजिकता' को अभिव्यक्ति दी थी, किंतु नई कहानी 'व्यक्तिगत सामाजिकता' को अभिव्यक्ति देने का अभूतपूर्व कार्य कर रही है। परिभांषा के और भी अनेक सूत्र गढ़े गए। एक स्वयं-सिद्ध तथ्य के रूप में यह मान लिया गया (या अवांतर से 'पुरानी' कहानी पर यह आरोप लगाया गया—जिसमें प्रेमचंद और यशपाल की ही नहीं, मोपासां, ओ'हेनरी, तॉल्स्तॉय, चेखव, गोर्की, रवींद्र और शरत आदि सभी पूर्ववर्ती कथाकारों की कृतियाँ शामिल समझी जानी चाहिए) कि 'पुरानी' कहानी फार्मूला-बद्ध कहानी थी, चरित्र-चित्रण, कथोपकथन, 'नाटकीय प्रारंभ, क्लाइमैक्स और अप्रत्याशित अंत' जैसे रूढ़ साँचों में ढली, साफ़-सुथरी, कटी-छँटी, वगैरह (कितनी बुरी बात है !) और

पुराने कथाकार ? वे सब के सब एक 'आरोपित आदर्शवाद' को स्वीकार करके चलते थे, जिसके कारण वे पहले 'केन्द्रीय आइडिया' चुनते थे, बाद में उसको 'उद्‌घाटित' करने के लिए चरित्र-चित्रण, कथोपकथन आदि को 'आलंबन-उद्दीपन' की तरह इस्तेमाल करते थे, या उस आइडिया के कंकाल पर हाड़-मांस थोपते थे। (कितने घटिया और कला की रचना-प्रक्रिया से अनभिज्ञ थे वे सब !) और हर पुराने कथाकार का सब से बड़ा क़सूर यह था कि वह 'अपने को समाज का नियामक, पथ-प्रदर्शक और भविष्य-द्रष्टा मानकर चलता था।' (कमलेश्वर) वह भोक्ता नहीं था, स्वयं 'अस्तित्व के संकट' को न झेलता था, न भोगता था, न उसकी 'रचना का बलाघात' (!) 'मनुष्य और उसकी परिस्थितियों' पर था, न 'उसकी रचना-दृष्टि का सीधा संबंध आसपास जीए जा रहे जीवन के साथ तथा जीवन की विडंबनाओं और विभ्रमों को झेलते हुए व्यक्ति के साथ' था। (राकेश) इन सभी संकीर्णताओं से कहानी को मुक्ति दिलानेवाला 'नया कहानीकार', इसके विपरीत, 'व्यक्ति और उसके परिवेश के अंदर से ही संवेदना और व्यंग्य के सूत्र उठाकर इन्हें कथा-खंडों में बुन देता है।'

इस प्रकार आज की कहानी को व्यक्ति की कुंठाओं के यथातथ्यवादी (नेचुरलिस्टिक) चित्रण के मार्ग पर डालकर, जिससे नई कहानी 'अँधेरे में एक चीख' मात्र बन गई और नया कहानीकार अस्तित्ववादी-दर्शन का विज्ञापक, 'नई कहानी' के मंच से एक 'विद्रोही' और 'बुतशिकन' के अंदाज में कुछ कथाकारों ने अपनी और अपने मित्र वर्ग की दुंदुभी कुछ ऐसे बेसुरे और फूहड़ ढंग से बजाई कि उसकी तीव्र प्रतिक्रिया स्वाभाविक हो गई। 'आधुनिकता' और 'नएपन' के ये दावे, और कथ्य और विचार-स्तर पर परंपरा और 'आरोपित आदर्शवाद' से 'नई कहानी' को मुक्त कर उसे एक नई ही विधा का रूप देने की ये गर्वोक्तियाँ दरअसल उनके कृतित्व से पूरी तरह मेल नहीं खाती थीं, क्योंकि राकेश, कमलेश्वर या राजेंद्र यादव अभी तक अपने पुराने, एक सीमा तक सामंती और पेटी-बूर्ज्वा संस्कारों से पूरी तरह मुक्ति नहीं पा सके हैं जो उनकी कहानियों में मानव-संबंधों के चित्रण में अनिवार्यतः झलक आते हैं। दरअसल उनमें 'आदर्शवाद' (या गहरे मानवतावादी दृष्टिकोण) से अधिक 'नई कविता' वालों जैसी 'आधुनिकता' का नकली भावबोध ही अधिक 'आरोपित' है, और उन्होंने जो 'अच्छी' कहानियाँ लिखी हैं वे 'नई' से अधिक शुद्ध 'फार्मूलाबद्ध' कहानियाँ ही हैं और जो नए मसनूई परिभाषा-सूत्रों (यानी नई फार्मूलों) के अनुसार लिखी गई कहानियाँ हैं, जैसे 'ग्लास टैंक' (राकेश) या 'टूटना' (राजेंद्र यादव) वे या तो अधिकतर अस्वस्थ और घटिया क़िस्म की हैं या निहायत बोर, क्योंकि 'नेचुरलिज्म' की पद्धति से फ्लाबेयर, ज़ोला या जेम्स ज्वायस और कामू की प्रतिभा का लेखक ही किसी कलात्मक कृति का निर्माण कर सकता है। यह कला-निर्माण का विपरीत-मार्ग है। इन सब बातों को ध्यान में रखकर ही शायद

निर्मल वर्मा ने स्वीकार किया कि सही अर्थों में 'नई कहानी' तो अभी तक हिंदी में लिखी ही नहीं गई—जो इस नाम पर लिखी जा रही हैं वे न 'नई' हैं न 'कहानी' हैं। उन्होंने यह भी दावा किया कि चूँकि कहानी की सभी संभावनाएँ चेख़व एक्सप्लॉट कर चुके हैं, इसलिए अब कोई 'कहानी' वास्तव में 'नई' नहीं हो सकती। इस विवशता से मुक्ति पाने का एक ही मार्ग है कि कहानी की जगह 'अ-कहानी' (एण्टी कहानी) का विकास किया जाय। 'नई कविता' की भी परिणति 'अ-कविता' में हुई थी और पाश्चात्य देशों में (विशेषकर फ्रांस में) नाटक की परिणति भी 'अ-नाटक' (एण्टी थियेटर) में हो चुकी है और ये आंदोलन कलात्मक चेतना के विघटन की लकीर छोड़ते हुए तीन-चार सालों में ही दम तोड़ चुके हैं। निर्मल वर्मा ने चाहे 'नई कहानी' के दावेदारों की विचारगत असंगतियों को सही क्यों न पकड़ा हो, लेकिन 'अ-कहानी' हमारे कथा-साहित्य की अगली विकास-दिशा निश्चय ही नहीं है।

अंत में, हमें राकेश के मन की इस वेदना से हार्दिक सहानुभूति है कि अविश्वास के वातावरण में 'व्यक्ति-व्यक्ति के स्तर पर साहित्यिक अभिसंधियाँ जन्म लेने लगती हैं। प्रश्न, प्रश्न नहीं रह जाते, केवल अभिसंधियों के आग्रह बन जाते हैं।' लेकिन इस स्थिति के लिए जिम्मेदार कौन है ? कल के बुतकिशन मंदिर में अपने बुत खड़े करके यह उम्मीद नहीं कर सकते कि उनके द्वारा तिरस्कृत उनसे अगली पीढ़ी के नौजवान लेखक अपने बुतों को स्थापित करने के लिए उनके बुतों को तोड़ना शुरू नहीं करेंगे। आज के प्रचार-युग में सभी शब्द के धनी हैं, डिमॉगॉजी और वाग्जाल का सभी इस्तेमाल कर सकते हैं। शब्दों का सतर्कता, गंभीरता, सूक्ष्मता और ज़िम्मेदारी से प्रयोग करने का चलन नहीं रहा। तर्क़ और चिंतन की वैज्ञानिक पद्धतियाँ (साहित्य और कला के क्षेत्र में, जहाँ आज आत्म-विज्ञापन अशोभन और अनैतिक नहीं समझा जाता) त्याग दी गई हैं। 'नई कहानी' के मंच को 'व्यक्ति-स्तर की अभिसंधि' के रूप में परिणत करनेवाले अन्य विचित्र नामों से जन्म लेनेवाली 'व्यक्ति-व्यक्ति स्तर की अभिसंधियों' पर क्षोभ तो प्रकट कर सकते हैं, लेकिन इस क्षोभ के लिए वे औचित्य कहाँ से जुटाएँगे ? 'नई कहानी' अगर 'अँधेरे में चीख़' थी, तो कोई दूसरी कहानी 'अँधेरे में से निकलने की चीख' होने का दावा कर सकती है। देखिए कितनी आसानी से 'बलाघात' (!) बदल गया ? खैर जहाँ तक हिंदी के प्रबुद्ध पाठकों और आधुनिक दृष्टि-संपन्न आलोचकों का संबंध है, उनकी नज़र में आज की कहानी, 'आज़ की कहानी' है, उसकी उपलब्धियाँ इन संकीर्ण आंदोलनों और प्रत्यांदोलनों से परे की वस्तु हैं। वे श्रेष्ठ कहानी को ही पसंद करते हैं, चाहे वह यशपाल, अश्क, विष्णु, बेदी, कृश्नचंदर की लिखी हो या नई कहानी और सचेतन कहानी के मंचधारियों की या उन तरुण कथाकारों की, जो किसी भी गुट में शामिल नहीं हैं।

नई कहानी

('लहर' के संपादक के नाम एक पत्र)

मैं नहीं जानता था कि मैं जितना सुस्त हूँ (व्यस्त कहना शायद आत्म-श्लाघा-सी लगे) आपकी ज़िद इससे भी बढ़कर है। तीन महीनों से आपने नाक में दम कर रखा है। करीब हर हफ्ते एक कार्ड सरका देते हैं, गोया अपने वक्त और पोस्टेज की कुछ कीमत ही नहीं लगाते। मानता हूँ कि मैंने लिखने का वादा कर लिया था, लेकिन क्या हर वादे को पूरा करना आज के ज़माने में ज़रूरी है ? 'प्रान जाय पर बचन न जाई' ? लेकिन भई, यह तो भक्त तुलसीदास ने अपने त्रेता युग के आराध्य के बारे में लिखा था। इस जमाने की व्यस्तताओं और परेशानियों को जानते तो शायद 'आस्कर वाइल्ड' की ही ताईद करते कि नेक इरादों की तरह वादे भी तोड़ने के लिए ही किए जाते हैं। खैर, लगता है कि अब भी नए जमाने की गर्दिश से दूर, त्रेतायुग नहीं तो किसी ऐसे ही पुरअमन पुराने जमाने में रहते हैं—मेरा मतलब है, ज़हनी तौर पर—इसलिए यह गवारा नहीं कर सकते कि कोई वादा-खिलाफी कर जाए, यानी जब तक आप वादा पूरा नहीं करा लेंगे, तब तक चैन नहीं लेंगे। इसलिए आपकी इन कोशिशों का कुछ तो एहतराम करना ही पड़ेगा, चाहे जून की इस लू में, जब हीट-स्ट्रोक का खतरा हर वक्त और हर गिर्द मँडराता रहता है, सिर पर गीला तौलिया लपेट कर ही क्यों न आपके लिए दो-चार अक्षर तो लिखने ही पड़ेंगे। सो लिख रहा हूँ।

लेकिन लिखूँ भी तो क्या लिखूँ ? तीन महीने पहले आपने 'लहर' के कहानी-अंक की योजना के बारे में एक छपा हुआ 'परिपत्र' भेजा था, जिसमें 'नई कहानी' की 'दशा, दिशा और संभावना' का जायजा लेने के लिए एक 'परिसंवाद' का ऐलान किया था। उसमें भाग लेनेवाले अन्य महानुभावों के साथ न जाने कैसे मेरा नाम भी जोड़ दिया था। साथ में एक टाइप की हुई चिट्ठी थी, जिसमें लिखने के इसरार के साथ इस 'परिसंवाद' (काश यह 'परी' संवाद होता तो एडरसन की एक दिलचस्प कहानी बन जाती !) की वजाहत भी की थी और मुझे किस दायरे में बँधकर लिखना चाहिए इसके लिए सवालों की शक्ल में कुछ नुक्ते भी उठाए थे—नई कहानी के मुताल्लिक इन सवालों में नई कहानी

के कुछ ऐसे जमालियाती मसलों की ओर इशारा था, फनकारी की कुछ ऐसी नजाकतों का हवाला था और नई कहानी में 'वस्तु' के बढ़ते हुए आयाम की ओर संकेत था, कि यक़ीन कीजिए मेरा दिमाग़ ही 'व्यायाम' करने लग गया ! आपने अपने आखिरी सवाल में पूछा था कि 'क्या नई कहानी किसी असंतुष्ट आत्मा की तरह भटकती हुई नहीं लगती जो अभिव्यक्ति की दिशा में चैन ही नहीं पा रही ?' सच मानिए, नई कहानी अगर इंसान होती (या हैवान ही होती तो भी) मैं उससे मिलकर उसकी आत्मा की कुछ जाँच-परख करता, भाँपने की कोशिश करता कि वह वाकई असंतुष्ट है भी या नहीं और अगर है तो अपने इज़हार (अभिव्यक्ति) के लिए कैसी-कैसी बेहूदी हरकतें करती हुई गली-कूचों या बियाबानों की जानी-अनजानी राहों पर भटकती फिर रही है। नई कहानी बेचारी की आत्मा क्या भटकती फिर रही होगी, मेरी आत्मा जरूर भटक रही है कि कहाँ और कैसे पता करूँ कि नई कहानी भटक गई है या शायद उसके खालिक (स्रष्टा) ही भटक गए हैं और अगर इनमें से भी कोई नहीं भटका हो, तो इत्मीनान रखिए कि 'नई कहानी' पर तब्सुरा करनेवाले नक्काद (आलोचक) तो जरूर ही भटक गए हैं। और किसी का नाम क्यों लूँ, जब मैं खुद इसकी मिसाल हूँ ?

लेकिन मेरा सवाल बदस्तूर कायम है। अपने इस 'परिसंवाद' में मेरा नाम क्यों रखा ? डॉ. लक्ष्मीनारायण लाल और श्रीकांत वर्मा स्वयं कहानी लेखक हैं—शायद आपकी शब्दावली में दुरुस्त करके लिखूँ तो 'नई कहानी लेखक' हैं। इसका क्या मतलब होता है, यह आप खुद समझें, या आपके 'नई कहानी पाठक' समझते हों तो समझें, मेरे लिए समझना तो अब जैसे बूढ़े तोते का पढ़ना है। डॉक्टर नामवर सिंह का नाम तो खैर रहना ही चाहिए था क्योंकि वे 'नई कहानी लेखक' और शायद 'नई कहानी पाठक' (नई कहानी की पत्रिकाओं और गोष्ठियों को भी न भूलें)—इन सब के एक अरसे से चुस्त वकील (इशारा वकील 'चुस्त' 'मद्दई सुस्त' की ओर कतई नहीं है) और आका और सरपरस्त रहे हैं। भाई प्रकाशचंद्र गुप्त मेरी पीढ़ी के हैं, चुनांचे 'पुराने' खयाल और पुराने अदबी शऊर के कहे जाने चाहिए, लेकिन इलाहाबाद में लगातार रहने के कारण, जहाँ से हिंदी अदब की जदीद तसनीफात के लिए हर पाँचवें साल किसी नए नाम की ईजाद की जाती है, वे शायद वक्त का साथ देते आए हैं। और फिर अगर एक पुराने उस्ताद की भी ताईद हासिल हो जाए तो इसमें फ़ायदा ही फ़ायदा है। लेकिन मेरा नाम इस फेहरिस्त में बिलकुल बेसूद और बेतुका लगता है। इस जमात में, न जाने किस क़सूर की वजह से, आपने मुझे ज़बरन बिठा दिया है, वहाँ मेरी कैफ़ियत कुछ वैसी ही हो जाएगी, जैसी कैफ़ियत अपनी बे-नियाज़ महबूबा के सामने मियाँ गालिब की हुई थी—यानी 'हम कहेंगे हाले-दिल और वह फरमाएँगे, क्या ?' बात यों है कि इन सब दोस्तों के साथ मेरा भी कुछ वैसा ही रिश्ता है। इन सबसे मेरा प्यार है और इन सबके लिए मेरे दिल

में इज्ज़त है। लेकिन फर्क इतना है कि इस बीच जब (मिसाल के लिए) नामवरसिंह 'नई कहानी' का फलसफा गढ़ने के लिए अल्बेयर कामू और सार्त्र और शायद ग्राहम ग्रीन के दरवाजे पर सजदे कर रहे थे, और यह साबित करने के लिए कि 'नई कहानी' कथानक, वस्तु, चरित्र-चित्रण जैसे पुराने दकियानूसी अनासिर को पीछे छोड़कर अलिफ़ लैला (मेरे भाई हीरोइन का नाम 'शहरज़ाद' है, शहरज़ादी नहीं, जैसा कि आप हर महीने 'हाशिए पर' काढ़ते आए हैं। औरत होने के लिए उस देश में ईकारांत की क़ैद नहीं है !) और पंचतंत्र की पुरानी कहानी दुनिया से परवाज़ करके चाँद और सितारों में पैबंद लगाने लगी है—यानी अफ़सानानिगार के दिमाग़ की भीतरी कायनात के ओर-छोर नापने लगी है, वे ई.एम. फोर्स्टर की उपन्यास-संबंधी एक स्थापना को कहानी पर लागू करके ग़लत और बेतुकी साबित कर रहे थे; मैं उस वक्त भी तॉल्स्तॉय, चेखब, गोर्की, मोपासां और शरत् और रवींद्र के अफ़सानों में ही रमा रहा। यह नहीं कि नई कहानियों (मुराद आजकल लिखी जानेवाली कहानियों से है) में से मुझे कोई पसंद नहीं आई या मैंने उनको पढ़ने की कोशिश नहीं की। लेकिन जो इक्की-दुक्की, वक्तन-फ़-वक्तन पसंद आईं, वे बदकिस्मती से 'कहानियाँ' थीं, 'नई कहानी' जैसी अधकचरी, बचकानी और 'बोर' चीज़ कोई नहीं थी। मेरा मतलब है कि उनमें से ऐसी कोई नहीं थी, जिसका 'शिल्प-सौंदर्य ही भिन्न' हो, जिसका संप्रेष्य भाव, प्रभाववादी स्वरूप, कथन-वैचित्र्य वस्तु के बढ़ते आयाम के कारण 'अभूतपूर्व' लगा हो—जो कि शायद आपके शब्दों में 'नई कहानी' की खसूसियात हैं। जिनका 'शिल्प-सौंदर्य' 'कहानी' से 'भिन्न' था, वे क्या चीज़ थीं—बच्चों की मश्क या पागल का प्रलाप या दिमाग़ी उलझन और पिछड़े संस्कारों का नमूना—यह बताना मुश्किल है। क्योंकि किसी में कोई तो किसी में कोई अंतर बालातर था। बहरहाल, आप शायद इन्हें 'नई कहानी' का नाम देते हों। मुझे कतई ऐतराज नहीं।

आप कहेंगे कि मैं सिर्फ लफ़्ज़ों पर इतनी हुज्जत कर रहा हूँ। लेकिन इसमें कसूर क्या मेरा है ? एक ग़लत लफ्ज़ का कोई इस्तेमाल कर देता है, कुछ दोस्त बिना समझे-बूझे उसको ले उड़ते हैं मानो अदबी-तिलिस्म की चाबी हाथ आ गई हो। अब अगर कोई दानिशमंद दोस्त समझाए, आगाह करे कि यह फ़रेब है, झूठ है, तो वे उस पर ही पिल पड़ते हैं। ज़रा सोचिए।

हम हिंदी-कहानी का जायज़ा लेने बैठे हैं, तो उसे 'कहानी' कहकर पुकारिए, यह 'नई' क्या बला है ? 'नई' से अगर आपका मतलब, 'नए ढंग' की कहानी से हो, जो अपनी वस्तु और टेकनीक की रू से प्रेमचंद, सुदर्शन, कौशिक की कहानी से ज्यादा चुस्त, गठी हुई, कलात्मक और युग की नई चेतना की अभिव्यक्ति करती हैं तो उसे 'नई' कहने से काम नहीं चलेगा और न उसके लिए एक नया सौंदर्यशास्त्र गढ़ने की ज़रूरत ही महसूस होगी; क्योंकि जो पुराने ढर्रे में लिखी हुई या पुराने वक्तों

में लिखी हुई श्रेष्ठ कहानियाँ हैं, वे आज भी नई लगती हैं, आगे भी नई लगती जाएँगी। 'नई कहानी' जैसे नाम का दुराग्रह लेकर चलने से आलोचकों के सामने मूल्यांकन में बड़ी गड़बड़ी पैदा हो जाएगी, क्योंकि साहित्य में 'नई-कहानी' का खेमा गाढ़ते ही उसके हर 'नएपन' का, चाहे वह कल्पित हो या वास्तविक, औचित्य खोजना होगा। और तब मूल्यांकन करते समय 'नई कविता' के व्याख्याकारों और वकीलों की तरह, 'नई कहानी' के व्याख्याकार और वकील भी सिर्फ अपने को ही देखेंगे और अपने से पुराने वक्तों के सभी महान् कथाकारों की कृतियों को हेच और दक़ियानूसी करार देकर रद्दी की टोकरी में फेंक देंगे—यानी तॉल्स्तॉय, चेखब और मोपासां से निर्मल वर्मा या विजय चौहान (माफ कीजिएगा, मेरा इशारा श्रीमती विजय चौहान की ओर नहीं है जो एक अलग शख्सियत हैं और जिनकी कहानियों में कुछ हो या न हो, कम-से-कम बचकानापन नहीं है) को बड़ा कहानीकार घोषित करने लगेंगे, क्योंकि वे 'नए कहानीकार' हैं और उनकी 'नई कहानियों' में 'वस्तु के बढ़ते आयाम' (?) कुछ ऐसे हैं, जिनकी तॉल्स्तॉय-चेखब-गोर्की-मोपासां कल्पना भी नहीं कर सके थे। क्या मज़ाक है ? और तकलीफ होती है यह देखकर कि हमारे कुछ दोस्तों की 'नई-आलोचना', कुछ ऐसे ही मनगढ़ंत, हवाई सूत्रों को पकड़कर ज़मीन और आसमान के कुलाबे मिलाने पर तुल गई है। इसके अलावा 'नई कहानी' का यह नया 'शिल्प-सौंदर्य' नई 'भावधारा' 'प्रभाववादी स्वरूप' 'कथन-वैचित्र्य' वगैरह ऐसी कौन-सी नई अलामतें हैं, जो पिछले दस सालों में ही (जब से 'नई-नई' का शोर मचाया जाने लगा है) कहीं आसमान से टपककर नमूदार हो गई हैं ? क्या 'कहानी' में से साफ-सुथरा (चमत्कारहीन नहीं) वस्तु विन्यास, चरित्र-चित्रण, कथानक वगैरह, यानी 'कहानीपन' निकाल देने से ही कहानी अपना चोला बदलकर 'नई कहानी' बन जाती है ? और अगर ऐसा है तो ऐसी पंगु, अपाहिज और लंगड़ी कहानी को, जिसमें और बहुत से चमत्कार हैं, सिर्फ 'कहानीपन' नहीं है, क्या समझा जाय ? कहानी-कला का विकास या ह्रास ? इस सवाल से ही आप अंदाज लगा सकते हैं कि विकास या इर्तका में मेरा विश्वास है—कोई अक्लमंद आदमी उससे इंकार कर ही कैसे सकता है ? इसलिए 'कहानी' का रूप और शिल्प कोई हमेशा के लिए तै-शुदा और मख़सूस चीज़ हो, यह नहीं है। आदमी को ही लीजिए। हर आदमी की शक्ल एक-दूसरे से मुख्तलिफ है, और आदमी की खूबसूरती का भी आज तक कोई आखिरी मयार कायम नहीं हो सका; गो कि हर ज़माने में इसकी कोशिशें हुई हैं। और मिसाल के तौर पर हमारे सामने यूनान की मूर्तियाँ हैं, माइकेल एंगिलो, रफ़ेल और दूसरे चित्रकारों की तस्वीरें हैं, अजंता के चित्र हैं। लेकिन हर ज़माने के कलाकारों की दृष्टि आदमी के व्यक्तित्व और शरीर में ऐसे सौंदर्य की झलक पा लेती है, जिस पर किसी की निगाह नहीं गई, और वे उसे चित्रित या मूर्तित करने की कोशिश करते हैं। कोई ज़रूरी नहीं कि वे जो तस्वीर बनाएँ वह किसी खास

आदमी से हू-ब-हू मिलती ही हो। मुमकिन है कि वे किसी ख़ास इंसानी जज़्बे, रिश्ते, मूड या पर्सनैलिटी के पहलू को उभारने के लिए ऊपरी नज़र से देखने में खंडित और विकृत भी लगें, लेकिन उनसे इंसानी ज़िंदगी के सत्य का एहसास बढ़ता ही है कमतर नहीं होता। अगर ऐसा न हो तो कैनवस पर चाहे जितना रंग बिखेरा जाय, चाहे जिस 'अभूतपूर्व' अंदाज़ में रेखाएँ खींची जाएँ, बात नहीं बनेगी और वह चित्र खूबसूरत नहीं कहा जा सकेगा। मतलब यह कि जिस तरह चित्र में—चाहे वह पुरानी शैली का हो, या नई शैली का—हक़ीक़त का कोई ऐसा पहलू नज़र आना चाहिए, जो पहले नज़र नहीं आता था, उसी तरह कहानी में भी (और कहानी ही क्यों, हर प्रकार की कलाकृति में भी) ज़िंदगी (या हक़ीक़त) का कोई नया पहलू नज़र आना चाहिए। उससे हमारी नज़र को कुछ विस्तार और गहराई मिलनी चाहिए। इसलिए कथन वैचित्र्य, अभिव्यक्ति की नवीनता और शिल्पगत चमत्कार अपने आप में विशेष मूल्य नहीं रखते। 'नयापन' अपने आप में पूजा की चीज़ नहीं है। इंसानी-इर्तका की कई लंबी मंज़िलें पार करके हम इस दौर में पहुँचे हैं, जहाँ सभ्य और असभ्य का इम्तियाज करने लगे हैं। सभ्य आचरण के लिए हमारी कोशिश है। लेकिन अगर कोई कहे कि सभ्यता मनुष्य को पुंसत्वहीन बना रही है (पश्चिमी देशों में आज ऐसी आवाज़ें उठानेवाले बुद्धिजीवियों की कमी नहीं है) और वह जान-बूझकर असभ्य-आचरण करने लगें और दावा करें कि 'नए मानव' का यह 'नया आचरण' है, तो क्या यह 'नयापन' एक 'विकास' माना जाएगा ? साहित्य में भी अक्सर ह्रास की प्रक्रिया, जिसे 'डिकेडेंस' पुकारते हैं, शिल्पगत नवीनता का बाना पहन कर उभरती है। मेरी गुज़ारिश सिर्फ इतनी है कि इस बारे में हमें आगाह रहना चाहिए। हिंदी की तथाकथित 'नई कहानी', 'कहानी कला' के 'ह्रास' या 'विकास' को सूचित करती है, इसका निर्णय तो अलग-अलग कहानीकारों की अलग-अलग कहानियों की जाँच करके ही सामान्य रूप से किया जा सकेगा। पहले से कोई निर्णय देना व्यर्थ है, क्योंकि 'नई कहानी' नाम की कोई ठोस इकाई जैसी चीज नहीं है। सबको एक लाठी से हाँकना कहाँ की दानिशमंदी होगी ?

और अगर 'नई कहानी' से दोस्तों की यह मुराद हो कि वह कहानी जो नए (उम्र के लिहाज़ से) कहानीकारों की लिखी कहानी है, तो नई उम्र या नई पीढ़ी की भी व्याप्ति कहाँ तक मानी जाय ? कितनी उम्र तक के लेखक को 'नया' मानना चाहिए ? क्या 'रेणु' और 'राकेश' नए कहानीकार कहे जाएँगे या अब पुराने पड़ गए हैं ? यह सवाल मैंने इसलिए उठाया है कि हमारे कुछ नए आलोचक और उनकी देखा-देखी विचारहीन अध्यापक, नई और पुरानी पीढ़ी की चर्चा करने लगे हैं, कुछ इस ख़तरनाक अंदाज़ में, मानो पुरानी पीढ़ी के लेखक सारे के सारे दकियानूसी नज़रिए के हों और नए लेखक सारे के सारे युग की नवीनतम चेतना के वाहक हों। मानो दोनों पीढ़ियों में भयंकर शीतयुद्ध चल रहा हो, जो कभी भी गरमयुद्ध

का रूप ले सकता है; मानो पुरानी पीढ़ीवाले इतने तंग-नज़र, खुद-परस्त और तंग-दिल हों कि नई पीढ़ी के लेखकों को साहित्य में बढ़ने ही न देना चाहते हों—वगैरह। मुझसे पूछिए तो मैं साहित्य में नई या पुरानी किसी भी पीढ़ी का न क़ायल हूँ, न हमदर्द और न मुरीद। मैं सिर्फ प्रतिभा का क़ायल हूँ, चाहे लेखक नई पीढ़ी का हो या पुरानी। और जीवन के प्रति व्यापक मानववादी, प्रगतिशील दृष्टिकोण का हामी हूँ, इसलिए ऐसा दृष्टिकोण अगर पुरानी पीढ़ी के लेखक में मिले तो, और नई पीढ़ी के लेखकों में मिले तो, मैं उसका दोस्त, हमदर्द और हमनवा हूँ। इसलिए अगर शीत या गरम युद्ध किसी के बीच है तो दो दृष्टिकोणों के बीच है, दो पीढ़ियों के बीच नहीं है। नई और पुरानी दोनों पीढ़ियों में कुछ प्रतिभावान हैं, तो अधिकतर प्रतिभाहीन लेखक हैं, जैसा कि हर ज़माने में रहा है; और दोनों पीढ़ियों में कुछ उदार और व्यापक मानवीय दृष्टिवाले हैं, तो कुछ संकीर्ण-हृदय और मानवद्रोही दृष्टिवाले लेखक हैं। नए 'शिल्प-सौंदर्य' 'कथन-वैचित्र्य' आदि का इज़ारा न नई पीढ़ी के लेखकों के पास है और न पुरानी पीढ़ी के लेखकों के पास; न मानववादी दृष्टिकोणवालों के पास है, और न मानवद्रोही दृष्टिकोणवालों के पास। इसलिए आप खुद देख सकते हैं कि ऐसे समष्टि-सूचक शब्दों (नई कहानी या नई पीढ़ी आदि) के प्रयोग, जिनका कोई तात्विक आधार नहीं है, कितना बड़ा घपला पैदा कर देते हैं। कोई समझदार आदमी उनकी टोटल हिमायत या मुख़ालफ़त कैसे कर सकता है, जबकि उनकी समष्टि-सूचक शाब्दिक इकाई दरअसल एक ठोस इकाई है ही नहीं ?

खैर इन हवाई बातों से क्या फ़ायदा ? आप नई कहानी (जिसका मतलब मैं आजकल लिखी जानेवाली कहानी ही लगाना चाहता हूँ) की दशा, दिशा और संभावना पर मेरी राय जानना चाहते हैं। उम्मीद है कि 'नए आलोचक' भी 'कथन-वैचित्र्य' आदि क्षणिक स्फुरणों से ही 'नई कहानी' की दशा का अंदाज़ा नहीं लगाते होंगे, नहीं तो उन पर 'मीर' का शेर चरितार्थ होगा कि—'उनके देखे से जो आ जाती है मुँह पर रौनक़, वह समझते हैं कि बीमार का हाल अच्छा है !' इसका अंदेशा बहुत काफ़ी है, क्योंकि अक्सर दोस्त आलोचकों ने ऐसी कहानियों को सराहा है, जो बुनियादी तौर पर निहायत 'बोर' हैं, बीमार दिमाग़ की उपज़ हैं और कहानी नहीं, सिर्फ अपने या किसी की कुंठाओं पर कहानी के से अंदाज़ में लिखे गए ऊटपटाँग निबंध हैं—कारण, उनमें कहीं-कहीं चुस्त फ़िक़रे जोड़ दिए गए हैं, यानी 'कथन-वैचित्र्य' का विधान कर दिया गया है, जो कि नए रीतिवादी आलोचकों के लिए काफी है।

मेरे ख़याल में हिंदी कहानी का विकास तेजी से हो रहा है; यानी साल में चार-पाँच कहानियाँ तो ऐसी लिखी ही जाती हैं, जो इस 'नई कहानी' का सर्कस ख़त्म हो जाने के बाद भी जिंदा रहेंगी। यह बहुत बड़ी उपलब्धि है। बीस साल पहले

शायद ऐसी शानदार कहानियों की तादाद साल में तीन-चार या कहें दो-तीन से ज्यादा नहीं होती थी। इस तरह हिसाब जोड़कर देखें तो पिछले पचास साल में अगर सौ अच्छी स्मरणीय कहानियाँ हिंदी में लिखी गई हैं, तो इनमें आज़ादी के बाद की कहानियों की तादाद आधे के क़रीब है। इनके लिखनेवाले दोनों पीढ़ियों के हैं, और नए और पुराने दोनों ढर्रों के हैं। इसलिए 'नई कहानी' अगर खुद 'मियाँ मिट्ठू' बनना चाहती है, तो उस पर कौन एतबार करेगा ? दरअसल ग़ौर से देखा जाय तो पिछले दस-बारह साल की पचास जानदार कहानियों की रचना में दोनों पीढ़ियों का क़रीब-क़रीब बराबर का योगदान है। इनकी फेहरिस्त तो मैं इस वक्त नहीं पेश कर सकता, लेकिन 'नए आलोचक' अगर ख़ामख़ाँ मायूस न हों तो इतना ज़रूर कहूँगा कि इन पचास कहानियों में से 'मानवद्रोही' कहानी एक भी नहीं है, यानी 'नवीनता' की चादर में लपेटकर कहानियों में इंसानी जज़बात की जिन्होंने खिल्ली उड़ाई है, वक्त की छलनी में वे कूड़े-कचरे की तरह छनकर निकल गई हैं। 'गदल', 'पान की बेगम', 'मारे गए गुलफ़ाम', 'मलबे का मालिक' या ऐसी ही कहानियाँ जीएँगी, न कि···जाने दीजिए, किसी का दिल दुखाने से क्या फ़ायदा। ख़ैर, किस्सा-कोता यह कि और जो सैकड़ों कहानियाँ हर महीने साप्ताहिक और मासिक पत्र-पत्रिकाओं में छपती रहती हैं—(इस बीच ख़ालिस कहानी की दर्जनों पत्रिकाएँ शाया होने लगी हैं, जिससे यह ग़लतफ़हमी हो गई है कि हिंदी की कहानी लोकप्रिय है तो अपनी खूबियों के कारण ही) वे सब साधारण स्तर की होती हैं। उनकी संख्या और लोकप्रियता हिंदी कहानी की सेहत (दशा) और अज़मत की आईनादार नहीं है। यदि ऐसी बात हो तो विचारशील लोग हिंदुस्तानी फ़िल्मों की संख्या और लोकप्रियता को ही उनकी श्रेष्ठता का प्रतिमान मान लें और यह रोज़ का रोना बंद हो जाय।

मिसाल के लिए नई कहानियाँ का ताज़ा अंक (जून '61) उठाकर देख लें—मेरे सामने वही है। इसलिए भाई भैरवप्रसाद इत्मीनान रखें कि मेरी मंशा सिर्फ उनकी पत्रिका की ले-दे करना नहीं है। मेरे ख़याल में 'नई कहानियाँ' अपनी हमजोलियों में सबसे बढ़-चढ़कर है। नामी गरामी लेखकों का सहयोग इसे प्राप्त है। खैर तो इसके नए अंक के पन्ने पलटते जाइए। वाह, दोनों पीढ़ियाँ इसमें गले मिल रही हैं। राजेंद्रसिंह बेदी, चंद्रगुप्त विद्यालंकार, उपेंद्रनाथ 'अश्क' और कृश्नचंदर पुरानी पीढ़ी के हैं, तो रामकुमार, ज़हराराय, (मिस्टर) विजय चौहान वगैरह नई पीढ़ी के हैं। (या आप ज़हराराय को नई पीढ़ी में नहीं शामिल करना चाहेंगे ?) अब इनकी कहानियों को देखिए। राजेंद्रसिंह बेदी कहानी के अखाड़े के मँजे खिलाड़ी हैं, कोई-कोई उन्हें कृश्नचंदर से ऊँचा दरजा देते हैं। मेरे पुराने दोस्त हैं, और जानता हूँ कि उनकी ...तचीत का अंदाज कितना दिलचस्प है। मेरे यार ने इलाहाबाद के हज्जामों के बयान ...ई कहानियाँ' के बारह सफे रंग डाले हैं, लेकिन बात कतई नहीं बनी, शुरू ...र तक बोरियत का समां तारी रहता है गो कि चुस्त फ़िक़रों और लतीफ़ों

की भरमार है और दुनियाज़हान के मसायल पर तब्सुरा किया गया है। इसके मुक़ाबले में चंद्रगुप्त विद्यालंकार की कहानी 'ज़िदगी की क़ीमत' अपने आप में एक मुकम्मल कहानी है, उसमें कहानीपन है--पुराने ढंग का, लेकिन पढ़कर संतोष तो देती है। मैं कभी उनकी कहानियों का प्रशंसक नहीं रहा, और उनका व्यक्तित्व तो यूँ भी दिलचस्प नहीं है, फिर भी 'ज़िंदगी की क़ीमत' साधारणतया अच्छी कहानी है, यह कहने से मैं गुरेज़ नहीं करूँगा। उपेंद्रनाथ 'अश्क' की तवील कहानी 'झाग और मुस्कान' एक अच्छी कहानी बन जाती, अगर उन्होंने मनोवैज्ञानिक सत्य के साथ व्यर्थ ही खींचतान न की होती। अगर सत्य से इतना कतराना था तो कहानी ही क्यों लिखी ? प्रो. मल्होत्रा मेहतरानी लल्लन से भला इश्क क्यों नहीं फ़रमा सकते ? क्या इसलिए कि वह मेहतरानी है। और अगर मान लीजिए कि वे 'ऊँचे चरित्र' के आदमी हैं तो कम-से-कम लल्लन के इंसानी जज़बात का एहतराम करके उसे ज़िंदगी के नरक में से निकलने में मदद तो कर ही सकते थे। क्यों अपनी हमदर्दी के बावजूद वे उसे फिर उसी नरक में धकेल देते हैं ? इसका कोई माकूल जवाब कहानी में नहीं मिलता, इसलिए यह सवाल मन में विक्षेप पैदा करता है। लगता है, हमारे लेखकों की मानववादी भावनाएँ, छुआछूत, जात-पाँत के पुराने संस्कारों से कहीं कुंठित हो जाती हैं। हम अभी तक मनुष्य को मनुष्य के रूप में स्वीकार नहीं करते। उसे हिंदू, मुसलमान, ईसाई के रूप में ही देखते हैं। और अगर हिंदू हुआ तो उसे ब्राह्मण, क्षत्री, वैश्य, शूद्र के रूप में। इसीलिए पुरानी जहालत और भेदभाव के खिलाफ लिखने का दम तो सबने भरा, लेकिन हमारे प्रतिवाद में भी जात-पाँत का भेद बना रहा। जब कभी अंतर्जातीय इश्को-मुहब्बत की दास्तान पेश की जाती है, तो लड़का अमूमन ऊँची जात और ऊँचे खानदान का होता है और लड़की एक नीची जात और नीचे खानदान की। चूँकि समाज इनके प्रणय-बंधन का विरोध करता है, इसलिए हमारे लेखक सोचते हैं कि इस कथा-वस्तु में करुणा जगाने की पूरी सामग्री मौजूद है। लेकिन वे यह नहीं देखते कि अगर शादी का सवाल न उठाया जाय, तो हमारा समाज ऊँची जात और वर्ग के लड़के का नीची जात की लड़की से नाजायज ताल्लुक बखूबी जायज़ समझता है, या कम-से-कम इस दुराचरण को नज़रअंदाज कर जाने को तैयार रहता है। इसलिए शादी के हक़ की माँग दरअसल एक तथ्य को मान्यता देने की सुधारवादी माँग है। हमारे लेखक इस तथ्य को ही मनवाने पर लगे रहे हैं, सत्य को मनवाने के लिए उन्होंने कोशिश नहीं की। सत्य क्या है ? सत्य यह है कि यह जाति-भेद ही गलत है, गैर-इंसानी और बर्बर रद्देअमल का आईनादार है। आखिर हमारे किसी लेखक ने एक भंगी के लड़के से ब्राह्मण की लड़की की मोहब्बत का किस्सा क्यों नहीं लिखा ? किसी मुसलमान या ईसाई से भी किसी ब्राह्मण की लड़की का इश्क क्यों नहीं दिखाया जाता, जबकि ये सभी हिंदुस्तानी हैं और इस देश के ही नागरिक हैं ? क्या इसलिए कि हमारा (हिंदू) समाज

इस 'कुविचार' को बर्दाश्त नहीं करेगा ?—(जबलपुर हत्यांकांड इसका सबूत है) या डर है कि ऐसे लेखक को समाज से बहिष्कृत कर दिया जाएगा ? लेकिन दोस्तो, सत्य के लिए कुछ तो कुर्बानी देनी पड़ेगी ही। नहीं तो हिंदी कहानी 'वस्तु' की दृष्टि से 'बैकवर्ड' बनी रहेगी। हमारे लेखक शिल्प का चाहे जितना आडंबर रचें और नएपन के ढोल पीटें, विश्व-साहित्य में उसका स्थान नहीं बनेगा। वह 'लोकल' ही बनी रहेगी। जात-पाँत और ऊँच-नीच का भेद किसी समाज विशेष का सत्य भले ही हो, लेकिन 'मानवता' का सत्य नहीं है। इसलिए कला का भी सत्य नहीं है। कला में आप इस भेदभाव को जहाँ प्रच्छन्न स्वीकृति भी देंगे तो वहाँ कला का सत्य खंडित हो जाएगा। इस बात को आमतौर पर हमारे कहानीकार हृदयंगम नहीं कर पाते, क्योंकि दकियानूसी समाज की मान्यताएँ बचपन से ही अचेतन मन का संस्कार बन जाती हैं। तो यह बेचारे 'अश्क' की ही समस्या नहीं है। रवींद्र, शरत और प्रेमचंद भी इन संस्कारों से सर्वथा मुक्त नहीं हो पाए थे, यद्यपि जीवन और समाज के प्रति उनका सचेतन दृष्टिकोण मानववादी था। फिर भी अब ज़माना आ गया है कि सत्य की ख़ातिर बजाय कला को खंडित करने के, बेहतर है कि लेखक समाज की अमानवीय मान्यताओं को चुनौती दें। प्रतिवाद का स्वर सचमुच क्रांतिकारी बने, महज सुधारवादी ही बनकर न रह जाय। आखिर इस शर्मनाक स्थिति का बोझ हम लोग कब तक ढोते जाएँगे ? लेकिन यह एक लंबी बहस है; यहाँ पर इशारा कर देना ही काफी है।

अब रामकुमार की कहानी को लीजिए—'एक चेहरा' पूरी पढ़ जाइए, सिर-पैर का कुछ पता नहीं चलेगा। कोई प्लॉट नहीं है, विचार वस्तु भी नहीं है, किरदार तो ख़ैर है ही नहीं, गोया यह मुकम्मल नई कहानी है। एक चेहरा—किसका चेहरा ? 'क्या उस स्त्री का चेहरा जिसका पति मर गया है या ज़िंदा है', यह नहीं मालूम, या नीमू का चेहरा, जो हमेशा ख़ामोश रहता है और कम्बख्त आखिर तक नहीं बोलता ? जनाब, गुजारिश है कि यह 'नई' कहानी न होकर सिर्फ कहानी होती, तो या तो उस स्त्री का इसमें जिक्र ही न होता, जो सिर्फ एक झलक दिखाकर गायब हो जाती है और कथा-वस्तु में जिसका और कोई रोल या असर नहीं है, या फिर उसको कोई माकूल रोल देना पड़ता। इसके अलावा वह नीमू, जो हमेशा गुम-सुम और चुप रहता है, कहानी के स्टेज पर किसी-न-किसी वक्त तो मुँह खोलता ही। किसी ऐसे क्राइसिस के मौके पर, कुछ ऐसे गैर तरीके से कि फ्लैट कहानी एक दम उठकर खड़ी हो जाती—खुद उसका कैरेक्टर जी उठता और पढ़नेवाले को भी मसर्रत हासिल होती। लेकिन हालत यह है कि पढ़कर दिल की घुटन और बढ़ जाती है। यह जो किरदार और कथानक को तर्क करके नई कहानी गढ़ने का स्लोगन दिया जाता है, इससे कहानी को क्या हासिल हुआ है ? मेरी समझ में नहीं आता। 'बढ़ते आयामों' की बात जाने दीजिए, लगता है कि जितने भी आयाम थे, वे सब गिराकर

जमीन हमवार कर दी गई है, जिसमें से केंचुए निकलकर चौरस ज़मीन पर नज़र डालते हैं और फिर अपनी वर्तुल गति से चलना शुरू करते हैं। राह में जो नन्ही कंकड़ियाँ मिलती हैं उनके गिर्द से टेढ़े होकर या ऊपर से रेंगकर निकल जाते हैं और सोचते हैं कि अभिव्यक्ति के नए आयाम उन्होंने खोज निकाले हैं, क्योंकि ज़िंदगी में तो सिर्फ लंबाई-चौड़ाई, ये दो आयाम ही होते हैं। खुदा बख्शे इस आयामबाज़ी को। फलैटनैस को आप अभिव्यक्ति के बढ़ते आयाम कहते हैं ?

खैर इस सपाट रेगिस्तान के बाद एक छोटा-सा नख़लिस्तान नज़र आ रहा है—ज़हराराय की कहानी है 'आरसी मुस्हफ'। गो कहने का अंदाज पुराना है और कथा-वस्तु भी पुरानी है और कहानी भी महान् नहीं है, लेकिन उसमें एक सरसता है, जो सिर्फ वही पैदा कर सकता है, जिसे ज़बान भी आती और बयान भी। और पुराने इस्लामी कल्चर के अंदर इंसानी रिश्तों में जो कुछ भी रंगीन और सरस है, उससे प्रेम करना भी आता है। लेकिन इस छोटे-से नखलिस्तान में थोड़ी-सी मसर्रत हासिल करके हम अब कहाँ पागलों और अहमकों की दुनिया में आ फँसे ? जी नहीं, यह मिस्टर विजय चौहान की कठपुतलियों का तमाशा है, जो 'एक प्रेम-कहानी' का अपने बचकाने फ़िल्मी अंदाज में अभिनय कर रही हैं। लाहौल विला कूवत ! जिन लड़कों को अभी प्रेम का ढाई अक्षर तो दूर, उच्चारण तक नहीं आता, वे ही सबसे आगे बढ़कर प्रेम की कहानी लिखा करते हैं ! खैर, 'नई कहानी' के लिए सूझ-बूझ, समझ, तजुर्बा और नज़रिया ग़ैर-ज़रूरी शर्तें हैं। इन बातों का कोई तक़ाज़ा कहानी पर आयद नहीं होता। फिर जिंदा किरदार तो होते नहीं, कि इन बातों के लिए इसरार करें। कठपुतलियों को आप जैसा चाहें नाच नचवा सकते हैं। माना कि हिंदी क्या हिंदुस्तान के लेखक आमतौर पर प्रेम या मोहब्बत का मतलब नहीं समझते और जिस प्रेम की बात करते हैं, वह सामंती तसव्वुर से ऊँचे दर्जे की चीज़ नहीं होता, जिसमें औरत सिर्फ जिंस मानी जाती थी। फिर भी वे इस सर्वोच्च मानवीय भावना का मज़ाक कब तक उड़ाते जाएँगे ? यानी हमारे लेखक—खासतौर पर नए कहानीकार, जिसका नमूना ये हज़रत हैं, कब तक इंसान बनने से इंकार करते रहेंगे ? कब तक उनकी समझ में यह नहीं आएगा कि मोहब्बत का ज़ज़्बा बच्चों का खेल नहीं है, कि एक लड़की को देखा और सौ जान से फ़िदा हो गए। लेकिन उसकी ओर से ज़रा-सी भी लापरवाही पाकर फिल्मी अंदाज में कुछ रोए-धोए, कुछ गीत गाए, कुछ शराब पी, कुछ पागलपन का ढोंग रचा और जब वह लड़की मिलने आई तो उससे कैफ़ियत तलब किए बगैर ही उसे बेवफ़ा समझकर चलते बने। यह प्रेम कहानी नहीं, प्रेम कहानी की पैरोडी है—कौन जाने विजय चौहान ने पैरोडी ही लिखी हो ? खैर, जो भी हो, इतनी लचर और बचकानी चीज़ है कि मज़ा किरकिरा हो गया। एक बात पढ़कर तो मुझे लेखक की दिमागी कमसिनी और अधकचरेपन पर गुस्सा और तरस भी आया। कहानी में प्रेमी महाशय अविनाशचंद्र अपने राज़दां

गोपाल से फ़रमाते हैं, "सुनो, एक प्रेमी होता है और उसकी एक प्रेमिका। वैसे आदमी के पास धन और समय अधिक हो तो एक से अधिक भी प्रेमिकाएँ हो सकती हैं...।" याद रहे कि यह अल्फ़ाज उस वक्त कहे गए हैं, जब अविनाशचंद्र के दिल में गीता के प्रति प्रेम का समंदर हिलोरें मार रहा है ! ये अल्फ़ाज अगर हँसी-मज़ाक में कहे जाएँ तो भी निम्न स्तर की सामंती ज़हनियत का ही सबूत समझा जाना चाहिए। धन और समय वाले विलासी एक से अधिक 'प्रेमिकाएँ' नहीं, रखैलें रखते हैं। एक विलासी औरत भी धन और समय हो तो एक से अधिक पुरुषों को रखैल रख सकती है। लेकिन यह व्यभिचार है। प्रेम नहीं ! प्रेम एक Exclusive चीज़ है। प्रेमी अपनी प्रेमिका में ही जीवन की सर्वोच्च सार्थकता और प्राप्ति महसूस करता है। यही स्थिति एक प्रेमिका के मन की भी होती है। जिनकी आत्मा इस उच्च मानवीय स्तर तक नहीं उठ सकी, उन्हें अविकसित और अर्द्ध-संस्कृत मानव ही कहना चाहिए। प्रेम के प्रश्न पर यह अविकसित और अर्ध-संस्कृत दृष्टिकोण अक्सर हमारी कहानियों में व्यक्त होता रहता है, नई कहानियों में तो ख़ासतौर पर। यह निंदनीय है। क्या करूँ मेरी दृष्टि इन बातों पर जाती है, कोरे शब्द-चमत्कार पर नहीं।

लेकिन साल में चार-पाँच कहानियाँ श्रेष्ठ निकल आती हैं, यह हमारे साहित्य की सबसे बड़ी उपलब्धि है। यह हिंदी-कहानी के विकास की गारंटी है। यह मज़मून काफ़ी तवील हो गया है। मैंने जानबूझकर हिंदी-उर्दू मिली ज़बान में लिखा है, ताकि इसे भी अभिव्यक्ति के बढ़ते आयाम का नमूना समझ लिया जाए। हालाँकि बिना सोचे-समझे भी जो बातें लिखता गया हूँ, वे बिलकुल बेमानी नहीं बन सकीं, इसका मुझे अफ़सोस है, नहीं तो शायद 'नए आलोचकों' की पंक्ति में मुझे भी खड़ा होने की जगह मिल जाती !

स्वातंत्र्योत्तर हिंदी साहित्य : नए संदर्भ*

(1)

सन् 1947 में भारत ने अंग्रेजों की राजनीतिक ग़ुलामी से मुक्ति प्राप्त की। यह हमारे राष्ट्रीय इतिहास की एक महती घटना है और एक महत्त्वपूर्ण मोड़ भी। अनेक आलोचकों और स्वातंत्र्योत्तर पीढ़ी के तरुण रचनाकारों का तो प्रायः यह मत है कि स्वतंत्रता-प्राप्ति के बाद भारतीय साहित्य ने नई दिशाओं और नए आयामों में विकास किया है, जिससे हम कह सकते हैं कि सन् '47 भारतीय साहित्य में एक नए मोड़ का सूचक है। 'आलोचना' के 'स्वातंत्र्योत्तर हिंदी साहित्य विशेषांक' की योजना बनाते समय हमारे सामने यही विचार था कि हिंदी के सभी प्रबुद्ध और विचारशील आलोचक स्वातंत्र्योत्तर हिंदी साहित्य की उपलब्धियों का जायज़ा लें, उन प्रश्नों पर गंभीरता से विचार करें जो इस बीच साहित्यकारों को उद्वेलित करते रहे हैं या जो दार्शनिक और राजनीतिक क्षेत्र के होकर भी साहित्यिक चिंतन और सर्जन को प्रभावित करते रहे हैं ताकि हिंदी लेखक और पाठक अपने साहित्य के विकास को व्यापक ऐतिहासिक परिप्रेक्ष्य और वर्तमान के जटिल संदर्भों में देख सकें। हम आभारी हैं उन सभी आलोचकों और विद्वानों के, जिन्होंने इस महत्त्वपूर्ण कार्य में मुक्त हृदय से योग दिया, जिससे हम बहुत थोड़े परिवर्तनों के साथ विशेषांक की अधिकांश योजना को पूरा कर सके। इससे अधिक उल्लेखनीय बात यह है कि इस योजना के अंतर्गत सभी विचारों और दृष्टिकोणों के आलोचकों ने अपने मत और अध्ययन पेश किए। ज़रूरी नहीं है कि हर पाठक विशेषांकों में प्रकाशित हर निबंध की हर बात से सहमत हो—ऐसा कभी होता ही नहीं। दरअसल ऐसे आयोजनों का उद्देश्य ही यह होता है कि पाठक विभिन्न दृष्टिकोणों और मतों को समझें और स्वयं अपने मत का निर्णय करें। अपनी सारी ख़ामियों के बावजूद, यह विशेषांक हिंदी साहित्य के स्वातंत्र्योत्तर विकास के बारे में पाठकों की जानकारी में वृद्धि कर सकेगा और इसके अनेक निबंध विचारोत्तेजक सिद्ध होंगे। वर्तमान जीवन के संदर्भ में जो प्रश्न इस बीच उठे हैं, विशेषकर साहित्य

*संपादकीय : आलोचना, अप्रैल 1966

के क्षेत्र में, उनको समझने में इनसे मदद मिलेगी और उन प्रश्नों को नए सिरे से, अधिक व्यापक संदर्भों में रखकर देखने और विचारने की प्रेरणा जगेगी, ऐसा हमारा अनुमान है।

(2)

फिर भी कुछ प्रश्न अनुत्तरित रह गए हैं या उनका समुचित उत्तर नहीं दिया गया। हमारा अभिप्राय नए सिरे से उत्तर पेश करना नहीं है, बल्कि यह संकेत देना मात्र है कि किन संदर्भों में उनका उत्तर खोजना चाहिए। मिसाल के लिए स्वतंत्रता के बाद जब कुछ मित्रों के मतवादी संकीर्ण दृष्टिकोण के कारण साहित्य में प्रगतिवादी आंदोलन बदनाम होने लगा और प्रयोगवाद, नई कविता और नई कहानी के आंदोलन उठे तो इनके प्रवक्ताओं ने परंपरा से विद्रोह के नाम पर यह दावा भी किया कि वे साहित्य में जिस शिल्प और तकनीक का प्रयोग कर रहे हैं, केवल वही नवीन नहीं है, बल्कि उनकी जीवन-दृष्टि, उनका भावबोध और युगबोध भी पहले से भिन्न है। इस प्रकार यह दावा किया गया कि स्वतंत्रता से बाद का साहित्य ही 'आधुनिक' है, नया है और वर्तमान जीवन को सही अर्थ में रूपायित करता है। यह सब कैसे घटित हुआ, इसकी व्याख्याएँ लगातार बदलती रही हैं। युद्ध के बाद पाश्चात्य साहित्य में सार्त्र, कामू, फॉक्नर और 'एंग्री यंग मेन' की पीढ़ी ने या उनके दृष्टिकोणों की वकालत करनेवाले आलोचकों ने इस 'नएपन' के बारे में जब-जब नए विचार-सूत्र गढ़े, हमारे यहाँ भी अपनी या अपने समानधर्मा कवियों और कथाकारों की रचनाओं और साहित्य-प्रवृत्ति पर उनका आरोपण करके, नई व्याख्याएँ पेश की गईं। एक समय साहित्य में 'गत्यवरोध' की दुहाई मचाई गई, एक समय पुराने साहित्य की 'आदर्शवादिता' के विरुद्ध आवाज़ उठाई गई, एक समय 'अस्तित्ववादी' दर्शन के स्तोत्र पढ़े गए, एक समय साहित्य में कथ्य से कथन को ही सब कुछ समझा गया, एक समय युद्ध की विभीषिका और अणु-अस्त्रों के त्रास से पीड़ित मानवता की सहानुभूति में नए साहित्यकारों ने अनास्था, कुंठा और निराशा की मुद्रा बनाकर मानव-मूल्यों के लिए लड़ना व्यर्थ घोषित किया और पुराने साहित्य की एपिक कल्पनाओं को कोरी बकवास कहकर दावा किया कि आज का मनुष्य चरित्रहीन लघु मानव है, इसलिए साहित्य में हीरो, उदात्त वीर-पुरुष का चित्रण आधुनिक साहित्य का अभीष्ट नहीं हो सकता, आज के पात्र केवल ऐसे निरीह, लघु-मानव ही हो सकते हैं, जो पैदा होते हैं केवल अंत में पीड़ा झेलते हुए मरने की ख़ातिर, न कि किसी महत् उद्देश्य की पूर्ति के लिए—इन लक्ष्यहीन, पीड़ित मनुष्यों का कोई उदात्त जीवनादर्श नहीं हो सकता और अब कुछ दिनों से नीत्शे की इस घोषणा का नगाड़ा पीटा जा रहा है कि 'ईश्वर मर गया है', और जब ईश्वर ही मर गया तो आस्था का संबल कहाँ रहा ?

ये सब नारे नए भी हैं और घिसे-पिटे पुराने भी। एक सीमा तक हिंदी साहित्य की परंपरा के संदर्भ में ये नई बातें लगती हैं, क्योंकि प्रसाद, प्रेमचंद, निराला, पंत ने ऐसी घोषणाएँ कभी नहीं की थीं। लेकिन विश्व-साहित्य के संदर्भ में देखें तो इन नारों में कोई नवीनता नहीं है। कई पीढ़ियों से, दरअसल उस समय से ही जब भारतेंदु हिंदी (खड़ी बोली) में आधुनिक गद्य लिखने का अभ्यास कर रहे थे और हिंदी को काव्य-रचना के लिए अयोग्य समझा जाता था, पाश्चात्य साहित्य में इन प्रश्नों को लेकर विचार-मंथन और शिल्पगत प्रयोग होने लगे थे। इसीलिए पाठकों को अक्सर यह भ्रम हो जाता है कि हमारा नया साहित्य पाश्चात्य की नक़ल है और विश्व-साहित्य में हिंदी फ़िल्मों की तरह उसको कोई स्थान प्राप्त नहीं हो पाता (यद्यपि यह एक अलग प्रश्न है, जिस पर हम यथास्थान विचार करेंगे)।

हमने कहा कि नए साहित्य के नारे हिंदी साहित्य के संदर्भ में भी एक सीमा तक ही नए हैं। अगर इतिहास को विस्मृत न करें तो निश्चय ही परंपरा से विद्रोह आज के 'नए साहित्य' की ही विशेषता नहीं है। छायावादियों ने भी परंपरा से विद्रोह किया था और डंके की चोट पर। उसके बाद प्रगतिवादियों का विद्रोह भी परंपरा से विद्रोह था। हर नए विद्रोह के आरंभ में 'गत्यवरोध' दिखाई देता ही है और पुराने की जड़ीभूत मान्यताओं पर इस गत्यवरोध को तोड़ने के लिए ही प्रहार किया जाता है। रही पुरानी आदर्शवादिता से मोह-भंग की बात, तो प्रगतिवाद तो पूँजीवादी समाज की वर्ग-व्यवस्था और वर्ग-नैतिकता के प्रति प्रबुद्ध लेखक की आत्मचेतना के परिणामस्वरूप ही पैदा हुआ था। युद्धों की विभीषिका और फ़ासिज़्म के उदय से मानव-सभ्यता के ह्रास और विनाश का त्रास भी प्रगतिवादियों को भरपूर था। अपनी रचनाओं से प्रगतिवादियों ने ही प्राचीन काव्य-शास्त्र की मान्यता के उच्चवर्गीय धीरोदात्त-धीर ललित नायक का बहिष्कार कर आमतौर पर उन ग़रीब, असभ्य, अशिक्षित मज़दूर-किसानों को नायक की भूमिका प्रदान की थी, जिन्हें कुछ लोग मध्यवर्गीय संवेदना की झोंक में 'लघु-मानव' कहना पसंद करते हैं, लेकिन प्रगतिवादियों ने इन 'लघु मानवों' को सामाजिक संघर्ष के बीच जब अंकित किया तो उनमें, समूह के रूप में ही नहीं व्यक्तिगत रूप में भी उन नैतिक गुणों, उन सामर्थ्यों और उन मानव-संवेदनों का अजस्र स्रोत पाया जो अनेक इतिहास-प्रसिद्ध 'धीरोदात्त-धीरललितों' में नहीं था। 'ईश्वर मगर गया है' यह खोज नई नहीं है, चाहे हठात् चौंकानेवाले अंदाज में इसे एक घोषणा का रूप क्यों न दे दिया गया हो। ईश्वर और धर्म पर आक्रमण तो पहले प्रगतिवादियों ने ही किया था, लेकिन ऐसा करते समय हमारा विचार यह नहीं था कि मानव-मूल्यों और सामाजिक दायित्वों से सर्वथा मुक्ति मिल जाएगी।

आप कहेंगे, जब ये सब बातें पहले ही हो चुकी थीं, तो स्वातंत्र्योत्तर साहित्य में क्या कुछ भी नया नहीं है, क्या छायावाद और प्रगतिवाद के बाद हमारे साहित्य

में कोई नया मोड़ नहीं आया ?

लेकिन हमारे कहने का आशय यह नहीं है। स्वतंत्रता के बाद कुछ तो बाह्य प्रभावों से, कुछ हमारे अपने राष्ट्रीय जीवन की आंतरिक विसंगतियों के परिणामस्वरूप हमारे यहाँ हर पीढ़ी के लोगों के चिंतन और भावबोध में एक ज़बर्दस्त परिवर्तन आया है, जिसका व्यक्त और अव्यक्त प्रभाव साहित्य के विकास पर भी पड़ रहा है। निश्चय ही नई कविता या नई कहानी आदि के नाम पर जो नए ढंग का साहित्य रचा जा रहा है, वह शिल्प और तक़नीक के नए प्रयोगों का ही परिणाम नहीं है, न 'नएपन' की व्याप्ति केवल अभिव्यक्ति की नवीनता तक ही सीमित है। यह सामान्य तथ्य है कि जब जीवन को देखने और समझने की दृष्टि बदल जाती है या जब किसी नए सत्य की खोज की जाती है तो अभिव्यक्ति के ढंग भी बदल जाते हैं। छायावाद को नारी के शरीर-सौंदर्य तक ही सीमित पुराने रीति-काव्य की दृष्टि संकीर्ण लगी और उसने काव्य के माध्यम से एक नए मानववाद की खोज आरंभ की। प्रगतिवाद ने छायावादी (रोमांटिक) मानववाद को संकीर्ण माना, क्योंकि उसे लगा कि वास्तविक जीवन की विषम स्थितियों की व्यापक चेतना का उसमें अभाव था, जबकि जरूरत ऐसे मानववाद की थी जो वर्ग-वैषम्य से पीड़ित अपार जन-समूह की पीड़ा और वेदना के प्रति संवेदनशील हो और उन वैषम्यों के प्रति आधुनिक मानव को सचेतन बना सके। स्वातंत्र्योत्तर नई कविता और नई कहानी का 'मोह-भंग' दरअसल एक नए किस्म के मानववाद की आंतरिक माँग से उत्पन्न मनःस्थिति है, जिसका प्रभाव शैली और शिल्प पर दिखाई दे रहा है। छायावाद में रोमांटिक उदात्त भावना का शिशुवत् सारल्य था, प्रगतिवाद में क्लासिकी यथार्थवाद की प्रौढ़ बौद्धिक चेतना व्यक्त हुई, लेकिन नई कविता और नई कहानी में उस कैशोर औद्धत्य की भावना प्रमुख है जो पश्चिमी साहित्य में इस बीच एक 'आधुनिक मिथ' का दरजा पा चुकी है। कैशोर औद्धत्य इसलिए कि आज के विषम समाज में, जहाँ सभी मूल्यों का विघटन तेजी से हो रहा है और अन्याय के साथ, स्वार्थपरता ही सर्वोच्च मूल्य बन गया है, विशेषकर अधेड़ पीढ़ी के लोग आदर्शों की बातें तो करते हैं लेकिन हर क़दम पर अन्याय से समझौता करते चलते हैं, केवल किशोर वय के लोग ही ईमानदार हो सकते हैं, उनकी आत्मा ही पवित्र हो सकती है और वे ही साहसपूर्वक पुरानी नैतिकता को चुनौती दे सकते हैं, और चूँकि उनकी आत्मा शुद्ध और पवित्र है, इसलिए झूठ पर आधारित इस समाज में वे बेगाने हैं, अनजबी हैं और आवारागर्दी ही उनकी नियति है। कामू और ऑसबर्न, जॉन वेन आदि 'एंग्री यंग मेन' पश्चिम में या नई कविता, नई कहानी से लेकर 'भूखी पीढ़ी' के तरुण लेखक इंसानियत के प्रतीक 'उद्धत किशोर' के उद्देश्यहीन विद्रोह को रूपायित करके किसी नए उच्चतर मानववाद को कलात्मक अभिव्यक्ति दे सके हैं, यह संदिग्ध है, लेकिन खोज जारी है, इसमें संदेह नहीं। हमारे यहाँ साहित्य की प्रगतिवादी धारा से,

जिसमें यशपाल, अमृतलाल नागर, नागार्जुन और 'रेणु' की कृतियाँ मिसाल हैं, स्वातंत्र्योत्तर नया साहित्य इसी अर्थ में 'नया' है।

इस प्रसंग में विचारणीय केवल इतनी बात है कि पश्चिम में भी 'उद्धत किशोर' की 'मिथ' का आश्रय लेकर साहित्य में नए मानववाद की खोज एक 'डेड ऐण्ड' पर पहुँच चुकी है, क्योंकि प्रतिभाशाली कथाकारों के अलावा इस रौ में बहनेवाले सामान्य लेखक अपने 'उद्धत किशोर' पात्रों के अनियंत्रित सेक्स के अनुभवों के विवरण ही पेश करते हैं, जो सस्ते क़िस्म के सेक्सथ्रिलर्स से सिर्फ़ इस हद तक ही भिन्न होते हैं कि उनमें सेक्स के साथ हत्या और जुर्म का संयोग नहीं होता। हमारे यहाँ अभी कामू और सार्त्र जैसी प्रतिभाओं का अभाव है, इसलिए सामान्य रचनाकारों की दृष्टि 'परंपरा से विद्रोह' को अक्सर ओछे स्तर के अनियंत्रित सेक्स चित्रण में ही सीमित कर देती है, कोई बड़ा सार्वजनीन आशय उसमें निहित नहीं रहता।

प्रश्न उठता है कि क्या इतने संकीर्ण क्षेत्र के विद्रोह से मानव-जीवन की स्थितियों में कोई व्यापक परिवर्तन आ सकेगा ? आज मनुष्य इतना त्रस्त, दुखी, संतप्त, पीड़ित और अभाव-ग्रस्त है, तो इसका मूल कारण क्या उस समाज व्यवस्था में नहीं खोजना चाहिए, जो इन स्थितियों को पैदा करने के लिए ज़िम्मेदार है ? लेकिन इस दशा में खोज का परिणाम शायद पुनः प्रगतिवादी विचारधारा तक नए मार्ग से पहुँचना हो—किंतु उस 'डेड ऐण्ड' से टकराते रहने से तो यह यात्रा साहित्य के लिए ज्यादा फलवती हो सकती है। पुनः व्यापक सामाजिक संदर्भों की स्वीकृति रचनात्मक प्रेरणा के नए क्षितिज खोल सकेगी।

(3)

एक और प्रश्न है जो सामयिक महत्त्व का है, किंतु जिस पर विशेषांक में विचार नहीं हो सका। हम यहाँ पर उस प्रश्न को पेश करके साहित्यकारों से अपेक्षा करेंगे कि वे उस पर अगले अंकों में विचार प्रकट करें।

प्रश्न यह है कि क्या 'भारतीय-साहित्य' जैसी कोई चीज़ है, यदि नहीं है तो उसका विकास क्या और कैसे संभव है ? कई साल पहले, जहाँ तक याद आता है, श्री बालकृष्ण राव ने किसी अन्य प्रसंग में यह प्रश्न उठाया था। दरअसल उन्होंने कहा था कि अभी तक 'भारतीय-साहित्य' जैसी कोई चीज़ नहीं है और न 'भारतीय लेखक' जैसा कोई 'जन्तु' ही। हमारा प्रश्न इस वक्तव्य में ही निहित है। पश्चिम में अंग्रेजी, स्पैनिश, फ्रांसीसी, जर्मन, अमरीकी, इतालवी आदि भाषाओं के अलग-अलग अत्यंत समृद्ध साहित्य हैं, लेकिन हम उनको सामान्य रूप से 'पाश्चात्य साहित्य' के अंतर्गत रखकर भी पुकारते हैं। सोवियत यूनियन में दर्जनों भाषाओं का अपना-अपना साहित्य विकसित हो रहा है, लेकिन दुनिया के लिए वह रूसी या

उज़्बेक साहित्य के अलावा 'सोवियत साहित्य' भी है।

इसके विपरीत हमारे यहाँ बंगाली, तमिल, गुजराती, पंजाबी, असमिया, हिंदी आदि अलग-अलग साहित्य तो हैं लेकिन उन्हें हम 'भारतीय साहित्य' जैसी किसी परिकल्पना में नहीं बाँध सकते। इसी तरह हम किसी को बंगाली, तमिल या हिंदी लेखक तो कह सकते हैं लेकिन 'भारतीय लेखक' नहीं, जैसे सोवियत लेखक या पाश्चात्य लेखक सामान्यतः कहे जाते हैं। प्रश्न है कि ऐसा क्यों है ? क्यों हमारी विभिन्न भाषाओं के साहित्य इतने दीर्घकालीन राष्ट्रीय आंदोलन की एकता-विधायक प्रेरणाओं के बावजूद परस्पर ऐसी सामान्य परंपराओं का विकास नहीं कर सके कि वे अपनी-अपनी अलग हैसियत रखकर भी एक व्यापक समष्टि के अंग बन सकते ? क्यों विभिन्न भाषाओं के साहित्य अपनी क्षेत्रीय सीमाओं से बाहर प्रभावशाली नहीं हो पाते ? क्या कारण है कि रवींद्रनाथ, शरत्, बंकिमचंद्र, ग़ालिब और इक़बाल को छोड़कर अन्य भाषाओं के बड़े लेखक सार्वदेशिक महत्ता नहीं प्राप्त कर सके ? ये और इनसे संबंधित अनेक ऐसे प्रश्न हैं जिन पर समुचित विचार होना चाहिए।

(4)

अंत में एक प्रश्न राजनीतिक है; किंतु जिसका उत्तर व्यक्तिगत रूप में हर लेखक को स्वयं अपने-आप देना होगा। साहित्यिक शब्दावली में पिछले कई वर्षों से हमारे यहाँ लेखक और उसकी प्रतिबद्धता का प्रश्न उठाया जाता रहा है। लेखक एक व्यक्ति नागरिक या एक रचनाकार के रूप में किसी के प्रति उत्तरदायी है या नहीं—इस प्रश्न का कोई स्पष्ट और सर्वमान्य उत्तर इस बीच नहीं दिया गया। स्वतंत्रता प्राप्ति से पहले इस प्रश्न में कोई जटिलता नहीं थी। लेखन का एक सामाजिक उद्देश्य है और लेखक नागरिक की हैसियत से ही नहीं, बल्कि सामाजिक जीवन के चितेरे के रूप में भी अपने देश और काल की केंद्रीय समस्याओं और संघर्षों में भाग लेना अपना नैतिक दायित्व समझे, यह उस समय की सामान्य धारणा थी और प्रगतिवादियों ने जब 'लेखक और समाज' का प्रश्न उठाया तो केवल इस सामान्य धारणा को अधिक मूर्त सामाजिक संदर्भ देने की खातिर। देश और काल के प्रति यह लेखक की जागरूकता का नया आयाम था, राजनीतिक चेतना जिसका अभिन्न अंग थी। लेकिन स्वतंत्रता के बाद राजनीतिक समस्याओं को नई पीढ़ी के लेखकों ने एक साहित्येतर चेतना माना। इसके कई कारण थे। यद्यपि पूँजीवादी समाज की विषमताओं और अनैतिकता के प्रति वे बेख़बर नहीं थे लेकिन स्तालिन कालीन अतिवादों का पर्दाफाश होने से साम्यवाद के प्रति उनकी आस्था अडिग नहीं रह सकी और हर प्रकार की राजनीतिक विचारधाराओं, पार्टियों और आंदोलनों के प्रति उनमें एक अनास्थापूर्ण अविश्वास का भाव पैदा हो गया। पूँजीवाद और समाजवाद का संघर्ष वर्तमान युग का केंद्रीय संघर्ष है और दोनों तरफ के अतिवादों

के बावजूद हर व्यक्ति को इस संघर्ष में भाग लेने के लिए कूदना पड़ेगा—इस बात की सामान्यतः उपेक्षा की गई। लेखक किसी बाह्य सत्ता, वर्ग, विचार, दल या आंदोलन के प्रति प्रतिबद्ध नहीं है, बल्कि उसकी प्रतिबद्धता केवल अपनी भावनाओं, अपने अनुभवों और अपनी रचना के प्रति ही है—इस धारणा को पहले की धारणा के मुकाबले में रखकर जैसे दोनों परस्पर-विरोधी और प्रतिद्वंद्वी धारणाएँ हों, स्वीकारा गया। लेखक अपने और अपनी रचना के प्रति ईमानदार हो, यह एक नारा बन गया जिसमें हर प्रकार की सामाजिक प्रतिबद्धता और दायित्व को नकारने का भाव जैसे अंतर्निहित था। पिछले तीन दशकों के अपने साहित्यिक जीवन में हमने ऐसे अनेक एकांगी मतवादों को साहित्य में उभरते और गिरते देखा है। उनमें सत्य का एक अंश ही रहता है, जो उनकी शक्ति का स्रोत होता है। कहने का तात्पर्य यह है कि लेखक की प्रतिबद्धता संबंधी ये दोनों धारणाएँ परस्पर-विरोधी नहीं हैं, एक-दूसरे की पूरक हैं और एक जागरूक लेखक की शक्ति इसमें है कि दोनों ही उसके भावबोध और विश्वबोध का अभिन्न अंग हों। उसकी संपूर्ण चेतना का अंतःसंस्कार हों। लेखक अपने और अपनी रचना के प्रति ईमानदार हो, और अपने देश और काल के प्रति ईमानदार हो, एक समर्थ रचनाकार से यह अपेक्षा ही नहीं की जाती, यह उसकी बौद्धिक चेतना का सहज गुण भी होता है।

माना कि विश्व पर युद्ध और आणविक अस्त्रों का आंतक छाया है और किसी समय भी सभ्यता और संस्कृति उनकी ज्वाला में भस्म हो सकती है लेकिन इस आतंक के आगे अपनी सामाजिक चेतना को मूर्छित करके तटस्थ हो जाना या अपने मंन की कंदराओं में घुसकर केवल क्षणों में जीना ही आदमी की नियति नहीं है। दरअसल यह न तो एक दार्शनिक प्रश्न है न नैतिक, बल्कि एक सीधा-सादा व्यावहारिक प्रश्न है। अगर आँख खोलकर दुनिया को देखें तो मालूम होगा कि आज के अनेक संदर्भों में इस तरह का तटस्थतावादी-अनास्थावादी दृष्टिकोण एकांगी ही नहीं, एक हास्यास्पद भंगिमामात्र है जिसके बगैर भी लेखक अपने और अपनी रचना के प्रति ईमानदार रहता हुआ उस साहित्य का सृजन कर सकता है जो युग की समस्त वेदना को अभिव्यक्ति देता है और जो युग के संघर्षों में मनुष्यमात्र की प्रेरणा भी बनता है। युद्ध से मनुष्य-जाति का सर्वनाश आज संभव है और यह चेतना ही कर्म की प्रेरणा का स्रोत है। ऐसे सर्वनाशी युद्ध के ख़तरे के बावजूद साम्राज्यवादी दूसरे देशों में हस्तक्षेप करके या वहाँ नए-से-नए युद्धास्त्रों का प्रयोग करके लाखों निरीह और निरस्त्र लोगों को मारने और तबाह करने से बाज नहीं आ रहे। वियतनाम इसकी मिसाल है। अगर वियतनाम के लोग भी उसी अंदाज़ में युग के भावबोध और युद्ध के त्रास और आतंक की बातें करके तटस्थ बैठ जाते जिस अंदाज़ में इन धारणाओं का प्रचार हमारे यहाँ किया गया है, तो वे अब तक न केवल अपनी आज़ादी से हाथ धो बैठे होते, बल्कि अमरीकी साम्राज्यवाद के कब्ज़े में सारा

दक्षिण-पूर्वी एशिया होता और शायद तीसरे महायुद्ध की आग में हम सब भी भस्म हो चुके होते। वियतनाम की जनता आज अपनी आज़ादी और विश्वशांति दोनों के लिए एक साथ ही अपना खून बहा रही है, यह बात लेखक की प्रतिबद्धता के प्रश्न को हमारे देश में एक नया संदर्भ प्रदान करती है और इस पर बहुत गंभीरता से विचार करने की ज़रूरत है।

जापान एशियाई देशों में सबसे उन्नत और समृद्ध देश है। उसकी उन्नति और समृद्धि अमरीका के समकक्ष है। पिछले युद्ध के बाद से जापान में अमरीकी प्रभाव जितना प्रबल रहा है उतना अन्यत्र नहीं। अमरीकी साहित्य, अमरीकी जीवन-पद्धति, अमरीकी संगीत और कला का जैसा अन्धानुकरण जापान में हुआ है वैसा एशिया में और कहीं नहीं हुआ। कुछ समय पहले तक वहाँ के तरुण लेखक और बुद्धिजीवी प्रगतिशील राजनीति और सामाजिक दायित्वों की बात पर उसी तरह नाक-भौं सिकोड़ते थे जिस तरह हमारे यहाँ अब एक फ़ैशन बनता जा रहा है। जापानियों के मुक़ाबले में हमारे देश का जीवन, यहाँ तक कि दिल्ली, कलकत्ता जैसे महानगरों का जीवन भी देहाती है और वहाँ के लेखकों के रहन-सहन, सोचने और विचारने के मुक़ाबले में हमारे तरुण लेखकों के रहन-सहन और सोचने-विचारने का स्तर ठेठ गँवारू है। यह बात मैंने इस बार जापान जाकर महसूस की। लेकिन आधुनिक जीवन तथा अमरीकी दबावों के बावजूद वियतनाम के युद्ध ने जापान के नए-पुराने लेखकों और बुद्धिजीवियों को इतने जोर से झकझोरा है कि उन्होंने आज प्रगतिशील राजनीतिज्ञों से भी एक क़दम आगे बढ़कर समस्त जापानी जनता का बौद्धिक नेतृत्व अपने हाथ में ले लिया है और अमरीकी साम्राज्यवाद और वियतनाम में उसके बर्बर कारनामों के विरुद्ध जापानी जनता को उभारने में वे एक सशक्त भूमिका अदा कर रहे हैं।

हीरोशिमा और नागासाकी में एटम और हाइड्रोजन बम के विरुद्ध विश्व सम्मेलन में भाग लेने के बाद जब मैं टोकियो पहुँचा तो ज्ञात हुआ कि वहाँ के लेखकों और बुद्धिजीवियों ने 'बेहरिन' नाम की एक संस्था बनाई है, जिसका अर्थ है 'वियतनाम में शांति के लिए दो देशों का सम्मेलन'–अर्थात् जापान और अमरीका के बुद्धिजीवियों का सम्मेलन। दो देशों का सम्मेलन इसलिए कि अमरीका वियतनाम में हमलावर है और जापान उसका एशिया में सबसे बड़ा हवाई और समुद्री अड्डा है जहाँ से वियतनाम के लोगों की हत्या के लिए फ़ौजी कुमक भेजी जाती है। इसलिए अगर वियतनाम का युद्ध विश्वयुद्ध में परिणत हुआ तो अमरीका के साथ-साथ जापान भी एटम बमों का शिकार बनेगा और तबाह होगा। यह चेतना हर जापानी के मन में जाग्रत् हो रही और इसीलिए जापान में वियतनाम युद्ध के विरुद्ध और ओकीनावा तथा अन्य स्थानों से अमरीकी फ़ौजी अड्डों को हटाने के लिए इतना प्रबल आंदोलन है। जापानी इक्कीस साल पहले हीरोशिमा और

नागासाकी में अमरीकी एटम बमों की तबाहकारी देख चुके हैं और नहीं चाहते कि दुनिया के किसी भी हिस्से में फिर कोई हीरोशिमा और नागासाकी बने। इसीलिए अमरीकी हमले के विरुद्ध वियतनाम की जनता के संघर्ष को वे अपनी आज़ादी का संघर्ष मानते हैं। यह भावना नई नहीं है। वहाँ का समाजवादी और साम्यवादी आंदोलन इसके लिए वर्षों से संघर्ष करता आ रहा है, लेकिन पिछले दो साल से इस संघर्ष में लेखकों, वैज्ञानिकों, दार्शनिकों, कलाकारों आदि का आगे बढ़कर हिस्सा लेना और अपनी सरकार को चुनौती देना वहाँ के बौद्धिक जीवन में एक नया मोड़ है जो आधुनिक जापानी साहित्य और कला के लिए भी एक मुक्तिदायी विकास है। बेहरिन की कान्फ्रेंस में मैंने अन्य देशों से निमंत्रित किए गए दर्शक प्रतिनिधियों के रूप में भाग लिया और जब पंद्रह अगस्त को बेहरिन की ओर से टोकियो में एक विशाल पब्लिक रैली हुई जिसमें कान्फ्रेंस के निर्णय जनता को बताए गए तो मैंने अपने भाषण में भारत की ओर से उन्हें आश्वासन दिया कि भारत की जनता और बुद्धिजीवी भी वियतनाम युद्ध के विरुद्ध हैं और उन्हीं की तरह चाहते हैं कि अमरीकी वहाँ से अपनी फौजें हटाकर वियतनाम के लोगों को अपने भविष्य का निर्णय स्वयं करने दें।

कहने का तात्पर्य यह है कि उन राजनीतिक प्रश्नों से तटस्थता, जिन पर विश्वशांति का प्रश्न निर्भर करता है, लेखक के लिए आज की स्थिति में उचित नहीं है। स्वयं लेखक के अपने साहित्यिक विकास की दृष्टि से भी क्योंकि वह उसके जीवन बोध को संकीर्ण बनाता है। युद्ध के आतंक से संसार को मुक्ति दिलाने का एक ही रास्ता है और वह यह कि जहाँ कहीं की जनता बाह्य हस्तक्षेप और आक्रमण के विरुद्ध अपनी आज़ादी के लिए संघर्ष कर रही हो उसका मुक्त हृदय से साथ दें, उसके संघर्ष को अपना संघर्ष समझें। विश्व की जनता के साथ जब तक लेखक के रूप में हम ऐसा अटूट और अभिन्न संबंध स्थापित नहीं करते तब तक साहित्य और कला को भी उन मानवद्रोही संकीर्ण भावनाओं से निकालकर विश्वजनीन साहित्य की रचना नहीं कर सकते जो कुंठा और अनास्था के वर्तमान वातावरण में ही सार्थक न लगे बल्कि आगे भी जिसकी सार्थकता रहे। वियतनाम का प्रश्न ऐसा है जिस पर लेखकों को व्यक्तिगत रूप से भी और सामूहिक रूप से भी अपने अंतःकरण को कुरेदकर अपनी मान्यताओं की घोषणा करनी चाहिए ताकि भारतीय जन-मानस उद्‌बुद्ध हो सके और अमरीकियों द्वारा किए जानेवाले उस हत्याकांड को बंद कराया जा सके, जिसके प्रति तटस्थ रहना हर व्यक्ति को असंवेदनशील, अमानवीय और बर्बर बनाता है।

स्वातंत्र्योत्तर हिंदी साहित्य : नया परिवेश*

सन् 1947 में भारत आज़ाद हुआ। यह हमारी दृष्टि से ही नहीं, विश्व-इतिहास की दृष्टि से भी साधारण घटना नहीं थी।

इस शताब्दी में साम्राज्यवाद ने दो बार विनाशकारी महायुद्ध छेड़कर करोड़ों मनुष्यों के रक्त से होली खेली है। लेकिन पहले महायुद्ध के बाद रूस की समाजवादी क्रांति ने दुनिया के छठे भाग में पुरानी पूँजीवादी दुनिया के खंडहरों पर एक नई समाजवादी दुनिया की इमारत खड़ी की—यह क्रांति एक युगांत की सूचक और एक नए युगारंभ की घोषणा थी। तब इतिहास ने एक बड़ा मोड़ लिया था। और यद्यपि इससे पश्चिम की पुरानी साम्राज्यवादी दुनिया के शासक वर्गों में खलबली मच गई थी और वहाँ के बुद्धिजीवियों में इस बात के प्रति गहरा असंतोष और क्षोभ था कि उनके शासकों ने उन्हें धोखा दिया था और इतने बलिदान और रक्तपात के बाद भी युद्धों का अंत नहीं हुआ था, फिर भी योरुप और अमरीका के सभी महान् लेखकों और कलाकारों ने, अपने यहाँ नहीं तो सोवियत यूनियन में ही सही, एक नई समाजवादी दुनिया के जन्म का खुले हृदय से स्वागत किया। 'एज ऑव एंग्ज़ाइटी' (चिंता का युग) थी तो उनके लिए थी, जो उनके यहाँ के विगलित पाश्चात्य समाज को घुन की तरह अंदर-ही-अंदर खोखला कर रही थी। शॉ, वेल्स, रोम्या रोलां, टामस मान, ड्राइज़र, आरागाँ, हेमिंग्वे तथा उस समय के अधिकांश नए लेखक भी इस विसंगति के बावजूद व्यापक ऐतिहासिक परिप्रेक्ष्य में रखकर अपने युग को देख-समझ सके।

इसके बाद दूसरे महायुद्ध में अतुल रक्तदान देकर सोवियत जनता ने फ़ासिज़्म से विश्व की रक्षा ही नहीं की, उसकी सहायता और प्रेरणा से दुनिया की एक-तिहाई जनता भी पूँजीवादी व्यवस्था से मुक्ति पाकर समाजवादी जीवन-निर्माण के पथ पर अग्रसर हो सकी। साथ ही, इसका एक परिणाम और हुआ। साम्राज्यवाद को ऐसा धक्का लगा कि उसकी औपनिवेशिक जंजीरें, जिनमें उसने तीन महाद्वीपों—एशिया, अफ्रीका और लातीनी अमरीका के लगभग सौ देशों को बाँधकर गुलाम बना रखा

---

*संपादकीय : आलोचना, जून 1965

था, टूटने लगीं। इन देशों के राष्ट्रीय आंदोलनों को इन घटनाओं से नया बल और नई प्रेरणा मिली। सबसे पहले उपनिवेशवाद की सबसे बड़ी और मज़बूत कड़ी टूटकर अलग हुई—1947 में भारत आज़ाद हुआ। इस शताब्दी में इतिहास ने फिर एक बड़ा मोड़ लिया—भारत की आज़ादी से उपनिवेशवाद के विघटन का सिलसिला शुरू हुआ, जो साम्राज्यवाद की तमाम हिंस्र कोशिशों और सैनिक हस्तक्षेपों के बावजूद अभी तक जारी है। इस बार भारत की आज़ादी से एशिया और अफ्रीका के शोषित, गरीब और अविकसित देशों में बसनेवाली विश्व की एक-तिहाई जनता को अपनी आज़ादी हासिल करने में शक्ति और प्रेरणा मिली। पिछले सोलह-सत्रह वर्षों में जन्म लेनेवाले नए-नए राष्ट्रों की इस विशाल दुनिया में, जहाँ के लोगों ने 'भाग्यवाद' का सहारा लेकर सदियों तक गुलामी, शोषण और दमन की यातनाएँ झेली थीं और अपने सांस्कृतिक वैशिष्ट्य, जातीय अस्तित्व और भविष्य में अपनी आस्था को मिटने से बचाया था, अब अपना 'भाग्य' बदलने का उल्लास पैदा हुआ। आज़ादी ने इसकी संभावना पैदा कर दी थी। इन नए राष्ट्रों में परंपरा से द्रोह और अपने अतीत से विच्छेद का तात्पर्य अपने औपनिवेशिक अतीत से, जो केवल आर्थिक-सामाजिक संबंधों में ही ताने-बाने की तरह बुना हुआ नहीं था, बल्कि बौद्धिक चेतना, भाव-बोध और संवेदना को भी अपने रंग में रँग चुका था, विच्छेद करके साहित्य, कला, दर्शन, समाज-व्यवस्था, अर्थतंत्र अर्थात् जीवन के हर क्षेत्र में एक ऐसे विश्व-चेतस् किंतु राष्ट्रीय—अफ्रीकी, भारतीय या अरब—व्यक्तित्व की खोज और प्रतिफलन था, जिसकी जड़ें अपने जातीय इतिहास की ह्रासोन्मुखी सामंती परंपरा में नहीं बल्कि मानववादी परंपरा में हों, लेकिन जो ज्ञान, विज्ञान और तकनीक की आधुनिकतम उपलब्धियों को आत्मसात् करके प्रगतिशील मानवता के साथ भविष्योन्मुखी हो सके। अपने राष्ट्रीय व्यक्तित्व की खोज और प्रतिष्ठा और सामाजिक-आर्थिक जीवन के पुनर्निर्माण के प्रयत्न में लगभग वे सभी नए एशियाई-अफ्रीकी राष्ट्र, जहाँ का राष्ट्रीय आंदोलन अधिक व्यापक और जागरूक था, अपने-अपने अनुभव से इस सामान्य परिणाम पर पहुँचे कि वर्तमान अणु-युग में पूँजीवाद के मार्ग से विकास करके वे अपने औपनिवेशिक पिछड़ेपन और ग़रीबी से न केवल कभी मुक्ति नहीं पा सकेंगे, बल्कि अपनी नई आज़ादी को भी सुरक्षित नहीं रख सकेंगे—ग़रीब और अमीर देशों का फ़र्क बढ़ता जाएगा और अंततः उन्हें हमेशा के लिए पाश्चात्य के अमीर देशों का मोहताज और मुखापेक्षी बन जाना पड़ेगा। इतिहास के पूँजीवादी दौर को छलाँग कर सीधे समाजवाद और विश्वशांति का मार्ग पकड़ने में ही उनकी मुक्ति है और विकास की निश्चित संभावना है। सौभाग्य से स्वर्गीय जवाहरलाल नेहरू के नेतृत्व में भारत ने ही इस सत्य की सबसे पहले प्रतीति की और एशिया-अफ्रीका के अन्य राष्ट्रीय आंदोलनों ने भी उसे अपनाया।

भारत की स्वतंत्रता के इस ऐतिहासिक परिप्रेक्ष्य से सभी परिचित हैं। संभव

है—और स्वाभाविक भी—कि अनेक मुक्तकामी विचारकों के मन में इस बीच यह आशा जाग्रत् हुई हो कि राष्ट्रीय आज़ादी के संघर्ष के अग्रणी और प्रेरणा-केंद्र हमारे महान् देश ने समाजवाद, विश्व-शांति और सैनिक गुटों से अलग रहने की नीतियों का प्रतिपादन करके जिस तरह नए आज़ाद देशों का मार्ग-दर्शन किया है और पंचवर्षीय योजनाओं द्वारा तीव्र गति से भारत के औद्योगीकरण का संकल्प किया है, उससे भारतीय समाज और अर्थ-व्यवस्था में ही क्रांतिकारी परिवर्तन नहीं होंगे, बल्कि उसके अनुरूप भारतीय मानस में भी क्रांतिकारी परिवर्तन होंगे—एक नया आशावाद, एक नया उल्लास, एकता और बंधुत्व की एक नई भावना पैदा होगी और हमारी संस्कृति के निर्माता—लेखक, कलाकार और शिक्षक—बिना किसी सरकारी आदेश या हस्तक्षेप के, स्वयं अपने अनुभूत उल्लास से लोगों में इन परिवर्तनों और जीवन-लक्ष्यों की कल्पना जगाएँगे। इतना ही नहीं, नई संभावनाओं का लाभ उठाकर वे एशिया और अफ्रीका के उन तमाम लोगों से, उनकी सभ्यता और संस्कृति से गहरे, आत्मीय संबंध स्थापित करेंगे, जिनसे, पड़ोसी होने के बावजूद, उपनिवेशवाद ने हमारे प्राचीन, ऐतिहासिक रिश्ते तोड़ दिए थे और हमें एक-दूसरे से बेगाना बना दिया था। यह सोचना स्वाभाविक था कि गुलामी के दौर से निकलनेवाले देशों में सांस्कृतिक पुनर्निर्माण की समस्याएँ बहुत-कुछ सामान्य हैं और यदि बड़े पैमाने पर आपस में मुक्त सांस्कृतिक आदान-प्रदान क़ायम हो सके तो इससे न सिर्फ़ पाश्चात्य की मानसिक गुलामी से मुक्ति पाने में आसानी होगी, बल्कि चिंतन और कलात्मक सृजन के क्षेत्र में भी अपने-अपने राष्ट्रीय वैशिष्ट्य और व्यक्तित्व को रूप देने में आसानी होगी। रवींद्रनाथ ठाकुर के समय से यह प्रश्न हमारे सामने रहा था कि अंग्रेजों के प्रभुत्व के बावजूद विश्व-मानस के साथ, मौलिक चिंतन और सृजन के स्तर पर, संपर्क कैसे स्थापित किया जाए—ऐसा संपर्क जिसमें दाता-भिक्षुक का संबंध न हो, बल्कि ऐसा बराबरी का संबंध हो, जिसमें हमारे सृजन और चिंतन का नवनीत पश्चिम भी उसी मुक्त हृदय से ग्रहण करे, जिस तरह हम पश्चिम के चिंतन और सृजन को ग्रहण करते आए हैं। तभी हम एक-दूसरे को, और इस प्रकार समूची विश्व-संस्कृति को, अपने-अपने विशिष्ट योगदान से समृद्ध कर सकते हैं। पाश्चात्य चिंतन या साहित्य कला का विरोध करने की कोई संकीर्ण भावना इस विचार के मूल में नहीं थी, न पुनरुत्थानवादी प्रचारकों की तरह अपनी प्राचीन संस्कृति की आड़ लेकर पश्चिम से आए नए विचारों को नकारने की भावना ही थी। बल्कि अगर कोई भावना थी तो केवल यह कि भारत और अन्य एशियाई-अफ्रीकी देशों का सांस्कृतिक पुनर्निर्माण इस रीति से हो कि हमारे चिंतन और सृजन की उपलब्धियाँ विश्वसाहित्य और संस्कृति का अंग बनें, केवल पाश्चात्य-साहित्य का चर्वित-चर्वण या अनुकरण र न समझी जाती रहें। आज किसी भी देश का सांस्कृतिक विकास दूसरों से र्केत, बंद कठघरों में नहीं हो सकता। पश्चिम का प्रभाव हम पर न पड़े, यह

को सही करते हुए

संभव नहीं है। लेकिन पश्चिम का चिंतन और सृजन जिस तरह अपने जीवन की विशिष्ट परिस्थितियों से उद्भूत होकर भी सार्वभौम सार्थकता प्राप्त कर लेता है, उसी प्रकार यह कामना ग़लत नहीं थी कि भारतीय और एशियाई-अफ्रीकी चिंतन और सृजन में भी अपने-अपने राष्ट्रीय जीवन का इतना गहरा यथार्थ प्रतिबिंबन हो कि वह सार्वभौम सार्थकता प्राप्त कर ले।

लेकिन आज़ादी के बाद हिंदी-साहित्य (और प्रकारांतर से भारत की अन्य भाषाओं का साहित्य भी) जिस प्रतिकूल सामाजिक-आर्थिक वातावरण में विकसित हुआ है, वह रचनात्मक क्षेत्र में इस प्रकार की सरल आशाओं और कामनाओं के प्रतिफलन के लिए अनुकूल नहीं रहा। इसलिए किसी को यह देखकर क्षोभ और आश्चर्य हो कि पुरानी या नई पीढ़ी के रचे साहित्य में इस उत्साहजनक विराट् ऐतिहासिक परिप्रेक्ष्य की चेतना या झलक शायद ही कहीं मिलती है, कि लगता है जैसे इस छोटी अवधि में ही इस नए राष्ट्र की वह प्रगतिशील ऐतिहासिक भूमिका और उसका सारा मानववाद चुक गया है या चुकने लगा है, कि भारतीय मानस आस्था का संबल त्यागकर ऐसी रुग्णता का शिकार हो गया है, जिसमें अच्छे-बुरे, नैतिक-अनैतिक, मानवीय-अमानवीय का भेद मिट रहा है और हमारे बुद्धिजीवी वर्ग के लोग समाज से ही नहीं स्वयं अपने-आपसे भी बेगानापन और अलगाव महसूस करने लगे हैं, तो इसमें निश्चय ही हमारे तरुण या पुराने लेखकों का दोष नहीं है। उन्होंने इस बीच जो लिखा है, उसमें उन्होंने अनेक विपरीत दबावों को झेलते हुए भी ईमानदारी से भारतीय जीवन की हक़ीक़त को ही रूपायित करने की कोशिश की है।

विशेषकर हमारे बुद्धिजीवियों की तरुण पीढ़ी ने जिस आज़ाद भारत में चेतना की आँखें खोलीं उसका यथार्थ उन घोषित आदर्शों से भिन्न था जो राजनीतिक मंचों और रेडियो आदि से प्रचारित किया जाता था। आज़ादी के उत्सव अभी मनाए ही जा रहे थे और अहिंसात्मक क्रांति की ऐतिहासिक विजय पर नेतागण एक-दूसरे का जयकार कर ही रहे थे कि सांप्रदायिक आधार पर भारत के विभाजन से उत्पन्न कटुता ऐसी पाशविक हिंसा और रक्तपात में फूट पड़ी जिसकी मिसाल फ़ासिस्टवाद-नस्लवाद में ही मिलती है। और इस निर्मम हत्याकांड में भावना के स्तर पर वे सारे आदर्श और सरल विश्वास, जिन्होंने राष्ट्रीय आंदोलन को गरिमा और अर्थवत्ता प्रदान की थी, स्वाहा हो गए। राष्ट्रपिता गांधी की हत्या भी जनमानस में उस मानवीय विवेक को नहीं जगा सकी, जो मनुष्य को क्षुद्र स्वार्थों से ऊपर उठाता है। बल्कि गांधी की हत्या आदर्शवादी भारत की अकाल मृत्यु और मूल्यों के विघटन का प्रतीक बन गई। भारतीय प्रतिक्रियावाद, जिसे राष्ट्रीय आंदोलन के दौर में खुलकर सामने आने का साहस नहीं था, अब राष्ट्रवादी नक़ाब पहनकर इस औद्धत्य से देश की प्रगतिशील आकांक्षाओं और नीतियों का विरोध करने लगा कि नगरों की तरुण

पीढ़ी की चेतना सांप्रदायिक द्वेष-भावना से संकीर्ण और कलुषित होने लगी। जिन प्रगतिशील राजनीतिक दलों ने मिलकर राष्ट्रीय संघर्ष में भाग लिया था और देश को एकता की भावना में बाँधा था, वे आज़ादी के बाद पुनर्निर्माण की ख़ातिर अपने मतभेदों को पीछे रखकर आपस में सहयोग का कोई मार्ग नहीं तलाश कर सके, क्योंकि जिस राजनीतिक दल के हाथ में सत्ता आई थी, वह एकांततः उसका उपभोग करना चाहता था। इससे राष्ट्रीय आंदोलन की एकता छिन्न-भिन्न हो गई, यहाँ तक कि हर पार्टी के अंदर सत्ता या नेतृत्व पाने के लिए व्यक्ति-केंद्रित दलबंदियाँ और आपाधापी शुरू हुई, जिससे उनकी ईमानदारी में लोगों का विश्वास डिग गया।

दूसरी ओर, समाजवाद का नारा लगाकर पूँजीवादी उद्योग-धंधों का विकास शुरू हुआ। परिणामतः ग़रीब-अमीर का भेद मिटाकर एक शोषण-मुक्त समाज बनाने के नेक इरादों की घोषणाओं के बावजूद अमीर अधिक अमीर होते गए और ग़रीब अधिक ग़रीब। शोषण, मुनाफ़ाख़ोरी, रिश्वतखोरी, चोर-बाज़ारी और दूसरी ऐसी अलामतें जो समाज के नैतिक आधार को खोखला करती हैं और लोगों में मानसिक विक्षोभ और अनिश्चितता की भावना पैदा करती हैं, बढ़ती गईं। भारतीय पूँजीवाद ने पाश्चात्य देशों के पूँजीवाद के साथ पार्टनरशिप में बँधकर देश के उद्योग और व्यापार पर अपनी इजारेदारी क़ायम की और इस आर्थिक इजारेदारी पर आवरण डालने के लिए उसने प्रचार के प्रमुख साधनों, प्रेस और फ़िल्म पर भी अपनी इजारेदारी क़ायम करने की कोशिश की, जिनके द्वारा वे एक ऐसी 'सब धान बाईस पसेरी' वाली अ-संस्कृति और प्रतिक्रियावादी विचारधाराओं और नीतियों का प्रचार कर सकें जिससे लोगों का विवेक, वास्तवबोध, संवेदना सभी कुंठित हो जाएँ और वे अपने हिताहित का निर्णय करने में असमर्थ होकर अनास्था और नास्ति के अंधकार में भटकते रहें।

विघटन, विशृंखलता और वचन और कर्म में विसंगति के इस दुखदायी वातावरण में हमारे बुद्धिजीवी वर्ग को युद्धोत्तर जगत् के एक और वात्याचक्र ने चारों ओर से घेर लिया। दूसरे महायुद्ध के परिणामों से, यह सहज अनुमेय है विश्व-साम्राज्यवाद संतुष्ट नहीं हुआ—उसे बहुत-कुछ खोना पड़ा। इसलिए समाजवादी राष्ट्रों के विरुद्ध तीसरे आणविक महायुद्ध की तैयारी के लिए विश्व का जनमत अपनी ओर मोड़ने का प्रश्न उसके सामने था। मशीन-युग के विपुल प्रचार-साधनों—रेडियो, प्रेस, फ़िल्म, टेलीविजन, थियेटर आदि—को एक सुनिश्चित योजना के अंतर्गत इस काम में लगाया गया। हर पूँजीवादी देश में प्रचारकों की एक पूरी फौज भरती की गई जो नए-नए शब्दास्त्रों से लैस थी। घोषित किया गया कि साम्यवादी बर्बरता, साम्राज्यवाद और गुलामी के विरुद्ध यह दुनिया के 'स्वतंत्र', 'जनवादी' और 'सभ्य' मानव का अभियान है। इस तरह शीतयुद्ध का आग़ाज हुआ, जो महामारी की तरह पूरी दुनिया में फैल गया। साहित्य, कला, दर्शन और विज्ञान के क्षेत्र भी इसकी

लपेट में आ गए और शीतयुद्धीय प्रचार की आँधी में सत्यासत्य का भेद मिट गया--दरअसल सत्य को असत्य और असत्य को सत्य सिद्ध करना ही इसका मुख्य उद्देश्य था। फलतः जॉन स्ट्रैची जैसे अर्थशास्त्री ने दावा किया कि पश्चिम का साम्राज्यवाद एक अतीत की चीज़ है, कि पुराने साम्राज्यवादी देश अपने उपनिवेशों को खोकर ज्यादा सुखी और समृद्ध हैं, कि साम्राज्यवादी देश तो अब वास्तव में केवल सोवियत यूनियन है ! क्वेस्लर जैसे लेखकों ने सोवियत यूनियन के जेलख़ानों और गुलाम जीवन की हौलनाक तस्वीरें खींचकर सिद्ध किया कि वहाँ भरी दोपहर अंधकार छाया रहता है। किसी ने समाजवाद को एक दुःस्वप्न के रूप में दिखाना चाहा। किसी ने साबित किया कि मार्क्सवाद का सिद्धांत अब पुराना और दक़ियानूसी हो गया है और आधुनिक युग में उसका कोई उपयोग नहीं रहा। यह भी कहा गया कि समाजवादी देशों में व्यक्ति की स्वतंत्रता संभव नहीं है, अतः वहाँ लेखकों की स्वतंत्रता का प्रश्न ही नहीं उठता। ग़रज़ यह कि युग के केंद्रीय प्रश्नों और हक़ीक़तों को गड्डमड्ड करके एक ऐसा कन्फ्यूजन का वातावरण पैदा किया गया कि साधारण मनुष्य की चेतना इससे कुंठित होती गई। दुर्भाग्य से स्वयं हमारे देश के प्रगतिवादियों के संकीर्ण मतवाद और उधर स्तालिन की कठोर नीतियों ने शीतयुद्ध की आग में घी का काम किया और हमारे तरुण लेखकों का एक वर्ग कुछ दिन तक प्रगतिवाद और समाजवाद के विरोध को ही लेखक की स्वतंत्रता की गारंटी समझ बैठा। यह सब स्वाभाविक था क्योंकि उस समय का सामाजिक परिवेश ही शीतयुद्ध से प्रभावित था।

इसी बीच एक और विचारधारा ने हमारे बुद्धिजीवियों की जीवन-दृष्टि और उनके भावबोध को आमूल प्रभावित किया है। वह है कामू और सार्त्र का अस्तित्ववादी दर्शन। इस संबंध में हमारे तरुण लेखक अस्तित्ववादी दर्शन के अन्य प्रतिपादकों--कीर्कगार्द, जेस्पर्स, मार्सेल, नीत्शे आदि का भी नाम लेते हैं, लेकिन दरअसल प्रभाव कामू और सार्त्र का ही सर्वाधिक है। यह दर्शन पश्चिमी यूरोप की विशिष्ट जीवन-परिस्थितियों की उपज हैं और अतर्क्यभाव से उसको ज्यों-का-त्यों स्वीकार कर लेना अविवेक है। फिर भी अगर अस्तित्ववादी दर्शन का हमारे तरुण लेखकों के लिए विशेष आकर्षण रहा है तो मुख्यतः इस कारण कि औद्योगिक विकास के साथ ही हमारे संवेदनशील तरुण लेखकों में भी यह पीड़ाजनक और नैराश्यपूर्ण अनुभूति जगी है कि मनुष्य मशीन का एक पुरज़ा बन गया है जिसके कारण उसका व्यक्तित्व खंडित और विघटित होता जा रहा है।

दरअसल, यह दार्शनिक से अधिक एक सामाजिक और सांस्कृतिक समस्या है। मनुष्य औद्योगिक समाज में मशीन का पुरजा बन गया है, यह इस युग की एक बड़ी और दुखदायी हक़ीक़त है। लेकिन मनुष्य अपने अस्तित्व की सार्थकता महसूस करने के लिए अपनी स्वतंत्रता का व्यक्तिगत लक्ष्य ही चुन सकता है जो अक्सर

प्राप्त होने की बजाय अन्य व्यक्तियों के विपरीत लक्ष्यों से टकराकर या कटकर अवसाद और असफलता ही पीछे छोड़ जाता है–यह एक भयंकर किस्म का नियतिवाद है। इस दुर्दम भाग्य-चक्र के विरुद्ध निरर्थक बीटनिक विद्रोह या स्वच्छंद भोग-विलास या नैतिकता और परंपरा के प्रति उग्र प्रतिवाद करने से अपने स्वतंत्र अस्तित्व की क्षणकालिक अनुभूति अवश्य मिल जाती है, किंतु बाद में मनुष्य पुनः निराशा के गर्त में डूब जाता है। सार्त्र के उपन्यासों का नायक मैथ्यू ऐसा ही अभिशप्त व्यक्ति है, जो केवल अन्य मनुष्यों से ही नहीं, स्वयं अपने-आप से भी बेगाना है, alienated है। अपने-आप से बेगानापन की यह हृदय को सालनेवाली अनुभूति वर्तमान युग की एक सार्वभौम भावना है–पूँजीवादी देशों में भी है और समाजवादी देशों में भी, क्योंकि औद्योगिक सभ्यता इसकी जननी है। फर्क सिर्फ इतना है कि पाश्चात्य देशों में मनोरंजन और फैशन के विचित्र आयोजनों, प्रतिवाद और विद्रोह के असंगत आंदोलनों और कला और साहित्य में निरर्थक प्रयोगों के माध्यम से इस अनुभूति से पीड़ित लोग अपने अस्तित्व की घोषणा ही नहीं करते, अपने व्यक्तित्व के विघटन में रस और आनन्द भी लेने लगे हैं। औद्योगिक समाज में श्रम-विभाजन की प्रक्रिया ही बेगानापन की इस भावना को उत्पन्न करती है। श्रम-विभाजन तो मिटाया नहीं जा सकता, लेकिन उसके इस प्रभाव को कैसे मिटाया जाए, यह एक बड़ा सामाजिक प्रश्न है, जिस पर व्यावहारिक दृष्टि से विचार होना चाहिए। इसे मनुष्य की नियति मानकर अस्तित्व दर्शन के निराशावाद को स्वीकार कर लेने से हमारी मनीषा एक बंद सुरंग के छोर पर पहुँचकर बार-बार दीवार से सर ही टकरा सकती है, निकलने का मार्ग नहीं खोज सकती।

जो भी हो, भारत की आज़ादी ने जिस व्यापक ऐतिहासिक परिप्रेक्ष्य और सांस्कृतिक विकास की संभावनाओं के नए क्षितिज खोले थे, अपनी विशिष्ट सामाजिक परिस्थितियों और अंतर्राष्ट्रीय प्रभावों के कारण इस बीच हमारे साहित्य का विकास, उनसे हटकर कुछ अधिक संश्लिष्ट रूपों में हुआ है।

इस सारे विकास में अभिनन्दनीय बात यह है कि विचारधाराओं के संघर्ष की तीव्रता बहुत दिन तक नहीं टिकी, क्योंकि हिंदी के संवेदनशील रचनाकार, प्रगतिवादी हों या कला के लिए कलावादी, आज़ादी के बाद कुछ ही दिनों में यह महसूस करने लगे कि आज़ादी के पहले की सरल दुनिया का अंत हो गया। जीवन भी जटिल और उसकी समस्याएँ भी जटिल हो गईं और अब प्रश्न राजनीतिक उद्देश्यों और आंदोलनों से संबद्ध या असंबद्ध होने का नहीं, बल्कि लेखक के नाते प्रश्न अपनी अनुभूति की गहराई में जीवन के यथार्थ को पाने और उसे अभिव्यक्ति देकर सत्य का उद्घाटन करने का है। समाज के प्रति उसकी प्रतिबद्धता का यही एकमात्र रूप और दायित्व है। रूढ़ि और परंपरा से लेखकों का विद्रोह साहित्य में नए सत्यों को उजागर करने के उद्देश्यों से ही था। प्रयोगवाद, नई कविता, नई कहानी, सचेतन

कहानी, आदि नामों से इस बीच जो आंदोलन चले हैं, उनके उद्देश्यों को चाहे जिस शब्दावली में परिभाषित क्यों न किया गया हो और उनकी सैद्धांतिक स्थापनाओं में चाहे कभी शीतयुद्धीय समाजवाद-प्रगतिवाद विरोध की ध्वनि क्यों न रही हो, लेकिन इस दौर में रचे गए नए काव्य और नए कथा-साहित्य के टिकाऊ और श्रेष्ठ-भाग का जायज़ा लें तो यह निर्विवाद है कि उसमें युग की वास्तविकता को ही गहरी कलात्मक अभिव्यक्ति मिली है, जो यद्यपि शिल्प और वस्तु की नवीनता और संश्लिष्टता के कारण सहज संप्रेषणीय नहीं है और किंचित् दुरूह और अपरिचित भी लगती है, लेकिन प्रयोगों, नए चौंकानेवाले बिंबविधानों, पुरानी मान्यताओं और थोथे आदर्शों के प्रति अनास्था और द्रोह के भीतर उनमें गहरा मानव-प्रेम और जीवनाकांक्षा ध्वनित है। इसके अलावा यह भी विचारणीय है कि मनुष्य की संवेदना को कुंठित करनेवाले उस पलायनवादी लोकप्रिय साहित्य से जो सस्ता मनोरंजन करता है या साहित्य की उस धारा से जिसमें नई अभिव्यक्ति की संभावनाएँ चुक जाती हैं और जो केवल रूढ़ि की आवृत्ति करके जैसे अर्थहीन और टकसाली बन जाती है, विद्रोह करके साहित्य की जो नई प्रवृत्ति साहसपूर्वक अभिव्यक्ति के नए माध्यम, नए बिंब और नई भाषा खोजती है, वह मूलतः अपने-आप में प्रगतिशील होती है। अपने समय में यही काम छायावाद और फिर प्रगतिवाद की धाराओं ने किया था। और प्रसन्नता की बात यह है कि नई और पुरानी पीढ़ी और सभी विचारधाराओं के प्रतिभासंपन्न लेखकों ने नव-सृजन के इन रचनात्मक प्रयत्नों में समान उत्साह से भाग लिया है—साहसपूर्वक नए-नए प्रयोग किए हैं और इतना कुछ नया रचा है कि हिंदी साहित्य की पिछले सोलह-सत्रह वर्षों की उपलब्धियों पर हम आज गर्व कर सकते हैं।

आधुनिक समाज में 'अलगाव' की समस्या*

स्वातंत्र्योत्तर काल में भारतीय लेखक और चिंतक भी 'अलगाव' (alienation) की समस्या के प्रति सचेत हो गए हैं। कीर्कगार्द और कामू की रचनाओं में यह पढ़कर कि ज़िंदगी दरअसल एक बेमानी (absurd) चीज़ है, वे हर प्रकार की सोद्देश्य क्रियाशीलता को संदेह की दृष्टि से देखने लगे हैं। आज सामाजिक और राजनीतिक जीवन में जो अराजकता और स्वार्थपरता छाई है और अपने व्यक्तिगत जीवन में उन्होंने जो कटुताएँ झेली हैं, उन सबके अनुभव ने उन्हें जैसे धकेलकर आत्म-सीमित कर दिया है। आमतौर पर संवेदनशील व्यक्ति आज अपने को समाज में बेगाना और अजनबी महसूस करता है। इस अजनबीपन और अलगाव का भावबोध—भीड़ में होकर भी उससे तटस्थ, भिन्न और विरक्त महसूस करना—उसके मन में एक टीस, एक कचोट, एक दर्द भर देता है, जिससे छुटकारा पाने का उपाय नज़र नहीं आता। योरुप और अमरीका में आत्मा में गहराते इस शून्य से मुक्ति पाने के लिए उन सभी विचारधाराओं को नकारा गया, जो न्याय और समानता के आधार पर समाज का पुनःसंगठन करने का आदर्श पेश करती हैं। फिर अपने बेमानी अस्तित्व को प्रमाणित करने के लिए सामाजिक दायित्वों और नैतिकता से विमुख होकर एकदम विलक्षण बनने की चेष्टाएँ शुरू हुईं। नए-नए फैशन चले। रचना में से विचार-वस्तु और अर्थ के छिलके एक-एक कर उतार फेंके गए और अंत में उपन्यास, कहानी, कविता, चित्र, संगीत और नृत्य भी ज़िंदगी की ही तरह बेमानी (absurd) बन गए, और नौजवानों की पीढ़ी, अपनी उच्छृंखल हरकतों से अपने ही व्यक्तित्व की विशृंखलता में आनंद लेने लगी। 'अजनबीपन' और 'अलगाव' की स्थिति के विरुद्ध हमारी नई पीढ़ी का यह अभियान, उससे मुक्ति न दिलाकर, उसकी सिद्धि का साधन बन गया। इसमें दोष नई पीढ़ी का नहीं है, बल्कि आधुनिक व्यवसायिक समाज का है, जो व्यक्ति को इस बात की न तो प्रेरणा देता है और न सुविधा ही जुटाता है कि वह अपनी ज़िंदगी के वर्तमान 'बेमानीपन' पर 'सार्थकता' और 'सोद्देश्यता' का विधान लागू करने की ओर प्रवृत्त हो। सभी आदर्शों और सामाजिक

*संपादकीय : आलोचना, दिसंबर 1966

लक्ष्यों का नकारना ही काफ़ी नहीं है, न कुछ आदर्शों का, खोखलापन सिद्ध होते ही 'अस्तित्व-रक्षा' के बहाने त्याग और संघर्ष से विमुख होकर सारे मानव समाज को एक विशाल 'वेश्यालय' घोषित करके संतोष पा लेना ही काफ़ी है। नीग्रो लेखिका लोरेन हेन्सबरी ने कहा है कि अगर यह संसार एक वेश्यालय है तो किसी ने इसकी इमारत का निर्माण किया होगा और अगर निर्माण करनेवाला हाथ मनुष्य का था तो निश्चय ही मनुष्य का हाथ इसको गिराकर नई इमारत भी बना सकता है। मनुष्य जो भी बनाता है, सृजन करता है या कल्पना करता है, उसका नए सिरे से निर्माण, सृजन या कल्पना भी कर सकता है। लेकिन आजकल ऐसी बात सोचनेवाले को निरा बुद्धू समझा जाता है।

इसका कारण है। नई पीढ़ी को आज सभी जगह लगता है कि उसे धोखा दिया गया है, उसके साथ विश्वासघात किया गया है और उसे झूठे नारों और झूठे वादों से अँधेरे में रखा गया है। मेकार्थी, स्तालिन, माओ, जान्सन इन सब ने अपने कृत्यों से नई पीढ़ी में यह भाव पैदा करने में मदद की है। लेखक या कलाकार तीन दशक पहले जीवन के संभाव्य भावी रूप की मूर्ति तराशने में जो आनंद प्राप्त करता था, वह जैसे उससे आज बरबस वंचित कर दिया गया है। नई पीढ़ी की स्थिति आज डॉन क्विग्ज़ोट जैसी है, जो हीरोइक जीवन का आकांक्षी तो है, लेकिन जिसे इस युग के कन्फ़्यूजन में यह ज्ञान नहीं रहा कि उसका दुश्मन कौन है और जो हर अच्छी और बुरी चीज को समान रूप से नकारता हुआ काल्पनिक दुश्मनों से लड़ता है। उसका विद्रोह लक्ष्यहीन है।

लेकिन 'अलगाव' की समस्या इतनी सतही नहीं है और न कुछ भ्रष्ट, क्रूर या कट्टरपंथी नेताओं के दुर्व्यवहारों या कुछ सामाजिक आदर्शों की ख़ामियों की चेतना से उत्पन्न 'मोहभंग' का ही परिणाम है। यह नई पीढ़ी का ही भावबोध है, ऐसा भी नहीं है। आदिकाल से मनुष्य अलगाव और अजनबीपन की समस्या से जूझता आया है, यद्यपि इस शब्द (alienation) का प्रयोग संभवतः पहली बार जर्मन दार्शनिक हीगल ने किया था और तब से लगातार दार्शनिकों के बीच यह विवाद का विषय बना हुआ है। 'अलगाव' की भावना क्या है और इसके पैदा होने का मूल कारण क्या है, इस पर अभी तक बहस जारी है। इस भावना से मनुष्य को मुक्ति कैसे मिल सकती है, या यह कि समाज में व्यक्ति का सामंजस्य कैसे संभव है, जिससे वह अपने कर्ता या विषयी होने के पूर्ण गौरव को प्राप्त कर सके और अपने को 'स्वतंत्र' हस्ती समझ सके, यह बहस मानव-जीवन की इस मूलभूत विसंगति को दूर करने के निमित्त ही चल रही है, न कि इसे मानव-जीवन की दुर्निवार नियति मानकर 'पलायन' और 'समझौते' के मार्ग खोजने के लिए।

हीगल का कहना था कि मनुष्य का अपने 'तत्त्व' से विच्छेद हो गया है। इसका कारण वे दो स्थितियाँ हैं–'आवश्यकता' और 'अलगाव'–जिन्होंने उसे

बंधनग्रस्त कर रखा है। 'आवश्यकता' का अर्थ है प्रकृति पर उसकी निर्भरता और उन भौतिक साधनों और शारीरिक क्षमता संबंधी सीमाओं को स्वीकार करने के लिए उसकी विवशता जो प्रकृति मनुष्य पर आरोपित करती है। 'अलगाव' से हीगल का तात्पर्य था मनुष्य के 'स्व' का 'कर्ता' और 'वस्तु' इन दो रूपों में बँट जाना, यानी उसका एक 'कर्ता' भी होना, जो अपने भाग्य का निर्णायक बनने की चेष्टा करता है और साथ ही एक 'वस्तु' भी होना जिसे अन्य लोग मनमाने ढंग से इस्तेमाल करते हैं। इसलिए हीगल ने कहा कि मनुष्य का सर्वोच्च लक्ष्य 'स्वतंत्रता' है, जिसमें उसे आत्मनिर्णय की स्वतंत्रता हो और वह अपने 'तत्त्व' का स्वामी हो और उसे अपना 'स्व' पुनः प्राप्त हो जाए।

विज्ञान के विकास से यह अनुमान तो किया जा सकता है कि मनुष्य 'आवश्यकता' पर काबू पा सकेगा और प्रकृति को बड़ी हद तक जीत सकेगा। लेकिन विषयी और विषय, कर्ता और वस्तु की भिन्नता तो ऐसी बुनियादी है कि उस पर काबू पाना क्या संभव होगा ? व्याकरण में भी यह अलगाव स्वीकार किया गया है और जीवन में भी यह एक हक़ीक़त है। यानी 'मैं' केवल कर्ता 'मैं' नहीं हूँ जो अपनी मर्जी के मुताबिक संसार को जैसा चाहूँ रूप दे सकता हूँ। मैं 'मुझ' भी हूँ, एक कर्म, विषयमात्र जिसकी हस्ती उन बिंबों से बनी है, जिस रूप में दूसरे मुझे देखते हैं। इसलिए पूर्ण 'स्वतंत्रता' असंभव है। विषय और विषयी का द्वैत अनिवार्य है। 'मैं–मुझ' के होते कोई आत्म-निर्णायक होने का लक्ष्य कैसे प्राप्त कर सकता है ?

हीगल के प्रगतिचेता अनुयायियों ने इस प्रश्न पर विभिन्न मतों का प्रतिपादन किया। ब्रूनो बॉयर ने, जो कार्ल मार्क्स के शिक्षक थे, कहा कि मानव-संबंधों की हक़ीक़त का पर्दाफ़ाश करनेवाले एक आलोचनात्मक दर्शन का विकास करना चाहिए। इससे उनका तात्पर्य यह था कि सामाजिक कार्यों के पीछे व्यक्तियों की असली मंशा क्या होती है, इसका विश्लेषण ज़रूरी है। इससे ही 'कथनी और करनी' का भेद पैदा होता है। अधिकांश लोग पैदा होकर संसार को ज्यों का त्यों स्वीकार कर लेते हैं। वे इस बात से बेख़बर रहते हैं कि उनकी नैतिक और धार्मिक आस्थाओं का मूल स्रोत क्या है, या उनकी बौद्धिक मान्यताओं या अबौद्धिक धारणाओं का आधार क्या है। संसार (या समाज) ही उनके लिए इन आस्थाओं, मान्यताओं और धारणाओं का निर्णय करता है। इसलिए आलोचना के नश्तर से इन सबकी हक़ीक़त को चीर-फाड़कर देखने से मनुष्यों में आत्मचेतना जाग्रत् होगी और उनका छिना हुआ विवेक उन्हें फिर मिल जाएगा। इससे वे अपने 'स्व' को प्राप्त कर सकेंगे। ब्रूनो बॉयर के अनुसार आत्म-चेतना के ज़रिए ही मनुष्य द्वैत की स्थिति पर क़ाबू पा सकता है।

इसके विपरीत दार्शनिक फ़्योरबाख़ ने कहा कि 'अलगाव' की स्थिति का मूल

स्रोत धार्मिक अंधविश्वासों और जड़-पूजन की प्रवृत्तियों में है। उनके अनुसार मनुष्य बंधनग्रस्त इसलिए है कि वह अपनी आकांक्षा, चेतना और संवेदना के सर्वोत्तम भाग को किसी बाह्य वस्तु या कल्पित परमात्मा में प्रक्षेपित करके उसे 'दैविक' होने की संज्ञा प्रदान करता है और अपने 'स्व' से विच्छेद कर लेता है। अलगाव की इस स्थिति पर क़ाबू तभी पाया जा सकता है जब उस 'दैविक' तत्त्व को, जो वास्तव में मनुष्य का अपना 'तत्त्व' है, पुनः मनुष्य में अधिष्ठित किया जाए, किसी ईश्वर-केंद्रित धर्म के जरिए नहीं बल्कि मनुष्य-केंद्रित धर्म के जरिए, ताकि आत्म-प्रेम के माध्यम से वह अपने को पुनः संपूर्ण बनाए। फ़्योरबाख़ का कहना था कि अलगाव की स्थिति या आत्म-विरक्ति का अस्त्र लेकर आलोचना को चाहिए कि वह ब्रह्मज्ञान (theology) की जगह मानव-ज्ञान (anthropology) और ईश्वर की जगह मनुष्य को प्रतिष्ठित करे ताकि दर्शन पारलौकिक की चिंता छोड़कर लौकिक जीवन की ओर उन्मुख हो, मनुष्य अमूर्त-अव्यक्त की प्रेतच्छाया से मुक्त हो और आधिदैविक के पंजों से छुटकारा पाए। तभी मनुष्यों के पारस्परिक-संबंध 'मैं-तू' (I-Thou) के आधार पर स्थापित हो सकेंगे।

क्लासिक दर्शन-परंपरा में आदर्श पुरुष की कल्पना इससे भिन्न होती थी। उसके अनुसार चिंतन और साधना से निर्वाण या मोक्ष प्राप्त करना ही जीवन का लक्ष्य था, दुखों और द्वैत से मुक्ति पाने का यह मार्ग ही सर्वोपरि माना जाता था। लेकिन हीगल ने मुक्ति या स्वतंत्रता की चर्चा करते समय एक नए तत्त्व की अवधारणा की थी। यह नया तत्त्व 'कर्म का सिद्धांत' था। उसने कहा कि द्वैत और अलगाव की स्थिति से मुक्ति पाने के लिए, जो मनुष्य को बंधन में डाले रखती है, उसे कर्म करना पड़ेगा। चेष्टा या कर्म में ही मनुष्य अपने को पा सकता है। जीवन में वह जो भी चुनाव करता है, उससे उसका चरित्र या मूल स्वभाव प्रकाशित होता जाता है, लेकिन हीगल के लिए 'कर्म का सिद्धांत' एक अमूर्त धारणा ही बनी रही और फ़्योरबाख़ के विचारों में भी मूर्तता नहीं आ पाई, क्योंकि उसने जिस मनुष्य की चर्चा की वह जातिवाचक 'मनुष्य' था हालाँकि उसने पहली बार 'अलगाव' (alienation) की समस्या को निश्चित परिभाषा दी थी और धर्म में उसका स्रोत खोजा था। जो भी हो हीगल के वामपंथी अनुयायियों ने 'अलगाव' की समस्या को लेकर पहली बार तमाम पुरानी मान्यताओं और परंपराओं पर प्रहार किया और मनुष्य के चिंतन में 'आधुनिकता' के युग का सूत्रपात किया। इससे पहले प्रसिद्ध जर्मन कवि गेटे ने 'फॉस्ट' के रूप में 'आधुनिक मनुष्य' का चरित्र-चित्रण किया था—निर्बंध महत्त्वाकांक्षा के मनुष्य का—लेकिन गेटे भी नैतिक आदर्श के लिए प्राचीन यूनान का मुँह जोहता था। हीगल के दक्षिणपंथी अनुयायियों ने, जिनमें कीर्कगार्द सबसे अधिक उल्लेखनीय है, हीगल की 'अलगाव' (alienation) संबंधी धारणा को धार्मिक साँचे में ढालने की कोशिश की। उसने कहा कि चूँकि मनुष्य किसी भी

बौद्धिक चेष्टा से कर्ता-कर्म या विषयी-विषय के द्वैत पर क़ाबू नहीं पा सकता, इसलिए यह संसार बेमानी (absurd) है और हमेशा बेमानी बना रहेगा। संसार में मनुष्य हमेशा ही बंधनग्रस्त बना रहेगा—यह उसकी नियति है। वह केवल अपने से परे किसी धार्मिक अर्थ की प्रतीति के रूप में आस्था की कुलाँच भरकर निरपेक्ष सत्ता से तादात्म्य स्थापित करने की आशा भर कर सकता है। किंतु यह कोई नया विचार नहीं था, क्लासिक विज्ञानवादी दर्शन का ही नए शब्दों में पिष्टपेषण था।

हीगल के वामपंथी अनुयायियों में कार्ल मार्क्स ने पहली बार उसके 'कर्म के सिद्धांत' की कार्य (श्रम, work) के रूप में पुनर्व्याख्या करके उसे एक निश्चितता और मूर्तता प्रदान की। 26 साल के तरुण मार्क्स ने अपनी पुस्तक Economic-Philosophical Manuscripts में, जो अब तक अप्रकाशित थी, और जिसके कारण विचारक मार्क्स के आर्थिक-राजनीतिक सिद्धांतों का ही अध्ययन-विवेचन करते रहे, उसने मनुष्य और उसकी स्थिति-प्रकृति का विश्लेषण किया है। मार्क्स के अनुसार कार्य (श्रम) के माध्यम से ही मनुष्य-मनुष्य बनता है और जीवित रहता है, कार्य (श्रम) के माध्यम से ही वह अपने अकेलेपन (अलगाव की स्थिति या alienation) से मुक्ति पाता है और कार्य (श्रम) के माध्यम से ही मनुष्य सामाजिक प्राणी बनता है और इस प्रकार अपने 'स्व' का ज्ञान प्राप्त करता है और कार्य (श्रम) के माध्यम से ही वह प्रकृति को भी इच्छानुसार बदलता है। अलगाव (alienation) का स्रोत कार्य (श्रम) में अवस्थित करके मार्क्स ने एक क्रांतिकारी क़दम उठाया और हीगल और उसके अनुयायियों की अमूर्त धारणाओं से मुक्त करके दर्शन को मानव-क्रियाशीलता की ठोस ज़मीन पर खड़ा कर दिया।

कार्य (श्रम) से विरक्ति या अलगाव की भावना के बारे में पहले तो मार्क्स ने भी आदर्शवादी द्वैत की परिकल्पना की। यानी यह कि कार्य (श्रम) करते समय मनुष्य बाह्य वस्तुओं (अपने श्रम से बनी वस्तुओं) में अपने-आपको परिवर्तित करता है। यह वस्तुएँ श्रम का ही रूप होती हैं, जो उस विरोधी और अजनबी विश्व का अंग बन जाती हैं, जो उसके ऊपर और उसके विरोध में खड़ा है। श्रम में मनुष्य को हाँका जाता है। श्रम में मनुष्य को दूसरे मनुष्य के बंधन, नियंत्रण और आदेश के मुताबिक चलना पड़ता है। इसके विपरीत 'स्वतंत्रता' की स्थिति है, जहाँ मनुष्य प्रकृति को सचेत आत्मस्फूर्ति, सृजनात्मक कार्य (श्रम) से बदल सकेगा। लेकिन ऐसी 'स्वतंत्रता' की प्राप्ति के मार्ग में बाधा कौन-सी है ? बाधा है यह स्थिति कि कार्य (श्रम) की प्रक्रिया पर मनुष्य का अधिकार खो गया है, साथ ही अपने श्रम से उत्पादित वस्तुओं पर से भी, जिससे कार्य (श्रम) के प्रति उसमें विरक्ति (alienation) पैदा हुई है। अतः मार्क्स के अनुसार अलगाव और विरक्ति का मूल स्रोत अंततः वर्तमान संपत्ति-विधान में है। धर्म तो केवल अफीम का नशा है जो इस तथ्य पर पर्दा डालता है। इसलिए फ़्योरबाख़ के विश्लेषण का महत्त्व गौण है। समाज

(पूँजीवादी) में कार्य का संगठन-विधान इस रूप में होता है कि श्रम क्रय-विक्रय की वस्तु बन जाता है और मनुष्य दूसरों के उपयोग का विषय बन गया है, जिससे उसे अपनी ही हस्ती से विरक्ति हो गई है और उसमें अपने 'स्व' का अहसास खो गया है। प्रचलित मनोवैज्ञानिक अर्थ में संसार से विरक्ति के भावबोध को 'अलगाव की भावना' (alienation) कहते हैं। जर्मन दर्शन में इस स्थिति को मानव अस्तित्व की एक दुर्निवार स्थिति (ontological fact) के रूप में देखा जाता था। एक निरपेक्ष स्थिति होने के कारण मनुष्य के पास इसके सिवा कोई चारा नहीं था कि वह 'अलगाव' (alienation) को अपने अस्तित्व की नियति मानकर स्वीकार कर ले। लेकिन मार्क्स ने, जैसा कि हम पहले कह चुके हैं, 'अलगाव की भावना' को सामाजिक-ऐतिहासिक संदर्भ में रखकर देखा। उसके अनुसार इतिहास-जनित मानव-संबंधों में ही इस भावना का मूल है और समाज की वर्तमान व्यवस्था को बदल देने से अलगाव की भावना या स्थिति पर काबू पाया जा सकता है। यह कैसे संभव होगा ? वर्तमान समाज (पूँजीवाद) में कुछ लोगों के पास संपत्ति है, कुछ संपत्तिहीन सर्वहारा हैं—इस वैषम्य का कारण क्या है ? मार्क्स ने इन प्रश्नों की तह तक पहुँचने के लिए दर्शन के अमली पहलू, अर्थशास्त्र का अध्ययन शुरू किया ताकि वह 'अलगाव की भावना या स्थिति' के भौतिक आधार को उद्घाटित कर सके। इस गंभीर खोज के परिणामस्वरूप मार्क्स इस नतीजे पर पहुँचा कि पूँजीवाद (तथा अन्य वर्ग-समाजों) में शोषण की प्रक्रिया ही 'अलगाव की भावना' के लिए ज़िम्मेदार है। यदि पूँजी पर व्यक्ति का अधिकार न रहे और उसका समाजीकरण कर दिया जाए तो शोषण की प्रक्रिया ख़त्म हो जाएगी और मनुष्य अपने श्रम से जो अतिरिक्त मूल्य पैदा करता है, वह सभी लोगों में बाँटा जा सकेगा, और श्रम के प्रति मनुष्य में आज जो विरक्ति का भाव है, वह नहीं रहेगा। इससे कुछ लोगों ने यह ग़लत निष्कर्ष निकाला कि पूँजीवाद ही मनुष्य में अलगाव की भावना का एकमात्र कारण है और पूँजीवाद और उसके साथ शोषण का अंत होते ही मनुष्य में अलगाव की भावना का लोप हो जाएगा और मनुष्य अपने-आपको 'स्वतंत्र' महसूस करने लगेगा, यद्यपि Manuscripts में मार्क्स ने स्पष्ट कहा था कि निजी संपत्ति को ख़त्म करते ही मनुष्य 'स्वतंत्र' नहीं हो जाएगा, क्योंकि यह स्थिति 'सच्चे साम्यवाद' से भिन्न होगी—दरअसल वह 'कच्चे साम्यवाद' की स्थिति होगी, एक अनिवार्य पूर्व स्थिति जो 'सच्चे साम्यवाद' और 'विधेयात्मक मानववाद' की ओर आरोहण करने में सोपान का काम करेगी, जहाँ मनुष्य अपने रचे संसार में अपने स्वरूप को पहचान सकेगा। 'सच्चे साम्यवाद' में मनुष्य अपने को सच्चे अर्थ में स्वतंत्र और बंधनमुक्त महसूस करेगा, क्योंकि वह अपनी क्षमता के अनुसार कार्य करेगा और उसे अपनी आवश्यकता के अनुसार सब चीजें उपलब्ध होंगी।

मार्क्स ने इस तथ्य का भी विवेचन किया कि पूँजीवादी अर्थ-व्यवस्था में यद्यपि

व्यक्ति कानूनी तौर पर स्वतंत्र है, फिर भी मालिक और मज़दूर का रिश्ता ऐसा है कि उसमें पड़ते ही मज़दूर अनजाने ही गुलाम बन जाता है और कार्य (श्रम) से अलगाव भी महसूस करने लगता है। वह कौन-सा माध्यम है जो प्रत्यक्षतः स्वतंत्र व्यक्ति को गुलाम बना देता है ? मार्क्स ने इसका उत्तर दिया कि 'धन' या 'पैसा' ही ऐसा माध्यम है। धन सबसे निर्वैयक्तिक प्रकार का मूल्य है और देखने में निष्पक्ष भी। जो व्यक्ति पैसे के लिए अपना श्रम बेचता है, वह अपने को स्वतंत्र तो महसूस करता है लेकिन दरअसल उसके श्रम से बनी वस्तु का आसानी से धन के रूप में अमूर्तीकरण किया जा सकता है। श्रम धन के रूप में परिवर्तित हो जाता है और व्यक्ति बिना यह जाने ही कि 'अतिरिक्त मूल्य' उससे निचोड़ लिया गया है, अपनी स्वतंत्रता खो बैठता है। अलगाव की भावना का यही मूल कारण है। इसीलिए मार्क्स ने कल्पना की कि 'सच्चे साम्यवाद' की स्थिति में पहुँचकर विनिमय के लिए 'मुद्रा' के माध्यम की ज़रूरत नहीं रहेगी।

यहाँ प्रसंगवश इस बात का उल्लेख जरूरी है कि कार्य (श्रम) से मनुष्य में अलगाव की भावना पैदा होने की स्थिति की ओर मार्क्स से पहले भी जागरण-युग के अनेक विचारकों और लेखकों ने संकेत किया था। जिन क्रूर परिस्थितियों में मज़दूरों और किसानों को काम करना पड़ता था, उससे द्रवित होकर उन्होंने सोचा कि 'श्रम' ही अलगाव की भावना और विरक्ति का कारण है। लेकिन चूँकि श्रम से मुक्ति असंभव है, इसलिए उन्होंने एक ऐसे यूटोपियन समाज की कल्पना की जिसमें श्रम-विभाजन से उत्पन्न होनेवाली सभी विकृतियाँ मिट जाएँगी और श्रम और खेल का भेद भी मिट जाएगा। खेल में व्यक्ति स्वतंत्र होता है और उसमें अनुरक्त मन से भाग लेता है। शिलर, मोज़ार्त और फॉरियर आदि का कुछ ऐसा ही विचार था। श्रम की वर्तमान क्रूर परिस्थितियाँ कैसे बदली जाएँ, उन्होंने इस समस्या पर गौर नहीं किया और न तात्विक दृष्टि से यही देखा कि श्रम और खेल दो प्रकार के कार्य हैं, जिनका भेद मिटाना संभव नहीं है। जैसा कि हंगेरी के विचारक मिक्सलोस अल्मासी ने लिखा है, 'श्रम' कभी खेल नहीं बन सकता, क्योंकि खेल बाह्य आवश्यकता की शृंखला से बाहर की वस्तु है। खेल के नियम मनुष्य के अपने बनाए नियम होते हैं, वह उन्हें बदल सकता है, खेल गड़बड़ हो जाए तो वह पुनः उसे खेल सकता है। खेल की स्वतंत्रता एक विषयीगत स्वतंत्रता है, जबकि कार्य (श्रम) प्रकृति के नियमों को समझकर उनका कुशलता से उपयोग करने पर आधारित होता है। कार्य (श्रम) में 'आवश्यकता' का जो बंधन है, उसे अलगाव (alienation) का पर्याय नहीं समझ लेना चाहिए। दरअसल अलगाव की भावना से मुक्ति श्रम की ऐसी परंपरा के विकास से ही संभव होगी, जिसमें हर मनुष्य अपनी अंतरतम भावनाओं और रुचियों की तुष्टि कर सके। अर्थात् मनुष्य कार्य (श्रम) के माध्यम से इस बाह्य जगत् में अपने को पा सके, अपने को पूर्णतः अभिव्यक्त कर सके

और यह न महसूस करे कि उसे ऐसा कार्य करना पड़ रहा है, जो उसकी इच्छा के विपरीत है। तभी वह प्रकृति पर अपने लक्ष्यों को आरोपित कर सकता है और संसार को अपना बना सकता है और ऐसा करने के बीच स्वयं अपने को भी बदलकर उच्चतर मानव बन सकता है। इसीलिए मार्क्स ने कहा कि "वास्तविक स्वतंत्रता, जिसकी क्रिया श्रम है, व्यक्ति की आत्मप्राप्ति और आत्माभिव्यंजना है।"

हंगेरी के प्रसिद्ध मार्क्सवादी आलोचक-दार्शनिक जार्ज लूकाच के शिक्षक सिमेल ने यह मत प्रकट किया कि औद्योगिक समाज ही आधुनिक मनुष्य में अलगाव की भावना के विकास का मूल कारण है। औद्योगिक समाज में मनुष्य अपनी सामाजिक हस्ती खोकर एक गुमनाम इकाई बन गया है और उसका व्यक्ति अनेक भूमिकाओं में बँटकर बिखर गया है। बाद में उसने अपने विचार को व्यापक आधार देते हुए कहा कि अलगाव की भावना मनुष्य की सृजनशीलता और सामाजिक संस्थाओं के दबाव के बीच चलनेवाली अनवरत टकराहट का परिणाम है। फ्रॉयड ने भी 'सभ्यता और उससे उत्पन्न असंतोष' नाम की पुस्तक में इससे मिलती-जुलती धारणा व्यक्त की थी कि मनुष्य की सहज वृत्तिमूलक आवश्यकताओं और सभ्यता द्वारा आरोपित वर्जनाओं में निरंतर तनाव की स्थिति बनी रहने के परिणामस्वरूप ही मनुष्य का जीवन दुखमय है। लूकाच ने 'इतिहास और वर्ग चेतना' नामक पुस्तक में इस सारी बहस को नैतिक-स्तर पर उठाकर भौतिकवादी दृष्टि से मानव-अस्तित्व के भविष्य को देखने का प्रयत्न किया।

अलगाव की भावना की अन्य कारणभूत सामाजिक स्थितियों पर परवर्ती चिंतकों ने भी और कई दिशाओं से प्रकाश डाला है। सोवियत यूनियन में समाजवादी व्यवस्था को स्थापित हुए पचास वर्ष हुए। पूर्वी योरोप के सात-साठ अन्य देशों में भी समाजवादी व्यवस्था को कायम हुए लगभग बीस साल हो चुके। चीन को हम इस प्रसंग में नहीं गिनेंगे, क्योंकि वहाँ समाजवादी व्यवस्था का विद्रूप ही नजर आता है। इस बीच का अनुभव यह बताता है कि अलगाव की भावना पैदा करनेवाली कुछ कारणभूत सामाजिक स्थितियाँ ऐसी हैं, जो पूँजीवादी और समाजवादी व्यवस्थाओं में सामान्य रूप से पाई जाती हैं, और 'सच्चे साम्यवाद' में भी उनका बाह्यरूप शायद ही बदले, जैसे श्रम-विभाजन की स्थिति या तकनीकी विकास की स्थिति या व्यक्तिगत और सार्वजनिक जीवन के द्वैत की स्थिति। यह ठीक है कि उत्पादन के साधनों का समाजीकरण हो जाने के कारण वहाँ मनुष्य द्वारा मनुष्य का शोषण तो ख़त्म हो गया, लेकिन व्यक्तित्व को बाँटने और खंडित करनेवाले न तो सभी मनोवैज्ञानिक कारण ही मिट सके हैं और न अलगाव और द्वैत की स्थिति पैदा करनेवाली उपरोक्त सभी अनिवार्य तथा कारणभूत सामाजिक स्थितियों के अंतर्गत मानव-संबंधों का नियमन इस ढंग से किया जा सका है कि उनके रहते हुए भी मनुष्य पूर्णतः संपृक्त हो सके और अलगाव न महसूस कर सामाजिक कार्य में एक

कलाकार और स्रष्टा जैसा उल्लास और अनुराग महसूस कर सके। संभवतः इसका कारण यह भी है कि समाजवादी व्यवस्थाएँ अभी 'सच्चे साम्यवाद' की पूर्व-स्थितियाँ हैं। लेकिन इतना तो निश्चित है कि बीच में व्यक्ति-पूजा के अस्थायी किंतु निरंकुश दौर से गुजरने के बावजूद समाजवादी देशों में व्यक्ति और समाज का वैषम्य और अंतर्विरोध कम होता आया है और वहाँ के शोषण-मुक्त मानव को अलगाव की भावना से मुक्ति दिलाने की ओर भी सजग चेष्टा हो रही है। वहाँ कम-से-कम अलगाव की भावना से उत्पन्न मानसिक विशृंखलता की वह स्थिति तो नहीं है, जो पाश्चात्य के पूँजीवादी देशों में आज पाई जाती है। मार्क्स की तरह अब तक यही सोचा जाता था कि आधुनिक समाज में कार्य (श्रम) का एक ही रूप बंधनमुक्त है। केवल कलाकार और रचनाकार ही सृजन कार्य में अपने को मुक्त-हृदय और स्वतंत्र महसूस करता है, और उन क्षणों में अलगाव की भावना पर काबू पा लेता है। लेकिन पूँजीवादी देशों में अब स्थिति ऐसी नज़र आती है कि कलाकार और कवि का व्यक्तित्व इस हद तक खंडित हो गया है कि वह सृजन के क्षणों में भी संपूर्ण नहीं हो पाता, विभाजित और बेगाना बना रहता है, जिसका मार्मिक वेदन उसकी रचना में ध्वनित होता है। आज कलाकार सृजन के स्फूर्तिदायी क्षणों में भी अगर अपने व्यक्तित्व को सीमित और विभाजित करनेवाली अलगाव की भावना से आक्रांत करनेवाली स्थितियों से ऊपर उठकर मनुष्यमात्र से एकात्म महसूस नहीं कर सकता और पूरे समाज के भाग्य में रुचि लेकर विश्व-मानव होने की अखंडित अनुभूति नहीं कर सकता और स्रष्टा के गौरव से वंचित होने की इस स्थिति को ही 'आधुनिक भाव-बोध' या 'भोगा हुआ सत्य' कहकर मन को संतोष देता है, तो कहना होगा कि पूँजीवाद में सृजनात्मक कार्य भी अब 'स्वान्तः सुखाय' नहीं रहा। टोटल अलगाव (alienation) की यह स्थिति चाहे तथ्य हो लेकिन सत्य और अनित्य और दुर्निवार भी है, यह समझना जीवन को बेमानी और फालतू मान लेना है और उन सामाजिक कारणों से आँख मींच लेता है, जिन्होंने यह स्थिति पैदा की है।

चूँकि अलगाव की समस्या के प्रति हमारे देश के बुद्धिजीवी भी अब सचेत हो गए हैं, आवश्यकता इस बात की है कि इस पर गंभीरतापूर्वक हर पहलू से विचार किया जाए। जीवन को बेमानी समझनेवाले व्यक्तियों की भी आंतरिक इच्छा यही है कि जीवन में सार्थकता नज़र आए, क्योंकि मनुष्य का सर्वोच्च लक्ष्य आज भी स्वतंत्रता की प्राप्ति है। वह अपने से ही बेगाना नहीं होना चाहता, कर्ता का गौरव प्राप्त करना चाहता है और चाहता है कि सामाजिक जीवन इसके लिए उसे अनुकूल अवसर प्रदान करे।

लेखक और युद्ध*

(1)

युद्ध के प्रति लेखक का दृष्टिकोण क्या हो, यह प्रश्न नया नहीं है, लेकिन उतना पुराना भी नहीं है, जितना कुछ लोग कल्पना करते हैं। वाल्मीकि, व्यास, होमर या शेक्सपियर को भी इस प्रश्न पर उन व्यापक संदर्भों में विचार करने की ज़रूरत नहीं महसूस हुई थी, जिन व्यापक संदर्भों में विचार करने के लिए बीसवीं सदी के लेखकों को बाध्य होना पड़ा है। दरअस्ल, बीसवीं सदी से पहले जब युद्ध छिड़ते थे तो उनका दुष्प्रभाव केवल उन देशों को ही भोगना पड़ता था, जिनकी धरती पर दोनों पक्षों की सेनाएँ लड़ती थीं। लेकिन बीसवीं सदी में विश्व-साम्राज्यवाद के उदय होने के साथ ही ऐसे महायुद्धों का सूत्रपात हुआ जिनकी लपेट में सारा विश्व खिंच आता है। इस सदी के पूर्वार्ध में जो युद्ध और महायुद्ध लड़े गए, वे साम्राज्य-विस्तार की खातिर ही। पहले महायुद्ध में अगर एक करोड़ व्यक्तियों के क़रीब हताहत हुए तो दूसरे महायुद्ध में लगभग पाँच करोड़ सैनिक और नागरिक मौत के घाट उतरे और इससे कहीं अधिक बेघरबार और बेरोजगार होकर असह्य यातनाएँ झेलने के लिए विवश हुए।

युद्ध के इन दुष्परिणामों से सभी परिचित हैं। लेखक भी। इसी कारण सदी के आरंभ से ही जागरूक और मानव-प्रेमी लेखकों ने सामान्य रूप से युद्ध के प्रति अपने दृष्टिकोण का स्पष्टीकरण करने की कोशिश की है। तॉल्स्तॉय ने युद्ध और युद्ध का आयोजन करनेवाले सभी साम्राज्यवादी राजनीतिज्ञों, पूँजीपतियों और फौजी जेनरलों की कठोर शब्दों में भर्त्सना की और अपनी मृत्यु से पहले सन् 1910 में अपने एक निबंध में घोषणा की कि युद्ध एक बुराई है, इसलिए हर लेखक का कर्तव्य है कि वह विश्वशांति के लिए संघर्ष करे। तॉल्स्तॉय ने अपने समय के नीत्शे, माल्थुस और वीज़मान-जैसे दार्शनिकों और विचारकों के सिद्धांतों का भी खंडन किया, जो बढ़ती हुई जनसंख्या को कम करने के लिए दुर्बल और पुरुषार्थहीन, बीमार और असमर्थ व्यक्तियों की तादाद घटाने के लिए और समर्थ और पौरुषवान की विजय के लिए युद्ध

*संपादकीय : आलोचना, जनवरी 1965

को समाज के विकास का एक मंगलकारी प्राकृतिक नियम मानते थे या सिद्ध करते थे कि युद्ध अनिवार्य है क्योंकि मनुष्य स्वभाव से ही हिंस्र, स्वार्थी और पाशविक है। इन विचारकों और दार्शनिकों की मानवद्रोही मान्यताओं पर प्रहार करते हुए तॉल्स्तॉय ने सिद्ध किया कि युद्ध अनिवार्य नहीं है, मनुष्य सहिष्णुता, सहयोग और शांति के वातावरण में रह सकता है और रहना चाहता है और युद्धों का आयोजन केवल वे ही करते हैं, जो उनकी भट्ठी में गरीब सैनिकों और जनता को झोंककर स्वयं मुनाफ़ा कमाना चाहते हैं या अपने साम्राज्य का विस्तार करना चाहते हैं।

तॉल्स्तॉय से पहले किसी महान् लेखक ने आधुनिक युद्ध के विरुद्ध लेखक के दृष्टिकोण का इतने खुले शब्दों में स्पष्टीकरण नहीं किया था। तब से विश्व-साम्राज्यवाद ने जितनी बार युद्धों और महायुद्धों का आयोजन किया है, उनको उचित और अनिवार्य सिद्ध करने के लिए उसके वकील दार्शनिकों ने जितने भी तर्क दिए हैं (और मूलतः उनके तर्कों में कोई नवीनता नहीं रही, केवल भयों और आशंकाओं का संदर्भ बदलता रहा है। पहले राष्ट्रीय गौरव की रक्षा के लिए प्रतिस्पर्धी साम्राज्यवाद के विरुद्ध अभियान होता था, अब साम्यवाद या गुलाम देशों के स्वातंत्र्य आंदोलनों से 'फ्री-वर्ल्ड' और 'डिमॉक्रेसी' की रक्षा की ख़ातिर युद्ध छेड़े जाते हैं।) उनके प्रति विश्व के सभी मानववादी लेखकों की सामान्यतः वही प्रतिक्रिया रही है जो तॉल्स्तॉय की थी। यानी युद्ध एक बुराई है और लेखक का कर्तव्य है कि वह युद्ध का विरोध करे और शांति का समर्थन करे, क्योंकि स्थायी शांति ही आज के युग में मानव प्रगति की रक्षा कर सकती है और मानवता को संपूर्ण विनाश से बचा सकती है। यह बात पहले भी सही थी, लेकिन बीसवीं सदी का कोई भी लेखक जो जीवन से प्रेम करता है और मानवद्रोही नहीं है, अपने लेखन में रक्त और नरसंहार की मध्यकालीन पिपासा को अभिव्यक्ति नहीं दे सकता। संस्कृति से असंस्कृति, मानववाद से मानवद्रोह और हिंस्र बर्बरता की ओर मुड़कर जाना लेखक के स्वभाव और रचनात्मक कार्य के विरुद्ध है।

अणु-बम तथा अन्य ताप-नाभिकीय अस्त्रों की ईज़ाद के बाद से युद्ध अब एक आत्म-विनाशकारी हक़ीक़त बन गया है। यह सभी जानते हैं कि अगला महायुद्ध ताप-नाभिकीय अस्त्रों से लड़ा जाएगा और उसमें न कोई जीतेगा न हारेगा क्योंकि शायद सारी मानव-जाति ही नष्ट हो जाएगी, मानवीय सभ्यता और संस्कृति के सभी उपादान बर्बाद हो जाएँगे और जली-झुलसी वीरान धरती पर जो कुछ बचेगा, उसे लेकर फिर कभी सभ्यता का उदय हो सकेगा, यह संदिग्ध है। इसीलिए आज हर विचारशील व्यक्ति (जिनमें लेखक भी है) सोचता है कि आखिर किस उपलब्धि की ख़ातिर यह इतना विराट् संहार-आयोजन हो रहा है, किस लिए आणविक और ताप-नाभिकीय अस्त्रों के गोदाम भरे जा रहे हैं ? अन्य मनुष्यों की तरह लेखक भी शांति चाहते हैं, लेकिन सारी कोशिशों के बावजूद युद्ध का ख़तरा बढ़ता जा रहा

है, क्योंकि विश्व-साम्राज्यवाद की रक्षा के आकांक्षी मानव-सभ्यता और संस्कृति के प्रेमी नहीं हैं और अपने स्वार्थों की पूर्ति के लिए मानवता को तीसरे महायुद्ध की आग में धकेल रहे हैं जिसमें सब के साथ वे स्वयं भी नष्ट हो जाएँगे।

एक भयंकर अंतर्विरोध की स्थिति है यह। परिणामतः कुछ संवेदनशील व्यक्तियों और लेखकों में नितांत सिनिसिज्म (अनास्था) का मूड पैदा हो गया है। उनको लगता है कि युद्ध को रोक सकना संभव नहीं है, इसलिए कौन सही है, कौन ग़लत है, क्या सच है, क्या झूठ है, क्या शुभ है, क्या अशुभ है–ये सारे सवाल जिनमें मूल्य-निर्णय निहित रहते हैं, आसन्न ख़तरे के संदर्भ में बेमानी और अप्रासंगिक हो गए हैं। वे महसूस करते हैं–और साम्राज्यवादी विचारक इस अहसास को और गहरा करने के लिए इसके पक्ष में लगातार दार्शनिक तर्क पेश करते रहते हैं–कि अंतिम विनाश से अस्थायी तौर पर ही बचा जा सकता है, परंतु उसे हमेशा के लिए रोका नहीं जा सकता। इसलिए साम्राज्यवाद और साम्यवाद, उपनिवेशवादी हस्तक्षेप और राष्ट्रीय आजादी के संघर्ष या हमलावर और गैर-हमलावर में भेद करना अनावश्यक है। यह दृष्टिकोण युद्धों का आयोजन करनेवाले उस साम्राज्यवाद को मुआफ़ कर देता है, जिसे रोकना ज़रूरी है और रोका जा सकता है, ताकि वह सारी दुनिया को ताप-नाभिकीय हत्याकांड में न डुबो दे।

यह सिनिसिज़्म, यह अनास्था दरअसल यथार्थ ढंग से सोच पाने की सामर्थ्य की कमी के कारण पैदा होती है। युद्ध चाहे छोटे हों या बड़े, उनमें रक्तपात और हिंसा तो होती ही है। और यह सच है कि 'युद्ध में सबसे पहले अगर किसी की हत्या होती है तो सत्य की।' पर साथ ही यह भी सच है कि सिनिसिज़्म और अनास्था से तो युद्ध के बिना ही सत्य की हत्या हो जाती है और सत्य की रक्षा की सभी संभावनाएँ भी मिट जाती हैं। सबसे पहले तो इस सत्य की हत्या हो जाती है कि युद्ध अनिवार्य नहीं है। इसलिए राष्ट्रों के जीवन से जब तक युद्ध का पूर्ण निष्कासन नहीं हो जाता, तब तक अन्य लोगों के साथ मिलकर लेखक को भी युद्धों का बहिष्कार करने के लिए अपने शब्दों से या आवश्यकता पड़ने पर उनमें स्वयं भाग लेकर अपना योग देना पड़ेगा–युद्ध को गौरवान्वित करने के लिए नहीं, बल्कि व्यर्थता, कुरूपता, अमानवीयता का चित्रण करने के लिए ही, ताकि परस्पर सहयोग, भ्रातृत्व और शांति के मानवीय मूल्यों की घोषणा की जा सके जिस तरह रामायण, महाभारत, ओडिसी और तॉल्स्तॉय के 'युद्ध और शांति' जैसे महाकाव्यों में युद्ध की भर्त्सना की गई है और सहयोग और भाईचारे के मूल्यों को सर्वोच्च मानव-मूल्य घोषित किया गया है–जीवन के व्यापक सत्यों को उद्घाटित किया गया है।

सिनिसिज़्म और अनास्था के मूड में यह सब करना निश्चय ही संभव नहीं है। मूल्यबोध खोकर कोई भी लेखक आज युद्ध और शांति के प्रश्नों पर वस्तुपरक दृष्टि से नहीं सोच सकता। यह तभी संभव है जब लेखक इस हक़ीक़त के प्रति

सचेत हो कि युद्ध दो प्रकार के होते हैं—साम्राज्यवादी युद्ध और देशभक्तिपूर्ण युद्ध—जिनका एक-दूसरे से फ़र्क करना ज़रूरी है। यद्यपि लोगों को यातनाएँ दोनों में झेलनी पड़ती हैं और विध्वंस भी दोनों में होता है, फिर भी उनके उद्देश्यों में परस्पर-विरोध होता है और एक या दूसरे की सफलता विरोधी परिणामों की ओर ले जाती है, जैसे उपनिवेशी गुलामी या राष्ट्रीय स्वाधीनता। और ये परिणाम अंततः विश्वशांति और जनता की सांस्कृतिक और आर्थिक प्रगति के लिए काम करनेवाली उन ताकतों को जिनका मूल्य मानववादी लेखक की दृष्टि में सबसे ज्यादा होता है, या तो ख़तरे में डाल देते हैं या उनको मज़बूत करते हैं। इन दोनों प्रकार के युद्धों में सत् और असत् के परस्पर-विरोधी पक्ष होते हैं। साम्राज्यवादी युद्ध में साम्राज्यवाद का पक्ष असत् का पक्ष है और जिस देश की जनता को गुलाम बनाने के लिए यह नरसंहार रचा जाता है, उसका पक्ष सत् का होता है, जैसे वियतनाम के युद्ध में संयुक्तराष्ट्र अमरीका का पक्ष असत् का और दक्षिण वियतनामी जनता का पक्ष सत् का है। इसी तरह मोज़ाम्बीक और अंगोला की जनता का देशभक्तिपूर्ण संघर्ष सत् का पक्ष है और पुर्तगाली साम्राज्यवाद की दमन-कार्रवाइयाँ असत् पक्ष की हैं। संभव है कि युद्ध और संघर्ष की तात्कालिक उत्तेजना या आवश्यकता के कारण सत्-पक्ष में भी अनेक अतिवाद और क्रूरताएँ देखने को मिलें, लेकिन इतिहासबोध रखनेवाला मानववादी लेखक इन दोनों के प्रति न तो समान भर्त्सना का दृष्टिकोण अपना सकता है, न दोनों की हार-जीत के प्रति तटस्थता और सिनिसिज़्म का भाव रख सकता है। हमारा आग्रह केवल इतना है कि युद्ध के इन व्यापक प्रकारों का स्पष्ट अंतर जान लेने से लेखक युद्ध की निरर्थकता और ट्रैजेडी को अभिव्यक्त करने की अपनी स्वाधीनता को बिना खोए हुए, क्षणिक उद्वेगों और युद्धवाद की संकीर्ण भावनाओं से अवश्य ही ऊपर उठ सकते हैं। महान् साहित्यकारों ने सत् और असत्, सही और ग़लत में भेद किया है और उस जनता को अपने हृदय की संपूर्ण करुणा दी है जो हमलों और धोखेबाजी की शिकार रही है।

यही कारण है कि रूपर्ट ब्रुक पहले महायुद्ध को अपना पूरा समर्थन नहीं दे सका, क्योंकि वह दो प्रतिस्पर्धी साम्राज्यवादों का युद्ध था, जिसमें किसी महान् मानवीय आदर्श को चुनौती नहीं थी। उसने युद्ध की विभीषिका का चित्रण किया और युद्ध के प्रति उत्साह दिखानेवाले लोगों का मज़ाक उड़ाया। और दूसरे महायुद्ध में जब इज़रा पाउण्ड ने फासिज़्म का समर्थन किया और 'शांति की दुर्गंध' के प्रति अपनी घृणा व्यक्त की तो उसने न केवल सत्य और जीवन के प्रति विश्वासघात किया बल्कि स्वयं अपने कवि की ही हत्या कर डाली।

इसके विपरीत पहले महायुद्ध में जिन लेखकों ने इंगलैंड, जर्मनी, फ्रांस और रूस में अपने-अपने देशों के साम्राज्यवादियों का विरोध किया, जैसे बर्नर्ड शॉ, बारबूज़, रोम्यां रोला, रिमार्क या गोर्की, उन्होंने दरअसल सत्य का दामन नहीं छोड़ा

और इसी कारण वे उस युद्ध के बारे में ऐसी कृतियों की रचना कर सके जिनके लिए मानवता उनके प्रति चिरकृतज्ञ बनी रहेगी।

दूसरे महायुद्ध के दौरान विश्व के सभी महान् लेखकों ने फ़ासिज़्म, उसके जातिवाद के सिद्धांतों और यहूदियों के उत्पीड़न का विरोध किया और मानवता पर होनेवाले नाज़ी अत्याचार के विरुद्ध जन-प्रतिरोध का समर्थन किया। इसके अलावा, सोवियत यूनियन के लेखक—शोलोखोव, अलेक्सी तॉल्स्तॉय, इलिया एहरनबर्ग, सिमोनोव आदि—नाज़ी आक्रमण के विरुद्ध लिख रहे थे और लाल फौज की अगली कतारों में लड़ रहे थे। वे अपनी रचनाओं में फ़ासिज़्म का अमानवीय और क्रूर चेहरा दिखा रहे थे। फ्रांस में सार्त्र, लुई, अरांगा, आन्द्रे मालरो आदि प्रतिरोधी आंदोलन में हथियार लेकर नाज़ी आधिपत्य के विरुद्ध संघर्ष कर रहे थे।

जैसा कि युद्ध में होता है, आक्रामक और आततायी भी अपने कृत्य के लिए जनता का समर्थन पाने की ख़ातिर देशभक्तिपूर्ण नारे लगाता है। लेकिन 'पितृभूमि ख़तरे में है' की पुकारों का जर्मनी के किसी महान् लेखक पर प्रभाव नहीं पड़ा। इससे लेखकों और कलाकारों के मन में नफ़रत और ज्यादा गहरी हो गई। टॉमस मान, अर्न्स्ट टोलर, स्टीफ़न ज्वाइग, अन्ना सेगर्स जैसे सभी बड़े लेखक जर्मनी छोड़कर अपनी ही मातृभूमि के साम्राज्यवादी नाज़ी शासकों के खिलाफ़ संघर्ष करने के लिए दूसरे देशों में चले गए।

'युद्ध के प्रति लेखक का दृष्टिकोण क्या हो ?' जब से यह प्रश्न ज्वलंत बना है, तब से विश्व के महान् लेखकों की यही परंपरा रही है। उन्होंने साम्राज्यवादी युद्धों का विरोध किया है और आज़ादी के युद्धों का समर्थन किया है। इतना ही नहीं, जहाँ कहीं स्वतंत्रता और शांति संकट में पड़ी है, लेखकों ने स्वतंत्रता-प्रेमी जनता के साथ मिलकर लड़ने के लिए अपना जीवन तक ख़तरे में डाला है। राल्फ़ फ़ाक्स और कॉडवेल ने फ्रेंको फ़ासिज़्म के खिलाफ़ लड़ते हुए मेड्रिड की खंदकों में अपना जीवनोत्सर्ग कर दिया। एशिया और अफ्रीका के गुलाम देशों में लेखकों की कई पीढ़ियाँ उपनिवेशी पराधीनता के विरुद्ध संघर्ष करती हुई अपने रवींद्रनाथ और प्रेमचंद पैदा करती रही हैं।

साम्राज्यवाद, फ़ासिज़्म, जातिवाद और प्रतिक्रियावाद संसार में कहीं भी किसी भी महान् लेखक का समर्थन प्राप्त करने में सफल नहीं हो सका। काव्यदेवता निरंतर मृत्यु, शोषण और दासता की ताकतों के युद्ध-रथ से बँधने से इंकार करता रहा। वह केवल उन पर अपनी वरद मुसकानें बिखेरता रहा जो विपरीत परिस्थितियों में भी स्वतंत्रता, प्रेम और शांति की मानववादी भावनाओं को सँजोए रहे।

(2)

इस व्यापक संदर्भ में पाकिस्तान के साथ होनेवाले मौजूदा युद्ध के प्रति लेखक का

दृष्टिकोण क्या होना चाहिए ? क्या लेखक मूल्यों के प्रश्न को एक तरफ़ हटाकर, कौन सही है कौन ग़लत है, के निर्णय से निःसंग रहकर भारत और पाकिस्तान के शासकों पर एक साथ ही 'थूके' जिन्होंने हमारी जनता को 'एक-दूसरे की हत्या करने की पाशविकता' में धकेल दिया है (जैसा कि आकाशवाणी से प्रसारित एक कविता में सुझाया गया था) या पूर्ण उदासीनता की मुद्रा बनाकर दावा करे कि लेखक का काम लिखना है जिस तरह सिपाही का काम लड़ना है और इन दोनों कार्यों में कोई उभयनिष्ठता नहीं है (जैसा कि दिल्ली की संज्ञा-गोष्ठी में एक लेखक ने कहा), या इस युद्ध को एक 'स्थिति' मात्र मानकर जिसमें कोई भी मूल्यगत प्रश्न अंतर्निहित नहीं है, जिससे लेखक उसमें ज़रा भी रुचि रख सके, वह उससे अपने-आपको दूर और असंबद्ध रखे (जैसा कि संज्ञा-गोष्ठी में एक और लेखक ने सुझाया) ?

इन दृष्टिकोणों को संवेदनशील लेखकों के उन ईमानदार प्रयत्नों का प्रतिनिधि माना जा सकता था जो वे अपनी अभिव्यक्ति की स्वतंत्रता की रक्षा के लिए करते हैं और जिनके द्वारा वे अपनी 'प्रतिभा' को प्रचारात्मक लक्ष्यों की सिद्धि के लिए उपलक्ष्यमात्र बनाए जाने से रोकते हैं, अगर उनकी आधारभूत धारणाएँ सही होतीं और अगर इन दृष्टिकोणों में वर्तमान युद्ध के वास्तविक स्वरूप और उसमें अंतर्निहित नैतिक प्रश्नों और भावी खतरों के प्रति घोर उदासीनता व्यक्त न होती।

भारत इस युद्ध में साम्राज्यवादी लक्ष्यों को लेकर सम्मिलित नहीं हुआ। भारत ने युद्ध नहीं छेड़ा, युद्ध में उसे घसीटा गया और देश की एकता, स्वतंत्रता, धर्म-निरपेक्ष प्रजातंत्र और गुट-निरपेक्षता की रक्षा के लिए ही उसे विवश होकर हथियार उठाने पड़े। इसलिए युद्ध 'मूल्य-निरपेक्ष' एक 'स्थिति' मात्र नहीं है।

सिनिसिज़्म या अनास्था का स्वाँग रचकर लेखक अपनी कला को ही दरिद्र बना सकता है। इसके अलावा इस तरह का दृष्टिकोण ब्रिटिश और अमरीकी साम्राज्यवादियों के छिपे हाथों को और चीनी षड्यंत्र को भी जिन्होंने पाकिस्तान के नेताओं को भारत पर यह युद्ध थोपने के लिए प्रोत्साहित किया, नजरअंदाज कर देता है।

दूसरी तरफ, क्या भारतीय लेखक भी पाकिस्तानी शासकों की तरह युद्धोन्माद को उभारने में मदद करे और देशभक्ति के नाम पर पाकिस्तान के विरुद्ध 'जिहाद' का नारा लगाएँ जैसा कि इस समय संकीर्ण राष्ट्रवादी और सांप्रदायिक विचारधारा के अनेक तुक्कड़ कवि-समूह कर रहे हैं ? पाकिस्तानी शासक और उनके वैतनिक शायर महमूद ग़ज़नवी-जैसे मुसलमान विजेताओं की विरुदावलियाँ गाकर पाकिस्तान की जनता को उनका वारिस घोषित कर रहे हैं, जिनका लक्ष्य एक बार फिर तलवार के जोर से भारत को गुलाम बनाना और कश्मीर के मुसलमानों को भारत की गुलामी (?) से मुक्ति दिलाना है। हमलावरों के नारों की नक़ल करके भारत के हिंदू संप्रदायवादी तुक्कड़ भी 'पाकिस्तान को क़ब्रिस्तान में बदलने', 'नक्शे से पाकिस्तान

का नाम मिटा देने' और 'पाकिस्तान पर अधिकार करके विभाजन के पूर्व के अखंड भारत को पुनःस्थापित' करने के लिए ललकार रहे हैं। ये लोग देश-भक्ति, भारत की एकता और गांधी की हत्या का प्रतिशोध लेने के नाम पर खून की नदियाँ बहाने को लालायित हैं। ये लोग अपनी कविताओं में राणा सांगा और रानी दुर्गावती-जैसे सूरमाओं के जीवन-चरितों का आह्वान करते हैं जिन्होंने किसी समय मुसलमान आक्रमणकारियों के विरुद्ध युद्ध किया था और इस प्रकार हिंद-पाकिस्तान युद्ध की हिंदू-मुस्लिम युद्ध में परिणति देखना चाहते हैं। इसीलिए वे अपनी कविताओं और नाटकों की भाषा में जिन प्रतीकों और रूपकों को गूँथते हैं, वे मूलतः मध्यकालीन धर्मांधता से प्रेरित और हिंदू-परंपरावादी होते हैं।

संवेदनशील लेखक इस तरह के दृष्टिकोण को केवल इसलिए गर्हित और खतरनाक नहीं समझते कि वह जिस तरह की संस्कारहीन, प्रचारात्मक कविता और नाटक लिखे जाने की प्रेरणा देता है, उनमें विकृत, ओछी और पाशविक भावनाओं की ही छिछली अभिव्यक्ति होती है, बल्कि इसलिए भी यह दृष्टिकोण एक ऐसी अंध और क्रूर रक्त-पिपासा को भी प्रतिबिंबित करता है जो फ़ासिज़्म और उसके द्वारा आयोजित यहूदियों के हत्याकांडों का स्मरण दिलाती है। इसके अलावा, यह दृष्टिकोण हमारे जीवन के समस्त मानवीय और प्रजातांत्रिक मूल्यों, भारत की धर्म-निरपेक्षता की नीति और वर्तमान युद्ध में उन सामरिक लक्ष्यों को भी नकारता है, जो केवल देश की सुरक्षा तक ही सीमित हैं। घृणा और हिंसा को प्रोत्साहन देनेवाले ये नाटक और कविताएँ इतिहास में से ऐसे ही व्यक्तियों और प्रसंगों का आह्वान करते हैं जिनको भारत के हिंदू और मुसलमान संयुक्त रूप से अपनी समन्वित परंपरा का अंग नहीं मानते और जो पूर्व-इस्लामी पौराणिक हिंदू-परंपरा या शुद्ध हिंदूवादी दृष्टिकोण का प्रतिनिधित्व करते हैं और इस प्रकार उनका आह्वान आज के संदर्भ में घोर संप्रदायवाद का प्रतीक बन जाता है, मानो यह संघर्ष दो पड़ोसी राज्यों के बीच न होकर हिंदू भारत और मुस्लिम पाकिस्तान के बीच हो—यही तर्क पाकिस्तान के जंगबाज़ हुक्मरानों का भी है। लेकिन यह संकीर्ण हिंदू राष्ट्रवादी दृष्टिकोण भारतीय इतिहास को झुठलाता है और भारत के छह करोड़ मुसलमानों को जैसे अपनी ही मातृभूमि में विदेशी घोषित करता है। और सबसे पीड़ाजनक बात तो यह है कि इस प्रकार की उन्मादपूर्ण रचनाएँ जो मानव-चेतना और लोगों की प्रजातांत्रिक भावना पर नापाक बमों-जैसा काम करती हैं, भारतीय रेडियो तथा अन्य सरकारी प्रचार-एजेंसियों का संरक्षण प्राप्त है।

सारी स्थिति इतनी जटिल है कि सिनिकल उदासीनता की यह ज़रूरत से ज्यादा सरल दृष्टि और सांप्रदायिक सुरों से भरी साहित्यिक उत्तेजनावाद की प्रवृत्ति ये दोनों ऊपर से परस्पर-विरोधी दिखाई देने पर भी, दरअसल एक-दूसरे की पूरक साबित हो सकती हैं, यदि लेखक स्थिति की यथार्थता और उसमें निहित गहन

मानवीय परिप्रेक्ष्यों को नज़र अंदाज कर देंगे। हिंद-पाकिस्तान युद्ध के बारे में कोई भी भारतीय लेखक निम्नलिखित तथ्यों के प्रति उदासीन रहकर एक सही दृष्टिकोण निर्धारित नहीं कर सकता :

एक : कि यह युद्ध दो भाई देशों के बीच है जो अभी कल तक एक-दूसरे के अंग थे—यानी दोनों देशों की जनता का इतिहास एक ही रहा है, उनकी संस्कृति और जातीय परंपरा भी एक ही रही है। विभाजन से चाहे ज़मीन बँट गई हो, इतिहास, संस्कृति और परंपरा दोनों की आज भी एक है।

दो : पाकिस्तान की राज्य-व्यवस्था चाहे जैसी हो, वह इस्लामिक राज्य हो या सैनिक डिक्टेटरशिप, जबकि भारत एक प्रजातांत्रिक और धर्मनिरपेक्ष राज्य है, लेकिन फिर भी हमारा उद्देश्य पाकिस्तान को मिटाना नहीं बल्कि उसके साथ शांतिपूर्ण सह-अस्तित्व प्राप्त करना है, क्योंकि इसी में दोनों का कल्याण है।

तीन : पाकिस्तान के शासक भारत पर अपने जारिहाना हमले को चाहे एक धर्म-युद्ध, जेहाद का रूप देना चाहते हों, लेकिन हमें पूरी सजगता से उनके जाल में फँसने से रोकना चाहिए, क्योंकि हमारी लड़ाई पाकिस्तानी जनता से नहीं है, बल्कि उसके शासकों से है, जो साम्राज्यवाद के पिट्ठू हैं। 'जेहाद' की गुहार वे इसलिए लगाते हैं कि इससे पाकिस्तान में भारत-विरोधी युद्धोन्माद पैदा किया जा सके, ताकि इसके जवाब में भारत की जनता में भी हिंदू सांप्रदायिकता को प्रोत्साहन मिले। भारत की धर्मनिरपेक्ष जनतांत्रिक व्यवस्था अगर कमजोर हो जाए तो साम्राज्यवाद पर उसकी पूर्ण निर्भरता एक अनिवार्य हक़ीक़त बन सकती है। पाकिस्तानी शासकों को आशा थी कि इस चाल में भारत के मुसलमान उनके और साम्राज्यवाद के पाँचवें दस्ते का काम करेंगे। लेकिन भारतीय मुसलमानों की देशभक्ति और वर्तमान युद्ध में उनके वीरतापूर्ण कारनामों नें उनकी आशा पर पानी फेर दिया और भारत के हिंदू संप्रदायवादियों को भी पाकिस्तान का खेल खेलने से रोक दिया।

चार : भारत में छह करोड़ मुसलमान रहते हैं। वे यहाँ के वाशिन्दे हैं, नागरिक हैं, विदेशी नहीं हैं, शुद्ध भारतीय हैं। भारतीय संस्कृति के निर्माण में—भारतीय दर्शन, विचारधारा, साहित्य, कला, संगीत, स्थापत्य और दस्तकारी के विकास में उनका योगदान इतना महान् है कि हमारी संस्कृति के ताने-बाने में जो केवल हिंदूकालीन धागे हैं उनको ही 'भारतीय संस्कृति' का पर्याय समझना एक बर्बर और असभ्य मनोवृत्ति का परिचायक है।

पाँच : पाकिस्तान के शासकों ने हम पर जो युद्ध लादा है, उससे और धर्मों के अनुयायियों की अपेक्षा मुसलमानों के लिए कहीं ज्यादा ट्रैजिक परिस्थिति पैदा की है क्योंकि भारत के विभाजन ने हिंदुओं की तरह लाखों-करोड़ों मुसलमानों को अपने परंपरागत निवास-स्थानों से विस्थापित ही नहीं किया, बल्कि लाखों परिवारों को भी बाँट दिया। फिर भी पाकिस्तान में बसे अपने सगे-संबंधियों, बेटे-बेटियों के

भाग्य के बारे में सहज चिंता के बावजूद, भारत के मुसलमानों ने इससे अपनी मातृभमि के प्रति अपनी वफ़ादारी पर आँच नहीं आने दी। इन लाखों मुस्लिम हृदयों में एक मौन किंतु हृदय-विदारक, पीड़ाजनक, ट्रैजिक मानवीय नाटक खेला जा रहा है, और कोई भी संवेदनशील लेखक़ उसकी उपेक्षा नहीं कर सकता।

छः : पाकिस्तान के सैनिक तानाशाह वहाँ की जनता के प्रतिनिधि नहीं हैं। पूर्व बंगाल, पख़्तूनिस्तान, पश्चिमी पंजाब और बलोचिस्तान की जनता एक अरसे से जनतांत्रिक अधिकारों के लिए संघर्ष करती रही है, यह सभी जानते हैं। पाकिस्तान की जनता के इन आंदोलनों के प्रति सहानुभूति प्रदर्शित करने का तात्पर्य है कि हम पाकिस्तान की जनता को अपना मित्र समझते हैं और हमारा विश्वास है कि दोनों देशों के जनवादी आंदोलनों का पारस्परिक सहयोग ही अंततः दोनों देशों के बीच स्थायी शांति की बुनियाद डाल सकता है और संभवतः भविष्य में दोनों देशों को पुनः एक होने की प्रेरणा दे सकता है। लेकिन सद्भावना का यह वातावरण तभी पैदा हो सकता है जब हर हिंदू भारत के मुसलमानों को अपना भाई और सजातीय समझकर उनको सामाजिक व्यवहार और भावना के स्तर पर अपना लेगा। स्मरण रहे कि 'पाकिस्तान' का बीज उस दिन पड़ गया था जब हिंदुओं ने भारत में आकर बसे मुसलमानों को 'रोटी-बेटी' के सामाजिक दायरे से बहिष्कृत करके उन्हें बराबरी का दरजा देने से इंकार कर दिया था।

सात : पाकिस्तान के शासकों ने पागलपन में भरकर भारत पर आक्रमण करने का साहस न किया होता, अगर अमरीकी साम्राज्यवाद ने 'साम्यवाद से रक्षा करने' के नाम पर किंतु दरअसल भारत की विश्वशांति और गुटों से निरपेक्ष रहने की नीतियों और हमारी स्वतंत्रता की ही जड़ें खोदने के लिए पाकिस्तान को अरबों डालर के अस्त्र-शस्त्रों से लैस न किया होता, और अगर ब्रिटिश साम्राज्यवाद ने भारत का विभाजन करने के बाद से लगातार पाकिस्तान को कश्मीर के बहाने भारत पर आक्रमण करने के लिए न उकसाया होता और अंत में, अगर चीन के वामपक्षी नेताओं ने भारत-विरोध की अंध-भावना से प्रेरित होकर पाकिस्तानी शासकों को शीघ्र-विजय के सब्ज़ बाग़ न दिखाए होते।

ये सब तथ्य सर्वविदित हैं, लेकिन उनको दोहराने की ज़रूरत इसलिए पड़ी कि सांप्रदायिक प्रचारवादी उनको अपने रंग में पेश करके जनता को गुमराह करते हैं। इस प्रचार के प्रभाव से या सामयिक उत्तेजना में पड़कर लेखक यदि इन संदर्भों में से किसी एक को भी भूल जाए तो निश्चय ही वह वर्तमान हिंद-पाकिस्तान युद्ध के बारे में सही दृष्टिकोण का विकास नहीं कर सकता।

निस्संदेह, लेखक एक स्वतंत्र अभिकर्ता है। किसी को यह अधिकार नहीं है कि वह युद्ध-कथानकों पर लिखने या युद्ध में भाग लेने के लिए आदेश दे। यदि लेखक वर्तमान युद्ध से उत्पन्न जटिल मानवीय स्थितियों पर लिखने का चुनाव करता

है, तो किसी को भी उसे सेंसर करने का अधिकार नहीं है कि वह क्यों युद्ध का प्रशस्ति-गान न करके केवल युद्ध की ट्रैजेडी को, उसकी यातना को, उसकी अग्नि-परीक्षा को ही जो अनगिनत लोगों को भोगनी और झेलनी पड़ती है, चित्रित करता है। वर्तमान युद्ध में शायद लेखक और कुछ कर भी नहीं सकता।

यह लेखक का जन्मसिद्ध अधिकार है, यह मानकर भी मैं इस बात पर जोर देना चाहूँगा कि लेखक के पास एक प्रतिबद्धता भी जो है समान रूप से उसके लेखनकर्म का अभिन्न अंग है। यह प्रतिबद्धता सत्य और मानवीय मूल्यों के प्रति है। फलतः न तो वह सिनिकल तौर से सही को गलत, अच्छे को बुरा, शांति को युद्ध और मानवीय को पाशविक के साथ एक ही तराजू पर रख सकता है न अपनी आँखों को वास्तविकता से मूँदकर या इतिहास को तोड़-मरोड़कर सस्ते गौरव के लिए अपनी कला को विकृत कर सकता है।

इन दोनों प्रकार के भ्रामक दृष्टिकोणों का परित्याग करके हर लेखक को स्वयं ही निर्णय करना चाहिए कि उसे दो भाइयों के इस पीड़ाजनक और निरर्थक युद्ध में एक लेखक की हैसियत से क्या करना है। बिना अपने साहित्यिक स्तर को नीचे गिराए उसे न्यायोचित और जनतांत्रिक उद्देश्यों की विजय में सहायक बनना चाहिए। और चूँकि वर्तमान युद्ध में भारत का पक्ष न्यायोचित और जनतांत्रिक है, लेखक की प्रतिबद्धता यह है कि वह शांति की खातिर इन उद्देश्यों को अपना समर्थन दे, उन पर 'थूके' नहीं बावजूद इसके कि इस संघर्ष की स्थायी शांति में परिणति के लिए भी तत्काल कुर्बानियाँ देनी पड़ेंगी और यातनाएँ झेलनी पड़ेंगी।

भारत की एकता : भाषा का प्रश्न*

भाषा और भारत की एकता संबंधी प्रश्न हमारे देश में नए नहीं हैं। स्वतंत्रता प्राप्ति से पहले भी ये प्रश्न अनिवार्यतः उठते रहे थे और बाद में भी अनिवार्यतः उठते रहे हैं। इन प्रश्नों का अभी तक कोई स्थायी जनतांत्रिक समाधान नहीं हो सका है और न अभी इसकी संभावना ही है। संभावना इसलिए नहीं है कि इन प्रश्नों पर जनमत उद्वेलित करनेवाले नेता—विशेषकर हिंदी आंदोलन के नेता—अपने संकीर्ण राष्ट्रवादी (chauvinist) दृष्टिकोण के कारण यह समझने में असमर्थ हैं कि वे अपने नारों और अपने अमल से देश में विघटनकारी प्रवृत्तियों को प्रोत्साहन दे रहे हैं और देश में जनतांत्रिक व्यवस्था को मज़बूत बनाने की बजाय उसकी जड़ें खोद रहे हैं। पुराने रूढ़ ढंग से सोचना उनका संस्कार बन गया है और हिंदी भाषा के हित या देश की एकता से ज्यादा 'हिंदी-आंदोलन' ही उनके व्यक्तिगत तथा वर्गगत न्यस्त स्वार्थों का आधार बन गया है। नतीजा यह है कि जो भी उनकी संकीर्ण दृष्टि से इन प्रश्नों पर नहीं सोचता वह उन्हें 'देशद्रोही' नजर आता है। जब कोई व्यक्ति, वर्ग या समुदाय जीवन की वास्तविक परिस्थिति को खुली आँखों से देखने में असमर्थ हो जाता है और इस तरह की अमूर्त मिथिक परिकल्पनाएँ (myths) गढ़कर उनके चश्मे से जीवन-वास्तव को देखने लगता है, तब उससे तर्क, विवेक और औदार्य की अपेक्षा नहीं की जा सकती।

'हिंदी ही भारतीय राष्ट्र की आत्माभिव्यक्ति की भाषा है', 'हिंदी जब तक केंद्र की राजभाषा नहीं बनेगी, भारत की एकता खतरे में बनी रहेगी', 'हिंदी ही राष्ट्रीय एकता की आधारशिला है', 'जो हिंदी का विरोध करते हैं वे देश का विघटन चाहते हैं'—इस तरह की भावुकतापूर्ण उक्तियाँ एक ऐसी ही मिथिक परिकल्पना की विभिन्न अभिव्यंजनाएँ हैं जो मूलतः अवैज्ञानिक, अनैतिहासिक और जनतांत्रिक भावना की विरोधी हैं। ये मिथिक परिकल्पनाएँ तर्क, विवेक, न्याय और सत्य के विरुद्ध कवच और ढाल का काम देती हैं और 'स्वयंसिद्ध' तथ्यों के रूप में प्रचार पाकर अबुद्धिवाद और सांप्रदायिक वैमनस्य फैलाने में मदद करती हैं।

---

*संपादकीय : आलोचना, जुलाई 1965

इन अमूर्त मिथिक परिकल्पनाओं को जब कोई वर्ग अपने न्यस्त स्वार्थों पर परदा डालने के लिए जीवन के स्वयंसिद्ध तथ्यों के रूप में स्वीकार कर लेता है तो अबुद्धिवाद ही उसके कर्म की आधारशिला बन जाता है, जिस पर 'दूसरों' के न्यायोचित अधिकारों को हड़पकर उसकी अपनी जाति, भाषा या वर्ग को बृहद् से बृहत्तर, महत् से महत्तर बनाने के सपनों के भवन खड़े होते हैं। हमारे ज़माने में दुर्भाग्य से एक नहीं, ऐसी अनेक मिथिक परिकल्पनाएँ गढ़ी गई हैं और उनके अनुसार जीवन-वास्तव और मानव इतिहास को हाँकने की चेष्टा में करोड़ों मनुष्यों को निर्ममतापूर्वक मौत के घाट उतारा गया है। फ़ासिज़्म और हिटलर की एक उच्चतर 'आर्यजाति' संबंधी परिकल्पना, जिसे नियति ने अन्य निम्नकोटि की जातियों पर शासन करने के लिए बनाया था, ऐसी ही थी।

हिंदी-संबंधी मिथिक परिकल्पना भी कुछ इसी स्तर की है। यह मान लेने पर कि हिंदी ही भारत की एकता की आधारशिला है और किसी भी रूप में उसकी सर्वोपरि सत्ता को चुनौती देना या अस्वीकार करना विघटनकारी है या देशद्रोह है, अमल में फिर किसी भी जनतांत्रिक मर्यादा का पालन जरूरी नहीं रह जाता। तब तमिलनाडु के हिंदी-विरोध को विघटनकारी और राष्ट्र-विरोधी घोषित करके सेठ गोविंददास की तरह, जिन्होंने एक ज़माने में हिंदी को समग्र भारत की भाषा बनाने के ही नहीं, बल्कि बर्मा, श्रीलंका, फिजी, कीनिया, दक्षिण अफ्रीका आदि उन सभी देशों का बलात् एकीकरण करके, जहाँ प्रवासी भारतीय हैं, एक 'बृहत्तर भारत' बनाने के स्वप्न देखे थे, तमिलनाडु या अन्यत्र के हिंदी-विरोधियों को कुचलने के लिए देश को 'गृह-युद्ध' तक में झोंकने की माँग करना भी देशप्रेम कहलाएगा। उर्दू को, जिसे संविधान ने भी भारत की 14 राष्ट्र-भाषाओं में से एक माना है, उत्तर प्रदेश, बिहार, मध्य भारत, राजस्थान, दिल्ली और पंजाब आदि राज्यों में एक 'क्षेत्रीय' भाषा के रूप में स्वीकृति दिलाने की हर माँग को यशपालजी की तरह सांप्रदायिक, अ-राष्ट्रीय और जनतंत्र विरोधी घोषित कर देना और उर्दू को हिंदी की ही एक शैली और उर्दू-लिपि को 'विदेशी' बताकर उर्दू बोलनेवालों को देश में स्थायी रूप से एक 'अछूत' का दरजा देने की माँग करना राष्ट्रीय भावना का सहज और पवित्र उच्छ्वास लगता है। सरकार द्वारा भाषावार राज्यों का सिद्धांत मान लेने के बाद भी पंजाबी सूबा की माँग भी, ऐसी स्थिति में, लोगों को सांप्रदायिक लगती है। और इस माँग के विरोध में जब वर्तमान पंजाब के हिंदू, जिनकी मातृभाषा पंजाबी या हरियाणवी है, अपनी मातृभाषाओं से 'द्रोह' करके 'हिंदी' को अपनी मातृभाषा घोषित करते हैं, तब हमें लगता है कि यही सच्ची देशभक्ति है, क्योंकि हिंदी-आंदोलनकारी सोचते हैं कि जब हिंदी ही एकता की आधारशिला है तो आदर्श देशभक्त वही कहलाएगा जो अपनी हिंदीतर मातृभाषा को त्यागकर हिंदी को ही अपनी मातृभाषा घोषित करे।

अंग्रेजी में जो लिखते हैं, जैसे मुल्कराज आनंद, के. नारायणन, भवानी भट्टाचार्य आदि या जो अंग्रेजी से जीविका कमाते हैं, जैसे दफ्तरों और समाचार-पत्रों में काम करनेवाले, वे सब अंग्रेजी को अपनी 'मातृभाषा' नहीं बताते। लेकिन 'हिंदी' को मातृभाषा बताना चूँकि देशभक्ति का पर्याय बताया जाता है, इसलिए हमारे यहाँ हिंदी से जीविका कमानेवाले या 'हिंदी-भक्त' के नाम से वोट माँगनेवाले और बदले में हिंदी को अपनी 'मातृभाषा' घोषित करनेवाले ऐसे देशभक्तों की संख्या नित्य बढ़ती जाती है, यद्यपि उनकी मातृभाषा हिंदी नहीं है—पंजाबी, राजस्थानी, मैथिली, भोजपुरी, अवधी, ब्रज, छत्तीसगढ़ी, हरियाणवी, कुमाऊँनी, डोगरी, गढ़वाली आदि और चाहे कोई हो, पर हिंदी (खड़ी बोली) नहीं है। इन्हीं देशभक्तों में दुर्भाग्य से हिंदी के सारे-के-सारे लेखक भी हैं। भाई यशपालजी, जिनके महान् कृतित्व और सौजन्यपूर्ण व्यक्तित्व के प्रति मैं श्रद्धानत हूँ, क्षमा करें, लेकिन यह सच है कि कई पीढ़ियों से उर्दू-संस्कार में पलते आने के कारण आनंदनारायण मुल्ला की मातृभाषा चाहे सचमुच उर्दू हो भी, लेकिन यशपालजी की मातृभाषा तो निश्चय ही 'हिंदी' नहीं है। इस दृष्टि से उनकी और डॉ. मुल्कराज आनंद की स्थिति में विशेष फ़र्क़ नहीं है। यह बात भारतेंदु से लेकर मोहन राकेश तक की नई पीढ़ी के निन्यानवे फीसदी हिंदी लेखकों और हिंदी आंदोलन के सुभट योद्धाओं के बारे में भी सच है।

कुल जमा अस्सी-नब्बे साल पुराने खड़ी बोली के इस संस्कृतनिष्ठ साहित्यिक रूप को, जिसे ही संविधान ने 'हिंदी' के नाम से स्वीकारा है, अभी नगरों के अंदर भी अधिकतर परिवारों और गली-मुहल्लों में पूरी तरह रमने-रसने का समय नहीं मिला। इसलिए माँ के घुटनों पर बैठकर हम में से किसी ने 'हिंदी' नहीं सीखी, जिस तरह कि अधिक पुरानी 'शैली' (!) उर्दू को दिल्ली, लखनऊ, हैदराबाद आदि अनेक सांस्कृतिक केंद्रों के बच्चे हज़ारों हिंदू और मुसलमान परिवारों में पुश्त-दर-पुश्त से अपनी माताओं की गोद में ही सीखते आए हैं। आज की 'हिंदी' हम सबने अपनी मातृभाषाओं को त्यागकर स्कूलों में किताबों से ही सीखी-पढ़ी है, जिस तरह अंग्रेजी स्कूलों में किताबों से सीखी-पढ़ी है। इसे आप क्या कहेंगे, मातृघात या कुछ और, मैं यह तो नहीं जानता, क्योंकि जब हम लोगों ने शिक्षालयों में प्रवेश किया, उस समय हिंदी या उर्दू के अलावा अपनी मातृभाषाओं में पढ़ने का कोई विकल्प ही नहीं था। आज भी नहीं है। लेकिन यह सच है कि एक समय जो विवशता थी, वह बालिग होने पर अर्थ और यश-लाभ और देशभक्ति के रूप में प्रसिद्धि पाने का नुस्खा साबित हुई, इसलिए अपनी मातृभाषाओं के प्रति अपना कर्तव्य भुला देना ही हम सबके आगे सबसे सुविधाजनक मार्ग था। भाई रामविलास को शिकायत है कि तमिलनाडुवाले अंग्रेजी के लिए तो लड़ते हैं, अपनी मातृभाषा तमिल के लिए नहीं लड़ते। वे लोग भी शिकायत कर सकते हैं कि हम लोग 'हिंदी' के लिए तो

लड़ते हैं, लेकिन अपनी मातृभाषाओं के लिए नहीं लड़ते। हम क्यों नहीं माँग करते कि उत्तर भारत के उन चार-पाँच राज्यों में जहाँ हिंदी राजभाषा बन बैठी है और जहाँ विश्वविद्यालय में शिक्षा का माध्यम हिंदी को बनाने की कोशिशें हो रही हैं, वहाँ शिक्षा, न्यायालय और राजकाज की भाषा वहाँ की क्षेत्रीय भाषाएँ ही हों हिंदी नहीं ? और उनका आरोप भी उतना ही सही होगा, जितनी रामविलास की शिकायत।

इसलिए अपनी मातृभाषाओं के प्रति अपनी उपेक्षा को हम मातृघात कहें या नहीं, यह तो मैं नहीं जानता, लेकिन इतना जानता हूँ कि हिंदी के लेखक और आंदोलनकारी नेताओं के अंतर्मन में कहीं कोई अपराध-भावना की ग्रंथि ज़रूर पड़ गई है, जिसके कारण वे अपने 'अपराध' पर परदा डालने के लिए इतिहास को तोड़-मरोड़कर यह सिद्ध करने की कोशिश करते रहते हैं कि मैथिली, राजस्थानी, अवधी, ब्रज आदि वस्तुतः स्वतंत्र भाषाएँ नहीं हैं, 'हिंदी' (संस्कृतनिष्ठ साहित्यिक खड़ी बोली) की ही स्थानीय बोलियाँ हैं और जनगणना आदि के मौकों पर हिंदी-प्रचारक और जनसंघ के अंध हिंदू राष्ट्रवाद से प्रभावित सरकारी अमला इन भाषाओं को बोलनेवाली जनता पर दबाव डालते हैं कि वे मातृभाषा के खाने में राजस्थानी या मैथिली न लिखाकर 'हिंदी' लिखवाएँ, यानी वे उत्तर भारत की समूची जनता को अपने 'अपराध' में साझीदार बना लेना चाहते हैं।

ये बातें कटु लग सकती हैं, लेकिन कोई ईमानदारी से बताए कि यह तिलस्म कैसे घटित हो गया कि बिहार राज्य में बिहारी भाषाओं (मैथिली, भोजपुरी, मगही) के बोलनेवाले तो अल्पसंख्यक हैं—केवल 35.39 प्रतिशत, जबकि 'हिंदी' 44.3 प्रतिशत की मातृभाषा है ? कि पंजाब में पंजाबी बोलनेवालों की संख्या 41.09 प्रतिशत है जबकि 'हिंदी' भाषियों की संख्या 55.64 प्रतिशत है ? ख़ैर जनगणना रिपोर्ट के अनुसार मध्यप्रदेश में ब्रज, बुंदेलखंडी, छत्तीसगढ़ी, मालवी आदि तो, कोई बोलता ही नहीं, और 78.07 प्रतिशत की मातृभाषा हिंदी है, बाक़ी कुछ मराठी, राजस्थानी या आदिवासियों की भाषाएँ बोलनेवाले हैं ! और उत्तर प्रदेश में भी अवधी, ब्रज, भोजपुरी आदि भाषाओं का अस्तित्व नहीं है, केवल 'हिंदी' है, जिसके बोलनेवाले 85.39 फीसदी हैं ? राजस्थान में शायद यह प्रचार पूरी तरह कारगर नहीं हुआ, इसलिए वहाँ पिछली जनगणना के अनुसार अभी भी राजस्थानी के बोलनेवालों की संख्या 56.49 प्रतिशत है और हिंदी को मातृभाषा मानने के लिए अभी कुल 33.32 प्रतिशत को ही राजी किया जा सका है। ख़ैर, जो तिलस्म अन्यत्र घटित हो चुका है, वह अगली जनगणना में राजस्थान में भी घटित हो जाएगा और बिहार और पंजाब की तरह या तो राजस्थानी भी अपने ही क्षेत्र में एक अल्पसंख्यक भाषा बन जाएगी या उत्तर प्रदेश या मध्य भारत में बोली जानेवाली जनभाषाओं की तरह राजस्थान में उसके अस्तित्व से भी इंकार कर दिया जाएगा ! फ़िलहाल इतना तो

हो गया है कि अल्पसंख्यकों की मातृभाषा (?) होने पर भी 'हिंदी' राजस्थान की 'राजभाषा' बन बैठी है।

उत्तर भारत की विभिन्न जनभाषाओं का स्वत्व हरण करने के पीछे शायद भावना यह है कि इंगलिस्तान में स्कॉट, वेल्स और आइरिश भाषाओं को दबाकर जिस तरह अंग्रेजी सब पर छा गई है, उसी तरह उत्तर भारत की अधिकतर भाषाओं को विकास की समस्त सुविधाओं से वंचित रखकर 'हिंदी' इस सारे इलाके पर हावी हो जाएगी—और इस प्रकार 15-16 करोड़ की जनसंख्या का बल-संग्रह कर वह भारत की अन्य जातियों और भाषाओं पर अपना प्रभुत्व जमा सकेगी। यही कारण है कि हिंदी-आंदोलन और जनसंघ और कांग्रेस के दक्षिणपंथी नेताओं ने सन् 1955 में राज्यों के भाषावार आधार पर पुनर्गठन करने की बात का विरोध किया था और यद्यपि दक्षिण भारत और महाराष्ट्र की जनता के संघर्ष और बलिदान के आगे शासक वर्ग को भाषावार आधार पर आंध्र, महाराष्ट्र और गुजरात आदि राज्यों का पुनर्गठन करने के लिए विवश होना पड़ा, लेकिन न तो पुनर्गठित राज्यों की सीमा में बसनेवाली अल्पसंख्यक जातियों और उनकी भाषाओं के लिए प्रशासनिक संरक्षण दिया गया और न उत्तर भारत के राज्यों का भाषावार आधार पर पुनर्गठन करने की बात पर गंभीरतापूर्वक सोचा ही गया, क्योंकि शासकवर्ग स्वयं इसके विरुद्ध था और अभी तक राजस्थान, उत्तर प्रदेश या बिहार में महाराष्ट्र और आंध्र की तरह अपनी जाति और भाषा के लिए न्याय और समानाधिकार की माँग करके जनता ने संघर्ष शुरू नहीं किया था। अतः भाषावार आधार पर राज्यों के पुनर्गठन का काम अधूरा ही रह गया।

भारतीय संविधान ने केवल 14 भाषाओं को 'राष्ट्रभाषाओं' के रूप में मान्यता दी है। राजस्थानी, मैथिली, भोजपुरी, ब्रज, अवधी, हरियाणवी, कुमाऊँनी, गढ़वाली या द्रविड़ भाषाकुल की गोंडी, कुडूंख आदि भाषाओं का प्रश्न तो है ही कि उन्हें 'राष्ट्रभाषाओं' के रूप में मान्यता क्यों नहीं दी गई, लेकिन इससे भी बड़ा प्रश्न यह है कि द्रविड़ या हिंद-ईरानी भाषा-कुलों से बाहर की अन्य प्रमुख प्राचीन भाषाओं, जैसे 'अन्दमानी', नागा, भोट, मनीपुरी, खासी, गारो, संथाली, हो, भीली, मुण्डारी आदि को 'राष्ट्रभाषाओं' के रूप में संविधान में मान्यता क्यों नहीं दी गई ? इनके अलावा विस्थापित सिंधियों की भाषा सिंधी के प्रति भी ऐसी ही उपेक्षा क्यों बरती गई ? सिंधी के बारे में तो नहीं, लेकिन आदिवासी और सुदूर पहाड़ी इलाकों में बसनेवाली इन अल्पसंख्यक और पिछड़ी जातियों के बारे में, जिनकी भाषाओं की अभी तक कोई लिपि नहीं है, हिंदी आंदोलनकारियों का हमेशा से मत रहा है कि उन्हें 'हिंदी' के माध्यम से साक्षर बनाया जाए, अर्थात् इन जातियों का 'हिंदीकरण' करके इनकी मातृभाषाओं, और इस तरह इनकी राष्ट्रीय संस्कृति को अपनी मौत मरने दिया जाए !

कहने का तात्पर्य यह है कि यदि ईमानदारी से और गंभीरतापूर्वक देखा-सोचा जाए तो भाषा का प्रश्न केंद्र से अंग्रेजी हटाने और हिंदी को राजभाषा बनाने मात्र का ही नहीं है। दक्षिणवाले अगर अंग्रेजी हटाने पर राज़ी हो जाएँ, तो भी भाषा का प्रश्न न हल होगा, न भारत की एकता स्थायी हो सकेगी। देश के औद्योगीकरण के साथ-साथ, विभिन्न प्रदेशों की अल्पसंख्यक जातियाँ शनैः-शनैः अपने राष्ट्रीय अस्तित्व के प्रति जागरूक होती जाएँगी और अपनी भाषा और संस्कृति के विकास के लिए समान अधिकार और सुविधाएँ माँगती जाएँगी और हर बार जब ऐसा होगा तब 'जिसकी भाषा उसका राज' या दरअसल 'जिसका राज उसकी भाषा' में विश्वास रखनेवाले प्रभुतासंपन्न हिंदीवादी उन्हें दबाएँगे और हर बार सड़कों पर खून बहेगा। अगर इन जातियों का संकल्प अदम्य हुआ तब तो संविधान में उनकी माँगों के अनुकूल संशोधन किया जाएगा, नहीं तो असंतोष और वैमनस्य की भावना उनमें दबकर भी पनपती रहेगी और किसी दिन फिर फूट पड़ेगी। इस तरह भाषा का प्रश्न भारत की एकता के गले में तब तक काँटे की तरह अटका रहेगा जब तक जनतांत्रिक आधार पर समग्र रूप से उसका हल नहीं किया जाता।

स्वातंत्र्योत्तर काल में जब-जब भाषा या प्रदेश-संबंधी प्रश्न उठे हैं, तब-तब आंदोलनों को शांत करने के लिए तत्काल कारगर होनेवाले कामचलाऊ हल पेश किए गए हैं। इस बार भी जब तमिलनाडु में 'संपर्क भाषा' के रूप में हिंदी को लागू करने के विरुद्ध उपद्रव हुए और कई व्यक्तियों ने स्वयं को आग लगाकर भस्म कर लिया तो कांग्रेस की कार्यकारिणी ने भाषा समस्या का हल करने के लिए एक पंच-सूत्रीय योजना की घोषणा की। जनसंघ, लोहिया सोशलिस्ट और कांग्रेस के दक्षिणपंथी नेताओं ने हिंदी-आंदोलनकारियों के साथ मिलकर इस योजना का विरोध किया। कम्युनिस्ट पार्टी ने इसका स्वागत किया, यद्यपि यह भी एक कामचलाऊ योजना ही है। 'कामचलाऊ' भी वह शायद नहीं है क्योंकि उसको लागू करने में अनेक दुर्निवार कठिनाइयाँ पैदा होंगी और अपार श्रम और धन का अपव्यय होगा। इस योजना के आधार पर गृहमंत्री श्री गुलज़ारीलाल नंदा ने संसद में भाषा विधेयक का जो मसविदा पेश किया है उससे भी स्पष्ट है कि यह एक 'कामचलाऊ' क़दम है और इससे समस्या का हल होने की बजाय नई समस्याएँ पैदा होंगी और इसको लागू करने पर जितना व्यय होगा, उतना सही और स्थायी हल के ऊपर नहीं होगा।

भाषा-विधेयक में घोषणाएँ की गई हैं कि हिंदी को भारत की मिश्रित संस्कृति की अभिव्यक्ति का समर्थ माध्यम बनाने के लिए प्रोत्साहन दिया जाएगा और उसका प्रसार करना सरकार का कर्तव्य होगा और हिंदी के अतिरिक्त संविधान में स्वीकृत अन्य 13 प्रमुख भारतीय भाषाओं ('राष्ट्रीय' शब्द का प्रयोग न जाने

किस मसलहत से नहीं किया गया) के विकास के लिए निश्चित और कारगर क़दम उठाए जाएँगे, क्योंकि देश में शिक्षा और संस्कृति की उन्नति के लिए यह ज़रूरी है और केंद्रीय सरकार राज्य सरकारों के साथ इस कार्य में सहयोग करेगी। ये बड़े नेक इरादों की घोषणाएँ लगती हैं। लेकिन इन घोषणाओं में कहीं कोई निश्चित वादा नहीं किया गया—न कहा गया है कि अपने-अपने क्षेत्रों में ये राष्ट्रीय भाषाएँ विश्वविद्यालयों तक शिक्षा का माध्यम होंगी, न यह कि कचहरियों और राजकाज में केवल उनका ही प्रयोग होगा। इसलिए कोई भी पूछ सकता है कि अब तक क्या करते रहे ? इसके साथ ही, संविधान में अनुसूचित 14 राष्ट्रभाषाओं के अलावा करोड़ों लोगों की जो दूसरी राष्ट्रभाषाएँ हैं उनके प्रति क्या सरकार का कोई कर्तव्य नहीं है ?

इस भाषा-विधेयक में इस बात का उल्लेख नहीं किया गया कि संपर्क भाषा या राजभाषा के रूप में हिंदी के साथ अंग्रेजी का भी चलन जारी रहेगा, न कोई ऐसी शर्त रखी गई है कि जब तक सब राज्य हिंदी को संपर्क भाषा के रूप में स्वीकार नहीं कर लेते तब तक हिंदी के साथ अंग्रेजी भी चलेगी। लेकिन कहा गया है कि केंद्रीय दफ्तरों में हिंदी का प्रयोग उत्तरोत्तर बढ़ाया जाएगा, जिससे स्पष्ट हो जाता है कि शासक वर्ग जब तक जरूरी समझेगा अंग्रेजी को चलाएगा—अवधि की कोई गारंटी नहीं। यह तो वादे और नेक इरादे हुए, जिससे वर्तमान स्थिति में कोई मौलिक भेद नहीं आएगा।

भारतीय सेवा आयोग की परीक्षाओं के माध्यम के रूप में अंग्रेजी के अलावा 14 राष्ट्रीय भाषाओं को ही स्वीकृति दी जाएगी, इस विधेयक में केवल यही एक प्रगतिशील, जनतांत्रिक और ठोस प्रस्ताव है। संभवतः दक्षिणवालों को इससे एक सीमा तक आश्वस्त किया जा सकेगा। लेकिन भारत की एकता को दृढ़ बनाने के नेक इरादे से 'त्रिभाषा सूत्र' को सारे देश में लागू करने का जो निश्चय प्रकट किया गया है, वह अनेक ऐसी व्यावहारिक कठिनाइयों को जन्म देगा, जिनकी शासक वर्ग कल्पना भी नहीं करता। यह प्रयोग शायद बहुत कीमती भी साबित हो। इस त्रिभाषा सूत्र का मतलब यह है कि सारे देश में हिंदी और अंग्रेजी तो सभी विद्यार्थियों को अविकल्प रूप से पढ़नी पड़ेगी। (अंग्रेजी शायद तीसरे दर्जे से पढ़नी होगी)। इन दो भाषाओं के अलावा अहिंदी भाषा-क्षेत्रों के विद्यार्थी अपनी-अपनी मातृभाषाएँ पढ़ेंगे, और 'हिंदीभाषी' क्षेत्रों में विद्यार्थी आधुनिक भारतीय भाषाओं में से कोई एक सीखेगा—अच्छा हो कि तमिल, तेलुगु, कन्नड़, मलयालम आदि दक्षिणी भाषाओं में से किसी एक को सीखे। (मातृभाषाएँ तो प्राइमरी से पढ़नी पड़ेंगी, लेकिन हिंदी क्षेत्रों के विद्यार्थियों को एक अन्य भारतीय भाषा शायद तीसरे दर्जे से ही पढ़ना पड़ेगी। लेकिन किस दर्जे तक ? इसका कोई संकेत विधेयक में नहीं मिलता)। इसलिए यह प्रस्ताव भी अस्पष्ट है। सिंधी

और उर्दू की क्या स्थिति होगी, कहाँ और कैसे पढ़ाई जाएँगी, इस बारे में भी कुछ नहीं कहा गया।

कुल मिलाकर यह विधेयक भाषा-समस्या को सुलझाने में विशेष सहायक सिद्ध नहीं होगा। किसी प्रश्न पर कोई नीति इसमें स्पष्ट नहीं होती। हाँ यह ज़रूर स्पष्ट हो जाता है कि इसके द्वारा अंग्रेज़ी की स्थिति और मज़बूत की जा रही है। लेकिन प्रश्न यह है कि जब भारतीय सेवा आयोग की परीक्षाओं के लिए देश की 14 राष्ट्र भाषाओं को माध्यम के रूप में मान लिया गया है तो तीसरे दर्जे से अंग्रेज़ी पढ़ाने की क्या ज़रूरत है ? ठीक है कि दो सौ वर्षों के संपर्क और पठन-पाठन के कारण अंग्रेज़ी हमारे सामाजिक और सांस्कृतिक जीवन में काफ़ी घुलमिल गई है और वह हमारे लिए आधुनिक ज्ञान-विज्ञान की खिड़की है। इस खिड़की को बंद करने के हक़ में कोई विवेकशील भारतीय नहीं हो सकता। लेकिन हमें यह तय करना होगा कि हम अपने इंजीनियरों, वैज्ञानिकों और डॉक्टरों को अंग्रेज़ी भाषा का ज्ञान देना चाहते हैं या अंग्रेज़ी साहित्य का। अगर अंग्रेज़ी ही नहीं, विश्व-भर का श्रेष्ठ साहित्य हमारे विद्यार्थियों को अपनी मातृभाषाओं में ही उपलब्ध हो जाए तो हर विद्यार्थी को तीसरे दर्जे से ही अंग्रेज़ी पढ़ाना अपव्यय होगा। बेहतर हो कि माध्यमिक शिक्षा के बाद ही अंग्रेज़ी की पढ़ाई शुरू की जाए। हमारे विद्यार्थी विज्ञान की शिक्षा लेने के लिए मास्को जाते हैं। उन्हें एक वर्ष में ही रूसी भाषा का इतना ज्ञान करवा दिया जाता है कि उन्हें उसके माध्यम से उच्चतम वैज्ञानिक प्रशिक्षण प्राप्त करने में कठिनाई नहीं होती। बल्कि पाँच-छह साल बाद जब वे स्वदेश लौटते हैं तो रूसियों की तरह धारा-प्रवाह शुद्ध रूसी बोलने में समर्थ होते हैं। यह अंग्रेजी के लिए भी संभव होना चाहिए। इसके अलावा, नगरों और गाँवों के अधिकतर विद्यार्थी माध्यमिक शिक्षा पूरी करने के बाद पढ़ाई छोड़कर और धंधों में लग जाते है, तब अंग्रेज़ी शिक्षा उनके किस काम आएगी, यह विचारणीय है। माध्यमिक शिक्षा में अंग्रेज़ी के आयोजन पर जितना ख़र्च होगा, वह सब अगर मातृभाषाओं में विश्व-साहित्य और वैज्ञानिक ज्ञान उपलब्ध कराने पर ख़र्च किया जाए तो हमारी मातृभाषाओं के विकास में देर नहीं लगेगी। इसी तरह अहिंदी-क्षेत्रों में तीसरे दर्जे से हिंदी पढ़ाना और हिंदी-क्षेत्रों में तमिल-तेलुगु आदि में से कोई भाषा पढ़ाना भी एक बड़ा अपव्यय होगा। आमतौर पर जिसने माध्यमिक शिक्षा ही प्राप्त की है, वह दक्षिण के गाँव या कस्बे में अपनी खेती या दस्तकारी में लगकर कुछ वर्षों में ही हिंदी भूल जाएगा और इसी तरह हिंदी-क्षेत्रों का माध्यमिक शिक्षा प्राप्त व्यक्ति अपने वातावरण में तमिल या तेलुगु ज्ञान का उपयोग न कर पाने के कारण उसे महीनों में ही भूल जाएगा। केवल देश की एकता दृढ़ करने के नाम पर इस तरह के क़ीमती, किंतु अनुपयोगी प्रयोग व्यर्थ साबित होंगे। इसके लिए सरकार जो रक़म ख़र्च करना

चाहती है, वह अगर आदिवासियों और दूसरी पिछड़ी जातियों की भाषाओं की लिपियाँ और उनमें पाठ्य-पुस्तकें आदि तैयार करवाने पर ख़र्च करे तो उन्हें भी अपनी मातृभाषाओं के माध्यम से किसी दिन आधुनिक संस्कृति और ज्ञान की श्रेष्ठतम उपलब्धियों को आत्मसात करने की संभावना दीखने लगेगी। अफ्रीका के निगर जैसे छोटे-से देश की सरकार तो अपने यहाँ के क़बीलों में बोली जानेवाली पाँच बोलियों की लिपियाँ तैयार करने के लिए यूनेस्को के ज़रिए फ्रांस के प्रसिद्ध भाषाविद् श्री पीयरे एफ़. लेक्रोयस्क को बुला सकती है, ताकि ये भाषाएँ जल्द ही शिक्षा और साहित्य का माध्यम बन सकें, लेकिन हमारा शासक-वर्ग अपने यहाँ के कई करोड़ के आदिवासियों की भाषाओं की लिपियाँ तैयार करने के लिए भारतीय भाषाविदों को भी नहीं तैनात कर सकता ! कहने का तात्पर्य यह कि 'त्रिभाषा फार्मूला' माध्यमिक शिक्षा के बाद ही लागू करने पर उपयोगी साबित हो सकेगा।

लेकिन सरकार यदि केंद्र में अंग्रेज़ी की जगह हिंदी का अधिकाधिक प्रयोग करने लगे, भारतीय सेवा आयोग की परीक्षाएँ 14 राष्ट्रीय भाषाओं में होने लगें और त्रिभाषा फार्मूला तीसरे दर्जे से लागू न करके माध्यमिक शिक्षा के बाद लागू किया जाए और अंग्रेज़ी साहित्य की पढ़ाई पर ज़ोर न देकर अंग्रेज़ी का पठन-पाठन माध्यमिक शिक्षा के बाद ही शुरू किया जाए, तो भी भाषा-समस्या का यह स्थायी समाधान नहीं होगा—पंजाबी सूबे की माँग इसकी मिसाल है।

हिंदी की उन्नति के प्रति हिंदी का कोई लेखक उदासीन हो, यह संभव ही नहीं है, चाहे हिंदी हममें से किसी की भी मातृभाषा न हो। हिंदी लेखकों ने अपने कृतित्व से 'हिंदी' में एक समृद्ध और जीवंत साहित्य की परंपरा का निर्माण किया है, यह हमारे हिंदी-प्रेम का प्रमाण है। लेकिन हिंदी-प्रेम भारत ही नहीं विश्व-भर की किसी भी अन्य भाषा के प्रति द्रोह या विरोध का पर्याय नहीं है। इसलिए भाषा और भारत की एकता के प्रश्न पर हिंदी लेखकों को हिंदी-आंदोलनकारियों के ग़लत-सलत और प्रायः गुमराह करनेवाले तर्कों से प्रभावित न होकर जनतांत्रिक दृष्टि से विचार करना होगा, ताकि इस बहस में किसी स्थायी समाधान की रूपरेखा उभर सके। इसके लिए हमें भाषा और भारतीय एकता संबंधी इतिहास के कतिपय मूलभूत सत्यों और वर्तमान यथार्थ-स्थितियों को हर समय दृष्टि में रखना होगा और अब तक इस बहस में प्रचलित अनेक अन्ध-राष्ट्रवादी तर्कों को भूलना पड़ेगा।

हमें हर समय स्मरण रखना होगा कि भारत एक बहुभाषी, अतः बहु-जातिक (जाति = राष्ट्रीय इकाई) देश है। इसीलिए भारत एक गणराज्य, यानी इन बहुभाषी जातियों (कौमों या राष्ट्रों) का संघ है। भारत में विभिन्न कौमों (राष्ट्रीय इकाइयों) और उनकी विशिष्ट संस्कृतियों की वाहक राष्ट्र-भाषाओं का विकास छह-सात सौ साल पहले ही हो गया था, जब मध्यकाल के अंत पर सांस्कृतिक पुनर्जागरण की

पहली लहर ने सारे देश को झकझोर कर जगाया, जब संस्कृत के पाश से छुटकारा पाकर भारत की सभी सद्यः विकसित जन (राष्ट्र) भाषाओं को संत और भक्त कवियों ने विभिन्न जातियों की संस्कृति और आत्माभिव्यक्ति का माध्यम बनाया। इस संबंध में यह भी स्मरणीय है कि संस्कृत का प्रभुत्व हटने के बाद मुसलमान शासकों ने राजकीय कामकाज और संपर्क-भाषा के रूप में फ़ारसी चलाई थी, लेकिन विभिन्न क़ौमों की जनता (विशेषकर उत्तर भारत की जनता) ने हिंदू और मुस्लिम संस्कृतियों के योगदान से दिल्ली के आसपास बोली जानेवाली खड़ी बोली की भूमि पर एक अपनी ही संपर्क-भाषा उर्दू का विकास किया और उसे अमीर खुसरो से लेकर असंख्य हिंदू और मुसलमान कवियों ने अपनी प्रतिभा और रचनाओं से माँजा और सँवारा। लेकिन हिंदू समाज में उठे सुधार-आंदोलनों और कई दूसरी ऐतिहासिक परिस्थितियों के प्रभाव से उन्नीसवीं शताब्दी के उत्तरार्ध में खड़ी बोली की ही ज़मीन पर उर्दू के मुक़ाबले में उसके एक संस्कृतनिष्ठ साहित्यिक रूप हिंदी का विकास हुआ। संस्कृतनिष्ठ होने के कारण खड़ी बोली के इस नए रूप, हिंदी ने उर्दू के मुक़ाबले में ग़ैर सरकारी स्तर पर अंतरप्रांतीय आदान-प्रदान और भारत की विभिन्न जातियों के बीच राजनीतिक और भावात्मक एकता पैदा करने और राष्ट्रीय आंदोलनों को एकजुट करने में अधिक व्यापक योग दिया, और इस अनुभव से ही यह भावना पल्लवित हुई कि स्वतंत्रता प्राप्ति के बाद भारत की एकता बनाए रखने के लिए विभिन्न जातियों के बीच आदान-प्रदान और संपर्क की भाषा हिंदी ही हो सकेगी।

लेकिन साम्राज्यवाद के विरुद्ध मिलकर संघर्ष करने की भारत की समस्त जातियों की एकता-विधायिनी आकांक्षा का तात्पर्य यह नहीं था कि वे अपने विशिष्ट जातीय अस्तित्व, अपनी राष्ट्र-भाषाओं और संस्कृतियों का किसी एक बहुसंख्यक जाति में विलयन कर देंगी। इसीलिए हिंदी और उर्दू के साथ-साथ अन्य जातियों की राष्ट्र भाषाओं का विकास भी समानांतर होता रहा, और यह स्वाभाविक ही नहीं था, ऐतिहासिक दृष्टि से अनिवार्य भी था। केवल उत्तर भारत में ही, किसी राष्ट्र-भावना से प्रेरित होकर नहीं, बल्कि उभरते हिंदू-संप्रदायवाद के दबाव में, राजस्थान, उत्तर प्रदेश, बिहार, मध्यभारत और पूर्वी पंजाब की आठ-दस जातियों के पढ़े-लिखे मध्यमवर्ग ने अपनी जातीय भाषाओं के विकास में, जिनमें कई शताब्दियों से साहित्य-रचना होती आई थी और जिनकी महान् परंपराएँ थीं, रुचि न लेकर 'हिंदी' का संख्या-बल बढ़ाने के लिए हिंदी में ही साहित्य-रचना की और हिंदी के पढ़ने-पढ़ाने और उसे दफ्तरों में चलाने की सुविधाएँ माँगीं, जिसके परिणामस्वरूप उत्तर भारत की इन अन्य हिंदीतर भाषाओं का आधुनिक विकास अवरुद्ध हो गया। इसका तात्पर्य यह नहीं है कि राजस्थानी, मैथिली, भोजपुरी, अवधी, ब्रज आदि उत्तर भारत की इन भाषाओं का 'हिंदी' में विलयन हो गया

है या यह कि इस तरह की कोई ऐतिहासिक प्रक्रिया तेज़ गति से चालू है। इन भाषा क्षेत्रों में भी औद्योगिक और सामाजिक विकास और शिक्षा-प्रसार के फलस्वरूप (हिंदी-माध्यम से ही सही) कुछ वर्षों में जातीय चेतना उभरेगी और वहाँ के लोग भी अपनी-अपनी भाषाओं और संस्कृतियों के विकास की माँग उठाएँगे—क्योंकि इतिहास की यह एक अनिवार्य प्रक्रिया है, जिसका हमें कभी-न-कभी सामना करना ही होगा। सांप्रदायिक भावना किसी जाति के राष्ट्रीय अस्तित्व को अधिक समय तक दबाकर नहीं रख सकती। भारत की सभी जातियों ने मिलकर आज़ादी की लड़ाई में भाग लिया है, लेकिन कोई जाति अपने अस्तित्व को मिटाने के लिए किसी भी बल-प्रयोग से राजी नहीं की जा सकती। स्वतंत्र भारत में सभी जातियों को समान अधिकार और अपने जातीय सांस्कृतिक, आर्थिक और राजनीतिक विकास की सुविधाएँ देकर ही भारत की उस राजनीतिक और भावात्मक एकता को और भी दृढ़ किया जा सकता है, जो एक सामान्य शत्रु के विरुद्ध संघर्ष के दौरान ढली थी। इसलिए जनतांत्रिक दृष्टि और आचरण का तक़ाज़ा है कि देश की सरकार और बुद्धिजीवी हर समय न्याय की तराजू अपने हाथ में रखें—हर समय देखें कि देश की किसी भाषा और जाति के प्रति अन्याय तो नहीं हो रहा, एक का स्वत्व हरण करके दूसरी को अधिक विशेषाधिकार तो नहीं दिए जा रहे—इसमें यह विचारणीय नहीं है कि किसी भाषा को बोलनेवालों की संख्या कम है या ज़्यादा, कोई जाति सांस्कृतिक तथा आर्थिक दृष्टि से पिछड़ी है या अधिक संपन्न। बल्कि पिछड़ी भाषाओं और जातियों को दूसरों के समानांतर लाने के लिए विशेष सुविधाएँ भी जुटानी होंगी। इस प्रकार सब भाषाओं को (उत्तर भारत की भाषाओं को भी) अपने-अपने क्षेत्रों में प्रतिष्ठित करने—विश्वविद्यालयों तक शिक्षा का माध्यम बनाने और कचहरियों और राजकीय काम-काज में चलाने के परिणामस्वरूप 'हिंदी' यदि एक छोटे अल्पसंख्यक शहरी मध्यवर्ग की भाषा बनकर रह जाती है—जो वह इस समय भी है—तो इससे घबराने की ज़रूरत नहीं है। ऐतिहासिक संयोग कुछ ऐसा है कि अगर हम सब भाषाओं के साथ न्याय करें, उन्हें अपने-अपने क्षेत्रों में पूर्ण प्रतिष्ठा दें और ज़रूरत के मुताबिक भाषा के आधार पर दस-पंद्रह नए राज्यों का निर्माण कर दें (सोलह-सत्रह तो इस समय भी हैं। और इससे देश का विघटन नहीं हुआ तो दस-पंद्रह और भाषावार राज्य बना देने से और हर राज्य में जहाँ किसी अन्य भाषा को बोलनेवाली कोई अल्पसंख्यक जाति रहती हो, लेकिन जो किसी सुसंबद्ध क्षेत्र में निवास न करती हो उनकी भाषाओं—जैसे उर्दू, सिंधी आदि—को 'क्षेत्रीय भाषाओं' का दर्जा दे दें) तो कोई आसमान नहीं फट पड़ेगा, बल्कि इससे देश की राजनीतिक और भावात्मक एकता ही दृढ़ होगी, क्योंकि हर जाति महसूस करेगी कि वह स्वतंत्र भारत के निर्माण में अन्य मित्र-जातियों की सहयोगी है और उसकी समृद्धि में बराबर की

साझीदार है। इसका परिणाम यह भी होगा कि अंग्रेज़ी का प्रभुत्व उत्तरोत्तर घटता जाएगा और वह केवल विश्व-ज्ञान की अनेक खिड़कियों में से एक—सबसे बड़ी ही क्यों न हो—खिड़की बनकर रह जाएगी और करोड़-डेढ़-करोड़ अल्पसंख्यकों की भाषा 'हिंदी' को सब जातियाँ सहर्ष ही संपर्क भाषा के रूप में स्वीकार कर लेंगी। यह भय कि अल्पसंख्यकों की भाषा हिंदी केंद्र की राजभाषा और विभिन्न राज्यों के बीच संपर्क की भाषा नहीं बन सकेगी, मूर्खतापूर्ण तो है ही, साम्राज्यवादी-संप्रदायवादी दृष्टिकोण का सूचक भी है, क्योंकि तभी उत्तर भारत की सभी भाषाओं का स्वत्वहरण करके हिंदी को बहुसंख्यकों की भाषा साबित करने का ढोंग रचा जाता है। यह भय कि वर्तमान हिंदी-क्षेत्र की भाषाओं को स्वतंत्र-विकास की सुविधाएँ देने से 'हिंदी' मर जाएगी या कि केंद्र में यदि हिंदी को राजभाषा नहीं बनाया गया तो इससे हिंदी का अहित होगा, उसका विकास रुक जाएगा और भी ज्यादा मूर्खतापूर्ण और भ्रामक दलील हैं। उपेक्षा की परिस्थितियों में उर्दू नहीं मरी न सरकारी संरक्षण की कमी के बावजूद उर्दू का साहित्यिक विकास रुका। सिंधी भी नहीं मरी, यद्यपि वह बहुत थोड़े विस्थापितों की भाषा है जो सारे देश में बिखरे हुए हैं। 'हिंदीकरण' के प्रयत्नों के बावजूद संथाली, भीली जैसी सर्वथा उपेक्षित भाषाएँ नहीं मरीं तो हिंदी मर जाएगी ? इसके अलावा, भारतीय राज्य (state) अगर जनतांत्रिक संघ है और सभी भाषाएँ और जातियाँ संख्या-भेद के बावजूद समान हैं तो हिंदी का कोई विशेषाधिकार नहीं हो सकता। ऐसे 'ईश्वर-प्रदत्त विशेषाधिकारों' की माँग मध्यकालीन सामंती मनोवृत्ति और साम्राज्यवादी आचरण की ही सूचक है—(और भाषाएँ भी तो ऐसी ही माँग कर सकती हैं ?) यानी हिंदी केंद्र की राजभाषा बने इसकी माँग करना या इसका निर्णय करना 'हिंदी' भाषियों का काम नहीं है। अगर अन्य भाषा-भाषी यह माँग करें या संसद के द्वारा ऐसा निर्णय करें, तभी उसे जनतांत्रिक कहा जा सकेगा, अन्यथा नहीं।

इसलिए भाषा और भारतीय एकता के प्रश्नों पर इस जनतांत्रिक भावना और विवेक को जगाने की ज़रूरत है कि पंजाबी, राजस्थानी, मैथिली, अवधी, ब्रज, संथाली, डोगरी या अन्य क्षेत्रों में भाषा के आधार पर राज्यों के पुनर्गठन की माँग उठती है तो वह न्यायोचित है, जनतांत्रिक है और स्वाभाविक है। ऐसी माँगों को स्वीकार करना देश के टुकड़े-टुकड़े करना नहीं है, न इन माँगों के समर्थक भारतीय राज्य (state) से विच्छेद करके एक स्वतंत्र राज्य बनाना चाहते हैं—यानी इन माँगों में देशद्रोह की भावना नहीं, अपने-अपने भाषा-प्रेम की भावना ही प्रमुख है। अगर उत्तर प्रदेश, बिहार, दिल्ली, पंजाब, राजस्थान, आसाम, मध्य प्रदेश, आंध्र, महाराष्ट्र, गुजरात में उर्दू या सिंधी भाषा-भाषी अल्पसंख्यक संप्रदाय (Communities) या आदिवासी जातियाँ अपनी-अपनी भाषाओं को 'क्षेत्रीय भाषाएँ' मनवाने के लिए आंदोलन करती हैं तो यह नाजायज़ नहीं है, न इसके पीछे 'धर्म और संपद्राय' के

आधार पर फिर से देश के बँटवारे का कोई षड्यंत्र है। इस तरह की आशंकाएँ बद्धमूल हिंदू-संप्रदायवादी संस्कार और एक रुग्ण मनोवृत्ति की परिचायक हैं। जो इन माँगों का विरोध करते हैं, दरअसल वे ही अपनी असहिष्णुता और दूसरी भाषाओं और जातियों की रोज़ी-रोटी छीनकर खुद मोटा होनेवाले जनतंत्र-विरोधी, प्रतिक्रियावादी रद्दे अमल के पोषक हैं और भारत की राजनीतिक और भावात्मक एकता में बाधक हैं। वे भूल जाते हैं कि भाषा के प्रश्न का समाधान 'बहुमत' से नहीं 'सहमति' से ही संभव है। यही जनतांत्रिक तरीका है और कोई नहीं।

भारतीय काव्यशास्त्र : उद्भव, विकास और आधुनिक प्रासंगिकता*

(1)

एक संक्षिप्त रिपोर्ट में विभिन्न भारतीय काव्य-सिद्धांतों की विशिष्ट अवधारणाओं की रूपरेखा प्रस्तुत करना और दीर्घकालीन इतिहास में उनके विकास की प्रक्रिया का आकलन और साथ ही समग्र रूप से इन सिद्धांतों का मूल्यांकन करते हुए उनकी आधुनिक प्रासंगिकता का निर्देशन करना एक अत्यंत कठिन कार्य है। सच तो यह है कि मुझे अंग्रेजी भाषा में इतने व्यापक विषय की मामूली रूपरेखा तक प्रस्तुत करना असंभव-सा लगता है। फिर भी मैं ऐसा करने का साहस कर रहा हूँ ताकि यहाँ उपस्थित पाश्चात्य देशों के प्रमुख, भारत-विद्या-विशारद और साहित्यालोचकों को यह संक्षिप्त परिचय भारतीय काव्यशास्त्र का गंभीर अध्ययन करने और उसे विश्व-संस्कृति की मुख्य धारा में आत्मसात् करने की प्रेरणा मिल सके। इससे विश्व-संस्कृति समृद्ध होगी, ऐसी आशा है।

मैंने जानबूझकर दो भिन्न शब्दों का प्रयोग किया है—अध्ययन और आत्मसात्करण—क्योंकि मेरे विचार में क्लासिकल भारतीय काव्यशास्त्र का अध्ययन या उसमें शोध कार्य करना ही पर्याप्त नहीं है। इस तरह के कुछ अध्ययन पहले भी हो चुके हैं विशेषकर सिल्वेनलेवी, हरर्मन जैकोबी, जे. नोवेल, स्टीन फोनो तथा कुछ अन्य प्रमुख विद्वानों द्वारा। कुछ अंग्रेज़ी और यूरोपीय भाषाओं में अनुवाद भी हुए हैं, लेकिन अभी तक प्राचीन भारत के मनीषी विद्वानों, दार्शनिकों और काव्यशास्त्रियों द्वारा साहित्यिक मूल्यांकन के जो प्रतिमान और सौंदर्यबोध संबंधी अवधारणाएँ प्रस्तुत की गई हैं, पाश्चात्य विद्वानों और आलोचकों ने उनका अभी तक आत्मसात्करण नहीं किया है। शायद पूर्वात्य देशों की किसी भी भाषा के प्राचीन

*सन् 1960 के अक्तूबर में, मास्को में प्राच्यवेत्ताओं की पच्चीसवीं अंतर्राष्ट्रीय कांग्रेस में भारतीय प्रतिनिधि की हैसियत से लेखक द्वारा अंग्रेजी में प्रस्तुत रिपोर्ट का हिंदी अनुवाद।

काव्यशास्त्र का उन्होंने आत्मसात्करण नहीं किया। मैं ऐसे किसी पाश्चात्य आलोचक को नहीं जानता जिसने साहित्य की आलोचना के विकास का इतिहास लिखते समय क्लासिकल भारतीय काव्यशास्त्र के महान् सिद्धांतों का उल्लेख किया हो, हालाँकि वे उसे 'वर्ल्ड लिट्रेरी क्रिटिसिज़्म' के नाम पर पेश करता है। मुझे ऐसा लगता है कि उनके चिंतन में अभी तक 'मानव परंपरा' के सही अर्थ का विकास नहीं हुआ, और उस सीमा तक उनका विश्वबोध केवल पाश्चात्य चिंतन की हदों के अंदर महदूद हो गया है। संभव है कि पश्चिम में साम्राज्यवाद के उदय से और पूर्व के देशों पर उनका प्रभुत्व हो जाने से दोनों के बीच मालिक और गुलाम के कृत्रिम संबंध से उत्पन्न मानसिकता इस विकृत परिप्रेक्ष्य के लिए जिम्मेदार है। लेकिन पाश्चात्य विद्वानों के दृष्टिकोण में यह तास्सुब कुछ-न-कुछ अभी तक मौजूद है बावजूद इसके कि उनमें से अनेक ने पूर्वार्त्य देशों की सांस्कृतिक उपलब्धियों को समझने के अपनी ओर से बड़े उदात्त प्रयत्न किए हैं। पाश्चात्य आलोचकों द्वारा विश्व-साहित्य की धाराओं और प्रवृत्तियों का, चाहे वे आधुनिक हों या प्राचीन, आकलन और साहित्यिक मूल्यांकन करनेवाली किसी भी इतिहास पुस्तक को उठाकर देखें आपको उसमें आधुनिक युग के रवींद्रनाथ ठाकुर, इक़बाल, शरत्, भारती, प्रेमचंद, पंत, निराला या बल्लाथोल में से एक का भी ज़िक्र नहीं मिलेगा, हालाँकि ये सब बीसवीं सदी के महान् भारतीय कवि और उपन्यासकार हैं। इसी तरह आपको होमर, दान्ते, शेक्सपियर और गेटे की चर्चा के साथ कहीं भी वाल्मीकि, व्यास, कालिदास, कंबन, कबीर या ग़ालिब की चर्चा नहीं मिलेगी, इसलिए नहीं कि इन भारतीय कवियों की महानता किसी से कम है, बल्कि इसलिए कि जानबूझकर या अवचेतन सहमति के कारण ये महान् कवि उनको अपने से भिन्न, बेगाने लगते हैं, जिन्हें साधारण पाश्चात्य लोग पसंद नहीं कर सकते। कुछ साल पहले मैंने एक अंग्रेजी अख़बार में एक बड़ा दिलचस्प लेख पढ़ा था, जिसमें गंभीरतापूर्वक तर्क पेश किए गए थे कि पूर्वी देशों की अलंकृत शैली, पुराणपंथी बिंबविधान और सौंदर्य दृष्टि भिन्न होने के कारण, पाश्चात्य देशों की सुसभ्य और सुसंस्कृत मानसिकता उसे किसी प्रकार पसंद नहीं कर पाती। माना कि दोनों की सौंदर्य-दृष्टि में कुछ फर्क हैं, विशेषकर इसलिए कि पश्चिम और पूर्व की ऐतिहासिक और सामाजिक पृष्ठभूमि और राष्ट्रीय विशेषताएँ भिन्न रही हैं, लेकिन यह भी तो नहीं कहा जा सकता कि ऐसी भिन्नताएँ पाश्चात्य देशों के अंदर नहीं रहीं या कि पाश्चात्य जगत् के विभिन्न देश अपनी राष्ट्रीय विशिष्टताओं से रहित हैं। इस तरह के तर्क हमें विचित्र लगते हैं, क्योंकि तथाकथित सौंदर्य दृष्टि में इस तरह की भिन्नताओं ने हमारे सामने पाश्चात्य विचारों या साहित्य और कला के क्षेत्र में उसकी महान् रचनात्मक उपलब्धियों को समझकर आत्मसात् करने में कोई बाधा नहीं डाली, क्योंकि हमारी दृष्टि में यह उपलब्धियाँ समस्त मानव-जाति की सामान्य विरासत हैं। वे उतनी ही हमारी हैं जितनी कि

पाश्चात्य लोगों की। प्रस्तुत रिपोर्ट के विषय के सदंर्भ में यह कहना केवल सत्य को दोहराना है कि अफ़लातून और अरस्तू के समय से लेकर आज तक जितने भी महान् साहित्यिक विचारक पश्चिम ने पैदा किए हैं वे सब हमारी अपनी चिंतनधारा के अंग् बन गए हैं। हमें उनके अंदर कुछ भी पराया या बेगाना नहीं दिखाई देता। सच तो यह है कि उनके द्वारा निर्दिष्ट कला के वास्तविक स्वरूप और सौंदर्यबोध के नियमों के बारे में उन्होंने और हमारे प्राचीन मनीषियों ने जिन मानवीय अवधारणाओं का विकास किया है, उनमें असमानताओं की नहीं, समानता की अधिकता है इसलिए इसमें आश्चर्य की बात नहीं है कि आधुनिकतम भारतीय आलोचना पाश्चात्य चिंतन से काफी प्रभावित है। कला और साहित्य की प्रकृति के बारे में ऐसी कोई बहस नहीं होती, जिसमें भरतमुनि और अरस्तू, भामह और होरेस, अभिनवगुप्त और हीगल की चर्चा जाति, धर्म और भूगोल की भिन्नताओं के बावजूद हम एक ही साँस में नहीं करते। यह उत्साहवर्धक बात है कि सोवियत यूनियन और दूसरे समाजवादी देशों में कुछ ऐसी ही उदार भावना पैदा करने की कोशिश हो रही है और वहाँ आधुनिक और प्राचीन युगों के भारतीय लेखकों के पठन-पाठन की प्रवृत्ति बढ़ रही है। लेकिन सोवियत यूनियन और समाजवादी देश एक अपवाद हैं और स्वयं जानबूझकर की गई उस उपेक्षा के शिकार हैं जो उनके साहित्य और कला की आधुनिक उपलब्धियों के प्रति पाश्चात्य जगत् में दिखाई जाती है। शीतयुद्ध के समथर्कों की भाषा में बाकी दूसरे समाजवादी देश चीन, कोरिया, वियतनाम आदि बर्बर पूर्वात्य देशों में आते हैं। इसलिए अब गोर्की, शोलोख़ोव, अलैक्सी, तॉल्स्तॉय, मायकोवस्की, फैदिन, लियोनोव और फैदायेव को धीरे-धीरे आधुनिक पाश्चात्य-साहित्य की चर्चा से निकाला जा रहा है, और माना कि लियो तॉल्स्तॉय, चेख़व, तुर्गनेव और दोस्तॉयवस्की को अभी तक विश्व-साहित्य से ख़ारिज नहीं किया गया, फिर भी बेलिन्सकी, चर्निशेव के, जो उन्नीसवीं सदी के सबसे गंभीर साहित्य चिंतक थे, सौंदर्य सिद्धांतों की अब उतनी आसानी से उपेक्षा की जा रही है, जैसी उपेक्षा क्लासिकल भारतीय काव्यशास्त्र के महान् चिंतकों की। इस कांग्रेस में पाश्चात्य विचारकों के संकीर्ण दृष्टिकोण के खिलाफ प्रतिवाद करने के उद्देश्य से मैंने इस मुद्दे को नहीं उठाया है, क्योंकि मैं व्यर्थ वादविवाद के पक्ष में नहीं हूँ। लेकिन उपस्थित विद्वानों के सामने केवल यह आग्रह करना चाहता हूँ कि पूर्वात्य उपलब्धियों के अध्ययन का कार्य सच्चे अर्थों में एक सार्वभौमिक मानव-परंपरा के विकास के बुनियादी कार्य से असंबद्ध नहीं होना चाहिए—एक ऐसी सार्वभौमिक परंपरा जिसके अंतर्गत इस पृथ्वी के पूर्व और पश्चिम के मानव-चिंतन और रचनात्मक कृतित्व की समस्त प्रगतिशील और जीवंत उपलब्धियाँ समान रूप से स्वीकृत हों ताकि बिना किसी तास्सुब के हर व्यक्ति उन्हें आत्मसात् कर सके। इसमें कोई संदेह नहीं कि ऐसा होने के मार्ग में अभी भी अनेक बाधाएँ हैं जिनकी पहचान करना ज़रूरी है ताकि

कोई असमानता न रहे और विश्व-मानव की श्रेष्ठतम् उपलब्धियाँ हर व्यक्ति को सहज-सुलभ हों। लेकिन जब तक यह संभव नहीं होता, तब तक कम-से-कम साहित्य और कला के चिंतकों को पूर्व और पश्चिम के बीच एक द्वेषहीन आदान-प्रदान और परस्परिता के संबंध बढ़ाने के सतत प्रयत्न करते रहना चाहिए।

(2)

आइए अब हम क्लासिकल भारतीय काव्यशास्त्र का एक संक्षिप्त परिचय प्राप्त करें। भरतमुनि का नाट्यशास्त्र इस विषय का सबसे प्राचीन और सबसे महान् भारतीय ग्रंथ है। यह निश्चित रूप से नहीं मालूम कि भरतमुनि कौन थे, वह कहाँ के रहनेवाले थे और कब पैदा हुए या मरे। लेकिन थोड़े-बहुत जो ऐतिहासिक तथ्य और प्रमाण उपलब्ध हैं उनसे हम यह परिणाम निकाल सकते हैं कि वे भारतीय इतिहास के सूत्रकाल में रहे होंगे, अर्थात् ईसापूर्व दूसरी से छठी शताब्दी के बीच। अनुमानतः कह सकते हैं कि वे अरस्तू के कमोबेश समकालीन रहे होंगे, जिन्होंने ईसापूर्व सन् 330 में अपना काव्यशास्त्र (पोयटिक्स) लिखा था। भरतमुनि एक महान् मनीषी और चिंतक थे, क्योंकि अपने नाट्यशास्त्र में उन्होंने सौंदर्यशास्त्र के कुछ ऐसे सार्वजनीन नियमों की अवधारणा की है जिनको कभी किसी ने गंभीर चुनौती नहीं दी। इसके विपरीत ये धारणाएँ भारत में विकसित हुए साहित्य-सिद्धांतों के लगभग 2000 वर्षों से आधार बनी हुई हैं। उनका महान् रस-सिद्धांत का तो हमारे साहित्यालोचकों और दार्शनिकों के दिमाग़ पर इतना गहरा और एकछत्र प्रभाव रहा है कि हर प्रकार की रचनात्मक प्रक्रिया, जैसे—साहित्य, चित्रकला, नृत्य, नाटक, संगीत या मूर्तिकला का मूल्यांकन इस आधार पर ही होता आया है कि वह द्रष्टा या श्रोता के मन में कौन-से रस का उद्रेक करता है। आज भी साहित्य के पाश्चात्य सिद्धांतों और प्रतिमानों के बावजूद हर रचनात्मक कृति से हम अनिवार्यतः यह अपेक्षा रखते हैं कि वह रसपूर्ण हो या सरस हो, अर्थात् आवश्यक सौंदर्यबोध की प्रक्रिया जगाने में समर्थ हो। वस्तुतः हमारी आलोचनात्मक शब्दावली चाहे व्याख्यात्मक हो या भावात्मक, भरतमुनि के और उनके बाद पैदा हुए टीकाकारों से ही ली गई है।

इस संबंध में कुछ तुलनात्मक तथ्यों को याद रखना जरूरी है। भरतमुनि के समय तक संस्कृत और पाली भाषाओं में प्रचुर साहित्य की रचना हो चुकी थी—*रामायण और महाभारत* जैसे महाकाव्यों का और कंस-वध, बाल्यबंधन, अमृत-मंथन, त्रिपुरादाह, रामचरित, लक्ष्मी-स्वयंवर आदि नाटकों का उल्लेख स्वयं भरतमुनि ने किया है। भौतिकवादी दर्शन जैसे चार्वाक्, बौद्ध और जैन-दर्शन और आदर्शवादी दर्शन जैसे न्याय वैशेषिक, सांख्य, योग, मीमांसा और वेदांत उस समय तक विकास कर चुके थे और वैदिक संहिताओं, ब्राह्मण-ग्रंथों और उपनिषदों के रूप में विपुल मात्रा में वैदिक साहित्य की रचना हो चुकी थी और ज्योतिष, व्याकरण, अर्थ-विज्ञान,

शिक्षा और छंद-शास्त्र आदि पर वेदांग और सूत्र ग्रंथों के रूप में रचे जा चुके थे। उस समय भारत की सभ्यता अपने शिखर पर थी और सामंतवाद और सामंती साम्राज्यों के विकास के साथ-साथ कलाओं और दस्तकारियों को जबर्दस्त प्रोत्साहन मिला था। इसके बावजूद कि हिंदू समाज में वर्ग-भेद और जाति-भेद धीरे-धीरे अपनी जड़ें जमाकर रूढ़ बनता जा रहा था और स्त्रियों को वेदों की शिक्षा और यज्ञों में भाग लेने के अधिकार से वंचित किया जा रहा था, भारतीय सभ्यता का स्तर औरों से आगे बढ़ा हुआ और सुसंपन्न था। वह किसी मायने में तत्कालीन यवन (ग्रीक) सभ्यता से नीचा नहीं था। अरस्तू को जैसे अपने सौंदर्य-सिद्धांतों का निर्धारण करने के लिए होमर, एस्कीलस, एरिस्टोफेनीज़, यूरिपिडीज़ और कुछ दूसरे ग्रीक कवि, नाटककार और विचारकों की कृतियाँ नमूने के तौर पर उपलब्ध थीं, जिनको दृष्टि में रखकर उन्होंने त्रासदी (ट्रैजेडी) को परिभाषित किया, उसी प्रकार भरतमुनि के सामने संस्कृत के महाकाव्यों और नाटकों और विभिन्न रूपों में विकसित भारतीय कलाओं और दस्तकारियों के साथ भौतिकवादी और आदर्शवादी नास्तिकों और आस्तिकों के बीच नित्यप्रति होनेवाले वाद-विवादों की मिसालें थीं और जैसे ग्रीक नाटक का विकास प्रतिवर्ष होनेवाले डायोनीशियन मेले में हुआ, उसी प्रकार भारत में नाट्य का विकास, जिसमें नाटक नृत्य और संगीत तीनों सम्मिलित थे, वैदिक यज्ञों के बीच हुआ और भरतमुनि के समय तक तो नाट्य एक स्थायी और अत्यंत विकसित संस्था बन चुका था। भरतमुनि से काफी समय पहले ही रंगमंच और अभिनय संबंधी नियम निर्धारित हो चुके थे, जैसा कि पाणिनि ने सिलाली और कृषश्व के नट-सूत्रों का उल्लेख करते हुए बताया है। भरतमुनि ने भी तुंड और वासुकी नाम के दो पूर्ववर्ती विद्वानों का उल्लेख किया है, जिन्होंने उनसे पहले रस-सिद्धांत का प्रतिपादन किया था, लेकिन उनकी कृतियाँ अभी तक उपलब्ध नहीं हो सकीं। संभवतः आपको याद हो कि अरस्तू का काव्यशास्त्र पाश्चात्य जगत् में लगभग 1800 वर्षों तक लोगों के लिए अज्ञात रहा है। संसार को उसके अस्तित्व का पता उस समय चला, जब उसकी लातीनी भाषा में ग्यारहवीं सदी की आधी प्रति मिलने पर एक इतालवी विद्वान् ने उसका अनुवाद किया—सोलहवीं और सत्रहवीं सदियों में जाकर। अरस्तू की त्रासदी संबंधी व्याख्या को वह महत्त्व मिला कि पाश्चात्य साहित्य आलोचना और सौंदर्य-दृष्टि का उसको आधार स्वीकार कर लिया गया। हालाँकि अरस्तू के काव्यशास्त्र में केवल त्रासदी का ही विवेचन मिलता है, लेकिन अरस्तू की अवधारणाओं के अर्थ अधिक व्यापक और सार्वभौमिक अर्थवत्ता रखते हैं और बाद के प्रगतिशील विचारकों ने उनको इसी रूप में ग्रहण करके उनकी विवेचना की है। यह बात अलग है कि उनका काव्यशास्त्र, नाटक के मंचन और अभिनय संबंधी नियमों की संहिता नहीं है, जैसा कि सत्रहवीं सदी के रूढ़िवादी विद्वानों और नयी क्लासिकी आलोचना ने दावा किया था बल्कि सौंदर्य-तत्त्व के मूल

नियमों का गंभीर निर्धारण था। यह बात सर्वमान्य हो चुकी है। आमतौर पर यह बात भी मान्य हो गई है कि अरस्तू ने अफ़लातूनी उलझन का एक यथार्थपरक समाधान पेश किया था। कविता का असली स्वभाव जीवन का अनुकरण या प्रतिबिंबन है इस तथ्य को पुनः स्थापित करके उसने मनुष्य को, और नियति और प्रकृति के साथ उसके संघर्ष को हर प्रकार की सच्ची कला की केंद्रीय-वस्तु सिद्ध करके मनुष्य को पुनः उसका गौरव प्रदान किया था। सौभाग्य से भरतमुनि के नाट्यशास्त्र को अरस्तू के काव्यशास्त्र की तरह गुमनामी के एक लंबे दौर से नहीं गुज़रना पड़ा। नाट्यशास्त्र की वर्तमान प्रति पहली शताब्दी की है, क्योंकि कालिदास की कृतियों का उसमें विवेचन नहीं है, जैसा कि बाद की सभी टीकाओं में मिलता है और उनमें साहित्य के सिद्धांत-संबंधी मौलिक व्याख्याएँ भी मिलती हैं। आरंभ से ही भरतमुनि के नाट्यशास्त्र को पंचम वेद के रूप में मान्यता प्राप्त हुई, विशेषकर छठी और सत्रहवीं शताब्दियों के बीच संस्कृत भाषा में नाट्यशास्त्र या रस-सिद्धांत पर सैकड़ों गंभीर टीकाएँ लिखी गईं और जब भारत की विभिन्न आधुनिक भाषाओं में साहित्य की रचना होने लगी तो उस समय से कवियों के एक वर्ग द्वारा क्लासिकल भारतीय काव्यशास्त्र का पद्यानुवाद करना प्रमुख कार्य बन गया, हालाँकि उनका दृष्टिकोण अपेक्षया संकीर्ण था, क्योंकि उन्होंने रीतिवादी सिद्धांतों को अधिक महत्त्व दिया, जिसके वे अधिकारी नहीं थे। इस प्रकार तीन-चार शताब्दियों तक आधुनिक भारतीय भाषाओं में भक्तिकाव्य की मुख्यधारा के साथ-साथ एक दूसरी बड़ी धारा रीतिकाव्य की शृंगारी कविता थी, जिसका राजाओं के दरबारों में विकास और प्रचार हो रहा था। फिर भी रस-सिद्धांत की कभी अपेक्षा नहीं की गई। हमारे सांस्कृतिक नवजागरण काल में, विशेषकर बीसवीं सदी के आरंभ से नाट्यशास्त्र और रस-सिद्धांत का महत्त्व बढ़ता गया है। भारत की हर बड़ी भाषा में सैकड़ों विद्वानों ने इनका गंभीर अध्ययन किया है और वे साहित्य के अग्रणी विद्यार्थियों के लिए उनकी व्याख्या और विवेचना करते आए हैं। क्लासिकल भारतीय काव्यशास्त्र पर सैकड़ों पुस्तकें लिखी गई हैं और विश्वविद्यालयों में बड़े पैमाने पर शोध कार्य किया जा रहा है। इस प्रकार अरस्तू के काव्यशास्त्र की तरह भरतमुनि का नाट्यशास्त्र भी एक जीवंत शक्ति है। यह एक तथ्य है कि हर प्रकार के सौंदर्य संबंधी विवेचन के मूल आधार के रूप में और तमाम नई व्याख्याओं के प्रस्थान बिंदु के रूप में इसके महत्त्व को कभी चुनौती नहीं दी गई, उन रीति-सिद्धांतों के द्वारा भी नहीं जो छठी से बारहवीं शताब्दी के बीच विकसित हुए। रस-सिद्धांत की पीठिका पर खड़े होकर परवर्ती युगों के महान् टीकाकार कला और साहित्य में रूपवादी तत्त्वों की प्रमुखता माननेवालों के दावों को बिना किसी कठिनाई के गलत सिद्ध करते रहे। सत्रहवीं शताब्दी तक इस तरह के वाद-विवाद समाप्त हो गए और रस-सिद्धांत की सार्वभौमिक मान्यता की पुष्टि हो गई। एक व्यापक समन्वित दृष्टिकोण मान्य हो

गया, हालाँकि इसका आधार भाववादी दृष्टिकोण था। सबसे पहले आचार्य मम्मट ने ग्यारहवीं शताब्दी में और फिर विश्वनाथ ने चौदहवीं शताब्दी में और अंत में पंडितराज जगन्नाथ ने, जो सत्रहवीं सदी में सम्राट शाहजहाँ के दरबार में थे, इस समन्वित दृष्टिकोण का विकास किया। रस-सिद्धांत के चौखटे में तमाम क्लासिकल भारतीय-काव्य सिद्धांतों को परस्पर सुसंगत बनाने के प्रयत्न किए, चाहे वे सिद्धांत साहित्य और कला की रचना प्रक्रिया से संबंध रखते थे, या विषय-वस्तु, स्वभाव और सौंदर्यानुभूति से संबंध रखते थे, जैसे आनंदवर्धन का ध्वनि-सिद्धांत, क्षेमेंद्र का औचित्य सिद्धांत या साहित्य के उन रूप-संबंधी पहलुओं से संबंध रखते थे, जो अलंकार-सिद्धांतों की कोटि में आते हैं जैसे—भामह और दंडी का अलंकार सिद्धांत, वामन का रीति-सिद्धांत और कुंतक का वक्रोक्ति सिद्धांत। नाट्यशास्त्र से यह साबित होता है कि भरतमुनि वर्ग-भेद, जाति-भेद और रंग-भेद, नस्ल-भेद आदि को स्वीकार नहीं करते थे, क्योंकि उन्होंने जिस नाट्य की रूपरेखा प्रस्तुत की है, उसमें आचार्य शूद्रों और नारियों को भी नाट्य में भाग लेने का समान अवसर प्राप्त था—अभिनेताओं और दर्शकों के रूप में। नाट्यशास्त्र की रचना के व्यापक मानवतावादी उद्देश्य की व्याख्या करते हुए उन्होंने कहा कि योग या कर्म करते हुए समस्त कलाएँ और विद्वान्, समस्त मानव कर्म और भावनाएँ अर्थात् जीवन अपनी संपूर्णता में रंगमंच पर दिखाया जा सकता है। इसलिए उन्होंने अपने रस-सिद्धांत का प्रतिपादन करने के लिए नाट्य को अपना माध्यम चुना है, क्योंकि इसमें काव्य-रचना के नियम और साथ ही संपूर्ण रचनात्मक प्रक्रिया के नियम प्रतिपादित हुए हैं। भरत की आधारभूत मान्यता यह है कि नाट्य को मनुष्य के कार्य-व्यापारों और भावों अर्थात् उसके संपूर्ण व्यवहार (लोकोस्वभावगत) का अनुकरण करना चाहिए। नाट्य को अर्थात् एक प्रकार से सभी कलाओं को, जीवन से संबंधित होना चाहिए और उसकी केंद्रीय समस्या का भरतमुनि ने द्वंद्वात्मक पद्धति से अपने रस-सिद्धांत की व्याख्या करते हुए स्पष्टीकरण किया है। अरस्तू की तरह भरतमुनि ने भी मुनष्य और उसकी समस्याओं को—समाज में नेकी और बदी की शक्तियों के बीच और हर व्यक्ति के अंतःकरण में निरंतर चलनेवाले संघर्ष को कला के केंद्र में यह मानकर स्थापित किया है कि यही उसकी कार्य-शक्ति का स्रोत है, और कला का मुख्य कार्य है। दरअसल भरतमुनि रचनात्मक प्रक्रिया की व्याख्या में अरस्तू से कहीं आगे बढ़े हुए हैं, क्योंकि वे केवल एक महान् विचारक ही नहीं थे, बल्कि शायद एक महान् अभिनेता और प्रोड्यूसर भी थे, जैसे हमारे युग में रूस के स्तानिस्लातसकी थे। रंगमंच और अभिनय कला का उनका ज्ञान आश्चर्यजनक लगता है। उनका यह विश्लेषण कि अभिनय में तीन तत्त्व होते हैं, वाणी, शारीरिक हरकतें और सत्य अर्थात् भावात्मक तन्मयता या अभिनेता के मन की नियंत्रित अवस्था और विभिन्न प्रकार के नाट्यधर्मी भावों का वर्गीकरण, जिनकी कुल संख्या 49 है, जिनमें से आठ

रसों के अनुरूप हैं और स्थायी भाव कहलाते हैं, और बाकी व्यभिचारी भाव कहलाते हैं, जिनमें से 14 शारीरिक क्रियाओं के अनुरूप होते हैं। बौद्धिक क्रियाओं के अनुरूप 11 और 16 अनुभूति और भावावेश से चालित कार्य के अनुरूप होते हैं—यह विश्लेषण और वर्गीकरण इतना सर्वांगीण और बुनियादी है कि इसमें संशोधन या सुधार की गुंजाइश रंगमंच के आधुनिक निर्देशक भी नहीं महसूस करते हैं। इसमें रंगमंच के ऊपर होनेवाले हर प्रकार के कार्य-व्यापार, शारीरिक, मानसिक या भावात्मक आ जाते हैं।

लगता है भरतमुनि से पहले ऋषियों और विद्वानों में काफी दिनों से भाव और रस के अंतःसंबंध के बारे में विवाद छिड़ा हुआ था, क्योंकि इसका उल्लेख भरतमुनि ने नाट्यशास्त्र के आरंभ में ही किया है। भरतमुनि का उत्तर यह था कि भाव से रस पैदा होते हैं—रस से भाव नहीं। आगे चलकर उन्होंने स्पष्ट किया है कि 'रस भावहीन नहीं होता और भाव रसहीन नहीं हुआ करता। अभिनय में उनकी परस्पर सिद्धि होती है'। इस परस्परिता का सीधा-सादा अर्थ यह है कि कवि के जिन आंतरिक भावों और मंतव्यों की सर्वप्रत्ययकारी रस-रूप में परिणति होती है, वह रस आस्वाद्य होने के कारण प्रेक्षक या (पाठक) के मन में भी उसका उद्रेक कर देते हैं। भरतमुनि के अनुसार, रस के बिना किसी भी अर्थ का प्रवर्तन नहीं होता। विभाव, अनुभाव और व्यभिचारी भाव—इन तीनों के संयोग से रस उत्पन्न होता है। इसका सीधा-सादा तात्पर्य यह है कि नाट्य में (कला के किसी भी रूप में) भाव और रस की यह पारस्परिक अंतःप्रक्रिया उस समय होती है, जब कवि या कलाकार यथार्थ संबंधी अपनी धारणा या कल्पना को एक मूर्त और कलात्मक रूप देने में समर्थ हो जाता है। उस समय वह रस से सराबोर हो जाता है और रस चूँकि स्वभाव से ही आस्वाद्य या प्रेषणीय है, इसलिए दर्शक या पाठक के मन में तदनुकूल रसानुभूति होती है। भरतमुनि ने रस की निष्पत्ति पर प्रकाश डालते हुए अपने एक प्रसिद्ध सूत्र में कहा है कि "रस के बिना किसी विचार या अर्थ का प्रेषण संभव नहीं है। विभाव, अनुभाव और व्यभिचारी भाव के संयोग से रस की निष्पत्ति होती है।" भरत के इस महान् सूत्र में ये दो शब्द संयोग और निष्पत्ति उनकी सौंदर्य-दृष्टि के मुख्य आधार हैं। इन दो शब्दों में छिपे भरतमुनि के वास्तविक अभिप्राय की ऊहापोह में रस-संप्रदाय के प्रमुख आचार्य सदियों तक लगे रहे और अपने विभिन्न दार्शनिक दृष्टिकोणों से उसकी व्याख्या करते रहे। भरतमुनि का अभिप्राय तो कला निर्माण की प्रक्रिया को रेखांकित करना था और रस उनकी दृष्टि में इस रचनात्मक प्रक्रिया का परिणाम था। एक प्रकार से एक कीमिया संपन्न होती है, जो अनेक परस्पर-विरोधी तत्त्वों के द्वंद्वात्मक संयोग से—जैसे लेखक के विचार, नटों या अभिनेताओं के अभिनय और रंगमंच के दृश्यों के संयोग से। जैसे ही अभिप्रेरित संयोग संपन्न होता है, रंगमंच की संपूर्ण दृश्यावली एक कलाकृति में परिवर्तित हो

जाती है। विभिन्न रसों की उत्पत्ति होती है, और चूँकि रस स्वभावतः आस्वाद्य या संप्रेष्य होते हैं, दर्शकों को उनकी अनुभूति होती है और उनकी चेतना और अनुभूति में गहराई आती है। रस-सिद्धांत के द्वंद्वात्मक स्वरूप को समझने में उस समय आसानी होगी अगर हम रस के स्वरूप की व्याख्या करके देखें। भरतमुनि के अनुसार चार प्रमुख रस हैं—शृंगार और वीर और इन दोनों के विरोधी रौद्र और करुण। इनमें से हर रस के साथ एक पूरक रस भी होता है। उनके नाम हैं हास्य रस, अद्भुत रस और उनके विरोधी भयानक और वीभत्स रस। ये आठ रस हैं जो मनुष्य समाज के अंदर उन तमाम परस्पर-विरोधी प्रवृत्तियों, दृष्टिकोणों और मनोवेगों का प्रतिनिधित्व करते हैं, जो अच्छाई और बुराई, सत्य और असत्य, सौंदर्य और कुरूपता की सृष्टि करते हैं। इनको रंगमंच के ऊपर या किसी भी अन्य रचनात्मक कृति में एक मूर्त और यथार्थ रूप या अभिव्यक्ति दी जाती है, ताकि मनुष्य स्वयं अपने आपको और चतुर्दिक् परिवेश को समझ सकें और साथ ही अपने संकीर्ण व्यक्तिगत अहम् से ऊपर उठकर उस कलात्मक दृश्य का आनंद भी उठा सकें। इस प्रकार विरोधी तत्त्वों के संघर्ष और संयोग से रंगमंच पर रसों की निष्पत्ति होती है अर्थात् अभिनेता राम या रावण के अनुरूप विचारों, भावों और आवेगों का कलात्मक प्रदर्शन करके, जिन्होंने दोनों प्रतिस्पर्धियों को युद्ध के मैदान में उतरने के लिए प्रेरित किया था और फिर जो युद्ध हुआ उसमें कभी हार और कभी जीत की स्थितियों से गुजरते हुए अंततः राम की विजय को दिखाते समय अभिनेता राम और रावण का जैसे साकार रूप धारण कर लेते हैं। भरतमुनि हमें रस-सिद्धांत के रूप में कला निर्मिति की एक ऐसी आशावादी और मानवतावादी अवधारणा दे गए हैं वो आज भी प्रसंगत है। संक्षेप में भरतमुनि की दृष्टि से कला-सृष्टि के लिए विषम प्रवृत्तियों और शक्तियों का संघर्ष केंद्रीय हकीकत है, क्योंकि कला यथार्थ को प्रतिबिंबित करती है।

भरतमुनि के बाद के रसाचार्यों ने जिनमें भट्ट लोल्लट, शंकुक, भट्टनायक, अभिनवगुप्त, मम्मट, विश्वनाथ और जगन्नाथ प्रमुख हैं, उन्होंने रस-सिद्धांत की व्याख्या कला-निर्मित की समस्या की दृष्टि से न करके दर्शक या पाठक के मन में सौंदर्यानुभूति की दृष्टि से की। रसास्वादन की प्रक्रिया और इससे प्राप्त होनेवाले परिणाम 'आनंद' की उन्होंने अत्यंत गहरी मनोवैज्ञानिक अंतर्दृष्टि से छानबीन की और पाठक के मन में होनेवाली उस मानसिक प्रक्रिया का विश्लेषण किया जो नाट्य या काव्य की श्रेष्ठकृति के अनुभव से पाठक के मन में पैदा होती है। स्थानाभाव के कारण इन रसाचार्यों की भारतीय काव्यशास्त्र में जो महान् देन है, उसका विवेचन संभव नहीं है। केवल इतना ही उल्लेख पर्याप्त होगा कि अभिनवगुप्त ने अपने महान् ग्रंथ *अभिनव-भारती* और *शैव दर्शन* पर अपने ग्रंथ *तंत्रालोक* में कला सौंदर्यानुभूति की मनोवैज्ञानिक प्रक्रिया का विवेचन और विश्लेषण इतना सूक्ष्म, सुसंगत और संपूर्ण किया है कि आधुनिक मनोवैज्ञानिक और सौंदर्यशास्त्री भी उनसे ईर्ष्या करने लगेंगे,

अगर वे उनकी कृतियों का अध्ययन करें। इन आचार्यों ने रस-सिद्धांत को भरतमुनि के कलानिर्मित के सिद्धांत के बजाय सौंदर्यानुभूति के सिद्धांत के रूप में परिवर्तित करने का प्रयास किया। तर्क दिया गया कि रस की निष्पत्ति दर्शक या पाठक के मन में होती है न कि कलाकृति में। विश्वनाथ और जगन्नाथ जैसे भाववादी आचार्यों ने रस को मन की आनंदावस्था के समतुल्य सिद्ध करना चाहा जो ब्रह्म की तरह आत्मा और परमात्मा के संयोग से पैदा होता है।

इन भाववादी कल्पनाओं के बावजूद इन आचार्यों द्वारा की गई सौंदर्यानुभूति की प्रक्रिया के विश्लेषण में पर्याप्त वैज्ञानिक तथ्य हैं जिनको नजरअंदाज नहीं करना चाहिए।

नौवीं शताब्दी के आरंभ में साहित्य का एक दूसरा महान् दार्शनिक पैदा हुआ जिसका नाम आनंदवर्धन था। उन्होंने ध्वनि सिद्धांत के नाम से एक नया सिद्धांत प्रतिपादित किया। छठी सदी से ही अलंकार संप्रदाय के आचार्य–भामह, दंडी, उदभट्ट, वामन और रुद्रट यह सिद्ध करने में लगे थे कि अलंकार या रीति ही कविता की रचना में सबसे महत्त्वपूर्ण तत्त्व है। और उन्होंने सैकड़ों अलंकारों और चार या छह प्रकार की शैलियों का विवेचन और वर्गीकरण किया था। और हालाँकि उन्होंने शब्द के प्रयोग पर इतना अधिक जोर दिया फिर भी उन्होंने केवल वाच्यार्थ को ही मान्यता दी और शब्दों के प्रतीयमान, भावात्मक या व्यंग्यार्थ की ओर कोई रुचि नहीं दिखाई थी। आनंदवर्धन सबसे पहले विचारक थे, जिन्होंने विस्तार से इन दो प्रकार के शब्दार्थों का विवेचन किया और उनके अंतर्भेद की व्याख्या की। एक प्रकार से यह कार्य पाश्चात्य विद्वानों में पहली बार वर्तमान शताब्दी में आकर आई.ए रिचर्ड्स ने किया है। आनंदवर्धन ने शब्दार्थ के दो भेद किए, एक वाच्यार्थ और दूसरा प्रतीयमान या भावात्मक अर्थ। प्रतीयमान अर्थ को उन्होंने काव्य का आत्मतत्त्व बताया। शब्द का सांकेतिक अर्थ किसी बाह्य वस्तु का संकेत करता है और उसका भावात्मक अर्थ उसके प्रति विषयी की भाव प्रतिक्रिया की व्यंजना करता है। इस प्रकार हर शब्द में विषय और विषयी बाह्य वस्तुजगत् और आंतरिक मनोजगत् केवल प्रतिबिंबित ही नहीं हैं, अंतर्गुम्फित भी हैं। विज्ञान जहाँ मुख्यतः शब्द के सांकेतिक अर्थ का व्यापार है, वहाँ कविता मुख्यतः उसके भावात्मक (प्रतीयमान) अर्थ का व्यापार है। उन्होंने 'अर्थमात्र' को रस, अलंकार, वस्तु इन तीन कोटियों में बाँटा। वस्तु तथा अलंकारवाला अर्थ वाच्यार्थ भी हो सकता है और व्यंग्यार्थ भी, लेकिन रस में केवल व्यंग्य-व्यंजक भाव ही घटित हो सकता है। यानी रस हमेशा व्यंग्य ही होता है। आनंदवर्धन ने ही सबसे पहले रचनात्मक प्रतिभा के स्वरूप का विश्लेषण किया। उन्होंने प्रतिभा को 'अपूर्ववस्तुनिर्माणक्षमाप्रज्ञा' कहकर उसे एक प्रकार से सहजात क्षमता का आधुनिक अर्थ प्रदान किया। प्रतिभा के बिना कवि के पास ऐसी कोई शक्ति नहीं होती जिससे वह काव्य में व्यंग्यार्थ (प्रतीयमान अर्थ) की सृष्टि कर

सके। उनकी दृष्टि से ध्वनिकाव्य को ही सच्ची कविता कह सकते हैं। ध्वनिकाव्य से आनंदवर्धन का तात्पर्य यह था कि ऐसी कविता जिसमें व्यंग्यार्थ घंटे की ध्वनि के असंख्य कंपनों की तरह गूँजता हो। उनके अनुसार रस भी एक प्रकार से ध्वनि है। उन्होंने कालिदास और दूसरे महाकवियों की कृतियों का विवेचन करके दो महत्त्वपूर्ण सौंदर्य नियमों का निर्धारण किया। एक औचित्य और दूसरा रसांगता। भरतसूत्र में आए 'संयोग' शब्द का अर्थ आनंदवर्धन ने 'औचित्य' लगाया। औचित्य का अर्थ है रस के अनुसार औचित्य। रसांगता का सिद्धांत एक प्रकार से औचित्य का ही पूरक है। रसांगता का मतलब यह है कि हर प्रकार का प्रबंधकाव्य, (महाकाव्य या नाटक) रसों की समष्टि तो होता ही है, लेकिन उसमें एक रस स्थायी (प्रबंध-व्यापी होता है) वह उसका अंगी (प्रधान) रस होता है। तात्पर्य यह है कि काव्य में अंगी रस के साथ अन्य रसों का अंगांगि भाव होना चाहिए, बाध्य-वाद्यक भाव नहीं। विरोधी रसों का भी उसमें अंगांगि भाव से ही समावेश जरूरी है। अभिनवगुप्त के अनुयायी क्षेमेंद्र ने जो स्वयं एक महान् कवि थे, औचित्य सिद्धांत का आगे चलकर अपने ग्रंथ 'औचित्य विचार चर्चा' में विस्तार से विकास किया।

जहाँ तक अलंकार और रीति संप्रदायों के सिद्धांतों का प्रश्न है, उनमें दसवीं-ग्यारहवीं सदी के आचार्य कुंतक का सबसे महत्त्वपूर्ण स्थान है। उन्होंने अपने महान् ग्रंथ 'वक्रोक्तिजीवतम्' में सिद्ध किया कि सुविधा के लिए काव्यशास्त्र में पृथक्-पृथक् करके काव्य वस्तु और काव्य रूप का विवेचन किया जाता है, ताकि काव्य के सामान्य और विशेष लक्षणों का निरूपण किया जा सके, अन्यथा अलंकार और अलंकार्य की अलग-अलग सत्ता नहीं है। उनकी समष्टि का ही नाम काव्य है। व्यष्टि का कोई महत्त्व नहीं है। अलंकार सहित शब्द और अर्थ तीनों की समष्टि ही काव्य है, इसलिए तीनों का अलग-अलग विवेचन उचित नहीं है। यह एक महत्त्वपूर्ण सौंदर्य नियम उन्होंने प्रतिपादित किया, जिसे भरत के बाद के अलंकारिक भुला चुके थे।

इस संक्षिप्त रूपरेखा से संभव है कि आपको इस विषय की व्यापकता का कुछ अनुमान लगा होगा और यह भी शायद आपको महसूस हुआ हो कि क्लासिकल भारतीय काव्यशास्त्र में प्रतिपादित सिद्धांत इतने प्राचीन होने के बावजूद अप्रचलित नहीं हैं और न अवैज्ञानिक हैं कि उनकी कोई आधुनिक प्रासंगिकता न हो। अफ़लातून, अरस्तू, हीगल, बैलिन्सकी और आई. ए. रिचर्ड्स की तरह वे पूरी तरह प्रासंगिक हैं और हमारे देश में इन पाश्चात्य मनीषियों के साथ ही उनका भी अध्ययन किया जाता है।

कविता की आधुनिक व्याख्या

कविता का जब से जन्म हुआ है उसकी व्याख्याएँ भी होती आई हैं। यह आवश्यक और अनिवार्य था। मनुष्य के भौतिक जीवन के विकास के साथ-साथ उसके मानसिक तथा भावात्मक जीवन में जो विकास हुए उसके स्पष्ट चिह्न कविता में भी अंकित होते गए और कविता का रूप भी बदलता गया। इस परिवर्तन के अनुरूप ही कविता के मान भी बदले। उसके मूल्य नए अनुभव के मापदंड से आँके गए और कविता की युगीन व्याख्याएँ होती गईं। पूर्वकालीन व्याख्याओं में सत्य का अंश है क्योंकि वे अपने समय की कविता की यथासंभव सही व्याख्याएँ हैं, और जिस प्रकार मनुष्य के अनुभव के विकास में एक क्रम और तारतम्य है, उसकी कविता में भी वह विकासक्रम स्पष्ट है जिसके कारण वर्तमान में प्राचीन समाहित है। उनका सूत्र कहीं टूटा नहीं है अर्थात् प्राचीन कविता में आज भी सौंदर्य सुरक्षित है और वह हमारे भावों और रागों को छू कर स्पन्दित करती है, या कहें कि उसका सत्य आज भी अक्षुण्ण है। इसलिए श्रेष्ठ कविता की तरह उसकी श्रेष्ठ व्याख्याओं में भी सत्य का अंश विद्यमान है। लेकिन इसका यह अर्थ नहीं है कि आज मम्मट, विश्वनाथ, जगन्नाथ, अरस्तू, अफ़लातून या कोलरिज और आर्नल्ड की व्याख्याओं से हम आधुनिक काव्य का मूल्यांकन करें। आधुनिक काव्य में, आधुनिक समाज की विशेषताओं के जो अनुभव गृहीत हुए हैं, प्राचीन व्याख्याकार उनकी कल्पना भी नहीं कर सकते थे, इस कारण उनकी व्याख्याएँ आंशिक सत्य रखते हुए भी अधूरी हैं और पूर्वकालीन युगों की ही तरह आज हमें उसकी नई व्याख्या की आवश्यकता है जो हमें कविता, उसकी सौंदर्यगत विशेषताओं, उसके संविधायक पक्ष, उसकी विकासधारा की दिशाओं और उसके उद्गम के मूल स्रोतों का अन्वेषण कर हमें उसे समझने में सहायता दे। दार्शनिक डेकार्टे ने कहा है : 'हर चीज़ की जाँच करो। हर चीज़ को सत्य की एकमात्र सच्ची कसौटी, अनुभव पर कसो। सदैव यह जानने के लिए तैयार रहो कि नया अनुभव पुराने अनुभव से जाने हुए सत्य को कभी भी काट सकता है।' यह एक वैज्ञानिक दृष्टिकोण है, इसलिए प्राचीन व्याख्याकारों के मतों का उल्लेख करते समय हमें अंध-श्रद्धा से या उन्हें ब्रह्म वाक्य मानकर आस्था

प्रकट करने के भाव से अपनी रक्षा करनी चाहिए, अन्यथा उनके उद्धृत मत किसी दवा के विज्ञापन में रोगियों की सम्मति के उल्लेख से अधिक महत्त्व नहीं रख सकते। अनुभव की कसौटी पर जाँचने के लिए इस अवैज्ञानिक दृष्टिकोण का परित्याग आवश्यक है और उससे भी ज्यादा आवश्यक नए ज्ञान और नए अनुभव की दृष्टि से कविता के समूचे ऐतिहासिक विकास और उसके वस्तुजगत् और भावजगत् के क्रिया-प्रक्रियात्मक संबंधों को जाँचना है।

आधुनिक कविता का प्रारंभ पहले महायुद्ध के लगभग होता है, और उसी समय से उसकी आधुनिक व्याख्याओं का भी सूत्रपात होता है। कविता की आधुनिक व्याख्याओं में जो भाषा प्रयुक्त हो रही है वह प्राचीन व्याख्याकारों के लिए अगम्य थी। योरुप में इन व्याख्याओं के जो स्कूल बने उनमें ई.टी हल्मे, एडगर एलेन पोका चित्र-कल्पनावादी सिद्धांत (Imagism), क्रोचे का अभिव्यंजनावाद, बोदेलेयर, वर्लेन, रेम्बॉ, रोजिटी, मौरिस, ऑस्कर वाइल्ड और हौपकिन्स का 'कला कला के लिए' का सिद्धांत प्रतीकवाद, भविष्यवाद और हरबर्ट रीड आदि का अतिवस्तुवाद (Surrealism) और फ्रांस के अरागाँ और ज़ीड तथा इंगलैंड के लीविस, ऑडेन और स्पेण्डर का रोमैंटिक यथार्थवाद मुख्य हैं। इन वादों में विभिन्नता है और ऊपर से देखने पर ज्ञात होता है कि उनमें कोई संबंध नहीं है, लेकिन उनसे दो-तीन बातें स्पष्ट हैं जो उनको एकदम आधुनिक बना देती हैं और आधुनिक समाज-संघटन द्वारा उत्पन्न असंगतियों तथा विषमताओं की स्वाभाविक प्रतिक्रिया के रूप में उन्हें एक ऐतिहासिक विकास के सूत्र में बाँध देती हैं। और किसी सही व्याख्या पर पहुँचने के लिए इस समूचे ऐतिहासिक प्रवर्तन को समझना आवश्यक है। अंग्रेजी की शेक्सपियर-कालीन कविता में जीवनोन्मुख विचारों की प्रधानता थी, आज साम्राज्यवाद के अंतिम काल में मरण-भावना का प्राधान्य है। जीवन के प्रति अनुराग का परित्याग कर कविता की समूची धारा मरण-भावना से सिक्त हो उठे यह एक साधारण परिवर्तन नहीं है। इस विकास का पूरा इतिहास है।

अंग्रेजी के मार्क्सवादी समालोचक कॉडवेल ने इस विकास-क्रम का अत्यंत प्रौढ़ विवेचन किया है। इसके अनुसार शेक्सपियर के काल में पूँजीवादी समाज का जन्म हो रहा था, उसने मनुष्य की भावनाओं में जो परिवर्तन किए, कविता ने इस नए विकास के पूँजीवादी भ्रम की उदात्त अभिव्यक्ति की—उससे यह स्पष्ट था कि व्यक्ति की इच्छाशक्ति का स्वतंत्र और असीम विकास हो रहा है। उसके नायक नरेश और राजकुमार थे, क्योंकि वे समाज की अभिलाषाओं के संरक्षक थे और पूँजीवाद के विकास में सहायक थे। लेकिन मिल्टन के युग में नरेश समाज-जीवन से तटस्थ होकर दरबारी विलासिता में फँस गए थे और इधर पूँजीवाद मजबूत होकर उनके विरुद्ध जनता की सहायता से विद्रोह करने के योग्य हो चुका था और उसने विद्रोह किया भी। लेकिन जब स्टुअर्ट वंश से सत्ता छीनी गई तो जनता ने भी अपने लिए स्वतंत्रता

चाही, जिसकी प्रतिक्रिया में पूँजीपति वर्ग ने अपनी तानाशाही कायम की। इसके फलस्वरूप यद्यपि कविता पूँजीवादी भ्रमों के प्रतिपादन के लिए प्राचीन काल से ही उपादान एकत्र करती रही, तो भी अब उसके नायक नरेश और राजकुमार न रह गए और उसमें 'शैतान', 'सेम्सन' आदि के क्रांतिकारी रूप की जो सुंदर कल्पनाएँ की गईं वे आगे चलकर पराजय-भाव से ओत-प्रोत हो गईं। कविता की भाषा में भी परिवर्तन हुआ और वह दुरूह और पांडित्यपूर्ण हो उठी। इसके पश्चात् जब राजसत्ता पुनःस्थापित की गई तो जनता के विरुद्ध सामंतवर्ग और पूँजीपति वर्ग का गठबंधन हुआ, यद्यपि अब का नरेश पूँजीपति वर्ग के हाथों का खिलौना बन गया था। दरबार का वातावरण पुनः खड़ा किया गया, किंतु उसमें नरेश की शक्ति निरपेक्ष न रही। इसके अनुरूप ही कविता में भी रीति का चलन बढ़ा जिसके द्वारा भावना की निर्बन्ध स्वतंत्रता पर रोकथाम लगाने का प्रयत्न हुआ। ड्रॉयडन इस युग का सबसे बड़ा आलोचक है जिसके अनुसार कविता में कल्पना ही प्रधान और आवश्यक तत्त्व है। लेकिन फिर से दरबार जम जाने के कारण कविता में सामाजिक तत्त्व प्रधान हो उठे। अठारहवीं सदी में पोप के प्रभाव से रीति के नियम कविता को जकड़ने लगे; उसमें शैली, छंद, चमत्कार आदि को गौरव मिला, जिससे उसका शेक्सपियरकालीन वैविध्य और निर्बन्ध प्रसार रुक-सा गया। काव्य के रूप-विधानों की अपरिवर्तनशीलता में आस्था प्रकट की जाने लगी, क्योंकि अतिरिक्त मुनाफ़ा उठाने के लिए पूँजीपति वर्ग ने सामंत वर्ग का सहयोग लिया, और किसानों का श्रम सस्ते मूल्य-पर पाने के लिए नियम तथा कानून बनाए। लेकिन एक तो फ्रांस की पूँजीवादी क्रांति के प्रभाव से, दूसरे अपने यहाँ मशीनों के विकास के कारण श्रमजीवी वर्ग के उत्पन्न हो जाने से, पूँजीपति वर्ग मज़दूर पाने के लिए सामंत वर्ग का आश्रित न रहा, उद्योग स्वतंत्र रूप से विकसित होने लगे और यह गठबंधन टूट गया। पूँजीपति वर्ग धन और शक्ति का संचय करने लगा। दस्तकारियों की सहायता से होनेवाले उत्पादन के तरीके नए उद्योग के मार्ग में जब बाधक बने तो उदार दल के पूँजीपतियों ने सामंत वर्ग की साधन-सुलभ सत्ता के प्रति विद्रोह खड़ा किया। इसके अनुरूप ही कविता में भी पुराने रूप-विधानों के प्रति एक जबर्दस्त विद्रोह का सूत्रपात हुआ; बायरन, कीट्स, शेली और वर्ड्स्वर्थ इस विद्रोह के अग्रणी थे। कविता हृदय और भावनाओं को अपील करे, इस नारे को उठाकर उन्होंने इस बात पर जोर दिया कि कविता की भाषा स्वाभाविक बोलचाल की भाषा हो और उसमें शेक्सपियरकालीन कविता की भाव-प्रगल्भता और रोमैंटिक-शब्दावली का प्राधान्य हो। इस नए विकास के साथ कविता के अंदर अत्यंत सूक्ष्म भावनाओं को व्यक्त करनेवाले शब्द और अमूर्त्त विचार प्रयोग में आने लगे। लय विमुग्धकारी हो गई और कविता की टेकनीक में अभूतपूर्व विकास हुआ, क्योंकि कविता में अब एक नए उत्साह और नई भावधारा प्रवाहित होने लगी। वह व्यक्ति-प्रधान हो गई, उसने परंपरा के विरुद्ध विद्रोह कर

एक अधिक समृद्ध और स्वतंत्र जीवन की कामना प्रकट की। लेकिन फ्रांसीसी क्रांति में पूँजीपति वर्ग और जनता का सहयोग इतना घनिष्ठ था कि क्रांति के सफल होने पर श्रमजीवी वर्ग की स्वतंत्रता की माँग भी सामने आई। पूँजीपति वर्ग ने इससे भयभीत होकर 'स्वतंत्रता, समानता और भाईचारा' का जो नारा बुलंद किया था वापस ले लिया और पुनः सामंत वर्ग से समझौता कर लिया। पूँजीपति वर्ग के इस प्रतिक्रियावादी विकास का कविता पर यह प्रभाव पड़ा कि उसके स्वतंत्र जीवन के भ्रम छिन्न-भिन्न हो गए और वह रोमांस के व्यक्तिगत संसार में अपने को सीमित कर सामाजिक वस्तुस्थिति के साथ समझौता करने लगी और विक्टोरियन काल में पूँजीवाद के ह्रासयुग के शुरू होने के साथ-साथ पूँजीवादी उत्पादन प्रणाली के परिणामस्वरूप जब कविता बाजार की प्रतियोगिता की वस्तु बन गई और उपेक्षित कवि समाज की कार्यशीलता से पीछे हटकर अपनी व्यक्तिगत दुनिया में आश्रय लेने को बाध्य हो गया तो उसके पास सिवाय इसके और कोई कार्य न रह गया कि वह अपने एकांतिक जीवन में बैठकर कविता की वेशभूषा सँवारे और उसकी टेकनीक को अधिकाधिक परिमार्जित तथा पूर्ण बनाता जाए। टेनिसन, स्विनबर्न, ब्राउनिंग और आर्नल्ड, कवि की इस निरुपायता तथा विषमता की ओर बढ़ते एकांतिक जीवन के उदाहरण हैं।

इनके पश्चात् कविता के जो रूप विकसित होते हैं, उनमें पूँजीवाद साम्राज्यवाद द्वारा उत्पन्न अराजकवादी भाव-चेतना की प्रतिच्छाया है। उनमें व्यक्तिवाद की प्रधानता है क्योंकि पूँजीवादी समाज की सामूहिक भावना व्यक्तिवादी है। इस अंतिम काल में आकर यह स्पष्ट हो जाता है कि पूँजीवादी समाज में कविता या कला के विकास के लिए कोई स्थान नहीं है अथवा पूँजीवाद उसके प्रति उदासीन है और बड़े पैमाने पर वस्तुओं के उत्पादन के इस युग में कवि को भी अपनी रचना को एक वस्तु के ही रूप में बाज़ार के सन्मुख रखना है। वह एक श्रमजीवी है और उसके जीवन पर दूसरों का अधिकार है। इन सामाजिक बंधनों के प्रति कवि की प्रतिक्रिया बड़ी तीव्र होती है और वह असंतुष्ट होकर सामाजिक बंधनों के विरुद्ध अपना स्वर ऊँचा करता है लेकिन अभी उसके विद्रोह का ढंग पूँजीवादी है। वह पूँजीवादी समाज के इस भ्रम से भ्रमित है कि समाज से अलग होकर कोई एकाकी ही अपनी शक्तियों का विकास कर स्वतंत्रता प्राप्त कर सकता है, इसलिए उसका विद्रोह चरम-व्यक्तिवाद का रूप धारण कर लेता है। उसे लगता है कि उसकी आत्मा पर समाज ने बंधन लगा दिए हैं और उसका भावनात्मक शोषण कर समाज उसके व्यक्तित्व के विकास को रुद्ध कर रहा है; यह भावना यद्यपि मूल में क्रांति की पूर्व सूचना देती है, और केवल आज के ही समाज में यह भावना उत्पन्न हो सकती है क्योंकि आज के समाज में ही बीज रूप में और प्रत्यक्ष रूप से भी वह शक्तियाँ उभर आई हैं जिनमें एक ऐसे समाज का संगठन करने की क्षमता है जिसमें न आत्मा

पर बंधन होंगे, न भावनात्मक शोषण होगा और न व्यक्तित्व का विकास ही अवरुद्ध होगा, तो भी पूँजीवाद की सारी विचारधारा, व्यक्तिवादी होने के कारण असंतोष और क्रांति के इन अग्रदूतों को अपने भ्रमजाल में डालकर ऐसा निष्क्रिय और असामाजिक प्राणी बना देती है कि वे पूँजीवादी समाज की संकुचित सीमाओं के अंदर ही विद्रोह करते हैं और उसकी असंगतियों को और भी अधिक दृढ़ बनाते जाते हैं।

आधुनिक कविता के जिन स्कूलों का हमने ऊपर उल्लेख किया है वे आधुनिक कवि के इसी अभावजन्य असंतोष की असामाजिकता, निराशा, पराजय और अराजकता के विभिन्न विकास चरणों का द्योतन करते हैं और उनकी व्याख्याओं में भी इसका पूर्ण आभास मिलता है। 'कला कला के लिए' वाला सिद्धांत एक प्रकार से इन व्याख्याओं के मूल में किसी-न-किसी रूप में वर्तमान है। आधुनिक जीवन की विषमताओं से क्षुब्ध होकर कवि इस बात का प्रयत्न करता है कि कला-जगत् और समाज में कोई संबंध न रहे। कला-जगत् का अपना स्वतंत्र अस्तित्व हो क्योंकि वर्तमान समाज की कलाभिरुचि निम्न कोटि की और उपेक्षापूर्ण है। कविता और समाज का पारस्परिक संबंध अब तक अविच्छिन्न रहा है। शब्द, लय, छंद, विचारवस्तु और भाव इन सबका सामाजिक अस्तित्व है। आधुनिक कविता और उसकी व्याख्याएँ कविता के इन सामाजिक उपकरणों का क्रमशः परित्याग करने की चेष्टा करती हैं। पूँजीवाद में व्यक्तिगत कौशल की उतनी अपेक्षा नहीं होती, इस कारण जिस प्रकार एक दस्तकार के मन में यह प्रतिक्रिया होती है कि इस युग में रखा ही क्या है, वह जैसे सुंदर खिलौने बना सकता था, पत्थर पर नक्काशी कर सकता था, ढाके का-सा महीन मलमल तैयार कर सकता था, वैसा अब कोई क्या करेगा। इन गुणों की आज क़द्र भी कौन करता है, लेकिन पारखी हों या न हों ये गुण अपने में ही श्रेष्ठ हैं और यदि उनकी समाज को जरूरत नहीं तो न हो। वह अपनी चीज बनाता ही जाएगा, अपने कला-कौशल को नष्ट न होने देगा, यह क्या कम संतोष की बात है ? और वह समाज की आवश्यकताओं का विचार न कर अपनी दस्तकारी को ही साध्य मानकर छोटी-मोटी चीजों के बनाने में अपनी सारी साधना लगा देता है। ऐसी ही व्यक्तिवादी प्रतिक्रिया आधुनिक कवि के मन में होती है। दस्तकार जिस तरह सामाजिक क्रिया और उपयोग के विरोध में अपने कला-कौशल को महत्त्व देता है, उसी प्रकार कवि या कलाकार कला को जीवन के विरुद्ध रखकर उसकी आराधना करता है। कला का मूल्य अलग है, उसे समाज से क्या वास्ता; समाज एक भौतिक परिवर्तनशील अचिर वस्तु है। इसके विपरीत कला शाश्वत और चिरन्तन है। इसलिए कला को कला के लिए ही अपनाना चाहिए। लेकिन वास्तव में यह कला 'कला के लिए' नहीं, 'कलाकार के लिए' ही महत्त्व रखती है। कलाकार समाज से कोई संबंध नहीं रखना चाहता क्योंकि समाज उसको यंत्रणाएँ देता है। लेकिन कविता में यदि सामाजिक संबंधों की अभिव्यक्ति

न होगी तो व्यक्तिगत संबंधों की होगी। क्योंकि कविता इतर मानवीय अथवा इतर सामाजिक दोनों में से कुछ न होकर अपने आप तो नहीं तैयार की जा सकती, और यदि कवि सामाजिक उपकरणों का उपयोग अवांछनीय समझता है तो वह अपने व्यक्तिगत कल्पनाजन्य अद्भुत उपकरणों का उपयोग करेगा। और इस तरह वह पूँजीवादी समाज के इस काल में कला के सामाजिक जगत् को नष्ट कर अपनी व्यक्तिगत कल्पना के जगत् में विचरण करने लगता है और उसका असंतोष चरम व्यक्तिवाद को जन्म देकर मार्क्स के शब्दों में सामाजिक संबंधों पर से उसकी पकड़ खो देता है। कवि समझता है कि उसने निर्बन्ध स्वतंत्रता प्राप्त कर ली, यद्यपि स्वतंत्रता उसकी पकड़ से पहले ही बाहर निकल गई। आधुनिक कविता की विभिन्न धाराओं की तह में 'कला कला के लिए' का सिद्धांत किसी-न-किसी रूप में वर्तमान है। एक प्रकार से यह भी कह सकते हैं कि यह प्रवृत्तियाँ इसी सिद्धांत की अनेक बिखरी हुई विवृतियाँ हैं।

चित्र-कल्पनावादियों का कहना है कि 'एक कविता एक अथवा क्रमशः अनेक चित्र-कल्पनाओं से बनती है और चित्र-कल्पना से तात्पर्य यह है कि किसी भी एक क्षण में कोई बौद्धिक अथवा भावात्मक ग्रंथि किसी चित्र-कल्पना से उत्पन्न हो जाए'—एडगर ऐलेन पो। चित्र-कल्पनावादियों के अनुसार लंबी कविता व्यर्थ है क्योंकि उसमें अंत तक उत्तेजना का उद्रेक करने की क्षमता नहीं हो सकती, कहीं-कहीं ही ज्योतिकणों के समान एकाध चित्र-कल्पनाएँ विद्युत् प्रकाश-सा करती हुई मिल सकती हैं और उन्हीं के कारण कविता को कविता कहा जाना चाहिए। जिस प्रकार दृष्टि के सामने से कोई पक्षी उड़ता हुआ निकल जाए, आँखें उसका पीछा न करें और देखनेवाले के मन में उसकी एक झलक उसकी चित्र-कल्पना बना जाए और उसके हृदय में एक उत्तेजना उत्पन्न हो जाए, उसी प्रकार कविता में भी ऐसी ही संक्षिप्त चित्र-कल्पनाएँ होनी चाहिए। कहने का तात्पर्य यह है कि उसके अंदर कोई विचार-वस्तु या भाव की संगति या तारतम्य होना अनावश्यक है; केवल एक अथवा दो शब्दों से भी काम चल सकता है। इससे ही मिला-जुला प्रतीकवाद का सिद्धांत है। चित्र-कल्पनावाद अधिक दिनों तक नहीं चल सका और आज उसका प्रभाव नष्ट हो चुका है। चित्र-कल्पनावादियों की कविता की व्याख्या अत्यंत संकीर्ण या एकांगी थी। यह स्पष्ट है। कविता में चित्र-कल्पना ही केवल आवश्यक वस्तु नहीं है। छिटपुट चित्र-कल्पनाएँ मनुष्य के भाव-जगत् की चेतना पर अपनी पकड़ स्थापित नहीं कर सकतीं। क्रोचे का अभिव्यंजनावाद, जो कविता के रूप-विधान में ही उसके सौंदर्य की अवस्थिति मानता है, 'कला कला के लिए' के सिद्धांत का ही रूपांतर है। अर्थात् कविता की टेकनीक में उसके व्यंजना-वैचित्र्य और शब्द-चातुर्य के सहारे अभूतपूर्व उन्नति की जाय, लेकिन उसके रागात्मक तत्त्व और विचार-वस्तु को कोई महत्त्व न दिया जाय। प्रतीकवादी अपने सामाजिक दृष्टिकोण में एक क़दम

और भी आगे बढ़ते हैं। उनकी व्याख्या के अनुसार कविता में संकेतों और प्रतीकों का ही प्रयोग होना चाहिए। यह संकेत या प्रतीक भौतिक जगत् की वस्तुओं के स्थान पर प्रयुक्त होते हैं। मलार्मे ने अपनी ही कविता के विषय में व्याख्या करते हुए कहा–'मेरा उद्देश्य बिना नामोल्लेख किए केवल सांकेतिक शब्दों से, कभी स्पष्ट शब्दों में नहीं, जानबूझकर छाया के अंदर से किसी वस्तु (object) की अभिव्यक्ति करना है।' समाज से पलायन करनेवाली कविता द्वारा प्रतीकवाद को ग्रहण करना, स्वाभाविक ही था। कविता प्रतीकवादी दो ही दशाओं में हो सकती है। एक तो यह कि वह वैयक्तिक रूप से अर्थपूर्ण न हो, क्योंकि प्रतीक अभिधान और शब्दों से कोई सरोकार नहीं रखते, बल्कि वे जिन वस्तुओं के संकेत-चिह्न होते हैं उन्हीं से उनका सांकेतिक संबंध रहता है, उन्हीं को वे इंगित करते हैं। जहाँ तक बाह्य वास्तविकता का संबंध है उनके प्रतीक यदि कविता में प्रयुक्त होते हैं तो इसका अर्थ है कि कवि बाह्य वास्तविकता को सीधे रूप में व्यक्त करनेवाले शब्दों से घबराता है, क्योंकि उन शब्दों में सामाजिकता का तत्त्व विद्यमान है। इसलिए वह अपने चरम व्यक्तिवाद के कारण आवश्यकता पड़ने पर बाह्य वास्तविकता को संकेतों द्वारा व्यक्त करता है, संभव है कि पाठक इन संकेतों को समझे या न समझे। इसके अतिरिक्त आंतरिक वास्तविकता अथवा अंतर्वृत्ति-निरूपक दृष्टिकोण से ही उसका संबंध रहता है तो इसका अर्थ यह है कि उसके संकेत-शब्द बाह्य वास्तविकता का एकदम परित्याग करना चाहते हैं और ऐसी अवस्था में वह कविता केवल संगीत बनकर रह जाती है, अर्थहीन ध्वनिमात्र, ऐसी ध्वनि जिसमें रागात्मक तत्त्व ही अवशेष रहता है। प्रतीकवादी संगीत पर ज़ोर भी देते हैं। एडगर ऐलेन पो का कहना है कि कविता में संगीत-तत्त्व अनिवार्य रूप से विद्यमान रहना चाहिए। इससे कदाचित् किसी को आपत्ति न होगी। लेकिन संगीत से उसका अर्थ केवल लय और स्वरों के आरोह-अवरोह से नहीं है जैसा कि लोगों की धारणा हो सकती है, बल्कि उस अनिश्चितता से है जो कि व्यंजना के माध्यम के रूप में प्रयुक्त विशुद्ध ध्वनि में अंतर्निहित रहती है। इससे यह स्पष्ट है कि प्रतीकवाद आधुनिक कविता की सामाजिक संबंधों से पलायन वृत्ति का ही प्रतीक है। उदाहरण के लिए टी.एस. इलियट को लिया जा सकता है। उनकी कविता का निर्वैयक्तिकता का सिद्धांत प्रतीकवाद की उस दयनीय अवस्था का द्योतक है, जिसमें कवि अपनी कविता के प्रति किसी संबंध की अवधारणा नहीं करता। उसके अनुसार 'Poetry is not a turning loose of emotion, but an escape from emotion. It is not the expression of personality, but an escape from personality.' व्यक्तित्व, स्व, मैं, ये सब बातें जिनको प्रारंभिक काल में आधुनिक कवि इतना महत्त्व देते थे और कवि अपने को साहित्य-स्रष्टा, नियामक आदि मानते थे वे अब अपने अस्त्र डालकर निर्वैयक्तिकता की ओर प्रवृत्त हो रहे हैं। टी.एस. इलियट की प्रसिद्ध कविता 'दी

वेस्टलैंड' में एक पात्र आता है 'टायर्सिया' जिसके विषय में स्वयं इलियट का कहना है कि वह जो कुछ देखता है वास्तव में वही कविता का सार है। यह टायर्सिया अर्धनारीश्वर का प्रतिरूप है, उसका परिचय है–

I, Tiresias, though blind thro being between two lives,
Old man with wrinkled female breasts...

इस समूची कविता के विभिन्न अंगों में जो पारस्परिक संबंध है और इस संबंध का द्रष्टा जो कवि है 'टायर्सिया' उसी की अभिव्यक्ति का एक प्रतीक है। प्रश्न उठता है कि क्या समाज के दैनिक जीवन में ऐसे व्यक्ति मिलते हैं जो एक साथ ही पुरुष भी हों और स्त्री भी ? अर्थात् जिनके पुरुष अंग भी हों और स्त्री के उरोज भी ? ऐसे व्यक्ति की सामाजिक पहचान क्या कहीं है ? इससे केवल यह सिद्ध होता है कि कवि सामाजिक विषमताओं के कारण अपने सामाजिक कार्यों से पलायन कर स्वयं अपने ही अस्तित्व की चेतना खो बैठा है। आज के समाज में वह क्या करे, क्या न करे, इसके विषय में वह अनिश्चयात्मक दशा में है और पुरानी समाज-व्यवस्था तथा नई समाज-व्यवस्था, अर्थात् दो प्रकार के जीवनों के खिंचाव से किंकर्तव्यविमूढ़ हो वह एक अंधे की तरह गुमराह हो गया है और स्त्री में पुरुष और पुरुष में स्त्री की कल्पना करने लगा है। यह एक ऐसी कल्पना है जो इस बात को व्यक्त करती है कि वह पूँजीवादी व्यक्तिवाद से, जिसने उसके अहंकार को पग-पग पर चोट पहुँचाई है, उसे उपेक्षित और दयनीय बनाया है, छुटकारा तो पाना चाहता है लेकिन पुराने समाज की सीमाओं से, जिन्होंने उस व्यक्तिवाद को जन्म दिया था, बाहर नहीं निकलना चाहता। इसके कारण उसे नित्य संघर्ष करना पड़ता है और समझौता भी। टी.एस इलियट 'ओविड' (Ovid) की पौराणिक कथा का दृष्टांत देकर इस अनिश्चितता की भावनाओं को ही एक प्रकार से स्वाभाविक, अपेक्षित और आनंददायिनी सिद्ध करना चाहता है क्योंकि इससे एक तो वह दो समाज-व्यवस्थाओं के विषय में सचेत होकर अपना दृढ़ निश्चय प्रकट करने से मुक्त हो जाता है, और दूसरे इस समाज ने यदि अकर्मण्यता और अनिश्चितता उत्पन्न की है तो उसे ही क्यों न एक अनिवार्य सामाजिक क्रिया मानकर स्वीकार कर लिया जाए, इसका समर्थन करता है। इलियट के दृष्टिकोण में एक और असंगति स्पष्ट है कि यद्यपि वह व्यक्तिवाद और व्यक्तित्व से जान छुड़ाना चाहता है तो भी 'टायर्सिया' नाम का 'व्यक्ति' जो देखता है वही उसकी कविता का सार है, अर्थात् व्यक्तिवाद को उगलकर वह उसे पुनः निगलता है। टी.एस. इलियट तक आधुनिक कविता उस मंज़िल पर पहुँच जाती है जबकि कवि की सामाजिक संबंधों की चेतना भी लुप्त होने लगती है। वह सबसे बड़ा व्यक्तिवादी होकर भी व्यक्तिवाद को अनावश्यक समझने लगता है और इस निर्वैयक्तिकतावाद की दूसरी मंज़िल है 'अतिवस्तुवाद' (Surrealism)। अतिवस्तुवाद की मंज़िल पर पहुँचकर कविता में

शब्द-प्रयोगों का अर्थ केवल उनके व्यक्तिगत अचेतन महत्त्व के कारण होता है। अतिवस्तुवाद मनुष्य के अचेतन मन को सबसे अधिक महत्त्व देता है। फ्रॉयड के मनोविश्लेषण-शास्त्र से और विशेषकर युंग के स्वप्न-मनोविज्ञान से यह प्रवृत्ति प्रभावित है। युंग के अन्वेषणों के अनुसार स्वप्न अविरत रूप से प्रवहमान अथवा 'स्वच्छंद संबंध' (Free association) का परिवर्द्धित रूप है। अर्थात् मस्तिष्क के अंदर वास्तविकता के प्रति बिना कोई सचेत ध्यान रखे स्वच्छंद रूप से एक image का दूसरे image से 'स्वच्छंद संबंध' होता है। अतिवस्तुवाद इस पूँजीवादी भ्रम की अंतिम परिणति है कि आवश्यकता की अज्ञानता ही स्वतंत्रता है, और इसीलिए 'स्वच्छंद संबंध' पर अपनी शैली निर्धारित कर वह स्वतः एक कलात्मक अभिव्यक्ति प्राप्त करने की चेष्टा करता है। उसके पहले प्रतीकवाद में ही अतिवस्तुवाद के पूर्व-चिह्न प्रकट हो गए थे। प्रतीकवाद के दार्शनिक रेमी द गोरमाँ ने कहा था कि प्रतीकवाद स्वच्छंदता का सिद्धांत है। उसका आशय है विचार और रूप-विधान से पूर्ण स्वतंत्रता पाना। उसके द्वारा सौंदर्यगत व्यक्तित्व का स्वच्छंद और व्यक्तिगत विकास अभीष्ट है। और प्रतीकवाद के सबसे बड़े कवि रेम्बॉ ने यह स्वीकार किया था कि 'मैं मस्तिष्क की अव्यवस्थाओं को ही पवित्र मानने लग गया हूँ।' अतिवस्तुवाद में कविता स्वप्न बन जाती है। कविता के आधुनिक व्याख्याकार यह मानते हैं कि कविता का उद्देश्य भावों और विचारों का 'साधारणीकरण' करना है। किंतु प्रतीकवाद और अतिवस्तुवाद, जो संकेतों द्वारा अपनी अभिव्यक्ति को अधिक पूर्ण बनाने की आशा करते हैं 'स्वच्छंद संबंध' के कारण अपने इस उद्देश्य को ही नष्ट कर लेते हैं, अर्थात् उनकी विच्छिन्न चित्र-कल्पनाएँ कवि द्वारा अभीष्ट चित्र-कल्पना के स्थान पर पाठक के हृदय में सर्वथा भिन्न अथवा अनेक चित्र-कल्पनाओं की अनुभूति करा सकती हैं, और लीविस ने ठीक लिखा है कि उससे पाठक 'विमूढ़ता और अरुचि का अनुभव करेगा, मानो वह किसी ऐसे व्यक्ति की बात सुन रहा है जो अपनी सुप्तावस्था में बोल रहा हो।' चित्र-कल्पनाओं द्वारा अनुभूति का उद्रेक कहाँ तक संभव है यह टी.एस इलियट की 'वेस्टलैंड' से स्पष्ट है। हरबर्ट रीड के अनुसार मस्तिष्क के अंदर जो उपकरण अपनी असंस्कृत अवस्था में हैं उन्हें ही व्यक्त करना कविता का कार्य है। अतिवस्तुवाद अभिव्यक्ति के समस्त प्राचीन रूप-विधानों को अस्वीकृत करता है, लेकिन भाषा वही प्रयोग में लाता है जो प्राचीन काल से व्यवहृत होती आई है। अतिवस्तुवाद के अनुसार मन की अवचेतनावस्था में प्रवेश कर उसके असंबद्ध विकारों और रुक्ष संवेदनों की ज्यों-की-त्यों अभिव्यक्ति करना श्लाघ्य है। हरबर्ट रीड का कहना है कि इस प्रकार अतिवस्तुवाद एक अति-वास्तविकता से समन्वय स्थापित करता है, इसलिए यह दृष्टिकोण क्रांतिकारी भी है और भौतिकवादी भी। और इस प्रकार हरबर्ट रीड पूँजीवादी भ्रम को उसकी अंतिम सीमा तक खींच ले जाता है। अर्थात् अराजकवादी बन जाता है।

कविता के दृष्टिकोण में और उसकी अभिव्यक्ति में आज यह अराजकतावाद प्रमुख हो उठा है और इसकी प्रतिक्रिया भी शुरू हो गई है। कुछ कवि जो कविता के इस ह्रासोन्मुख विकास में अंत तक बहे, वे फ़ासिज़्म की गोद में जा बैठे और जो इस दृष्टिकोण की अराजकता और असंगतियों से अपने कवित्व को अर्थहीन पराजयवादी बनाने से संतुष्ट नहीं हुए वे फ्रांस के अरागाँ और इंगलैंड के स्पेण्डर, ऑडेन, लीविस और लेहमेन की तरह रोमैंटिक यथार्थवाद या रौमैंटिक प्रगतिवाद के द्वारा एक साथ ही श्रमिक वर्ग की विचारधारा और व्यक्तिवाद का समन्वित रूप कविता में व्यक्त करने लगे। इन कवियों की श्रमिक वर्ग की विचारधारा में निष्ठा इन्हें 'पलायनवादी' बनने से रोकती है तो टी.एस इलियट से प्रभावित उनका व्यक्तिवाद उन्हें सच्चे अर्थों में क्रांतिकारी बनने से रोक देता है। इस प्रकार उनके काव्य में दो विरोधी दृष्टिकोणों का समागम इस प्रकार हुआ है कि उनकी कविता वीणा के मधुर स्वरों के बीच दूर से सुनाई देनेवाली क्रांति की पुकार लगती है। अभी तक अंग्रेज़ी साहित्य में 'सामाजिक यथार्थवाद' की श्रेष्ठ कविता का अभाव है, यद्यपि अमेरिकन साहित्यों में यह अभाव उतना व्यापक नहीं। वहाँ 'सामाजिक यथार्थवाद' की कविता का स्वरूप संतोषजनक रूप से निखर रहा है।

अंग्रेजी की आधुनिक कविता की विभिन्न प्रवृत्तियों और उनकी व्याख्याओं का इस लेख में उल्लेख करने की आवश्यकता इसलिए पड़ी कि हिंदी की आधुनिक कविता, अर्थात् छायावाद से प्रगतिवाद तक का उसका विकास, एक प्रकार से अंग्रेजी की आधुनिक कविता से बहुत अधिक प्रभावित हुआ है। इसके अतिरिक्त यद्यपि भारतीय पूँजीवाद अभी अपने विकास-काल में है तो भी विश्व के पूँजीवाद की ह्रासकालीन असंगतियों द्वारा उत्पन्न घटनाओं से वह प्रभावित ही नहीं होता बल्कि उसका विकास अवरुद्ध भी होता चलता है, जिसके कारण जो मानसिक विकृतियाँ पाश्चात्य कविता में उत्पन्न हुई हैं वे हिंदी की कविता में भी दृष्टिगोचर होने लगी हैं। भारत में ब्रिटिश साम्राज्यवाद के प्रतिष्ठित हो जाने के पश्चात् यहाँ भारतीय पूँजीवाद का विकास भी शनैः-शनैः प्रारंभ हुआ। लेकिन इस सामाजिक परिवर्तन को साम्राज्यवादी शृंखलाएँ पग-पग पर अनेक अवरोधों द्वारा रोकती आईं। इससे भारतीय पूँजीवाद के समक्ष दोहरी समस्याएँ उठ खड़ी हुईं। पहली तो यहाँ की सामंती आर्थिक व्यवस्था से लड़ना या उसमें अपने अनुकूल परिवर्तन करना, और दूसरी साम्राज्यवादी रुकावटों के विरुद्ध संघर्ष करना। इस कार्य में उसे बहुत कम-कम सफलता ही मिलती आई है, और साम्राज्यवाद की दमनकारी नीति ने उसकी भावी सफलताओं की संभावनाओं को संदिग्ध या अनिश्चित कर दिया है।

इसके अनुरूप ही रीतिकालीन कविताओं की सीमाओं के बंधन तोड़कर व्यक्तित्व की प्रतिष्ठा करती हुई, हिंदी की आधुनिक कविता प्रारंभ में एक उल्लासपूर्ण दृष्टिकोण लेकर उद्‌भूत होती है और एक नवोत्थित वर्ग के भ्रमों की

सृष्टि करती है। रूढ़ि, रीति, आचार, नीति के बंधनों से उन्मुक्त हो वह नए समाज के नए बंधनों का अनुभव करती है। और किस प्रकार वह जीवन की विडंबनाओं, असमर्थताओं और विफलताओं के प्रति असंतोष-भावना की अभिव्यक्ति करती है, किस प्रकार व्यक्तिवाद का उसमें प्राबल्य हो उठता है और उसके फलस्वरूप उसमें निराशा, पराजय और आत्मसमर्पण के भाव मुखरित हो उठते हैं, किस प्रकार सामाजिक जीवन से कविता का क्षेत्र विलग होकर व्यक्ति के एकांतिक जीवन अथवा उसके मनोराज्य में ही सीमित हो गया और कवि अपनी सूक्ष्म अनुभूतियों से उसे अव्यक्त और अमूर्त्त भावनाओं की अभिव्यक्ति बनाता गया और उसकी टेकनीक में अनवरत उन्नति करता गया, और इसके विपरीत किस प्रकार श्रमिक वर्ग की चेतना प्राप्त कर कुछ कवि प्रगतिवाद की ओर बढ़ रहे हैं और कविता के सौंदर्यगत दृष्टिकोण में आमूल परिवर्तन कर उसको पुनः सामाजिक जीवन के संवेदनों की अभिव्यक्ति बना रहे हैं, इसका अध्ययन अत्यंत महत्त्वपूर्ण है।

'पल्लव' के पंत और 'यामा' की महादेवी या 'निशा-निमंत्रण' और 'एकांत-संगीत के बच्चन और 'पल्लव' के पंत और 'युगवाणी' तथा 'ग्राम्या' के पंत में जो भेद है वह हिंदी कविता के इस दोमुखी विकास का इतिहास है। एक धारा पलायन वृत्ति, चरम व्यक्तिवाद की द्योतक है तो दूसरी उसके सामाजिक दृष्टिकोण के विकास की। इसी प्रकार हिंदी की आधुनिक काव्य-व्याख्याओं में भी एक विकास-क्रम मिलता है। और यह दो धाराएँ आज साथ-साथ बह रही हैं। आचार्य रामचंद्र शुक्ल ने भारतीय और यूरोपीय काव्य-सिद्धांतों का जो समन्वित रूप उपस्थित किया था, आज के व्याख्याकार उसे स्वीकार नहीं करते। 'दिनकर' की 'रसवंती' की भूमिका में टी.एस. इलियट का 'अर्द्धनारीश्वर' का सिद्धांत प्रतिपादित हुआ है। 'अज्ञेय' अपने निबंध 'परिस्थिति और साहित्यकार' में डी.एच. लॉरेंस के व्यक्तिवाद का समर्थन करते हैं, यद्यपि अपने दूसरे निबंध 'रूढ़ि और मौलिकता' में टी.एस इलियट के निर्वैयक्तिकता के सिद्धांत को स्वीकार कर अपनी पिछली स्थापना से पीछे भी हटते हैं और अतिवस्तुवाद और हरबर्ट रीड के इस सिद्धांत का प्रतिपादन करते हैं कि 'रूढ़ि की रूढ़िग्रस्त परिभाषा हमें छोड़नी होगी, हमें उदार दृष्टिकोण से उसका नया और विशाल अर्थ लेना होगा।' यह दोनों कवि प्रगतिवादी कहे जाते हैं। लेकिन उनकी व्याख्याओं में पूँजीवादी विचारधारा की वही असंगतियाँ ऊपर उभरकर सामने आती हैं जिनका उल्लेख हम प्रतीकवाद और अतिवस्तु का विवेचन करते समय कर चुके हैं। इसीलिए उनकी व्याख्याओं के मूल में वही पूँजीवादी भ्रम अंतर्निहित है जिसके अनुसार आवश्यकता की अज्ञानता ही स्वतंत्रता है। इसके विपरीत प्रगतिवाद की धारा के साथ जो काव्य-समीक्षा की प्रणाली चली उसने कविता की नए ढंग से व्याख्या करने का प्रयत्न किया। प्रगतिवाद की व्याख्याएँ अभी स्पष्ट स्थापनाएँ नहीं कर पाई हैं, लेकिन इसमें संदेह नहीं है कि उसने जो

दिशा पकड़ी है वह सही है।

ऊपर के विवरण से हमारे सामने दो-तीन बातें स्पष्ट हो गई हैं। पहली तो यह कि आधुनिक कविता चाहे वह यूरॅपीय हो या भारतीय, अंग्रेजी की हो या हिंदी की, एक संक्रांतिकालीन कविता है। और इस कारण उसकी व्याख्याओं में इस संक्रांति-युग की सामूहिक चेतना और सामूहिक मनोवृत्ति की गहरी छाप है। दूसरे यह कि यह व्याख्याएँ कविता को जहाँ तक संभव है सामूहिक भाव-जगत् की अभिव्यक्ति न मानकर उसे व्यक्ति की भावनाओं की अभिव्यक्ति मानती हैं। और अंत में प्रतीकवाद और अतिवस्तुवाद के काल में वे व्यक्तिवादी होकर भी 'व्यक्तिवाद', 'अहं', 'मैं' आदि को अस्वीकृत करती हैं। स्पष्ट है कि कविता की आधुनिक व्याख्याएँ आधुनिक कविता के सत्य का ही निरूपण करती हैं, उसी प्रकार जिस प्रकार आधुनिक कविता आधुनिक समाज (पूँजीवादी समाज) के सामूहिक जीवन की विशृंखलित बौद्धिक और भावात्मक चेतना की ही अभिव्यक्ति करती है। अतिवस्तुवाद तक की कविता चाहे असंतोष और निराशा की कविता क्यों न हो, लेकिन उसने अपना असंतोष पूँजीवादी समाज के ढाँचे को स्थायी और अनिवार्य स्वीकार करके ही प्रकट किया है, जिसके कारण वास्तविकता के प्रति उसने जो दृष्टिकोण विकसित किया है वह विरोधाभास और असंगतियों से भरा हुआ है और अत्यंत विशृंखलित एवं प्रतिक्रियावादी है। इसी के अनुरूप उसकी व्याख्याओं का दृष्टिकोण भी है। इस कारण यह दृष्टिकोण आधुनिक समाज का सत्य होकर भी समाज के सामूहिक विकास के समूचे प्रवाह को प्रगतिशील दृष्टि से देखने पर असत्य और प्रतिक्रियावादी ठहरता है। इसकी प्रतिक्रिया से और सामाजिक परिस्थितियों के प्रभाव से उत्पन्न प्रगतिशील कविता के विकास के साथ-साथ यह स्पष्ट होता जाता है कि सारा प्रश्न दृष्टिकोण का है। अतः प्रश्न उठता है कि कविता की सही आधुनिक व्याख्या क्या है ? हम यहाँ संक्षेप में इस प्रश्न का उत्तर देने का प्रयत्न करेंगे।

कविता क्या है, उसे हम परिभाषा देकर न समझ सकते हैं, न समझा सकते हैं। इसके लिए हमें यह जानना आवश्यक है कि प्राथमिक युग (Primitive age) से लेकर अब तक कविता का मनुष्य के सामाजिक जीवन से क्या द्वंद्वात्मक (dialectical) संबंध रहा है, और उस संबंध से उत्पन्न वे कौन से गुण हैं जो कविता के सत्य और उसके सौंदर्य की सृष्टि करते हैं जिससे उसकी रसोद्रेक करने की शक्ति चिरकालिक है। क्योंकि यह जानकर ही हम कविता के विषय में सच्ची स्थापनाएँ बना सकते हैं।

प्राथमिक युग में जब कविता का जन्म हुआ था उस समय मनुष्य की संस्कृति : उसका शिल्प-विज्ञान, समाज-संगठन और चेतना अपने आरंभकाल में थी। समाज-जीवन अलग-अलग क़बीलों (tribes) में संगठित था, मनुष्य-मनुष्य का संबंध

या तो प्राथमिक साम्यवाद (primitive communism) का था या वर्गों का अभी जन्म ही हो रहा था, और इससे समाज-जीवन में कर्म-भेद और पद-भेद शुरू हो रहा था। इस युग की सबसे बड़ी आवश्यकताएँ थीं प्रकृति के अंध प्रकोपों से आत्म-रक्षा करना और प्रकृति के विधान से संघर्ष कर खेती या फ़सल उगाना। मनुष्य ने प्रकृति से संघर्ष कर उसके कुछ अंगों को तो विज़ित कर अपना सहचर बना लिया था, और उनके प्रति उसमें रागात्मक सहानुभूति उत्पन्न हो गई थी; कुछ अपने प्रकोपों से उसे, उसके किए-कराए को असह्य क्षति पहुँचाते थे, और उनसे वह कुछ चिढ़ता था, या भय खाता था। उसके जीवन का सबसे महत्त्वपूर्ण कार्य उसका प्रकृति से संघर्ष था। इस संघर्ष में मनुष्य व्यक्तिगत रूप से विजयी होने की कल्पना ही नहीं कर सकता था, इसके लिए यह आवश्यक था कि वह सामूहिक जीवन व्यतीत करे और सामूहिक रूप से ही संघर्ष करे। किंतु इस सामूहिक संघर्ष का संगठन कैसे हो ? निश्चय ही वाणी या भाषा द्वारा। लेकिन उस युग में लय-विहीन भाषा (गद्य) व्यक्तिगत आग्रह-आदेश की ही भाषा हो सकती थी, सामूहिक भावों को जाग्रत् करने की नहीं, किंतु लय-युक्त पद्य-भाषा, जो 'प्रभाव युक्त भाषा' heightened language होने के कारण, और संगीत के संयोग से सामूहिक रूप से गेय होने के कारण सामूहिक रूप से मनुष्य के भावों को जाग्रत् कर सकती थी, उन्हें कर्म करने के लिए प्रेरित कर सकती थी, उनके श्रम को मधुर बना सकती थी। इसलिए उस युग में पद्यबद्ध भाषा का ही प्रयोग हुआ। यहीं पर कविता का जन्म हुआ। क्योंकि इस पद्यबद्ध भाषा में यद्यपि अविभाजित undifferentiated जीवन की वैविध्यविहीनता होने के कारण, तथा उस समय तक ज्ञान की विभिन्न शाखाएँ न फूट पाने के कारण कविता सामूहिक ज्ञान का एकमात्र माध्यम थी, उसी में सारा ज्ञान संचित था, तथापि उसमें प्रकृति के प्रकोपों, और उससे संघर्ष, फसल और प्रकृति के विजित सहचरों के प्रति मनुष्य के रागात्मक संबंध की अभिव्यक्ति होने लगी थी, अर्थात् कविता का जन्म हो गया था। और जिस प्रकार विकासमान समाज ने वातावरण के साथ संघर्ष करने में पृथ्वी पर अपने अस्तित्व के साथ non-biological और 'मानवीय' तादात्म्य (adaptation) अथवा अनुकूलता स्थापित करने के लिए, कॉडवेल के शब्दों में, फ़सल उगाने की टेकनीक को जन्म दिया उसी प्रकार उस फ़सल के प्रति उस क़बीले (tribe) के संबंध को व्यक्त करने के लिए भावात्मक, सामाजिक एवं सामूहिक मनोदशा (collective complex) की अभिव्यक्ति करनेवाली कविता को भी जन्म दिया। इस कविता में सत्य का एक जाल बुना रहता था, किस भाव या अनुराग से, किस साहचर्य की भावना से, किस परिश्रम से, किस लंबी प्रतीक्षा से और अंत में किस आनंद और उल्लास से वह फ़सल तैयार की जाती थी; और कविता सामूहिक भ्रम उत्पन्न कर इस कार्य में लगे श्रम को मधुर बनाती थी, उसके बीच में पड़नेवाले सभी विघ्नों की भयंकरता दिखाकर मनुष्य को सामूहिक रूप से उनका सामना करने

के लिए पहले से तत्पर कर देती थी, इसकी व्यंजना उस काल की कविता में सुरक्षित है। जिस प्रकार मनुष्य का फसल से संबंध अंतर्वृत्ति-प्रेरित न होकर आर्थिक और सचेत था, उसी प्रकार कविता का सत्य अप्रत्यक्ष, अमूर्त्त भावनाएँ अथवा उसकी तथ्य-प्रियता नहीं, वरन् समाज में उसकी गत्यात्मक भूमिका, अर्थात् उसमें अभिव्यक्त सामूहिक भाव ही कविता का सत्य था और जिस प्रकार प्रकृति और वातावरण से संघर्ष करने के लिए सामाजिक जीवन अनिवार्य था उसी प्रकार इस संघर्ष में प्रवृत्त करने के लिए सामूहिक भावों को संगठित कर उन्हें आग्रही, सचेत और जाग्रत् बनाना भी आवश्यक था। इस प्रकार सामाजिक जीवन के समान ही कविता भी मनुष्य की स्वतंत्रता का अस्त्र थी। (मनुष्य का प्रकृति और वातावरण से संघर्ष इसीलिए तो था और है कि उसे वशीकृत कर वह उसे अपने अनुकूल बनाए और वह अपने व्यक्तित्व, सामाजिक जीवन द्वारा वैविध्य और प्रकृत गुणों का विकास कर अधिकाधिक स्वतंत्रता प्राप्त करता जाय।)

इसके पश्चात् वर्ग-समाज का विकास हुआ। सामाजिक जीवन में कार्य-विभाजन हुआ, और कविता जो पहले सामूहिक-जीवन के समस्त ज्ञान का भंडार थी, अब स्वतंत्र रूप से एक 'कार्य' के रूप में विकसित होने लगी, जिस प्रकार दर्शन, धर्म, नाटक, संगीत आदि। जिन वर्गों के हाथ में सत्ता थी, उन पर ही प्रकृति और वातावरण से संघर्ष करने के लिए सामाजिक जीवन का संगठन करने का दायित्व पड़ा और कविता जो स्वतंत्रता का अस्त्र थी इस वर्ग की चेतना के ध्रुव पर-आसीन हो गई, उसी की भावनाओं को अभिव्यक्त करने लगी, क्योंकि इस वर्ग की भावनाएँ उसकी सत्ता कायम रखने के भ्रमों की सृष्टि करने के साथ-साथ समस्त समाज की सामूहिक विकास की भावना की भी अभिव्यक्ति करती थी। लेकिन पूँजीवाद के काल में आकर पूँजीवादी संस्कृति ऐक असामाजिक दृष्टिकोण का विकास करती है—उत्पादन पर व्यक्ति का एकाधिकार होने के कारण और विशेषकर एक ऐसे वर्ग के उत्पन्न हो जाने के कारण जो शोषण का अंत कर एक वर्गहीन समाज स्थापित करने की क्षमता रखता है। इसलिए पूँजीवादी विचारधारा में व्यक्तिवाद का प्राधान्य होता है, और पूँजीवादी संस्कृति इस भ्रम की सृष्टि करती है कि मनुष्य की अंतर्वृत्तियों (instincts) की शक्ति 'व्यक्तिवाद' द्वारा ही विकसित की जा सकती है। और सामाजिक जीवन की आवश्यकता की अज्ञानता ही स्वतंत्रता है। और इसके फलस्वरूप हम जानते हैं कि रूसो से लेकर फ्रॉयड और अतिवस्तुवादियों ने समाज और उससे उत्पन्न चेतना को महत्त्वहीन ठहराकर प्राथमिक युग के प्राकृतिक मानव और अचेतन-अवचेतन मन को कितना महत्त्व दिया है और कविता के उन्हीं तत्त्वों को, जिनके कारण वह अपने प्रारंभ काल में मनुष्य की स्वतंत्रता प्राप्त करने का अस्त्र थी, सामाजिक मनुष्य के जीवन के मूल सार को व्यक्त करती थी, अपनी गेय पदावली और सामूहिक भावों का उद्रेक करने की शक्ति के कारण सामाजिक थी,

तिरस्कृत कर वे उसे निर्जीव और निष्प्राण बनाना चाहते हैं, क्योंकि यदि कविता में आज भी वे तत्त्व वर्तमान रहते हैं तो इसका अर्थ है कि वह आज के सामूहिक मानव (जनता, श्रमिक वर्ग) की भावनाओं की अभिव्यंजना करेगी, अर्थात् पूँजीवाद (प्रकृति) और उसकी संस्कृति (विचार जगत्) के विरुद्ध विद्रोह करेगी। और आज की प्रगतिशील कविता उसके इसी स्वाभाविक व्रिदोह को व्यक्त करती है। अर्थात् यदि वह एक वर्गहीन समाज के निर्माण के लिए सामूहिक भावना (भ्रम) की सृष्टि करती है तो यह भावना या भ्रम यूटोपिया बनानेवालों की तरह वर्गहीन समाज की यूटोपिया नहीं होती; न होनी ही आवश्यक है, वरन् कॉडवेल के अनुसार वह इस भावनात्मक ग्रंथि (कॉम्प्लैक्स) की अभिव्यक्ति करती है कि मनुष्य को एक-दूसरे के साथ और वर्गहीन समाज के साथ एक ऐसे संबंध में खड़ा होना चाहिए, उनकी अंतर्वृत्तियों का संगठन इस ढंग से होना चाहिए कि उसका संबंध बाह्य वातावरण (पूँजीवाद) और दूसरे मनुष्यों के साथ ऐसा हो कि एक वर्गहीन समाज की स्थापना संभव हो जाय अर्थात् वह वर्तमान वास्तविकता के प्रति, उसे बदलने के लिए, एक नए दृष्टिकोण से मनुष्य के भाव-जगत् का संगठन करने का प्रयत्न करती है, और कविता के जिन गुणों अथवा मूल तत्त्वों का पूँजीवाद में तिरस्कार हुआ था उन्हें पुनः स्थापित कर उसे मनुष्य की स्वतंत्रता प्राप्त करने का अस्त्र बनाना चाहती है।

कविता की मूल प्रवृत्ति के इस संक्षिप्त विकास से कुछ बातें स्पष्ट हो जाती हैं, जिन्हें हम कविता की विशेषताएँ कह सकते हैं। पहली बात तो यह कि कविता 'शब्दों' से रची जाती है। 'शब्दों' के दो पक्ष होते हैं : एक तो वे प्रत्यक्ष जगत् (perceptual world) के किसी अंग का संकेत करते हैं, दूसरे वे वास्तविकता के उस अंग के प्रति मनुष्य के अंतर्जगत् के रागात्मक संबंध या दृष्टिकोण का द्योतन करते हैं। और चूँकि शब्दों का प्रयोग 'व्यक्ति' द्वारा ही होता है, इसलिए वास्तविकता के द्रष्टा के रागात्मक संबंध की भी वे अभिव्यक्ति करते हैं, जिससे 'प्रत्यक्ष जगत्' में वह वर्ण, गंध, ताप, भाव, स्पर्श आदि का अनुभव करता है, और यह एक सामूहिक अनुभव होता है।

दूसरे, कविता 'प्रभावयुक्त भाषा' heightened language है, अर्थात् वह लययुक्त होती है। कविता लययुक्त इसलिए होती है कि वह मनुष्य की अंतर्वृत्तियों और भावों में और उन सामाजिक संबंधों में जिसके द्वारा सामूहिक रूप से भाव अपनी पूर्णता प्राप्त करते हैं सूक्ष्म रूप से एक निश्चित संतुलन की अभिव्यक्ति करती है। इसीलिए समाज के प्रति मनुष्य जब अपनी भावनाओं और अंतर्वृत्तियों का नए सिरे से मूल्य आँकता है तो छंद और लय की परंपराओं के प्रति उसका दृष्टिकोण भी बदल जाता है। आज मुक्त छंद पर इतना ज़ोर दिया जाता है तो इसीलिए कि पूँजीवादी समाज की अंतर्वृत्तियाँ समाज के साथ एक अराजकतावादी तादात्म्य स्थापित करना चाहती हैं। इसीलिए मुक्तछंद आज की संस्कृति की अराजकतावादी

एवं व्यक्तिवादी प्रवृत्ति का द्योतन करता है और कविता के सामूहिक गेयता के तत्त्व का तिरस्कार करता है, जिसके कारण कविता शक्ति प्राप्त करती है। किंतु प्रगतिशील अथवा क्रांतिकारी कविता लय का तिरस्कार नहीं कर सकती, क्योंकि वह उसे कविता का आवश्यक गुण मानती है।

तीसरे, कविता, चूँकि उसका संगठन 'काल' (time) में नहीं वरन् 'देश' (space) में होता है, अर्थात् कविता में व्यक्त भाव ऐतिहासिक विकास-क्रम के अनुसार नियोजित नहीं होते हैं, जिस प्रकार उपन्यास की कथा का घटना-चक्र, बल्कि उनके 'प्रभाव' प्राचीन और अर्वाचीन भावधाराओं से ग्रहण किए जाते हैं, इसलिए उसमें 'व्यक्त' बाह्य वास्तविकता में तारतम्य या साम्य होना आवश्यक नहीं होता, किंतु उसमें आंतरिक वास्तविकता अर्थात् उसके भाव और अंतर्वृत्ति-निरूपक मनःस्थितियों में तारतम्य और साम्य होता है। इससे एक और बात सिद्ध होती है कि कविता प्रतीकवादी नहीं हो सकती, क्योंकि प्रतीक शब्दों से संबंध नहीं रखते, वरन् उन वस्तुओं से संबंध रखते हैं जिनके वे संकेत-चिह्न होते हैं, और उनमें व्यक्तिगत राग-तत्त्व का सम्मिश्रण नहीं रहता। प्रतीकवादी होकर कविता केवल ध्वनिमात्र या संगीतमात्र रह जाती है। लेकिन यद्यपि कविता में बाह्य प्रतीकत्व नहीं होता, उसमें आंतरिक अथवा भावात्मक प्रतीकत्व अवश्य होता है, अर्थात् वह भावात्मक संबंधों का संकेत करती है। किंतु जैसा हम ऊपर देख चुके हैं प्रत्येक शब्द के दो पक्ष होते हैं, इसलिए कविता में भावात्मक पक्ष होता है तो वे भाव बाह्य वास्तविकता के किसी अंग का भी द्योतन करते हैं। उसमें दोनों पक्षों का समावेश रहता है। कविता के प्रतीकवादी न होने से एक बात और सिद्ध होती है कि कविता का अनुवाद नहीं हो सकता, अर्थात् अनुवाद करने से चाहे उसके अर्थ समझा दिए जा सकें लेकिन उसके अंदर प्रयुक्त शब्दों के तारतम्य उसकी लय आदि में जो ध्वनि, जो भावात्मक आभा रहती है, उसका अनुवाद नहीं किया जा सकता।

इसके अतिरिक्त कविता का क्षेत्र मनुष्य का भाव-जगत् है। मनुष्य के चेतन-जगत् में वास्तविक वस्तुएँ हैं, और उनके प्रति आंतरिक या भावात्मक संबंध को प्रकट करनेवाले दृष्टिकोण। विज्ञान का कार्य बाह्य वास्तविकता का संगठन करना है। कविता इन आंतरिक दृष्टिकोणों को साधारणीकरण द्वारा व्यवस्थित कर मनुष्य के सामाजिक 'अहं' को स्फुरित करती है। यह 'अहं' अकेला एक ऐसा प्रतीक है जो समस्त आंतरिक वास्तविकता को अपनी पकड़ में ले आता है। इस 'अहं' की दृष्टि से वास्तविकता कभी ओझल नहीं होती, क्योंकि जिन भावों का उद्रेक कर वह आंतरिक वास्तविकता का संगठन-परिवर्तन करता है वे बाह्य वास्तविकता के अंगों से संबद्ध रहते हैं। इसीलिए कविता मूर्त्त होती है।

अन्त में, कविता में सौन्दर्य और सत्य अवस्थित होता है, अर्थात् उसके लिए इतना ही काफी नहीं है कि वह भावात्मक हो। यदि उसके अन्दर व्यक्त भाव या

अनुभूति का आधार ऐसा वैयक्तिक अनुभव है जो सामाजिक रूप से अनुभूत नहीं किया जा सकता तो वह सौन्दर्य की सृष्टि नहीं कर सकता। क्योंकि सौन्दर्य-भावना का उद्रेक चेष्टाशील मनुष्य के पारस्परिक संबंधों में निहित रागात्मक संबंध पर निर्भर करता है। अतः यदि व्यक्ति का अनुभूत भाव सामाजिक मनुष्य के अंदर उसका उद्रेक नहीं कर सकता तो वह सौन्दर्य या सत्य की सृष्टि भी नहीं कर सकता। इस प्रकार सौन्दर्य कोई अप्रत्यक्ष वस्तु नहीं है। कविता इसी सौन्दर्य की सृष्टि कर बाह्य जगत् के प्रति आन्तरिक वास्तविकता के तादात्म्य, संबंध और दृष्टिकोण की अभिव्यक्ति करती है। अतः उसके मूल्यांकन के माप भी इसी सौन्दर्यानुभूति के नियमों से निरूपित होते हैं।

इस प्रकार कविता अपनी लय से मनुष्य की बाह्य-चेतना को तीव्र कर उसे वातावरण के प्रत्यक्ष ज्ञान से विमुख कर, स्वचेतन और अंतर्मुखी बनाकर, हमारे ध्यान को वास्तविकता के बाह्य रूपों के गह्वर में उतारकर, भावात्मक जगत् को प्रत्यक्ष कर देती है। कहने का तात्पर्य यह है कि कविता अपने शब्द-प्रयोगों द्वारा बाह्य वास्तविकता को विकृत कर और उसके ढाँचे को अस्वीकृत कर सामाजिक 'स्व' या 'अहं' के ढाँचे को ऊपर उठाती है, उसे प्रमुखता प्रदान करती है। इस कार्य में लय, छंद, उपमा, अनुप्रास आदि उसके साधन बनते हैं। और इस प्रकार बाह्य वास्तविकता का जगत् दृष्टि से ओझल हो जाता है और अंतर्वृत्तियों का जगत्, शब्दों के पीछे छिपे भावमय सूत्रों को एकत्र कर, ऊपर उठ आता है। सामाजिक जगत् से सामाजिक 'अहं' का जन्म होता है।

कविता की रचना कवि द्वारा होती है। कवि व्यक्ति है, द्रष्टा है। वास्तविकता के किसी अंग का प्रत्यक्ष कर उसके मन में एक नया भाव उत्पन्न होता है। वह उस नए भाव को कविता के रूप में अभिव्यक्ति करता है, इसे आत्माभिव्यक्ति कहा जाता है। लेकिन वास्तव में यह आत्माभिव्यक्ति नहीं, बल्कि आत्म-समाजीकरण होता है, व्यक्तिगत अनुभव को समाज के अनुभव में सम्मिलित करना। इस प्रकार द्वंद्वात्मक भाषा में विगत अनुभवों को negate कर जो नया अनुभव व्यक्ति ने प्राप्त किया है, कविता द्वारा समाज के अनुभव में गृहीत होकर वह अपनी वैयक्तिकता को negate कर देता है।

प्रश्न उठ सकता है कि जब कविता का रचयिता व्यक्ति होता है और वह अपने व्यक्तिगत अनुभव को कविता द्वारा समाज के अनुभव में सम्मिलित करता है तो किसी कविता का केवल समसामयिक महत्त्व ही हो सकता है, किंतु बात इसके विपरीत भी क्यों है ? कॉडवेल के अनुसार यह अनुभव दो प्रकार का होना चाहिए, अर्थात् पहले तो वह 'महत्त्वपूर्ण' हो, अर्थात् उसके भाव अपरिवर्तनशील अंतर्वृत्तियों (instincts) को गहरे भावोद्रेक से हिला सके। मनुष्य की अंतर्वृत्तियों में परिवर्तन नहीं होता, बल्कि संस्कृति के परिवर्तनशील रूपों के तादात्म्य के नीचे वे एक कंकाल

के रूप में मौजूद रहती हैं और सामाजिक 'अहं' का संगठन करती रहती हैं। इस सामाजिक 'अहं' का निर्माण युगों की कला ने किया है। दूसरे यह अनुभव 'सामान्य' general होना चाहिए। अर्थात् उसमें कलाकार द्वारा अनुभूत कोई परस्पर-विरोधी अनुभव की वस्तु न हो या वह एक-दो मनुष्यों के विशिष्ट अनुभव की ही वस्तु न हो वरन् मौन अवचेतन रूप में अधिकांश मनुष्यों द्वारा अनुभूत हो, क्योंकि यदि ऐसा न हुआ तो वह अधिकांश मनुष्यों के लिए अर्थपूर्ण कैसे हो सकती है ?

पहली बात से महान् कला या कविता को चिरंतनता का गुण प्राप्त हो जाता है, क्योंकि मनुष्य की अंतर्वृत्तियाँ चिरंतन हैं। दूसरी बात से उसे समसामयिकता का महत्त्व प्राप्त हो जाता है। यही कारण है कि यदि आज के कलाकार या कवि की कृति हमारे लिए महत्त्व रखती है तो होमर, शेक्सपियर, वाल्मीकि, व्यास, कालिदास या कबीर की कविता भी हमारे लिए अर्थहीन नहीं हो पाती। अतः कविता में व्यक्त भाव या अनुभव किस समाज की उपज हैं अर्थात् किन सामाजिक परिस्थितियों का मानस प्रतिबिंब हैं, और समकालीन तथा परवर्ती समाज की बदलती परिस्थितियों को वह किस तरह प्रभावित करते हैं, इसका विवेचन कविता की सामाजिक पृष्ठभूमि और उसके सौंदर्य मूल्य का निरूपण करने के लिए आवश्यक होता है।

संक्षेप में यह कविता की प्रगतिवादी व्याख्या है, और प्रतीकवाद, भविष्यवाद और अतिवस्तुवाद से विमुख होकर अनेक प्रतिभाशाली कवि और आलोचक अब यह स्वीकार करते जा रहे हैं कि कविता को आधुनिक वास्तविकता के प्रति एक सचेत, प्रगतिशील दृष्टिकोण व्यक्त करना चाहिए, ऐसा करके ही वह एक शोषणहीन समाज के निर्माण के लिए मनुष्यों के भावजगत् का संगठन कर सकती है और पुनः समस्त मानव जाति की स्वतंत्रता का अस्त्र बन सकती है।

('हंस', 1941)

समता का सपना और हिंदी-क्षेत्र*

'गंगा' द्वारा 'लोक जीवन और सांस्कृतिक पुनर्जागरण' विषय पर आयोजित एक गोष्ठी के 'परिपत्र' में उन बहुत-सी कठिनाइयों और बाधाओं का ज़िक्र किया गया जो हमारे सामाजिक जीवन को दूषित कर रही हैं और हमारे सांस्कृतिक विकास को अवरुद्ध कर रही हैं। इस संबंध में नए और पुराने जीवन-मूल्यों के बीच निरंतर चलनेवाले संघर्ष का ज़िक्र करते हुए 'परंपरा और परिवर्तन' के बीच एक 'स्वस्थ सामंजस्य' स्थापित करने की आवश्यकता पर ज़ोर देकर एक प्रश्न उठाया गया है कि 'सांस्कृतिक पुनर्जागरण के आंदोलन की मूल समस्या है इस बात का निर्णय करना कि प्राचीन और नए में किन बातों को छोड़ा जाए और किन को ग्रहण किया जाए ?'

मेरे विचार से ऐसी कोई फेहरिस्त तैयार करना अकादमिक भूल-भुलैयों में भटक जाना होगा और यांत्रिक चिंतन की मिसाल होगा। इस सोच के पीछे कुछ ऐसे आग्रह की भनक मिलती है, जैसे अब तक देश में सांस्कृतिक पुनर्जागरण का कभी कोई आंदोलन नहीं चला और हम पहली बार इस समस्या के प्रति सचेत हुए हैं। यह अपने ही इतिहास को अनदेखा करनेवाली बात है। और दूर न जाएँ तो पिछले सात-साठ सौ साल के अरसे में अनेक ऐसे आंदोलन चले हैं, जिन्होंने अपने-अपने समय की प्रबुद्ध सामाजिक चेतना का आश्रय लेकर 'परंपरा और परिवर्तन' के बीच एक 'स्वस्थ सामंजस्य' कायम करने की कोशिश की, अर्थात् समाज में प्रचलित कुरीतियों, संकीर्णताओं, मनुष्यों में भेद-भाव पैदा करनेवाले रीति-रिवाज़ों और धार्मिक रूढ़ियों के विरुद्ध सारे देश की पुरानी बद्धमूल चिंतनधारा को झकझोरा। बल्कि इतना ही नहीं, उन्होंने ऐसे मौलिक साहित्य और कला का सृजन भी किया जिसमें मानववादी जीवन-मूल्यों की प्राणप्रतिष्ठा थी। उन्होंने जनसाधारण की बोलियों में रचना करके भारतीय साहित्य को डिमॉक्रेटिक और धर्मनिरपेक्ष भावना का वाहक बनाया। उन्होंने अपनी रचनाओं द्वारा भारत की

---

*'लोक जीवन और सांस्कृतिक पुनर्जागरण' विषय पर हिंदी मासिक 'गंगा' की ओर से 23-24-25 जनवरी 1986 को दिल्ली में आयोजित सेमिनार में पठित।

ऐतिहासिक वास्तविकता के अनुकूल एक मिली-जुली (कम्पोज़िट) संस्कृति को रूप दिया। सूफी आंदोलन, भक्ति आंदोलन और ब्रिटिश गुलामी के दौर के मूलतः साम्राज्यवाद विरोधी रोमांटिक और प्रगतिशील आंदोलनों की उपलब्धियों को क्या अनदेखा करके हम सांस्कृतिक पुनर्जागरण का कोई नया आंदोलन शुरू कर सकते हैं ? *अमीर खुसरो, शेख़ फरीद, कबीर, नानक, सूर, तुलसी, तुकाराम, संत ज्ञानेश्वर, दादू, रैदास, चैतन्य महाप्रभु* और दक्षिण के आलवार कवियों से लेकर *बंकिम, टैगोर शरत्, भारती, वल्लाथोल, भारतेंदु, प्रेमचंद, निराला, इक़बाल* और *फ़ैज़* की विरासत एक प्रगतिशील मानववादी जीवंत परंपरा है, जिसे आत्मसात् करके, और देशकाल की नई परिस्थितियों के अनुरूप विकास करके ही किसी नए सांस्कृतिक पुनर्जागरण के आंदोलन की कल्पना की जा सकती है। हमारे देश का संगीत महान् है—लोक-संगीत भी और शास्त्रीय संगीत भी। यही बात हमारी नृत्य और वास्तुकला तथा अन्य लोक-कलाओं पर भी लागू होती है। इनमें इतना वैविध्य है, इतनी सूक्ष्मवत्ता है, इतनी गहरी सौंदर्य-दृष्टि है, और लोक-रंजन की इतनी सामर्थ्य है कि हमें ही नहीं, विदेशी विद्वानों को भी भारत के साधारण लोगों की प्रतिभा पर आश्चर्य होता है। इस सारी विरासत को समेटकर, उसे नए विचारों और आकांक्षाओं से अनुप्रेरित करके ही सांस्कृतिक पुनर्जागरण का आंदोलन शुरू किया जा सकता है।

इसीलिए मैंने कहा कि "प्राचीन और नए में किन बातों को छोड़ा जाय और किन को ग्रहण किया जाय", ऐसी कोई फ़ेहरिस्त तैयार करना यांत्रिक अभ्यास होगा। सारे बुद्धिजीवी, यहाँ तक कि लेखक और कलाकार भी ऐसी किसी फ़ेहरिस्त पर एकमत नहीं हो सकते, क्योंकि उनमें कुछ रूढ़िवादी संस्कारों से ग्रसित हैं, कुछ आधुनिक प्रगतिशील चेतना के हैं, तो कुछ अत्याधुनिकता के अंध-भक्त हैं, जो सारे मानवीय संबंधों और उदात्त भावनाओं को पाश्चात्य की घोर अनास्थावादी मानसिकता से दूषित करके अर्थहीन बना रहे हैं। इनमें विभिन्न राजनीतिक विचारधाराओं और दलों के समर्थक भी हैं, जिनमें से कुछ अगर समग्र देश और राष्ट्र के हितों को दृष्टि में रख सकने में समर्थ हैं तो कुछ की दृष्टि संस्कारतः अपने क्षेत्र, धर्म, संप्रदाय, जाति और वर्ग के संकीर्ण हितों तक ही सीमित है, और किसी भी संकट के समय अपने प्रगतिशील, समाजवादी, धर्मनिरपेक्ष दावों के बावजूद वे इन संकीर्ण हितों का समर्थन करने लगते हैं, जैसा कि पंजाब में हुआ। सिख बुद्धिजीवियों में इने-गिने ही ऐसे लेखक, कलाकार, पत्रकार या विद्वान् थे, जिन्होंने पाश्चात्य देशों या पाकिस्तान में प्रशिक्षित आतंकवादी नौजवानों के हत्याकांडों और देश को विघटित करने की अलगाववादी चेष्टाओं की निंदा की हो। बल्कि उनमें से अधिकांश तो खुलेआम उनकी हिंसात्मक कार्रवाइयों को केंद्रीय सरकार की सिख-विरोधी (?) नीति का स्वाभाविक परिणाम बताकर अपना समर्थन देते रहे। जिन्होंने अपना विवेक और संतुलन नहीं खोया था और जो इस आतंकवाद के पीछे

विदेशी हाथ को देख रहे थे, वे भी उन लेखकों और बुद्धिजीवियों की हत्या से संत्रस्त होकर ख़ामोश रहे, जिन्होंने इन आतंकवादियों के विरुद्ध आवाज़ उठाई थी। इसके अलावा, हमारे देश के विभिन्न साहित्यों के नौजवान लेखकों में माओवाद से प्रभावित एक ज़बर्दस्त अति-वामपंथी रुझान भी आया है। लगता है कि एक पीढ़ी की पीढ़ी आत्मपरकता और अराजकतावाद के दलदल में फँस गई है। उनके पास अंधे आक्रोश के अलावा विचारों की पूँजी इतनी नगण्य है, कि उनकी हर रचना निंदापुराण की पुनरावृत्ति बन जाती है, नक्सलवाद की सजातीय इस प्रवृत्ति ने साहित्य में नई प्रतिभाओं को उभरने से रोक दिया है—कम-से-कम व्यापक दृष्टि और संतुलित चिंतनयुक्त श्रेष्ठ रचनाओं का सृजन दुर्लभ-सा हो गया है। यह चिंतनीय स्थिति है, क्योंकि जब तक नौजवान पीढ़ी के लेखक किसी व्यापक प्रगतिशील विश्वबोध से प्रेरित होकर रचनाशील नहीं होते, सांस्कृतिक पुनर्जागरण का कोई नया आंदोलन देशव्यापी शायद नहीं हो पाएगा। सन् 1936 में हमने जब प्रगतिशील लेखक संघ कायम किया था, उस समय हम सब बीस और तीस के बीच की उम्र के नौजवान थे, लेकिन चूँकि हम वैचारिक मतभेद के बावजूद, देश के साम्राज्यवाद-विरोधी राष्ट्रीय आंदोलन की मुख्यधारा के साथ थे, हमारे पास एक अत्यंत व्यापक-विश्वबोध था और त्याग और बलिदान का हौसला था, इसलिए प्रकाशन के न कुछ साधनों के बावजूद प्रगतिशील आंदोलन देश के सांस्कृतिक पुनर्जागरण का सबसे व्यापक और सबसे अग्रगामी आंदोलन बन गया, जिसने सारे भारतीय साहित्य की धारा मोड़ दी।

'परिपत्र' की एक और बात की ओर ध्यान दिलाना ज़रूरी है, नहीं तो कुछ भ्रम हो सकता है। उसमें 'हमारे सामाजिक जीवन की' इस हक़ीक़त को स्वीकारते हुए कि 'ऐतिहासिक और भौगोलिक कारणों से हम प्रदेशों में बँटे रहे' इस बात पर सही ज़ोर दिया गया है कि इसके बावजूद 'पूरे देश में रहन-सहन, खान-पान, रस्मोरिवाज़, मुहावरे-कहावतों और जीवन-शैली की अन्य कई बातों में आश्चर्यजनक समानता है'। यह कोई नई खोज नहीं है और न यह कोई नई बात है कि 'अपने से भिन्न लोगों को हीन मानने की प्रवृत्ति के कारण ही आज हर प्रदेश में दूसरे प्रदेशों के लिए कोई-न-कोई अपशब्द प्रचलित हैं।' समाजशास्त्र और मानवविज्ञान का हर विद्यार्थी जानता है कि हर देश में जहाँ एक से अधिक मानव जातीय (ethnic) समुदाय, क़बीले या जन बसते हैं, वहाँ दीर्घकालीन सांस्कृतिक आदान-प्रदान के कारण जीवन शैली में 'आश्चर्यजनक समानताओं' के बावजूद सूक्ष्मतर भिन्नताओं के आधार पर विशेषकर अपने-अपने इतिहास की स्मृतियों और परस्पर के संपर्कों से प्राप्त कटु अनुभवों के आधार पर लोगों के दिलों में एक-दूसरे के प्रति प्रतिकूल पूर्वग्रह और द्वेष पैदा हो जाते हैं और पीढ़ी-दर-पीढ़ी दोहराये जाने के कारण हरेक के बद्धमूल संस्कार बन जाते हैं। हमारे देश में तो एक-भाषी लोगों के अंदर भी ज़ात-पाँत, रंग-भेद, धर्म-संप्रदाय के आधार पर तरह-तरह के प्रतिकूल पूर्वग्रह प्रचलित

हैं, जिनकी अभिव्यक्ति अक्सर अपशब्दों, विद्रूप भरी कहावतों और लोककथाओं में मिलती है। ये प्रतिकूल पूर्वग्रह अचानक 'आज' नहीं पैदा हुए, बल्कि उस समय से प्रचलित हैं, जब से विभिन्न क़बीलों और नस्लों के लोग भारत के विभिन्न भागों में आकर बसे थे। उस समय क़ौमों के बीच सहअस्तित्व बराबरी और एक-दूसरे के प्रदेश में हस्तक्षेप न करने की नीति के आधार पर नहीं होता था, बल्कि युद्धों में हार-जीत के आधार पर होता था। इसकी मिसालें रामायण, महाभारत और पुराणों में भरी पड़ी हैं।

ये सब ऐतिहासिक स्मृतियाँ और अनुभव और उनसे उत्पन्न अपने से अन्य मानव-समुदायों के प्रति प्रतिकूल पूर्वग्रहों की शृंखला निस्संदेह उनमें सद्भावना और भाईचारा स्थापित करने के बीच आड़े आती है। इस बात के प्रति प्राचीन काल से ही मानववादी विचारक और धर्म-प्रचारक सचेत रहे हैं और उन्होंने मानवमात्र की एकता पर ज़ोर दिया। फिर भी यह समस्या सभी देशों में मौजूद है, विशेषकर उन देशों में जहाँ मुनाफ़ाखोरी और मानव-शोषण पर आधारित वर्ग-व्यवस्था अभी तक क़ायम है। समाजवादी देशों में अपने से भिन्न मानव समुदायों या क़ौमों के प्रति ऐसे प्रतिकूल पूर्वग्रह धीरे-धीरे मिटते जा रहे हैं, क्योंकि उनको प्रोत्साहन देने में वहाँ किसी वर्ग या समूह की स्वार्थ सिद्धि नहीं होती।

लेकिन 'परिपत्र' में इस हक़ीक़त को रेखांकित न करके कहा गया है कि भारत के प्रदेशों में बँटे लोगों के बीच 'आश्चर्यजनक समानता' होते हुए भी जो थोड़ी-बहुत भिन्नताएँ हैं, उन्हें 'विशिष्टताओं का नाम देकर हमने ही अस्मिता (पहचान) का प्रश्न खड़ा किया है, जिसको लेकर कभी पंजाब में, कभी असम में, कभी बंबई में या कभी दक्षिण के किसी प्रांत में अस्मिता के प्रश्न को लेकर संकुचित आंदोलन छिड़ता रहा है।' माफ करें, यह सरासर अवैज्ञानिक चिंतन का नमूना है, क्योंकि इसमें दो बातों को दुराग्रहपूर्वक ख़ल्त-मल्त कर दिया गया है, जबकि उनका एक-दूसरे से कोई संबंध नहीं है। इस वक्तव्य या स्थापना से यह ध्वनि निकलती है कि इन प्रदेशों में जो क्षेत्रीय या भाषाई आंदोलन चले उनके लिए वह अनिर्दिष्ट 'हम' लोग ही ज़िम्मेदार हैं, जिन्होंने 'भिन्नताओं' को 'विशिष्टताओं' का नाम देकर 'अस्मिता का प्रश्न' खड़ा किया है। तभी तो यह ख़तरनाक निष्कर्ष निकाला गया है कि 'इस छद्म अस्मिता से लोगों को कैसे मुक्त किया जाए, किसी भी सांस्कृतिक आंदोलन के लिए यह भी एक बड़ा प्रश्न है।' यह सारा तर्कवाद ग़लत है और अंत में 'अस्मिता' को 'छद्म' शब्द से विशेषित कर देने मात्र से यह निष्कर्ष तर्कसंगत और वांछनीय नहीं बन जाता। पंजाब, असम या बंबई के आंदोलनों का किसी मानव-समूह या क़ौमियत की अस्मिता से दूर का भी संबंध नहीं था। ये सांस्कृतिक आंदोलन नहीं थे। राजनीतिक स्वार्थों के लिए लड़े गए कोरे राजनीतिक आंदोलन थे, चाहे लोगों को गुमराह करने के लिए उन्होंने कभी अस्मिता का भी नाम लिया हो। नवजात शिशु

का हम नामकरण करते हैं तो उसे एक अस्मिता प्रदान करते हैं। जब कोई गुलाम देश आज़ादी के लिए संघर्ष करता है तो वह अपनी अस्मिता के लिए ही लड़ता है। क्या कभी किसी सांस्कृतिक आंदोलन का लक्ष्य लोगों को अपनी अस्मिता से मुक्ति दिलाना रहा है या हो सकता है ? क्या हमारा सांस्कृतिक आंदोलन बंगालियों, तमिलों, काश्मीरियों, गुजरातियों यहाँ तक कि संथालों, भीलों, नागाओं आदि से कहेगा कि आप अपने नाम को त्याग दें, और केवल भारतीय कहलाएँ ? कितनी बेतुकी और हास्यास्पद और असांस्कृतिक बात होगी यह ? क्या रवींद्रनाथ ठाकुर और महात्मा गांधी ग़लत थे जो भारत की मिसाल एक उपवन या गुलदस्ते से देते थे, जिसमें भाँति-भाँति के फूल खिले हैं या भाँति-भाँति के फूल सजाए गए हैं, जिसकी अनेकता में ही वे एकता की कल्पना करते थे ? हमारे राष्ट्रीय आंदोलन की यही परंपरा रही है–भिन्नताओं पर अनावश्यक ज़ोर न देना, लेकिन उन्हें नकारना भी नहीं, क्योंकि वे ऐतिहासिक और भौगोलिक वास्तविकताएँ हैं। बल्कि 'विशिष्टताओं' का स्वागत करना, उन्हें सजाना-सँवारना, परवान चढ़ाना क्योंकि हर 'विशिष्टता' मानव-संस्कृति का ऐसा फूल है जिसका अपना रूप-रंग और गंध है, जो औरों से भिन्न है और जिससे उपवन की सुषमा और सौंदर्य-छटा बढ़ती है, अर्थात् उससे मानव-संस्कृति अपने ऐतिहासिक जीवन के अनुभव से और भी संपन्न बनती है। जब अंग्रेज़ साम्राज्यवादियों ने केवल शासकीय सुविधाओं के आधार पर विभिन्न प्रांतों में देश को बाँटा था, उस समय भी हमारे राष्ट्रीय आंदोलन ने भाषावार क्षेत्रों के आधार पर ही प्रांतीय कांग्रेस कमेटियाँ संगठित की थीं–अर्थात् हर भाषा-क्षेत्र के लोगों की अस्मिता को स्वीकृति दी थी। यह कार्य हमारी भारतीय कम्युनिस्ट पार्टी ने भी नहीं किया, यद्यपि उससे अपेक्षा की जाती थी कि वह क़ौमियतों के प्रश्न पर लेनिन के दिखाए मार्ग पर चलेगी। हमारे सांस्कृतिक आंदोलन को भारत के हर उस मानव-समूह को उसकी अस्मिता प्रदान करने का पक्षधर होना पड़ेगा, जिसकी अपनी भाषा और विशिष्ट संस्कृति है किंतु जो बीते युगों में प्रचलित 'मत्स्य न्याय' और 'जिसकी लाठी उसकी भैंस' वाली व्यवस्था के कारण सामाजिक अन्याय और आर्थिक शोषण से पीड़ित रहा है और जिसे उसकी अस्मिता से वंचित करके दलित और उपेक्षित बना दिया गया है। हमारे राष्ट्रीय संघर्ष की (ideological) वैचारिक परंपरा और भारतीय संविधान की धाराएँ भारत में बसनेवाले विभिन्न मानव समूहों को उनकी अस्मिता बहाल करने और उनका मानव-गौरव उन्हें वापस करने के पक्ष में हैं न कि छीनने या नकारने के। अगर ऐसा न होता तो सारे देश की जनता को राष्ट्रीय आज़ादी की लड़ाई में भाग लेने के लिए न प्रोत्साहित किया जा सकता, न प्रादेशिक या भाषागत अस्मिता की चेतना के साथ-साथ, इन सारी इकाइयों की भिन्न-भिन्न अस्मिताओं को एक ही उपवन या गुलदस्ते में सँजोनेवाली एक संयुक्त, हर इकाई से बालातर एक अखिल भारतीय राष्ट्रीयता का उदय होता

और न संविधान में प्रतिष्ठित 'लोकतंत्र, धर्म-निरपेक्षता, और समाजवाद' के आधारभूत आदर्शों का कोई अर्थ रह जाता। हम बंगाली हैं, कश्मीरी हैं, मलयाली हैं, नागा हैं, मिज़ो हैं, संथाल हैं, भील हैं, भोटिया हैं, पर साथ ही भारतीय हैं।

विश्व के इतिहास में केवल साम्यवादी सोवियत यूनियन ही इस तरह की परस्पर-भिन्न अस्मिताओं के इतिहास और भूगोल-जन्य अंतर्विरोधों को एक बृहत्तर जनतांत्रिक और बिरादराना इकाई में समन्वित कर सका है। यह गांधी और नेहरू जैसे युग-द्रष्टा नेताओं की महानता है कि उन्होंने भारत की ऐतिहासिक और भौगोलिक स्थिति को ध्यान में रखकर और सोवियत मिसाल से प्रेरणा लेकर दोनों प्रकार की अस्मिताओं को समन्वित करने की कोशिश की। समन्वय की यह प्रक्रिया कठिन और दीर्घकालीन होती है और इसके मार्ग में क़दम-क़दम पर चुनौतियाँ आती हैं, जिनका सामना जनतंत्र, धर्म-निरपेक्षता और समाजवाद के आदर्शों पर और अधिक दृढ़तापूर्वक अमल करने से ही किया जा सकता है, न कि विभिन्न अस्मिताओं से लोगों को मुक्त कराने का अभियान चलाकर।

यह इस युग का कटु सत्य है कि जो शब्द अपने मानववादी अर्थों के कारण मनुष्य मात्र की चेतना में पुनीत बन गए हैं, उन्हें आज की प्रतिक्रियावादी ताक़तें अपने असली स्वार्थों और मन्तव्यों को छिपाने के लिए शिखंडी की तरह इस्तेमाल करने लगी हैं, जिनकी आड़ लेकर वे इंसान की उन्हीं प्रगतिशील आकांक्षाओं और जीवन-लक्ष्यों को क़त्ल करने के लिए तीर और तोप चलाती हैं, जो उनके प्रतीक बन गए हैं। पाश्चात्य साम्राज्यवाद ने, याद रहे, 'सभ्यता और संस्कृति' फैलाने के लिए एशिया, अफ्रीका और लातीनी अमरीका के देशों को गुलाम बनाया था। आज अमरीका 'जनतंत्र' 'मानव-अधिकारों' और 'विश्व-शांति' की रक्षा के नाम पर दुनिया के हर उस देश में, जहाँ जनता अपनी आज़ादी, जनतंत्र, समाजवाद या रंगभेद की नीति के विरुद्ध मानव-अधिकारों के लिए संघर्ष करती है, हस्तक्षेप करने के लिए तत्पर रहता है। विश्व-शांति की रक्षा के नाम पर वह समाजवाद का नामोनिशान मिटाने के लिए अणु-अस्त्रों के अंबार लगाता जा रहा है और सारे संसार के जनमत की उपेक्षा करके 'स्टार-वार' की तैयारी में जुटा है। अमरीकी साम्राज्यवाद को इस बात से सरोकार नहीं कि अगले महायुद्ध में पृथ्वी पर सारा जीवन ही नष्ट हो जाएगा और विजेता का सेहरा बाँधने के लिए कोई नहीं बचेगा। कौन नहीं जानता कि अमरीकी साम्राज्यवाद ने सी.आई.ए को अपार धनराशि देकर खुली छूट दे रखी है कि वह उन सारे देशों की सरकारों का तख़्ता उलटने की साज़िशें करती रहे जो पाश्चात्य नव-उपनिवेशवाद की आर्थिक गुलामी से अपने को मुक्त रखने के लिए अपने उद्योग-धंधों का विकास करके आत्म-निर्भर बनना चाहते हैं, और विश्व-शांति और सहअस्तित्व के लिए प्रयत्नशील हैं।

इस ज़माने की, या कहें युद्धोत्तर काल के इन चालीस वर्षों की उस हक़ीक़त

की ओर गोष्ठी के 'परिपत्र' में संकेत तक नहीं किया गया, जिसने आज़ादी के बाद हमारे सांस्कृतिक पुनर्जागरण और पुनर्निर्माण की प्रक्रिया को अवरुद्ध करके ग़लत दिशाओं में भटकाया है और हमारे समूचे बुद्धिजीवी वर्ग को गुमराह किया है। यह हक़ीक़त है हमारे सांस्कृतिक और बौद्धिक जीवन के हर क्षेत्र और संस्थान में ह्रासोन्मुखी पाश्चात्य संस्कृति और विचारधारा की सोद्देश्य घुसपैठ। आज के संक्रमणकालीन ज़माने की मुख्य राष्ट्रीय और अंतर्राष्ट्रीय समस्याओं को समझने और उनसे जूझने की क्षमता को नष्ट करने की ख़ातिर मनुष्यों की सामाजिक, सांस्कृतिक और बौद्धिक चेतना को कृत्रिम समस्याओं की भूलभुलैयों में उलझाने की कोशिशें की गई हैं। चूँकि आज़ादी से पहले हमारे सांस्कृतिक जागरण का प्रगतिशील आंदोलन साम्राज्यवाद-विरोध और समाजवाद की आधारशिला पर खड़ा होकर विकास कर रहा था, इसलिए आज़ादी के तुरंत बाद सी.आई.ए. आश्रित 'कांग्रेस फार कल्चरल फ्रीडम' ने साहित्य और कला से राजनीति के बहिष्कार का नारा दिया—जबकि 'कल्चरल फ्रीडम' आंदोलन के सभी दिग्गज अपनी रचनाओं में समाजवाद के विरुद्ध ज़हर उगलते रहते थे। फिर अस्तित्ववाद का प्रचार अभियान चला। फिर युद्ध के आसन्न खतरे से संत्रस्त व्यक्ति की निस्सहायता और कुंठा का विलाप शुरू किया गया और सारे मानवीय प्रगतिशील आदर्शों को झूठा और स्वार्थ-प्रेरित घोषित करके अकिंचन और निरीह व्यक्ति को 'वर्तमान क्षण' में ही जीने, यानी मिलनेवाले हर क्षण में केवल अपनी सुख-सुविधा की बात सोचने का उपदेश दिया गया। फिर 'खुदा की मौत' का ऐलान किया गया; फिर कहा गया कि 'इंसान मर गया', इंसान के भेष में जो दीखता है वह दरअसल एक जानवर है, दरिन्दा है—वह जन्मजात अनैतिक है। नैतिकता समाज के ठेकेदारों द्वारा रचा एक प्रपंच है, व्यक्ति की आज़ादी को रौंदने के लिए। फिर 'आइडियोलॉजी' मात्र की मौत का फतवा देकर समाजवाद या ऐसी किसी प्रगतिशील विचारधारा की मरीचिका की ओर व्यर्थ दौड़ने से बुद्धिजीवियों को रोका गया, फिर समाज में वर्ग-संघर्ष की हक़ीक़त झुठलाने के लिए जोर-शोर से पीढ़ियों के संघर्ष की मुहिम चलाई गई। जिन्हें कुंठाग्रस्त, संत्रस्त और नदी के द्वीप की तरह एकाकी होने की भूमिका सिखाई गई थी और जो कंधों पर सलीब उठाए फिरते थे, वे यकायक मुट्ठी ताने आक्रोश की मुद्रा बनाकर संस्कृति के मंच पर कूद पड़े और अपनी वरिष्ठ पीढ़ी को मुँह बिचकाने लगे और अपने देश के इतिहास पर थूकने लगे। कुछ पर अमरीकी मार्का 'न्यू लेफ़्ट' का मुखौटा बाँधकर उन्हें सुविधा-भोगी मज़दूर वर्ग से अधिक क्रांतिकारी सिद्ध किया गया, जो इतिहास के रथ को आगे खींच कर ले जाने में समर्थ थे। फिर औरतों और मर्दों को दो परस्परविरोधी वर्गों में बाँटने की कोशिश हुई—'वीमेन्स लिब' के नाम पर। हालाँकि मर्दों को 'मेल शोवनिस्ट पिग' की उपाधि से विभूषित किया गया, लेकिन इसका लाभ उठाया अश्लील साहित्य के प्रकाशकों और 'ब्ल्यू फिल्म्स' के निर्माता पूँजीपतियों

ने। हिप्पी आंदोलन और 'सेक्स रिवोल्यूशन' की चर्चा नहीं करूँगा, जिन्होंने नौजवानों के जीवन को हर पुनीत भावना और उदात्त विचार से रिक्त करके खोखला बना दिया।

ह्रासोन्मुखी पाश्चात्य संस्कृति के ये बदलते रूप और तेवर हमने देखे हैं और झेले हैं, क्योंकि इन्होंने हमारे सांस्कृतिक पुनर्जागरण की प्रक्रिया को कुंठित किया है, लक्ष्यहीन, बेजान और बेमानी बना दिया है। लेखक, कलाकार और प्रायः सारा बुद्धिजीवी वर्ग इस क़दर गुमराह हुआ है कि अपने देश की किसी भी उपलब्धि पर उसे अभिमान नहीं होता। राष्ट्रीय आंदोलन की परंपरा और उसके नेताओं, विशेषकर नेहरू या नेहरू-परिवार के प्रति उनके मन में एक भयंकर रोगात्मक जुगुप्सा पैदा की गई है, जिससे वे हमारे समाज में जो भी पिछड़ापन, गरीबी, भ्रष्टाचार है, उसके लिए नेहरू और नेहरूवाद को ज़िम्मेदार ठहराते हैं। राष्ट्र-निर्माण के कार्य में रचनात्मक योगदान करने की बजाय हमारा बुद्धिजीवी वर्ग एक निन्दक-मंडली की भूमिका निभा रहा है; क्योंकि शिक्षा, संस्कृति, पत्रकारिता, प्रकाशन, फिल्म तथा अन्य संचार-माध्यमों, यहाँ तक कि रेडियो और दूरदर्शन से संबद्ध अधिकतर बुद्धिजीवी पाश्चात्य संचार-माध्यमों से प्रेरणा लेते हैं, उन्हीं की नक़ल करते हैं, उन्हें ही अधुनातन समझते हैं, उन्हीं के तर्क दोहराते हैं, उन्हीं की नज़र से देखते हैं, और इस प्रकार अपनी मौलिक अस्मिता खो बैठे हैं। देश के किसी शहर में जाइए, हर बाज़ार और गली-कूचे में हत्याकांडों, जासूसों, नशीली दवाओं के तस्कर व्यापार, दूसरे देशों की सरकारों का तख्ता उलटने, बलात्कार और व्यभिचार का नग्न वर्णन करनेवाले पाश्चात्य उपन्यासों से पुस्तकों की दुकानें भरी पड़ी हैं, जो हमारे पाठकों का बौद्धिक खाद्य बन गई है। इनकी देखा-देखी, देश की हर भाषा में उनसे कहीं छिछले और अश्लील स्तर की रचनाएँ पेपर-बैक जिल्दों में धड़ाधड़ बिक रही हैं। पाश्चात्य उपजीवी और उपभोक्ता जीवन-शैली और संस्कृति ने और नव-उपनिवेशवाद की जड़ें मज़बूत करने के लिए नित नए-नए मसनूई वादों और प्रवादों का प्रपंच खड़ा करके दुनिया के लोगों को गुमराह करनेवाली उनके प्रचार की आँधी ने हमारे बुद्धिजीवियों के दिलों और दिमागों में ऐसी झाड़ फेरी है कि वे अमरीकी मार्का उपभोक्ता जीवन-शैली अपनाने के लिए बेताब रहते हैं और उसी को कसौटी बनाकर अपने देश की पिछड़ी हालत को परखते हैं। वे भूल गए हैं कि इस ग़रीबी और पिछड़ेपन के लिए विदेशी गुलामी और आज भी अपने नव-उपनिवेशवादी आर्थिक शिकंजे में जकड़कर हमारा शोषण करनेवाला पश्चिमी साम्राज्यवाद ज़िम्मेदार है। और चूँकि नेहरू-इंदिरा गांधी से लेकर राजीव गांधी तक हमारे राष्ट्रीय आंदोलन और राष्ट्र के कर्णधार इस शिकंजे को तोड़कर आत्मनिर्भर बनने की दिशा में प्रयत्नशील रहे हैं, इसीलिए अमरीकी साम्राज्यवाद के ऐवानों में भारत को विस्थापित और टुकड़ों-टुकड़ों में विखंडित करने की योजनाएँ बनाई जाती हैं, देश में अराजकता और

अफरा-तफ़री पैदा करने के लिए प्रशिक्षण देकर आतंकवादियों की टुकड़ियाँ भेजी जाती हैं और बौद्धिक और सांस्कृतिक क्षेत्र में मूल्यहीनता की स्थिति पैदा करके भले-बुरे की तमीज करने में असमर्थ एक रुग्ण मानसिकता का पैटर्न उभारा जाता है। भारत की एकता और स्वतंत्रता के लिए मानव इतिहास की महानतम महिला—इंदिरा गांधी की,"जिस पर हर भारतवासी को गर्व होना चाहिए—शहादत इन्हीं साज़िशों और रुग्ण मानसिकता का परिणाम थी। यह जघन्य कृत्य—इंदिरा गांधी की हत्या—साम्राज्यवादियों और उनके भारतीय एजेंटों की लंबी साज़िश का परिणाम थी। लेकिन हमारे बुद्धिजीवी, जो सर्वद्रष्टा होने का दम भरते हैं, उन्हें यह साज़िश नज़र नहीं आती। देश की एकता और प्रभुसत्ता-पर होनेवाले आक्रमण उन्हें नहीं दीखते। वे क्षुद्र-स्वार्थों और तात्कालिक लाभों के लोभ में देश को अराजकता में झोंकने के लिए तत्पर हैं। कोई दूसरा विकल्प उनके पास नहीं है। जिन साम्यवादियों के पास बेहतर विकल्प हो सकता है, वे भी एक दशक से 'इंदिरा हटाओ' और अब 'राजीव हटाओ'—साम्राज्यवादियों के इस एकसूत्रीय कार्यक्रम को समर्थन देते रहे हैं। 'खुदा तो नहीं मरा', न 'इंसान ही मरा' लेकिन हमारे बुद्धिजीवियों के भीतर 'देश भक्ति' और 'मानव-संवेदना' ज़रूर मर गई है। यह दुर्भाग्य की बात है। उनके मन के वक्र आईने में हर छवि उल्टी नज़र आती है।

इस लंबे विवेचन का तात्पर्य केवल इतना है कि सांस्कृतिक पुनर्जागरण के आंदोलन पर विचार करते समय संस्कृति के हर क्षेत्र में इतने बड़े पैमाने पर लगातार होनेवाले बाहरी हस्तक्षेप को नज़रअंदाज़ नहीं करना चाहिए, क्योंकि उसे बुद्धिजीवी वर्ग की एक ऐसी अनास्थावादी और अराजकतावादी मानसिकता से जूझना पड़ेगा, जो आदर्शहीन और दिशाहीन हो चुकी है। हमें राष्ट्रीय स्तर पर एक ऐसा बौद्धिक वातावरण पैदा करना होगा, जिसमें ऐसी प्रवृत्तियाँ विदेशी प्रचार-अभियानों के बावजूद पनप ही न सकें। यह शायद सबसे कठिन काम होगा। इसके साथ ही, यह स्मरण रखना होगा कि देश में अराजकता फैलानेवाले आतंकवादी तत्त्व अपने असली मन्तव्यों पर परदा डालने या किसी प्रदेश के लोगों का समर्थन पाने के लिए अपनी राष्ट्र-विरोधी कार्रवाइयों को अस्मिता के प्रश्न से जोड़ते हैं तो इससे व्यापक जनतांत्रिक परिप्रेक्ष्य में अस्मिता का प्रश्न अपना सांस्कृतिक औचित्य नहीं खो देता। 'समता का सपना और हिंदी-क्षेत्र' का प्रश्न भी अस्मिता के प्रश्न से संबद्ध है, जिस पर विचार करने के लिए मुझसे कहा गया है।

जिसे हम हिंदी क्षेत्र कहते हैं, उसका विस्तार सचमुच बहुत बड़ा है। उत्तर प्रदेश, बिहार, मध्य प्रदेश, राजस्थान, हरियाणा, दिल्ली, हिमाचल प्रदेश और जम्मू (तवी) का इलाका—इतने विशाल भू-भाग में हिंदी-क्षेत्र फैला हुआ है। इस क्षेत्र की आबादी (मेरे पास आँकड़े नहीं हैं इसलिए) अनुमानतः उत्तरी अमरीका, सोवियत यूनियन, पश्चिमी योरुप या समूचे अफ्रीका के बराबर तो लगभग है ही, यानी तीस

करोड़ के क़रीब। कहा जाता है कि भारत के अन्य राज्यों में यह धारणा प्रचलित है कि इतनी बड़ी जनसंख्यावाला, इतने बड़े भू-खंड में फैला, खनिज-पदार्थों के इतने विशाल भंडारों से युक्त और गंगा-जमुना की जल-राशि से सिंचित यह क्षेत्र आर्थिक-सामाजिक और सांस्कृतिक दृष्टि से पिछड़ा हुआ है। वह एक प्रकार से बाक़ी देश पर बोझ बन गया है। यह धारणा सर्वथा ग़लत नहीं है और हमारे लिए जो हिंदी-क्षेत्र के बाशिन्दे हैं, यह सचमुच चिंता का विषय है। आर्थिक और सामाजिक क्षेत्रों में इसके पिछड़ेपन पर इन विषयों के विशेषज्ञ ही रोशनी डाल सकेंगे। मैं केवल सांस्कृतिक क्षेत्र तक ही अपने विवेचन को सीमित रखूँगा। लेकिन यहाँ पर यह संकेत कर देना जरूरी है कि यह पिछड़ापन केवल एक सापेक्ष स्थिति है। कमोबेश देश के सभी प्रदेश पिछड़ेपन के शिकार हैं। यह सच है कि कुछ प्रदेश आर्थिक और औद्योगिक दृष्टि से आगे बढ़ गए हैं, और कुछ पीछे रह गए हैं। उनमें हिंदी क्षेत्र भी है। साथ ही यह भी सच है कि देश का कोई भी राज्य ऐसा नहीं है जहाँ निपट पिछड़ेपन के क्षेत्र न हों, विशेषकर वे जहाँ आदिवासी या पहाड़ी क़बीले बसते हैं। शायद पंजाब ही इसका एकमात्र अपवाद है। सांस्कृतिक दृष्टि से पंजाब को छोड़कर और कोई भी राज्य भाषाई इकाई नहीं है, यानी सभी राज्यों में एक से अधिक भाषाएँ बोली जाती हैं, यद्यपि राजभाषा के रूप में स्वीकृत भाषा ही शिक्षा का माध्यम बनाई गई है तथा अन्य छोटी-छोटी भाषाओं की उपेक्षा की गई है। सांस्कृतिक दृष्टि से पिछड़ेपन और असमान-विकास का एक बड़ा कारण यह भी है।

यह हमारे दीर्घकालीन इतिहास की विडंबना रही है या इसे सुखद संयोग कहें कि ऐसी भाषाएँ ही सारे देश की संपर्क-भाषाएँ और अक्सर केंद्रीय शासन की राजभाषा रही है जो किसी विशिष्ट प्रदेश के लोगों की मातृभाषा नहीं थी। संस्कृत किसी प्रदेश के सभी लोगों की मातृभाषा नहीं थी, फ़ारसी और अंग्रेजी तो ख़ैर विदेशी भाषाएँ थीं, लेकिन उर्दू और हिंदी भी किसी प्रदेश या क़ौम की मातृभाषाएँ नहीं हैं। विडंबना इसलिए कि क्षेत्रीय भावनाओं को उभार कर देश की एकता पर कुठाराघात करने की संभावना हमेशा बनी रही है। और सुखद संयोग इसलिए कि संस्कृत, फ़ारसी या हिंदी-उर्दू हिंदुस्तानी किसी निश्चित क्षेत्र की मातृभाषाएँ न होने के कारण ही हमारे ऐतिहासिक परिप्रेक्ष्य में सारे देश को एकता के सूत्र में बाँधनेवाली संपर्क भाषाएँ बन सकीं। कोई क्षेत्रीय भाषा यह भूमिका नहीं अदा कर सकती थी। हिंदी-उर्दू हिंदुस्तानी को, इसीलिए क्षेत्रीय भाषा बनने या बनाने का हर अभियान या आंदोलन अन्य क्षेत्रों में क्षेत्रीय भावना जगाने का कारण बना है। केवल संपर्क भाषा के रूप में ही हिंदी सारे भारत की एकता को सुरक्षित रखने की विधायक भूमिका निभा सकती है, संस्कृत, फ़ारसी या अंग्रेज़ी की तरह।

हम जिसे समष्टि रूप में हिंदी-क्षेत्र कहते हैं, उसके किसी भाग की 'मातृभाषा' हिंदी नहीं है—वह हिंदी जो हम आज बोलते और लिखते हैं और जिसे संविधान में

अंग्रेजी के साथ संपर्क भाषा का दर्जा दिया गया है। और राज्यों की राज-भाषाएँ वहाँ के बहुसंख्यक बाशिन्दों की मातृभाषाएँ हैं, जबकि हिंदी केवल हिंदी-क्षेत्र के विभिन्न राज्यों के नगरों में लगभग एक सदी से रहनेवाले मध्यवर्गीय शिक्षितों की ही, जिन्हें 'शिष्ट वर्ग' की संज्ञा भी देने का रिवाज है, मातृभाषा है, क्योंकि संस्कृतनिष्ठ हिंदी का यह रूप पिछले सौ सालों के विकास का परिणाम है। तभी से इसमें साहित्य की रचना का आरंभ हुआ। इससे कई सदियों पहले हिंदू-मुसलमानों के आपसी संपर्क के दौरान संयुक्त संस्कृति की भाषा उर्दू के रूप में विकसित हुई, लेकिन शाही दरबार के प्रभाव से, जहाँ फ़ारसी का ग़लबा था, वह फ़ारसीनिष्ठ हो गई। इसमें फारसी के हिंदू विद्वानों ने भी उतना ही योग दिया था। बहरहाल मेरा उद्देश्य इस बहस में पड़ना नहीं है, केवल इतना संकेत भर करना है कि हमारे संविधान में गांधीजी की इच्छा के विरुद्ध केवल देवनागरी लिपि में जिस हिंदी को संपर्क भाषा के रूप में मान्यता दी गई है, वह रघुवीरी हिंदी से भिन्न, देश की विभिन्न भाषाओं के प्रचलित शब्दों से अपने को समृद्ध करनेवाली सरल और सुबोध हिंदी है, जो 'हिंदुस्तानी' के अधिक निकट है। सरकारी हिंदी में हिंदी के साथ कैसा खिलवाड़ किया गया है, संस्कृतिकरण की झोंक में उसके सरल-सुबोध रूप को किस तरह क्लिष्ट और दुरूह बनाया गया है, संविधान की हिदायतों की किस तरह उपेक्षा की गई है, यह विचारणीय है, क्योंकि हिंदी-क्षेत्र के सांस्कृतिक विकास में, विशेषकर शिक्षा-प्रसार के मार्ग में यह एक दुर्लंघ्य बाधा बन गई है।

इस प्रसंग में एक और बात भी विचारणीय है। हमारे संविधान में हर नागरिक को अपनी मातृभाषा में शिक्षा पाने का अधिकार दिया गया है, लेकिन किसी राज्य ने इस हिदायत का ईमानदारी से पालन नहीं किया। जिन राज्यों की राजभाषा बहुसंख्यकों की मातृभाषा है, वहाँ इस अधिकार से वंचित लोगों की संख्या बहुत नहीं है। लेकिन हिंदी-क्षेत्र में तो अत्यधिक जनसंख्या उन लोगों की है जिनकी मातृभाषा हिंदी नहीं है, और उन्हें शिक्षा हिंदी के माध्यम से दी जाती है, जो उनके लिए उतनी ही कठिन है जितनी कोई अन्य भाषा। शिक्षा की दृष्टि से हिंदी-क्षेत्र शायद इसी कारण सबसे पिछड़ गया है। देहातों के प्राथमिक विद्यालयों में ड्रॉपआऊट बच्चों की संख्या पचास से सत्तर फ़ीसदी बताई जाती है। इसके केवल आर्थिक कारण ही नहीं हैं। मातृभाषा का व्याकरण सीखना नहीं पड़ता। अक्षर-ज्ञान होते ही बालक किताबें बाँच सकता है, और अपने स्वाध्याय से भी अपने को शिक्षित कर सकता है। लेकिन अगर ब्रजभाषी बालक को हिंदी पाठ्य-पुस्तक में विद्यापति का मैथिली पद, तुलसीदास की अवधी चौपाइयाँ या मीरा का राजस्थानी गीत और पंत या निराला की हिंदी कविता भी एक साथ ही पढ़नी पड़े तो क्या उसका सर नहीं चकराएगा ? इसलिए हिंदी-क्षेत्र में कम-से-कम प्राथमिक शिक्षा तो हर सूरत में मैथिली, मगही, भोजपुरी, बाँगरू, हरियानी, ब्रज, बुंदेली, अवधी, बघेली, छत्तीसगढ़ी,

मेवाती, मालवी, हाड़ौती, मेवाड़ी, भीली, संथाली, मुंडारी, गढ़वाली, कुमाऊँनी, हिमांचली आदि भाषाओं और बोलियों में दी जानी चाहिए। इसके लिए आवश्यक पाठ्य-पुस्तकें तथा प्रारंभिक तकनीकी और कृषि-संबंधी ज्ञान और लोक-साहित्य की पुस्तकें उपलब्ध कराने का दायित्व शिक्षा-विभाग को उठाना चाहिए। जनभाषा में प्राथमिक स्तर की जन-शिक्षा का यह कार्यक्रम अगर ईमानदारी से चलाया जाय तो इस सदी के अंत तक अगर सौ फ़ीसदी नहीं तो अस्सी-नब्बे फ़ीसदी जनता को साक्षर ही नहीं, शिक्षित बनाया जा सकेगा। इसके आगे की शिक्षा हिंदी-अंग्रेजी के माध्यम से, जैसा आज है, बदस्तूर शुरू की जा सकती है। खेद है कि हिंदी-क्षेत्र में संविधान की अवहेलना करके आरंभ से ही केवल हिंदी के माध्यम से शिक्षा देने का दुराग्रह लगभग तीस करोड़ लोगों के साथ अन्याय करता आ रहा है। उर्दू के प्रति भी ऐसी ही उपेक्षा बरती जा रही है, जो प्रच्छन्नतः हिंदू-राष्ट्रवाद की संकीर्ण भावना से प्रेरित है। हिंदी या हिंदी-क्षेत्र के विकास को अगर किसी से ख़तरा है तो हिंदीवादियों की संकीर्णता से, जो मैथिली, भोजपुरी, अवधी, ब्रज, राजस्थानी जैसी प्राचीन और समृद्ध भाषाओं के अस्तित्व और उनके करोड़ों बोलनेवालों की अस्मिता को नकारती है। भाषाओं के साथ अन्याय, उनके बोलनेवालों के साथ अन्याय होता है। इससे उनकी सहज प्रतिभा के विकास के द्वार बंद हो जाते हैं। किसी भी तर्कवाद का आश्रय लेकर यह अन्याय जब तक जारी रहेगा, तब तक हिंदी क्षेत्र में क्या, भारत के किसी भी क्षेत्र में समता का सपना कोरा सपना ही बना रहेगा।

आज़ादी से पहले सांस्कृतिक आंदोलन अक्सर नगरों के बुद्धिजीवियों तक ही सीमित रहते थे, हालाँकि कवि-सम्मेलनों और रंगमंच के ज़रिए साधारण जनों तक पहुँचने की भी कोशिशें होती थीं। आज़ादी के बाद भी इस स्थिति में विशेष परिवर्तन नहीं आया। केवल फ़िल्म, रेडियो और दूरदर्शन के प्रसार से श्रोताओं और दर्शकों की संख्या बढ़ी है। लेकिन कल्चर या संस्कृति के नाम पर यदि दूरदर्शन से जनता को चित्रहार और पॉप-संगीत मिले और सीरियलों में 'स्टार-ट्रैक' जैसा अमरीकी तकनीक और शौर्य का प्रदर्शन मिले या नुक्कड़ जैसा छिछला मनोरंजन, तो इससे जनता का सांस्कृतिक स्तर ऊँचा नहीं होता। सांस्कृतिक पुनर्निर्माण का लक्ष्य सामने रखकर चलनेवाले किसी भी सार्थक आंदोलन को आज यह देखना होगा कि रेडियो, दूरदर्शन, रंगमंच या कला प्रदर्शनियों, फ़िल्मों और प्रकाशनों के ज़रिए किस प्रकार भारतीय साहित्य, कला और संस्कृति की ही नहीं, बल्कि, विश्व-भर के साहित्य, कला और संस्कृति की महानतम कृतियाँ आम जनता तक पहुँचाई जाएँ, ताकि वे केवल विशिष्ट वर्गों की ही नहीं बल्कि सारे भारतीयों की विरासत बन जाएँ, उनके सौंदर्यबोध, रुचियों और भावनाओं का संस्कार करें, उन्हें अंध-विश्वासों और रूढ़ियों की जकड़ से मुक्त करें और बेहतर, जागरूक और नैतिक इंसान बनाएँ। सांस्कृतिक पुनर्जागरण का आंदोलन एक अर्थ में मुक्ति-आंदोलन भी होता है, जो जन साधारण

में सुप्त पड़ी सृजनात्मक प्रतिभा को उजागर कर देता है। लोकसंगीत और लोकनृत्य की विविध शैलियाँ हमारे हिंदी-क्षेत्र में मिलती हैं। हमारे सांस्कृतिक आंदोलन को यह देखना होगा कि किस प्रकार उनकी शैली को क़ायम रखते हुए उनका संस्कार और संशोधन किया जाय कि वे पुरानी भाववस्तु या कथाओं की ही पुनरावृत्ति न करते रहें, बल्कि आधुनिक युग-जीवन की भी अभिव्यक्ति करें, उनकी पोशाक की डिज़ाइनिंग, कोरियोग्राफी इस तरह की जाय कि वे विचित्र न लगकर दर्शनीय लगें।

चालीस साल पहले जनपदीय भाषाओं के प्रश्न पर अपने एक लंबे लेख में मैंने सांस्कृतिक विकास और पुनर्निर्माण का एक तीन-सूत्रीय कार्यक्रम पेश किया था, जो उसके लक्ष्य की रूपरेखा का भी संकेत देता था। यह कार्यक्रम था : जन-भाषा, जन-शिक्षा और जन-साहित्य और संस्कृति। इस कार्यक्रम पर अमल नहीं किया गया—उस समय संभव भी नहीं था, लेकिन आज भी उसकी उपयोगिता और प्रासंगिकता ख़त्म नहीं हुई। हिंदी क्षेत्र में इस तीन-सूत्रीय कार्यक्रम पर अमल करने के लिए एक बड़े सांस्कृतिक अभियान का आयोजन करना होगा, जिसके लिए सरकारी सहायता की ज़रूरत पड़ेगी। लेकिन अगर हम आंशिक रूप से भी इसे कार्यान्वित कर सकें, तो न केवल हिंदी क्षेत्र के सांस्कृतिक पुनर्निर्माण में योग देकर समता के सपने को साकार बना सकेंगे, बल्कि देश के अन्य राज्यों के लिए भी एक मिसाल क़ायम कर सकेंगे।

भारतीय लेखक की समस्या*

भारतीय लेखक की समस्या यह है कि वह सार्वजनीन और सार्वभौमिक सार्थकता या स्थायी महत्त्व का साहित्य रचने में असमर्थ है, और ट्रैजेडी इस बात में है कि वह अपनी इस विडंबना के प्रति बेख़बर है।

यह समस्या स्वयं उसकी रची हुई नहीं है, क्योंकि वह तो खुद एक ऐसी परिस्थिति का अवचेतन शिकार है, जो सर्वव्यापी है। इस परिस्थिति के प्रति उसकी सहज प्रतिक्रिया उसे अतर्क्यभाव से स्वीकार कर लेने की होती है, क्योंकि उसने इस परिस्थिति की गोद में ही जन्म लिया है और उसकी चेतना बचपन में ही इसके सांस्कृतिक पैटर्न और मूल्यों के अनुसार ढल जाती है। बाद में, लेखक बनकर वह जितने ही उत्साह से इस पैटर्न और उसके मूल्यों का प्रवक्ता बनता है और उनकी कल्पित विशिष्टताओं पर शब्दों का मुलम्मा चढ़कार उन्हें आकर्षक बनाने की कोशिश करता है, उतना ही गहरा वह उसकी दलदल में धँसता जाता है और उसके अनुभव का दायरा उतना ही संकीर्ण होता जाता है और उसकी रचनात्मक स्वतंत्रता नष्ट होती जाती है। अभिमन्यु की तरह उसके पास केवल चक्रव्यूह में घुस जाने का विकल्प ही है, ताकि वह जाल में फँसकर अंततः मारा जाए। उसका चक्रव्यूह ब्राह्मणवादी समाज-व्यवस्था की वह संस्कृति है जो उसे जन्म लेते ही चारों ओर से घेर लेती है और जो आखिर में उसकी सृजनात्मक प्रतिभा का गला घोंटकर उसकी क़ब्र बन जाती है।

यह एक्र ऐसी नियति है, जिससे कोई भारतीय लेखक, और अगर वह 'द्विज' वर्ण का भी है तो (अधिकांश भारतीय लेखक द्विज वर्ण के ही हैं और रहे हैं), उस समय तक अपना बचाव नहीं कर सकता, जब तक कि वह इस मानवद्रोही, अनैतिक, नस्लवादी और अबौद्धिक संस्कृति से पूरा विच्छेद करके, जो उसकी जीवन-दृष्टि को संकीर्ण और रुग्ण बनाती है, अपनी सहज मानवीय संवेदनाओं को मुक्त नहीं कर लेता, और उसमें प्रेम, सौंदर्य, मानव एकता, बराबरी और न्याय की भावनाओं के

*9 अप्रैल 1972 को अंग्रेजी के 'हिंदुस्तान टाइम्स' में प्रकाशित लेख 'The Problem of the Indian Writer' का हिंदी में अनुवाद।

प्रति, अनुकूल प्रतिक्रियाएँ व्यक्त करने की क्षमता उत्पन्न नहीं होती और वह दूसरों के दुःख-दर्द का सच्चा अहसास करने योग्य नहीं बन जाता। अर्थात् जब तक वह अपना मानसिक स्वास्थ्य और संतुलन प्राप्त नहीं कर लेता और उसकी दृष्टि सचमुच के इंसान को देखने और पहचानने की अभ्यस्त नहीं हो जाती। लेकिन वह न तो स्वयं से ऊपर उठ सकता है, न 'द्विजमंडल' की संस्कृति के शिकंजे को ही तोड़ सकता है। और फिर, उसको पूरी तरह स्वीकार करके, उसकी रामनामी ओढ़कर चलने में लेखक को यश और लाभ दोनों ही प्राप्त होते हैं–बीसवीं सदी के इकहत्तरवें साल में भी उसे सबसे बड़ा पुरस्कार मिल सकता है–किसी मौलिक सृजन के लिए नहीं, बल्कि पौराणिक राम की कथा परंपरागत रूप में दोहराने के लिए, जिसे सैकड़ों कवि बार-बार दोहराकर अपना लोक और परलोक सुधारते आए हैं। एक महान् लेखक भी, चाहे वह कालिदास हो या रवींद्रनाथ, इस संस्कृति के बुनियादी पैटर्न को तिरस्कृत करके, अंत तक उससे उल्टी दिशा में चलने का साहस नहीं कर सका। साफ़ ज़ाहिर है कि, छोटी प्रतिभा के लेखक का तो अनिवार्यतः पहले से ही इसके प्रति झुकाव रहता है और वह परंपरा-सम्मत मार्ग पर बढ़ने के लिए मजबूर है। वैसे लेखक को दक्षिण, मध्य या वाम तीन 'स्थितियों' में से किसी एक को चुनने का विकल्प है, जिससे उसके अहं को चुनाव करने की स्वतंत्रता का मिथ्या-बोध होता रहता है, लेकिन राजपथ एक ही है, दिशा और लक्ष्य भी पूर्वनिश्चित है, इसलिए परंपरा-सम्मत है। सारे 'महाजन' इसी पथ से ऊर्ध्वगमन करते आए हैं, क्योंकि 'द्विजमंडल' का लेखक धरती के सपाट मैदानों, बियाबानों और कोहसारों में फैले जनपथों पर नहीं चलता, क्योंकि ये मार्ग उन इंसानों की बस्तियों में ले जाते हैं, जो दुःख-दर्द के मारे हैं, और जिन्हें वह पहचानता नहीं है। निश्चय ही वहाँ 'कामायनी' का 'आनंद-लोक' नहीं है।

परिस्थितियाँ जब कभी उसे अपने से भिन्न किसी ऐसी दूसरी संस्कृति के संपर्क में आने के लिए मजबूर कर देती हैं, जो अधिक मानववादी और प्रगतिशील है और जो जीवन का समर्थन करती है और मनुष्य के स्वाभिमान को एक श्रेष्ठ मूल्य समझती है तो उस समय भारतीय लेखक, द्विजमंडल की नैतिकता या अनैतिकता का प्रवक्ता होने के नाते, ताज़ी हवा के इस झोंके को एक महामारी की तरह ख़तरनाक घोषित कर देता है, उसका मज़ाक उड़ाता है, उसका विद्रूप बनाता है, उसकी मनगढ़ंत उल्टी-टेढ़ी व्याख्या करता है और इस पर भी अगर यह ताज़ी हवा आती रहती है तो अपने दिमाग़ के किवाड़ बंद करके ऊपर से फूँकें मार-मारकर उसकी नक़ल करने लगता है, ताकि उसे भी कुत्सित और दूषित करके अपनी संस्कृति के सड़ाँध भरे वातावरण के अनुकूल बनाया जा सके। इस 'रचनात्मक' प्रयास के बीच साहित्य में नए-नए दोगले रूपों के निर्माण का सिलसिला जारी रहता है, और उस समय तक बुनियादी परिवर्तन और नवीनता का मिथ्याबोध

उसकी अहं-तुष्टि करता रहता है, जब तक कि 'यदा यदा हि धर्मस्य' के निरंकुश अंदाज़ में सुधारविरोधी, रूढ़िवादी और पुनरोत्थानवादी आंदोलनों की आँधी एक बार फिर उठकर इन दोगले सांस्कृतिक रूपों को तिनकों की तरह उड़ाकर नहीं ले जाती। कबीर, दादू और नानक को पंथों के सीमित दायरों में बंद करने के लिए एक तुलसीदास अवतरित होता है। द्विजमंडल के इतिहास में ऐसा अनेक बार हुआ है और मनुष्य और मनुष्य के बीच बराबरी और भाईचारे जैसे नए विचारों के प्रति द्विजमंडल के लेखक की प्रतिक्रिया हमेशा यही पैटर्न दोहराती आई है। सबसे पहले तो उसे गहरा आघात लगता है कि विदेशी संस्कृति उसकी समस्त मान्यताओं, धार्मिक विश्वासों, वर्जनाओं, रीति-रिवाज़ों, परंपरागत लोकाचारों, जीवन-मूल्यों और जीवन-लक्ष्यों का इतने क्रूर और भोंडे ढंग से खंडन करती है, इसलिए वह सोचता है कि बिना सोचे-विचारे ही उसे द्विजमंडल के जीवन-दर्शन से विपरीत होने के कारण अस्वीकार कर देना चाहिए। लेकिन उसे जल्द ही अहसास होता है कि विदेशी संस्कृति के इन नए तत्त्वों के प्रति सताए और दबाए लोगों के हृदयों में बड़ी अनुकूल प्रतिक्रिया हो रही है, जैसे उनके अँधेरे दिलों में उम्मीद और रोशनी की किरन फूट पड़ी हो, और वह 'धर्म की हानि' के भय से आक्रांत हो जाता है। उसकी आत्म-रक्षात्मक वृत्तियाँ इतनी प्रबल हैं कि जीवन के प्रति अपने निस्संग और नकारात्मक फलसफे (जीवन-दर्शन) के बावजूद, वह बड़ी चालाकी से एक कुशल अवसरवादी की तरह इस स्थिति के साथ समझौता कर लेता है, ताकि वह अंदर-अंदर से ही इन नए मानववादी, प्रगतिशील और वैज्ञानिक विचारों के मुक्तिदायी प्रभावों की जड़ खोद सके। वह आगे बढ़कर उनको अपना लेता है, उनका उत्साही प्रवक्ता और नेता बन जाता है और फिर दीमक की तरह वह उनके सार-तत्त्व, उनकी ऊर्जा और जीवनदायी शक्ति को नष्ट कर देता है, केवल उनका छिलका, उनका बाह्य-रूप सुरक्षित रखता है। लेकिन इससे उसकी रचनात्मक कृतियों का मूल्य भी नष्ट हो जाता है।

उदाहरण के लिए, बाहरी तौर पर वह (पश्चिमी सूट पहन लेने की तरह) बड़ी आसानी से एक रोमांटिक (स्वच्छंदतावादी), एक रीयलिस्ट (यथार्थवादी), एक सिंबालिस्ट (प्रतीकवादी) या एक मार्क्सवादी की मुद्रा ओढ़ सकता है, या वह पश्चिम में आए दिन पैदा होनेवाली साहित्यिक विचारधाराओं और प्रवृत्तियों के साथ क़दम मिलाकर चलने की होड़ में 'एक क्रुद्ध नौजवान' की भूमिका अदा कर सकता है, या एक बीट या अस्तित्ववादी की, या वह कामू की नक़ल में एक बाग़ी, एक अजनबी या एक बाहरी आदमी के छद्म-वेश में अपने को पेश कर सकता है, या वह दावा कर सकता है कि उसकी रचनाएँ प्रयोगवादी हैं और उसके पात्र एण्टी-हीरो हैं, लघु-मानव हैं, लेकिन अगर ज़रा ग़ौर से उन्हें जाँच-परख कर देखा जाय तो मालूम होगा कि नए-नए लेबिलों से मंडित रचनाओं की बोतलों में उसने जो भावनात्मक

और बौद्धिक वस्तु भरी है वह उतनी ही पुरानी और बासी है, जितनी उसकी 'द्विज-चेतना'। वही खुदफ़रेबी, वही विघटित मन में उठनेवाले आक्रोशों, भयों, कुंठाओं, संदेहों, पूर्वग्रहों और नफ़रतों के भाव इन रचनाओं के बिंबविधान और मूल्य-चेतना का निर्धारण करते हैं, जो 'द्विजमंडल' की परोपजीवी, परपीड़क और परभक्षी बौद्धिक-चेतना की चारित्रिक विशेषताएँ हैं। इन रचनाओं में पुरुष और स्त्री, पिता और पुत्र, प्रेमियों, दोस्तों, भाइयों या द्विजों और शूद्रों या अछूतों, हिंदू और मुसलमान, ईसाई, सिख, पारसी या आदिवासियों के बीच के सारे मानव-संबंधों की परिकल्पना क्षैतिज नहीं है, जो बराबरी के आधार पर होती है, बल्कि उदग्र है, जो मनु की निर्मम आचरण संहिता के अनुकूल है। और चूँकि, पुराणों की तरह, उसे भी द्विज-संस्कृति के ताने-बाने में बुने निरंकुशता और अन्याय के पैटर्नों का औचित्य सिद्ध करने के लिए एक मिथिक प्रभामंडल और धर्म-सम्मत बौद्धिक युक्तियाँ जुटानी चाहिए, इसलिए वह अपनी नस्लवादी भावनाओं को देशभक्ति के आवरण में लपेट कर पेश करता है। ऐसा करते रहने से उसके अंदर चीज़ों में भेद करने की क्षमता का लोप हो जाता है और उसकी विपर्यस्त चेतना में नैतिक और अनैतिक, सुंदर और असुंदर, शुभ और अशुभ, सत्य और असत्य, प्रेम और वासना, भ्रांत-कल्पना और यथार्थ का स्वरूप उलझकर गड्डमड्ड हो जाता है और वह एक सच्चे उदारचेता मनुष्य और एक लम्पट मनुष्य, एक जनवादी मनुष्य और दूसरों को धकियाकर आगे बढ़नेवाले मनुष्य, एक समाजवादी और एक फासिस्ट, एक धर्मनिरपेक्ष (सेक्युलर) मनुष्य और एक कट्टर धर्मान्ध व्यक्ति में कोई भेद नहीं कर पाता, और जब वह प्रगतिशील और मानववादी उद्देश्यों की हिमायत करता है, तो उसकी हिमायत जल्द ही भ्रष्ट होकर एक झूठी, आडंबरपूर्ण, दिखावटी भावुकता में बदल जाती है और उसका प्रतिवाद उसके क्षुद्र, प्रादेशिक भावनात्मक पैटर्नों को छिपाने का नक़ाब बन जाता है।

हाल में ही अपने एक अंग्रेज़ी लेख 'उदासीनता का साहित्य' में श्रीकांत वर्मा ने कहा कि रोमांटिकों (छायावादियों) और प्रगतिवादियों ने कविता को भ्रष्ट कर दिया था। यह एक साधारण मिसाल है कि किस प्रकार भारतीय लेखक की समझ में आते ही सत्य का रूप विकृत हो जाता है। रोमांटिसिज़्म (स्वच्छंदतावाद) और प्रगतिवाद (यथार्थवाद) इतिहास की दो महानतम और विश्वव्यापी साहित्यिक प्रवृत्तियाँ रही हैं। वास्तविकता को देखने और प्रतिबिंबित करने की दो बुनियादी कलात्मक पद्धतियों का वे प्रतिनिधित्व करती हैं। द्विजमंडल ने आरंभ से ही इन दोनों पद्धतियों को उनके असली रूप में त्याग दिया था, ताकि सत्य को कुरेदकर उद्घाटित न किया जाए, क्योंकि द्विजमंडल को केवल प्रशस्ति-साहित्य की दरकार थी, ऐसे साहित्य की नहीं जो परदे उठाता है और नुक़्ता-चीनी करता है। इसलिए दरअसल यह कारनामा तो भारतीय लेखक का था, जिसने रोमांटिसिज़्म और प्रगतिवाद को भ्रष्ट और कुत्सित

बना डाला, न कि इन दो कलात्मक पद्धतियों को। भारतीय लेखक ने ऐसा तब किया, जब उसके सामने यह विकल्प पैदा हो गया था कि वह या तो इन पद्धतियों को अपनाए या रीतिवादी और पुराणपंथी बना रहे। उसने अपने आपको आधुनिक दिखाने के लिए इन पद्धतियों या साहित्यिक विचारधाराओं को अपना लिया और उन्हें अपनी संस्कृति की चेतना के संकीर्ण चौखटे में जबरन फिट करके विकृत और भ्रष्ट कर दिया। वह और कुछ कर भी नहीं सकता था, चाहे वह शरत् हो या प्रेमचंद, प्रसाद हो या पंत, भारती हो या वल्लाथोल। दरअसल, वास्तविकता को प्रतिबिंबित करने की इन दो विवेचनात्मक पद्धतियों का इस्तेमाल करके उसने द्विजमंडल की संस्कृति को अपनी असलियत से कम पुराणपंथी और कम अमानवीय और अपेक्षया अधिक नैतिक और समतावादी दिखाने की कोशिश की।

लेकिन प्रयोगवादियों, अस्तित्ववादियों, प्रतीकवादियों, आत्म-बिलगाववादियों, एब्सर्ड्स (अर्थहीनों) तथा वर्तमान नकलचियों के ऐसे ही, विभिन्न बिल्लोंवाले और विभिन्न पीढ़ियों के गिरोहों ने क्या किया ? उन्होंने साहित्य को भ्रष्ट ही नहीं किया, बल्कि उसे ओछा और अनैतिक भी बना दिया। उनके साहित्य में उधार लिये हुए नारों के अलावा और कुछ भी नया और सकारात्मक नहीं है। इस साहित्य को द्विजमंडल से पूरा प्रोत्साहन और संरक्षण मिल रहा है, क्योंकि इसकी मूल-भावना परंपरागत पैटर्न के अनुरूप है और 'नए' भारतीय लेखक की विदूषकों और नटों जैसी साहित्यिक कलाबाज़ियाँ भारतीय फिल्मों की तरह संरक्षकों का मनोरंजन करके, उनकी सूखी नसों में कुछ हरकत पैदा करने का काम देती हैं। जिन्हें जबरन नीच, दलित और वंचित बनाकर रखा गया है, उनकी यातनाओं और यंत्रणाओं के प्रति उदासीनता और विरक्ति का भाव, विधर्मियों और चंद धर्मद्रोहियों के साहित्य को छोड़कर, बाकी सारे भारतीय साहित्य का मूल, संवादी स्वर है। इसलिए अगर रोमांटिसिज़्म और रीयलिज़्म या प्रगतिवाद के प्रति कुछ दिनों तक प्रेम-प्रदर्शन का दिखावा करने के बाद, भारतीय लेखक ने पुनः उदासीनता और विरक्ति का संवादी स्वर पकड़ लिया है, तो इसका कारण सिर्फ़ यह है कि अपनी संस्कृति की भावभूमि की ओर लौटना उसे सहज, स्वाभाविक और अधिक लाभकर नज़र आता है, और साथ ही वह नए बिल्ले लगाए रखकर अपने आपको परंपरावादी कहलाने की बदनामी से भी बचा सकता है। इस तरह लोक और परलोक दोनों सुधरते हैं। लेकिन इस सबसे अधिक मानवद्रोही और अबौद्धिक परंपरा की ओर प्रत्यावर्तन करने से भारतीय लेखक को निश्चय ही अपनी बलात्कार-संबंधी दमित कल्पनाओं और दूसरों पर अपने द्विज-अहंकार को आरोपित करनेवाले निरंकुश, पैतृकवादी स्वप्नों को अभिव्यक्ति देने की खुली छूट मिल गई है, क्योंकि औरतों की शिक्षा और जनतांत्रिक व्यवस्था, वह चाहे जितनी अधूरी और भ्रष्ट हो, उनकी देवतुल्य सर्वोच्चता को चुनौती देने लगी है। उसका प्रतिवाद और उसका रोष केवल राजनीतिक 'एस्टेब्लिश्मेंट' के

विरुद्ध है, क्योंकि उसकी पुराणपंथी आत्मा आज भयभीत है कि द्विजमंडल आदिकाल से जिन विशेषाधिकारों और सुविधाओं का निर्बाध उपभोग करता आया था, उनकी जड़ें कटने लगी हैं। अवश्य ही इसका अवचेतन कारण यही हो सकता है, क्योंकि अभी तक देश के उस असली एस्टेब्लिश्मेंट–सांस्कृतिक, सामाजिक और धार्मिक–के विरुद्ध किसी लेखक के प्रतिवाद का गगनभेदी स्वर सुनने को नहीं मिला, जिसने करोड़ों इंसानों को ग़ैर-इंसान का दर्जा दे रखा है और इस अन्याय को कर्म और पुनर्जन्म के कपोल-कल्पित सिद्धांतों में जकड़ कर एक शाश्वत दैवी-नियम के गौरव से मंडित कर दिया है। उसकी भाषा का पूरा ताना-बाना, उसके मुहावरे, रूपक और बिंब इस कुरूप वास्तविकता के प्रति उसके सहज अनुराग को ही व्यक्त करते हैं, चाहे वह असावधान पाठक को भ्रम में डालने के लिए उनमें कितने ही नए वामपंथी पदों और नक्सलवादी नारों की मिलावट क्यों न करे।

भारतीय लेखक की समस्या या उसका 'केस' दरअसल अत्यंत दयनीय है, क्योंकि वह देखता है कि आज की दुनिया में उसके सामने हर प्रश्न का समाधान खोजने के लिए भागकर पुराणों की शरण लेना काफ़ी नहीं है, जो पहले उसकी प्रेरणा का स्रोत और काव्य-वस्तु की खान थीं। उसे अब खुद यह सब जुटाना पड़ता है। और चूँकि उसकी सांस्कृतिक चेतना ने जीवन के व्यापक क्षेत्रों और अनुभवों से वंचित करके उसे परानुभूति, प्रेम या अन्य उच्चतर मानवीय भावनाओं के प्रति असंवेदनशील बना दिया है, इसलिए उसकी दृष्टि का दायरा सिकुड़ता चला जाता है और मन की कुंठाएँ और आक्रोश तीव्रतर होते जाते हैं। हालत यहाँ तक पहुँच गई है कि अब वह केवल अपने बारे में ही लिखता है या लिख सकता है और जब कभी उसके कानों में किसी अन्य की पदचाप सुनाई दे जाती है तो वह बड़े गर्व से ऐलान करता है कि देखो मैं 'जिंदगी के साथ जुड़ा हुआ हूँ।' लेकिन अपने अंदर डुबकियाँ लगा के वह जो चीज़ें बाहर निकाल कर लाता है, उन्हें चाहे वह खुदफ़रेबी में हीरे-मोती समझता हो, और अपने व्यक्तित्व का औचित्य सिद्ध कर लेने का चाहे उसे संतोष भी मिल जाता हो, लेकिन दरअसल वे हीरे-मोती न होकर उसकी खोखली आत्मा के अहं-केंद्रित दंभ के ही फूहड़ प्रतिबिंब होते हैं।

भारतीय लेखक की समस्या को उसकी सांस्कृतिक विरासत से निरूपित जीवन-दृष्टि और भाव-बोध से अलग करके न देखा जा सकता है, न समझा जा सकता है। समस्या केवल नई भाषा खोजने या गढ़ने की नहीं है, न काव्य-शब्द, औपन्यासिक-शब्द या 'नाटकीय-शब्द' की निरर्थक खोज की, जैसे ये शब्द आम लोगों की ज़बान पर अपने-आप आनेवाले शब्दों से भिन्न, इन विधाओं के अनुरूप किसी विशेष फैक्टरी से ढलकर आते हों। समस्या एक ऐसी सामान्य भाषा को पाने की है जो निश्चित सांस्कृतिक और सामाजिक उद्देश्यों के अनुरूप हो और उन्हें बिना भ्रष्ट किए अभिव्यक्ति दे सके। प्रगतिवाद ने सबसे पहली बार एक सुसंबद्ध और

सर्वांगीण सांस्कृतिक, सामाजिक, आर्थिक और राजनीतिक क्रांति के व्यापक संदर्भ में रखकर इस लक्ष्य को परिभाषित और निर्धारित करने की कोशिश की थी और साहित्य में उसको रूपायित करने की कलात्मक पद्धति की ओर भी संकेत किया था। मन्तव्य स्पष्ट था कि यह सर्वतोव्यापी क्रांति जहाँ एक ओर सामाजिक अन्याय और असमानता, सांस्कृतिक पिछड़ेपन और नस्ल, जाति, धर्म, क़ौम, भाषा और सेक्स के आधार पर चलनेवाले प्रत्येक भेदभाव और हर प्रकार के आर्थिक शोषण को जड़ से उखाड़ फेंकेगी, वहाँ भाषा, साहित्य, लोकाचार और रीति-रिवाजों में से भी उन सारे सैद्धांतिक, भाषागत और भावनात्मक तत्त्वों को ख़ारिज कर देगी जिनमें इन सबकी गंध आती हो और इस प्रकार लोगों के दिमाग़ों में पड़ी भेदभाव पर पनपी परंपरा और अबुद्धिवाद की बेड़ियों को काटकर उन्हें सच्चे अर्थों में आज़ाद कर देगी–उन्हें एक मानवीय आधुनिक संस्कृति प्रदान करेगी और साथ ही साथ हर भारतीय को विज्ञान और समाजवाद की सेक्युलर, जनवादी और भाईचारे और बराबरी की भावना में लगातार गहरी तालीम देगी। यह एक यूटोपियन परिकल्पना नहीं थी। हमारे देखते-देखते अगर अनेक क़ौमें जादू-टोने में आस्था रखनेवाले शामानी धर्म और समाज से छलाँग लगाकर समाजवादी समाज का निर्माण कर सकी हैं, तो भारतीय जन साधारण का भी आधुनिकीकरण संभव है। बौद्धिक स्तर पर अनेक व्यक्ति, जिनमें कुछ लेखक भी हैं, इस बात के प्रति सचेत हो गए हैं कि परंपरागत संस्कृति के अधिकांश भाग को आमूल त्याग कर ही भारत का आधुनिकीकरण और यहाँ एक गतिशील और मानववादी समाज का विकास किया जा सकता है। लेकिन अभी तक व्यावहारिकता ही उनके कार्यों का मार्गदर्शन करती है और तात्कालिक जीवन-लक्ष्यों की पूर्ति ही सबसे पहले उनके सामने एक विचारणीय प्रश्न बन जाता है। इसी कारण यह अंधा भटकाव जारी है, यहाँ-वहाँ थोड़ा-थोड़ा करके सुधार लागू करने की बाँझ कोशिशें होती हैं, जिनका परिणाम परंपरागत समाज के टूटकर गिरते हुए बाड़े को जोड़-जाड़कर केवल मज़बूत बनाना होता है न कि उसे गिराकर मौलिक परिवर्तन के लिए नया रास्ता हमवार करना। और जबकि हक़ीक़त यह है कि आज़ादी के बाद से संस्कृतिकरण (जो ब्राह्मणवाद का ही प्रच्छन्न नाम है) की उत्तरोत्तर बढ़ती प्रक्रिया के फलस्वरूप पुनरोत्थानवाद और अबुद्धिवाद की शक्तियों के पाँव और गहरे जमते जा रहे हैं, हमें परिवर्तन का भ्रम हो रहा है लेकिन लोगों के दिल और दिमाग़ और भी ज़्यादा गुलाम बनते जा रहे हैं।

तेज़ी से हो रहा औद्योगीकरण, नगरीयकरण, हरित क्रांति और चुनाव के मोर्चे की जीतें सांस्कृतिक परिवर्तन या सामाजिक और आर्थिक न्याय के मानदंड नहीं हैं। भारतीय समाज और संस्कृति की प्रगति और मानवीयकरण की कसौटी मध्यवर्ग का उदय और विशेषाधिकार-भोगी और सुविधा-संपन्न वर्गों और ऊँची ज़ातों की

उत्तरोत्तर बढ़ती अमीरी भी नहीं है। इसकी कसौटी केवल आदिवासियों, अछूतों, औरतों, छोटी क़ौमियतों और अल्पसंख्यक समुदायों और शोषित और पीड़ित वर्गों और नीची ज़ातों की स्थिति है—देखना चाहिए कि योजनाओं और विकास-कार्यों से उनको अनुपाततः कितना लाभ हुआ है और व्यावहारिक जीवन में द्विजमंडल के लोगों का दृष्टिकोण उनके प्रति कितना बदला है। क्या वे बिना किसी भेदभाव के इन सब लोगों को साधारण इंसानी रिश्तों में अपने बराबर का स्वीकार करने लगे हैं, क्या उनके साथ खुशी-खुशी रोटी-बेटी का संबंध करने लगे हैं, और क्या वे अपनी बेटियों को अपनी मर्ज़ी के मुताबिक किसी ज़ात या वर्ग के व्यक्ति से प्रेम के आधार पर विवाह करने की इजाज़त देने लगे हैं ? देखना है कि इंसानी रिश्तों में जो थोड़ा-सा ऊपरी परिवर्तन नगरों के जीवन में नज़र आता है वह कितना व्यापक और बुनियादी है और उसकी रफ्तार क्या इतनी तेज़ है कि एक दशक या बीसवीं सदी के अंत तक सारा देश, नगर और गाँव, उसकी लपेट में आ जाएँगे या सबसे नीचे और दबे-पिसे भारतीय को बराबर का इंसानी दर्जा हासिल करने का स्वप्न क़यामत के दिन तक देखते जाना होगा ? क्या द्विजमंडल के अन्याय से पीड़ितों को क़ानून की किताबों में नहीं, वास्तविक जीवन में मुक्ति मिल सकेगी, क्या द्विजमंडल कभी मिट सकेगा कि इंसान और इंसानियत आज़ाद हो सकें ? यह सब प्रश्न हैं, जिनका उत्तर हर बुद्धिजीवी को देना है, विशेषकर भारतीय लेखक को। उसे चुनाव करना है कि क्या वह सचेत मन से स्वयं अपने आपको ब्राह्मणवादी संस्कारों से मुक्त करने और साथ ही अपने संवेदनों, रागों, जीवन-मूल्यों और दृष्टिकोणों का मानवीयकरण करने के लिए लगातार संघर्ष करने को तैयार है और क्या अपनी मौलिक इंसानियत से पहली बार संबद्ध होकर वह पुराने समाज से बहिष्कृत कर दिए जाने की जोखिम उठाकर भी अपने जीवन और कृतित्व के द्वारा एक सर्वव्यापी सांस्कृतिक और सामाजिक क्रांति का हरकारा बनने के लिए तैयार है ? या इसके विपरीत, क्या वह द्विजमंडल की दलदल में ही यश और लाभ की आशा में भटकता रहेगा और मूल प्रश्नों को छोड़कर गौण और अक्सर निरर्थक और असंगत प्रश्न उठाकर उनकी ऊहापोह में अपनी अहंतुष्टि करता रहेगा या चारण-भाटों की परंपरा पर चलता हुआ दरअसल पुनरोत्थानवादी शक्तियों के विरुद्ध गाता रहेगा ? भारतीय लेखक अगर पहले मार्ग को चुनता है तो संभव है कि वह अभी भी सार्वभौमिक और सार्वजनीन महत्त्व की कोई कृति रच सके।

भारतीय साहित्य में 'भारतीयता'*

भारतीयता एक मानव-शास्त्रीय धारणा है, जो उस विकासशील सांस्कृतिक मनोभावना को सूचित करती है, जिससे इस उपमहाद्वीप के विभिन्न जनपदीय समूहों की एक सामान्य पहचान की जा सकती है। मि. जिन्ना ने 'दो राष्ट्रों' का जो सिद्धांत प्रतिपादित किया था, और जिसके आधार पर भारत का विभाजन हुआ, वह असफल हो चुका है, क्योंकि उसमें यह ग़लत दावा किया गया था कि भाषा, संस्कृति या जनप्रदीय इतिहास के आधार पर नहीं, बल्कि 'धर्म' के आधार पर क़ौमों या क़ौमियतों की पहचान करनी चाहिए। पाकिस्तान से अलग बंगलादेश के निर्माण ने यह साबित कर दिया है कि ऐसे राज्यों में, जहाँ विभिन्न जन-समूह रहते हैं और विभिन्न धर्मों को माननेवाले रहते हैं, जहाँ विभिन्न भाषाएँ बोली जाती हैं और विभिन्न जनपदीय इकाइयाँ हैं, वहाँ आपस में एकता और सामंजस्य क़ायम रखनेवाला तत्त्व 'धर्म' नहीं होता, बल्कि दूसरे विचार होते हैं, जिनका इन सीमाओं से ऊपर होने के कारण इस अर्थ में सार्वभौमिक औचित्य होता है कि वे देश की इन विभिन्न इकाइयों को संघीय ढाँचों के अंदर बराबरी और आज़ादी के आधार पर एकता के सूत्र में बाँधे रहते हैं। इस संदर्भ में 'धर्म' हर सूरत में एक विघटनकारी शक्ति है, जिस तरह से मनुष्यों में भेदभाव करनेवाले नस्लवाद, जातिवाद और अंध-राष्ट्रवाद की विचारधाराएँ विघटनकारी होती हैं क्योंकि वे उन व्यापक मानवीय विचारों और सरोकारों के विकास में और लोगों के अंदर उन चारित्रिक परिवर्तनों में बाधा डालती हैं जो बराबरी और आज़ादी की जनवादी धारणाओं के अनुसार सामान्य रूप से आचरण और व्यवहार करने की आदत को सहजता प्रदान करते हैं।

---

*1972 के आरंभ में नेशनल बुक ट्रस्ट द्वारा आयोजित 'भारतीय पुस्तक मेला' के अवसर पर भारतीय लेखकों की संगोष्ठी में पठित अंग्रेज़ी लेख का स्वयं लेखक द्वारा हिंदी रूपांतर। अंग्रेज़ी में यह लेख पहले 8 अप्रैल 1972 की Link Magazine में और फिर बाद में अफ्रो-एशियाई लेखक संघ की त्रैमासिक पत्रिका LOTUS में प्रकाशित हुआ था।

मिसाल के लिए, 'भारतीयकरण', 'राष्ट्र की मुख्यधारा', यहाँ तक कि 'भावात्मक एकता' आदि जैसी शब्दावली आमतौर पर 'दो राष्ट्रों के सिद्धांत' की घातक भावना की कोख में जन्म लेती है और शब्दों में ढलती है। इसमें चेतन या अवचेतन रूप से बहुसंख्यक जाति या धर्म के प्रति पक्षपातपूर्ण धारणा का पूर्वाग्रह रहता है और एक-न-एक रूप में देश के अन्य अल्पसंख्यक जन-समूहों से आशा की जाती है कि यह महसूस करने के लिए कि वे सब इस देश के 'अपने' हैं, उन्हें बहुसंख्यक जाति या धर्म की छवि के अनुकूल अपने को ढालना चाहिए, यहाँ तक कि अपनी मातृभाषा, अपनी विशिष्ट संस्कृति और अपने जातीय अनुभवों और रस्म-रिवाज़ों को त्याग देना चाहिए। हमारे धर्मनिरपेक्ष और प्रगतिशील बुद्धिजीवी भी अक्सर सामान्यीकरण की अमूर्त कल्पनाओं में पड़कर अपने मन के द्वैत का प्रदर्शन करते हैं, जिससे पुनरुत्थानवादियों और पुराणपंथियों के लिए मार्ग खुल जाता है कि वे प्रचार-माध्यमों, शिक्षा संस्थानों, धार्मिक प्रतिष्ठानों, आयोजनों और सामाजिक मंचों से अपनी छाप की एक ऐसी 'मिथिकल' (पुराणपंथी) भारतीयता का पाठ लोगों को पढ़ा सकें, जो सच्चे अर्थों में 'भारतीयता' की भावना से एकदम विपरीत होती है। भारतीयता की धारणा एक आधुनिक धारणा है, और अभी अपने विकास की प्रक्रिया में है। भारतीयता की एक-दूसरी से विपरीत धारणाओं की टक्कर से एक विचित्र और ख़तरनाक पैमाने की अर्थ-संबंधी भ्रांति पैदा हो गई है। प्रगतिशील चिंतकों की वैचारिक अकर्मण्यता और रूढ़िवादियों की आक्रामक उद्दण्डता, दोनों भारतीयता की एक 'सही धारणा' के विकास में ही नहीं, बल्कि 'भारतीय आधुनिकता' की प्रक्रिया में भी बाधक बन रही हैं।

भारत एक बहुराष्ट्रीय और बहुभाषी देश है, जिसमें संस्कृतियों, आस्थाओं और रीति-रिवाजों की आश्चर्यजनक भिन्नता है। इसलिए संस्कृति का कोई एक ही पैटर्न या मूल्य-बोध इस बात का दावा नहीं कर सकता कि वही समस्त भारत की संस्कृति का एकमात्र प्रतिनिधि रूप है।

भारतीयता की धर्म-निरपेक्षीकृत धारणा जो इंसान को इस्लाम और हिंदू संस्कृतियों की आपस में टकराती कट्टरताओं से ऊपर उठा सके, चौदहवीं और सोलहवीं सदियों में अंकुरित हुई थी। भारतीयता की इस नई धारणा का सामान्य पैटर्न दोनों हिंदू और इस्लामी संस्कृतियों के रचनात्मक तत्त्वों का, हमारे जीवन-दर्शन, हमारे काव्य, हमारे संगीत, हमारे नृत्य, हमारी चित्रकला, हमारे वास्तु-शिल्प अर्थात् हमारे सौंदर्य-बोध और मानवीय भावना में इस तरह से घुलमिल जाने से उभरा था, कि वह न शुद्ध हिंदू (उच्च जातीय) और न शुद्ध इस्लामी था, बल्कि जिसे एक सीमा तक 'भारतीय' कह सकते हैं।

साहित्य में, विशेषकर सूफ़ियों और कुछ भक्त कवियों की कविता में इस भावना की अभिव्यक्ति यूरोपीय नव-जागरण के रोमांटिक काव्य की तरह एक

जोरदार प्रतिवाद के रूप में हुई, जिसने हिंदुओं के परंपरागत ऊँची-नीची जातियों में बँटे समाज की अनैतिकता और अमानवीयता और कट्टरपंथी मुसलमान मुल्लाओं की अनुदारता के विरुद्ध जनचेतना को जगाया था और पूरे हार्दिक आवेश के साथ लोगों को सबसे मानवीय, सबसे अधिक सेक्युलर और सार्वजनीन 'भावना', अर्थात् 'प्रेम' या 'मुहब्बत' को ही इंसानी रिश्तों का आधार मानने का आग्रह किया। नतीजा यह हुआ कि विभिन्न राष्ट्रीय (जनपदीय) भाषाओं में रचनात्मक प्रतिभा के चश्मे फूट पड़े और भारत खिले हुए रंग-बिरंगे फूलों का चमन बन गया। हालाँकि धार्मिक मुहावरे में व्यक्त की गई इस भावना में अनेक अंतर्विरोध भी थे, लेकिन साहित्य की इस धारा ने लोगों की विचार-पद्धति में परिवर्तन ला दिया। दुर्भाग्य से इस प्रवृत्ति को जल्द ही एक नवजागरण-विरोधी आंदोलन ने निगल लिया और फिर लोगों को भक्ति के नाम पर मिथिकों की उन्हीं संकीर्ण भूल-भुलैयों में धकेल दिया, जहाँ से निकलकर उसने पहले लोगों की भाषाओं और विचारों को मुक्ति दिलाई थी। पुनरुत्थानवादी सोच के घिसे-पिटे रूढ़ पैटर्न अनेक सामाजिक-आर्थिक कारणों से आज भी हमारे साहित्यों में अभिव्यक्ति पाते हैं। भूतकाल से चले आते रूढ़िवाद और दौरे-जहालत के चिह्न आज भी हमारे साथ चल रहे हैं। सच तो यह है कि वे हमारी सांस्कृतिक विशिष्टता और अभिव्यक्ति पर हावी हैं, जिसके कारण हमारे देश के अमीर खुसरो, कबीर और नानक द्वारा पैदा की गई नवजागरण की जो प्रक्रिया अधूरी रह गई थी, उसको आधुनिक प्रगतिशील चेतना की रोशनी में और अधिक तेज़ी से आगे बढ़ाने का काम अत्यंत कठिन हो गया है।

आज जिस साहित्य को 'भारतीय' कहने की प्रथा चल पड़ी है, उसमें अधिकांश ऐसा है जो भारतीय नवजागरण के दौर में विकसित हुई 'भारतीयता' की व्यापक धारणा से एकदम विपरीत है, क्योंकि उसमें नवजागरण से पूर्व के रूढ़ और जड़ीभूत सांप्रदायिक मनोभावों को और अधिक दुराग्रहपूर्वक पुनः दोहराने की प्रवृत्ति अधिक है। स्वतंत्रता-संग्राम के दौरान प्रगतिशील आंदोलन ने नवजागरण के दौर की इंसान-परस्त प्रवृत्तियों को नया सेक्युलर संस्कार दिया, जिसे भारतीय संविधान में शामिल किया गया। इसलिए यह स्मरण रखना ज़रूरी है कि नवजागरण के समय से मिली-जुली संस्कृति और सभ्याचार का जो रूप निखरता आया है, उसे ही 'भारतीयता' की संज्ञा दी जा सकती है। 'भारतीयता' की परंपरा का उसे ही प्रामाणिक संदर्भ माना जा सकता है। और इस सेक्युलर (धर्मनिरपेक्ष, जाति-निरपेक्ष) धारणा को ही आधुनिक जगत् की समस्त वैज्ञानिक चेतना और उदात्त मानववादी भावनाओं की रोशनी में आगे बढ़ाना अभीष्ट होना चाहिए।

बाबर जब भारत में आया तो उसे अपनी मातृभूमि (उज़्बेकिस्तान) के मीठे सरदों की रह-रहकर याद आती थी, लेकिन जब उसका पोता मीठे सरदों के देश में गया तो उसे भारत के मीठे आमों की उतनी ही शिद्दत से याद आई। अमीर

ख़ुसरो की कविता में केवड़ा, चंपक और हिना की खुशबुओं की महक है और पान के ज़ायके, और केले की मिठास से सराबोर है। रामानंद, कबीर, नानक, लल्लादे, बुल्लेशाह, शेख़ फ़रीद, जायसी, वारिसशाह तथा अन्य अनेक सूफ़ी कवियों ने इस सांस्कृतिक समन्वय की अभिव्यक्ति के लिए एक नई भाषा और नए मुहावरे की ईजाद की थी, जो दरअसल मानव-मानव के बीच एक धर्म-निरपेक्ष प्यार और भाईचारे की पुष्टि थी, और जिसमें उस परंपरावादी जहालत की धारणा की भर्त्सना थी जिसने रवींद्रनाथ ठाकुर के शब्दों में देश को 'संकीर्ण कोटरों की दीवारों में बाँट रखा था'। संस्कृतियों और सभ्यताओं का यह सम्मिश्रण या संकरण हमारी ललित कलाओं, वास्तुशिल्प, संगीत-नृत्य, पहरावे के कपड़े और डिज़ाइन, खान-पान और साहित्य-कला में इस तरह हुआ है कि उनके रूप और डिज़ाइन में सुंदर से सुंदरतम अभिनव-रूप उभरे हैं। दो-ढाई सौ साल पहले, जब पश्चिमी देशों और पश्चिमी संस्कृति और विचारों के संपर्क में हम आए तो एक बार फिर उस अधूरे नवजागरण के टूटे हुए धागों को जोड़कर भारतीय संस्कृति को एक नया जनवादी रूप देने की आकांक्षा बलवती हो उठी। ग़ालिब, टैगोर, इक़बाल ने साहित्य में, राजनीति में गांधी और नेहरू ने बुनयादी तौर पर अमीर ख़ुसरो, कबीर, नानक और वारिसशाह की ही विरासत को लेकर भारतीयता की एक नई धारणा का विकास किया।

किंतु इस बार फिर नवजागरण विरोधी आंदोलन सुधारवाद का चोग़ा पहनकर उठ खड़े हुए, अलग-अलग हिंदू और मुसलमान संप्रदायों के अंदर। उन्होंने हठपूर्वक उस सुंदर और भव्य संकर संस्कृति को नष्ट करने का प्रोग्राम अपनाया, जिसमें हिंदू-मुस्लिम दोनों संस्कृतियों के सबसे स्वस्थ और मानववादी तत्त्वों का सम्मिश्रण था। इस विरासत को, जिसमें स्थानीय संकीर्णताओं से ऊपर उठने की कोशिश थी और जो उच्चस्तर की नैतिकता और मानववादी प्रवृत्तियों पर आधारित थी और जिसका परिणाम था, भाव-बोध का विस्तार, अभिनव रचनात्मकता का विस्फोट और अलगाव की भावना से मुक्ति—उसे एक बड़ी सीमा तक पृथकतावादी प्रवृत्तियों की दलदल में डुबो दिया गया तब एक प्रकार का सांस्कृतिक अपारथाईड (Aparthied) सैकड़ों छोटे-मोटे लेखकों और तुक्कड़ों की रचनाओं में भारत की तमाम भाषाओं के अंदर प्रतिबिंबित हुआ। साम्राज्यवाद ने बड़ी खुशी से 'पृथकतावाद' की मिथिक को प्रचारित करने में अपनी भूमिका निभाई।

नए आज़ाद और नए जाग्रत् अफ्रीकी देशों का अनुभव, जो इस समय एक अफ्रीकी पहचान या अस्मिता बनाने के कार्य में लगे हुए हैं, हमें इस समस्या के बारे में नई अंतर्दृष्टि दे सकता है। वे लोग भी पुराने दक़ियानूसी मूल्यों की फिर से जाँच-परख कर रहे हैं, और विचारों के नए प्रगतिशील पैटर्न विकसित करने की चेष्टा में लगे हैं। नए मार्गों की यह खोज कई रूपों में व्यक्त हुई है। विख्यात कवि सैंघोर एक ऐसे सहानुभूतिपूर्ण 'सामंजस्य' की बात करते हैं, जिसके अंतर्गत तमाम

मानव-जातियाँ विश्व-सभ्यता के विकास और उत्थान में मदद करें। ज़्यां पिया की कहानी, पूजा का पेड़ (The fetish tree) इस चेष्टा का प्रतीक है। इसका हीरो, जो एक नौजवान अफ़्रीकी टैकनीशियन है और सड़कों को चौड़ा करने के काम में लगा हुआ है, वह पूजा के उस पेड़ को जड़ से काटने और उसकी लकड़ी के बने पूजा के एक लिंग को तोड़ने का आदेश देता है जो सड़क के बीच में आ जाता है। वह कहता है, "बीसवीं सदी के मध्य में हम ऐसी चीज़ों की पूजा करने में विश्वास नहीं करते, नहीं तो आज़ादी पाने के बाद भी हम कभी एक आधुनिक और सभ्य राष्ट्र का निर्माण नहीं कर पाएँगे।" संदेश बिल्कुल साफ़ है कि हम भारत का एक आधुनिक जनतांत्रिक राष्ट्र के रूप में तब तक निर्माण नहीं कर पाएँगे, जब तक हमारे परंपरावादी समाज ने पूजा के जो पेड़, लोगों के दिलों और दिमाग़ों में रोप रखें हैं और जिन्हें परस्पर-विरोधी धर्मों के ठेकेदार अंधविश्वासों के जल से सींचते रहते हैं, उन्हें वैज्ञानिक तर्क की कुदाल से जड़ समेत उखाड़कर फेंक न दिया जाए।

सामाजिक रिश्तों को फिर से नई तरतीब देकर नई शक्ल देने का काम आसान नहीं है, लेकिन भारतीय जनतंत्र का यह एक ज़रूरी दायित्व है। लेखकों की असफलता इस बात में रही है कि अभी तक मनुष्य और मनुष्य के रिश्तों को बाँधने की एक मानववादी और सार्वजनीन दर्शन (फ़िलासफी) की खोज नहीं कर पाए। अभी तक तो रूढ़िवादी लेखक ही पुराने समाज की सांस्कृतिक चेतना के अनुरूप ईश्वर या खुदा के साथ मनुष्य के रिश्तों को परिभाषित करते रहे हैं और मनुष्य के साथ मनुष्य की बेगानगी की कल्पित धारणा को सत्य मानते आए हैं। हमारे साहित्य, जिसमें इस विश्वबोध को ही अक्सर प्रधानता दी जाती है, अभी तक उन अनैतिक और अमानवीय सांस्कृतिक पैटर्नों को आरोपित करनेवाले विश्वबोध के औचित्य को खुली चुनौती नहीं दे सके हैं। इनके निकट एक अच्छा लेखक बनने का अर्थ है पारंपरिक दृष्टि से एक अच्छा लेखक होना। लेकिन नाइजीरिया के प्रसिद्ध नाटककार, वोल्ले सोइंका का कहना है कि "मैं एक अच्छा लेखक बनना चाहता हूँ न कि एक अच्छा अफ़्रीकी लेखक, क्योंकि अफ़्रीका विश्व का एक अंग बन चुका है।"

यह ज़रूरी नहीं है कि सामाजिक बराबरी और न्याय के आधुनिक दृष्टिकोण उद्योगीकरण और तकनीकी विकास के साथ कंधे-से-कंधा मिलाकर चलें, हालाँकि वे एक ही पार्सल में आते हैं। उद्योगीकृत नात्सी-जर्मनी, गोरों का अमरीका और रंगभेद की नीति पर चलनेवाले दक्षिण अफ़्रीका के अनुभव को भुलाना नहीं चाहिए। इसलिए किसी प्रकार का द्वैत-भाव या ग़लत धारणाएँ लेकर अगर रूढ़िवादी विचारों और जीवन और आचरण के जड़ीभूत पैटर्नों के साथ सामंजस्य पैदा करने की कोशिश की जाएगी तो वह कभी कामयाब नहीं हो सकती, बल्कि वह आगामी कल के आधुनिक भारत की ओर हमारी प्रगति में बाधक बन सकती है।

यह कितनी विचित्र बात है कि हर संवेदनशील विदेशी को तो वह अदृश्य दीवार, जो भारत में एक मनुष्य से दूसरे मनुष्य को अलग करती है और जो हज़ारों साल से हमारे लोगों की नियति रही है, दिखाई दे जाती है और वे उस पर नुक्ताचीनी भी करते हैं, लेकिन हमारे बहुत से लेखक, यहाँ तक कि प्रतिवाद का स्वर उठानेवाले तरुण लेखक भी इस स्थिति को या तो देख नहीं पाते या फिर देखना नहीं चाहते। प्रसिद्ध समाजशास्त्री बॉयटिन्स्की ने अपनी पुस्तक 'भारत, जाग उठनेवाला एक महाबली' (India, the Awakening Giant) में कहा है, "हमें ऐसा लगता है, जैसे मानो ये लोग दो भिन्न दुनियाओं के बाशिंदे हैं। उनका एक ही जैसा काम हो फिर भी वे आपस में मिलते-जुलते नहीं हैं।"

ग़लत चुनाव और ग़लत आधार पर चलाए गए आंदोलन हमारे देश के लिए बहुत महँगे पड़ सकते हैं। वैग्नर का संगीत "अपने रूप में इतना जर्मन था, लेकिन उसमें लोक-संगीत या लोक-रंजन के तत्त्व इतने कम थे।" इसी तरह वर्तमान शताब्दी के तीसरे दशक में 'युवा जर्मन आंदोलन' (यंग जर्मन मूवमेंट) ने मौखिक रूप से जनतांत्रिक व्यवस्था (डिमॉक्रेसी) की हिमायत करते हुए भी परंपरागत रूढ़ आदर्शों पर ज़ोर दिया। यह द्वैत जर्मनी को फ़ासिज्म और यहूदी-विरोध के मार्ग पर खींच ले गया, क्योंकि नौजवान लेखकों के मन में भ्रांति पैदा हो गई थी और उन्होंने ग़लत रास्ता चुन लिया। इसी तरह बीसवीं सदी के भारत में भाषा और साहित्य के क्षेत्र में 'शुद्धतावादी आंदोलन' ख़तरे का संकेत करते हैं, क्योंकि वे उन तमाम धर्म-निरपेक्ष तत्त्वों को, जो एक मिली-जुली संस्कृति को प्रतिबिंबित करते हैं, भारतीय संस्कृति से निकाल देना चाहते हैं। इसका अर्थ यह नहीं है कि स्वस्थ राष्ट्रीय तत्त्व संस्कृति के सार्वभौमिक तत्त्वों को शक्ति नहीं प्रदान कर सकते। पुश्किन की रचनाओं में रूसीपन, गेटे और हाइने की रचनाओं में जर्मनपन, शेक्सपियर की रचनाओं में अंग्रेज़ीपन ने उनकी सार्वभौमिक प्रासंगिकता को संकुचित नहीं किया। प्रश्न किया जा सकता है कि हमारे कितने लेखकों की रचनाओं में ये सार्वभौमिक तत्त्व मौजूद हैं जो आज के 'विश्व-ग्राम' में रहनेवाले आधुनिक पाठक को स्वीकार हों। भारतीय जनता ने उस विशिष्ट-वर्गीय साहित्य को अपनाने से इंकार कर दिया है जो हर मनुष्य को एक तनहा द्वीप के रूप में देखता है और जिस साहित्य का विश्व-बोध मिथिक कल्पनाओं और युगों के आवर्तन की प्रक्रिया पर आधारित है।

यह एक विकृत दर्पण है—मेरा मतलब है, 'हमारा भारतीय साहित्य', चाहे वह रूढ़िवादी हो या आधुनिकतावादी। इसमें हर छवि इस क़दर टेढ़ी-मेढ़ी हो जाती है कि कुछ और ही होने का धोखा होता है। अधिक से अधिक इसमें उच्च जातियों और उच्च वर्गों के पूर्वग्रहों, पक्षपातों, विशिष्ट रुचियों, अनुभूतियों और दृष्टिकोणों का विवरण ही एक सीमा तक सही रूप में अभिव्यक्त होता है। उर्दू में फ़िराक़ गोरखपुरी, पंजाबी में कर्तार सिंह दुग्गल, हिंदी में फणीश्वरनाथ रेणु, उड़िया भाषा

में गोपीनाथ महंती, काश्मीरी भाषा में दीनानाथ 'नादिम' आदि, जिनकी कृतियों से मैं वाक़िफ़ हूँ, चाहे उल्लेखनीय अपवाद हों, लेकिन यह बात तो और भी हमारी भाषाओं के साहित्य की त्रासदी को रेखांकित करती है। एक सच्ची भारतीय साहित्यिक कृति की जड़ें तो भारत की प्रतिवादी और इंसानपरस्त परंपरा में ही हो सकती हैं, जो इस देश के हर दलित और पीड़ित इंसान के छीने हुए आत्मगौरव को वापस लौटाने की हिमायत करती है। ऐसी कृतियों को लोक-साहित्य और विभिन्न जनपदीय कला-रूपों की फिर से खोज करनी पड़ेगी, अपने सामूहिक इस्तेमाल के लिए, ताकि उनको पुनरुत्थानवादी, दक़ियानूसी उद्देश्यों का वाहन न बनने दिया जाए। पिकासो का कहना है कि "कला उस समय सबसे अधिक स्वच्छंद होती है, जब वह सबसे ज़्यादा सामग्री अपने जीवन से लेती है। केवल रेखाओं, रंगों और पैटर्नों से खेलना ही स्वच्छंदता नहीं है बल्कि यह तो कल्पना को सीमित करनेवाली एक बंदिश है।" यह बात साहित्य के लिए भी सच है। दुर्भाग्य से 'जन-जीवन के चित्रण' या 'अपने युग की तस्वीर' पेश करने के नाम पर साधारण भारतीय लेखक अक्सर जनजीवन के बारे में अपने अज्ञान और अपने मन के भय को ही चित्रित करता है और अनिवार्यतः पलायनवाद या यथातथ्यवाद की दलदल में फँसकर रह जाता है। यह दोनों संकीर्ण प्रवृत्तियाँ समाज में यथास्थिति को बरक़रार रखने में सहायता करती हैं।

भारतीयता की रिनेसाँधर्मी धारणा को सबसे बड़ा ख़तरा उन रचनाओं से है जो प्रत्यक्ष या अप्रत्यक्ष रूप से यह दावा करती हैं कि एक ख़ास सांस्कृतिक या भाषागत पैटर्न और शब्दावली या भाषा-लिपि ही भारतीयता का सबसे वांछनीय या सही नमूना है, उससे भिन्न सभी नमूने पराए, अन्य-देशीय हैं, या उनका साहित्यिक और नैतिक स्तर ऊँचा और श्रेष्ठ नहीं है या फिर बे सब विधर्मी हैं, और भारतीय एकता के लिए ख़तरनाक हैं। सच तो यह है कि ये संकीर्ण राष्ट्रवादी दृष्टिकोण अपने आप में भ्रष्ट और भारतीय एकता के लिए सबसे ज़्यादा ख़तरनाक हैं। ये एक भयंकर मानसिक रुग्णता के सूचक हैं। इस सदी के नवें दशक में किसी भी सांस्कृतिक रूप या जनसमूह या जनपदीय भाषा के साहित्य को इस उपमहाद्वीप में दूसरे दर्जे का स्थान नहीं दिया जा सकता।

भारतीयता का तभी कोई अर्थ हो सकता है जब उसे बराबरी और सामाजिक न्याय के संदर्भ में देखा जाए। इस देश की तमाम छोटी-बड़ी भाषाओं और उनके छोटे-बड़े साहित्यों को उसी तरह बराबर का दर्जा देना पड़ेगा, जिस तरह तमाम छोटे-बड़े जनपदों या विभिन्न जनसमूहों को देना ज़रूरी है।

इसके लिए एक दृष्टिकोण संबंधी क्रांति अनिवार्य है। हमारे लेखकों को इस क्रांति के उद्देश्यों को कला के माध्यम से प्रतिबिंबित करने के लिए नए विचार सूत्रों की ईजाद करनी होगी, जो भारतीयता को सच्चा जनतांत्रिक आधार दे सकें।

रवींद्रनाथ ठाकुर का गौरमोहन आज के युग में एक पुनरुत्थानवादी हीरो की अप्रासंगिकता का प्रतीक है। आलोचकों का यह अहम कार्य है कि वे लेखकों द्वारा चित्रित पात्रों की बौद्धिक छवि का विश्लेषण और मूल्यांकन करें। उनकी सहानुभूतियों, रुचियों, भावनाओं और प्रतिक्रियाओं के सहज पैटर्नों और हमारी संस्कृति के जनतंत्रीकरण की प्रक्रिया के प्रति उनकी मनोभावनाओं आदि का विश्लेषण और मूल्यांकन करना चाहिए। कोई लेखक अल्पसंख्यक धार्मिक समुदायों या भाषा बोलनेवाले समूहों—जैसे आदिवासियों, दलितों, अछूतों, महिलाओं, मुसलमानों, ईसाइयों आदि की विडंबना और पीड़ा का जो दॉस्तॉयवस्की के शब्दों में 'अपमानित और पददलित हैं', चित्रण कितनी संवेदना और सहानुभूति से करता है, उससे ही इस बात का अंदाज लगाया जा सकता है कि वह हमारे देश की मानव-स्थिति को कहाँ तक सही रूप में समझता है।

किसी लेखक की ऐसी एक भी टिप्पणी या अर्थ-भेदयुक्त शब्द या मुहावरा, जो जातिवाद, वर्गभेद या ऊँच-नीच की द्वेषपूर्ण गर्हित भावना को प्रतिबिंबित करती हो, वह जैसे आचरण में वैसे ही लेखन में राष्ट्र संघ द्वारा स्वीकृत मानव-अधिकारों के घोषणा-पत्र और भारतीय संविधान द्वारा स्वीकृत 'मौलिक अधिकारों' का उल्लंघन है।

इसलिए भारतीयता मनुष्य की एकता और भाईचारे पर ही आधारित हो सकती है। इसके लिए यह आवश्यक है कि लेखक अन्य संस्कृतियों को निकट से जाने-पहचाने और उनकी अच्छाइयों से बखूबी परिचित हो। साथ ही यह भी ज़रूरी है कि वह संस्कृति के रूढ़िवादी पैटर्नों से मुक्त होकर इंसान-परस्त पैटर्नों की पहचान करने और पसंद करने में भी सक्षम हो। संक्षेप में इसका अर्थ यह निकलता है कि बिना भेदभाव किए हम इस हक़ीक़त को पहचानें कि दक्षिण भारत के लोगों के लिए कावेरी नदी और पंजाबियों के लिए चिनाव नदी उतनी ही पवित्र हो सकती हैं, जितनी कि उत्तर भारत के हिंदुओं के लिए गंगा है। इसका यह अर्थ भी होता है कि लेखक की समझ इतनी व्यापक हो कि वह आनेवाले कल के दृष्टिकोण से, जिसके अंकुर आज के भारत की ज़मीन में उग आए हैं, भारतीय यथार्थ को प्रतिबिंबित करें।

भारतीयता एक स्वस्थ मूल्य के रूप में सार्वभौमिक मानवीय मूल्यों की पूरक हो न कि विघटनकारी पुनरुत्थानवादी धार्मिक-सांप्रदायिक द्वेषभावना की पोषक, तभी वह 'भारतीय साहित्य' की विशेषता बन सकती है। अगर भूतकाल द्वारा निर्दिष्ट और संचालित विचारों और भावनाओं को नए सिरे से ढालकर हम एक धर्मनिरपेक्ष, जनवादी और समाजवादी जीवन-दृष्टि का विकास कर सकें और साहित्य और कला को मानवीय संबंधों के सत्य का उद्घाटन का साधन बना सकें, तो हम यहाँ के सीढ़ियोंवाले समाज की मानवद्वेषी मूल्यांकन पद्धति के स्थान पर बराबरी की भावना

और आचरण का पोषण करनेवाले मूल्यों की स्थापना करने में कामयाब हो सकते हैं। लेखक और बुद्धिजीवी अगर सचेत रूप से और पूरी निष्ठा और लगन से प्राचीन संस्कृति के हर शोबे और हर विषय और हर पहलू का विश्लेषण और मूल्यांकन करने के अपने जन्मसिद्ध अधिकार पर निर्भीकता से डटे रहें और प्राचीन संस्कृति में जीवन की निस्सारतावाले विश्वबोध और उसके मूल्यों में व्याप्त जहालत के पोषक मिथकों और जादू-टोने में विश्वास, उसकी पौरोणिक गाथाओं, उसकी सामाजिक वर्जनाओं और रीति-रिवाजों, उसके सांस्कृतिक वीरों या नायकों—इन सबको मानववादी मूल्यों और मानवीय तर्क और विवेक की रोशनी में निर्ममतापूर्वक जाँचें-परखें तो भारतीय त्रासदी की दूर-दूर तक फैली अंधी गलियों और कन्दराओं में छिपे भूत-प्रेतों को खोजकर भगाया जा सकता है। जो शाश्वत सौंदर्य सिद्धांतों की व्याग्न्याओं के प्रतिकूल है, जो केवल साहित्य को सामाजिक जीवन की विषमताओं और ऊँच-नीच के भेद पर एक सुनहरा मुलम्मा चढ़ाकर उसका समर्थन करता है, ऐसे जो भी 'पूजा के पेड़ हैं', उनको काटकर गिराइए, ताकि भारत के करोड़ों इंसानों का छीना हुआ आत्म-गौरव उन्हें फिर प्राप्त हो सके और जो समाज के पिरामिड की चोटी पर बैठे हैं, उनका और उन असंख्य लोगों का, जिन्हें नीचे की दल-दल में कीड़े-मकोड़ों का जीवन जीने के लिए यह कहकर विवश किया गया है कि यह पिछले जन्मों के कर्मों का फल है और उनकी यही नियति और यही भगवान का न्याय है, उनको बीसवीं सदी के एक सच्चे 'जनवादी समाज' का वह मानवीय न्याय दिलाया जा सके, जो विशिष्टों की कल्पना के भगवान के न्याय से कहीं ज्यादा मानवीय और उदार हैं।

प्रगतिवाद

(1)

सन् 1936 में प्रगतिशील लेखक संघ के जन्म के साथ भारतीय भाषाओं के साहित्यों में भी मार्क्सवादी विचारधारा का प्रभाव मुखर हो उठा। प्राचीन समीक्षा-शास्त्र की बगल में (और एक सीमा तक उसके विरोध में) साहित्य का एक नया दृष्टिकोण सामने आया, जिसे आगे चलकर हिंदी-साहित्य में 'प्रगतिवाद' के नाम से पुकारा गया। ऐतिहासिक भौतिकवादी दृष्टिकोण से विभिन्न देशों के मार्क्सवादी आलोचक पिछली शताब्दी से ही जिस वैज्ञानिक सौंदर्यशास्त्र की रचना करते आए हैं, 'प्रगतिवाद' वस्तुतः उसका ही भारतीय नामकरण है।

साहित्यालोचन के इस नए दृष्टिकोण ने अनेक तात्त्विक और व्यावहारिक प्रश्न उठाए हैं और अपने वस्तुवादी जीवन-दर्शन की सहायता से उनका विवेचन करके उनके समाधान भी उपस्थित किए हैं। साहित्य और कला क्या है, और मूल्यांकन की समस्या क्या है ? इन दो मूल प्रश्नों तथा इनसे संबद्ध अनेक दूसरे प्रश्नों को उठाकर 'प्रगतिवाद' ने अपनी वैज्ञानिक स्थापनाओं से साहित्य-शास्त्र को नई दृष्टि दी है।

यह अलग बात है कि अनेक 'प्रगतिवादी' आलोचक अपने वक्तव्यों और विवेचनों में मार्क्सीय सौंदर्यशास्त्र की वैज्ञानिक पद्धति का पालन नहीं कर पाए और विशेष स्थानीय प्रभावों के कारण उनकी आलोचना-दृष्टि पथ-भ्रष्ट होकर मूलतः फ्रांसीसी इतिहासकार 'टेन' (Hippolyte Taine) के सापेक्षतावादी सौंदर्य-सिद्धांत का अनुगमन करने लगी, जिससे प्रभाव ग्रहण करके रूसी विचारक प्लैखानोव (Art & Society) ने साहित्य के संबंध में मार्क्सीय विचारधारा को कुत्सित समाजशास्त्रीयता के बीहड़ जंगल में भटका दिया था। इस कुत्सित समाजशास्त्रीय सापेक्षतावाद ने साहित्य और कला की कृतियों, शैलियों (तथा इससे भी अधिक, जन्म या सामाजिक स्थिति के आधार पर साहित्यकारों-कलाकारों) के वर्ग-आधार को ढूँढ़ निकालने में अपने आलोचक-कर्म की इतिकर्तव्यता समझ ली। बहुत दिनों तक मार्क्सवादी

आलोचक इस बीहड़ जंगल में भटकते रहे और मार्क्स-लेनिन के कला संबंधी सिद्धांतों की उपेक्षा करते रहे। मूल्यांकन के नाम पर किसी कृति को मनमाने ढंग से 'सामंती', पूँजीवादी (बुर्जुआ) या प्रोलेतेरियन-जैसे तीन-चार खानों में ठूँस-ठाँसकर रख देना और कलाकारों को इनमें से किसी-न-किसी वर्ग का प्रतिनिधि घोषित कर देना ही उनके निकट सबसे महत्त्व का प्रश्न बन गया। एक लंबे सैद्धांतिक संघर्ष के बाद अन्य देशों के मार्क्सवादी विचारक अपने ही बीच के कुत्सित समाज-शास्त्रियों और उनके अनैतिहासिक, अवैज्ञानिक और कुरुचिपूर्ण दृष्टिकोण को नंगा कर देने में सफल हुए हैं, किंतु अभी तक हिंदी में 'प्रगतिवाद' के नाम पर कुत्सित समाजशास्त्रीयता का ही बोलबाला है, जिससे प्रगतिवाद के विरोधियों को उस पर ग़लत आरोप लगाने का अवसर मिलता गया है।

और यह बात भी अलग है कि 'प्रगतिवादी' दृष्टिकोण से प्रभावित कवियों और कथाकारों ने हिंदी में जो साहित्य रचा वह कला की दृष्टि से (जिसमें विचार-वस्तु और रूप-तत्त्व अन्योन्याश्रित होते हैं) बहुधा उच्च कोटि का नहीं हो पाया। बल्कि यदि समग्र रूप से देखें तो रवींद्र, शरत्, प्रेमचंद और जैनेंद्र का यथार्थवाद और छायावादी कवियों की मार्मिकता भी इन रचनाओं में नहीं है। इसमें जो कोरी 'नारेबाजी का साहित्य' (?) नहीं है वह भी अधिकतर साधारण कोटि का ही है। उसमें जीवन-यथार्थ के ऊपर से प्रत्यक्ष दीखनेवाले अंगों का ही यथातथ्य प्रकृत, (नैचुरलिस्टिक), रूप-रस-वर्ण-गंधहीन, उथला-पुथला चित्रण है; जो युग-सत्य का उद्घाटन न करके उसे एकांगी और विकृत बना देता है। उसमें जिन पात्रों का चित्रण हुआ है वे प्रतिनिधि मानव-चरित्र (टाइप) नहीं, बल्कि यंत्रवत् लेखक की इच्छा-अनिच्छा पर उठने-बैठने-बोलनेवाली कठपुतलियाँ हैं, जो सजीव न होकर विचारों और वर्गों की 'प्रतीक' हैं। इस नए साहित्य में नई विचार-वस्तु को अधिकतर ऊपर से ठूँसकर क्रांतिकारिता का आभास पैदा किया गया है। वास्तव में उसमें नया कुछ भी नहीं है, वह विचारों को स्फूर्ति और प्रेरणा नहीं देता और न भावनाओं को अधिक संवेदनशील, उदात्त और मानवीय बनाता है, क्योंकि उसमें यथार्थ का वेदन नहीं है। दुर्भाग्य से यशपाल, कृष्णचंद्र, उपेंद्रनाथ 'अश्क', रांगेय राघव, राहुल सांकृत्यायन-जैसे प्रमुख कथाकार भी, अपने प्रगतिवादी दृष्टिकोण के बावजूद, इस ह्रासोन्मुखी कला-दृष्टि से अपने को सर्वथा मुक्त नहीं कर पाए। उन्होंने भी यह प्रभाव देशकाल की विशिष्ट परिस्थितियों से ही ग्रहण किया है। जिससे वे अपनी कला-संबंधी समस्याओं का सही सामधान खोजने में एक सीमा तक असमर्थ रहे हैं।

परंतु नए साहित्य में या प्रगतिवादी आलोचना में यदि ये विकृतियाँ आई हैं और किन्हीं कारणों से हमारे देश में आज भी नए साहित्यकार प्रकृत-चित्रण (नैचुरलिज़्म) और अधिकतर प्रगतिवादी आलोचक कुत्सित समाजशास्त्रीयता की ही

ओर बरबस आकृष्ट होते हैं तो इससे 'प्रगतिवाद' के वास्तविक दृष्टिकोण और उसकी साहित्य-कला-संबंधी स्थापनाओं का मूल्य किसी भी अंश में कम नहीं हो जाता। कुत्सित समाज शास्त्रीयता की अनैतिहासिक, अवैज्ञानिक और सापेक्षतावादी प्रवृत्ति केवल एक परिस्थितिजन्य सामयिक विकृति है, जिस प्रकार 'कला के लिए कला' का सिद्धांत और प्रतीकवाद, प्रकृतवाद, रूपवाद, चित्र-कल्पनावाद आदि की प्रवृत्तियाँ ह्रासोन्मुखी समाज की परिस्थितिजन्य सामयिक विकृतियाँ हैं। अंततः प्रगतिवाद का वैज्ञानिक दृष्टिकोण ही विजयी होगा, क्योंकि वह ऐतिहासिक भौतिकवादी है और विश्व की श्रेष्ठतम कला और साहित्य की परंपराओं के सांगोपांग अध्ययन-विवेचन के द्वारा विकसित हुआ है और हो रहा है। इसके साथ ही हमारे यहाँ का प्राचीन काव्यशास्त्र और उसके सिद्धांत यद्यपि अपने में संपूर्ण दिखते हैं, किंतु फिर भी न तो वे कला और साहित्य-संबंधी उन मौलिक प्रश्नों का समुचित उत्तर ही दे सकते हैं जिन्हें 'प्रगतिवाद' ने उठाया है और न वे हमें प्राचीन अथवा आधुनिक साहित्य का सही-सही कलात्मक—अतः सामाजिक—मूल्य आँकने की पर्याप्त गहरी ऐतिहासिक तथा सौंदर्यबोधिनी अंतर्दृष्टि ही देते हैं। इसका यह अर्थ नहीं कि प्राचीन काव्यशास्त्र में अब ऐसे तत्त्व नहीं रहे जो उपयोगी हों; या नया साहित्यकार अपनी कृति में रस और काव्यानंद की सृष्टि न करके उसे नीरस बना दे और नया पाठक उसकी कृति से मनोरंजन की अपेक्षा ही न रखे; या नए साहित्य के रूप-विन्यास और रचनातंत्र में अलंकार, वक्रोक्ति, गुण और ध्वनि आदि का कलात्मक समाहार निष्प्रयोजन समझा जाय; या नया आलोचक प्राचीन समीक्षा-शास्त्र की शब्दावली को त्यागकर सर्वथा नए शब्द-संकेत गढ़े। प्राचीन मनीषियों और विचारकों की देन के प्रति ऐसा नकारात्मक दृष्टिकोण प्रगतिवाद का न था, न है। वस्तुतः प्रगतिवादी विचारकों का आरंभ से ही यह दृष्टिकोण रहा है कि वैज्ञानिक सौंदर्यशास्त्र का निर्माण तभी हो सकेगा, जब आदि काल से लेकर आज तक साहित्य-कला-संबंधी जो अनुभवसिद्ध और मूर्त्त सत्यान्वेषी उद्भावनाएँ होती आई हैं, उन सबका ऐतिहासिक भौतिकवाद के वैज्ञानिक दृष्टिकोण से एक व्यापक सौंदर्य-सिद्धांत के अंतर्गत समाहार और समन्वय किया जाय।

संभवतः इसीलिए प्रारंभ में 'प्रगतिवाद' ने अधिकतर वे प्रश्न ही उठाए जो आधुनिक जीवन और आधुनिक कला-साहित्य के विशिष्ट विकास ने अनिवार्य रूप से उपस्थित कर दिए हैं, और जिन पर वैज्ञानिक रीति से विचार करना आधुनिक विज्ञान और ऐतिहासिक भौतिकवादी दृष्टिकोण ने संभव बना दिया है। प्राचीन काव्यशास्त्र के विवेचक आचार्यों के सम्मुख ये प्रश्न इस रूप में न उठे थे, न उनका वैज्ञानिक उत्तर दे सकना ही उस समय उनके लिए संभव था। ऐतिहासिक भौतिकवादी दृष्टि से प्राचीन भारतीय काव्यशास्त्र के सिद्धांतों का विवेचन करके प्रगतिवादी सौंदर्यशास्त्र उन्हें किस रूप में और किस सीमा तक ग्रहण कर लेगा, इस

बारे में हम जल्दी में कोई मत प्रकट करना उचित नहीं समझते। यद्यपि यह कह देना अवश्य निरापद होगा कि हिंदी के प्रगतिवादी आलोचकों ने अपने दायित्व को समझकर अभी तक गंभीरता से प्राचीन सिद्धांतों का अध्ययन-विवेचन नहीं किया है।

(2)

प्रगतिवाद की दृष्टि में स्वयं कला क्या है—इस प्रश्न का वैज्ञानिक समाधान पाना ही सबसे मौलिक समस्या है, क्योंकि और सब समस्याओं, जैसे वास्तविकता से कला का क्या संबंध है, कला-निर्माण की पद्धति क्या है अर्थात् कला में विचार-वस्तु और रूप-तत्त्व का समन्वय कैसे होता है और कला किस प्रकार वास्तविकता (रियलिटी) को प्रतिबिंबित करती है, कला का सामाजिक प्रयोजन क्या है और वर्ग-समाज हो या वर्गहीन समाज, श्रेष्ठ कलाकार क्योंकर मानव-आत्मा का शिल्पी होता है और इस प्रकार समग्र मानवता का सजग सत्यान्वेषी पक्षधर बनता है तथा इस कर्तव्य से च्युत होकर वह किस प्रकार अपनी कला का ही हनन कर बैठता है आदि सभी समस्याओं का समाधान इस मौलिक प्रश्न के ही आश्रित है।

कला क्या है ?—इस प्रश्न के उत्तर अरस्तू और भरतमुनि के समय से साहित्य-कला के आचार्य देते आए हैं, किंतु उनका उल्लेख यहाँ प्रासंगिक न होगा। मार्क्सीय ऐतिहासिक भौतिकवादी दृष्टिकोण से कला भी एक प्रकार की सामाजिक चेतना है, या कहें, कला सामाजिक चेतना का एक विशिष्ट रूप है जिसके माध्यम से मनुष्य का मानस सामाजिक वास्तव (सोशल रियलिटी) को प्रतिबिंबित करता है। आदि काल से लेकर आज तक की कला और साहित्य का इतिहास इस बात का साक्षी है कि हर काल और हर युग में कला वास्तविकता या जगत् के मार्मिक बोध का ही साधन रही है। सामाजिक संबंधों में पड़कर मनुष्य अपने चतुर्दिक् जगत् के बारे में क्या सोचता-समझता है और सक्रिय रूप से उसे कैसे बदलता है, कला के माध्यम से उसने अपनी इस सामाजिक चेतना को ही अभिव्यक्ति दी है। सामाजिक चेतना का विशिष्ट रूप होने के कारण कला मनुष्य के सत्य का उद्घाटन करने और उसका बोध कराने का साधन है। मनुष्य का सत्य कोई निर्विकार, निराकार, निरपेक्ष, कालातीत वस्तु नहीं है। जो अलग से प्रत्येक मनुष्य में निहित हो। वास्तव में बाह्य प्रकृति के विरुद्ध संघर्षरत मनुष्यों के सामाजिक संबंधों का सत्य ही मनुष्य का सत्य है। व्यापक अर्थ में मानव-जीवन के निरंतर परिवर्तनशील समाज-संबंधों को ही मनुष्य की चेतना प्रतिबिंबित करती है।

कलाकार मानवता के संघर्ष का अगुआ है, क्योंकि अधिक संवेदनशील प्राणी होने के कारण वह वास्तविकता के नित्य नए पहलुओं का उद्घाटन करता जाता है और मनुष्य के भाव-विचारों को नई स्फूर्ति, मनुष्य की चेतना को नई संवृद्धि देता

हुआ मनुष्य को अधिक मानवीय और सौंदर्यप्रिय बनाता जाता है। साहित्य और कला का यही प्रयोजन है।

प्रगतिवाद के इस प्रतिबिंबन के सिद्धांत को भारतीय प्रतिबिंबवाद का प्रतिरूप नहीं समझ लेना चाहिए। भारतीय प्रतिबिंबवाद के अनुसार ब्रह्म बिंब है और जगत् उसका प्रतिबिंब। किंतु मार्क्सीय भौतिकवादी दर्शन के अनुसार भौतिक जगत् या वास्तविकता ही बिंब है और मनुष्य का मानस या उसकी चेतना उसको प्रतिबिंबित करके उसका बोध कराती है। साहित्य और कला भी वास्तविकता को ही प्रतिबिंबित करती है।

प्रगतिवाद के इस प्रतिबिंबन के सिद्धांत को किंचित् विस्तार से समझ लेना होगा। इस सिद्धांत का संबंध रूपगत प्रकृत चित्रण से नहीं है। अर्थात् श्रेष्ठ कला में वास्तविकता का प्रतिबिंब हू-ब-हू उसकी अनुकृति नहीं होता। प्राचीन काल में अफ़लातून, अरस्तू आदि ने प्रकृत की अनुकृति (इमीटेशन) को ही कला की सचाई की कसौटी माना था। किंतु यदि ध्यान से देखें तो स्पष्ट हो जाएगा कि अनुकरण का सिद्धांत वस्तुतः रूपवादी है और उसका 'यथार्थवाद' कला के रूप-तत्त्व (फॉर्म) तक ही सीमित है। यह वस्तु (ऑबजेक्ट) का ज्यों-का-त्यों चित्रण कर देने का ही सिद्धांत है। इस दृष्टि से यदि एक युवती का चित्र है तो उसके नखशिख का ज्यों-का-त्यों अविकृत खाका खींच देना ही कला की श्रेष्ठता का प्रमाण माना जाएगा। किंतु प्रगतिवाद इस प्रकार के यथारूप-चित्रण को एकांगी ही नहीं कला की मूल प्रकृति के विरुद्ध भी समझता है। यद्यपि भौतिक जगत् (वास्तविकता) का अस्तित्व मनुष्य की चेतना पर निर्भर नहीं करता और उसकी स्वतंत्र इयत्ता है–यानी विषयी (सब्जेक्ट या मनुष्य) से बाहर भी विषय (आब्जेक्ट–प्रकृति) की सत्ता है, लेकिन साथ ही यह भी निश्चित है कि मनुष्य भौतिक जगत् या वास्तविकता का अविच्छिन्न अंग है और इस वास्तविकता को बदलने, अपने अनुकूल बनाने के निमित्त विषयी रूप में हमारी संवेदनात्मक ऐंद्रिक क्रियाशीलता का जो प्रतिबिंब हमारे मानस पर पड़ता है–उसी से चेतना का जन्म होता है। प्रकृति को बदलने, अपने अनुकूल बनानेवाली इस चिरकालिक क्रियाशीलता का एक अंग ही कला है। कला किसी शाश्वत या परिवर्तनशील प्रकृति की अनुकृति नहीं है कि विषय (ऑब्जेक्ट) के रूप में मनुष्य निस्संग और निर्विकार मन से उसका मनन-चिंतन करते रहें; बल्कि वह जीवन की मार्मिक छवियों के द्वारा मनुष्य-समाज के यथार्थ-सत्य का प्रतिबिंबन करती है। इसलिए प्रगतिवाद यथारूप अनुकृति को नहीं, 'यथार्थवाद' को कला की श्रेष्ठ कसौटी मानता है। यथार्थवाद को इसलिए कि उसका संबंध कला के रूप-तत्त्व से नहीं, बल्कि विचार-तत्त्व या विषय-वस्तु (कन्टेण्ट) से है। कलाकार वास्तविकता के किसी विशिष्ट अंग या सत्य का उद्घाटन करने के लिए जिस विचार का प्रेषण करना चाहता है–कला के रूप-तत्त्व की समस्या उसे जीवन की मूर्त और मार्मिक

छवियों के द्वारा पूरी तरह अभिव्यक्ति देने और उस विशिष्ट छवि का साधारणीकरण करके उसे सबके लिए अर्थवान बनाने की समस्या है। अर्थात् रूप-तत्त्व किसी मूल विचार (कन्टेण्ट) की अभिव्यक्ति और प्रेषण का ही माध्यम है। इतिहास साक्षी है कि प्राणवान् और श्रेष्ठ कला के निर्माताओं ने यथार्थ या वास्तविकता की किसी परिकल्पना को ही, मानव-जीवन के किसी सत्य या रहस्य को ही उद्घाटित करने के लिए मनोनुकूल रूप-विधानों का आश्रय लिया है। परियों की कथाओं, अन्योक्ति-विधानों और धार्मिक रचनाओं में भी यथार्थ-जीवन का देशकाल-सापेक्ष्य सत्य ही प्रतिबिंबित हुआ है। यथार्थ केवल वही नहीं है जो प्रत्यक्ष दिखता है, सीधे तौर पर अनुभवगम्य है, अर्थात् जो वर्तमान में है। प्रकृति और मानव-जीवन (वास्तविकता) निरंतर परिवर्तनशील है उसका अतीत भी है और भविष्य भी। कोई भी वस्तु आत्मनिर्भर नहीं है। असंख्य सीधे और परोक्ष संबंधों-अंतःसंबंधों द्वारा अन्य वस्तुओं से जुड़ी हुई है। इसलिए वास्तविकता के यथार्थ को कलात्मक रूप से प्रतिबिंबित करने का तात्पर्य यह है कि कलाकार जिस केंद्रीय विचार को अभिव्यक्ति देना चाहता है उसका वैविध्यपूर्ण, सर्वांगीण, अंतरंग और मूर्त्त चित्रण करे ताकि वह केंद्रीय विचार अपने समस्त अंतःसंबंधों के साथ उद्घाटित हो जाय। श्रेष्ठ कला के निर्माण की यही प्रणाली है, और कोई नहीं। प्रेमचंद ने 'आदर्शोन्मुख यथार्थवाद' को श्रेयस्कर माना था। प्रकृतवाद या यथार्थ के फोटोग्राफ़िक हू-ब-हू चित्रण को अक्सर 'यथार्थवाद' की संज्ञा दी जाती रही है, क्योंकि इस प्रकार केवल कला के रूप-तत्त्व (फॉर्म) से ही उसका संबंध जोड़ देने से उस पर सहज ही आक्रमण किया जा सकता है। प्रेमचंद ने इसीलिए 'यथार्थवाद' के साथ 'आदर्शोन्मुखता' का संयोग किया था, क्योंकि एक श्रेष्ठ कलाकार होने के नाते वे केवल वास्तविकता के उस रूप से ही संतुष्ट न थे जो 'है' बल्कि उसके सत्य का उद्घाटन करने के लिए यह दिखाना भी जरूरी समझते थे कि वह 'क्या था' और क्या होनेवाला है या 'होना चाहिए'। वास्तव में यही 'यथार्थवाद' है, क्योंकि वास्तविकता गतिशील है। हमारे एक प्रगतिवादी (या कुत्सित समाजशास्त्री) आलोचक[1] हैं, जो इस बात को न समझ पाकर 'आदर्शोन्मुख' शब्द का प्रयोग करने के लिए प्रेमचंद पर ही पिल पड़े। उन्होंने इस बात का भी ध्यान न रखा कि दार्शनिक विचारधारा के रूप में 'आदर्शवाद' का जो अर्थ है, साधारण प्रयोग में 'आदर्शवाद' का अर्थ उससे सर्वथा भिन्न है। एक जगह आदर्शवाद का अर्थ अध्यात्मवाद है तो दूसरी जगह उसका अर्थ कोई मानवीय नैतिक-सामाजिक लक्ष्य-मात्र है। प्रेमचंद ने इस दूसरे अर्थ में ही इस शब्द का प्रयोग किया था, क्योंकि वे संभवतः यह न जानते थे कि 'यथार्थवाद' के अंदर यथार्थ जीवन की संभावनाएँ भी निहित हैं। उदाहरण के लिए 'वर्गहीन साम्यवादी समाज' की ओर इतिहास प्रगति कर रहा है तो वह हर देश की शोषित-पीड़ित मानवता का लक्ष्य

1. डॉ. रामविलास शर्मा—देखिए उनकी पुस्तक 'प्रेमचंद'

भी है, और आदर्श भी। इसलिए एक सच्चा कलाकार जब वास्तविकता को प्रतिबिंबित करता है तो यथार्थ रूप में, अर्थात् दैनंदिन जीवन में जो-कुछ साधारणतः घटित होता रहता है उस सबको ज्यों-का-त्यों नहीं चित्रित कर देता, बल्कि ऐतिहासिक संभावना की दृष्टि से यथार्थ के सत्य को उद्‌घाटित करने के लिए जो भी सारपूर्ण हैं, प्रासंगिक हैं, केवल उन्हीं अंगों का चयन करता है। वस्तुतः कला की भाषा जीवन और इतिहास की भाषा होती है।

मनुष्य की चेतना के विशिष्ट रूप होने के नाते कला और विज्ञान दोनों ही भौतिक जगत् को प्रतिबिंबित करते हैं और सत्य का बोध करने के साधन हैं। मनुष्य की चेतना निरपेक्ष सत्य (एब्सोल्यूट ट्रुथ) का बोध प्राप्त करने में समर्थ है—निरपेक्ष सत्य सापेक्ष्य सत्यों के समाहार का ही परिणाम होता है। इससे यह दोनों बातें सिद्ध हैं कि (1) वास्तविकता में मूलतः कोई ऐसा तत्त्व नहीं है जिसको मनुष्य की चेतना प्रतिबिंबित नहीं कर सकती और उसे 'नेति-नेति' की आर्त्त घोषणा करनी पड़े तथा (2) अपने सक्रिय जीवनानुभव और ज्ञान की सहायता से मनुष्य की चेतना वास्तविक जगत् को प्रतिबिंबित नहीं करती तो वह निस्सार, शून्य और खोखली ही बनी रहती है। इससे स्पष्ट है कि कला और विज्ञान, जो वास्तविकता को ही प्रतिबिंबित करते हैं, यदि ऐसा न करते होते या न करें तो वे अर्थवान् नहीं बन सकते। 'कला के लिए कला' के नाम पर केवल रूप-तत्त्व को प्रधानता देनेवाले जो अनेक प्रवाद खड़े किए जाते रहे हैं, उनकी निरर्थकता स्वयं-सिद्ध है।

कला और विज्ञान यद्यपि इस जगत् और जीवन की वास्तविकता को ही प्रतिबिंबित करते हैं, परंतु दोनों की प्रतिक्रियाएँ भिन्न हैं। विज्ञान 'विचारों' के रूप में वास्तविकता का बोध कराता है तो कला मार्मिक और अर्थवान् छवियों या जीवन-चित्रों के रूप में। विज्ञान अलग-अलग (विशिष्ट) तथ्यों का निरीक्षण करके उनके आधार पर सामान्य नियमों की खोज करता है, क्योंकि इन नियमों की जानकारी बाह्य प्रकृति को बदलने, नियंत्रित करके अपने लिए उपयोगी बनाने में सहायक होती है और इस प्रकार मनुष्य की समस्त क्रियाशीलता का आधार और उत्तरोत्तर प्रकृति के अंध प्रकोपों से उसकी मुक्ति का साधन बनती है। इसके विपरीत कला विचारों की अमूर्त्त भाषा में नहीं बल्कि अर्थवान् मार्मिक छवियों या जीवन-चित्रों की भाषा में वास्तविक जगत् में होनेवाली घटनाओं या उनमें भाग लेनेवाले मानव-चरित्रों के सक्रिय, अन्तरंग और वैविध्यपूर्ण चित्र अंकित करके और उनके ही माध्यम से सामान्य या प्रतिनिधि रूपों का उद्‌घाटन करती है। तात्पर्य यह कि विज्ञान यदि विशिष्ट तथ्यों को अमूर्त्त विचारों द्वारा सामान्य (जनरल) के रूप में उपस्थित करके उनकी इयत्ता को सिद्ध और प्रमाणित करता है तो कला सामान्य विचारों और धारणाओं को मूर्त्त, व्यक्ति-चित्रों के रूप में अंकित करती है जिससे अपने गुणों और चारित्रिक विशेषताओं के साथ वस्तुओं, घटनाओं और व्यक्तियों

की निश्चित, मूर्त्त और विशिष्ट छवियाँ दर्शनीय और संवेदनीय हो उठें। कला इस प्रकार विशिष्ट के माध्यम से साधारण (रवींद्रनाथ के शब्दों में ससीम में ही असीम) की उपलब्धि कराती है।

इसके अतिरिक्त कला और विज्ञान में एक और उल्लेखनीय भेद है। विज्ञान का कोई सिद्धांत या उसकी कोई भी स्थापना उससे अधिक व्यापक और प्रयोगसिद्ध सिद्धांत या स्थापना द्वारा रद्द की जा सकती है, किंतु कला के संबंध में ऐसा नहीं कहा जा सकता। एक कला-कृति अपने-आप में संपूर्ण, अविभाज्य इकाई होती है और इसी रूप में इतिहास में अमर होती है। यह ठीक है कि देशकाल की भिन्न-भिन्न परिस्थितियों में लोग उससे भिन्न-भिन्न अर्थ और प्रभाव ग्रहण करते हैं, लेकिन उसकी प्रेरणा देने की शक्ति अपनी संपूर्णता और अविभाज्यता में ही निहित है। कला के क्षेत्र में नए प्रयोगों और नई कृतियों के निर्माण से उसका सौंदर्य या सत्य नष्ट नहीं हो जाता कि उसे रद्दी की टोकरी में फेंक दिया जाय। उदाहरण के लिए पृथ्वी के चारों ओर सूर्य घूमता है—किसी युग के विज्ञान की यह स्थापना चाहे गलत सिद्ध होकर आज व्यर्थ हो गई हो, लेकिन वाल्मीकि, व्यास, कालिदास और तुलसीदास के काव्य-ग्रंथ या अजंता के चित्र इतने युग बीत जाने पर भी व्यर्थ और निरर्थक नहीं हुए, न कभी होंगे। इतना ही नहीं, यदि एक ही विषय को लेकर बहुत-से कलाकार रचना करें तो उनकी कृतियाँ एक-दूसरे से सर्वथा मौलिक हो सकती हैं और वास्तविकता के विविध पहलुओं का उद्‌घाटन कर सकती हैं और उन सब रचनाओं से मानव-संस्कृति समृद्ध हो सकती है। कारण स्पष्ट है कि कला में अनन्त वैविध्यशालिनी वास्तविकता का कल्पनाजन्य, संवेदनात्मक, प्रतिबिंबन होता है, और वास्तविकता की ही तरह कला-कृति का निर्माण व्यक्ति-छवियों के अंतःसंबंधों और क्रिया-प्रतिक्रियाओं से ही होता है।

कला और विज्ञान के इन भेदों को इससे अधिक आगे बढ़ाकर देखना उचित न होगा, क्योंकि वैज्ञानिक या कलात्मक चेतना का सामान्य माध्यम मनुष्य के इंद्रियज-संवेदन ही हैं जो बाह्य वास्तविकता का बिंब ग्रहण करके उसे पुनः प्रतिबिंबित करते हैं। अर्थात् इस द्वैत की कल्पना कर लेना एक प्रवंचना को जन्म देना होगा कि कला की विषय-वस्तु केवल मनुष्य के भाव हैं और विज्ञान की विषय-वस्तु केवल मनुष्य के विचार हैं—एक की सत्ता भाव-पक्ष तक सीमित है और दूसरे की सत्ता केवल बुद्धि-पक्ष तक। इसका यह अर्थ भी लगाया जा सकता है कि कला में विचार-वस्तु होती ही नहीं, उसके द्वारा मनुष्य चेतना के तल पर वास्तविकता का बोध नहीं करता, बल्कि ऐंद्रिक संवेदनों के तल पर ही उसकी अनुभूति करता है। प्रगतिवाद कलाकार की सृजनप्रक्रिया तथा कलाकृति दोनों के लिए ऐंद्रिक-संवेदनों तथा अनुभूति के आत्यन्तिक महत्त्व को तो स्वीकार करता है लेकिन इस अनिवार्य माध्यमिक तत्त्वों को कला का मूल तत्त्व या सार तत्त्व नहीं मानता। प्रगतिवाद के

अनुसार ये प्राथमिक कोटि के सहज संवेदन और अनुभूतियाँ मनुष्य के लिए तभी अर्थवान् और सुंदर बनती हैं, जब वे जैवीय धरातल से ऊँची उठकर मानवीय बन जाएँ, अर्थात् वास्तविकता के किसी सत्य को मूर्त्त अभिव्यक्ति दें।

कला की समस्या, इसीलिए अर्थवान् और मार्मिक छवियों के माध्यम से वास्तविकता का सारपूर्ण चित्रण करने की समस्या है। विचार-वस्तु (कन्टेण्ट) की दृष्टि से इसका तात्पर्य है कि वास्तविकता के केवल सारपूर्ण प्रसंगों और तत्त्वों को ही चयन करके उपस्थित किया जाय, न कि इंद्रिय-बोध से जो कुछ भी दिखाई दे, उस सबकी हू-ब-हू नक़ल उतारी जाय। रूप-तत्त्व (फार्म) की दृष्टि से इसका तात्पर्य है कि वास्तविकता के इन सारपूर्ण प्रसंगों को सजीव ढंग से, उनके गुण और चारित्रिक विशेषताओं के साथ चित्रित किया जाय, ताकि वे सबके लिए अर्थवान् हो जाएँ। कला के रूप-तत्त्व की समस्या विचार-वस्तु की अपेक्षा में ही कोई अर्थ रखती है। कलाकार का जो 'विचार' है, उसे वह कैसे कलात्मक रूप में व्यक्त करे कि वह सबके लिए प्रेषणीय बन जाय। प्रगतिवाद साधारणीकरण के प्रश्न को इस रूप में ही पेश करता है

कलाकार मर्म-छवियों के माध्यम से ही अपने विचार को मूर्त्त और कलात्मक बनाता है, इसलिए इस मर्म-छवि को पहले समझ लें। मर्म-छवि क्या होती है ? मर्म-छवि वास्तव में विशिष्ट और सामान्य (पर्टीक्युलर और जनरल) की इकाई होती है। 'यह गुलाब का फूल है'—इसमें व्यक्तिवाचक और जातिवाचक दोनों संज्ञाओं का द्वंद्वात्मक योग है। वस्तुतः दोनों ही एक हैं। विशिष्ट में ही सामान्य है। सामान्य विशिष्ट में है और उसी के द्वारा है। हर सामान्य विशिष्ट का ही एक अंग या पहलू होता है। प्रत्येक विशिष्ट असंख्य सूत्रों द्वारा दूसरे विशिष्टों से संबद्ध होता है। विशिष्ट और सामान्य परस्पर-विरोधी हैं, अर्थात् उनका आंतरिक संघर्ष नित्य है। उन दोनों में एकता स्थापित होती है, पर यह एकता अस्थायी, सापेक्ष्य परिस्थितिजन्य और अनित्य होती है। यह वास्तविक जगत् का नियम है। कला की दृष्टि से मर्म-छवि का अर्थ यह है कि कलाकार अपने चित्र में विशिष्ट और सामान्य की इस क्षणकालिक, सापेक्ष्य तथा परिस्थितिजन्य एकता को चिरकाल के लिए अंकित कर देता है जिससे यह चित्र पाठक या दर्शक को संतोष प्रदान करता है। लेकिन यह चित्र तभी अर्थवान् और संपूर्ण बनता है जब वह इन परस्पर-विरोधी तत्त्वों के चिरंतन संघर्ष को भी साथ ही उद्घाटित करे, ताकि उसकी कला-कृति संतोष प्रदान करने के साथ ही विचारोत्तेजक भी हो, और मनुष्य को इन दोनों तत्त्वों की और भी गंभीर तथा सारपूर्ण एकता स्थापित करने के लिए संघर्ष करने की प्रेरणा दे। उदाहरण के लिए उपन्यास साहित्य में मर्म-छवि का अर्थ होगा ऐसे सजीव, विशिष्ट मानव-पात्रों की सृष्टि करना, जिनसे वास्तविक जीवन की आभा विकीर्ण होती हो, जो केवल कठपुतली पात्र न हों, अर्थात् उन व्यक्ति-पात्रों के चरित्र, उद्योग और उनकी नियति

में मानव जीवन की वास्तविक नियति पूरी तरह अंतर्निहित हो, जिससे वे अपनी विशिष्टता में ही सामान्य के प्रतिनिधि मानव-चरित्र (टाइप) बन सकें। प्राचीन महाकाव्यों के विशिष्ट पात्र—युधिष्ठिर, दुर्योधन, अर्जुन, द्रौपदी, कृष्ण, भीष्म, कर्ण, राम, भरत, रावण, सीता, दमयंती आदि, कालिदास, शेक्सपियर, गेटे, मौलियर, बाल्ज़क, तॉल्स्तॉय, गोर्की, रवींद्र, शरत्, प्रेमचंद और जैनेंद्र के अनेक पात्र ऐसे ही प्रतिनिधि मानव-चरित्र हैं जो मनुष्य के साहस, औदार्य, प्रेम, न्याय, सौंदर्य, हीनता, असमंजस, भीरुता, नृशंसता, कायरता आदि के देशकाल सापेक्ष्य गुणों और चारित्रिक विशेषताओं के प्रतीक हैं। अपने सीमाबद्ध जीवन की परिस्थितियों से उनका संघर्ष मनुष्य के ऐतिहासिक मुक्ति-संघर्ष का प्रतीक है। इसीलिए उनके हर्ष-विमर्श, सफलता-असफलता, उत्साह-निराशा में प्रत्येक पाठक न्यूनाधिक मात्रा में अपने विशिष्ट जीवन और भाग्य की समस्याओं की झलक पा लेता है। इस प्रकार कला में साधारण (जनरल) का चित्रण व्यक्ति-पात्रों की चारित्रिक विशेषताओं के माध्यम से ही होता है। बाह्य-जीवन की निश्चित परिस्थितियों से जूझते हुए व्यक्ति-विशेष की निश्चित मनःस्थितियों और भाव-विचार-प्रतिक्रियाओं का उद्घाटन ही 'साधारण' (जनरल या कलाकार के मूल विचार) को इस योग्य बनाता है कि पाठक या दर्शक उसकी सचाई पर विश्वास कर ले और उससे स्फूर्ति और प्रेरणा ग्रहण कर सके।

कलाकृतियों के रूप में या उनके द्वारा ही हम कला का साक्षात् करते हैं। कलाकृतियों के निर्माता कलाकार होते हैं। प्रगतिवाद सच्चे कलाकार को अर्थात् उसे जिसने वास्तव में अमर कलाकृतियों की रचना की है या जो आज भी कर रहे हैं मानव-आत्मा का शिल्पी मानता है, क्योंकि कला और साहित्य का इतिहास इस बात का साक्षी है कि अपनी रची श्रेष्ठ और अमर कलाकृतियों द्वारा इन कलाकारों ने, वे चाहे जिस वर्ग या समाज, देश या काल में क्यों न पैदा हुए हों, समग्र मानवता की संस्कृति को समृद्ध किया है और मनुष्य को अपने दैनंदिन जीवन की क्षुद्रताओं और सीमाओं से ऊपर उठकर अधिक मानवीय, सत्यान्वेषी, सौंदर्य-प्रेमी, नैतिक और सामाजिक मानव बनने की प्रेरणा दी है, और किसी-न-किसी रूप में मनुष्य अपने ऐतिहासिक मुक्ति-संघर्ष में उनसे सदा ही ऐसी प्रेरणाएँ लेते जाएँगे। इसी तात्त्विक दृष्टि से प्रगतिवाद एक सच्चे कलाकार को स्वभावतः प्रगतिशील मानता है। पर एक सच्चे कलाकार या मानव आत्मा के शिल्पी का गौरवशाली पद किसी व्यक्ति को तभी मिला है या मिल सकेगा जब वह अपनी कलाकृति से जीवन-वास्तव को प्रतिबिंबित करके उसके किसी-न-किसी ऐतिहासिक सत्य को उद्घाटित करता है या भविष्य में करेगा। इसी अर्थ में सच्चा कलाकार मानवता का पक्षधर होता है। वह जीवन का निस्संग द्रष्टा नहीं सक्रिय चितेरा होता है, यानी मनुष्य के सामने देशकाल की परिस्थितियों के अनुसार इतिहास सामाजिक विकास की जो नई-नई संभावनाएँ पैदा करता जाता है और उनसे मनुष्य के कर्म-जीवन में जो नई-नई समस्याएँ उठती

जाती हैं, सच्चा कलाकार इस यथार्थ को कलात्मक अभिव्यक्ति देकर मनुष्य को अपने जीवन की यथार्थ समस्याओं और संभाव्य समाधानों का साक्षात् कराता है, और इस प्रकार मनुष्य को कर्म की प्रेरणा देता है।

(3)

ऊपर के विवेचन में हमने प्रगतिवाद के दृष्टिकोण से कला क्या है, वास्तविकता से कला का क्या संबंध है, कला किस प्रणाली से वास्तविकता को प्रतिबिंबित करती है, कला में विचार-तत्त्व और रूप-तत्त्व का संयोग किस प्रकार होता है तथा कलाकार क्योंकर मानवता की प्रगतिशील शक्तियों का पक्षधर होता है, इन मौलिक प्रश्नों का उत्तर देने का प्रयास किया है। अब हम इस दृष्टिकोण से मूल्यांकन के प्रश्न को संक्षेप में समझ लेना चाहेंगे, क्योंकि कुत्सित समाजशास्त्रियों ने प्रगतिवादी दृष्टिकोण को व्यावहारिक आलोचना के क्षेत्र में ही सबसे ज्यादा विकृत और एकांगी बनाया है।

मूल्यांकन की समस्या क्या है ? इस समस्या के दो पहलू हैं। (1) साहित्य और कला की प्राचीन कृतियाँ आज भी क्यों मूल्यवान् हैं अर्थात् हमें सौंदर्यबोध कराने और प्रेरणा देने में क्यों समर्थ हैं और आगे भी रहेंगी, तथा (2) आधुनिक युग में इतनी प्रचुर मात्रा में जो साहित्य रचा जा रहा है उसमें कौन-सी कृतियाँ स्थायी महत्त्व की हैं, अर्थात् समग्र रूप से जीवन का वैविध्यपूर्ण, गंभीर, यथार्थ और मूर्त्त चित्रण करने के कारण महान् हैं (क्लासिक हैं) उनकी पहचान करके उनके सही-सही मूल्य को कूतना। मूल्यांकन की वास्तविक समस्या यही है। आज की तरह प्राचीन युगों में भी एक ही समय में सैकड़ों कवि और कलाकार साहित्य-कला के निर्माण में संलग्न रहे हैं, लेकिन जिनमें श्रेष्ठ कलाकार की प्रतिभा न थी, उनकी मात्र सामयिक महत्त्व की कृतियाँ अपने-आप ही कालकवलित हो चुकी हैं और आज हमें प्राचीन से विरासत के रूप में जो कृतियाँ प्राप्त हैं, उनमें से कौन स्थायी महत्त्व की हैं और कौन केवल सामयिक महत्त्व की—यह प्रश्न हमारे सामने नहीं है। यदि कोई प्रश्न है तो केवल यह कि जो कृतियाँ हमें प्राप्त हैं उनकी सच्ची महत्ता क्या है ? या फिर खोज का प्रश्न है ताकि सामयिक अरुचि के कारण कोई वास्तविक रूप से महान् कृति उपेक्षित न पड़ी हो या खो न गई हो। परंतु जिस साहित्य और कला का निर्माण इस युग में हो रहा है, उसमें कौन वास्तव में श्रेष्ठ और स्थायी महत्त्व की है और कौन केवल सामयिक महत्त्व की, साहित्य और कला के आलोचक के ऊपर उन्हें पहचानकर बताने का दायित्व है। तभी वह श्रेष्ठ कला के विकास में और इस प्रकार मानव-संस्कृति और मनुष्य-मात्र के मुक्ति-संघर्ष की प्रगति में सक्रिय योग दे सकता है।

किंतु मूल्यांकन की यह समस्या दो कारणों से जटिल बन गई है। एक ओर

तो कलावादी हैं जो रूपगत सापेक्षतावाद का सिद्धांत प्रतिपादित करते हैं, दूसरी ओर कुत्सित समाजशास्त्री हैं जो कला के वर्ग-आधार के सिद्धांत को विकृत करके एक-दूसरे ही प्रकार का सापेक्षतावाद प्रचारित करते हैं। इन दोनों के कथन या दृष्टिकोण एकांगी हैं, इसीलिए असत्य हैं।

कलावादियों की दृष्टि में कला की श्रेष्ठता को जाँचने की कोई सामान्य (जनरल) कसौटी नहीं हो सकती। हर युग की कला की रूप-शैली भिन्न होती है तो उसकी श्रेष्ठता की जाँच करने की कसौटियाँ भी उस युग की परंपरा और कला-रुचि के अनुकूल ही होती हैं। दूसरे युग में कला-शैली बदलती है, तो उसके सौंदर्य की परख करनेवाली कसौटियाँ भी बदल जाती हैं और पाठक या दर्शक की रुचियाँ भी। इसलिए अजंता की चित्र-कला को जाँचने के लिए जो मानदंड उन दिनों प्रचलित थे उनसे आधुनिक युग की चित्र-कला को जाँचना संभव नहीं है और न आधुनिक मानदंडों से अजंता की चित्र-कला को जाँचना ही संभव है। उसको उस युग के मानदंडों से ही पंसद किया जा सकता है।

इससे भिन्न, किंतु मूलतः सापेक्षतावादी दृष्टिकोण कुत्सित समाजशास्त्रीयता का है जो प्रगतिवाद या मार्क्सवाद की रामनामी ओढ़कर सामने आता है। यह दृष्टिकोण कला की भिन्न-भिन्न शैलियों और प्रवृत्तियों की ऐतिहासिक व्युत्पत्ति की खोज करने के लिए तत्कालीन समाज की वर्ग-व्यवस्था का विश्लेषण करता है, और उसी की सापेक्षता में उनको जाँचता है या अधिक गंभीरता का उपक्रम करके 'युग की सामान्य चेतना' से उनका संबंध जोड़ता है। और अधिक विकृत होकर यह दृष्टिकोण कलाकृतियों का वर्ग-आधार खोजने के लिए उनके निर्माता कलाकारों और साहित्यकारों ने जिस वर्ग में जन्म लिया होता है, उसका हवाला देना मात्र ही जरूरी समझता है। इसका तात्पर्य यह होता है कि कलाकार जिस वर्ग में जन्म लेता है; वह उस वर्ग की चेतना को ही व्यक्त करता है। इस प्रकार चूँकि बीते युगों के कलाकार अधिकतर अभिजात वर्गों में ही पैदा हुए या उन्होंने अपनी जीविका के लिए अभिजात वर्गों की नौकरी की या दरबारों का आश्रय लिया, इसलिए उनकी कला भी सामंती या पूँजीवादी आदि है। इसलिए इस दृष्टि से कला का मूल्य जाँचने की कोई सामान्य कसौटी नहीं हो सकती, क्योंकि जीवन के प्रति सामंती दृष्टिकोण कुछ और था और अब पूँजीवादी दृष्टिकोण कुछ और, और समाजवादी दृष्टिकोण कुछ और है। सच्ची कला का तो अभी जन्म ही हुआ है, किंतु वह वर्ग-मुक्त समाज में ही पूरी तरह विकास करेगी, जब श्रमजीवी जनता के बीच से लेखक और कलाकार उत्पन्न होंगे। इस समय तो आलोचक का काम प्राचीन और आधुनिक लेखकों के गले में तख्ती लटकाकर उनको वर्ग-खूँटे से बाँध देना भर है। इसके अतिरिक्त जहाँ तक रुचियों और शैलियों का या सौंदर्य की जाँच का प्रश्न है, कला की रुचियाँ, शैलियाँ और मनुष्य की सौंदर्य-दृष्टि बदलती ही नहीं रहती, बल्कि अभिजात वर्ग

के लिए जो सुंदर है, श्रमजीवी-वर्ग के लिए वही असुंदर है, कर्म-जीवन से तटस्थ, केवल काम-क्रीड़ा की वस्तु नारी के कोमल अंग, क्षीण कटि और पतली-लंबी मुलायम उँगलियों का अभिजात आदर्श श्रमिक और किसान नारी के पुष्ट अंग और रूक्ष मजबूत हाथों के आदर्श से सर्वथा भिन्न है। अतः सौंदर्य को जाँचने की कोई सामान्य कसौटी नहीं हो सकती।

इस प्रकार रूपवादी और कुत्सित समाजशास्त्री दोनों ही अपने एकांगी सापेक्षतावादी दृष्टिकोणों के कारण मूल्यांकन के वास्तविक प्रश्न से कतराते हैं। उदाहरण के लिए कुत्सित समाजशास्त्री यदि कभी दो कलाकारों की तुलना करते हैं, तो अजब भौंडी मनोवृत्ति का परिचय देते हुए मनगढ़ंत आधार पर प्रेमचंद को गोर्की और तॉलस्तॉय से महान् सिद्ध करने की कोशिश करते हैं, क्योंकि गोर्की में 'आवारापन'[1] और तॉलस्तॉय में 'अध्यात्म'[2] के प्रति मोह था; या भारतेंदु को शेक्सपियर के मुकाबले में श्रेष्ठ ठहराते हैं, क्योंकि शेक्सपियर 'सामंतीवर्ग' का प्रतिनिधि कलाकार था और उसकी कला 'ह्रासोन्मुखी' थी जबकि भारतेंदु जनता के कलाकार थे,[3] या शरत् को 'मध्यवर्गी' कथाकार और पंत को स्त्रैण तथा प्रतिक्रियावादी आदि[4] सिद्ध करते हैं। किंतु साहित्य के मूल्यांकन का प्रश्न इतना सरल नहीं है।

इन दोनों दृष्टिकोणों में आंशिक सत्य है। यह सच है कि कला की शैलियाँ, रुचियाँ, रूप-विधान आदि बदलते रहते हैं। यह भी सच है कि वर्ग-समाज में पैदा हुए कलाकार के संस्कार एक-न-एक सीमा तक अपने वर्ग की मान्यताओं से प्रभावित होते हैं। किंतु इतना ही सत्य नहीं है। एक कलाकार की संपूर्ण चेतना (कलाकार ही क्यों, किसी भी व्यक्ति की संपूर्ण चेतना) केवल अपने वर्ग की चेतना तक ही सीमित नहीं रहती। कला, विज्ञान और दर्शन के रूप में ज्ञान की जो पुंजीभूत राशि है, एक कलाकार उसके संपर्क में भी आता है तथा साथ ही कला-साहित्य की पूर्व-परंपरा, अपने तत्कालीन समाज के विभिन्न वर्गों के द्वंद्वजनित पारस्परिक संबंधों से उत्पन्न लोक-चेतना और अन्य देशों की कला-संस्कृति से भी, जिनसे उस कलाकार का देश असंख्य आर्थिक और सांस्कृतिक संबंधों में पड़कर विनिमय करता है, वह प्रभाव ग्रहण करता है। इसलिए यह सत्य नहीं है कि वह जिस वर्ग में पैदा होता है, उसकी ही विचारधारा को व्यक्त करता है, और यदि कोई वर्ग या युग ह्रासोन्मुखी है तो उसकी कला भी अनिवार्यतः ह्रासोन्मुखी ही होगी। कला-साहित्य का इतिहास तो यह बताता है कि महान् कलाकार अनिवार्यतः अपने समय की विचार-सीमाओं से आगे के द्रष्टा रहे हैं। स्पष्ट है कि उन्होंने जो 'है' से आगे बढ़कर

1-2. देखिए डॉ. रामविलास-कृत 'प्रेमचंद', प्रथम संस्करण।

3. देखिए डॉ. रामविलास-कृत 'भारतेंदु युग', प्रथम संस्करण।

4. देखिए डॉ. रामविलास के फुटकर लेख।

इतिहास की गति को पहचानते हुए जो 'होना है' या 'होना चाहिए' की दृष्टि से जीवन-यथार्थ को रूपायित किया है। साथ ही इतिहास इस बात का भी साक्षी है कि समाज की ह्रासोन्मुखता या प्रगतिशीलता के साथ कला की प्रगति या अधोगति का सीधा संबंध नहीं है। इसके विपरीत अक्सर ऐसा हुआ है कि ऐतिहासिक दृष्टि से प्रगतिशील युगों में कला का ह्रास हुआ है, और ह्रासकालीन समाजों ने महान् कला को जन्म दिया है। इस आधार पर ही मार्क्स ने कहा था पूँजीवादी युग (जो इतिहास की अपेक्षा में बर्बरता, दासता या सामंतवाद के युगों से अधिक उन्नत युग है) श्रेष्ठ कला के निर्माण के लिए अनुकूल युग नहीं है।

एक कलाकार और उसकी चेतना युग-सापेक्ष्य होती है, क्योंकि वह किसी-न-किसी युग-विशेष में ही जन्म लेता है और देशकाल की परिस्थितियों और विचारधाराओं से अछूता नहीं रह सकता, फिर भी चूँकि वह वास्तविकता के किसी सारपूर्ण अंग या सत्य का चित्रण करता है, इसलिए उसका वस्तुनिष्ठ (ऑब्जेक्टिव) मूल्यांकन भी संभव है। जिस प्रकार व्यक्ति में समष्टि और विशेष में साधारण होता है, उसी तरह सापेक्ष्य में भी निरपेक्ष निहित रहता है। रूपवादियों और कुत्सित समाजशास्त्रियों को प्रगतिवाद का यह उत्तर है कि यद्यपि कलाकार अपनी कलाकृति के निर्माण के लिए, अपने जीवनकाल की परिस्थितियों से आबद्ध रहने के कारण सापेक्ष मानदंडों का ही प्रयोग करता है, लेकिन बिना निरपेक्ष के सापेक्ष की कल्पना ही असंभव है, वह सापेक्ष भी किसी निरपेक्ष की अपेक्षा में ही होता है और इन दोनों का संबंध भी सापेक्ष ही होता है। उदाहरण के लिए हिंदी के भक्तिकाव्य को लें। भक्ति-भावना मध्य युग की सामान्य लोक-चेतना का माध्यम थी। भक्त कवियों ने इस सापेक्ष माध्यम को ही अपनाया, किंतु भक्तिकाव्य के माध्यम से जिन कवियों ने जीवन-वास्तव और तत्कालीन समाज-संबंधों के सत्य को जितनी ही गहराई और कलात्मक छवियों के रूप में व्यक्त किया है उस हद तक ही, उस युग-सापेक्ष भावना में जीवन का ऐतिहासिक सत्य प्रतिबिंबित हुआ है। इसी आधार पर प्राचीन तथा आधुनिक साहित्य के मूल्यांकन की सामान्य वस्तुनिष्ठ कसौटी बन सकती है। प्रगतिवाद सापेक्ष और निरपेक्ष इन दोनों कसौटियों पर परखकर किसी कलाकृति का मूल्य आँकता है। इन दोनों कसौटियों पर न परखने से किस आधार पर निर्णय किया जा सकता है कि तुलसीदास (राम-भक्ति के बावजूद) महान् कलाकार हैं और जैनेंद्रकुमार, गांधीवादी विचारक होने के बावजूद प्रेमचंद के बाद हिंदी के सबसे बड़े कथाकार हैं और उनकी कृतियाँ हिंदी-कथा साहित्य और इस प्रकार विश्व-साहित्य की स्थायी निधि हैं ? कला यदि वास्तविकता को प्रतिबिंबित करती है, तो वास्तविकता ही कला की साधारण कसौटी है, जिसकी अपेक्षा में हमें उसका मूल्यांकन करना चाहिए। जो कलाकार वास्तविकता के किसी सारपूर्ण यथार्थ को प्रतिबिंबित नहीं करता उसकी कला निर्जीव होती है और जो आलोचक मूल्यांकन

से कतराते हैं उनकी आलोचना सत्यान्वेषी और रचनात्मक न होकर निरर्थक होती है। कला की शैलियाँ, प्रवृत्तियाँ या युग की विचारधाराएँ सापेक्ष मानदंड हैं। केवल उनके आधार पर ही सही-सही मूल्यांकन कर पाना संभव नहीं है, क्योंकि इस प्रकार हम अंततोगत्वा अपने रुचिगत या विचारगत पूर्वग्रह को ही कलाकृति का मूल्य आँकने के लिए आरोपित करते हैं।

कला क्या है और मूल्यांकन की वास्तविक समस्या क्या है, इन प्रश्नों पर प्रगतिवाद का यही दृष्टिकोण है।

(अगस्त 1953)

समाजवादी विचारधारा का हिंदी-साहित्य पर प्रभाव (1919 से 1939)*

इस निबंध को लिखते समय मुझे एक वास्तविक कठिनाई का सामना करना पड़ा। मुझसे कहा गया था कि समाजवादी विचारधारा का हिंदी साहित्य पर सन् 1919 से लेकर 1939 तक की 20 वर्ष की अवधि में पड़े प्रभाव का विवरण प्रस्तुत करूँ।

मैं अभी तक समझ नहीं पाया कि इस जानकारी के लिए सन् 1919 की साल क्यों चुनी गई। यह साल उस ऐतिहासिक घटना का साल नहीं था, जिसके विश्वव्यापी महत्त्व ने अपने क्रांतिकारी संघात से मानव इतिहास की दिशा ही मोड़ दी थी—मेरा संकेत सन् 1917 की महान् समाजवादी अक्तूबर क्रांति से है। और न यह साल हमारे यहाँ की किसी विशेष घटना की समकालिक है, जिसने भारत की आम जनता को या नगरवासी बुद्धिजीवियों को अपनी सामाजिक, राजनीतिक, आकांक्षाओं या आर्थिक लक्ष्यों का स्पष्टीकरण तलाश करने के लिए समाजवाद की विचारधारा की ओर उन्मुख किया था।

हम जानते हैं कि यह आकांक्षाएँ और लक्ष्य उस समय तक अस्पष्ट और अपरिभाषित थे। यहाँ तक कि रोलट एक्ट लागू किए जाने और सन् 1919 में वैशाखी के दिन जलियाँवाला बाग के जघन्य हत्याकांड के बावजूद, जिसने सारे देश में रोष और कटुता की लहर फैला दी थी, हमारा राष्ट्रीय आंदोलन 'पूर्ण स्वतंत्रता' को अपना राष्ट्रीय लक्ष्य बनाने में असमर्थ रहा था। इंडियन नेशनल कांग्रेस ने केवल 'असहयोग आंदोलन' छेड़ने का प्रस्ताव ही पास किया जो गांधीजी के शब्दों में एक प्रकार से 'पवित्रीकरण का आंदोलन था'। गांधीजी के अनुसार 'असहयोग' दरअसल प्राचीनकाल से चली आती 'सामाजिक बहिष्कार' की प्रथा का ही रूप था, जो उन लोगों के विरुद्ध इस्तेमाल की जाती थी, जो जाति-पाँति के नियमों का उल्लंघन करते

*'नेहरू मेमोरियल म्यूज़ियम एंड लाइब्रेरी' की ओर से तीनमूर्ति हाउस में अक्तूबर 9-10, 1969 को 'भारत में समाजवाद—1919-39' विषय पर आयोजित सेमिनार में अंग्रेजी में पठित निबंध का लेखक द्वारा हिंदी रूपांतर।

थे। स्वयं गांधीजी के शब्दों में—

"यह (असहयोग) जाति प्रथा जितना ही पुराना है। यह एक ऐसा कठोर दंडविधान है, जिसका प्रयोग बहुत कारगर होता है। यह इस विचार पर आधारित है कि जाति बहिष्कृत व्यक्ति को समाज अपनी सुख-सुविधाएँ देने के लिए बाध्य नहीं होता।"

इस मामले में 'जाति बहिष्कृत' लोग अंग्रेज थे जो जाति बन गए थे, और जो भारतीय श्रेणीबद्ध जातियों की पिरामिड के शिखर पर आसीन हो गए थे।

मैं जिस बात को रेखांकित करना चाहता हूँ वह यह है कि सन् 1919 के बौद्धिक वातावरण में, जब 'लक्ष्य' बिल्कुल अपरिभाषित थे और 'साधनों' की बात उन संस्थाओं के रूप में सोची जाती थी, जो जाति प्रथा के वीभत्स ढाँचे के अंदर बनी थीं, उस समय हिंदी साहित्य पर समाजवादी विचारों के संघात की खोज करना एक तरह से हास्यास्पद होगा, क्योंकि हिंदी साहित्य तब अपने विकास की विशिष्ट परिस्थितियों के कारण अपने समय की सबसे प्रगतिशील सामाजिक चेतना या राजनीतिक आकांक्षाओं को प्रतिबिंबित न करके ब्राह्मणवादी पुनरुत्थान की उन पुरामुखी प्रवृत्तियों को प्रतिबिंबित करता था, जिसे हिंदू राष्ट्रवाद के नाम से गौरवान्वित किया जाता है। हमारे दिमाग़ कुछ इतनें संकीर्ण बन गए हैं कि इस वक्तव्य को लोग आसानी से स्वीकार नहीं करेंगे। इसलिए हमें इस पर निकट से दृष्टिपात करना चाहिए। हिंदी साहित्य और हिंदी लेखकों के विश्व-बोध और बौद्धिक स्तर का कोई भी वस्तुपरक अध्ययन, जो केवल भारतीय साहित्य का ही नहीं, बल्कि तत्सामयिक विश्व-साहित्य के परिप्रेक्ष्य को ध्यान में रखकर किया गया हो, इस तथ्य को उजागर करेगा कि विश्व के अन्य भागों में विकसित आधुनिक आत्मचेतना या मानवीय यथार्थ पर प्रकाश डालने की साहसिकता या मानवीय संबंधों, विचारों या समाज के चिंतन में नई ऐतिहासिक शक्तियों या मजबूरियों के संघात से उत्पन्न आध्यात्मिक संकट के परिणामस्वरूप जो नए विचार और नई साहित्यिक प्रवृत्तियाँ जन्म लेती हैं, उनके प्रति हिंदी लेखकों की प्रतिक्रिया में समय का काफी अंतर होता है। हिंदी लेखक जो यथार्थ से दूर हटकर सोचने के लिए विवश हैं—निश्चय ही प्लेटो के अर्थ में नहीं बल्कि इस अर्थ में कि समकालीन पुनरुत्थानवादी प्रवृत्ति का अचेतन प्रवक्ता होने के कारण नैतिक मूल्यों और सामाजिक-धार्मिक मानसिकता की जो विरासत उसे मिली है और जिसने उसकी अपनी मानसिकता को रूप दिया है, वह अपने अंदर विजड़ित 'अपवित्रता-ग्रंथि' और पूर्वजातिक मनोवेगों के कारण नए विचारों, जीवन-पद्धतियों और आचरण-व्यवहार के तरीकों से, जो उसकी परंपरागत धारणाओं से ज़रा भी प्रतिकूल हों, नाक-भौंहें सिकोड़ता है। बुनियादी तौर पर मन की इस भ्रमित अवस्था में यह सब नई बातें विदेशी और विरोधात्मक दिखाई देती हैं। और इसलिए 'महान् भारतीय समाज और उसकी महान् प्राचीन संस्कृति' जिसका

पुनरुत्थानवादियों की दृष्टि में अर्थ होता है, वह 'हिंदू समाज की व्यवस्था' के लिए एक ख़तरनाक चुनौती के रूप में नज़रअंदाज की जाती है। लेकिन कोई व्यक्ति या समाज पूरी तरह कभी भी विदेशी विचारधाराओं से अपने को मुक्त नहीं रख सकता। इसलिए जब बदले हुए सामाजिक-आर्थिक परिस्थितियों के दबाव से विदेशी विचारों और नैतिक और मानवीय आचरण के नए रूपों को स्वीकार करना पड़ता है तो एक बार फिर पुनरुत्थानवादियों की तरह या कहें कि नगरों के अधिकांश बुद्धिजीवियों की तरह वह उनको इस तरह अपने रंग में पेश करता है कि उसका बाह्य रूप तो क़ायम रहता है, लेकिन उसका आंतरिक तत्त्व प्रायः निकालकर फेंक दिया जाता है। इस तरह से हिंदी लेखक बिना क़सूर के अपने आप यंत्रवत् यथार्थ से एक क़दम दूर हो जाता है।

मुझे अक्सर यह सोचकर आश्चर्य हुआ है कि मेरी तरह हिंदी के और सभी लेखकों ने भी अपने जनसमूहों का और उनकी जीवंत और मधुर मातृभाषाओं—जैसे मैथिली, मगधी, भोजपुरी, बघेली, अवधी, बुंदेलखंडी, ब्रज, हरियाणी, राजस्थानी, पहाड़ी, पंजाबी, आदि का हिंदी के वर्तमान रूप के पक्ष में परित्याग किया है—हिंदी के उस रूप के पक्ष में जिसका अंग्रेजों के तत्त्वावधान में उनकी 'फूट डालकर शासन करने की नीति' के हित में कृत्रिम ढंग से विकास किया गया था, जहाँ तक संभव है फारसी और अरबी मूल के तमाम शब्दों को उर्दू के रूप में विकसित खड़ी बोली से जानबूझकर ख़ारिज करके। उर्दू उस समय तक साहित्यिक अभिव्यक्ति का एक सुंदर माध्यम बन चुकी थी, और उत्तर भारत के शिक्षित हिंदू और मुसलमान नागरिकों के पारस्परिक विचार विनियम की एक परिष्कृत भाषा बन चुकी थी। अरबी और फ़ारसी के शब्दों की जगह पर एक अप्रचलित (या केवल धार्मिक अनुष्ठानों में प्रयुक्त पंडित-पुजारियों की भाषा) के अबूझ और दुरूह शब्दों को भरकर कृत्रिम रूप से गढ़ी हुई हमारी वर्तमान भाषा है, जिसे 'हिंदी' का नाम दिया गया। अंग्रेज़ों द्वारा चलाई गई यह भेद-नीति ब्राह्मणवादी पुनरुत्थान के नेताओं को बहुत अनुकूल लगी और उन्होंने जैसे झपटकर इस मौक़े का पूरा फ़ायदा उठाना चाहा, क्योंकि वे इतना तो महसूस करते थे कि भारतीय इतिहास के गुप्तकाल में जिस तरह संस्कृत को उस समय के ब्राह्मणवादी पुनरुत्थान ने अपना वाहन बनाया था या बाद में शंकराचार्य ने संस्कृत को अपने धार्मिक-दार्शनिक अभियान की अभिव्यक्ति का माध्यम बनाया था, वैसा इस युग में संभव नहीं था। ये ब्राह्मणवादी पुनरुत्थान के लिए लोगों की क्षेत्रीय या जनपदीय मातृभाषाओं का प्रयोग भी नहीं कर सकते थे, जैसा कि सोलहवीं, सत्रहवीं शताब्दी में उन्हें मजबूरन करना पड़ा था क्योंकि मुग़लों के समतावादी शासन के ज़माने में भारत की निम्न जातियों के लोग वर्णाश्रम व्यवस्था या जाति प्रथा में निहित अमानुषिकता के प्रति सचेत हो गए थे और द्विज वर्ग की ऊँची जातियों को कबीर, रैदास, दादू, नानक जैसे संत-कवियों के बताए

'ईश्वर के आगे सब मनुष्य समान हैं' के विचार को लेकर चुनौती देने लगे थे। लेकिन अब उन्नीसवीं सदी की बदली हुई परिस्थितियों में, जबकि ब्रिटिश उदारतावाद की परंपरा और विचारधारा से परिचित एक अंग्रेज़ी पढ़ा-लिखा वर्ग पैदा हो गया था, और उर्दू भाषा कम-से-कम उत्तर भारत के विशाल क्षेत्र में एक संपर्क भाषा के रूप में विकास कर चुकी थी, ब्राह्मणवादी पुनरुत्थान अपने समकालीन दौर में उत्तर भारत की किसी एक या समस्त क्षेत्रीय भाषाओं को अपने आंदोलन का वाहन नहीं बना सकता था। उसको एक ऐसी भाषा की ज़रूरत थी, जो चाहे कृत्रिम रूप से ही गढ़ी गई हो, लेकिन जिसमें सारे भारत की कम-से-कम नगरवासी उच्चजाति के हिंदुओं की एक अखिल भारतीय संपर्क भाषा बनने की संभावनाएँ निहित हों, ताकि उन्हें उर्दू का परित्याग करने के लिए प्रेरित किया जा सके और फिर इस नई भाषा के माध्यम से हिंदुओं के शिक्षित वर्गों को पुनः अतीत के उस पौराणिक और मिथक युगों में भरमाया जा सके, जब समय और इतिहास का अस्तित्व नहीं था। इस अनंत आनंद की पथराई और जड़ीभूत दुनिया में जहाँ एक बार फिर वर्णाश्रम धर्म का निर्बाध बोलबाला होगा, और अन्य लोगों के प्रति पूरी उपेक्षा होगी और जहाँ स्वयं अपना लाभ और मोक्ष ही सर्वोच्च मूल्य होगा। हमारे पुनरुत्थानवादी ऐसे ही काल्पनिक संसार में भारतीयों को पुनः ले जाना चाहते थे, ताकि हिंदू समाज को अंग्रेज़ी शिक्षा या इस्लामी समतावाद के उदार प्रभावों से अपवित्र होने से बचाया जा सके। जाहिर है कि ब्राह्मणवादी पुनरुत्थान बाहर से एक तथाकथित 'सुधार आंदोलन' का रूप ही ले सकता था, क्योंकि कुछ भयंकर अमानुषिकताएँ, जो हिंदू समाज के अंदर उसके ह्रास और पतन के दौर में अनिवार्यतः पैदा हो गई थीं, उन्हें किसी प्रकार के शाब्दिक इंद्रजाल या पुराने धर्म ग्रंथों की दुहाई देकर उचित नहीं ठहराया जा सकता था, और उन्हें हकीकत में नहीं तो कम-से-कम शब्दों में ही अनुचित और असामयिक कहकर त्याज्य घोषित किया जा सकता था, ताकि हिंदू धर्म और हिंदू समाज अपेक्षया कम पुराणपंथी और बर्बर दिखाई दें। अंग्रेजी की तरह उर्दू भाषा का भी इस बौद्धिक प्रत्यावर्तन की धारा का आरंभ करने के लिए प्रयोग नहीं किया जा सकता था। क्योंकि इन दोनों भाषाओं को ईसाइयों और मुसलमानों तथा अन्य म्लेक्षों के साथ समान रूप से मिलकर इस्तेमाल करना पड़ता, जो उनके इस तरह के प्रतिक्रियावादी इरादों और कार्यों को अपना सहयोग नहीं दे सकते थे यही कारण था कि हिंदी और हिंदी आंदोलन ने आरंभ से ही शुद्धतावादी और उर्दू और अंग्रेज़ी विरोधी सांप्रदायिक रुख अपनाया था।

दरअसल हिंदी लेखक आरंभ में उत्तर भारत के लोगों को अपनी-अपनी मातृभाषाओं का साहित्यिक विकास करने के मौलिक अधिकार से वंचित करने के अपराध में सम्मिलित नहीं था, क्योंकि तब तक हिंदी में किसी प्रकार का साहित्य पैदा नहीं हुआ था। पुनरुत्थानवादी शक्तियों ने उस समय से पहले ही उत्तर भारत

की विभिन्न मातृभाषाओं को त्याग दिया था, उन्नीसवीं सदी के उत्तरार्ध में इस तथाकथित हिंदी क्षेत्र के प्रतिभा संपन्न हिंदू नौजवानों ने खड़ी बोली में साहित्य रचने के लिए आगे क़दम बढ़ाया था। लेकिन अंततः वे इस अपराध में सहभागी बन गए, क्योंकि उनके माता-पिता ने उनके आगे जब यह विकल्प पेश किया तो उन्होंने इसे खुशी से स्वीकार कर लिया। नतीजा यह हुआ कि हालाँकि लेखक अपने घरों के अंदर अपनी मातृभाषाओं में बोलते थे, लेकिन लिखने में खड़ी बोली हिंदी का प्रयोग करते थे। आचरण के इस द्वैत के कारण उनके अंदर एक खंडित व्यक्तित्व पैदा हो गया जो आज उनकी चेतना और मानसिकता है। आरंभिक दौर में हिंदी के लेखकों में इस बेमानी मुद्दे पर काफ़ी दिनों तक यह बहस चलती रही कि गद्य के लिए खड़ी बोली (हिंदी) और पद्य के लिए (ब्रज, अवधी, मैथिली आदि) कोई माँ-बोली ही उपयुक्त रहेगी इसलिए भारतेंदु तथा अन्य हिंदी लेखक गद्य खड़ी बोली में और कविता ब्रजभाषा या अपनी-अपनी माँ-बोली में लिखते थे, क्योंकि उनका विश्वास था कि यह कृत्रिम भाषा काव्य-रचना के उपयुक्त नहीं है। लेकिन सरकारी संरक्षण और प्रोत्साहन से उत्पन्न नौकरियों के अवसर और बाज़ार में छपाई और प्रकाशन की सुविधाओं के मद्देनज़र जल्द ही ब्रज भाषा तथा अन्य मातृभाषाओं को त्यागकर लेखकों ने गद्य और पद्य दोनों के लिए खड़ी बोली हिंदी को ही अपनी अभिव्यक्ति का माध्यम बना लिया। लेकिन इस चुनाव ने अनेक आरंभिक रचनात्मक प्रयत्नों को अधिक सार्थक नहीं बनने दिया, क्योंकि लगभग अगले चौबीस वर्षों तक हिंदी लेखकों की कम-से-कम दो पीढ़ियाँ खड़ी बोली में वाक्य रचना और शब्दों और मुहावरों के व्याकरण संगत प्रश्नों से ही जूझती रहीं, जबकि अपनी मातृभाषा में संश्लिष्ट विचारों को व्यक्त करने में अपढ़ बच्चों को भी ऐसी समस्याओं का सामना नहीं करना पड़ता।

इस प्रकार हक़ीक़त से दो क़दम पीछे हटे हुए—एक ओर आधुनिक विचारों और वैज्ञानिक चिंतन की दुनिया से और दूसरी ओर अपनी ज़िंदा जावेद मातृभाषाओं से—और बचपन में ही ब्राह्मणवादी पुनरुत्थान के बवंडर में फँसकर हिंदी लेखक का विश्वबोध अत्यंत संकोर्ण, विकृत, परस्पर-विरोधी बन गया और पुनरुत्थान की भावना से पूरी तरह नियंत्रित हो गया। इस बात से क़ुदरतन अभिव्यक्ति का माध्यम भी प्रभावित हुआ—उसकी शब्दावली, भाषा की संरचना, उसकी बिंब-रचना, उसके रूपक और उसके छवि-चित्रों की परिकल्पना पुनरुत्थान की प्रवृत्ति और पौराणिक विचारों और भावनाओं के पारंपरिक ढंगों में एक रहस्यमय आस्था से आच्छादित हो गई।

हिंदी भाषा और साहित्य के विकास की पृष्ठभूमि की इतने विस्तार से जाँच-पड़ताल करने की जरूरत यह समझने के लिए थी कि आख़िरकार नए विचारों और घटनाओं के प्रति हिंदी लेखक की प्रतिक्रिया आमतौर पर इतनी देर से और

इतनी हल्की-फुल्की क्यों होती है।

मेरा विचार है कि इस समझ के बग़ैर यह बताना मुश्किल होगा कि कार्लमार्क्स और ऐंगिल्स के विचारों में, जिन्होंने सर टॉमस मूर, विलियम मौरिस तथा अन्य विचारकों के 'यूटोपियन समाजवाद' के विरोध में 'वैज्ञानिक समाजवाद' की फिलॉसफी का प्रतिपादन किया था, उन्नीसवीं सदी के भारतीय बुद्धिजीवियों की कल्पना में हलचल क्यों नहीं पैदा की, जबकि उनके विचारों ने प्रायः हर यूरोपीय देश के मज़दूर वर्ग को प्रेरित करके संघर्ष की ओर उन्मुख कर दिया था और साहित्य में नई प्रवृत्तियों और आंदोलनों को जन्म दिया था, जिन्होंने मानव-जीवन का कलात्मक प्रतिबिंबन करने की यथार्थवादी अभिव्यक्ति पर अधिक ज़ोर दिया, और मनुष्य द्वारा मनुष्य के शोषण पर आधारित मुनाफ़ाख़ोर पूँजीवादी व्यवस्था में फैले भयंकर अन्याय और आर्थिक वैषम्य का पर्दाफाश करनेवाली एक नए प्रकार की मानववादी-विचारधारा का प्रतिपादन किया था, ताकि श्रमजीवी जनता अपने जीवन की वास्तविक परिस्थिति और अपनी नियति के बारे में सचेत हो जाए। इस बारे में केवल इतना ही कहा जा सकता है कि उस समय तक भारतीय बुद्धिजीवी वर्ग की तादाद नगण्य थी और शायद वैज्ञानिक समाजवाद के दर्शन (फिलॉसफी) का अध्ययन करने की उसके पास सुविधाएँ उपलब्ध नहीं थीं।

लेकिन इस ऐतिहासिक पृष्ठभूमि और हिंदी लेखक की आम मनोदशा और बौद्धिक मानसिकता की जानकारी के बगैर यह समझना या समझाना मुश्किल है कि आखिर क्यों 1917 की महान् अक्तूबर समाजवादी क्रांति के बावजूद, जिसने भारत समेत संसार के हर देश में लोगों के दिमाग़ पर इतना गहरा असर डाला था, हिंदी लेखकों ने प्रेमचंद और निराला को छोड़कर इस महान् क्रांतिकारी घटना के प्रति करीब अगले 15 साल तक अपनी कोई प्रतिक्रिया व्यक्त नहीं की, अर्थात् उस समय तक जबकि हमारी अपनी आज़ादी की लड़ाई ने एक क्रांतिकारी दौर में प्रवेश करके असहयोग और सिविल ना-फरमानी के आंदोलनों के ज़रिये, किसानों और मज़दूरों के संगठित संघर्ष के ज़रिये देश में व्यापक उथल-पुथल पैदा नहीं कर दी। मेरठ षड्यंत्र केस और पं जवाहरलाल नेहरू द्वारा समाजवादी विचारों के ज़ोरदार प्रतिपादन के फलस्वरूप आम जनता के विचारों में एक जबर्दस्त परिवर्तन हो गया था और कम-से-कम तत्काल तो पुनरुत्थानवाद की लहर दब गई थी और साहित्य में ऐसा लगता था, कि जैसे छायावादी कविता एक अरण्य रोदन मात्र थी, जिससे समाजवाद की विचारधारा से प्रेरित एक सर्वदेशीय पैमाने पर एक नये प्रगतिशील साहित्यिक आंदोलन के लिए मार्ग प्रशस्त हो गया था। छायावादी कविता ने अठारहवीं सदी के यूरोपीय रोमांटिसिज़्म के विचार तत्त्वों को, जिनमें व्यक्ति की महत्ता पर ज़ोर दिया गया था, ब्राह्मणी पुनरुत्थानवादी दुरूहता से, जिसे 'रहस्यवाद' की संज्ञा देकर गौरवान्वित किया जाता है, समन्वित करने की निरर्थक चेष्टा की

जो व्यक्ति की स्वतंत्र भूमिका से इंकार करता है। ज़ाहिर है कि इन दो परस्पर-विरोधी तत्त्वों में साम्य और संगति पैदा करने में छायावादी कवि असमर्थ रहे। साथ ही सीधे-सादे बोलचाल के शब्दों में छायावादी प्रवृत्ति महान् कविता पैदा करने में असमर्थ रही, बावजूद इस तथ्य के कि निराला, पंत, प्रसाद और महादेवी वर्मा प्रथम कोटि की प्रतिभा के कवि थे। एक सीमा तक चौथे दशक के पहुँचते-पहुँचते इन कवियों को भी अपने रचनात्मक संकट का हल तलाश करने के लिए समाजवादी विचारधारा की ओर उन्मुख करने में इस असफलता का भी हाथ था, यद्यपि समाजवाद के प्रति इनमें से हरेक की प्रतिक्रिया भिन्न प्रकार की थी।

कुछ आलोचक दावा कर सकते हैं कि निराला ने 20-30 के दशक में जो कविताएँ लिखी थीं उनमें से कुछ पर समाजवादी विचारधारा का प्रभाव देखा जा सकता है। उनमें से एक कविता है 'बादल राग' जो निराला ने सन् 1920 में लिखी थी और जिसमें कवि ने बादल को क्रांतिदूत के रूप में चित्रित किया है और उसका आह्वान किया है कि वह आए और इस सूखी धरती और सूखे नन्हे-नन्हे पौधों पर और ग़रीब किसानों पर, जिनके शरीर का मांस शोषण की चक्की में पिसकर सूख गया है, अपनी नेमतों की बारिश करे। निराला की ही एक और प्रसिद्ध कविता है 'भिक्षुक', जो उन्होंने सन् 1921 में लिखी थी। इस कविता में निराला ने एक भिक्षुक के दुःखों की हृदय-विदारक पीड़ा का चित्रण किया है जो अपने दो नन्हे बच्चों के साथ जूठी पत्तल में पड़े खाने के दो कौर उठाने के लिए कुत्तों से होड़ करने पर मजबूर है। हालाँकि ये कविताएँ सामान्य छायावादी कविताओं से भिन्न स्वभाव की हैं, फिर भी इनसे इस बात का कोई अनुमान नहीं लगाया जा सकता कि समाजवादी विचारधारा का उनके मन पर प्रभाव पड़ा था, जिससे प्रेरित होकर उन्होंने साधारण जनों के दुःख-दर्द के प्रति करुणा का भाव व्यक्त किया था। अधिक-से-अधिक हम यह कह सकते हैं कि अगर उनके मन पर समाजवादी विचारधारा का उस समय कोई प्रभाव पड़ा भी था तो वह क्षण-स्थायी था, क्योंकि उसी जमाने में उन्होंने और भी कई कविताएँ लिखीं जो देश की राजनीतिक समस्याओं के बारे में उनके हिंदू पुनरुत्थानवादी दृष्टिकोण को प्रतिबिंबित करती हैं, क्योंकि उन कविताओं में उन हिंदुओं के देशद्रोह को कोसा गया है जो मुग़लों की नौकरी करते थे, या जो देश की स्वाधीनता के प्रति उदासीन थे, जिसके कारण हिंदू गुलाम बने और क़मजोर हुए 'जागो फिर एक बार', 'यमुना के प्रति', 'छत्रपति शिवाजी का एक पत्र' आदि अनेक ऐसी कविताएँ हैं जिनमें हिंदुओं के गौरवशाली अतीत की स्मृतियों को जगाया गया है और जिनमें हिंदू मिथकों और प्रतीकों की भरमार है। बहरहाल इन कविताओं से उस विचित्र स्थिति को समझने में मदद मिल सकती है, जिसे हम मार्क्सवादी आलोचकों ने अभी तक अनदेखा किया है—वह यह कि समाजवादी विचारधारा का प्रभाव किस प्रकार हिंदी साहित्य में विकृत होकर हिंदू मानसिकता में समन्वित हुआ

और क्यों पूरी तरह से धर्मनिरपेक्ष और जनतांत्रिक साहित्य जो समाजवाद की मानववादी भावना से अनुप्रेरित हो हिंदी में नहीं लिखा गया। छायावादी कवियों ने अगले दशक में भी जब उन्होंने कमोबेश समाजवादी विचारधारा अपना ली थी, अपनी इस परंपरा को, अर्थात् जनता की सामाजिक और आर्थिक मुक्ति के समाजवादी सरोकार और व्यक्ति की आध्यात्मिक मुक्ति के वेदांतिक सरोकार, दोनों को कृत्रिम रूप से समन्वित करने का प्रयत्न जारी रखा। परिणाम यह हुआ कि इस बार फिर वे ऐसी महान् कविता की रचना करने में असमर्थ रहे, जिसकी सार्वभौमिक प्रासंगिकता हो। मार्क्सवादी आलोचक, जिनमें से एक गुनहगार मैं भी हूँ, दुर्भाग्य से इस कृत्रिम प्रयत्न की निरर्थकता को नहीं देख सके और समन्वय की इन चेष्टाओं का अभिनंदन करने के लिए हमने साहित्य के मानदंडों और सौंदर्यबोधी धारणाओं को एक सीमा तक बिगाड़ा। हम यह अहसास न कर पाए कि हिंदू पुनरुत्थानवाद और समाजवाद इन दोनों का जीवन और समाज के प्रति दृष्टिकोण बुनियादी तौर पर एक-दूसरे का विरोधी है।

चौथे दशक के अंतिम भाग में हिंदी में प्रगतिशील आंदोलन के बढ़ते दौर में निराला ने 'भिक्षुक' की परंपरा में कुछ और कविताएँ लिखीं, जिनमें 'वह तोड़ती पत्थर' सबसे प्रसिद्ध है। इसमें निराला ने एक जवान मज़दूर औरत का बड़ा सशक्त रेखाचित्र खींचा है, जो जून की असह्य तपती दुपहरी में सड़क के पत्थर तोड़ रही है। वर्ग समाज के प्रति उस औरत का आक्रोश कवि ने बड़े कलात्मक ढंग से चित्रित किया है—वह एक बार कवि की ओर देखती है और फिर ऊपर को निगाह उठाकर अमीर आदमी के गगनचुंबी महल को देखती है और फिर एक उद्धत मुद्रा में अपने काम में जुट जाती है, मानो मूक स्वर में घोषणा कर रही हो 'मैं पत्थर तोड़ रही हूँ', और उसके माथे पर पसीने की बूँदें लगातार टपकती जाती हैं। इस कविता में सचेत श्रमजीवी वर्ग के विद्रोही भाव की झलक मिलती है। इस कविता में सच्ची मानवीकरण की भावना है, जो ग़रीबों के प्रति दया दिखाने, दान देने की भावना से भिन्न और ऊँची भावना है। दो साल पहले की लिखी कविता 'दान' से भी स्पष्ट है कि ऊँचे वर्गों की दया दिखानेवाली अपमानजनक भावना से निराला का मोह भंग हो गया था।

जयशंकर प्रसाद पर समाजवादी विचारधारा का प्रभाव पड़ा था या नहीं, यह स्पष्ट नहीं है। अपने महाकाव्य 'कामायनी' के 'स्वप्न' और 'संघर्ष' नामक परिच्छेदों में उन्होंने प्रलय संबंधी हिंदू आख्यान, मनुष्य के मन में श्रद्धा और इड़ा के आंतरिक संघर्ष के रूपक में बाँधकर पेश किया है। इसमें प्रसाद ने बड़े विस्तार से यह दिखाया है कि बुद्धि की प्रतीक इड़ा विज्ञान की मदद से एक विशाल नगर का निर्माण करती है जिसमें सुख-सुविधा के सारे आधुनिक उपकरण हैं। उद्योग और धंधे खूब विकसित हैं और एक ऐसी सामाजिक व्यवस्था है जिसमें आजीविका के पर्याप्त साधन हरेक

को उपलब्ध हैं, मानो यह स्वप्नों का महानगर है। इसके प्रजापति मनु हैं। लेकिन भौतिकवादी सभ्यता कुछ ही दिनों में लोभ, ईर्ष्या और स्वार्थों की टक्कर और दूसरी बुराइयों से आक्रांत हो जाती है और लोग विद्रोह के लिए उठ खड़े होते हैं, और नगर को ध्वस्त और बर्बाद कर देते हैं। मनु को आख़िरकार श्रद्धा की शीतल बाँहों में शरण लेनी पड़ती है, 'शांति और मुक्ति' के लिए। मनु और श्रद्धा सारस्वत देश के इस महानगर को त्यागकर अनंत सुख के संसार में पलायन कर जाते हैं। यह सोचकर कुछ आश्चर्य होता है कि बीसवीं सदी में कैसे कोई कवि इतने घिसे-पिटे पुराने और अप्रचलित बिंब-विधान और उतने ही अप्रचलित समाधानों का प्रयोग करके मनमाने ढंग से एक ऐसी दो ख़ानों में बँटी ज्ञानात्मक प्रक्रिया की कल्पना कर सकता है और फिर वह दिखाए कि इनमें से एक संघर्ष और बर्बादी की ओर ले जाती है और दूसरी सुख और शांति की ओर। जैसा कि कुछ आलोचकों ने अपने भोलेपन में सुझाया है कि इन दोनों सर्गों में समाजवादी विचारधारा का प्रभाव स्पष्ट दिखाई देता है, इसका केवल यही मतलब हो सकता है कि समाजवाद की वैज्ञानिक विचारधारा के प्रति उनकी प्रतिक्रिया नकारात्मक थी, जैसी कि जीवन के प्रति हिंदू पुनरुत्थानवादी कवि से अपेक्षा की जा सकती है। मनु किसी समस्या या संघर्ष का सामना नहीं करते, बल्कि वे अपनी प्रजा को उसके भाग्य के सहारे छोड़कर अपने व्यक्तिगत मोक्ष के लिए एकांत जगत् में पलायन कर जाते हैं। लेकिन जयशंकर प्रसाद ने अपने उपन्यास 'कंकाल' में अधिक सकारात्मक दृष्टिकोण से काम लिया है—समाजवादी विचारधारा के प्रभाव के अंतर्गत नहीं, किंतु फिर भी सकारात्मक और प्रगतिशील। प्रेम या मुहब्बत को ऊँची जाति के हिंदू समाज में एक मर्यादाहीन भाव समझा जाता है, इसलिए उसे 'कर्तव्य' या 'विवाह' की रीति से ऊँचा दर्जा कभी नहीं दिया जाता, लेकिन 'कंकाल' की तारा इस अमानवीय परंपरा से विद्रोह करके उस पुरुष के साथ रहती है, जिसे वह प्यार करती है। लेकिन इस लड़की के साहसिक कार्य की प्रगतिशील और मानववादी महत्ता इस कारण नष्ट हो जाती है, क्योंकि वह एक नीच जाति की लड़की है जिसने अपने दलित अस्तित्व के बावजूद ऊँची जातिवालों की अमानवीय नैतिकता का कभी पालन नहीं किया। कदाचित् जयशंकर प्रसाद ऊँची जाति की कल्पना भी नहीं कर सकते थे जो जाति और संपन्नता के विचार को ठुकराकर अपने प्रेम की ख़ातिर सब कुछ त्यागने और झेलने के लिए तैयार होती।

समाजवादी विचारधारा के प्रति सुमित्रानंदन पंत की प्रतिक्रिया अधिक सकारात्मक थी, यद्यपि वह अधिकतर वैचारिक धरातल की अमूर्त प्रतिक्रिया थी। वे एक ऐसे कवि हैं, जो एक ऐसे कल्पना जगत् में जीते हैं जहाँ यथार्थ के क्रूर, भोंडे और भ्रष्ट पहलुओं का अस्तित्व नहीं है। जहाँ केवल शिव और सुंदर ज्योतिर्मय रूप ही मिलते हैं। ऐसे कल्पना जगत् में रहते हुए वे सन् '34, '35 में मार्क्स से

प्रभावित हुए। संभवतः वे पहले प्रमुख हिंदी कवि थे, जिन्होंने मार्क्स के विश्व-दर्शन को स्वीकार करने से पहले मार्क्सवाद का गंभीर अध्ययन किया था। इसके अगले चार-पाँच वर्षों में पंत ने अनेक कविताएँ लिखीं। जिन पर समाजवादी विचारधारा का स्पष्ट प्रभाव है। ये कविताएँ तीन संग्रहों में प्रकाशित हुईं—'युगांत', 'युगवाणी' और 'ग्राम्या'। इनमें से अनेक कविताओं में उन्होंने मार्क्सवादी विचारधारा को पद्यबद्ध किया है और समाजवादी समाज के निर्माण में श्रमिक वर्ग की भूमिका बताते हुए परंपरागत नैतिकता, रूढ़िगत समाज व्यवस्था और रूढ़िगत सामाजिक मूल्यों को चुनौती दी है। विशेषकर 'ग्राम्या' में उन्होंने पहली बार कल्पना जगत् से बाहर निकलकर अपने कालाकांकर स्थित 'नक्षत्र लोक' निवास के इर्द-गिर्द रहनेवाले सचमुच के मेहनतकश मज़दूरों और किसानों को देखा और अपनी कविताओं में उनके अनेक सुंदर रेखाचित्र उकेरे, और उनके सामूहिक या व्यक्तिगत व्यवहार के मार्मिक चित्र प्रस्तुत किए। ऐसा करते हुए कवि ने अपने लोगों के विषम और दुःखपूर्ण जीवन के प्रति सच्ची करुणा का इज़हार किया। लेकिन शायद यथार्थ की दुनिया में उनका प्रवासकाल काफ़ी लंबा हो गया था, इसलिए वे पुनः धीरे-धीरे अपनी कल्पना के उस लोक में जाकर खो गए, जहाँ संघर्ष और अंतर्द्वंद्व-जैसी चीज़ें नहीं होतीं, जहाँ परस्पर-विरोधी विचार और स्थितियाँ एक-दूसरे से मिलती हैं और एक-दूसरे में संलीन हो जाती हैं। पुनरुत्थानवाद और समाजवाद, अंधविश्वास और विज्ञान अपने अनिष्टकर तत्त्वों को त्याग देते हैं, और उनका पूरी तरह मानवीकरण हो जाता है और फिर वे हाथ में हाथ पकड़े प्रकाश और आनंद के भावी स्वर्ग की ओर आरोहण करते हैं। कहने को तो इस तसब्बुर को विचित्र कह सकते हैं, लेकिन जिनके दिल और दिमाग़ दक़ियानूसी परंपरा में आबद्ध हैं, वे अपनी पूर्व प्रवृत्तियों से बाहर निकलकर यथार्थ को उसके असली रूप में स्वीकार नहीं कर पाते हैं।

30-40 के दशक के अंतिम वर्षों में कई और महत्त्वपूर्ण कवि-प्रतिभाएँ उभरकर सामने आईं। उनमें 'दिनकर', बालकृष्ण शर्मा 'नवीन' और 'बच्चन' छायावादी धारा के कवि थे। 'दिनकर' ने क्रांति का गीत लिखा। उनकी दृष्टि में क्रांति एक विध्वसंकारी आदिम शक्ति है और वह अपनी एक ही थपेड़ में जीवन और समाज की सारी आततायी और अत्याचारी शक्तियों को नष्ट कर देगी। यह दृष्टिकोण दरअसल समाजवादी विचारधारा से प्रभावित नहीं हुआ था, बल्कि राष्ट्रवादी आवेश से प्रेरित था, जो हिंदू समाज की दृष्टि में विदेशी और विपरीत विचार या कर्म वस्तु के प्रति अंधी घृणा का रूप भी ले सकता था—समाजवाद समेत। क्योंकि उनकी कविता की भाषा और बुनावट में पुनरुत्थानवादी बिंब गुँथे हुए हैं। यही बात बालकृष्ण शर्मा 'नवीन' के काव्य के बारे में कही जा सकती है। वे कवि ही नहीं थे, बल्कि राष्ट्रीय आंदोलन के एक प्रमुख सेनानी और मज़दूर वर्ग के संघर्षों में भाग लेनेवाले नेता भी थे। उनकी प्रसिद्ध कविताओं—'जूठे पत्ते' और

'नरक-विधान' में समाजवादी चेतना से अधिक 'विप्लव गायन' में आक्रामक राष्ट्रवाद का रोषपूर्ण विस्फोट अधिक है।

इसके विपरीत हरिवंश राय बच्चन एक दूसरी ही कोटि के कवि हैं। उनके अग्रज–प्रसाद, निराला, पंत आदि की आरंभ से ही हिंदी कविता की भाषा का इस सीमा तक संस्कृतकरण करने की चेष्टा रही कि वह साधारण जनों के लिए दुर्बोध बन गई। प्रेमचंद की तरह बच्चन भी एक कायस्थ परिवार में पैदा हुए थे, जिनके अंदर एक जमाने से हिंदू और मुसलमान दोनों की मिली-जुली संस्कृति का प्रचलन था, और संभवतः उनके अधिक उदार और सार्वभौमिक दृष्टिकोण के कारण द्विज-वर्ग उनकी गिनती शूद्रों में करते हैं। इसलिए बच्चन की कविता में उन्हें पुनरुत्थानवादी और भाषा में शुद्धतावादी संस्कृतकरण की प्रवृत्ति के पक्षपाती होने की अपेक्षा नहीं रही। बच्चन ने एक प्रकार से जीवन-यथार्थ के प्रति हिंदी कविता की भाषा में क्रांतिकारी परिवर्तन कर दिया। प्रेमचंद की भाषा और मुहावरे की तरह बच्चन की कविता की भाषा के शब्द आम लोगों की बोली से लिए गए थे। उन्होंने जान-बूझकर भाषा की शुद्धता पर ज़ोर नहीं दिया, बल्कि अरबी और फ़ारसी मूल के जो शब्द यहाँ प्रचलित हो गए हैं उनको सहर्ष स्वीकार किया। उनकी 'मधुशाला' और 'मधुकलश' की कविताओं में हिंदू और मुसलमान दोनों की धार्मिक कट्टरता, वर्णाश्रम व्यवस्था की मनुष्यों में भेदभाव करनेवाली नैतिकता और जात-पाँत के भेद और सामाजिक वर्जनाओं की अमानुषिकता की खुलेआम आलोचना की है। इनमें से कुछ कविताएँ जैसे–'लहरों में निमंत्रण' एक उद्दाम आशावादिता और अग्रगामी दृष्टिकोण की उत्साहपूर्ण भावना से ओत-प्रोत है। उनके दृष्टिकोण में किसी प्रकार का रहस्यवाद या अंधविश्वास नहीं मिलता। धर्म, वर्ग और सेक्स पर आधारित हर प्रकार के भेदभाव का उन्होंने विरोध किया है। उन्होंने एक सच्चे मानवीय आधार पर इंसानों के रिश्तों के नियमन की माँग करके साधारण लोगों की आकांक्षाओं को अभिव्यक्ति दी है। भाषा और मानव संबंधों के प्रति एक लेखक के दृष्टिकोण को अगर समाजवादी और प्रजातांत्रिक और धर्मनिरपेक्ष भावना की कसौटी माना जा सकता है तो पुरानी पीढ़ी के कवियों में बच्चन ही उस पर खरे उतरते हैं, चाहे उन्होंने पंत की तरह उतनी लगन और निष्ठा से मार्क्सवादी पुस्तकें न पढ़ी हों। बच्चन के बारे में एक बात और उल्लेखनीय है कि बढ़ती आयु के साथ उन्होंने भावनात्मक या बौद्धिक रूप से पौराणिक अंधविश्वासों की ओर प्रत्यागमन नहीं किया, प्रत्यक्षतः जो उन लोगों की अनिवार्य नियति है, जो अपने को पुनरुत्थानवादी संस्कारों के शिकंजों से मुक्त नहीं कर सके हैं। आयु के साथ बच्चन का बौद्धिक क्षितिज और उनकी सहानुभूतियों का दायरा अधिक विस्तृत होता गया है और उनका दृष्टिकोण अधिक इंसान-परस्त बनता गया है। यद्यपि वह पहले जैसा उत्साह और उल्लास उनकी कविता में नहीं रहा।

हिंदी में प्रगतिशील लेखक आंदोलन ने चौथे दशक के अंतिमभाग में साहित्य को समाजवादी चेतना से अनुप्रेरित किया। लेकिन उन अनेक उत्साही तरुण कवियों में से जो इस आंदोलन में शरीक हुए और जिनकी क्रांतिकारी कविताओं ने आजेस्वी भाषा में लोगों की आकांक्षाओं को वाणी दी, उनमें कोई बड़ी प्रतिभा का कवि दशक के अंत तक पैदा नहीं हुआ था। उनमें से जो अधिक प्रतिभाशाली थे, उनकी प्रतिभा पूरी तरह इस सर्वेक्षण की मियाद के बाद ही पूरी तरह परवान चढ़ी।

जहाँ तक कथा साहित्य का संबंध है, प्रेमचंद, जैसा कि सब जानते हैं, आज भी हिंदी के सबसे बड़े उपन्यासकार और कहानीकार माने जाते हैं। उनकी विभिन्न कृतियों के साहित्यिक मूल्य के बारे में या उनके स्थायी महत्त्व के बारे में भिन्न मत हो सकते हैं और वे चाहे विश्व-साहित्य के महानतर कथाकारों की श्रेणी में न आते हों, लेकिन कुल मिलाकर उस जमाने को मद्देनज़र रखते हुए जब उन्होंने अपनी कृतियों की रचना की और उनमें सामाजिक जीवन के विभिन्न पहलुओं को प्रतिबिंबित किया, एक कथाकार के रूप में उनकी महानता के बारे में दो मत नहीं हो सकते। उनमें कहानी कहने की एक अद्‌भुत प्रतिभा थी, जिसका अर्थ है कि यथार्थ के प्रति उनकी संवेदनाएँ सहज थीं। लेकिन यथार्थ के प्रति सहज संवेदनशील होने की उनकी क्षमता कुंठित हो जाती, अगर वे सचेत रूप में साधारण जनों के साथ अपने गहरे संबंध कायम न रखते। वे प्रचलित पुनरुत्थानवादी भँवर में निगले जाने से बचने के लिए आजीवन एक के बाद दूसरे भ्रमों का परित्याग करने की ख़ातिर सजग रचनात्मक संघर्ष करते रहे। यही कारण है कि वे भारतीय जीवन की भयानक और वीभत्स वास्तविकताओं-सामाजिक विषमताओं और सड़ी-गली रूढ़ियों में उसके नैतिक भ्रष्टाचार और जाति प्रथा की नस्लवादी अमानुषिकता से पीड़ित मनुष्यों के दुःख-दर्द, शोषित और पीड़ित लोगों के मन की कटुता और क्रोध की चिनगारियों और यदा-कदा उनके विद्रोह की आग भड़क उठने का यथार्थ चित्रण करने का साहस कर सके। प्रेमचंद के आरंभिक दो उपान्यास 'वरदान' और 'प्रतिज्ञा' साहित्यिक दृष्टि से अधकचरे विचारों और अधकचरी ही कला के नमूने थे, जिनका साहित्यिक महत्त्व अधिक नहीं है। लेकिन उनके तीसरे उपन्यास 'सेवा-सदन' में वास्तविक स्थिति का अधिक स्पष्ट और कलात्मक चित्रण है। उसमें एक ग़रीब हिंदू नारी को एक वेश्या के यहाँ शरण लेने के लिए मजबूर होते हुए दिखाया गया है, क्योंकि उसके पति ने उसके चरित्र पर संदेह करके उसे घर से निकाल दिया है। ऐसी बर्बर स्थितियाँ केवल हिंदू समाज में ही अक्सर देखने को मिलती हैं, जहाँ नैतिकता के दो मानदंड चलते हैं, जहाँ अगर स्त्री से मर्यादा का उल्लंघन हो जाए या अगर उसके बारे में यह संदेह किया जाए कि उसने अपने पति-व्रत धर्म के कठोर नियमों का पालन नहीं किया, तो उसके लिए समाज में एक इंसानी जीवन जीने का कोई विकल्प नहीं रहता। हालाँकि प्रेमचंद इस स्थिति से नारी को बाहर निकालने

का कोई विकल्प नहीं सुझा सके और न उसके पति गजाधर को अपनी गलती महसूस करने पर कि उसने सुमन पर संदेह करके बड़ा अन्याय किया है, इसलिए उसे सम्मानपूर्वक पुनः वापस लाने के लिए प्रेरित कर सके, लेकिन उन्होंने इस अन्याय का खुले शब्दों में पर्दाफ़ाश ज़रूर किया है। उपन्यास के एक पात्र कुँवर साहब ने, जो म्युनिसिपल बोर्ड के सदस्य हैं, दो टूक शब्दों में स्वीकार किया, कि वेश्यागमन और वेश्यालय इसलिए चल रहे हैं, क्योंकि यहाँ जमींदार हैं, नौकरशाह हैं, पूँजीपति हैं, और दूसरे धनी लोग हैं, जो ग़रीब लोगों को लूटते और सताते हैं। अगर यह शोषण समाप्त हो जाए, तो वेश्यालय भी ग़ायब हो जाएँगे। यह उपन्यास सन् 1918 में प्रकाशित हुआ था, अर्थात् महान् अक्तूबर क्रांति के तुरंत बाद। हालाँकि इसमें क्रांति का कोई उल्लेख नहीं है, लेकिन एक हिंदू नारी की जीवन यंत्रणा के प्रति उनका सरोकार यह दिखाता है कि समाजवादी क्रांति के मुक्तिदायी प्रभाव ने प्रेमचंद के हृदय में एक अनुकूल सहानुभूति का तार झंकृत कर दिया था, क्योंकि समाजवाद में ऐसी वीभत्स स्थितियाँ शायद संभव नहीं थीं।

यह बात उनके अगले उपन्यास 'प्रेमाश्रम' से, जिसमें भारतीय किसान की समस्या पेश की गई है; स्पष्ट हो जाती है। यह उपन्यास सन् 1919 में लिखा गया था, लेकिन इसका प्रकाशन सन् 1922 में हुआ। उपन्यास के अनुसार लखनपुर गाँव के ज़मींदार ज्ञानशंकर और उनका मैनेजर गौस खाँ अपने काश्तकारों का अधिक-से-अधिक क्रूरता से शोषण और दमन करते हैं। इसकी प्रतिक्रिया होती है किसानों के रोष और प्रतिवाद के रूप में, जिसका उस समय हिंसात्मक विस्फोट होता है जब गौस खाँ मनोहर की पत्नी विलासी के साथ गाँव के चरागाह में उसे अकेला पाकर, बलात्कार करने की कोशिश करता है। मनोहर वैसे तो एक शांतिप्रिय किसान है, लेकिन इस अत्याचार से विक्षिप्त होकर गौस खाँ की हत्या कर देता है। फिर तो पुलिस के आतंक और अत्याचार की सारी ताकत गाँव का दमन करने में लग जाती है। इस घटना से आहत और दुःखी होकर ज्ञानशंकर का भाई प्रेमशंकर जो इंगलैंड से पढ़कर लौटा था, और इसलिए उसके विचार अधिक उदार और उसके मन में इंसानों के लिए अधिक आदरभाव था, किसानों की दुरवस्था को सुधारने के लिए 'प्रेमाश्रम' नाम की एक संस्था क़ायम करता है। मनोहर का नौजवान बेटा बलराज एक जागरूक किसान है। उसमें वर्ग चेतना का विकास हो गया है। वह बड़े उत्साह से सोवियत क्रांति की बातें करता है, क्योंकि किसान और मज़दूर राज्य का विचार उसे बेहद प्रेरित करता है। वह सोचता है कि अन्याय को ख़त्म करने का केवल यही एक मार्ग है। लेकिन प्रेमचंद ने बलराज को उसके बाप मनोहर या उसके दोस्त बूढ़े क़ादिर से अधिक आदर्श पात्र के रूप में पेश नहीं किया है। फिर भी हिंदी उपन्यास में उस समय एक वर्गचेतन पात्र की सृष्टि काफी महत्त्व रखती है। दूसरी उल्लेखनीय बात स्वयं प्रेमशंकर का चरित्र है, जिनका किसान समस्या का

समाधान करने का गांधीवादी तरीका चाहे काव्यात्मक लगता हो, लेकिन यह तथ्य कि विलायत में शिक्षा प्राप्त करने से उनका दृष्टिकोण अधिक प्रबुद्ध और मानवतावादी हो गया था, काफी महत्त्वपूर्ण है। इस बात को रेखांकित करने की ज़रूरत है कि 'प्रेमाश्रम' हिंदी का पहला उपन्यास है जिसमें जाति-भेद और उससे उत्पन्न सामाजिक बुराइयों को प्रतिबिंबित किया गया है, जो जाति-भेद की हदों को लाँघने के बावजूद अन्याय और दमन का उतना ही क्रूर स्रोत है। इस प्रकार इस उपन्यास में सामाजिक यथार्थ का एक नया पहलू पेश किया गया, जिसकी पहचान करने की दृष्टि अक्तूबर क्रांति और समाजवादी विचारधारा ने प्रदान की थी।

इसके बाद दो साधारण उपन्यासों 'निर्मला' और 'कायाकल्प' के बाद सन् 1927-28 में लिखे अपने बृहद् उपन्यास 'रंगभूमि' में प्रेमचंद एक बार फिर बढ़ते हुए वर्ग-संघर्ष की समस्या की ओर लौटे। इस उपन्यास में उन्होंने पूँजीवादी उद्योग का विकास दिखाया है और यह कि इससे देहात की ज़िदंगी में किस तरह और कितना भ्रष्टाचार का ज़हर फैलता है। मुझे ऐसा लगता है कि यह समस्या कुछ कृत्रिम ढंग से उठाई गई है और अंधे किसान सूरदास ने, जिसकी ज़मीन पर पूँजीपति जॉनसेवक अपनी फैक्टरी का निर्माण करना चाहता है, उसके विरुद्ध जो संघर्ष छेड़ा है उसमें एक कृत्रिम माहौल की गंध आती है। ऐसा लगता है कि अक्तूबर क्रांति का प्रभाव कुछ मंद पड़ गया था। और समय के साथ उनके मन में एक दुविधा पैदा हो गई थी, और गांधीवादी विचारधारा की उत्तरोत्तर बढ़ती लोकप्रियता जो मशीनों और मशीन से बनी वस्तुओं और औद्योगीकरण आदि को संदेह की दृष्टि से देखती थी, उसने प्रेमचंद के मन में उस पारंपरिक धारणा या उस रूढ़िबद्ध मानसिकता को और पक्का कर दिया था, जिसके अनुसार भारतीय ग्राम्य जीवन मूलतः सादा, सरल और श्रेष्ठ है। सामंती सामाजिक संबंधों के प्रति उनकी समस्त बुराइयों के बावजूद प्रेमचंद का भावात्मक मोह इस उपन्यास से स्पष्ट ज़ाहिर है लेकिन धीरे-धीरे समय के साथ उनके प्रति प्रेमचंद का मोहभंग होता गया और चौथे दशक में जब विदेशों में अध्ययन करते समय मार्क्सवाद की विचारधारा से प्रभावित अनेक प्रतिभाशाली नौजवान देशभक्तों ने राष्ट्रीय आंदोलन को गांधीवादी सीमाओं के अंदर चलाने की बात का विरोध करना शुरू किया तो उस समय प्रेमचंद फिर एक बार अपने अंतिम और सबसे महत्त्वपूर्ण उपन्यास 'गोदान' में किसान समस्या की ओर लौटे। इस उपन्यास में प्रेमचंद ने एक हक़ीक़तनिगार की दृष्टि से भारत की संपूर्ण परिस्थिति का जायज़ा लिया, और 'होरी', 'धनिया', 'गोबर' और 'झुनियाँ' जैसे किसान पात्र, ज़मींदार अमरपाल सिंह, पूँजीपति खन्ना आदि अनेक जीवंत पात्रों की सृष्टि की। यह पात्र अपने-अपने वर्ग के प्रतीक हैं और उनके माध्यम से उनके वर्गों के आपसी रिश्तों, दृष्टिकोणों और नैतिक आचरणों को प्रतिबिंबित किया गया है। इस उपन्यास में प्रेमचंद ने कृत्रिम आदर्शीकृत समाधान

को पेश नहीं किया, बल्कि इसका अंत एक त्रासदी में होता है, जिसका मन पर यह स्थायी प्रभाव पड़ता है कि कोई कामचलाऊ या दयाद्रवित भावना पर आधारित समाधान संभव नहीं है जो शोषक और शोषित वर्गों के परस्पर विरोधी स्वार्थों में कोई स्थायी समन्वय क़ायम कर सके।

इस तरह हम अब सीधे हिंदी साहित्य में प्रगतिशील तथा भारत की अन्य भाषाओं के साहित्यों में प्रगतिशील आंदोलन के आग़ाज़ तक पहुँच गए। चौथे दशक में स्वतंत्रता आंदोलन के साथ-साथ किसान और मज़दूर वर्गों का बढ़ता हुआ क्रांतिकारी संघर्ष और समाजवादी विचारधारा का सम्मिलित प्रभाव था कि प्रगतिशील आंदोलन सारे देश में साहित्य की अग्रणी प्रवृत्ति बन गया। जिस बात ने इस आंदोलन को आगे बढ़ाने में सबसे बड़ी प्रेरणा दी वह थी पं. जवाहरलाल नेहरू की सरपरस्ती और प्रोत्साहन और उनके द्वारा समाजवाद की दृष्टि से स्वतंत्रता आंदोलन के सामाजिक और आर्थिक लक्ष्यों को लगातार परिभाषित करने पर ज़ोर; साथ ही तमाम सोशलिस्ट और कम्युनिस्ट दलों को एकजुट करते हुए इंडियन नेशनल कांग्रेस के अंतर्गत एक समाजवादी पार्टी की स्थापना, जिसका नेतृत्व उन नौजवान बुद्धिजीवियों के हाथ में था, जो इंगलैंड, जर्मनी और अमेरिका में शिक्षित होकर लौटे थे और जो इस बात के बारे में पूरी तरह सचेत थे कि जर्मनी, इटली और स्पेन में फ़ॉसिज्म़ के उदय से सारे संसार की शांति, स्वतंत्रता और प्रगति ख़तरे में पड़ गई थी।

'प्रभाव' के अंदर विचारों के संघर्ष और विरोधी शक्तियों के बीच सैद्धांतिक चुनौती और टक्कर का भाव निहित है। भारत में भी ऐसा ही हुआ, जब '30 और '40 के बीच समाजवादी विचारधारा ने हमारे बुद्धिजीवियों को प्रभावित किया। साहित्य में इसने प्रतिक्रियावादी विचारों के विरोध का रूप अख्तियार किया। प्रगतिशील लेखकों का प्रथम घोषणा-पत्र सन् 1935 में तरुण भारतीय लेखकों के एक छोटे-से दल ने लंदन से प्रकाशित किया था, सज्जाद ज़हीर, डॉ. मुल्कराज आंनद, डॉ. अलीम, डॉ. रशीद जहाँ, हाज़रा बेगम आदि प्रमुख नाम थे। सन् 1936 के अप्रैल महीने में लखनऊ में प्रगतिशील लेखकों का पहला अखिल भारतीय अधिवेशन मुंशी प्रेमचंद की सदारत में मुनक्क़द हुआ, घोषणा-पत्र स्वीकार किया गया और प्रगतिशील लेखक संघ की स्थापना हुई। बाद में उसी साल सितंबर में इलाहाबाद में प्रगतिशील लेखक संघ का हिंदुस्तानी (हिंदी, उर्दू) अधिवेशन हुआ, जिसमें फ़िराक़, निराला, भगवतीचरण वर्मा और हिंदी, उर्दू के अनेक प्रमुख लेखक शामिल हुए, और पं. जवाहरलाल नेहरू, आचार्य नरेंद्रदेव आदि देश के बड़े-बड़े नेताओं ने भी भाग लिया। घोषणा-पत्र ने इस बात को रेखांकित किया कि भारतीय समाज में विप्लवकारी परिवर्तन हो रहे हैं। लेखकों से आग्रह किया गया कि वे इन परिवर्तनों को कलात्मक अभिव्यक्ति दें, न कि रहस्यवाद और रूढ़-विश्वासों और विचारों का समर्थन करें।

जो बातें अकर्मण्यता, पलायनवाद और अंधविश्वास की ओर ले जाएँ, उन्हें प्रतिक्रियावादी और जो हमारी जनता में बुद्धिसंगत भावना, साहस और परंपरागत मान्यताओं को तर्क और विवेक की कसौटी पर जाँचने की अंतर्दृष्टि और विवेक प्रदान करें, और जो हमें एकजुट होकर संघर्ष करने की शक्ति और साहस दें, उसे प्रगतिशील समझा जाए। इस घोषणा-पत्र की विपरीत प्रतिक्रियाएँ हुईं। रवींद्रनाथ ठाकुर, जवाहरलाल नेहरू, जयप्रकाश नारायण, आचार्य नरेंद्रदेव, और विभिन्न भारतीय भाषाओं के लगभग सभी महत्त्वपूर्ण और वरिष्ठ लेखकों ने इस नए आंदोलन का हृदय से स्वागत किया। तरुण और उदीयमान लेखकों में इसके प्रति विशेषकर बड़ी उत्साहजनक प्रतिक्रिया हुई। लेकिन अंग्रेज़ी हुकूमत को यह आंदोलन क़तई पसंद नहीं आया। अंग्रेज़ी के अखबारों में इस आंदोलन को मास्को-प्रेरित कहकर बदनाम किया गया। और जो दक़ियानूसी लेखक थे और हिंदू रूढ़िवादिता में आकंठ डूबे हुए थे और उसके पुनरुत्थानवाद की भावना से आक्रांत थे, उन्होंने इसे एक भारत विरोधी सांस्कृतिक आंदोलन घोषित किया। प्रेमचंद ने जब सन् 1936 के अप्रैल में प्रगतिशील लेखकों की अखिल भारतीय कॉन्फ्रेंस की सदारत की तो उस समय हिंदी पत्रिकाओं में, जैसे मासिक सरस्वती में, 'घृणा का प्रचारक' कहकर उनकी घोर निंदा की गई और इसके लिए उनकी कहानियों और उपन्यासों में से अनेक मिसालें देकर यह साबित करने की कोशिश की गई कि प्रेमचंद लगातार नीच जातियों के उन पात्रों की सृष्टि करते हैं जो ऊँची जातियों, विशेषकर ब्राह्मणों के वर्चस्व को चुनौती देते हैं, और इसे संगत और मान्य धारणा बनाने के लिए प्रेमचंद ने ऊँची ज़ातवालों को प्रायः भ्रष्ट, क्रूर, अंधविश्वासी और स्वार्थी पात्रों के रूप में चित्रित किया है। इसी तरह जब मैंने एक लंबा लेख सन् '36 में इलाहाबाद में हिंदी और उर्दू के प्रसिद्ध लेखकों के सामने हिंदुस्तानी कॉन्फ्रेंस में पढ़ा, जो बाद में 1937 की मार्च के 'विशाल भारत' में प्रकाशित हुआ, जिसमें मैंने पहली बार हिंदी में मार्क्सवादी दृष्टि से साहित्य की व्याख्या करने की चेष्टा की थी तो उसके विरुद्ध अनेक हिंदी पत्रिकाओं में जाने-माने हिंदी लेखकों के लेख प्रकाशित होते रहे, जिनमें उन्होंने बड़े आतंकित स्वर में गुहार मचाई थी कि हिंदी में प्रगतिशील साहित्य की रचना के लिए मैंने जो प्रोग्राम पेश किया है वह भारतीय संस्कृति को नष्ट करने का प्रोग्राम है। बहरहाल एक विवाद की शुरुआत हो गई थी। पंत ने 'रूपाभ' नाम से एक मासिक पत्रिका निकाली, नरोत्तम नागर ने लखनऊ से 'उच्छृंखल' नामक पत्रिका प्रकाशित की, इलाहाबाद से मैंने 'मासिक प्रभा' का सम्पादन शुरू किया। अनेक बुजुर्गों और नई पीढ़ी के अधिकांश प्रतिभाशाली लेखकों ने इन पत्रिकाओं में आगे बढ़कर सहयोग किया। राहुल सांकृत्यायन, नरेंद्र शर्मा, यशपाल, रामविलास शर्मा, प्रकाशचंद्र गुप्त, रामवृक्ष बेनीपुरी आदि अनेक लेखक इस बहस में सम्मिलित हुए और प्रतिक्रियावाद के आक्रमणों को निरस्त करने में जुट गए। प्रगतिशील लेखक संघ की शाखाएँ,

जिनमें हिंदी और उर्दू के लेखक मिलकर भाग लेते थे, लगभग सभी महत्त्वपूर्ण सांस्कृतिक और शैक्षिक केंद्रों में संगठित हो गईं। दूसरे महायुद्ध के आरंभ (1939) तक हिंदी में प्रगतिशील लेखक आंदोलन साहित्य का सबसे प्रमुख आंदोलन बन गया था। यह स्थिति 1947 तक क़ायम रही, जब भारत स्वतंत्र हुआ था।

समाजवादी विचारधारा का प्रभाव हिंदी साहित्य और हिंदी लेखकों को पुनरुत्थानवादी रजत-पसंद विचारधारा से अपने आपको मुक्त करने और एक सीमा तक लोगों की वास्तविक समस्याओं और उनके जीवन की हक़ीक़तों को प्रतिबिंबित करने में सहायक रहा है। इस प्रभाव का संवेग अभी समाप्त नहीं हुआ, हालाँकि उसको संकीर्ण बनाकर पथ-भ्रष्ट करनेवाले अनेक दूसरे प्रभाव आकर उसमें मिले हैं। लेकिन यह सब क्यों और कैसे हुआ, यह इस सर्वेक्षण के दायरे से बाहर की बात है और उसके लिए एक नए सर्वेक्षण की ज़रूरत है।

स्वतंत्रता संग्राम में हिंदी लेखक*

गुलाम लोगों के साम्राज्यवाद-विरोधी स्वतंत्रता संग्रामों के ऐतिहासिक अनुभव से कुछ आम नतीजे निकाले जा सकते हैं, जैसे किसी गुलाम देश के लोग जब औपनिवेशिक शोषण, नस्ली भेदभाव और अन्याय के विरुद्ध विद्रोह का झंडा उठाते हैं तो उस देश के लेखक, कवि और गायक भी इस संघर्ष में जनता का साथ देते हैं। अपनी कविताओं, गीतों, कहानियों और नाटकों के ज़रिये या दार्शनिक और आलोचनात्मक लेखों के ज़रिये वे अपने देशवासियों को जीवन की उन कठोर हक़ीक़तों और शोषण, गरीबी, अन्याय और अपमानजनक व्यवहारों के विरुद्ध लोगों को जागरूक करते हैं, जिन्होंने वहाँ के आम लोगों को उनकी आज़ादी और मानव-गौरव से वंचित कर दिया है।

इतना ही नहीं आज़ादी की लड़ाई लेखक को साहस और प्रेरणा देती है और उसकी रचनात्मक प्रतिभा को एक सामाजिक उद्देश्य प्रदान करती है। इसके बदले में लेखक मार्मिक और स्मरणीय शब्दों में लोगों की अंतर्तम भावनाओं, उनकी पीड़ा और वेदना, उनकी आशा और आकांक्षाओं को अभिव्यक्ति देता है। लेखक लोगों के प्रतिवाद और उनके आंदोलन और उनकी क्रांति का समर्थन करता है, और उनके पुनर्जागरण में उनके अग्रणी चिंतक और विचारक का काम करता है। यह पुनर्जागरण आज़ादी की हर लड़ाई का अनिवार्य परिणाम होता है, जिसको परिभाषित करने में लेखक की प्रमुख भूमिका होती है। इस प्रक्रिया के फलस्वरूप आम लोगों में नई चेतना का उदय होता है; वर्ग, जाति, धर्म और संप्रदाय के भेद त्यागकर लोग एकजुट होते हैं और एक राष्ट्रीय चेतना और राष्ट्रीय मनोभावना का जन्म होता है।

कहने की ज़रूरत नहीं कि भारत के लोगों की आज़ादी की लड़ाई में लेखकों की भूमिका उतनी ही शानदार और मानवतावादी और नैतिक भावना से ओत-प्रोत

---

*6-7 दिसंबर 1986 को इंडिया इंटरनेशनल सेंटर में इण्डो-बुल्गेरियन लिट्रेरी क्लब की ओर से 'स्वतंत्रता संग्राम' में भारत और बुल्गेरिया के लेखक विषय पर आयोजित सेमिनार में पढ़े गए अपने अंग्रेज़ी निबंध का लेखक द्वारा हिंदी अनुवाद।

रही है, जितनी कि आज़ादी की वेदी पर भारत के असंख्य बेटों और बेटियों के बलिदान।

सभी जानते हैं कि 1757 में प्लासी युद्ध के बाद अंग्रेज़ों ने अपना प्रभुत्व क़ायम कर लिया था और वहाँ से वे जिधर भी बढ़े औपनिवेशिक लूट-खसोट की चक्की में लोगों को पीसते गए और भारत के एक के बाद दूसरे प्रदेश पर अपना क़ब्ज़ा जमाते गए। आतंक, भ्रष्टाचार और लूट-खसोट का आम दौर शुरू हुआ, कृषि और उद्योग धंधे, जो भारत की आर्थिक संपन्नता के पारंपरिक साधन थे, और दीर्घकाल से अर्थव्यवस्था की मज़बूती का आधार थे, उन सबको ब्रिटिश राज्य की लोभी नीतियों ने नष्ट कर दिया। उन्होंने आयात और निर्यात के व्यापार का प्रवाह उलट दिया, जिससे यूरोपियन बाज़ारों में भारतीय माल का जाना बंद कर दिया गया और जैसा कि कार्ल मार्क्स ने 1853 के एक लेख में उल्लेख किया है 'कपास के वतन में कपास की बाहर से लाकर भरमार कर दी'। अंग्रेज़ों से व्यापार करनेवाले चंद देसी व्यापारियों और नए पैदा किए हुए ज़मींदारों के वर्ग को छोड़कर, जिन्हें अंग्रेज़ों की सरपरस्ती हासिल थी, बाक़ी और सारे लोग उनके लोभ और स्वेच्छाचारिता के शिकार बन गए। शहरों और कस्बों को छोड़कर बुनकर और जुलाहे भाग गए, क्योंकि उनके बनाए सुंदर और महीन वस्त्रों के लिए कोई बाज़ार नहीं रहा था और गाँव के अंदर खेती की ज़मीन जुताई-बुवाई के बग़ैर ऊसर और जंगल बन गई, क्योंकि टैक्स और जमींदारों का शोषण इतना बढ़ गया था कि खेती करनेवाले को न लागत के पैसे मिल पाते थे और न वे उसमें दो वक्त की रूखी-सूखी रोटी ही खा सकते थे। इस तरह भारत के जिस प्रदेश में ब्रिटिश उपनिवेशवादियों ने अपनी सत्ता क़ायम की, वहाँ उनके स्वार्थ और लालच के फलस्वरूप बेघर, बेरोज़गार, किसान और कारीगरों की फौजें पैदा हो जाती थीं, जो काम और रोटी की तलाश में देहातों के अंदर दर-दर मारे फिरते थे।

जिस बात से लोग शायद अभी तक परिचित नहीं हैं, वह यह है कि भारत के ये कर्मठ, कुशल और गर्वीले किसान और कारीगर जो अपने घर-द्वार से उखड़कर अपने उत्पादन कार्य से वंचित हो गए थे, उन्होंने विदेशी शासकों के आगे मानव-अधिकारों और न्याय के लिए लड़े बिना अपने घुटने नहीं टेके। आज भी हमारे इतिहास की पुस्तकों में भारतीय जनता के इन आरंभिक विद्रोहों का कोई विवरण नहीं मिलता, ये विद्रोह जो रह-रहकर देश के विभिन्न भागों में लगभग एक शताब्दी तक जारी रहे, यहाँ तक कि आदिवासियों के क्षेत्रों में भी इन विद्रोहों के दौरान अग्रेज़ों की गोलियों के लाखों लोग शिकार हुए थे। स्मरण रहे कि 1763 के 'संन्यासी विद्रोह' से शुरू होकर, जिसमें दसियों लाख बेघरबार किसानों और मुग़ल और पुराने सामंतों की विघटित फौजों के सैनिकों ने लगभग सत्रह साल की अवधि तक अंग्रेज़ों का मुक़ाबला किया और इसके बाद तो, देश में अंग्रेज़ों के खिलाफ़ क़रीब सत्तर बार

बड़ें पैमाने पर बग़ावतें होती रहीं जब तक कि सन् 1857 में जाकर सारे देश की जनता आज़ादी की पहली जंग लड़ने के लिए उठ खड़ी न हो गई। जिस समय यह जंग चल रही थी, उस समय कार्ल मार्क्स ने लिखा—'धीरे-धीरे वे सारे तथ्य सामने आ जाएँगे जो 'जॉनबुल' को क़ायल कर देंगे कि वह जिसे ग़दर समझता है वह वास्तव में एक राष्ट्रीय विद्रोह है'।

ये आरंभिक विद्रोह जिनका मैंने अभी ज़िक्र किया है, अक्सर स्थानीय रूप के थे, इनका संगठन भी मामूली दर्जे का था और उनकी अचानक बग़ावतों के पीछे कोई राष्ट्रीय परिप्रेक्ष्य और दृष्टिकोण नहीं था। लेकिन उनका मकसद न्याय और सच्चाई के हक में एक विदेशी ताकत के ज़ुल्मोसितम, शोषण और गुलामी के विरुद्ध था—इस हद तक इन विद्रोहों में देशभक्ति के बीज निहित थे, जो कालांतर में साम्राज्य-विरोधी राष्ट्रीय चेतना के रूप में प्रस्फुटित हो गए। उन बहादुर विद्रोहियों के लिए उस जमाने के जन-कवियों ने क्रांतिकारी गीत और कविताएँ रचीं, क्योंकि जब सच्चाई और हक़ के लिए लोग जंग के मैदान में जाते हैं तो उनकी ज़बान पर क्रांतिकारी गीत होते हैं। दुर्भाग्य से विभिन्न भाषाई क्षेत्रों के जिन कवियों ने इन लोकविद्रोहों के दौर में गीत लिखे और गाए थे, उनको संकलित करने का अब तक कोई प्रयास नहीं किया गया। और संभव है कि उनमें से अधिकांश लोगों की स्मृति से ग़ायब हो गए हों। अभी भी अगर मिल-जुलकर विभिन्न विश्वविद्यालयों के भाषा-विभाग निष्ठापूर्वक इस कार्य को हाथ में लें, तो इस विरासत का कुछ भाग बचाया जा सकेगा, क्योंकि उसके अस्तित्व के बारे में काफी प्रमाण मिलते हैं। तब तक हम आज़ादी की लड़ाई में भारतीय लेखक की भूमिका के बारे में केवल आधुनिक लेखकों की प्रकाशित रचनाओं के आधार पर ही कुछ कहने की स्थिति में हैं।

जैसा कि हम जानते हैं कि उन्नीसवीं सदी के आरंभ में अंग्रेज़ी स्कूलों और छापेख़ानों की स्थापना ने भारत के उदीयमान बुद्धिजीवी वर्ग को पाश्चात्य जगत् के उदार और जनतांत्रिक विचारों के संपर्क में आने का मौक़ा दिया और इनमें से जो अधिक विवेकशील और चैतन्य थे, उन्हें परंपरागत भारतीय समाज की कमज़ोरियों और बुराइयों का यथार्थ और गंभीर जायज़ा लेने का अवसर मिला। इनमें सबसे साहसी और दूरंदेश व्यक्ति राजा राममोहन राय थे, जो स्वयं संस्कृत, फ़ारसी, अरबी और हिब्रू भाषाओं और साहित्यों के प्रकाण्ड विद्वान् थे। उन्होंने नवजागरण, जनतांत्रिक विचारों और दूरगामी सामाजिक सुधारों के लिए एक जिहाद शुरू किया। इसीलिए उन्हें भारतीय नवजागरण का पिता कहा जाता है। उनके बाद अन्य महान् विचारक और विद्वान्—जैसे ईश्वरचंद्र विद्यासागर, केशवचंद्र सेन, स्वामी दयानंद, रामकृष्ण परमहंस, सर सैयद अहमद खाँ, स्वामी विवेकानंद, महादेव गोविंद रानाडे, दादा भाई नौरोजी और बाल गंगाधर तिलक ने नवजागरण के इस आंदोलन को

शिक्षा, समाज, राजनीति, दर्शन और विचार के क्षेत्रों में अपने अथक परिश्रम और चिंतन से समृद्ध किया। यह महान् जागृति आंदोलन बीसवीं सदी के आरंभ तक पहुँचते-पहुँचते जीवन के हर क्षेत्र में इतनी बुलंदी पर पहुँच गया कि उसके बीच से अगाध प्रतिभा के तीन महामानव उभरकर सामने आए, जो आधुनिक भारत के निर्माता कहे जा सकते हैं—रवींद्रनाथ ठाकुर, महात्मा गांधी और जवाहरलाल नेहरू। इन तीनों का जीवन और कार्य और इनकी रचनाएँ पूर्व और पश्चिम के सबसे उदात्त सांस्कृतिक मूल्यों और मानवतावादी जनतांत्रिक भावना के अपूर्व समन्वय के प्रतीक हैं।

रवींद्रनाथ ठाकुर एक जीनियस विश्व-कवि, गांधी एक महात्मा और भारतीय क्रांति के मार्गदर्शक और दार्शनिक, और नेहरू एक महान् स्वप्नद्रष्टा और आधुनिक भारत के निर्माता। ये तीनों अपने-अपने ढंग के महान् लेखक भी थे और क्रांतिकारी जनतांत्रिक भी। पुनर्जाग्रत् भारत को इन महान् नेताओं की रचनात्मक उपलब्धियों और उनके व्यावहारिक कार्यों में अपने आध्यात्मिक, नैतिक, सामाजिक, आर्थिक और राजनीतिक लक्ष्यों और आकांक्षाओं की सही-सही अभिव्यक्ति मिली, और लोगों को महसूस हुआ कि उनके नेतृत्व में देशवासी अपनी प्राचीन संस्कृति और बौद्धिक बुलंदियों को पुनः प्राप्त कर रहे हैं। देशभक्त के रूप में ये तीनों स्वतंत्रता सेनानी थे, मानवतावादी के रूप में ये विश्वशांति और राष्ट्रों के बीच मैत्री और सद्भाव के पैरोकार थे और एक ऐसे विश्व के हिमायती थे, जिसमें युद्ध, नस्लवाद और साम्राज्यवाद का नामोनिशां नहीं होगा और सारे देश पूरी तरह निरस्त्रीकरण करके एक-दूसरे के साथ मिल-जुलकर रहेंगे।

आधुनिक भारतीय साहित्य एक प्रकार से उन्नीसवीं सदी के अंतिम भाग में पैदा हुआ। अंग्रेज़ साम्राज्यवादियों द्वारा 1857 के 'राष्ट्रीय विद्रोह' के नृशंस दमन के बाद यह आधुनिक साहित्य एक तरफ़ भारतीय नवजागरण की प्रक्रिया और दूसरी ओर तेज़ी से विकास कर रही आज़ादी की लड़ाई की प्रक्रिया की अंतरंगता में परवान चढ़ा इन्हीं तीन महान् व्यक्तियों के नेतृत्व में। इसलिए निर्विवाद रूप से यह कहा जा सकता है कि भारत की प्रमुख भाषाओं के लेखकों ने इस बीच जो भी महत्त्वपूर्ण और दीर्घजीवी साहित्य रचा, चाहे वह छायावादी प्रवृत्ति का रहा हो या प्रगतिशील, वह भारतीय नवजागरण और स्वतंत्रता संघर्ष की भावना से ओत-प्रोत रहा है। लेखकों ने अपनी कृतियों से भारतीय नवजागरण और स्वतंत्रता संग्राम दोनों को एक व्यापक और गहरी सामाजिक चेतना प्रदान करने में मदद की है।

आज़ादी की लड़ाई में हिंदी लेखक की भूमिका का जिक्र करते समय यह याद रखने की ज़रूरत है कि खड़ी बोली के आधार पर संस्कृतनिष्ठ हिंदी भाषा का वर्तमान रूप उन्नीसवीं सदी से ही विकसित हुआ है। फ़ारसी और अरबी के प्रभाव से मुगल शासन के ज़माने में दिल्ली के आस-पास की बोलियों की एक मिली-जुली

बोली का रूप विकसित हुआ, जो बाज़ार में प्रचलित थी, और जिसे उर्दू कहते थे। धीरे-धीरे विकास करके यह उस जमाने के हर धर्म और संप्रदाय के शिष्ट वर्ग की भाषा बन गई, यद्यपि इसकी लिपि फ़ारसी थी। लेकिन अंगेज़ों ने स्वार्थवश सांप्रदायिक मतभेद पैदा करने के उद्देश्य से देवनागरी लिपि में बोलचाल की इस बोली के एक संस्कृतनिष्ठ रूप को प्रोत्साहन दिया और उन्होंने कलकत्ते के फोर्ट विलियम कॉलेज में सन् 1801 में संस्कृत के कुछ विद्वानों को इस कार्य के लिए नियुक्त किया। कुछ समय के अंदर इससे उनकी साहित्यिक शैली की अलग-अलग दो धाराएँ पैदा हो गईं, जो अंततः दो भिन्न भाषाओं के रूप में विकसित हुईं, हालाँकि उनका सामान्य आधार खड़ी बोली थी। चूँकि उन दिनों ब्रिटिश शासन की राजधानी कलकत्ता थी, इसलिए इस आधुनिक हिंदी के सबसे प्रथम समाचार-पत्र भी वहीं से प्रकाशित हुए। जुगलकिशोर का 'उदंत मार्तंड' (1826) और राजा राममोहन राय का पत्र 'बंग-दूत' (1829) जो अंग्रेज़ी, बंगाली, हिंदी और फ़ारसी चार भाषाओं में छपता था, प्रकाशित हुए। उत्तर भारत में सबसे पहला हिंदी समाचार-पत्र 'बनारस अख़बार' था, जो राजा शिवप्रसाद ने बनारस से निकाला था। चूँकि उस समय तक आज़ादी के लिए राष्ट्रीय आंदोलन उभरकर सामने नहीं आया था, और हिंदी भाषा का कोई स्टैण्डर्ड रूप नहीं बन पाया था, इसलिए ये समाचार-पत्र अधिक-से-अधिक रूढ़िग्रस्त हिंदू समाज में सामाजिक सुधार की ही आवाज उठा सकते थे, जिसके लिए वे राजा राममोहन राय द्वारा शुरू किए गए पुनर्जागरण आंदोलन से प्रेरणा लेते थे। सर सैयद अहमद खाँ ने, जो स्वयं नवजागरण के एक अग्रणी नेता थे, ब्रिटिश स्कूलों में देवनागरी लिपि में हिंदी की शुरुआत करने का विरोध किया था, क्योंकि वे इसको एक देहाती भाषा समझते थे, इस तरह दुर्भाग्य से भाषा संबंधी विवाद उठ खड़ा हुआ, जिसमें जल्द ही सांप्रदायिक स्वर मुखरित हो उठे। हिंदी और उर्दू के समर्थक एक प्रकार से हिंदू और मुसलमान सांप्रदायिक शिविरों में बँट गए। रोमन साम्राज्य की नीति 'फूट डालकर राज करो' को अपनी राजनीति का मूल-मंत्र बनाकर अंग्रेज़ हमारे देश में सांप्रदायिकता के बीज बोने में सफल हो गए। इसने उत्तर भारत के संपूर्ण वातावरण में ज़हर घोल दिया और एक सीमा तक न सिर्फ पुनर्जागरण के आंदोलन में, बल्कि राजनीति में भी संकीर्ण संप्रदायवाद का विष फैल गया, जिसका शमन करने में, हमारा राष्ट्रीय आंदोलन आज़ादी पाने के बाद भी अभी तक कामयाब नहीं हुआ। फिर भी किंचित् गर्व के साथ कहा जा सकता है कि हिंदी और उर्दू के रचनाकारों की सहज देशभक्ति और उनके प्रगतिशील मानवतावादी विश्वबोध के कारण उनमें जाति-पाँति और सांप्रदायिक स्वार्थों से ऊपर उठकर समस्त भारतवासियों तक अपना पैग़ाम पहुँचाने की क्षमता रही है, हालाँकि हिंदी-उर्दू के तथाकथित पैरोकार, जो न्यस्त स्वार्थों का प्रतिनिधित्व करते हैं, इस बीच लगातार भाषा-विवाद के आधार पर सांप्रदायिक भावना को जगाते रहे हैं।

यहाँ पर यह बात उल्लेखनीय है कि सन् 1886 में इंडियन नेशनल कांग्रेस की स्थापना के साथ राष्ट्रीय आंदोलन का सूत्रपात हो गया था, लेकिन वह पहले विश्वयुद्ध (1914-18) के बाद तक एक क्रांतिकारी जन-आंदोलन का रूप नहीं अख़्तियार कर पाया था। एक क्रांतिकारी जन-आंदोलन का रूप उसने तभी अख़्तियार किया, जब महात्मा गांधी ने उसके नेतृत्व की बागडोर सँभालकर सविनय अवज्ञा आंदोलन छेड़ा, जिसने किसानों, मज़दूरों, नौजवानों, औरतों और बुद्धिजीवियों में देशभक्ति का उत्साह जगाकर इन सबको एक अहिंसात्मक साम्राज्यवाद-विरोधी जन-आंदोलन के क्षेत्र में ला खड़ा किया। इसलिए सन् 1873 के समय से जब भारतेंदु हरिश्चंद्र ने हिंदी में अपना पहला नाटक प्रकाशित किया और बनारस से एक साहित्यिक पत्रिका निकाली, जिसके लेखक मंडल में अनेक तरुण लेखक, निबंधकार, कवि और नाटककार थे, हिंदी क्षेत्र में भी पुनर्जागरण का आंदोलन व्यापक रूप से फैलने लगा था।

भारतेंदु मंडल के लेखक सच्चे अर्थों में देशभक्त थे। ब्रिटिश राज के अंदर भारतीय जनता की दुर्दशा हो रही थी, उसके प्रति उनके हृदय में गहरी वेदना थी और इसके बावजूद कि प्रेस की आज़ादी पर रोक लगानेवाले ड्रेकोनियन क़ानून अंग्रेज़ों ने लागू कर रखे थे, इन लेखकों ने बड़े साहस और कौशल के साथ दृष्टांत और अन्योक्ति के रूप में और प्रहसनों के रूप में, अपनी रचनात्मक कृतियों के द्वारा लोगों तक देशभक्ति के संदेश पहुँचाए और जीवन की कठोर हक़ीक़तों के प्रति जनता के प्रतिवाद की आवाज़ ऊँची की। इस प्रकार जनता को जागरूक किया कि जनता समझे कि अंग्रेज़ी राज किस तरह शोषण करके उनको ग़रीब और मुफ़लिस बना रहा है। उनकी आलोचनाएँ उस समय के राष्ट्रीय आंदोलन के उदारपंथी नेताओं से कहीं आगे बढ़कर थीं। उनके राजनीतिक और सामाजिक दृष्टिकोण कहीं ज्यादा उग्रवादी थे। इस प्रकार भारतेंदु मंडल के लेखकों ने हमारे राष्ट्रीय संघर्ष के प्रारंभिक दौर को प्रतिबिंबित किया जो कुछ ही दशकों में भारत-व्यापी एक प्रचंड रूप अख्तियार करनेवाला था।

हिंदी लेखकों की दूसरी पीढ़ी ने बीसवीं सदी के आरंभ में देशभक्ति की भावना को और व्यापकता और गहराई प्रदान की, जब एक ओर रवींद्रनाथ ठाकुर और अंग्रेज़ी कविता के रोमांटिक युग और दूसरी ओर लियो तॉल्स्तॉय और चार्ल्स डिकेन्स के यथार्थवादी उपन्यासों से प्रभाव ग्रहण करके हिंदी कविता में छायावादी (रोमांटिक) और कथा-साहित्यों में यथार्थवादी प्रवृत्तियाँ उभरीं। जयशंकर प्रसाद, सूर्यकांत त्रिपाठी 'निराला', सुमित्रानंदन पंत और महादेवी वर्मा जैसे श्रेष्ठ कवि और प्रेमचंद, कौशिक, सुदर्शन और गुलेरी जैसे श्रेष्ठ कथाकार पैदा हुए, जिन्होंने जनता की अंतर्तम भावनाओं और आकांक्षाओं को तथा उनकी पीड़ा और वेदना को वाणी दी। उन्होंने भारत की प्राचीन विरासत की महानता के बारे में लोगों को और साथ ही उन

अंधविश्वासों और जाति-पाँति और संप्रदायों के अंदर फैले भेदभाव और द्वेषपूर्ण भावना के बारे में भी जागरूक किया, जो उनके सामाजिक और आर्थिक पिछड़ेपन के लिए ज़िम्मेदार है। कहने का अर्थ यह है कि जीवन को उसकी समग्रता में प्रतिबिंबित करने की कोशिश की और उन तमाम विसंगतियों और विषमताओं को दिखाने की कोशिश की जिनसे भारतीय समाज आक्रांत है। समय के साथ भारत की आज़ादी की लड़ाई अधिक व्यापक होती गई और उसमें अधिक-से-अधिक जनता का प्रवेश होता गया और जैसे-जैसे लोगों की चिंता में महान् अक्तूबर का क्रांतिकारी प्रभाव स्पष्ट होता गया, वैसे-वैसे हिंदी लेखकों की विचारधारा भी अधिक व्यापक होती गई और उसमें केवल भारतीय ही नहीं बल्कि अखिल जगत् के तत्कालीन प्रश्नों के प्रति उनके सरोकार बढ़ते गए। इटली, जर्मनी और जापान में फ़ासिज्म के उदय और दूसरे युद्ध के मँडराते हुए ख़तरे के प्रति लेखक जागरूक हो गए, जिससे उनकी कृतियों में यथार्थ जीवन का चित्रण अधिक मार्मिक हो गया।

इस बात का स्पष्टीकरण करना ज़रूरी है कि आज़ादी की लड़ाई में, चाहे वह लड़ाई हिंसात्मक या अहिंसात्मक साधनों से लड़ी जाए, उसका अर्थ यह नहीं है कि लेखक उसमें शारीरिक रूप से भाग लें, और न यह लेखक की हैसियत और उसके रचनात्मक कृतित्व के क्रांतिकारी या प्रगतिशील महत्त्व की कसौटी है, वैसे यह एक हक़ीक़त है कि हिंदी के सैकड़ों लेखकों और पत्रकारों ने—बूढ़े और जवान, विख्यात और उदीयमान—शारीरिक रूप से भी भारत के स्वतंत्रता आंदोलन में आगे बढ़कर भाग लिया, जेलें काटीं, दमन और आर्थिक विपन्नता झेलीं। उनकी कृतियाँ ज़ब्त की गईं, उनके द्वारा प्रकाशित समाचार-पत्रों पर पाबंदियाँ लगाई गईं और उन्हें अपनी संपत्ति से वंचित कर दिया गया।

मैथिलीशरण गुप्त, जो हिंदी के राष्ट्र-कवि के रूप में विख्यात हैं, कवि माखनलाल चतुर्वेदी, सुभद्रा कुमारी चौहान, बालकृष्ण शर्मा नवीन, गोपाल सिंह नेपाली, रामनरेश त्रिपाठी, नरेंद्र शर्मा, स.ही. वात्स्यायन अज्ञेय, शिवदान सिंह चौहान और त्रिलोचन शास्त्री, आधुनिक हिंदी साहित्य के ये अग्रणी कवि स्वतंत्रता सेनानी थे (अर्थात् उन्होंने जेलें काटी थीं)। महापंडित राहुल सांकृत्यायन, यशपाल, मन्मथनाथ गुप्त, फणीश्वरनाथ रेणु और प्रगतिशील लेखक आंदोलन में सक्रिय होने वाले अनेक लेखकों ने आज़ादी की लड़ाई में भाग लिया था और जेलों में यातनाएँ झेली थीं। प्रेमचंद शायद हिंदी के प्रथम बड़े लेखक थे, जिनकी कहानियों का पहला संकलन जो 'सोज़ेवतन' के नाम से छपा था, ज़ब्त कर लिया गया था। उसकी सारी प्रतियाँ अंग्रेज-सरकार ने उठा ली थीं। इस पर अगर आज़ादी की लड़ाई में हिंदी लेखकों के योगदान को शारीरिक रूप से भाग लेने से ही जाँचने पर ज़ोर देना है तो मैं केवल इतना कह सकता हूँ कि हिंदी लेखकों का योगदान किसी से कम नहीं रहा।

अंत में, मैं इस बात का संकेत करना चाहता हूँ कि आज़ादी के बाद से भारत के लोग 200 वर्ष की गुलामी से उत्पन्न आर्थिक पिछड़ेपन, ग़रीबी, सामाजिक वैषम्य और अशिक्षा और अज्ञान जैसी विकृतियों, और साथ ही क्षेत्रीय, भाषायी और सांप्रदायिक विद्वेषों को प्रोत्साहन देनेवाली शक्तियों के विरुद्ध कठोर संघर्ष करते आए हैं, ताकि हमारे आर्थिक जीवन पर हावी उपनिवेशवाद के कठोर शिकंजे को तोड़ सकें और देश का विघटन करने के लिए साम्राज्यवादियों के ऐवानों में जो षड्यंत्र रचे जाते हैं और दबाव डाले जाते हैं उनसे मुक्ति पा सकें। हम इस देश का तेज़ी से उद्योगीकरण कर रहे हैं और विश्व की एक बड़ी शक्ति के रूप में उभर रहे हैं। लेकिन विकास की सारी प्रक्रिया विश्व के आणविक विध्वंस के भयानक खतरे की छाया में संपन्न हो रही है और अगर तीसरा महायुद्ध होने दिया गया तो केवल मनुष्य जाति ही नहीं, बल्कि इस पृथ्वी पर हर प्रकार का जीवन सदा के लिए जलकर राख हो जाएगा। हमें यह याद रखना चाहिए कि अणु-शक्ति की खोज इतिहास में सबसे अधिक उल्लास की घटना होनी चाहिए थी। लेकिन अमरीकी साम्राज्यवाद ने हिरोशिमा और नागासाकी पर एक-एक अणु बम गिराकर लाखों बेक़सूर इंसानों को मौत के घाट उतार दिया, जिससे यह घटना खुशी की जगह भय और त्रास का कारण बन गई। उस समय से सारा संसार ऐटम युद्ध के दुःस्वप्न से आतंकित है। डर है कि साम्राज्यवाद अपनी स्वार्थ-सिद्धि के लिए किसी समय भी यह युद्ध छेड़ सकता है। ऐटमी हथियारों के निर्माण पर अरबों और खरबों डॉलर खर्च किए जाते हैं, और अब इन ऐटमी-हथियारों का अंतरिक्ष से भी प्रयोग करने की योजनाएँ बन रही हैं। इस विशाल धनराशि और उच्चकोटि की टैकनोलॉजी का एक अंश भी दुनिया से भूख, गरीबी, अज्ञान और बीमारी दूर करने के लिए पर्याप्त हो सकता है, और हर इंसान की ज़िंदगी को अधिक संपन्न बना सकता है, अगर ऐटम की शक्ति का इस्तेमाल मानव-जीवन को ऊपर उठाने के लिए किया जाए। लेकिन यह सब एक अहिंसात्मक संसार में ही संभव है।

आज़ादी के बाद से हिंदी के लेखक इन परस्पर विरोधी घटनाओं के प्रति उदासीन नहीं रहे हैं बल्कि राष्ट्रीय विकास और विश्वशांति की समस्याओं को मूर्त्त और यथार्थ रूप में उन्होंने अपनी कृतियों में प्रस्तुत किया है। यह जानते हुए कि इनके समाधान के मार्ग में अनेक रुकावटें हैं क्योंकि इन प्रतिक्रियाओं में एक नज़दीकी अंतःसंबंध है, लेखक इस बात से पूरी तरह सचेत है कि विश्वशांति और ऐटमी निरस्त्रीकरण के बिना आगे प्रगति संभव नहीं है, और इसके लिए जो संघर्ष चल रहा है उसमें हारना मौत के आगे अस्त्र डालने के बराबर है। मानव-जाति के जीवित रहने का और कोई विकल्प नहीं है। इसलिए इस महान् संघर्ष में हिंदी के लेखक पूरी तरह अपनी जनता के साथ हैं। ज़िंदा रहने और प्रगति करने का जन्मसिद्ध अधिकार मनुष्य का है, अतः इसमें विजयी होना आवश्यक है।

महापंडित राहुल सांकृत्यायन और जनपदीय भाषाओं का प्रश्न*

यह सन् 1936 के अंत की बात है। महापंडित राहुल सांकृत्यायन सोवियत संघ की यात्रा से लौटकर इलाहाबाद पधारे थे। मैं यूनिवर्सिटी का विद्यार्थी था। प्रगतिशील लेखक संघ की इलाहाबाद शाखा का सेक्रेटरी, इलाहाबाद के स्टूडेण्ट्स असोसिएशन का महामंत्री और भारतीय कम्युनिस्ट पार्टी का भी सदस्य था, जो उन दिनों ग़ैरकानूनी संस्था थी। इसलिए अपने अन्य साथियों—सज्जाद ज़हीर, डॉ. ज़ेड.ए. अहमद, हाज़रा बेगम, डॉ. के.एम. अशरफ़ तथा अपने सहपाठी रमेश सिन्हा, ओमप्रकाश संगल और हर्षदेव मालवीय के साथ कांग्रेस सोशलिस्ट पार्टी और राष्ट्रीय कांग्रेस के ज़रिये संगठन और प्रचार-कार्य करता था। रात-रात-भर जागकर अपने पी.सी. बनर्जी होस्टल के कमरे में या सी.आई.डी (खुफिया पुलिस) की नज़र से अज्ञात किसी स्थान में आयोजित पार्टी के स्टडी सर्किल में बैठकर हम लोग मार्क्स, ऐंगल्स और लेनिन की ज़प्तशुदा कृतियों का अध्ययन-मनन करते और अपने देश की आज़ादी के लिए हो रहे राष्ट्रीय संघर्ष की समस्याओं पर विचार करते थे।

तभी सूचना मिली कि राहुल सांकृत्यायन सोवियत संघ का भ्रमण करके लौटे हैं और हमारे होस्टल के पास हिंदी के भाषाविद् और प्राध्यापक डॉ. उदयनारायण तिवारी के यहाँ टिके हैं और वहाँ उनके सम्मान में हिंदी प्रेमियों की एक गोष्ठी होगी, जिसमें वे अपनी रूस यात्रा के अनुभव बताएँगे।

उन दिनों सोवियत संघ में होनेवाले एक नए, शोषण-मुक्त समाज के निर्माण की आँखों-देखी कहानी सुनने की तीव्र उत्सुकता हम सभी में थी, क्योंकि साम्राज्यवादी प्रचार-माध्यम तो उसे हर तरह से बदनाम करने में लगे हुए थे। मैं विद्यार्थी आंदोलन के कुछ सक्रिय छात्रों के साथ मीटिंग में गया। राहुल सांकृत्यायन के तिब्बत, कोरिया, जापान आदि की यात्राओं के वृत्तांत मैंने 'विशाल भारत' तथा

*राहुल सांकृत्यायन के जन्म-शती अभिनन्दन ग्रंथ के लिए (सितम्बर 1986)

अन्य पत्रिकाओं में पढ़े थे और मुझे मालूम था कि राहुलजी देश की एक महान् विभूति हैं। देश और विदेश की दर्जनों भाषाओं और उनके साहित्यों के प्रकांड पंडित हैं और बौद्ध-साहित्य के तो 'त्रिपिटकाचार्य' हैं, जो उनके लिए ही नहीं, हम सब देशवासियों के लिए एक गौरव की बात थी, क्योंकि उस समय सारे बौद्ध-जगत् में केवल दो-तीन ही ऐसे महान् विद्वान् थे जो 'त्रिपिटकाचार्य' की उपाधि से सम्मानित किए गए थे।

मीटिंग में राहुलजी का प्रथम साक्षात्कार एक सुखद और प्रेरणादायी अनुभव लगा। बौद्ध-भिक्षु के वेश में राहुलजी के सौम्य, शालीन और शांत व्यक्तित्व, सरल विनयशील स्वभाव और मृदु-भाषण में अमिताभ की छवि उभरती थी। लगभग एक घंटे तक वे पंचवर्षीय योजनाओं के माध्यम से दुनिया के छठे हिस्से में तीव्र गति से होनेवाले क्रांतिकारी परिवर्तनों और नए समाजवादी मानव-संबंधों के निर्माण और एक नई मानववादी सभ्यता-संस्कृति के विकास की आँखों देखी प्रक्रिया के अनुभव को बड़े सजीव शब्द-चित्रों में उकेरकर दर्शाते रहे और श्रोता मंत्रमुग्ध से उनमें मानव-जीवन की भावी संभावनाओं की कल्पना करके उत्प्रेरित होते रहे। एक महापंडित केवल शुष्क और नीरस ही नहीं सहज, सरल और विनोदप्रिय भी हो सकता है, इसकी अनेक मिसालें उनके भाषण में मिलीं, विशेषकर तब जब उन्होंने कोहकाफ़ की परियों के सौंदर्य का उल्लेख करते हुए विनोदपूर्वक स्वीकारा कि उनको देखकर 'मन डाँवाडोल हो उठता था !'

भाषण के अंत में औरों की तरह मैंने भी उनसे कुछ प्रश्न पूछे। साम्राज्यवादी प्रचार के अनुसार सोवियत संघ में बसनेवाली ग़ैर-रूसी जातियों (क़ौमों), जैसे मध्य-एशिया की तुर्की जातियों तथा कोहकाफ़, साइबेरिया और सुदूर-पूर्व की अनेक छोटी-छोटी जातियों का, जिनकी भाषाएँ और संस्कृतियाँ भिन्न थीं, बलात् रूसीकरण किया जा रहा था। उन पर रूसी भाषा और रूसी संस्कृति थोपी जा रही थी। उस ज़माने के अधिकांश बुद्धिजीवी (जो चाहे भारत में 'एक भाषा-एक संस्कृति' के पैरोकार क्यों न रहे हों) इस प्रचार से प्रभावित थे और उनके तरकस में सोवियत-विरोधी यह तीर हमेशा रहता था, और मौक़े-बे-मौक़े वे उसका इस्तेमाल करने से न चूकते थे। इसलिए मैंने उनकी शंकाओं के निवारण के लिए जान-बूझकर राहुलजी से पूछा कि इस बारे में उनका क्या अनुभव रहा। उन्होंने स्पष्ट शब्दों में सोवियत संघ की अल्प-जातियों और विभाषाओं संबंधी लेनिन की नीति का हवाला देते हुए बताया कि किसी भी बहुभाषा-भाषी और बहु-जातिक देश की एकता क़ायम रखने का एक ही मूलमंत्र है कि सबको बराबरी का हक़ दिया जाए और छोटी-से-छोटी और पिछड़ी-से-पिछड़ी भाषाओं और जातियों को विकास की विशेष सुविधाएँ दी जाएँ, ताकि वे जल्द-से-जल्द समुन्नत भाषाओं और जातियों के समान एक ऊँचे स्तर का सभ्य, शिक्षित और सुसंस्कृत जीवन जी सकें और अपनी

रचनात्मक प्रतिभा का भरपूर विकास कर सकें। सोवियत यूनियन इसी जनवादी सिद्धांत के अनुसार अपने यहाँ समाजवाद का निर्माण कर रहा है। छोटी भाषाओं और जातियों को मिटाने के लिए उनका रूसीकरण करने की बात केवल बूर्ज्वा प्रचारकों के दिमाग की उपज है। उन्होंने यह भी बताया कि रूसी विद्वान् और भाषाविद् औरों पर अपनी समुन्नत भाषा जबरन थोपने की बजाय साइबेरिया और सुदूर-पूर्व के इलाकों में बसे हज़ार-दो-हज़ार की जनसंख्यावाले आदिवासी क़बीलों की अनुन्नत बोलियों की भी लिपियाँ तैयार करके, उनको ही शिक्षा का माध्यम बना रहे हैं, क्योंकि मातृभाषाओं के माध्यम से ही किसी इंसान को जल्द-से-जल्द शिक्षित किया जा सकता है।

बात आई-गई हो गई, क्योंकि हमारे राष्ट्रीय आंदोलन ने भारत की विभिन्न क्षेत्रीय मातृभाषाओं का कभी विरोध नहीं किया था। हर प्रदेश की बड़ी भाषा ने राष्ट्रीय जागरण में योगदान किया था और ऐसे महान् कवि और साहित्यकार पैदा किए थे, जिन पर समूचे भारत को गर्व था। इसके अलावा उन दिनों राष्ट्रीय आंदोलन के अंदर राष्ट्रीय और अंतर्राष्ट्रीय प्रश्नों को लेकर एक गंभीर और बुनियादी विचार-मंथन हो रहा था। जर्मनी, इटली और जापान में फासिज़्म के उदय और इससे उत्पन्न दूसरे महायुद्ध के बढ़ते ख़तरे ने इस विचार-मंथन में और भी तीव्रता ला दी थी। शोषित वर्गों--मज़दूर-किसानों, पढ़े-लिखें नौजवानों और बुद्धिजीवियों--में जागृति की एक अपूर्व लहर पैदा हो रही थी और राष्ट्रीय आंदोलन पर अपनी क्रांतिकारी विचारधारा की छाप लगा रही थी। इसलिए मातृभाषाओं का प्रश्न उस समय हमारी दृष्टि में तात्कालिक महत्त्व का नहीं था और न शायद राहुलजी की दृष्टि में भी।

राहुलजी इस बीच फिर सोवियत संघ चले गए। लौटकर बिहार के किसान नेता स्वामी सहजानंद के साथ किसान आंदोलन में सक्रिय भाग लेने लगे। फिर अखिल भारतीय किसान सभा के अध्यक्ष चुने गए। किसानों के लिए वे 'राहुल बाबा' थे। उस समय भी वे बौद्ध भिक्षु ही थे। लेकिन अमावरी के किसान सत्याग्रह में भाग लेने के कारण जब उन्हें सन् 1938 में जेल में बंद कर दिया गया तब उन्होंने बौद्ध-भिक्षु का बाना उतार दिया और मार्क्सवाद को अपना जीवन-दर्शन स्वीकार कर भारतीय कम्युनिस्ट पार्टी के सदस्य बन गए। जेल से छूटकर अपनी पुस्तक 'नए भारत के नए नेता' लिखने के दौरान वे उन सभी स्थानों में जाकर ठहरे, जहाँ उनकी सूची के 'नए नेता' रहते और कार्य करते थे। इस सिलसिले में 1939 के आरंभ में वे इलाहाबाद आए, क्योंकि वहाँ डॉ. ज़ेड.ए. अहमद, उनकी पत्नी हाज़रा बेगम, डॉ.के.एम. अशरफ़ और सज्जाद ज़हीर जैसे कम्युनिस्ट पार्टी के लोकप्रिय तरुण नेता रहते थे और राष्ट्रीय कांग्रेस को अधिक वामपंथी दिशा देने के प्रयत्न में राष्ट्र नेता जवाहरलाल नेहरू का हाथ बँटा रहे थे। पार्टी के वरिष्ठ नेता आर.डी. भारद्वाज,

जिनका नाम भी 'नए नेताओं' की सूची में था, अण्डरग्राउण्ड रहकर यू.पी. पार्टी के सारे काम का निर्देशन करते थे।

मैं उन दिनों अपने घर-परिवार से नाता तोड़कर और वकालत की पढ़ाई बीच में ही छोड़ने के बाद सारा समय पार्टी-कार्य में दे रहा था—और वह कार्य था हिंदी में प्रकाशित पार्टी की सबसे पहली मासिक पत्रिका 'प्रभा' का संपादन करने के बाद सज्जाद ज़हीर के साथ हिंदी-साप्ताहिक पत्र 'नया हिंदुस्तान' का संपादन और अखिल भारतीय प्रगतिशील लेखक संघ की हिंदुस्तानी (हिंदी-उर्दू) शाखा का देश के प्रमुख साहित्यिक केंद्रों में संगठन, जिसका 1938 के लखनऊ अधिवेशन में हिंदी की ओर से मुझे और उर्दू की ओर से डॉ. ऐहतशाम हुसैन को मंत्री चुना गया था, किंतु जिन्होंने अपना कार्य-भार भी मुझे ही सौंप रखा था। दरअसल हिंदी और उर्दू के लेखक प्र.ले.सं के अंदर अलग-अलग शाखाओं में न तो अखिल भारतीय स्तर पर और न स्थानीय शाखाओं में बँटे थे—हर जगह उनका एक ही संगठन था। 'नया हिंदुस्तान' शायद हिंदी में अवैध भारतीय कम्युनिस्ट पार्टी का सबसे पहला साप्ताहिक पत्र था। उसे हम इलाहाबाद के बहराना मोहल्ले के एक प्रेस में छपाते थे। राहुलजी जब इलाहाबाद आए तो डॉ. अहमद के यहाँ 'नए भारत के नए नेता' पुस्तक के प्रकाशन का प्रश्न उठा। डॉ. अहमद ने 'सोशलिस्ट बुक क्लब' के नाम से अंग्रेज़ी में पुस्तक प्रकाशन शुरू किया था। उनकी पुस्तकें, जहाँ तक याद है, इलाहाबाद के प्रसिद्ध 'लॉ जर्नल प्रेस' से छपती थीं। राहुलजी इतनी महँगी छपाई के हक़ में नहीं थे, इसलिए मैंने बहराना के उस प्रेस का सुझाव दिया जहाँ 'नया हिंदुस्तान' छपता था। मैंने कहा कि चूँकि मैं दिन-भर प्रेस में ही रहता हूँ, इसलिए पुस्तक के प्रूफ़ वगैरह वहीं देख लिया करूँगा। राहुलजी को यह प्रस्ताव पसंद आया। फिर प्रश्न उठा कि उन्हें एक योग्य लेखक चाहिए, जो रोज़ बारह-चौदह घंटे उनका डिक्टेशन ले सके, ताकि आठ-दस दिन के अंदर ही वे पूरी पुस्तक लिखा सकें। 'नए नेताओं' संबंधी सारी जानकारी वे अपने नोट्स में बटोर लाए थे। विचार-विनिमय के बाद तय पाया कि पार्टी के नए सदस्य और विश्वविद्यालय में राजनीति-विज्ञान के शोध-विद्यार्थी आशाराम को यह कार्य सौंपा जाय। आशाराम सचमुच बड़े परिश्रमी और ज़िम्मेदार साथी थे। वे रोज़ सुबह पिछली रात तक लिखे सारे पृष्ठ दे जाते और प्रेस में उनका कम्पोज़ीशन-मुद्रण शुरू हो जाता। और सचमुच आठ-दस दिनों में ही राहुलजी ने पुस्तक लिख भी दी और हमारे छोटे-से प्रेस ने छापकर तैयार भी कर दी। इस बीच राहुलजी से दो-तीन बार जो मुख़्तसर-सी मुलाक़ातें हुईं (और मेरा दुर्भाग्य कि वे ही हमारी अंतिम मुलाक़ातें साबित हुईं) उनमें किसी सैद्धांतिक या तात्कालिक प्रश्न पर विचार विनिमय का अवकाश नहीं था। मातृभाषाओं का प्रश्न उस समय तक भारत में इतनी शिद्दत से उभरकर सामने नहीं आया था कि उस पर उनका क़ीमती समय बर्बाद करने की मैं सोच भी सकता।

फिर तो दूसरा महायुद्ध छिड़ गया और हालात ही बदल गए। कम्युनिस्ट नेताओं और कार्यकर्ताओं की धर-पकड़ शुरू हो गई। 'नया हिंदुस्तान' ज़ब्त कर लिया गया। अत्यंत परिश्रम और दौड़-धूप के कारण मेरा स्वास्थ्य गिरता जा रहा था। रमेश सिन्हा, ओमप्रकाश संगल और मैं अब एक ही साथ मुट्ठीगंज में मकान लेकर रहते थे और हर समय हम पर तैनात खुफिया पुलिस के सिपाहियों को चरका देकर विद्यार्थियों और मज़दूरों की गुप्त सभाएँ करनी पड़ती थीं। वहाँ हम साम्राज्यवादी-युद्ध के विरुद्ध प्रचार करते थे। जब मेरा स्वास्थ्य बहुत गिर गया और बीमारी असाध्य-सी हो गई तो जाकर लखनऊ के किंग जार्ज अस्पताल में भरती हो गया। वहाँ एक महीना रहकर भी जब कुछ सुधार न हुआ तो आयुर्वेदिक या यूनानी पद्धति से इलाज के लिए मैं अपने पिता के पास चला गया। बीमारी की ही हालत में सन् 1940 के अक्तूबर या शायद नवम्बर में अचानक प्रेमचंदजी के पुत्र श्रीपत राय का पत्र पाकर मैं 'हंस' का संपादन करने बनारस चला गया। राहुलजी उस समय कहाँ थे, देवली कैंप में या किसी अन्य जेल में, ठीक से नहीं कह सकता। मैं 'हंस' को अनौपचारिक रूप में ही सही, सारे प्रगतिशील लेखक आंदोलन का मुख-पत्र बनाने की कोशिश में लग गया, पर साथ ही गुप्त रूप से बनारस की पार्टी के संगठन में भी पूरा हिस्सा लेता रहा।

1941 में सोवियत संघ पर नात्सी आक्रमण से उत्पन्न परिस्थिति पर एक लंबी बहस के बाद जब भारतीय कम्युनिस्ट पार्टी ने नीति बदलकर घोषणा की कि युद्ध का स्वरूप बदल गया है (जैसा कि पंडित नेहरू और एक प्रकार से महात्मा गांधी ने भी स्वीकार किया था) और उसमें भारत को बिना शर्त मित्र राष्ट्रों (रूस, अमरीका, इंगलैंड आदि) से सहयोग करना चाहिए (जो महात्मा गांधी और पंडित नेहरू को मान्य नहीं था, क्योंकि उनकी दृष्टि में एक आज़ाद राष्ट्रीय सरकार ही फ़ासिज्म-विरोधी युद्ध के लिए जनता का सहयोग जुटा सकती थी) तो राष्ट्रीय आंदोलन में एक दरार पड़ गई। अंग्रेज़ सरकार ने कम्युनिस्ट पार्टी पर से प्रतिबंध उठा लिया और कम्युनिस्ट-सोशलिस्ट नेताओं की रिहाई शुरू हो गई। कांग्रेस-कम्युनिस्ट मतभेद का लाभ उठाकर सरकार ने एक बड़े पैमाने पर दमन-चक्र चलाने की पूरी तैयारी कर ली। जब बंबई कांग्रेस के मंच से 9 अगस्त '42 को महात्मा गांधी ने 'भारत छोड़ो' का नारा दिया तो सरकार ने कांग्रेस और सोशलिस्ट पार्टी के तमाम बड़े नेताओं को गिरफ़्तार करके जेलों में नज़रबंद कर दिया। जनता का रोष फूट पड़ा और सरकार का दमन-चक्र उसको कुचलने के लिए वहशियाना ढंग से अंधाधुंध चल पड़ा। मैंने बनारस की पार्टी शाखा के सेक्रेटरी की हैसियत से ब्रिटिश सरकार की इस आतंकवादी नीति की सख़्त निंदा की और राष्ट्रीय नेताओं की तुरंत रिहाई की माँग करते हुए एक पैम्फलेट छपवाकर सारे शहर में बँटवाया। अगले दिन ही मुझे गिरफ़्तार करके बनारस की जेल में कांग्रेसी नेताओं के साथ नज़रबंद कर दिया·

गया। एक साल जेल में और छह महीने कलकत्ता के ट्रॉपीकल बीमारियों के अस्पताल में रखकर जब मुझे रिहा किया गया (फरवरी 1944 में) और मैं बनारस लौटा तो मुझे ज्ञात हुआ कि इस बीच 'हंस' में प्रकाशित राहुलजी के एक लेख–'मातृभाषाओं का प्रश्न'–को लेकर हिंदी के रूढ़िवादी विद्वानों और हिंदी-आंदोलनकारियों में बड़ी तीव्र प्रतिक्रिया हुई है और उन पर तरह-तरह के आक्षेप किए जा रहे हैं।

कुछ कारणों से 'हंस' का 'बंगाल-अंक' संपादित करके मैं पार्टी के प्रांतीय दफ़्तर में उसके 'कल्चरल फ्रंट' का कार्य सँभालने के लिए 'हंस' छोड़कर लखनऊ चला गया। वहाँ जाते ही मैंने पंडित बनारसीदास चतुर्वेदी से संपर्क स्थापित किया, क्योंकि वे उन दिनों टीकमगढ़ में रहकर 'मधुकर' (जनपदीय चेतना का मासिक पत्र) के ज़रिये अपने ढंग से 'जनपद आंदोलन' का संचालन कर रहे थे। राहुलजी तब तक फिर सोवियत संघ जा चुके थे (जहाँ से वे भारत की आज़ादी के बाद ही इस बार लौटे। इसलिए वे विरोधियों के आक्षेपों का उत्तर दे सकेंगे, इसकी संभावना नहीं थी)। चतुर्वेदीजी के भेजे 'मधुकर' के पिछले अंकों का अध्ययन करते हुए मैंने महसूस किया कि मातृभाषाओं के प्रश्न पर कम-से-कम संयुक्त प्रांत के प्रगतिशील लेखक संघ की एक सुचिंतित और सुनिश्चित नीति होनी चाहिए–पूरी तरह जनतांत्रिक आधार पर बनी। साथ ही राहुलजी पर लगाए अनर्गल आक्षेपों का सैद्धांतिक रूप से खंडन किया जाना चाहिए। इसलिए मैंने इस विषय पर 'जनपदीय भाषाओं का प्रश्न' शीर्षक से एक लंबी रिपोर्ट* तैयार की और संयुक्त प्रांत (अब 'उत्तर प्रदेश') के प्रगतिशील लेखक संघ की प्रांतीय कौंसिल की मीटिंग बुलाई, जो 5 नवंबर 1944 को यशपालजी के निवास पर हुई। 'मातृभाषाओं' की जगह मैंने 'जनपदीय भाषाओं' का प्रयोग इसलिए किया कि हिंदी में अंग्रेज़ी शब्द 'नेशनालिटी' का कोई ऐसा पर्यायवाची शब्द नहीं है जो अनेकार्थक न हो। हमारे बहु-भाषा-भाषी देश में, जहाँ 'राष्ट्र' शब्द का प्रयोग अब संपूर्ण देश के लिए किया जाता है, वहाँ 'नेशनालिटी' के लिए अक्सर 'जाति' या 'जनजाति' शब्द का प्रयोग किया जाता है। लेकिन इससे भ्रम भी हो सकता है, क्योंकि 'जाति' अनेक अर्थों में प्रयुक्त होता है, जैसे 'हिंदू जाति', 'ब्राह्मण जाति', 'क्षत्रिय जाति' आदि। उर्दू का शब्द 'क़ौम' भी कुछ ऐसा ही है। भारतीय इतिहास के विद्यार्थी जानते हैं कि ईसा से लगभग एक हज़ार साल पहले जब लोहे के औज़ारों का इस्तेमाल होने लगा तो हड़प्पा संस्कृति के ह्रास के बाद और संभवतः मध्य-एशिया से समय-समय पर आनेवाले विभिन्न आर्य क़बीलों को भोजन और चरागाहों की तलाश में घुमक्कड़ जीवन व्यतीत करने की बजाय अपने-अपने क्षेत्रों में गाँव तथा नगर आदि बसाकर

*लेखक की पुस्तक 'साहित्य की समस्याएँ' में प्रकाशित।

खेती-बाड़ी और दस्तकारियों का विकास करने की ज़रूरत महसूस हुई और इस तरह विभिन्न जनों की जो पहचान उनके क़बीले के नाम से होती थी, अब उनकी पहचान उन 'क्षेत्रों' (देशों) के नाम से होने लगी जहाँ वे स्थायी रूप से बस गए थे। ये सारी क्षेत्रीय इकाइयाँ कालांतर में विभिन्न 'जनपदों' के नाम से प्रसिद्ध हुईं—जैसे गांधार, पांचाल, छेदि, मत्स्य, कुरु, कोसल, मगध आदि। हर 'जनपद' की पहचान कुल-गोत्र, भाषा-बोली और परंपरागत रीति-रिवाजों से की जाती थी। अर्थात् जिसे अंग्रेज़ी में ethnic identity कहते हैं, वह उन प्राचीन 'जनपदों' के निर्माण का आधार थी। इसलिए मैंने सोचा कि नेशनालिटी' के लिए 'जनपद' शब्द को रूढ़ कर देने से मातृभाषाओं के प्रश्न को विभिन्न पहलुओं से समझने-समझाने में आसानी होगी, क्योंकि हर 'जनपद' के निवासियों की मातृभाषा भी दूसरे 'जनपद' के लोगों की मातृभाषा से अलग है। किसी जनपद की 'मातृभाषा' का अर्थ है कि उस जनपदीय क्षेत्र में स्थायी रूप से बसे लोगों की जाति-धर्म, ग़रीब-अमीर, औरत-मर्द के भेद के बावजूद एक ही 'माँ-बोली' है। इसलिए इन 'माँ-बोलियों' को जनपदीय भाषाएँ कहने का औचित्य है। ख़ैर इस मीटिंग में यशपालजी के अलावा रामविलास शर्मा, प्रकाश चंद्र गुप्त, रांगेय राघव, अमृतराय आदि कोई बीस-पच्चीस प्रमुख प्रगतिशील लेखक उपस्थित थे। रिपोर्ट बहुत लंबी थी, इसलिए विस्तार से विचार संभव नहीं था, लेकिन उसके मूल मुद्दों से सभी सहमत थे, जैसा कि सर्वसम्मति से पास प्रस्ताव से ही स्पष्ट है, जिसे रिपोर्ट के अंत में मैंने पेश किया था और जिसका रामविलास शर्मा ने समर्थन किया था। बाद में किन्हीं व्यक्तिगत या अन्य कारणों से रामविलास शर्मा का मत बदल गया हो और आज़ादी के बाद कम्युनिस्ट पार्टी के उग्रपंथी रुझान के दौरान वे 'एक वृहत्तर हिंदी राष्ट्र' (अर्थात् 'हिंदू' राष्ट्र—राष्ट्रीय स्वयं सेवक संघी ?) कल्पना में बहकर तथाकथित हिंदी-क्षेत्र के करोड़ों जनसाधारण की मूल मातृभाषाओं को बिना किसी वैज्ञानिक तर्क या ऐतिहासिक आधार के केवल फतवा जारी करके हिंदी की (जिसका अपना कोई जनपद नहीं है, और जिसे उन्नीसवीं शती के आरंभ में फोर्ट विलियम कॉलेज में अंग्रेज़ हुकूमत के आदेश पर उर्दू में से अरबी-फ़ारसी के शब्द ख़ारिज करके और उनके स्थान पर संस्कृत के अप्रचलित पर्याय भर के कृत्रिम रूप से गढ़ा गया था) मात्र बोलियाँ कहकर वे अंततः उनके मिट जाने की भविष्यवाणी करके चाहे-अनचाहे रूप में ही 'हिंदी-हिंदू राष्ट्रवाद' की संकीर्ण सांप्रदायिक विचारधारा को अपना समर्थन देने लगे हों—लेकिन इससे मध्य देश की जनपदीय जनता और भाषाओं की विशिष्ट हस्तियाँ और अस्मिताएँ मिट नहीं गईं और न मिटेंगी और न उनका सुदीर्घ इतिहास और उनमें रचे साहित्य की सुदीर्घ परंपरा ही मिटेगी।

'मातृभाषाओं का प्रश्न' लिखते समय राहुलजी के, और उनके समर्थन में 'जनपदीय भाषाओं का प्रश्न', लिखते समय मेरे सामने दो-तीन मुख्य विचार थे—एक

तो यह कि आज़ादी की लड़ाई के दौरान सारे देश की जनता में जो मनोवैज्ञानिक और भावात्मक एकता स्थापित हुई है, वह आज़ादी के बाद भी अविच्छिन्न बनी रहे। दूसरे, समाजवाद की ओर बढ़ने के लिए भी ज़रूरी था कि देश की एकता पर आँच न आए और देश के टुकड़े करने की साम्राज्यवादियों की और उनके समर्थक देश के अंदर के विघटनवादी सांप्रदायिक और सामंती तत्त्वों के राष्ट्र विरोधी मंसूबे कामयाब न हों। यह तभी संभव था जब स्वतंत्र भारत में बसनेवाले सभी छोटे-बड़े जनपदों और उनकी छोटी-बड़ी विकसित या अविकसित भाषाओं को साहित्य और विज्ञान की भाषा के रूप में अपने चतुर्मुखी विकास की समान सुविधाएँ उपलब्ध कराई जाएँ। प्रायः हर ऐसे देश में, जहाँ अनेक जनपद बसते हैं, जिनकी माँ-बोलियाँ एक-दूसरे से (एक ही भाषा-कुल की होते हुए भी) भिन्न हैं, वहाँ विभिन्न जनपदों और भाषाओं के असमान विकास के ऐतिहासिक कारण हैं। यह वर्ग-समाज की शोषण व्यवस्था और भेद-नीति का परिणाम है, जब मत्स्य-न्याय का ही बोलबाला था। एक सच्चे जनतांत्रिक भारत में इस भेदभाव और अन्याय को जारी रहने देने का कोई औचित्य नहीं हो सकता। अगर हर जनपद और उसकी भाषा को समान विकास का अवसर मिलेगा तो इसमें संदेह नहीं कि कोई जनपद—बड़ा हो या छोटा, मध्य-देश में हो या सीमांतों पर—वह एक विशाल और विकासशील जनतांत्रिक देश के संरक्षण से नाता तोड़कर अपनी छोटी-सी नाव को किसी के बहकावे में आकर मँझधार में छोड़ने का ख़तरा क्यों मोल लेगा ? ऐतिहासिक अनुभव इस प्रवृत्ति की पुष्टि करता है। जनपदों के 'आत्म-निर्णय के अधिकार' का जनवादी सिद्धांत दरअसल एकता-विधायक सिद्धांत है, न्याय और समानता पर आधारित किसी भी देश के विभिन्न जनपदों के बीच भाईचारा और दोस्ती क़ायम करने और बढ़ाने का सिद्धांत है। न्याय और बराबरी के अधिकार न मिलने पर जिस तरह परिवार के अंदर एक ही माँ के जाये भाइयों में मनमुटाव और अलगाव की भावना पैदा हो जाती है और संयुक्त परिवार टूट जाते हैं, वैसे ही जनपदों में भी आत्म-चेतना जगते ही अपने अधिकारों और अस्मिता को स्वीकार कराने की माँग मुखर होने लगती है। न्याय और समानता से वंचित किए जाने पर ही पृथकतावादी प्रवृत्तियाँ उभरती हैं। इसलिए जनवादी रद्देअमल का तकाज़ा है कि इन प्रवृत्तियों के उभरने की प्रतीक्षा न करके आरंभ में ही सब जनपदों को न्याय और समानता प्रदान की जाय। चूँकि राहुलजी कोरे 'महापंडित' ही नहीं, गांधी और नेहरू की तरह एक दूरदर्शी विचारक भी थे, इसलिए मातृभाषाओं का प्रश्न उठाकर उन्होंने राष्ट्र नेताओं और बुद्धिजीवियों को स्वतंत्र भारत के नवनिर्माण के दौरान उठनेवाली समस्याओं के प्रति आगाह किया था।

'मातृभाषाओं का प्रश्न' उठाते समय राहुलजी के सामने एक और उतना ही महत्त्वपूर्ण विचार था कि स्वतंत्र भारत की शिक्षा-नीति कैसी हो कि थोड़े से थोड़े

समय में भारत के सभी नागरिकों को—बाल, युवा, प्रौढ़ों को—केवल 'साक्षर' ही नहीं, सही अर्थों में 'शिक्षित' भी बनाया जा सके। इसलिए उन्होंने मानव-इतिहास की वस्तुपरक जानकारी के आधार पर सुझाव पेश किया कि शिक्षा का माध्यम सर्वत्र मातृभाषाएँ (जनपदीय भाषाएँ) होनी चाहिए। ऐसा होने से नव-शिक्षार्थी को आधुनिक ज्ञान-विज्ञान की जानकारी हासिल करने से पहले एक विभाषा को सीखने में बरसों का अभ्यास नहीं करना पड़ेगा, जैसा कि अब तक होता आया है। मातृभाषा तो अपनी माँ के दूध के साथ हर बालक-बालिका को अनायास ही आ जाती है, इसलिए अगर माँ-बोली को ही शिक्षा का माध्यम बनाया जाय तो शिक्षार्थी को कोई नई भाषा नहीं, केवल लिपि ही सीखनी पड़ेगी, और इसमें एक-दो महीने से ज़्यादा समय नहीं लगता। उसके बाद उसे फ़ौरन आधुनिक ज्ञान-विज्ञान की प्रारंभिक जानकारी दी जा सकती है, जिससे प्राथमिक शिक्षा पूरी करने तक विद्यार्थी उतना ही शिक्षित हो सकता है, जितना दस-बारह साल की पढ़ाई के बाद आज का विद्यार्थी हायर सेकेण्डरी पास करने के बाद होता है। यह बहुत सीधा-सादा जनवादी और व्यावहारिक प्रस्ताव था और मंद-से-मंद बुद्धि के व्यक्ति की समझ में आना चाहिए था। लेकिन संस्कृतनिष्ठ खड़ी बोली हिंदी की परिधि में सबको समेट लेने की चाह में ही देशभक्ति की चरम अभिव्यक्ति माननेवाले तथाकथित हिंदी-क्षेत्र के विद्वानों में इस प्रस्ताव के विरुद्ध भयंकर प्रतिक्रिया हुई। वरिष्ठ कांग्रेसी नेता डॉ. संपूर्णानंद ने अनेक व्यावहारिक कठिनाइयों का ज़िक्र करते हुए बड़े भावुक स्वर में आपत्ति की कि राहुलजी हिंदी-क्षेत्र को जनपदीय इकाइयों के आधार पर तीस छोटे-छोटे राज्यों में बाँटकर यहाँ की ग़रीब जनता पर तीस मंत्रिमंडलों, तीस विधान सभाओं, तीस हाईकोर्टों और तीस भाषाओं में शिक्षा की व्यवस्था करने का दुस्सह भार क्यों डालना चाहते हैं ? दरअसल राहुलजी का ऐसा कोई इरादा नहीं था। उन्होंने तो भारत की संपूर्ण अशिक्षित जनता को केवल साक्षर ही नहीं, बल्कि शिक्षित बनाने का वैज्ञानिक दृष्टि से अत्यंत व्यावहारिक तथा कारगर मार्ग दिखाया था। सोवियत यूनियन में भाषावार जनपदीय इकाइयों को स्वायत्तता प्रदान करके मातृभाषाओं में जन-शिक्षा की जो मुहिम चलाई गई थी, उसके परिणाम चकित करनेवाले निकले थे।

इस प्रोग्राम को लागू करते समय निश्चय ही हमारे यहाँ कुछ अधिक ही कठिनाइयों का सामना करना पड़ेगा, इसका अहसास शायद राहुलजी को था, इसीलिए उन्होंने स्वतंत्रता पाने के तुरंत बाद हिंदी-क्षेत्र को या समस्त भारत को भाषावार जनपदों की अलग-अलग प्रशासनिक इकाइयों (अर्थात राज्यों) में बाँटकर जन-शिक्षा का प्रसार करने का सुझाव नहीं दिया था। जन-शिक्षा की समस्या को उन्होंने प्रांतों और राज्यों के ethnic आधार पर बँटवारे से नहीं जोड़ा था। दोनों प्रक्रियाएँ अलग-अलग चल सकती हैं और सुविधानुसार एक साथ भी। राहुलजी के

कहने का तात्पर्य केवल इतना था कि मातृभाषा के माध्यम से समूची भारतीय जनता को शिक्षित करने का प्रोग्राम आरंभिक कठिनाइयों के बावजूद अंततः आर्थिक दृष्टि से भी सस्ता पड़ेगा और इसे पूरा करने में समय भी कम लगेगा, केवल कुछ दशक ही—और मानव-संसाधनों के अपव्यय से, जो उस समय भी हो रहा था, जब देश आज़ाद नहीं हुआ था, और आज भी हो रहा है, पहले से कहीं अधिक बड़े पैमाने पर, उससे देश मुक्त हो जाता। आज आज़ादी के 46-47 बरस बाद भी भारत में अनपढ़ों की तादाद उस समय की पूरी जनसंख्या से लगभग दुगुनी है, करीब 60-70 करोड़ ! चिंतनीय विषय यह है कि जन-शिक्षा का जो प्रोग्राम चंद दशकों में पूरा हो सकता था, वह एक सपना ही बनकर रह जाएगा, और देश के अधिकांश प्राणी अज्ञान और अशिक्षा से बाहर अभी कई सदियों तक नहीं निकल पाएँगे, अर्थात् न अपनी ग़रीबी-मुफ़लिसी के गर्त से उबर पाएँगे, न सभ्य और सुसंस्कृत जीवनयापन के साधन जुटा पाएँगे, और न प्रबुद्ध और जागरूक नागरिक के रूप में देश के विकास कार्य में अपनी भूमिका निभा सकेंगे। युगों से शोषित और अत्याचारों से पीड़ित हर भारतवासी का यह जन्मसिद्ध अधिकार है कि आज़ादी के बाद उसे जीवन की इन कुत्साओं से मुक्त किया जाय। राहुलजी का प्रोग्राम भी इसी vision या स्वप्न का अंग था और गांधी और नेहरू और हमारे राष्ट्रीय आंदोलन का भी यह सपना था। तभी तो भारतीय संविधान में स्पष्ट रूप से उल्लेख किया गया कि शिक्षा का माध्यम मातृभाषाएँ होंगी—अर्थात् अप्रत्यक्ष रूप से स्वीकार किया गया कि हर व्यक्ति को अपनी मातृभाषा के माध्यम से शिक्षा प्राप्त करने का *अधिकार* है।

पंडित जवाहरलाल नेहरू की ही पेशकश पर आज़ादी के बाद भाषाई आधार पर राज्यों के पुनर्गठन का मसला एक आयोग को सौंपा गया। लेकिन दुर्भाग्य से हमारे देश के नवोदित मध्यवर्गीय बुद्धिजीवियों का एक बड़ा भाग, जो सरकार, समाज, शिक्षा, संस्कृति और प्रचार माध्यमों में सबसे ज़्यादा मुखर और प्रभावी रहा है, आज़ादी के बाद इतना आत्मनिष्ठ हो गया कि वह किसी भी महत्त्वपूर्ण प्रश्न पर अपने व्यक्तिगत, संप्रदायगत, दलगत या वर्गगत स्वार्थों से ऊपर उठकर व्यापक राष्ट्रीय हित में सोचने की क्षमता खो बैठा है, यद्यपि अपने संकीर्ण स्वार्थों की सिद्धि के लिए वह देश के ग़रीब, शोषित, पीड़ित लोगों की हिमायत करने का ढोंग रचकर हो-हल्ला मचाने में सबसे आगे रहता है। नतीजा यह है कि आज़ादी के 46-47 बरस बाद भी देश की ग़रीब और पिछड़ी जनता उन जनवादी अधिकारों से वंचित है, जो संविधान से उसको प्राप्त हैं। देश की अधिकांश जनपदीय भाषाओं के लोगों को आज भी अपनी मातृभाषाओं में शिक्षा ग्रहण करने की सुविधाएँ नहीं प्रदान की जातीं। यही एकमात्र कारण है जिससे शिक्षा प्रसार के सारे प्रयत्नों के बावजूद निरक्षरता और जहालत का क्षेत्र बढ़ा है और सारी पंचवर्षीय योजनाओं और औद्योगिक-तकनीकी विकास के बावजूद ग़रीबी और बेरोज़गारी भी बढ़ी है। ज़िंदगी

के हर शोबे में 'नए अमीर' मध्यवर्ग की इजारेदारी बढ़ती जा रही है। मातृभाषाओं के प्रश्न पर किसी ने ईमानदारी से सोचा ही नहीं—समाजवादी पार्टियों ने भी नहीं। वस्तुस्थिति यह कि संपूर्ण भारत में ही नहीं बल्कि तथाकथित भाषावार आधार पर पुनःसंगठित राज्यों में भी, शायद पंजाब को छोड़कर एक भी ऐसा नहीं है, जो बहु-भाषी न हो और जहाँ छोटी-छोटी जनपदीय भाषाओं की अवहेलना न होती हो। हिंदी-क्षेत्र को ही लें तो, हरियाणा राज्य में हरियाणवी और मेव भाषाओं को, जो वहाँ की मातृभाषाएँ हैं, शिक्षा का माध्यम नहीं बनाया गया। ब्रज, अवधी, मैथिली, भोजपुरी जैसी उच्चकोटि के प्राचीन साहित्य से मालामाल और कई-कई करोड़ जनों की मातृभाषाएँ होने के बावजूद पूरी तरह उपेक्षित किया गया है। पहाड़ी लोगों और आदिवासियों की मातृभाषाओं की भी उपेक्षा की गई है। आज जब सारे संसार में यह स्वीकार कर लिया गया है कि अपनी मातृभाषा में शिक्षित होने का अधिकार भी 'मानव-अधिकारों' की सूची में आता है तो आज़ादी के इतने दिनों बाद भी इस मानव-अधिकार का हमारे यहाँ व्यापक रूप से हनन किया जाना, केवल इस कारण कि कुछ नासमझ लोगों को इसमें 'हिंदी' का अहित नज़र आता है, सर्वथा अनुचित और जनतांत्रिक उसूलों के विरुद्ध है। हिंदी-क्षेत्र के बाहर भी काश्मीर, बंगाल, आसाम, उड़ीसा, कर्नाटक, आंध्रप्रदेश, तमिलनाडु, केरल, महाराष्ट्र, गुजरात आदि में भी संविधान की धारा का उल्लंघन करके केवल एक ही बहुसंख्यक जनपद की भाषा को शिक्षा का माध्यम बनाया गया है। संक्षेप में, देश की अधिकांश आबादी को अपनी मातृभाषाओं में शिक्षा ग्रहण करने से वंचित रखा गया है। यह तर्ज़े-अमल आज़ादी से पहले था और कुछ फेर-बदल के बाद अब भी है। भेदभाव की नीति बदस्तूर क़ायम है। और राहुलजी की यही चिंता थी कि कहीं आज़ादी के बाद भी मातृभाषाओं की अवहेलना करने की नीति क़ायम न रहे और देश के 'हर व्यक्ति' को शिक्षित करने का जनवादी सपना केवल सपना ही बना रहे। इसलिए राहुलजी की विरासत को, जो गांधी और नेहरू की जनवादी विरासत का इस प्रश्न पर एक अधिक मुखर रूप है, आगे बढ़ाने की ज़रूरत है—उस पर मुकम्मल अमल करके।

सबसे पहले शिक्षा के क्षेत्र में संविधान का खुल्लम-खुल्ला उल्लंघन बंद होना चाहिए। इसके साथ यह भी स्मरण रहे कि केवल संविधान में कोई अधिकार स्वीकार किए जाने से ही वह अधिकार व्यावहारिक रूप में जनता को मिल नहीं जाता। लेकिन आज़ादी के माहौल में बहुभाषा-भाषी जनपदों में भी अपनी-अपनी अस्मिता की खोज शुरू हो जाती है, अपनी जनपदीय चेतना पैदा होने लगती है और वे अपनी भाषा, संस्कृति, जीवनयापन के तरीकों और उपासना विधियों को सुरक्षित करते हुए नए युग के तक़ाजों के मुताबिक परिवर्तन और विकास की प्रक्रियाओं में अपने जीवन को ढालते हैं। आज़ादी के बाद से यह जनपदीय चेतना धीरे-धीरे भारत के विभिन्न क्षेत्रों के विभिन्न जनपदों में फैलती गई है, चाहे पूर्वांचल के क्षेत्र में हो,

या बिहार के संथाल जनपद (झारखंड) में या अब उत्तर प्रदेश के गढ़वाली इलाकों में। अपने अधिकारों के प्रति जागरूक इन जनपदों ने स्वायत्तता पाने के लिए बड़े-बड़े आंदोलन छेड़े हैं—कुछ को ये अधिकार मिल चुके हैं, जैसे शिलांग क्षेत्र के गोरखा जनपद को, कुछ को मिलनेवाले हैं, जैसे झारखंड के संथालों को और उत्तराखंड के गढ़वाली या लद्दाख के भोट जनपद को—यह सिलसिला अभी कई दशकों तक चलेगा क्योंकि यह एक जनतांत्रिक-प्रक्रिया है जिसे पूरा होना है, चाहे जितना समय लगे। इसी में जनता का हित है। हिंदी को ख़तरा हिंदीवादियों की कूपमंडूकता से है, जनपदीय चेतना से नहीं। हिंदीवादी अक्सर भूल जाते हैं कि भारत एक प्राचीन और विशाल देश है। इसे तथाकथित आर्यों ने आकर नहीं बसाया। उनके क़बीलों के आने से पहले दर्जनों दूसरे क़बीले अफ्रीका, पश्चिम एशिया, मध्य एशिया यहाँ तक कि पूर्व एशिया से आकर बसे थे और फिर आर्यों के बाद भी दर्जनों दूसरे क़बीले देश में प्रवेश करते रहे और आकर बसते गए। ये सभी अपने साथ अपनी-अपनी जीवन-पद्धतियाँ, खान-पान की रुचियाँ, अपने-अपने इतिहास की किंवदंतियाँ, अपनी-अपनी भाषाएँ, कलाएँ, नृत्य-गान के अंदाज़ और तर्जें, सामाजिक रस्म-रिवाज़, देवी-देवता और उपासना के तरीक़े—तात्पर्य यह कि एक मुकम्मल संस्कृति और सभ्यता लेकर आए। यहाँ आने पर वे एक-दूसरे के संपर्क में आए, खेती-आवास के लिए आपस में लड़े-झगड़े। इससे संपर्क और गहरा हुआ। यहाँ कोई एक ही ऐसा बड़ा सभ्यता-संस्कृति का केंद्र नहीं था जो सारे आगंतुकों के लिए एक 'melting pot' बन जाता। इसलिए अपनी अलग पहचान क़ायम रखते हुए सहअस्तित्व और जीवन के हर शोबे में निरंतर के सहयोग से धीरे-धीरे एक मिली-जुली संस्कृति का विकास हुआ, जिसे 'भारतीय संस्कृति' कह सकते हैं। इसमें सभी धर्मों और जनपदों की संस्कृतियों का योगदान है। यह रवि ठाकुर के शब्दों में रंगारंग फूलों का एक गुलदस्ता है। न हम किसी को 'शुद्ध' भारतीय, न किसी को 'अभारतीय' कह सकते हैं—भिन्नता चाहे जितनी हों। इसलिए कोई 'अपना या पराया' नहीं है, और न धर्म, भाषा या जनसंख्या को अपने-पराये का निर्णय करने की कसौटी बनाया जा सकता है और न किसी छोटे या बड़े जनपद या धार्मिक संप्रदाय को जनतांत्रिक अधिकारों से वंचित किया जा सकता है। इसलिए 'कूपमंडूक हिंदीवादियों' से साग्रह अनुरोध है कि वे एक बार खुली आँखों से पंडित नेहरू और राहुलजी की तरह 'भारत की खोज' करें तो उन्हें ज्ञात होगा कि 'भारतीय संस्कृति' केवल तथाकथित 'हिंदू संस्कृति' का पर्याय नहीं है और ब्रज, अवधी, बघेली, मैथिली, भोजपुरी, मगही, राजस्थानी, हरियाणवी आदि तथाकथित 'खड़ी बोली' की 'बोलियाँ' नहीं हैं, कि राजभाषा हिंदी का अपना कोई जनपद नहीं है, वह अमरबेल की तरह जड़हीन है और ऐतिहासिक अनुकूलता के बल पर राजतंत्र के वृक्ष से लिपटी हुई है और लिपटी रहेगी। तथाकथित हिंदी-क्षेत्र की जनपदीय भाषाओं को शिक्षा का माध्यम बनाने से

उसको कोई ख़तरा नहीं है, क्योंकि वह सारे देश के लिए एक लिंक लैंग्वेज (संपर्क भाषा) है और 'तीन-भाषाएँ' पढ़ाने के स्वीकृत फ़ार्मूले के अनुसार मातृभाषा और अंग्रेज़ी के अलावा तीसरी अनिवार्य भाषा होगी। जो विशेष योग्यता प्राप्त लोग स्कूल-कॉलेजों तथा शिक्षा के अन्य प्रतिष्ठानों, प्रचार-साधनों और सरकारी विभागों में कार्य कर रहे हैं, उनकी रोज़ी-रोटी छिनने का कोई डर नहीं है। न मातृभाषाओं को शिक्षा का माध्यम बनाने से देश की एकता को ही कभी कोई ख़तरा पैदा हो सकता है। आज़ादी के बाद से देश के कुछ क्षेत्रों में जो अलगाववादी आंदोलन चले हैं, उनके पीछे राजनीतिक कारण रहे हैं न कि वहाँ मातृभाषाओं को शिक्षा का माध्यम बनाना। राहुलजी या उनके समर्थक देश की एकता को अटूट बनाने के लिए भी मातृभाषाओं को अपने-अपने क्षेत्र में शिक्षा का माध्यम बनाने की हिमायत करते आए हैं। दरअसल यह संविधान की तत्संबंधी धारा को ईमानदारी से कार्यान्वित करने की ही माँग है। यह माँग सर्वथा जायज़ है। जनतांत्रिक चेतना के बढ़ने के साथ देश की सभी छोटी-बड़ी भाषाएँ बोलनेवाले अपनी मातृभाषाओं को शिक्षा का माध्यम बनाने की माँग करेंगे, इसमें संदेह नहीं। इसलिए इसका विरोध करना एक दुर्निवार ऐतिहासिक प्रक्रिया का विरोध करना है। सारे देश में केवल 'हिंदीवादी' ही हैं जो मातृभाषाओं को अपना विकास करने के जन्मसिद्ध अधिकार से वंचित रखना चाहते हैं। अन्य बड़ी भाषाओं के क्षेत्र में ऐसा नहीं है।

लेनिन के शब्दों में कहें तो भारत का हर राज्य 'भाषाओं का कारागार' है, क्योंकि उत्तर प्रदेश, बिहार, राजस्थान, मध्य प्रदेश, काश्मीर, बंगाल, उड़ीसा, आसाम, गुजरात, महाराष्ट्र, आंध्रप्रदेश, तमिलनाडु, कर्नाटक, केरल आदि कोई भी ऐसा राज्य नहीं है, जहाँ संविधान की धारा का उल्लंघन करके केवल एक ही बहुसंख्यक जनपद की भाषा को राजभाषा न बनाया गया हो और जिसे ही शिक्षा का माध्यम बनाकर अन्य भाषा-भाषियों पर न थोपा गया हो। इस प्रकार तीस-चालीस करोड़ भारतवासी भाषाओं के इस विशाल 'कारागार' के बंदी हैं, जो देश के हर राज्य में दीर्घकाल से फैला हुआ है। अर्थात् हर राज्य की विभिन्न छोटी-छोटी भाषा-भाषी जनपदीय इकाइयाँ अपनी मातृभाषाओं में शिक्षा प्राप्त करने के अधिकार से आज भी वंचित हैं। तथाकथित विशाल हिंदी-क्षेत्र में तो ब्रज, भोजपुरी, अवधी, राजस्थानी, बुंदेलखंडी, मैथिली, हरियाणवी आदि जैसी प्राचीन साहित्य से सम्पन्न बड़ी भाषाओं के बोलनेवालों तक को इस अधिकार से वंचित किया गया है, ताकि देश में खड़ी बोली हिंदी का वर्चस्व क़ायम किया जा सके, यद्यपि इसकी आवश्यकता नहीं थी। परिणाम यह है कि आज़ादी के पचास साल बाद भी उत्तर-मध्य भारत (अर्थात् तथाकथित हिंदी-क्षेत्र) देश का सबसे पिछड़ा, ग़रीब और अशिक्षित भाग है।

अगर 1971 की जनगणना रिपोर्ट को आधार बनाएँ तो नीचे की तालिका तैयार की जा सकती है :

भारत की विभिन्न जनपदीय भाषाएँ और उनको बोलनेवालों की संख्या :

1.	10,000 से 50,000 तक बोलनेवालों की जनपदीय भाषाएँ	104
2.	50,000 से 1,00,000 तक बोलनेवालों की जनपदीय भाषाएँ	35
3.	1,00,000 से 10,00,000 तक बोलनेवालों की जनपदीय भाषाएँ	49
4.	10,00,000 से 100,00,000 तक बोलनेवालों की जनपदीय भाषाएँ	21
5.	100,00,000 से अधिक बोलनेवालों की जनपदीय भाषाएँ	21*

फिर भी केवल तेरह भाषाएँ ही हैं, जो विभिन्न राज्यों में प्राथमिक शिक्षा का माध्यम बनाई गई हैं और जिन्हें बाक़ी 217 जनपदीय भाषाओं का स्वत्व हरण करने के लिए राजकीय साधन सुविधाएँ प्रदान की गई हैं। यह अन्याय हमारे मध्यवर्ग के बुद्धिजीवियों को—चाहे वे वामपंथी या दक्षिणपंथी विचारधारा के हों—क्यों नहीं दिखाई देता ? जनवाद और जनतांत्रिक प्रणाली का दम भरनेवाले इन सज्जनों को यह क्यों नहीं दिखता कि वे तीस-चालीस करोड़ लोग, जिनकी मातृभाषाओं की उपेक्षा की जा रही है, सारे के सारे ग़रीब और पिछड़े लोग हैं—उनमें अधिकांश अनुसूचित जातियों और अनुसूचित आदिवासी क़बीलों के लोग हैं।

हमारे शिक्षाविदों को यह सीधी-सी बात समझ में क्यों नहीं आती कि सार्वजनिक शिक्षा के सारे प्रोग्रामों की विफलता का मुख्य कारण यह नहीं है कि ग़रीब किसानों या दस्तकारों या गिरिजनों को उनके काम में मदद के लिए बच्चों के हाथ चाहिए, बल्कि उनके बच्चों को एक भोंडे ढंग से एक विभाषा देने की चेष्टा की जाती है, जिसे सीखने के लिए बरसों का अभ्यास चाहिए। फिर भी उन्हें कुछ हासिल होगा, उनकी योग्यता बढ़ेगी, इसकी कोई संभावना नहीं होती। दरअसल स्वयं बच्चे आरंभ से ही किसी अज्ञात विभाषा को सीखने से घबराते हैं। इसीलिए उत्तर भारत के गाँवों तक में जिसे हम 'हिंदी-क्षेत्र' कहते हैं साठ से सत्तर फीसदी बच्चे चौथी कक्षा तक पहुँचने से पहले ही 'ड्रॉप आउट' हो जाते हैं।

एक बार फिर इस बात को रेखांकित करने की ज़रूरत है कि हमारा मध्य वर्ग और उसके बुद्धिजीवी इतने आत्मनिष्ठ और सुविधाभोगी हो गए हैं कि जनहित को ध्यान में रखकर राहुलजी की 'मातृभाषा' संबंधी विचारधारा के हक़ में या संविधान में स्वीकृत 'मातृभाषाओं' को शिक्षा का माध्यम बनाने की नीति का लगातार उल्लंघन होते आने के विरोध में जनता को जागरूक करने की बजाय वे शिक्षा संस्थानों और सरकारी नौकरियों में ग़रीब अनुसूचित जातियों और क़बीलों के पढ़े-लिखे नौजवानों के लिए कुछ फीसदी स्थान आरक्षित करने तक के विरुद्ध जेहाद

*इनमें हिंदी-क्षेत्र की भोजपुरी, मैथिली, अवधी, ब्रज, राजस्थानी आदि भी शामिल हैं, जिनकी गिनती दुनिया की दो दर्जन बड़ी भाषाओं में की जा सकती है और जिनमें लगभग एक हजार साल से साहित्य-रचना की समृद्ध परंपरा है। हिंदी या उर्दू का शायद ही कोई वरिष्ठ लेखक है जिसकी मातृभाषा इनमें से कोई एक न हो !

बोलकर हिंसा और आगज़नी पर उतर आते हैं।

लेकिन जो बुद्धिजीवी आज के दूषित, भ्रष्ट और स्वार्थपरक वातावरण में भी अपनी ईमानदारी और अपना विवेक खो नहीं बैठे हैं, उन्हें देश और देश के असंख्य ग़रीब, पिछड़े लोगों के विकास को दृष्टि में रखकर महापंडित राहुल सांकृत्यायन द्वारा उठाए गए मातृभाषाओं के प्रश्न का आज के सार्वदेशिक परिप्रेक्ष्य में अपने पूर्वग्रह छोड़कर पुनः गंभीर अध्ययन करना चाहिए, ताकि 'नई शिक्षा नीति', जिसकी रूपरेखा सरकार का मानव संसाधन मंत्रालय तैयार कर रहा है, वह मातृभाषाओं के प्रश्न पर पुनः पुरानी नीतियों का ही अनुसरण न करता जाए। इससे मानव संसाधनों का अपव्यय तो जारी रहेगा ही, ग़रीब अशिक्षित जनता का ज़रा भी उपकार नहीं होगा। देश की ग़रीब, अशिक्षित और अंधविश्वासों के अंधकार में डूबी भारतीय जनता के विकास की कुंजी शिक्षा के क्षेत्र में राहुलजी के सुझाए कार्यक्रम को ईमानदारी से सारे देश में अमल करने में है।

डॉ. विश्वंभरनाथ उपाध्याय : आकलन और मूल्यांकन*

चिरंजीव प्रिय डॉ. मंजुल,

पिछले साल आपने सूचित किया था कि आप अपने पिताश्री के 'रचना-संसार' पर हिंदी के आलोचकों और विद्वानों के लेखों का संकलन करके एक पुस्तक तैयार कर रहे हैं, उसके लिए आपने मुझसे मेरा 'रचनात्मक आशीर्वाद' माँगा था। आपकी यह योजना मुझे बहुत अच्छी लगी और यह देखकर हार्दिक प्रसन्नता भी हुई कि आपके अपने पिताश्री (और सौभाग्य से मेरे अनुजतुल्य, बहुमुखी प्रतिभा के धनी) डॉ. विश्वंभरनाथ उपाध्याय की साहित्यिक देन और विरासत पर सच्चा गर्व है।

सच तो यह है कि मुझे भी उनके अनेकआयामी 'रचना-संसार'–उनके व्यक्तित्व और कृतित्व पर गर्व है–केवल इसलिए नहीं कि वे मुझे अपना बड़ा भाई मानते हैं, बल्कि इसलिए कि भारत की आज़ादी के बाद प्रगतिशील लेखक आंदोलन में, जो उस समय हिंदी की ही नहीं, समूचे भारतीय साहित्य की 'मुख्य धारा' था, बड़ी प्रतिभा के जो तरुण आलोचक सामने आए, उनमें सबसे योग्य, सबसे अधिक सुस्पष्ट, सुसंगत, व्यापक दृष्टि और संतुलित विश्व-बोध वाले विचारक और विद्वान् आपके पिताश्री ही हैं। यह कहकर मैं उनकी पीढ़ी के ही एक और आलोचक–डॉ. नामवर सिंह–के प्रति अन्याय और आपके पिताश्री के प्रति कोई पक्षपात नहीं कर रहा। यह एक वस्तुपरक मूल्यांकन है।

इस बात को इतिहास के व्यापक परिप्रेक्ष्य में समझा के बताना ज़रूरी है। इस सदी के चौथे दशक में राष्ट्रीय आंदोलन में समाजवादी विचारों के बढ़ते प्रभाव के कारण भारतीय लेखकों में भी समाजवादी विचारधारा से प्रभावित एक ज़ोरदार प्रगतिशील आंदोलन का सूत्रपात हुआ, जिसके अनेक जनवादी उद्देश्यों में से एक यह था कि साहित्यकार-कलाकार जनता के जीवन और उनकी समस्याओं का गंभीर यथार्थपरक चित्रण करें ताकि जनता के दलित-पीड़ित-शोषित वर्गों में अपने

---

*यह पत्र 'विश्वंभरनाथ उपाध्याय : रचना और कर्म' शीर्षक पुस्तक में संकलित है। यह पत्र डॉ. मंजुल उपाध्याय को लिखा गया।

अधिकारों के प्रति जागृति पैदा हो सके और वे ऊँच-नीच पैदा करनेवाले भाग्यवादी अंधविश्वासों तथा अन्य पुनरुत्थानवादी और प्रतिक्रियावादी प्रवृत्तियों और विचारधाराओं के प्रभाव से अपने को बचा सकें। इसके लिए यह ज़रूरी था कि भारतीय समाज में प्राचीन (वैदिक) काल से दर्शन, चिंतन, साहित्य और कला के क्षेत्र में जो भी एकता-विधायक मानववादी और जनोन्मुखी विचार परंपराएँ रही हैं—भाववादी, भौतिकवादी, धार्मिक या धर्मनिरपेक्ष और लौकिक, नास्तिक या आस्तिक विचारधाराओं और मत-मतांतरों के अंतर्गत—उन सबको केवल भारतीय जनता की ही नहीं, बल्कि समग्र मानव जाति की सामान्य विरासत के रूप में सहेजना, उजागर करना, उसकी पीठिका पर वर्तमान और भावी युगों के तक़ाजों के अनुकूल नई विचार परंपराओं और जीवन-मूल्यों का विकास करना—यह प्रक्रिया निरंतर जारी रहे और इस कार्य में प्रगतिशील लेखक और रचनाकार सक्रिय भाग लें, यह दायित्व एक प्रकार से प्रगतिशील लेखक आंदोलन ने स्वयं अपने ऊपर लिया था। हमारे सामने भारतीय साहित्य की ही एक विशाल प्रगतिशील परंपरा थी जो हमें विरासत में मिली थी।

कबीर, दादू, नानक, रैदास, बाबाफरीद, बुल्लेशाह आदि हिंदू-मुसलमान संत कवियों और पीर-फकीरों ने मध्यकाल में एक नई मिली-जुली जन संस्कृति और चिंतन परंपरा को जन्म दिया था जिसमें जाति धर्म के भेदभाव के लिए, मूर्ति-पूजा, कर्मकांड आदि के माध्यम से पलनेवाले अंधविश्वासों और पाखंडों के लिए कोई गुंजाइश नहीं थी। हमारे सामने आधुनिक युग के ही रवींद्र, शरत्, प्रेमचंद, ग़ालिब, नज़ीर, इक़बाल, चकबस्त, निराला, पंत जैसे महान् अग्रजों की मिसाल थी जिन्होंने एक धर्म-निरपेक्ष (Secular) साहित्य परम्परा को विश्व-साहित्य की बुलंदियों तक पहुँचाया था। इस महान् विरासत को आगे बढ़ाने की कोशिश में प्रगतिशील आंदोलन के लेखकों ने अपनी-अपनी छोटी-बड़ी क्षमता के अनुसार भरपूर योगदान दिया। इसका ही परिणाम है कि भारत की प्रत्येक प्रमुख भाषा में चौथे दशक से लेकर आज तक जो भी परिमाण में सबसे अधिक और गुणवत्ता में सर्वश्रेष्ठ भाग है वह प्रगतिशील आंदोलन से प्रभावित है—काव्य, कहानी, उपन्यास, नाटक, आलोचना यहाँ तक कि फिल्म कहानी, गीत सभी क्षेत्रों में प्रगतिशील लेखक आंदोलन से जुड़े लेखकों की हर भारतीय भाषा में एक लंबी सूची है। उन्होंने भारतीय साहित्य को एक उदात्त मानववादी स्तर दिया है, एक अंतर्राष्ट्रीय हैसियत प्रदान की है और आज भी नई-नई प्रतिभाएँ प्रगतिशील (Democratic and Socialist) विचारधाराओं से प्रभावित होकर साहित्य में उभर रही हैं। इस युग में समाजवादी समाज व्यवस्था कायम करने के प्रयोग कितने सफल हुए, कितने विफल हुए और क्यों, ये सब दीगर सवाल हैं। भारतीय तथा अन्य देशों के भी लेखकों का प्रगतिशील चिंतन, लेखन, आंदोलन का औचित्य या अस्तित्व इन सवालों का मोहताज नहीं है, क्योंकि समता का सपना मुनष्य आदिकाल से देखता आया है और आगे भी देखता रहेगा और सपने को

सबका सपना बनाने की आकांक्षा ही सच्ची कलात्मक अभिव्यक्ति प्रेरक भावना है।

यह सब दोहराने की ज़रूरत इसलिए पड़ी कि आज़ादी के बाद हमारे देश की कम्युनिस्ट पार्टी में सहसा एक ऐसा वामपंथी भटकाव आया कि प्रगतिशील लेखक आंदोलन भी गुमराह हो गया। आपके पिताश्री उपाध्यायजी और नामवरजी ने जब साहित्य की दुनिया में क़दम रखा, उस समय प्रगतिशील लेखक आंदोलन में वैचारिक संकीर्णता और कट्टरपंथी असहिष्णुता का दौर शुरू हो गया था, जिसकी लपेट में आपके पिताश्री और नामवरजी दोनों ही आए। दुर्भाग्य से कम्युनिस्ट पार्टी पर रणदिवे और नम्बूद्रीपाद जैसे संकीर्णतावादी नेताओं ने क़ब्जा करके उसे और उससे संबद्ध मज़दूर किसान, विद्यार्थी, लेखक, महिला संगठनों को भी राष्ट्रीय आंदोलन विरोधी मोर्चे में धकेल दिया और इस प्रकार प्रगतिशील लेखक आंदोलन भी मुख्य राष्ट्रीय धारा से कट गया। इससे एक ऐसी संकीर्ण अलगाववादी मानसिकता पैदा हुई, अपने ही राष्ट्रीय आंदोलन और अपने ही देश की आज़ादी की निंदा, भर्त्सना करने से व्यवहार और चिंतन में, ऐसी कटुता पैदा हो गई कि दो साल बाद जब अंतर्राष्ट्रीय कम्युनिस्ट आंदोलन ने (दरअसल स्वयं स्टालिन ने) भारतीय पार्टी की नीति को ग़लत बताया तो भारतीय पार्टी ने नीति तो बदल ली लेकिन न मानसिक संकीर्णता और कठमुल्लापन बदला, न राजनीतिक आचरण-व्यवहार में कोई परिवर्तन आया। राष्ट्रीय आंदोलन उसकी नजर में बूर्ज्वा आंदोलन ही बना रहा—गांधी-नेहरू जैसे नेताओं के नेतृत्व के कारण। यों उन्हें ऊपर से मानना पड़ा कि भारत आजाद हो गया है लेकिन उसकी हैसियत थी साम्राज्यवाद के एक मुवक्किल राज्य की। आज भी भिन्न-भिन्न शब्दों में कम्युनिस्ट पार्टियाँ और छोटे-छोटे क्षेत्रीय टुकड़ों में बँटे कम्युनिस्ट गुट इसी बेसुरे राग को अलापते जाते हैं, हालाँकि उनका जनाधार रोज़-ब-रोज़ सिकुड़ता जाता है। ग़ौर कीजिए—सत्तर साल की ज़िंदगी के बाद दोनों भारतीय कम्युनिस्ट पार्टियों की मिलाकर भी देश में उतनी साख और प्रभाव नहीं है जितना 15 वर्ष की उम्र (यानी 1940 में) था, जब सारे देश में कम्युनिस्टों की संख्या दो-ढाई हज़ार से ज्यादा नहीं थी। तब लगता था कि जैसे एक-एक खालसा सवा लाख के बराबर है—वाला गुरु गोविंद सिंह का दावा ग़लत नहीं था। इसके बरक्स कांग्रेस ने इतिहास में संसार के सबसे बड़े और शक्तिशाली साम्राज्य के विरुद्ध राष्ट्रीय आंदोलन का संगठन कर अहिंसात्मक संघर्ष के ज़रिये कुल 30 साल से भी कम अवधि में विजय पाई और आज़ादी हासिल कर ली। आखिर क्यों ? क्यों नहीं भारतीय कम्युनिस्ट समाजवाद की ओर अग्रसर होने के किसी भारतीय-पथ की सही रूपरेखा बना सके ? नेहरू ने भारत की पूरी खोज करके भारत के पुनर्निर्माण और विकास का एक द्वंद्वात्मक भौतिकवादी मार्ग खोज निकाला, जो संभवतः हमारे देश के इतिहास और सामाजिक-राजनीतिक जीवन की संश्लिष्टताओं के बीच समाजवाद की ओर बढ़ते जाने का एकमात्र जनतांत्रिक और

सेक्युलर मार्ग है, जिस पर इतने ETHNIC जनसमूहों, विभिन्न धर्मों-संप्रदायों, जातियों, संस्कृतियों के लोग भाईचारे की भावना से सहयोग और मुक़ाबले की प्रणाली से एक-दूसरे को ऊपर उठाते चल सकें। लेकिन आज़ाद भारत की थोथी आज़ादी को मुकम्मल करने के लिए एक समाजवादी क्रांति करके पुनः आज़ाद करने फेंटेसी में गिरफ़्त हमारे साथी क्रांति तो नहीं, क्रांति का क्रूर नाटक रचकर अपनी कामयाबी पर सिहाते रहे। इस नाटक में आमतौर पर जनता ने भाग नहीं लिया। फिर भी इससे हमारे साथियों ने कोई सबक़ नहीं सीखा। अपनी निपट असफलता से इतनी विनम्रता भी नहीं सीखी कि सच्चे दिल से अपनी गलतियाँ स्वीकारते और यह जानकर कि अपढ़-गँवार भारतीय जनता बुद्ध-शंकराचार्य, कबीर, नानक, रवींद्र और गाँधी-नेहरू के प्रौढ़ चिंतन और उदात्त नैतिक जीवन के प्रभाव में बिना सीखे-पढ़े ही एक उद्बुद्ध चेतना की वारिस है और उसमें सत्य-असत्य, अच्छे-बुरे की पहचान करने की एक सहज क्षमता है, इसलिए वह क्रांति के नाम पर किसी भी बचकानी उच्छृंखलता को चारा नहीं डालेगी, उन्हें ईमानदारी से अपने आप से पूछना चाहिए था कि समाजवाद की ओर अग्रसर होने का गांधी, नेहरू द्वारा सुझाया मार्ग ही तो कहीं एकमात्र वांछित भारतीय मार्ग नहीं हैं, जो शोषित-पीड़ित भारतीय जनता को अपनी मंज़िल पर ले जाएगा ? साथ ही यह भी ईमानदारी से सोचना चाहिए था कि इसके विकल्प के रूप में हिंसात्मक क्रांति का मार्ग क्या आज की परिस्थितियों में भारतीय जनता को खानाजंगी के रक्तपात में डुबोकर साम्राज्यवादियों के पुनर्हस्तक्षेप का शिकार तो नहीं बना देगा ? और अगर ऐसी संभावना ज़्यादा थी तो फिर गांधी-नेहरू के बताए मार्ग से विकास की प्रक्रिया को कारगर और कामयाब बनाने के लिए उन्होंने अपना निश्छल सहयोग क्यों नहीं दिया ? ऐसा न सोच पाना दरअसल हमारे वामपंथी बुद्धिजीवियों के जीवन की सबसे बड़ी त्रासदी रही है।

इस प्रसंग में यह बात याद रखने की है कि राष्ट्रीय आंदोलन विरोधी राष्ट्रीय स्वयं सेवक संघ जैसे सांप्रदायिक संगठन को छोड़कर राष्ट्रीय आज़ादी की लड़ाई में भाग लेनेवाले बाक़ी सारे जन-संगठन, किसान, मज़दूर, विद्यार्थी, महिला आंदोलन आदि राष्ट्रीय कांग्रेस की कोख से ही पैदा हुए और पले थे। कांग्रेस उन सब की माँ थी। इनमें दक्षिणपंथी गिरोह भी थे और वामपंथी भी, बूर्ज्वा से लेकर कम्युनिस्ट तक। जो वामपंथी गिरोह थे—जैसे कम्युनिस्ट (डांगे-पूरनचंद जोशी के नेतृत्ववाले) या समाजवादी (जयप्रकाश नारायण, डॉ. लोहिया के नेतृत्ववाले) उन सबको जवाहरलाल नेहरू का प्रोत्साहन और सरपरस्ती प्राप्त थी। दिलचस्प बात यह है कि इन दोनों प्रवृत्तियों को महात्मा का आशीर्वाद भी प्राप्त था। जैसे एक परिवार के बच्चों में मतभेद और छोटे-मोटे झगड़े उठते रहते हैं, उस तरह यहाँ भी होते थे लेकिन कोई अपनी माँ से मुँह मोड़कर नहीं जाना चाहता था, क्योंकि कांग्रेस 'गंगा मैया'

की तरह राष्ट्र की विशाल जनधारा थी। इसी तरह, अपने सरपरस्त राष्ट्रीय नेता का वरद-हस्त अपनी पीठ से झटककर, जिसने उन्हें राष्ट्रीय जीवन में प्रतिष्ठा और जनता का समर्थन दिलाया था सहसा स्वार्थवश एक निंदक और विरोधी की भूमिका अदा करने लगना जैसी कृतघ्नता और आचरणहीनता तब तक हमारे नैतिक जीवन का सामान्य अंग नहीं बनी थी। कम्युनिस्ट शायद कांग्रेस रो सन् 45 या 46 में ही बाहर आ गए थे—गांधीजी के आदेश पर विवश होकर, लेकिन बिना किसी कटुता या वैमनस्य की भावना लेकर। गांधीजी की सद्भावना, नेहरू की सरपरस्ती और कांग्रेस से सहयोग की नीति पूर्ववत् बनी रही। लेकिन भारत की आज़ादी के कुछ ही दिनों के अंदर कम्युनिस्ट पार्टी से डांगे-जोशीवाले नेतृत्व को हटाकर रणदिवे-गुट ने अपनी कट्टरपंथी दुर्नीतियों से समूचे प्रगतिशील आंदोलन को ऐसा भयानक धक्का पहुँचाया कि वह आज तक उबर नहीं सका। राष्ट्रीय आंदोलन में फूट पड़ी, एक अवधि के अंदर और दूसरे समाजवादी गिरोह भी कम्युनिस्टों की तरह अपनी पीठ पर से गांधी-नेहरू का वरद-हस्त झटककर अलग हो गए। जो काम रणदिवे ने किया, वही आगे चलकर जयप्रकाश नारायण और फिर डॉक्टर लोहिया और मीनू मसानी ने किया। उस समय कोई नहीं समझ पाया कि ऐसा आचरण आनेवाली पीढ़ी के नौजवानों के लिए रोज़मर्रा की बात बन जाएगा, स्वार्थ सर्वोपरि हो जाएगा और सफलता के लिए दो नावों में पाँव रखना आम रिवाज़। जो मानसिकता पैदा हो रही थी उसमें आज़ादी की कामधेनु को बिना चारा डाले ही जल्द-से-जल्द और अधिक-से-अधिक दुह लेने की आपाधापी बुद्धिजीवियों में सबसे ज्यादा ज़ोर पर थी। उधर प्रगतिशील आंदोलन और समाजवादी विचारधारा के विरुद्ध अमेरिका ने शीतयुद्ध का आग़ाज़ करते ही एक विश्वव्यापी महाज़ (मोर्चा) खड़ा कर दिया था जिसमें हर देश के लेखकों, साहित्यकारों और कलाकारों की बड़े-बड़े प्रलोभन देकर धड़ाधड़ भरती की जा रही थी। एक तरफ राष्ट्रीय आंदोलन में दरारें, दूसरी तरफ वामपंथियों की राष्ट्र की मुख्य धारा से अलग होकर संकीर्ण और कट्टर वर्गवादी नीतियों का समर्थन और राष्ट्रीय कांग्रेस और उसके नेताओं को साम्राज्यवाद और पूंजीपतियों का दलाल कहकर विरोध। एक तरफ देश के बँटवारे और सांप्रदायिक दंगों की मारकाट से लहूलुहान जनता की घायल भावना को गुमराह करने की प्रतिक्रियावादियों की कोशिशें, तो दूसरी तरफ साम्राज्यवादियों द्वारा प्रगतिशील आंदोलनों को बदनाम करने के लिए 'कांग्रेस फ़ॉर कल्चरल फ्रीडम' जैसे संगठनों की विश्व-व्यापी सरगरमियाँ। इस तरह ये तीनों विघटनकारी विचारधाराएँ तीन दिशाओं से साहित्य और कला में उभरनेवाली नवोदित प्रतिभाओं को अपने-अपने खेमे में खींचने की कोशिश कर रही थीं। तीनों एक-दूसरे की विरोधी भी थीं और पूरक भी। पूरक इसलिए कि उनके लक्ष्यों में एक समानता थी—अपने उद्देश्यों की पूर्ति के लिए राष्ट्रीय आंदोलन, कांग्रेस और राष्ट्रीय सरकार को गिराने की ज़रूरत

पर उनका समान ज़ोर। रणदिवे-रामविलास मार्का मार्क्सवाद के समर्थक अपनी संकीर्ण समझ के कारण समाजवाद की तत्काल स्थापना करने की उतावली में मानने लगे कि हथियारबंद वर्गीय संघर्ष द्वारा देश में अराजकता फैलाकर ही भारत की बूर्ज्वा सरकार को गिराया जा सकता था। 'कांग्रेस फ़ॉर कल्चरल फ्रीडम' के माध्यम से भारत में 'अमरीकी लॉबी' का विचार था कि पुराने प्रगतिशील मानव आदर्श खोखले हो गए हैं और मूल्य अर्थहीन, क्योंकि वामपंथी तथाकथित प्रगतिशील आंदोलन और समाजवादी नेहरू सरकार की व्यवस्था व्यक्ति-स्वातंत्र्य की विरोधी है। इसलिए व्यवस्था का विरोध और प्रगतिशील मानव आदर्शों और सामाजिक सांस्कृतिक मूल्यों का तत्कालीन अमरीकी नव-आलोचना के प्रतिमानों के आधार पर तिरस्कार और यह दावा कि अब लेखक-कलाकार की अस्मिता को मनवाने का यही एकमात्र रास्ता था—एक मानसिक दौरा-सा जैसे पड़ गया था, नए लेखकों में। लोगों के दुःख-दर्द, अणु-अस्त्रों की होड़ से मानव-जीवन के लिए उत्पन्न खतरे जैसे युग के ज्वलंत प्रश्नों से उनको कोई सरोकार नहीं रहा। सारा संसार उनकी दृष्टि में एक भयानक संत्रास की स्थिति में जी रहा था, जिससे नजात पाने का कोई मार्ग नहीं था। ऐसे में न 'भूत' प्रासंगिक था, न किसी 'भविष्य' की संभावना थी—केवल 'वर्तमान' था और वर्तमान में भी क्षण-क्षण का जीना था। इसलिए सरोकार केवल अपने आप से ही हो सकता था, अपनी अस्मिता की खोज से। कुछ ऐसी आत्म-केंद्रित धारणाएँ हमारे तरुण साहित्यकारों की चेतना को 'नई आलोचना' की आकर्षक स्थापनाओं के ज़रिये कुंठित कर रही थीं। वर्तमान क्षण को अपने लिए सार्थक बनाने के लिए तरह-तरह के मुखौटे लगाकर जल्द-से-जल्द अपनी पहचान बनाने का काम शुरू हुआ। ऐसी अवसरवादी मानसिकता पैदा हुई कि स्वार्थ-साधना ही सर्वोच्च मूल्य बन गई।

इस प्रसंग में अचानक एक घटना याद आ गई। सवा तीन साल बाद जब मैं काश्मीर के सांस्कृतिक आंदोलन का संगठन कार्य पूरा करके लौटा, तो एक दिन रेडियो स्टेशन पर श्री धर्मवीर भारती से मुलाकात हो गई। स्वर्गीय बंधुवर प्रो. प्रकाशचंद्र गुप्त ने मुझे लिखा था कि भारती एक तरुण प्रतिभाशाली लेखक हैं—प्रगतिशील लेखक संघ के साथ थे, लेकिन पार्टी की ULTRA-LEFTIST नीति के कारण अलग हो गए हैं और अब अज्ञेयजी के साथ हैं, जिन्होंने दूसरे तार सप्तक के कवियों में उन्हें भी रखा है। मिलने पर मैंने भारती से कहा कि पार्टी की नीति से सहमत तो मैं भी नहीं रहा हूँ, लेकिन क्या अज्ञेयजी का सहारा लेना ज़रूरी था ? भारतीजी ने तुरंत मुस्कराते हुए उत्तर दिया, "आप क्या सोचते हैं कि हमेशा ऐसा रहेगा ? आज मुझे उनकी ज़रूरत है, लेकिन कल जब मैं अच्छी तरह स्थापित हो जाऊँगा तो अपनी पीठ पर से उनका हाथ झटक दूँगा।" यह बात इतने सहज और बेलाग अंदाज़ में कही गई थी जैसे एहसानफ़रोशी इंसान का जन्मसिद्ध अधिकार हो। यह हो गया था तब व्यक्तित्व नैतिक आचरण का नया प्रतिमान !

तो डॉ. मंजुल, ऐसा विघटनकारी था वह माहौल, जब वामपंथी भटकाव के दौरान रणदिवे-रामविलास मार्का मार्क्सवाद की संकीर्ण मानसिकता से प्रभावित आपके पिता श्री उपाध्यायजी और नामवरजी प्रगतिशील आंदोलन में उदीयमान लेखकों की हैसियत से शामिल हुए थे। इस संकीर्ण मानसिकता की झलक उनके आरंभिक लेखन और चिंतन में दिखाई देती है। लेकिन समय के साथ उनकी समाज और संस्कृति की समस्याओं को समझने परखने की दृष्टियों में मौलिक भेद आने लगा। नामवरजी ने उपर्युक्त 'नई आचरण-संहिता' के मुताबिक वामपंथी संकीर्णता को INTERNALISE कर लिया और अमरीकी 'नई आलोचना' की स्थापनाओं के अनुसार 'नई कविता' आंदोलन के पाँच-सात प्रमुख नए कवियों की कविता को मिसाल बनाकर, 'कविता के नए प्रतिमान' नाम से एक ग्रंथ की रचना कर डाली, जो उनकी सबसे महत्त्वपूर्ण कृति है ! लेकिन यह मिथ्या नामकरण था, क्योंकि उसमें कविता मात्र पर लागू होनेवाले प्रतिमानों का कोई जिक्र नहीं है। दरअसल, साहित्य अकादमी द्वारा पुरस्कृत इस ग्रंथ में नामवरजी ने अमरीकी 'नई आलोचना' के सूत्रों की रोशनी में हिंदी की 'नई कविता' की खूबियों को अपनी सूक्ष्म विश्लेषण और तर्क शक्ति से, जो स्याह को सफेद और सफेद को स्याह साबित करने में सक्षम है, इस तरह उजागर किया कि उसकी चकाचौंध में श्रीकांत वर्मा और रघुवीर सहाय की निम्न कविताओं में पाठक को नैतिक आचरण की पराकाष्ठा नज़र आने लगी, क्योंकि उनके कथन में कोई छल-छंद, झूठ या मकर नहीं है, अगर है तो लेखकों की ईमानदारी और अनुभूति की प्रामाणिकता। वर्मा की कविता इस प्रकार है :

"मुझे दुःख नहीं मैं किसी का नहीं हुआ। दुःख है
कि मैंने सारा समय
हरेक का होने की कोशिश की।"

और रघुवीर सहाय फर्माते हैं :

"एक मेरी मुश्किल है जनता
जिससे मुझे नफरत है सच्ची और निस्संग
जिस पर मेरा क्रोध बार-बार न्योछावर[1] होता है।"

'प्रमुख' मार्क्सवादी आलोचक होते हुए भी नामवरजी को श्रीकांत वर्मा और रघुवीर सहाय की इन कविताओं में अस्मिता की इतनी गहन खोज दिखाई दी कि वह ईमानदारी का पर्याय बन गई। इसके विपरीत पिछले पचास साल की प्रगतिशील कविता में उन्हें 'सपाटबयानी' के अलावा कुछ नज़र नहीं आया—अस्मिता की खोज

1. ममता बच्चों पर या गरीब-असहायों पर न्योछावर की जाती है। यह तो हम भी जानते थे, लेकिन 'क्रोध' भी 'न्योछावर' किया जाता है, यह रघुवीर सहाय से ही सुना।

या ईमानदारी तो दूर, कविता या कवित्व की झलक तक नहीं, न उसके 'कलाम' में न उसके 'पयाम' में। इसलिए उनकी गुण ग्राहक दृष्टि नई कविता के पाँच-सात कवियों की कविताओं में ही सिमटकर रह गई। उनकी इस मजबूरी का नतीजा है कि उनका 'रचना संसार' इतना नगण्य, इतना छोटा और इतना वीरान है, जिसमें केवल इतने ही स्वनामधन्य 'नए कवि' बसते हैं।

इसके विपरीत आपके पिताश्री उपाध्यायजी मात्र आलोचक ही नहीं हैं, बल्कि प्राचीन भारतीय दर्शन, साहित्य और इतिहास के मर्मज्ञ विद्वान् भी हैं, और स्वयं एक अच्छे कवि और बड़े उपन्यासकार हैं। माना कि उनके चिंतन के अंदर कभी-कभी आरंभिक वामपंथी भटकाव के कुछ चिह्न यत्र-तत्र आ जाते हैं, लेकिन उसमें कोई विसंगति नहीं है। उनके तर्क सुसंगत और यथार्थपरक होते हैं। वे मार्क्सवादी हैं लेकिन किसी पार्टी से संबद्ध न होने के कारण खुली आँखों से दुनिया को देखते हैं। वे उन उद्देश्यों और मूल्यों के लिए लड़ते रहे हैं, जिनको लेकर कभी प्रगतिशील लेखक आंदोलन चला था। उनका 'रचना-संसार' विशाल है, वैसा ही जैसा महापंडित राहुल सांकृत्यायन और रांगेय राघव का, जिनके पांडित्य के वे वारिस ही नहीं हैं, बल्कि उनकी महान् परंपरा के उन्नायक भी। इसलिए उनके 'रचना-संसार' में बड़ी चहल-पहल है ! वहाँ यदि अतीत के जन-समुदाय अपने युग की समस्याओं से जूझते दिखते हैं, तो आधुनिक जीवन की समस्याओं से जूझते हुए हर वर्ग के लोग भी निकट से देखने को मिलते हैं। युग के हर ज्वलंत प्रश्न पर होनेवाली उभय-पक्षी बहसें उनके किरदारों के गहरे सरोकार की द्योतक हैं; तो बरखुरदार अपने पिताश्री के 'रचना-संसार' पर अगर आपको गर्व है, तो वह बिल्कुल जायज़ है। अब आइए, उपाध्यायजी के रचना-संसार की एक सरसरी सैर करें। उसे देखें, परखें !

मैंने आपके पिताश्री के सारे उपन्यास (जो संख्या में शायद 7 हैं); सारे आलोचना और काव्यशास्त्र संबंधी निबंध संग्रह और शोध-ग्रंथ तथा भारतीय दर्शन और मार्क्सवाद संबंधी बृहद् सैद्धांतिक, विश्लेषणात्मक और व्याख्यात्मक ग्रंथ (जिनकी संख्या लगभग 25 है) तो नहीं पढ़े, लेकिन जो पढ़े हैं, उनके बारे में यह तो निश्चित रूप से कह सकता हूँ कि वे एक आला दिमाग़ के रचनाकार की लिखी महत्त्वपूर्ण कृतियाँ हैं। उनमें जो प्रश्न उठाए गए हैं और जो मनुष्य के बहु-आयामी, बहु-रंगी और बहु-स्तरीय गतिशील जीवन के चित्र उकेरे गए हैं, उनमें प्रतिबिंबित जीवन आज का हो या दो हजार वर्ष पुराने भारत का, वे इतने सजीव और यथार्थ हैं कि कभी-कभी आश्चर्य होता है कि इतने भिन्न प्रकार के सामाजिक यथार्थ में और जीवन की इतनी भिन्न समस्याओं से जूझते हुए इतने भिन्न स्वभाव और वर्गों के पात्रों की भावनाओं और प्रतिक्रियाओं को उन्होंने कितनी सूक्ष्मता से अंकित किया है—लगता है उनमें चित्रित सारा माहौल सजीव और सक्रिय है और हम उन घटनाओं का साक्षात् ही नहीं कर रहे, उनमें भावना के स्तर पर हम भाग भी ले रहे हैं।

संभवतः प्राचीन, आर्य-पूर्व भारतीय समाज में आरंभ से ही अनेक अनीश्वरवादी पंथ और साधनाएँ प्रचलित थीं। शैव, शाक्त, आगमवादी थे। सिद्ध और नाथ योगियों की परंपराएँ भी शायद बौद्ध और जैन धर्मों के उदय से पहले की हैं। आपके पिताश्री गिनती के उन चंद विद्वानों में से हैं जिन्होंने भारत के लोक जीवन में प्रचलित इन राब वेद-बाह्य, सेक्युलर और धर्मनिरपेक्ष साधनाओं का गंभीर अध्ययन किया है और अपने शोध के आधार पर गोरखनाथ और मत्स्येंद्रनाथ की योग-साधना के व्यापक प्रभाव से विकसित होनेवाले जनांदोलन को, संभावना के सारे सूत्र जोड़कर, एक सुसंगत कहानी का कलात्मक रूप देने का साहसिक प्रयत्न किया है। रहस्य और मिथकों की परतों में लिपटे गोरखनाथ और मत्स्येंद्रनाथ तथा राजा भर्तृहरिनाथ के पौराणिक आवरण को हटाकर उनके किरदार को एक ऐतिहासिक हैसियत और इयत्ता देने की सफल कोशिश की है। ऐसा करके उन्होंने अतीत की इन लोकप्रिय और सेक्युलर परंपराओं के मूलतः जनवादी आदर्शों को आधुनिक जन-जीवन के धर्मनिरपेक्ष उदात्तीकरण के लिए प्रासंगिक बना दिया है। यह एक बड़ी उपलब्धि है। साथ ही, 'जोगी मत जा' और 'जाग मछिंदर गोरख आया', इन उपन्यासों में राजा भर्तृहरिनाथ पर पहले उपन्यास में, ईसा पूर्व की पहली शती में मध्य एशिया से आए शकों के आक्रमण के विरुद्ध भारतीय राजाओं और जनता को एकजुट करते हुए दिखाया है और गोरखनाथ को दूसरे उपन्यास में विदेशियों के आक्रमण के विरुद्ध बप्पारावल, सोलंकी, कुशवाहा, चाहमान और परमार जनता में देशप्रेम की अलख जगाते हुए दिखाया है। नाथ संप्रदाय की योगिक क्रियाएँ और साधनाएँ चाहे जितनी कठोर रही हों और आज विचित्र लगती हों, वह सारे उत्तर भारत में एक लोकप्रिय और जन-समर्थित धर्मनिरपेक्ष आंदोलन था जिसने वर्ण-व्यवस्था और जाति-भेद पर आधारित ब्राह्मणवादी समाज व्यवस्था और नैतिकता को निरंतर चुनौती दी और आगे चलकर मध्य युग में सूफियों और संतों के निर्गुणियाँ भक्ति आंदोलन को प्रेरित किया। उपाध्यायजी ने इन उपन्यासों के माध्यम से भारतीय इतिहास की हजारों साल से ऊँची-नीची जातों, काली-गोरी नस्लों, विभिन्न जनपदीय संस्कृतियों, भाषाओं, सामाजिक, धर्मिक विश्वासों और रीति-रिवाजों में बँटे भारतीय जनजीवन को आदिकाल से ही मानव मात्र की एकता और बराबरी के विचारों और नैतिक मान्यताओं से प्रेरित करती आनेवाली बौद्ध-जैन तथा कालांतर में सूफी-संत परंपराओं और दार्शनिक सांस्कृतिक-सामाजिक आंदोलनों की तरह ही जिस सुदीर्घ नाथ परंपरा और आंदोलन ने हमारी भाषाओं, चिंतन की पद्धतियों और भावबोध को गहरे स्तर तक प्रभावित किया है, उसकी पूरी जानकारी देने का यत्न किया है। दरअसल संस्कृति और समाज के यथार्थ जीवन की विकास प्रक्रियाओं में एकता के सूत्रों की खोज उसी स्तर की है, जो पंडित जवाहरलाल नेहरू ने 'भारत : एक खोज' में भारत के राजनीतिक इतिहास में 'अनेकता में एकता' के सूत्रों की

खोज की थी। यह एक बड़ी उपलब्धि है। अतीत की लोकप्रिय परंपराओं के मूल जनवादी आदर्शों को आधुनिक जनजीवन के धर्मनिरपेक्ष उदात्तीकरण के लिए प्रासंगिक और प्रेरणादायी तभी बनाया जा सकता है जब एक यथार्थपरक दृष्टि से उन परंपराओं का विश्लेषण करके, उन तत्त्वों को जो केवल अपने समय के अनुकूल थे और अब निस्सार हो गए हैं, अलग करके, केवल उन तत्त्वों पर जोर दिया जाय जो मूलतः डिमाक्रेटिक, धर्मनिरपेक्ष और मुनष्य मात्र की बराबरी और एकता के समर्थक हैं। हर युग के प्रगतिशील चिंतकों का यह दायित्व रहा है और रहेगा, क्योंकि भारत जैसे प्राचीन देश में हर व्यक्ति के ऊपर परंपरा का बोझ अत्यधिक है। जो आज के लिए और भविष्य के लिए प्रासंगिक नहीं है, उसको सर पर उठाए चलना व्यर्थ है। यह विवेक उपाध्यायजी के उपन्यासों को ही नहीं, दार्शनिक और आलोचनात्मक अध्ययनों को भी एक संतुलित, यथार्थपरक दृष्टि प्रदान करता है।

जहाँ तक 'जोगी मत जा' उपन्यास का संबंध है, इसका कथानक भारतीय इतिहास के एक ऐसे संवेदनशील कवि और प्रेमी के जीवन-चरित्र को उकेरता है, जो दो हज़ार वर्षों से जन-मानस पर आच्छादित है और लोक कथाओं का प्रिय विषय है। इस उपन्यास के नायक राजा भर्तृहरिनाथ, उपाध्यायजी के अनुसार, संभवतः उज्जैन के राजा थे और उन राजा विक्रमादित्य के बड़े भाई थे, जिनके नाम पर ईसा से 57 वर्ष पूर्व 'विक्रम संवत्' का आरंभ हुआ था। राजा भर्तृहरि कोई पौराणिक पात्र नहीं हैं, बल्कि एक ऐतिहासिक पुरुष हैं—केवल उनके समय के बारे में विद्वानों में मतभेद है। लेकिन जिस बात के बारे में सभी एकमत हैं, वह यह कि 'नीतिशतक', 'शृंगारशतक' और 'वैराग्यशतक' जैसी महान् काव्य रचनाओं के प्रणेता राजा भर्तृहरि ही थे। वे महाकवि कालिदास की कोटि के श्रेष्ठ कवि थे। उनकी रानी पिंगला थीं, जिनके प्रति भर्तृहरि के हृदय में अगाध प्रेम था। उपाध्यायजी ने 'जोगी मत जा' में उनके प्रथम मिलन का वर्णन क्लासिकी अन्दाज़ में किया है। भर्तृहरि की मुग्धता और आसक्ति का कारण पिंगला का सौंदर्य तो है ही, उसके गुण भी हैं, वह विदुषी, कलाकार, शीलवती और एक बौद्धिक नारी है। वह राजा से कहती है, "नारी को सत्य बोलने का अधिकार और सुविधा नहीं है, क्योंकि उसकी अनन्यता ही उसकी स्थिति की सुरक्षा है, अन्यथा समर्थ पुरुष उसे त्याग देता है।" एक स्थान पर रानी पिंगला जैन साध्वी को प्रवचन देती है कि "काया भी सत्य है और काया का भी धर्म होता है। पुरुष के प्रेम के प्रति विकर्षण अप्राकृतिक है।"

लोकगीतों में पिंगला को चाहे कुछ कहा गया हो पर उपाध्यायजी ने उसे एक विदुषी और स्वतंत्र विचारों की स्त्री दिखाया है, जिसके पास अपना दिमाग़ है। वह कहती है, "मैं उज्जयिनी का शृंगार, राजप्रासाद की शोभा, राजमाता की कुलवधू, पति की पत्नी हूँ...पर मैं अपने लिए क्या कुछ भी नहीं हूँ ?...सब अपने मन की कर सकते हैं; मैं मन को क्यों मारूँ ? मुझे अपना अधिकार चाहिए।"

माया मालिन ब्राह्मण कवि रवींद्र को फटकारती है, जो उसके यौवन पर मुग्ध है, "तुमने कभी सोचा है कि उज्जयिनी में रजक, चर्मकार, माली, भंगी, धानुक, काछी, कोरी, नापित, बारी सभी नीची जातियाँ इन ब्राह्मण, ठाकुरों और वणिकों की सेवा करती हैं और मिलता क्या है, रूखा-सूखा भोजन और शीलभंग—ये ऊँची जातिवाले हमें अपनी रखैलें मानते हैं।"

शकों के आक्रमण के समय एक संन्यासी को अपनी देशज सभ्यता पर पछतावा आता है—"ऐसे भारतीय समाज को रहने का क्या अधिकार है, जिसमें इतना भेदभाव हो ? जिसमें कोटि-कोटि जनों को अस्पृश्य माना जाता हो, जैसे वे व्यक्ति नहीं विष्ठा हों ? सवर्ण समाज जिस संस्कृति पर गर्व करता है वह विचार में तो महान् है, किंतु उसके व्यवहार में कितना ऊँच-नीच है—शूद्र, दास और नीच समझा जानेवाला सेवक वर्ग यदि शकों का स्वागत करे तो क्या आश्चर्य ?"

इन छिटपुट उद्धरणों से ज़ाहिर है कि शोषित-पीड़ित तिरस्कृत जनता के हृदय में आरंभ से ही सामाजिक अन्याय पर आधारित वर्ण-व्यवस्था और अपनी असहायता के प्रति गहरी नफ़रत और आत्म-ग्लानि की आग सुलगती रही है। यह नितांत स्वाभाविक है। और उपाध्यायजी ने इस एक प्रकार की निकृष्टतर गुलामी के प्रति मनु आदि के रचे धर्मशास्त्रों के अमानवीय नियमों में जकड़ी सोच और भावधारा की उस उपेक्षित परंपरा को अपने उपन्यासों में मुखर किया है। वस्तुतः एक ऊँचे बौद्धिक स्तर पर पूरे मनोवेग से युक्त संवादों का अटूट सिलसिला यथार्थ के हर पहलू में निहित वैषम्य को उजागर करता हुआ सत्य का आकलन करता जाता है, और प्रस्तुत समस्या को तेज़ रोशनी के फोकस में ले आता है।

अभी याद आया कि सन् 1936-37 में जब मैं इलाहाबाद विश्वविद्यालय का विद्यार्थी था, मास्को से प्रकाशित सोवियत लेखक संघ की त्रैमासिक पत्रिका 'इंटरनेशनल लिट्रेचर' के अंग्रेजी संस्करण के दो-तीन (जब्तशुदा) अंक मेरे हाथ लग गए। एक अंक में हंगरी के विश्व विख्यात मार्क्सवादी आलोचक और दार्शनिक ज्यार्जी लूकाच का एक लंबा लेख छपा था— Intellectual Physiognomy of a Writer (एक लेखक की बौद्धिक आकृति या छवि) इसमें उन्होंने यह जाँचने के लिए कि कौन साधारण कोटि का लेखक है (बावजूद उक्ति-वैचित्र्य, अलंकृत भाषा और साफ-सुथरे कथानक और वर्णन के) और कौन बड़ा, असाधारण कोटि का लेखक है (बावजूद क्लिष्ट, दुरूह भाषा और अभिव्यक्ति के) उसकी रचनाओं में आद्यंत प्रतिभासित उसकी बौद्धिक आकृति या छवि को परखना चाहिए। इस कसौटी पर विश्व के महानतम लेखकों की जाँच करने के दौरान लुकाच इस नतीजे पर पहुँचे थे कि अफ़लातून (प्लेटो) की बौद्धिक प्रखरता अन्य सभी महाकवियों और लेखकों से अधिक ऊँचे स्तर की है। तो बरखुरदार इस कसौटी पर मैं अगर आपके पिताश्री के कृतित्व को परखना चाहूँ तो मुझे बिना किसी अतिरंजना के कहना होगा कि

आपके पिताश्री की बौद्धिक चेतना हिंदी के श्रेष्ठतम लेखकों के समकक्ष है। उनके लेखन में कुछ अनगढ़ (अकृत्रिम) तत्त्व हैं, नागरिक जीवन के Sophistication और औपचारिकता की किंचित् कमी के कारण, जैसे प्रेमचंदजी के लेखन में भी यत्र-तत्र मिलते हैं। लेकिन बौद्धिक प्रखरता ऐसे तत्त्वों पर हावी होकर उन्हें पीछे धकेल देती है।

एक बात के बारे में—जो छोटी भी है और बड़ी भी, आपके पिताश्री से मेरा मतभेद रहा है। दरअसल इस बात को मैं नहीं समझ पाया कि यशपालजी ने 'दिव्या' में इतनी संस्कृतनिष्ठ और बोझिल भाषा का प्रयोग क्यों किया था ? संवादों में भी उन्होंने अपने पात्रों से संस्कृत के ऐसे अप्रचलित और क्लिष्ट (ज़बानतोड़) शब्दों का प्रयोग करवाया, जो आमतौर पर बोलचाल में प्रयुक्त नहीं होते। मैंने उनसे पूछा तो बोले, "भाई, हिंदीवाले सोचते हैं कि...पंजाबियों को हिंदी नहीं आती, इसलिए अपने आपको हिंदीवाला मनवाने के लिए यह कर रहा हूँ।" यह कोई तर्क नहीं था, लेकिन मैं चुप रहा। खैर, मान लीजिए कि अपनी (सही या गलत) सोच के कारण यह यशपाल जी की मजबूरी थी। लेकिन आपके पिताश्री के सामने कौन-सी मज़बूरी थी कि उन्होंने 'जोगी मत जा' में जहाँ कहीं किसी घटना का वर्णन करना होता है, वहाँ हिंदी के सरल-सुंदर शब्दों की जगह अब नितांत अप्रचलित संस्कृत के ऐसे archaic शब्दों के पैबंद लगाए हैं, जो पुरानी कहावत के अनुसार 'रेशम की अंगिया में मूंज की बखिया' जैसे लगते हैं। मिसाल के लिए घोड़े को 'अश्व', लगाम को 'वल्गा', घुड़सवारों की टुकड़ी को 'अश्वारोहियों का गुल्म' या सेंसर या निंदा को 'विगर्हणा', धर्म की बेटी को 'धर्म दुहिता' कहने से क्या प्रेषण अधिक सुगम हो जाता है ? शैली में प्रसाद गुण बढ़ जाता है ? क्या अधिक व्यंजकता आ जाती है ? क्या 'देववाणी' के शब्द ऊँची जात के होने के कारण अधिक आदर-श्रद्धा के पात्र हैं ? और अगर दावा किया जाए कि ऐसा करने से अतीत के वातावरण का Feel पाठक को मिलता है, जब संस्कृत ऊँची ज़ातियों की बोलचाल की भाषा थी; तो यह तर्क 'हिंदी साहित्य' में ही क्यों और कहाँ से आन टपका है ? क्या शेक्सपियर ने रोमनकालीन नाटकों Antony and Cleopatra और Caesar में उस ज़माने की Feel या तासीर पैदा करने के लिए लातीनी शब्दों के यत्र-तत्र पैबंद लगाए हैं ? प्राचीन यूनानी नाटकों के अंग्रेजी अनुवादों को अधिक प्रभावी बनाने के लिए बीच-बीच में उस जमाने में प्रयुक्त शब्दों को अपने मूल रूप में क्यों नहीं छोड़ा गया ? तुलसी-सूर ने अधिक संप्रेक्ष्य बनाने के लिए अवधी और ब्रज भाषाओं में पौराणिक युग की मूल शब्दावली का प्रयोग क्यों नहीं किया ? फिर हिंदी में ऐसा क्यों होता है कि ज़रा-सी अतीत काल की बात आई कि प्रेमचंद की भाषा त्याग कर बड़े-बड़े लेखक 'दिव्या' का अनुकरण करने की बाध्यता महसूस करने लगते हैं ? शायद हिंदी में ऐसी ही परिपाटी चल पड़ी है। लेकिन 'जय यौधेय' में राहुल

सांकृत्यायन ने, 'बाणभट्ट की आत्मकथा' में हजारीप्रसाद द्विवेदी ने और 'मुर्दों का टीला' और 'राजश्री' में रांगेय राघव ने इस परिपाटी का पालन नहीं किया। आश्चर्य की बात यह है कि आपके पिताश्री शायद स्वयं भी ऐसा ही सोचते हैं। वे खुद अनेक भाषाओं के मर्मज्ञ विद्वान् हैं। शब्दों का वज़न तोलने और उन्हें ऐसी तरतीब देने में माहिर हैं जिसमें भाषा में शक्ति का संचार हो सके; शब्दों को सूँघकर उनकी महक पहचानने और विभिन्न महकों को मिलाकर प्रसंगानुसार एक मुग्धकारी सुगंध पैदा करने में भी माहिर हैं। 'जोगी मत जा' की भूमिका और उसमें आए पात्रों के असंख्य संवाद हिंदी की श्रेष्ठतम शैली के शानदार नमूना हैं। तात्पर्य यह कि ऐसे महान् पात्र की कहानी को मूर्त कलात्मक रूप देनेवाली ऐसी संवेदनशील रचना में ऐसे archaic शब्दों का खटकना स्वाभाविक है।

देश की सुरक्षा और अखंडता का प्रकरण उपर्युक्त दोनों उपन्यासों की तरह एक अन्य उपन्यास 'दूसरा भूतनाथ' में भी दोहराया गया है। यह बृहद् उपन्यास वर्तमान जीवन की विविध समस्याओं और विडंबनाओं को प्रतिबिंबित करता है। उपाध्यायजी के शब्दों में, ''इसका नायक एक प्रतीक है···आज के यथार्थ के तिलिस्म में फँसे हुए, करोड़ों छले-ठगे लोगों के लिए वह पुनजीर्वित, रूपांतरित नव-जासूस है—इंक़लाबी ऐयार। भूतनाथ पत्रकारों की, नेताओं की पुलिस की पोल खोलता है। वह दर्शक है—गरीब माता-पिता द्वारा अपनी लाड़ली बेटियों को फरोख्त कर, जिन्हें 'लोकहितकारिणी' और 'क्यूपिड' संस्थाओं में ट्रेनिंग देकर वेश्यालयों में झोंक दिया जाता है।''

इस अत्यंत रोचक और पठनीय उपन्यास में भ्रष्टाचार, सामाजिक जीवन की नैतिक गिरावट और उत्तरोत्तर बढ़ती अपराधिता के विरुद्ध तीखे व्यंग्य हैं, लेकिन कभी-कभी कटुता सिनिकल स्तर छू लेती है, जैसे विरोधियों और देशद्रोहियों द्वारा फैलाए बेबुनियाद अफवाहों को बिना किसी प्रमाण के 'तथ्य' मानकर दोहराते फिरना कि ''देश के प्रधानमंत्री के इशारे पर नेता और पुलिस के गठजोड़ द्वारा यह सारा व्यापार चल रहा है।''

'दूसरा भूतनाथ' का प्रकाशन 1985 में हुआ था। प्रधानमंत्री इंदिरा गांधी की हत्या और जनता में इस जघन्य कार्य के प्रति रोष से उमड़ी उतनी ही जघन्य सांप्रदायिक हिंसा का ज़िक्र इसमें आया है। उस समय देश में बड़ी उल्टी हवाएँ बह रही थीं। दुनिया के ऐवानों में भारत की एकता को छिन्न-भिन्न करके उसको छोटे-छोटे टुकड़ों में बाँटने की साज़िशें चल रही थीं। पंजाब में अलग एक खालिस्तान बनाने के नारे गूँज रहे थे और दूसरे इलाकों में नक्सलवादी हिंसा का ज़ोर था। ऐसे में आम जनता में तरह-तरह के विपरीत विचारों का फैलना, अफवाहों का ज़ोर होना—यह सब स्वाभाविक था। क्या सच है, क्या झूठ, इसकी तमीज़ करना आसान न था। झकझोर देनेवाली घटनाएँ इतनी ताज़ी और गरम थीं कि उनका साहित्य या

कला में यथार्थ चित्रण करना कम संभव होता है। इसके लिए तात्कालिक उत्तेजनाओं से कुछ दूर हटा हुआ परिप्रेक्ष्य ज़रूरी होता है। इस कठिनाई के बावजूद, आपके पिताश्री उपाध्यायजी ने इंदिराजी की हत्या और उससे उत्पन्न होनेवाली परिस्थितियों का यथासंभव यथार्थ चित्रण किया है, क्योंकि भूतनाथ वामपंथी क्रांतिकारी होने के बावजूद एक देशभक्त है, जो अति-वामपंथी बुद्धिजीवियों की तरह अपने मन में पलनेवाले उभयनिष्ठ द्वैत के बावजूद ऐसे संकट के समय अपने सैद्धांतिक मतभेदों से ऊपर उठकर देश के दुश्मनों की साजिशों को विफल करने के लिए अपने प्राणों की बाजी भी लगा सकता है और जो उसने अंततः कर दिखाया।

'दूसरा भूतनाथ' और भी अनेक दृष्टियों से महत्त्वपूर्ण है। विख्यात महिला डकैत कुमारी फूलरानी के साथ ली गई भूतनाथ की इंटरव्यू बड़ी मार्मिक है। उसे मर्द के रूप में केवल वहशी, दरिंदे ही मिले थे···उसने बताया, "मुझसे आज तक किसी ने प्रेम नहीं किया, सिर्फ मेरी देह कौओं-कुत्तों की तरह नोची है" मृत्यु से पहले एक डकैत पात्र दलराम के ये शब्द गूँजते रह जाते हैं।

भूतनाथ का किरदार साहसी, निर्भीक और रोमांटिक है। वह देश प्रेमी है और देश की सुरक्षा और प्रभुसत्ता पर आँच न आए, इसके लिए डबल एजेंट बनकर वह अमरीकी गुप्तचर विभाग में कर्नैल सिंह के नाम से दीक्षित होता है और उनका राज लेता है और पाकिस्तान में बने उन कैंपों में भी जाता है, जहाँ खालिस्तान के समर्थक सिख नौजवानों को पंजाब में आतंक फैलाने के लिए ट्रेनिंग दी जाती है। वहाँ एक पाकिस्तानी स्मगलर उससे कहता है—"धंधे में धरम नहीं चलता। धंधे से धरम चलता है।" सांप्रदायिकता की हक़ीक़त का इस सूत्र में कितना सच्चा वर्णन है !

उपाध्यायजी के सारे उपन्यास तो मेरी नज़र से नहीं गुजरे, लेकिन जिनका मैंने संक्षेप में यहाँ जिक्र किया है, वे भी उन्हें हिंदी के उच्च कोटि के उपन्यासकारों की श्रेणी में प्रतिष्ठित करने के लिए पर्याप्त हैं।

जहाँ तक डॉ. उपाध्याय के आलोचनात्मक ग्रंथों का संबंध है, उनकी संख्या इतनी बड़ी है, (लगभग 25); वे इतने बृहदाकार हैं और उन्होंने दर्शन, भाषा, काव्य शास्त्र, साहित्यालोचन, समाजशास्त्र तथा समीक्षा के इतने व्यापक क्षेत्रों को नापा है कि उनका उल्लेख और संक्षिप्त परिचय ही कई पृष्ठ घेर लेगा। पिछले चालीस वर्षों से, जब 1955 में उनका पहला ग्रंथ 'हिंदी साहित्य की दार्शनिक पृष्ठभूमि' प्रकाशित हुआ तब से आज तक आलोचनात्मक कृतियों में उनकी मार्क्सवादी विवेचक दृष्टि प्रौढ़ से प्रौढ़तर और अधिक यथार्थपरक होती गई है। जहाँ तक पांडित्य का प्रश्न है, हिंदी साहित्य की दार्शनिक पृष्ठभूमि ने ही प्रमाणित कर दिया था कि प्राचीन भारतीय दर्शनों की जैसी गंभीर विस्तृत जानकारी उसमें डॉ. उपाध्याय ने संकलित की थी, उतनी शायद आचार्य शुक्ल भी नहीं जुटा सकते थे। इसीलिए डॉ. वासुदेवशरण अग्रवाल ने, जो संस्कृत साहित्य के प्रकांड विद्वान् थे और जिन्होंने

इस विलक्षण ग्रंथ की भूमिका लिखी थी, इसकी मुक्त हृदय से प्रशंसा की है। तब से 'निराला की काव्य-साधना', 'पंतजी का नूतन काव्य और दर्शन', 'आधुनिक हिंदी कविता', 'संत वैष्णव काव्य पर तांत्रिक प्रभाव', 'भारतीय काव्य शास्त्र'—इन सारे विषयों पर द्वंद्वात्मक भौतिकवाद के आलोक में डॉ. उपाध्याय ने जो बृहद् अध्ययन प्रस्तुत किए हैं, वे स्थायी मूल्य के हैं। लेकिन ऐसा नहीं है कि समकालीन साहित्य और उसकी प्रवृत्तियों की ओर उनकी आलोचनात्मक दृष्टि न गई हो। 'समकालीन कविता की भूमिका', 'समकालीन साहित्य और सिद्धांत', 'समकालीन कहानियाँ' तथा 'बिंदु प्रतिबिंदु' आदि पुस्तकों में उन्होंने बड़ी सजग और पैनी दृष्टि से समकालीन साहित्य की समीक्षा की है, जो अपने आप में पाठकों के लिए पर्याप्त शैक्षणिक मूल्य रखती हैं। डॉ. उपाध्याय चूँकि एक मार्क्सवादी विचारक हैं, इसलिए जब पिछले दशक के अंतिम वर्षों में सोवियत समाज में तथा अन्यत्र साम्यवादी व्यवस्था और उसके सैद्धांतिक आधार पर पुनर्विचार होने लगा और अधिक डिमाक्रेटिक, अधिक खुले समाज की चर्चा जोर पकड़ने लगी, तो उपाध्यायजी ने मार्क्सवादी विचार-मंथन की इस प्रक्रिया को एक व्यापक वैचारिक परिप्रेक्ष्य प्रदान करने की गरज से अपने नए ग्रंथ 'समकालीन मार्क्सवाद' में सबसे पहले संसार के विभिन्न मार्क्सवादी विचारकों के मतों का गंभीर परिचय देना उचित समझा, ताकि मार्क्सवाद और द्वंद्वात्मक भौतिकवाद के विकास में मार्क्स-ऐंगिल्स के परवर्ती विद्वानों और वैज्ञानिकों और सौंदर्यशास्त्रियों ने जो योगदान दिया है, समग्रता में उसकी जानकारी पाठकों को एक ही स्थान पर मिल सके। लेकिन यह पहला क़दम है। उपाध्यायजी का विचार है कि विश्वविख्यात मार्क्सवादी विचारकों, जैसे लूकाच, लूसिए गोल्डमान, अल्थूसर, रेमण्ड विलियम्स, अडोनो, ग्राम्शी और यूरी बोरोव आदि के मतों का विवेचन करते हुए अलग-अलग पुस्तकें लिखी जाएँ। इस बीच संसार में जो उथल-पुथल हुई है और समाजवाद को जो धक्का लगा है, वह मेरे विचार में स्थायी नहीं है। अगर समाजवाद गरीबी और शोषण आजादी की समस्या को पूरी तरह हल करने में एक गलत मॉडल अपनाने के कारण असमर्थ सिद्ध हुआ है, तो पूँजीवाद तो उससे भी अधिक असफल रहा है। इसलिए जिन 'शलाका विचारकों' पर अलग-अलग पुस्तकें लिखने का इरादा डॉ. उपाध्याय ने व्यक्त किया है, वह कार्य स्थगित न करें, यह मेरी कामना है।

स्थानाभाव के कारण उपाध्यायजी के 'गंगा' नामक लघु महाकाव्य के बारे में केवल इतना ही कहना चाहूँगा कि यह केवल 'गंगा' मैया की स्तुति का महाकाव्य नहीं है, बल्कि उसमें समकालीन सांप्रदायिकता की विभीषिका, कुत्सा और कानपुर शहर की इंसानियत से गिरी हुई जिदंगी का चित्रण है, जहाँ मनुष्य गुबरीला कीड़ा हो गया है। गंगा की शुचिता में अशौच को निकालने का जो प्रयत्न राजीव गांधी ने किया, वह एक शक्तिशाली मिथक के पुराणपंथ को फैलाने के लिए नहीं, बल्कि

इतिहास के परिप्रेक्ष्य में जनकल्याण की भावना से उसे इस महाकाव्य में पेश किया गया है।

अंत में पते की एक बात याद रखें कि यह दिल्ली है जहाँ मैं रहता हूँ। यह भारत की राजधानी है और एक महानगर है। बड़ी-बड़ी नैमतें, बड़े-बड़े पुरस्कार, बड़ी-बड़ी उपाधियाँ और पेंशनें यहाँ से ही बँटती हैं। लेकिन यह 'माफिया' की सरताजी का ज़माना है—इस पूरे देश में ही नहीं, सारे संसार में। ज़ाहिर है कि दिल्ली जितना बड़ा महानगर है, यहाँ माफिया भी उतना ही बड़ा होना चाहिए, जिंदगी के हर शोबे में हर संस्था, संस्थान और कार्यालय में चाहे सरकारी हो, अर्ध-सरकारी हो, या गैर-सरकारी। यहाँ हर जगह, हर पार्टी और संगठन में है माफिया। इसके हाथ बड़े लंबे हैं। इस माफियामय समाज की कीचड़ में मेरी तरह कमल की तरह निर्लिप्त रह सकें तो रहिए—बिना कोई कामना किए हुए। नहीं तो यह दुर्भाग्य ही है कि इतना और इस कोटि का साहित्य रचने के बाद भी हमारे देश की साहित्य अकादमी को खबर तक नहीं कि मेरा यह छोटा भाई विश्वंभरनाथ उपाध्याय कौन है ! अनेक ऐरे-गैरे पचकल्याने, तथाकथित महान् आलोचक और उपन्यासकार तो उसे दिखाई दिए, पर ये नहीं ! ऐसे में ही तो मिर्जा ग़ालिब को कहना पड़ गया था :

"पूछते हैं वह कि ग़ालिब कौन है,
कोई बतलाओ कि हम बतलाए क्या ?"

खैर, तुम्हें अपने पिताश्री के कृतित्व पर गर्व है और मुझे अपने भाई की साहित्यिक देन पर गर्व है, जो स्थायी मूल्य का है—क्या इतना पर्याप्त नहीं ? यही मेरा 'रचनात्मक आशीर्वाद' है।

(5 अप्रैल, 1994)

सिंहावलोकन

मैं सन् 1930 में इलाहाबाद पहुँचा और वहाँ मैंने स्कूल में दाखिला लिया। कॉलेज में पहुँचते-पहुँचते मैं समाजवाद की चर्चा सुन चुका था, क्रोपाटकिन की पुस्तकें भी पढ़ी थीं। साहित्यिक व राजनीतिक गतिविधियों की ओर मेरा रुझान स्कूल के दिनों से ही था। स्कूल में ही पाँच-सात विद्यार्थियों को साथ लेकर मैंने 'विद्यार्थी संघ' बनाया और एक पत्रिका भी निकाली। सन् '33-'34 में मैं इविंग क्रिश्चियन कॉलेज में था और साहित्यिक-राजनीतिक गतिविधियों में सक्रिय था। हम लोगों ने इसी दौरान अपने कॉलेज में रामचंद्र शुक्ल और प्रेमचंद को बुलाया था।

दिसंबर 1935 या जनवरी 1936 में, मैं ओ.पी. संगल की मार्फत कम्युनिस्ट पार्टी में शामिल हुआ। इसी समय मेरा संपर्क सज्जाद ज़हीर, डॉ. के.एम. अशरफ़, डॉ. जेड.ए. अहमद व हाज़रा बेगम से हुआ। इलाहाबाद की पार्टी ब्रांच में इन लोगों के अलावा रमेश सिन्हा, हर्षदेव मालवीय आदि भी थे। यह पार्टी की ग़ैरकानूनी गतिविधियों का दौर था। हमारी पार्टी-ट्रेनिंग आर.डी. भारद्वाज करते थे। इस वक्त तक मेरी दो-तीन कहानियाँ छप चुकी थीं, और प्रगतिशील आंदोलन के नेता सज्जाद ज़हीर आदि मुझे एक युवालेखक के रूप में जानते थे। जनवरी से अप्रैल 1936 के बीच इलाहाबाद 'स्टूडेंट्स एसोसिएशन' का गठन हुआ, जिसका संयोजक मैं चुना गया। मैं 1936 की लखनऊ कांग्रेस के लिए तो गया था, लेकिन प्र.ले.सं. के स्थापना-सम्मेलन के लिए न रुक सका, क्योंकि 3 अप्रैल से इलाहाबाद में परीक्षा थी। सो मुझे लौटना पड़ा।

प्र.ले.सं. की स्थापना के बाद इलाहाबाद की पार्टी ब्रांच की मीटिंग में इलाहाबाद में प्र.ले.सं. शुरू करने का फैसला हुआ। मुझे इलाहाबाद प्र.ले.सं. का सचिव चुना गया, मेरे और सज्जाद ज़हीर के ही माध्यम से पार्टी प्र.ले.सं. से संबंध रखती थी। इलाहाबाद प्र.ले.सं. के कार्यक्रमों एवं बैठकों में हिंदी-उर्दू के अनेक लेखक—फ़िराक़, ऐजाज हुसैन, एहतेशाम हुसैन, भगवती चरण वर्मा, शमशेर, नरेंद्र

शर्मा व शुरू-शुरू में डॉ. रामकुमार वर्मा भी—शामिल होते थे। हम लोगों ने सितंबर 1936 में इलाहाबाद में ''हिंदुस्तानी लेखक सम्मेलन' का आयोजन किया। इसमें मैंने 'भारत में प्रगतिशील साहित्य की आवश्यकता' शीर्षक निबंध पढ़ा, जो बाद में 'विशाल भारत' (मार्च, 1937) में प्रकाशित हुआ। इस लेख पर बड़ी अच्छी प्रतिक्रिया रही। सन् 1937 में मेरे संपादन में 'प्रभा' नामक पत्रिका निकाली गई। यह पत्रिका अधिक दिनों तक नहीं चल सकी। कुछ ही दिनों बाद '38 में 'रूपाभ' का प्रकाशन आरंभ हुआ। इसके एक अंक में कानपुर के मजदूरों की हड़ताल पर मेरा एक रिपोर्ताज 'लक्ष्मीपुरा' शीर्षक से प्रकाशित हुआ। 'रूपाभ' में रामविलास शर्मा की कविताएँ भी छपी थीं। मुझे वहीं रामविलास के बारे में मालूम पड़ा। नरेंद्र शर्मा का आग्रह था कि मैं रामविलास शर्मा से अवश्य मिलूँ। रामविलास शर्मा से मेरी पहली भेंट '38 के सितंबर या अक्तूबर में, लखनऊ में हुई। इसके पहले लखनऊ में ए.आई.एस.एफ की स्थापना कॉन्फ्रेंस में, मैं बतौर संस्थापक सदस्य के शामिल हुआ था। 1938 में लखनऊ में तीसरा 'हिंदुस्तानी लेखक सम्मेलन' हुआ, जिसमें अखिल भारतीय हिंदी प्र.ले.सं. का मंत्री मुझे तथा उर्दू प्र.ले.सं. का मंत्री ऐजाज़ हुसैन को चुना गया; इस सम्मेलन में रामविलास शामिल ज़रूर हुए थे, लेकिन आयोजन में उनकी भूमिका न थी। अखिल भारतीय प्रलेसं के महासचिव डॉ. अलीम थे जो कि 1949 के भिवण्डी सम्मेलन तक बने रहे, हालाँकि इस दौर में प्रलेसं का अधिकांश काम सज्जाद ज़हीर ही देखते थे। इसके पहले दूसरा 'हिंदुस्तानी लेखक सम्मेलन' इलाहाबाद में ही हुआ था, जिसमें 'निराला' शामिल हुए थे। इस सम्मेलन में मैंने 'हिंदी कविता में सौंदर्य भावना' लेख पढ़ा था, जो कि अब अनुपलब्ध है।

1938 या '39 में मेरा परिचय प्रकाशचंद्र गुप्त से हुआ। उन्होंने 'भारत में प्रगतिशील साहित्य की आवश्यकता' लेख को आधार बनाकर आगरे में प्रलेसं की स्थापना की थी। उन्होंने मुझे आगरा छात्र सम्मेलन में आमंत्रित किया, वहीं पर रांगेय राघव से भी भेंट हुई।

'प्रभा' के बंद हो जाने पर पार्टी-साप्ताहिक निकालने का फैसला किया गया। इलाहाबाद से 'नया हिंदुस्तान' नाम से प्रकाशित पत्र की जिम्मेदारी सज्जाद ज़हीर को, और मुझे सौंपी गई। यह अखबार '38 में शुरू होकर '39 में सरकार द्वारा जब्त किए जाने तक चलता रहा। पार्टी का काम बढ़ रहा था, मैं कुलवक्ती कार्यकर्ता बन चुका था। बी.ए. मैंने कर लिया था, और एल.एल.बी. की पढ़ाई एक साल पूरा करके छोड़ दी थी। 'नया हिंदुस्तान' जब्त होने के वक्त मैं बहुत बीमार था। पुलिस भी मेरे पीछे पड़ी थी। पार्टी से कोई आर्थिक सहायता तो मिलती नहीं थी। लगभग सभी पार्टी कारमेड देवली की कैंप-जेल में डाल दिए गए थे। मैं इलाहाबाद से लखनऊ तथा वहाँ से काफी बीमार हालत में पिता के पास शाहजहानपुर पहुँचा, वहाँ हकीम के इलाज से कुछ लाभ हुआ। कोई छह महीने बाद श्रीपतराय का पत्र आया।

उन्होंने 60 रुपए महीने पर 'हंस' के लिए बनारस बुलाया था। श्रीपत इलाहाबाद में मेरे क्लासफेलो ज़रूर रहे थे, लेकिन उनसे मेरी कोई खास जान-पहचान न थी। खैर, मैं नवंबर-दिसंबर '40 में बनारस जा पहुँचा। 'हंस' का दिसंबर अंक मैंने ही निकाला। हालाँकि 'हंस' पर संपादक की जगह नाम बहुत दिनों तक श्रीपतराय का ही जाता रहा। बनारस प्रलेसं का गठन मैंने ही किया।

'हंस' का संपादन करने के साथ ही मैं बनारस में पार्टी सेक्रेटरी भी था। सन् '42 के सरकारी दमन के विरुद्ध एक पैंफलेट लिखने के कारण मुझे 31 अगस्त 1942 को जेल में डाल दिया गया। एक वर्ष मैं जेल में रहा। इसके पहले दिल्ली में फासिस्ट विरोधी सम्मेलन का आयोजन हो चुका था जिससे मैं सक्रिय रूप से संबद्ध था। जेल में एक वर्ष रहने से बाद बीमारी के कारण मुझे छह महीने का पेरोल दिया गया, लेकिन बनारस में रहने की इज़ाज़त नहीं। मुझे पुलिस निगरानी में कलकत्ता भेज दिया गया। मैं फरवरी 1944 में ही बनारस लौट सका। लौटकर मैंने 'हंस' का बंगाल का अंक निकाला। मार्च-अप्रैल '44 में 'हंस' का कवितांक निकाला। इसके बाद 'हंस' का काम श्रीपतराय ने अमृतराय को सौंप दिया।

अगस्त '42 से मार्च '44 तक मैं कुछ न लिख सका। जेल में लिखने की कोई सुविधा उपलब्ध नहीं थी। मेरे जेल जाने पर अखिल भारतीय हिंदी प्रलेसं के स्थानापन्न सचिव रामविलास शर्मा बनाए गए। '38 की लखनऊ कॉन्फ्रेंस में शामिल होने के बाद से इस वक्त तक रामविलास शर्मा पार्टी या प्रलेसं में कुछ नहीं कर रहे थे। उन्हें सचिव शायद इसलिए बनाया गया कि कोई और था नहीं। '42 में पार्टी कानूनी हो गई, और लखनऊ में पार्टी का प्रांतीय दफ्तर खुला। शफ़ीक़ नक़वी और महमूदुज़्ज़फर सचिव बनाए गए। शायद इन्हीं के कहने से रामविलास सन् '42 में पार्टी में शामिल हुए। इधर, अगस्त '42 से फरवरी '44 तक 'हंस' का संपादन अमृतराय ने किया। प्रगति अंकों की योजना तो मैं ही बनाकर गया था, लेकिन वे छपे अमृत की देख-रेख में। 'हंस' से मुक्त होने के बाद अप्रैल '44 में मुझे पार्टी के प्रांतीय सदर मुकाम में लखनऊ बुला लिया गया। इस वक्त 'हंस' के संपादकों में अमृतराय का, प्रलेसं के सचिव होने के नाते रामविलास का, और मेरा नाम जाता था। लखनऊ आने के बाद ही प्रलेसं की प्रांतीय बैठक में मैंने 'जनपदीय भाषाओं' वाला परचा पढ़ा। सन् '46 में मैंने 'साहित्य की परख' लेख लिखा। इसमें प्रगतिवादी समीक्षा की कुछ सीमाओं पर टिप्पणी की थी। संकीर्ण राष्ट्रवाद की झोंक में अमृतराय 'विजयी विश्व तिरंगा प्यारा' को महान् साहित्य करार दे रहे थे तो रामविलास प्रेमचंद को गोर्की से बड़ा और भारतेंदु को शेक्सपियर से बड़ा लेखक निरूपित कर रहे थे। 'साहित्य की परख' में 'संकीर्ण राष्ट्रवाद' और 'कुत्सित समाजशास्त्र' की प्रवृत्तियों पर मेरी टिप्पणी के बाद उन्होंने ये बातें इन पुस्तकों के परवर्ती संस्करणों से चुपके से हटा दीं। बाद में, जब पार्टी के अंदर संकीर्णतावादी

लाइन हावी हुई तो अमृतराय को 'विजयी विश्व तिरंगा प्यारा' 'तिरंगे क़फ़न' के रूप में दिखने लगा। इस दौर में, पार्टी के अंदर की गुटबाजी का लेखन व प्रलेसं पर घातक प्रभाव पड़ा।

प्रलेसं के अंदर 'साहित्य की परख' से तीव्र विवाद की शुरुआत हुई। अब तक 'भारत में प्रगतिशील साहित्य की आवश्यकता' लेख पर किसी ने आक्रमण नहीं किया था। अब उसे आधार बनाकर (तथा अन्य मुद्दों पर भी) मेरा विरोध शुरू हुआ। यह नहीं भूलना चाहिए कि वह लेख लिखने के वक्त मैं विश्वविद्यालय का छात्र था, और वैसे भी वह सारा दौर एक तरह के 'प्रोलितकुल्तवादी' रवैये का शिकार था। सोवियत आलोचक बर्नर्ड शॉ के साहित्य को कब्रिस्तान का साहित्य कह रहे थे। स्वयं प्रलेसं के लखनऊ और कलकत्ता घोषणापत्रों में जो रवैया अपनाया गया है, उसी की छाप सन् '36 में लिखे गए उस लेख पर पड़ी है। वैसे उस लेख के अतिवाद को मैंने जल्दी ही संतुलित कर लिया था और सन् 1939 में छायावादी कवियों की 'असंतोष भावना' शीर्षक से लेख लिखा, जिसमें छायावाद के प्रति सुसंगत तथा वस्तुनिष्ठ दृष्टिकोण अपनाया गया है। विवाद का जिक्र करते हुए लोग शायद जानबूझकर इस लेख का नाम तक नहीं लेते !

'साहित्य की परख' से जो विवाद शुरू हुआ, उसमें मेरा बल संकीर्णता व विकृत समाजशास्त्रीयता के विरुद्ध लेखन की सापेक्ष स्वायत्तता एवं विषय को ज़ज़्ब कर सच्ची प्रेरणा से लिखने पर था। मैं सृजनात्मक लेखक और पार्टी-प्रचारक में अंतर तब भी मानता था, अब भी मानता हूँ। इस अंतर पर मैंने बल दिया। पार्टी से लेखक संघ की स्वायत्तता एवं लेखन की प्राथमिक प्रतिबद्धता पर ज़ोर देने की पृष्ठभूमि में वे दिक्कतें थीं, जो मैं बतौर प्रलेसं सचिव के महसूस करता था। पार्टी के नेता, साहित्य की अपनी प्रकृति के प्रति संवेदनहीन रहते हुए स्थूल व तात्कालिक यथार्थवादी लेखन की माँग करते थे, यह बात मुझे परेशान करती थी। यह प्रवृत्ति बहुत बाद तक (शायद आज तक भी) जारी रही है। सन् '64 के बाद का वाकया है। एक रोज एक बैठक में डाँगे, एन.के. कृष्णन, डॉ. अलीम और मैं मौजूद थे। डाँगे ने इस बैठक में, एकदम स्पष्ट शब्दों में हड़ताल करानेवाले साहित्य की माँग की थी ! अस्तु।

'साहित्य की परख' लिखने के बाद मैं नवंबर 1947 में लेखकों का प्रतिनिधिमंडल लेकर सांप्रदायिकता व झूठपरस्ती के खिलाफ़ काम करने कश्मीर चला गया। दीगर लेखक तो कुछ अरसे बाद लौट आए, मैं 1951 तक कश्मीर में ही सांस्कृतिक व साहित्यिक संगठन का काम करता रहा।

प्रस्तुति : पुरुषोत्तम अग्रवाल

(अप्रैल 1986)

प्रगतिशील आंदोलन और मैं*

'प्रगतिशील आंदोलन साहित्य के इतिहास का महत्त्वपूर्ण अध्याय है। आलोचना के विचारधारात्मक और मूल्यांकनपरक विकास में प्रगतिवाद की विशेष भूमिका रही है। इसने आलोचकों में द्वंद्व और दृष्टिकोणों का तनाव भी पैदा किया। हिंदी में प्रगतिवादी आलोचना के दो मुख्य स्तंभ हैं—शिवदान सिंह चौहान और रामविलास शर्मा। दोनों के मतभेद और दृष्टिकोणों का द्वंद्व आलोचना में चर्चा का विषय रहा है। शिवदान सिंह चौहान का सन् 1937 में 'विशाल भारत' में एक विचारोत्तेजक लेख 'भारत में प्रगतिशील साहित्य की आवश्यकता' पर छपा था, जिस पर उस समय काफी चर्चा हुई थी। उस लेख से शुरू हुए मतभेद और द्वंद्व पर पहली बार शिवदान सिंह चौहान ने विस्तार से लिखा है। एक अनुभवी आलोचक के इस आत्मकथ्य में प्रगतिशील आंदोलन का एक महत्त्वपूर्ण अध्याय निहित है।'

—गोपालकृष्ण कौल

अखिल भारतीय प्रगतिशील लेखक संघ की स्थापना, जहाँ तक याद है, 6 अप्रैल 1936 को हुई थी। मैं 1936 की जनवरी में भारतीय कम्युनिस्ट पार्टी का सदस्य बना था। इलाहाबाद विश्वविद्यालय के हम चार विद्यार्थी (जो उस समय B.A. Ist Year में थे)—स्वर्गीय हर्षदेव मालवीय (भू.पू. संसद सदस्य), स्वर्गीय ओमप्रकाश संगल (संपादक Link), रमेशचंद्र सिन्हा और मैं एक समय में ही पार्टी में दाखिल हुए थे। भारतीय कम्युनिस्ट पार्टी एक ग़ैरकानूनी संस्था थी और उसमें शामिल होने से हमें सरकारी दमन का निरंतर शिकार होना पड़ेगा, यह हमें मालूम था। लेकिन क्रांतिकारियों का मार्ग फूलों से ढका नहीं होता। शुरू से ही हम में से हरेक के पीछे सी.आई.डी. का एक-एक सिपाही छाया की तरह लग गया था और हमें उसकी आँखों में रोज़ ही धूल झोंककर काम करना पड़ता था। उन्हीं दिनों सज्जाद ज़हीर, डॉ. कुँवर मोहम्मद अशरफ, डॉ. ज़ेड.ए. अहमद और उनकी पत्नी हाज़रा बेगम

---

*कवि और आलोचक स्वर्गीय गोपालकृष्ण कौल के प्रश्न के उत्तर में यह आत्मकथ्य।

इंगलैंड से पढ़ाई ख़त्म करके लौटे थे। इसी जत्थे में साहबज़ादा महमूदुज़्ज़फर और उनकी प्रसिद्ध उर्दू कहानीकार और अपने समय की अद्वितीय सुंदर पत्नी डॉ. रशीद जहाँ भी वापस आए थे, उन्होंने अपने काम के लिए लखनऊ को अपना हेडक्वार्टर चुना था। इंगलैंड में वे सब वहाँ की पार्टी के सदस्य बन चुके थे। इसलिए जब वे लौटे और पंडित नेहरू ने स्वराज्य भवन में कांग्रेस का Secretariate कायम किया और डॉ. अशरफ और डॉ. अहमद को अलग-अलग Departments का अध्यक्ष नियुक्त किया तो भारतीय पार्टी (कॉ. P.C. जोशी) ने इस मौके से फ़ायदा उठाकर इलाहाबाद में भी पार्टी की शाखा संगठित करने के लिए कॉमरेड आर.डी. भारद्वाज को यू.पी. के लिए C.C.R. बनाकर भेजा। कानपुर में पार्टी की शाखा पहले से थी, लेकिन इसके अलावा U.P. में शायद और कहीं पार्टी नहीं थी। कानपुर की पार्टी केवल मजदूर आंदोलन तक सीमित थी। देश के राष्ट्रीय आंदोलन से उसका वास्ता कम ही था।

इसलिए इलाहाबाद (और बाद में) लखनऊ की नव-संगठित यूनिटें भारतीय इतिहास (स्वतंत्रता संग्राम) में एक विशिष्ट हैसियत रखती हैं। इलाहाबाद की यूनिट हम आठ सदस्यों की ही थी। आरंभ में—इनमें चार सुभट विलायत से बैरिस्टरी और पी-एच.डी. की डिगरियाँ लेकर लौटे कम्युनिस्ट थे, और चार सुभट हम अठारह-उन्नीस की उम्र के अण्डर-ग्रेजुएट विद्यार्थियों की चौकड़ी थी, जो सब Eveing Christian College में अपनी देशभक्ति और पढ़ाई में अपनी धाक जमाकर यूनीवर्सिटी में पहुँचे थे। विलायत से लौटे साथी हम लोगों से दस-बारह साल बड़े और अधिक पढ़े-लिखे तथा अनुभवी थे। यह हमारे लिए प्रेरणा की बात थी। हम रात-रात भर अध्ययन करते—मार्क्सवादी और दूसरे चिंतकों, साहित्यकारों और लेखकों की रचनाओं का—ताकि एक-दो साल के अंदर ही ज्ञान और अनुभव के क्षेत्र के इस अंतर को मिटा दें जो हम लोगों के बीच था। दिन-भर हम चारों कांग्रेस, नव संगठित कांग्रेस, सोशलिस्ट पार्टी, मज़दूर और विद्यार्थी संगठनों में पूरे उत्साह से काम करते थे। जहाँ तक हमारा संबंध है, PWA की स्थापना से पहले ही, यहाँ तक कि भारतीय विद्यार्थी संघ की स्थापना से भी पहले ही, जनवरी या फरवरी 1936 में हमने 'इलाहाबाद विद्यार्थी संघ' Allahabad Student's Association की स्थापना की थी, इलाहाबाद के विद्यार्थियों का एक बृहद् Convention बुलाकर। मुझे उस Convention में सर्व-सम्मति से विद्यार्थी संघ का Convener चुना गया। इस प्रकार हम चारों विद्यार्थी सुभट एक-एक Front के इंचार्ज थे। अभी तक हम लोग ऑल इंडिया राजनीति में स्वतंत्र हैसियत नहीं रखते थे। यह काम हमारे वरिष्ठ साथियों के ज़िम्मे था। लेकिन इतना स्पष्ट था कि हमारे माँ-बाप के हमारे भविष्य के बारे में चाहे जो स्वप्न रहे हों, चाहे जो उम्मीदें रही हों, हम चारों ने भारत की आज़ादी के संघर्ष में और एक समाजवादी समाज के निर्माण के लिए आजीवन कुर्बानियाँ देने का निर्णय कर लिया

था। मिसाल के लिए मेरे पिता की यह तमन्ना थी कि मैं बी.ए करके आई.सी.एस. का इम्तहान दूँ या इंगलैंड जाकर बैरिस्टर बनकर लौटूँ। उन्हें कितना बड़ा धक्का लगा होगा यह सुनकर कि मैंने कम्युनिस्ट बनकर धन-दौलत कमाने के अपने सारे रास्ते बंद कर लिए थे, यहाँ तक कि 1937 में कन्वोकेशन के अवसर पर मैंने बी.ए. की डिग्री लेकर वहीं फाड़कर फेंक दी थी।

अंतर्राष्ट्रीय परिप्रेक्ष्य में जबर्दस्त उथल-पुथल हो रही थी। हिटलर सत्ता में आ चुका था और विश्व पर युद्ध के बादल मँडरा रहे थे। फ़ासिज़्म के उदय से, विशेषकर सोवियत यूनियन और विश्व के समाजवादी आंदोलन को ख़तरा पैदा हो गया था। इस कारण कम्युनिस्टों ने (अंतर्राष्ट्रीय स्तर पर) महसूस किया कि उनकी रणनीति में भी परिवर्तन होना चाहिए। बुल्गेरिया के प्रसिद्ध कम्युनिस्ट नेता दिमित्रोव ने फ़ासिज्म के खिलाफ तमाम जनतांत्रिक शक्तियों का 'संयुक्त मोर्चा' बनाने की नीति का प्रतिपादन किया। भारतीय कम्युनिस्ट पार्टी ने भी इस नीति को अपनाकर कांग्रेस और समाजवादी पार्टी तथा अन्य देशभक्त संगठनों से मिलकर काम करने का निश्चय किया।

PWA इस दिशा में पहला संगठित कदम था। सज्जाद ज़हीर और डॉ. अलीम आदि विलायत से लौटे लेखकों और विद्वानों ने initiative ली और प्रेमचंद की सदारत में PWA की पहली कॉन्फ्रेंस 4 या 6 अप्रैल को लखनऊ में मुनक़्क़द हुई। मुझे मालूम था, बन्ने भाई ने मुझसे कॉन्फ्रेंस में शामिल होने के लिए कहा भी था, और मैं लखनऊ कांग्रेस attend करने भी गया था, जिसमें पंडित नेहरू ने अध्यक्ष के मंच से अपना वह ऐतिहासिक भाषण दिया था, जिसने देश में समाजवादी शक्तियों को उभारकर राष्ट्रीय आंदोलन की अग्रिम पंक्तियों में खड़ा कर दिया। लेकिन उनका भाषण सुनने के बाद तुरंत ही भाग कर मुझे इलाहाबाद के लिए ट्रेन पकड़नी पड़ी, क्योंकि 1 अप्रैल से मेरी B.A. Ist Year की वार्षिक परीक्षा थी। लेकिन जब सज्जाद ज़हीर ने लखनऊ से लौटकर इलाहाबाद में PWA की शाखा कायम करने के लिए हिंदी-उर्दू के लेखकों की मीटिंग बुलाई तो उसमें सेक्रेटरी पद के लिए मेरा नाम पेश किया, जो सबको मंजूर हुआ। बस तभी से मैं विद्यार्थी फ्रंट के अलावा PWA के फ्रंट पर भी उतना ही सक्रिय हो गया, बन्ने भाई के एक निकटतर साथी और सहयोगी के रूप में। यहाँ एक बात और याद रखने की है। PWA की स्थापना का भारत के तत्कालीन बुद्धिजीवियों—हर पीढ़ी के लेखकों, प्रोफेसरों, विद्वानों ने खुले दिल से स्वागत किया था और वे उसमें शामिल भी हुए। इससे सरकारी क्षेत्रों में हलचल और घबराहट पैदा हो गई। तुरंत अंग्रेज-परस्त अंग्रेजी के अखबारनवीसों ने झूठी खबरें छापीं कि PWA मास्को के सोने से क़ायम किया गया है। अमरनाथ झा जैसे निडर विद्वान् भी PWA से अलग हो गए।

PWA की लखनऊ कॉन्फ्रेंस के चार-पाँच महीनों के बाद ही हमने हिंदी-उर्दू

लेखकों की एक अखिल भारतीय कॉन्फ्रेंस, इलाहाबाद में कांग्रेस की ओर से आयोजित अखिल भारतीय नुमायश के अवसर पर (उसके ही एक पंडाल में) आयोजित की। उसमें पंडित नेहरू, आचार्य नरेंद्र देव, बेनीपुरीजी आदि अनेक नेताओं ने भाषण दिए। दुर्भाग्य से प्रेमचंदजी का निधन हो चुका था।

सितंबर 1936 की इस कॉन्फ्रेंस में मैंने 'भारत में प्रगतिशील साहित्य की आवश्यकता' शीर्षक से एक निबंध पढ़ा था। प्रेमचंदजी के लखनऊ कॉन्फ्रेंस के सभापति-भाषण के अलावा हिंदी में प्रगतिशील आंदोलन या प्रगतिशील साहित्य की आवश्यकता पर और कोई निबंध तब तक नहीं लिखा गया था। यह लेख 1937 में 'विशाल भारत' के मार्च अंक में 16 पृष्ठों में छपा। उस समय रामविलासजी कहाँ थे, जो मुझसे पाँच-छह साल बड़े हैं ? वे एम.ए. कर चुके थे और अपना कैरियर बनाने के लिए अंग्रेजी में पी-एच.डी. कर रहे थे, ताकि आजीवन अंग्रेजी का अध्यापन करते हुए अंग्रेज़ और अंग्रेज़ीपरस्त लोगों के अंग्रेज़ी पढ़नेवाले साहबज़ादों को अधिक-से-अधिक संख्या में नौकरशाही के बड़े-बड़े ओहदों पर पहुँचने योग्य बना सकें। स्वतंत्रता-संग्राम की आँधी उन्हें अछूता छोड़कर निकल गई। उन्होंने उसे न देखा हो, ऐसा संभव नहीं है, लेकिन वे उन 'मूर्ख' नौज़वानों में से नहीं थे, जो देशप्रेम या आज़ादी के लिए अपने कैरियर को ठोकर मारकर तूफ़ानों को दावत देते हैं और उनमें प्राणों की परवाह न करके कूद पड़ते हैं। उन दिनों भी अपने 'कैरियर' की चिंता में लगे नौजवान कोई जोखिम उठाने को तैयार नहीं थे और अपनी कायरता को rationalise करने के लिए गांधी और राष्ट्रीय आंदोलन की नुक्ताचीनी किया करते थे। ख़ैर, लेनिन ने सच ही लिखा है कि क्रांतिकारी पैदा होते हैं, बनाए नहीं जाते। सो रामविलासजी का भारतीय क्रांति और आज़ादी की जंग से कभी कोई संबंध नहीं रहा—एक प्रकार से वे इसको नकारते ही रहे, और वह भी मार्क्सवादी होने का दावा करते हुए। यह एक विडंबना है—हम सबका दुर्भाग्य है कि उनके व्यक्तित्व और कृतित्व का ईमानदारी से (और अपने 'हिंदू-हिंदीवादी' पूर्वग्रहों को छोड़कर) विश्लेषण करने से अध्यापक-आलोचक कतराते हैं। लेकिन यह सच है कि जब तक कम्युनिस्ट पार्टी को पिछले युद्ध के दौरान वैध नहीं करार दिया गया, तब तक रामविलासजी उसके निकट तक नहीं फटके। 1936 से 1943 के आरंभ तक, इस छह-सात साल के अंतराल में, जब आज़ादी की लड़ाई अपने अंतिम और सबसे glorious दौर में थी, वे उससे असंपृक्त बने रहे और जैसा कि सुना है, नरोत्तम नागर के 'चकल्लस' (हास्य-व्यंग्य की पत्रिका) में वे राष्ट्रीय आंदोलन और उसके नेताओं (गांधी-नेहरू) पर निंदात्मक व्यंग्य लिखा करते थे। ख़ैर, उनका यह दृष्टिकोण तो आगे भी बना रहा, शायद आज भी है।

सन् 1938 में PWA के लखनऊ सम्मेलन में मेरी उनसे मुलाकात हुई और वे मुझे अपने घर ले गए। फिर हम उनके पड़ोस में ही महाकवि निराला के यहाँ

गए। महाकवि पंत और कवि नरेंद्र शर्मा ने कई बार मुझसे कहा था कि लखनऊ में एक प्रतिभाशाली तरुण लेखक रामविलास शर्मा हैं, जो अच्छे कवि और आलोचक हैं। पंतजी की पत्रिका 'रूपाभ' में निरालाजी पर रामविलास की प्रसिद्ध कविता प्रकाशित हुई थी। इसलिए लखनऊ में उनसे संपर्क करके मुझे हार्दिक खुशी हुई। बाद में जब सन् 1940 के अंत में श्रीपतराय ने मुझे 'हंस' का संपादन-कार्य सँभालने के लिए बुलाया तो मैंने रामविलास को 'हंस' में लिखने की दावत दी और मैं अपने तरीके के अनुसार हर बार उन्हें भी उन विषयों का सुझाव देता रहा जिन पर मैं उनसे लिखवाना चाहता था। सन् 1941 में या शायद '42 के आरंभ में (1942 के आंदोलन में मेरे जेल जाने से पहले) वे 'नागरी प्रचारिणी सभा' के पुस्तकालय में भारतेंदु हरिश्चंद्र पर रिसर्च करने की ख़ातिर बनारस आए और दो सप्ताह तक या पूरा एक महीना मेरे साथ टिके। त्रिलोचन शास्त्री भी उन दिनों मेरे साथ ही रहते थे। रोज़ शाम को हमारी गोष्ठी जमती। त्रिलोचन के साथ रामविलास रोज़ पंजा लड़ाते और खी-खी-खी जैसी हँसी के बीच अपने पहलवानी भुजदंडों की बड़े गर्व-स्फीत स्वर में नुमायश करते। मैं चूँकि 90 पौंड का सींकिया पहलवान या बीमारियों का मारा हड्डियों का ढाँच-मात्र था, इसलिए रामविलास कभी-कभी मेरी ओर ऐसी व्यंग्यपूर्ण मुद्रा में देखते, जैसे उनके सामने कोई कीट-पतंगा हो। लेकिन इस भाव के बावजूद, वे मेरी इज़्ज़त करते थे, और उनकी पहलवानी मुद्राओं और देहाती संस्कारों के बावजूद मैं उनकी इज़्ज़त करता था—चाहे उनका लेखन उनकी ही तरह मुझे काफ़ी एकांगी और संकीर्ण दृष्टिवाला क्यों न लगता रहा हो।

'हंस' का संपादन करने के साथ-साथ मैं बनारस की कम्युनिस्ट पार्टी का जेनरल सेक्रेटरी भी था। इसलिए जब 9 अगस्त को 'भारत छोड़ो' आंदोलन शुरू हुआ, तब अंग्रेज़ों की हुकूमत ने सारे नेताओं को गिरफ्तार करके आंदोलनकारी जनता का बिल्कुल वहशियाना ढंग से दमन करना शुरू किया। बनारस में तो रोज़ ही उत्तेजित जन-समूह पर गोलियाँ बरसाई जाती थीं। ऐसे में मेरे लिए खामोश रहना संभव नहीं था और मैंने पार्टी की ओर से ब्रिटिश सरकार की सख्त निंदा करते हुए एक वक्तव्य छपवाकर सारे शहर में बँटवाया। इस पर मुझे 31 अगस्त को 'डिफ़ेन्स ऑफ़ इंडिया रूल्स' के तहत गिरफ़्तार करके जेल में नज़रबंद कर दिया गया। पूरे एक साल बाद जब मेरी बीमारी का समाचार अख़बारों में छपा और मेरी रिहाई की माँग ज़ोर पकड़ गई तो सिविल सर्जन की सिफ़ारिश पर मुझे पैरोल पर छोड़ा गया और हिदायत की गई कि एक सप्ताह के अंदर यू.पी. छोड़कर कलकत्ते के School of Tropical Diseases में भरती होकर अपना इलाज करवाऊँ। इस तरह छह महीने अस्पताल में इलाज चलने के बावजूद जब मेरी सेहत ठीक नहीं हो सकी तब शायद मैडिकल रिपोर्ट के मद्देनज़र मुझे बिलाशर्त रिहा कर दिया गया। इस बीच मेरी ग़ैरहाज़िरी में अमृतराय ने बड़ी योग्यता से 'हंस' का कार्यभार सँभाला था और दो

या तीन अंकों में 'हंस' का 'प्रगति' विशेषांक भी निकाला था, जिसकी योजना मैं जेल जाने से पहले बना गया था। 1944 की मार्च में अस्पताल और जेल से मुक्ति पाकर मैं बनारस लौटा और आते ही मैंने बंगाल के उस भयंकर अकाल के बारे में 'हंस' का विशेषांक निकाला, जिसकी हृदय-विदारक विभीषिका के बीच मैंने कलकत्ते में छह महीने गुज़ारे थे, और जिसके बारे में मैं बंगाल के कुछ प्रमुख लेखकों की रचनाएँ अपने साथ लेकर आया था। लेकिन बंगाल अंक निकालने के कुछ दिनों बाद ही यह अहसास करके कि 'हंस' जब अमृतराय का है तब उन्हें ही उसका संपादन करना चाहिए, मैं 'हंस' और बनारस छोड़क़र लखनऊ आ गया और प्रांतीय पार्टी के सदर दफ़्तर और कम्यून में काम करने और रहने लगा। अपने पिता और परिवार से मतभेद के कारण संबंध कई साल पहले ही तोड़ चुका था, इसलिए अब पूरी तरह पार्टी का एक खानाबदोश (अवैतनिक) Wholetimer बन गया था।

लखनऊ आकर पता चला कि पार्टी के नेताओं को मेरा वह वक्तव्य पसंद नहीं आया था, जिसके कारण सरकार ने मुझे गिरफ़्तार करके जेल में नज़रबंद किया था, लेकिन साहित्य में मेरी हैसियत कुछ ऐसी थी कि मुझे बाज़ाप्ते सेंसर करना उन्होंने मुनासिब नहीं समझा। लेकिन प्रमुख साथियों के बीच मेरे पीछे यह प्रचारित ज़रूर हो गया था कि चौहान बेहद व्यक्तिवादी है, पार्टी के डिसिप्लिन की परवाह न करके साहित्य में अपनी मनमानी चलाता है, जिससे निरालाजी और बनारसीदास चतुर्वेदी जैसे पार्टी के मित्र लेखक भी उससे नाराज़ हैं।

इस प्रचार का मुख्य श्रेय रामविलासजी को ही देना पड़ेगा, क्योंकि एक दिन प्रांतीय पार्टी के दोनों सचिवों महमूदुज़्ज़फ़र और शफ़ीक़ नक़वी के सामने मेरी मौजूदगी में शिकायत की कि मेरे 'विशाल भारत' में प्रकाशित लेख (1937) 'भारत में प्रगतिशील साहित्य की आवश्यकता' से निरालाजी और पं. बनारसीदास चतुर्वेदी सख्त नाराज़ हैं जो कि पार्टी के हक में नहीं है। इसलिए चौहान से कहिए कि अपने संग्रह में उस लेख को शामिल न करें। दोनों सचिव महमूदुज़्ज़फ़र और नक़वी संकोच में पड़कर केवल मुस्करा दिए। आठ-नौ साल से हम एक साथ पार्टी में काम करते आए थे, एक-दूसरे पर पूरा विश्वास था हमें; एक साथ हमने दमन और अभावों का सामना किया था, एक गहरी कॉमरेडशिप थी हम लोगों में और अचानक देखते क्या हैं कि एक केवल साल-छह महीने पहले का नया पार्टी सदस्य हमारे अंदर फूट डालना चाहता है झूठे आरोप लगाकर। यह सच है कि अपने इस पहले लेख में (यहाँ तक कि सन् 1937 के PWA के अधिवेशन में पढ़े अपने दूसरे लंबे लेख 'हिंदी कविता में सौंदर्य-भावना' में जो पार्टी की ओर से मेरे संपादन में प्रकाशित सबसे पहली हिंदी की मासिक पत्रिका 'प्रभा' में छपा था, मैंने अन्य छायावादी कवियों के साथ-साथ निरालाजी की दो-एक कविताओं की सख्त आलोचना की थी, निरालाजी की उपस्थिति में जो मंच पर बैठे थे। लेकिन साथ ही यह भी सच है कि PWA

के इस सम्मेलन के कुछ दिन बाद ही पुरुषोत्तम दास पार्क के पास निरालाजी को अपने प्रशंसकों के दल के साथ (नंददुलारे वाजपेयीजी और भारती प्रेस के मैनेजर वाचस्पति पाठकजी आदि) आते देखकर मैंने सड़क पार की, जाकर उनको प्रणाम किया तो निरालाजी ने छूटते ही अपने बड़प्पन-भरे गंभीर अंदाज़ में कहा—"चौहान जी, मैंने आपका 'विशाल भारत' वाला लेख पढ़ा और उस दिन सम्मेलन में दूसरा लेख भी सुना। आप बहुत अच्छा लिखते हैं। बड़ी शक्ति है आपकी क़लम में।" ये आशीर्वचन बोलकर निरालाजी कुछ ठहरे, नज़र उठाकर अपने प्रशंसकों की टोली को निहारा, फिर जैसे अपनी आत्मा की महानता में अपनी और अपनी पीढ़ी की वेदना को छिपाते हुए बोले, "लेकिन यह मत भूलिए कि मैं आपके साथ हूँ।" सुनकर मैं शर्म से गड़ गया। मतभेद होते हुए भी अपने से बड़ों की इज़्ज़त करना, यह मेरा संस्कार रहा है। प्रगतिवादियों ने छायावादी कविता की प्रगतिशील देन को नहीं समझा था, निरालाजी ने कितने शिष्ट और विनम्र शब्दों में इस ओर संकेत करके मुझे अपनी कट्टरता और लघुता का अहसास कराया था। उसी समय मैंने निश्चय किया कि ये दोनों संकीर्ण मतवादी लेख मेरे किसी संग्रह में नहीं छपेंगे। और मैंने उसके बाद छायावादी कविता का पुनर्अध्ययन करके सन् '38 के आरंभ में 'छायावादी कविता में असंतोष भावना', शीर्षक से एक लंबा निबंध लिखा, जिसे अज्ञेयजी, जो 'आधुनिक हिंदी साहित्य' नाम से एक निबंध-संग्रह प्रकाशित करने की योजना लेकर महाकवि पंत के यहाँ आए हुए थे, मुझसे माँगकर ले गए। इसके बाद अज्ञेयजी ने पुस्तक के चुनने के लिए सारे निबंध आचार्य हज़ारी प्रसाद द्विवेदी को दिए। द्विवेदीजी ने बाद में खुद ही मुझे बताया कि निबंधों का चुनाव करते समय उन्होंने बिना पढ़े ही मेरा लेख अलग रख दिया, यह सोचकर कि एक अज्ञात नवयुवक का लेख है। उसमें विचारणीय होगा भी तो क्या ? फिर निबंधों का चयन करके, यूँ ही कुतूहलवश उठाकर मेरा लेख पढ़ना शुरू किया तो पढ़ते ही चले गए, क्योंकि उन्हें लगा कि संग्रह में यही लेख सबसे अच्छा था। कहने का मतलब यह कि उस लेख ने छायावादी कविता का प्रगतिवादी दृष्टि से मूल्यांकन करने की अधिक सूक्ष्म, सहानुभूतिपूर्ण और उदार कसौटी पेश की थी। मुझसे पूछिए तो यह लेख भी उस ज़माने के मार्क्सवादी साहित्यालोचन की मतवादी संकीर्णताओं से पूरी तरह मुक्त नहीं था—हो भी नहीं सकता था, जबकि बर्नर्ड शॉ, इब्सन और टामस मान जैसे बूर्ज्वा समाज के तीखे आलोचकों का रचा साहित्य योरुप और सोवियत यूनियन के प्रमुख आलोचकों की नज़र में 'Grave Yard' (कब्रिस्तान) का साहित्य था। लेकिन इतना तो है ही कि इस लेख और सुमित्रानंदन पंत की 'युगवाणी' और 'ग्राम्या' की समीक्षावाले लेख से मार्क्सवादी आलोचना में Vulgar Sociology की संकीर्णताओं के विरुद्ध उस प्रक्रिया की शुरुआत हो ही गई थी, जो इतिहास के परिप्रेक्ष्य में परंपरा की प्रगतिशील और जीवंत उपलब्धियों को स्वीकारते हुए, उन्हें अपने अंदर समोते

हुए, युग के नए तक़ाजों और चुनौतियों का सामना करते हुए, मनुष्य के चिंतन और आध्यात्मिक विकास में नए रचनात्मक आयाम जोड़ती है।

यह शिकायत कि 'निरालाजी मुझसे नाराज़ थे' मैं अचंभे में पड़ गया। ये सब बातें जो मैंने यहाँ लिखी हैं, काफ़ी-कुछ रामविलास को मालूम थीं, यह भी मालूम था कि सन् '37 वाला लेख संग्रह में न देने का इरादा मैंने खुद उन्हें बताया था, यद्यपि मैंने फिर से एक बार पढ़कर लेख में कई लंबे नोट जोड़ दिए थे कि यदि 'प्रगतिवाद' के प्रकाशक जगदीश अग्रवाल ने आग्रह किया तो इन नोट्स के साथ छापकर मैं अपनी प्रारंभिक मतवादी संकीर्णता के लिए पाठकों से मुआज़रत कर लूँगा। इसके अलावा रामविलास को यह भी मालूम था कि निरालाजी के साथ मेरे संबंध खासे अच्छे थे, वक्त-ज़रूरत पत्र-व्यवहार भी होता था और सबसे नुमाया बात यह थी कि निरालाजी ने उस ज़माने के सभी प्रमुख लेखकों की तरह (हिंदी के हों या अन्य भारतीय भाषाओं के) 'हंस' में मुक्त हृदय से मुझे अपना सहयोग दिया था। उनकी प्रसिद्ध 'कुकुरमुत्ता' कविता मैंने ही उनसे मँगाकर 'हंस' में छापी थी। और भी कविताएँ छापी थीं। फिर इस झूठी शिकायत का वास्तविक उद्देश्य क्या था ?

और रही पं. बनारसीदास चतुर्वेदी की बात तो मेरी हैरानी की सीमा न रही कि रामविलास इतना झूठ बोल सकते हैं। यह सच है कि चतुर्वेदीजी ने ही मेरा लेख छापा था। मैं व्यक्तिगत रूप से तब उन्हें नहीं जानता था, न वे मुझे जानते थे। इसलिए लेख के साथ दो-तीन पंक्तियों का पत्र लिखा था कि आशा है कि अपरिचय के बावजूद आप इस लेख को छापेंगे, क्योंकि मैंने सत्य कहने का साहस किया है और आप सत्य को प्रकाशित करने के लिए स्वभाव से विवश हैं। शायद विशाल भारत का मार्च '37 अंक प्रेस में था। चतुर्वेदीजी ने किसी तरह की सूचना दिए बग़ैर ही, 15 दिन के अंदर लेख छापकर उसकी 80 अतिरिक्त प्रतियों का बंडल मेरे होस्टल में भिजवा दिया, और लिखा कि चाहता हूँ इस लेख पर हिंदी में व्यापक बहस हो, इसलिए 80 प्रमुख लेखकों को लेख की एक-एक प्रति भेज दें। अगर आपके पास लेखकों के पते न हों तो लिखिए भेज दूँ। मैंने उत्तर में लिखा कि विशाल भारत हिंदी का प्रमुख मासिक है—व्यक्तिगत रूप से प्रतियाँ भेजकर बहस में भाग लेने का आग्रह करना उचित नहीं लगता। जिसे लेख से मतभेद होगा, स्वयं उसके विरुद्ध लिखेगा और जिसे लेख की भावना सही लगेगी वह उसका समर्थन करेगा। नतीजा यह कि 'विशाल भारत' के अलावा और कई मासिक पत्र-पत्रिकाओं में कुछ दकियानूसी लेखकों ने लेख की मूल भावना को न समझकर मेरे ऊपर तीखे प्रहार किए और आरोप लगाया कि मैं भारतीय संस्कृति को नष्ट करने के पक्ष में हूँ। कुछ महीनों तक विरोध का यह सिलसिला चलता रहा, फिर दो-एक लेख, सुना है, समर्थन में भी छपे। तब पं. बनारसीदास जी ने मुझे लिखा कि मुझे विरोधियों को उत्तर देना

चाहिए। मैंने जवाब दिया कि लेख के समर्थन में मैं विरोधियों से केवल इतना ही आग्रह कर सकता हूँ कि वे मेरा लेख ध्यानपूर्वक एक बार फिर पढ़ लें—उनकी शंकाएँ अपने आप दूर हो जाएँगी; और मैंने बहस का कोई उत्तर नहीं दिया। संभव है कि पं. बनारसीदास जी को मेरी बात अहंकार पूर्ण लगी हो या छोटे मुँह बड़ी बात लगी हो। लेकिन यह बात सन् 1937 की है और रामविलास ने इसकी शिकायत की मेरे जेल से लौटने के बाद सन् 1944 में, जबकि पं. बनारसीदास और मेरे बीच 'जनपद आंदोलन' के संबंध में लगातार पत्र-व्यवहार का सिलसिला चल रहा था। मेरे पीछे महापंडित राहुल सांकृत्यायन ने एक लेख लिखकर भारत में (या कहें तथाकथित हिंदी-क्षेत्र में) प्राचीनकाल से बसे लगभग तीस विभिन्न जनपदों की सूची पेश करके यह दावा किया था कि इन सभी जनपदों की भाषाएँ और संस्कृतियाँ एक-दूसरे से भिन्न हैं और उनका स्वतंत्र विकास होना चाहिए। राहुलजी से भी पहले डॉ. वासुदेवशरण अग्रवाल ने यह प्रश्न उठाया था कि लोक-साहित्य और संस्कृति का विपुल भंडार हिंदी-क्षेत्र की विभिन्न बोलियों (?) में बिखरा पड़ा है, जिसे लुप्त होने से पहले खोजकर और समेटकर आगे की पीढ़ियों के लिए सुरक्षित कर लेना ज़रूरी है। यह सुझाव हिंदीवादियों को बहुत अच्छा लगा था, क्योंकि ऐसा करके वे इस सारे क्षेत्र में हिंदी (संस्कृतनिष्ठ खड़ी बोली) का एक-छत्र साम्राज्य (!) भी कायम कर लेंगे और सारी बोलियों (?) का जो दाना-पानी बंद कर रखा था, उनके मर जाने से पहले ही उनकी सारी मूल्यवान् उपलब्धियों को बटोरकर हिंदी-साहित्य के अजायबघर में शोध कार्य में लगे विद्यार्थियों के लिए सँजो लेंगे। राहुलजी ने जनपदों (जिन्हें अंग्रेज़ी में शायद विभिन्न भाषाएँ बोलने वाली ethnic इकाइयाँ कह सकते हैं) की सूची प्रकाशित करके डॉ. अग्रवाल की तथाकथित 'परोपकारी' योजना की उपयोगिता पर प्रश्नचिह्न लगा दिया था। डॉ. अग्रवाल इस धारणा को लेकर चले थे कि हिंदी-क्षेत्र की सभी बोलियों का समय के साथ मिट जाना अवश्यंभावी है। इसके विपरीत राहुलजी का दावा था कि जो भाषाएँ आपस के व्यवहार में बोली जाती हैं, वे सिर्फ इस कारण ही नहीं मर जाएँगी कि राज-काज की कोई और भाषा है और उन्हें अपने विकास और प्रकाशन की सुविधाओं से वंचित कर दिया गया है। और फिर देश के पिछड़ेपन को मिटाने के लिए ज़रूरी है कि सारी जनता को जल्द-से-जल्द शिक्षित किया जाए। यह तभी संभव है जब लोगों की प्राइमरी शिक्षा उनकी भाषा या बोली (मातृभाषा) में हो। मातृभाषा सीखनी नहीं पड़ती, वर्णमाला सिखाकर बच्चों को सीधे विभिन्न वैज्ञानिक और अन्य विषयों की प्रारंभिक जानकारी दी जा सकती है।

बड़ी सीधी-सादी पर अक्ल की बात थी, सच्चे अर्थों में जनवादी भी। लेकिन 'हिंदीवादी' जनवादी (democrat) नहीं थे। ज़ाहिर है कि राहुलजी की बात उन्हें 'विघटनकारी' लगी। राहुलजी पर पार्टी में मौजूद ऐसे 'हिंदीवादियों' ने जैसे हमला

बोल दिया। चतुर्वेदीजी भी इन हमलों की ज़द में आ गए, क्योंकि एक सच्चा डिमॉक्रेट होने के कारण वे ऐसी बुनियादी बहसों को प्रोत्साहन देने से कभी हिचकिचाते नहीं थे। इस बहस में आई कटुता से खिन्न होकर उन्होंने मुझे पत्र लिखा कि एक प्रगतिवादी की दृष्टि से मैं भी कुछ लिखूँ। अच्छा हो कि PWA जनपद-आंदोलन को समर्थन भी दे और उसे सही दिशा भी दिखाए। टीकमगढ़ में रहकर वे जनपद-आंदोलन के लिए समर्थन जुटा रहे थे। इसके लिए वे एक मासिक पत्रिका भी प्रकाशित कर रहे थे। मैंने उनसे इस पत्रिका के सारे पुराने अंक तथा अन्य उपलब्ध सामग्री भेजने का आग्रह किया, जो उन्होंने तुरंत भेज दी। जब रामविलास ने शिकायत की उस समय मैं इस सामग्री का गहराई से अध्ययन करने में लगा था।

यह बात भी मैंने रामविलास को बताई थी और यह भी कि 'जनपदीय भाषाओं के प्रश्न' पर PWA के लिए एक लंबी रिपोर्ट तैयार कर रहा हूँ जिसे हिंदी के प्रमुख प्रगतिशील लेखकों की मीटिंग बुलाकर पेश करूँगा। फिर भी यह शिकायत ! रामविलास को यह सब बताना इसलिए ज़रूरी था, क्योंकि मेरे पीछे अमृतराय और शायद प्रकाशचंद्र गुप्त की सलाह पर उन्हें मेरे स्थान पर PWA की अखिल भारतीय हिंदी-उर्दू शाखा का अस्थायी रूप से सेक्रेटरी नियुक्त किया गया था। PWA के विधान में ऐसा कोई नियम नहीं था। पार्टी की किसी कमेटी को PWA के आंतरिक मामलों में दखल देने का भी कोई हक नहीं था। मुझे हिंदी और डॉ. ऐहतशाम हुसैन को उर्दू के प्रतिनिधि के रूप में PWA की सन् 1938 की लखनऊ कॉन्फ्रेंस में बाज़ाप्ते चुना गया था, लेकिन सन् 1942 में देश एक क्रांति और आपात स्थिति से गुज़रा था, इसलिए U.P. के पार्टी सचिवों ने अगर पहल करके एक कामचलाऊ अस्थायी प्रबंध किया था, तो उस पर आपत्ति करना अनुचित होता, परंतु उसे एक स्थायी प्रबंध के रूप में बदलना एक प्रकार से PWA को directly पार्टी के नियंत्रण और अनुशासन में लेना था और इसके दूरगामी परिणामों की कल्पना करके मुझे गहरी चिंता हुई। चिंता इसलिए भी हुई कि मेरे पीछे PWA का काम एकदम ठप हो गया था। अर्थात् स्थानापन्न सेक्रेटरी रामविलास ने कई प्रांतों में फैले विशाल हिंदी-उर्दू क्षेत्र की किसी PWA शाखा को एक चिट भी नहीं भेजी, कोई संपर्क नहीं रखा, मिल-जुलकर कोई कार्रवाई नहीं की, कोई सांस्कृतिक या साहित्यिक मुहिम नहीं चलाई थी। सारी दुनिया के लोग उस समय एक भयानक ज़िंदगी और मौत के संघर्ष में जूझ रहे थे। फ़ासिज़्म की विजय संसार के गुलाम देशों की जनता की आज़ादी की लड़ाई को कुचलकर उसे गुलामी के और कठोर शिकंजों में जकड़ देगी और सोवियत यूनियन को मिटाकर समाजवाद के उस स्वप्न को भी धूल में मिला देगी, जो हर देश में सचेतन संघर्षशील जनता का जीवन-लक्ष्य बन गया था। 1941 में सोवियत यूनियन पर हिटलर के आक्रमण के बाद मैंने और

अज्ञेयजी ने अन्य भारतीय लेखकों के सहयोग से मई 1942 में दिल्ली में फ़ासिस्ट-विरोधी भारतीय लेखकों का एक सम्मेलन बुलाया, जिसका घोषणा-पत्र भी, मुख्य मुद्दों पर, हम दोनों की सहमति का परिणाम था। मानव-मात्र की संस्कृति, सभ्यता और आज़ादी को फ़ासिज़्म से जो खतरा पैदा हो गया था उसके प्रति भारतीय जनता को आगाह करने की एक योजना भी सम्मेलन में पारित की गई। यह सब बनारस लौटकर मैंने 'हंस' में प्रकाशित की थी। लेकिन मेरे पीछे PWA के मंच से इस कार्य को आगे बढ़ाने का काम तो दूर रामविलास ने उसके प्रति कोई दिलचस्पी या सरोकार नहीं दिखाया था। दूसरा महायुद्ध अभी चल रहा था, यद्यपि स्तानिलग्राद की पराजय के बाद फ़ासिस्ट फौजें रूस में पीछे हट रही थीं और लाल सेना आगे बढ़ रही थी। फिर भी अंतिम रूप से हार-जीत का फैसला क्या होगा, यह कहना कठिन था। देश के नेता जेल में थे, राष्ट्रीय और अंतर्राष्ट्रीय क्षेत्रों में गहरी अनिश्चितता का वातावरण छाया था। ऐसे में PWA तटस्थ या खामोश नहीं बैठ सकता था। प्रगतिशील आंदोलन एक साथ ही राष्ट्रीय आज़ादी की लड़ाई का अंतरंग हिस्सा और मनुष्य-मात्र के स्वतंत्रता, शांति और समाजवाद के अंतर्राष्ट्रीय संघर्ष का भी अभिन्न अंग था। यह PWA के घोषणा-पत्र से स्पष्ट था और इसी व्यापक आधार पर हमने PWA के संगठन और आंदोलन का निर्माण किया था। ज़ाहिर है कि इन सब बातों से रामविलास को कोई सरोकार नहीं था। वे किसी और ही मक़सद से मनगढ़न्त और निराधार शिकायतों की फाइल लेकर पार्टी के कम्यून में तशरीफ लाए थे। मेरे लिए यह एक नया अनुभव था। इलाहाबाद, कानपुर, बनारस, आगरा और लखनऊ की पार्टी-शाखाओं के प्रायः सभी साथियों के साथ पिछले आठ साल के संपर्क के दौरान, जब इन केंद्रों में हमने एक-दूसरे की मदद करके पार्टी की शाखाएँ बनाईं, मार्क्सवाद की शिक्षा देकर अनेक नए, उत्साही नौजवानों को पार्टी में भरती किया, राष्ट्रीय आंदोलन के साथ मिलकर और मतभेद होने पर कभी अकेले स्वयं अपने बल पर हमने कई आंदोलन चलाए और विद्यार्थियों और मजदूरों की हड़तालें कराईं। इन केंद्रों में और यू.पी. के बाहर और भारत की अन्य भाषाओं के वरिष्ठ और नवोदित लेखकों को PWA के मंच पर एकजुट करने के लिए PWA की स्थानीय, प्रांतीय और अखिल भारतीय कॉन्फ्रेंसें आयोजित कीं। प्रमुख केंद्रों में शाखाएँ कायम कीं, जहाँ लेखक नियमित रूप से जमा होकर साहित्य की समस्याओं पर विचार-विमर्श करते, अपनी नवीनतम रचनाएँ पढ़कर सुनाते, उन पर आलोचना-प्रत्यालोचना करते—और यह सब आदर और सहानुभूति के वातावरण में। PWA केवल पार्टी-लेखकों का संगठन नहीं था और न 'प्रगतिशील' शब्द के अर्थ को तब तक distort करके 'मार्क्सवादी' या 'पार्टी-सदस्य' का पर्याय बना दिया गया था। बंबई में स्थित पार्टी की केंद्रीय कमेटियों के सदस्य चाहे व्यक्ति-केंद्रित गुटों के सरगना रहे हों, लेकिन यह बीमारी तब तक यू.पी. की शाखाओं में नहीं

पहुँची थी। हम सब पार्टी के महान् उद्देश्यों के लिए और देश की आज़ादी के लिए अपना सब कुछ कुर्बान करने को ही अपने जीवन की सार्थकता समझते थे—लिहाजा एक स्वयं सेवक, रज़ाकार या वालंटियर की भावना से काम करते थे। हमारे जीवन-काल में ही भारत आज़ाद हो जाएगा या हो सकेगा, यह सब सोचना भी बेमानी था—इसलिए जो जीवन हमने चुना था, वह किसी पुरस्कार, पद या सम्मान की प्रत्याशा से नहीं। इसीलिए पार्टी-साथियों में एक-दूसरे पर पूरा विश्वास और भरोसा ज़रूरी था। होड़ त्याग और बलिदान की थी, जनता को डिमॉक्रेटिक भावना और समाजवादी विचारधारा द्वारा एक नई चेतना जगाकर संघर्ष के लिए प्रेरित करना था। कभी सोचा भी नहीं था कि अपने क्षुद्र, व्यक्तिगत लाभ या तात्कालिक मान-प्रतिष्ठा के लिए पार्टी का कोई साथी अपने किसी साथी के खिलाफ चुगलख़ोरी, झूठ और चरित्र-हनन के हथकंडों का इस्तेमाल करेगा। रामविलास ने झूठी शिकायत लगाकर यही किया था। दूसरे दिन ही हकीकत प्रकट हो गई। पार्टी के दोनों सचिवों, साथी महमूदुज़्ज़फ़र और शफ़ीक़ नक़वी ने मेरे सामने एक समस्या पेश कर दी। बोले, भाई चौहान, तुम्हारे पीछे डॉ. रामविलास शर्मा को हमने काफ़ी मिन्नत करके राज़ी किया था कि तुम्हारी गैर-मौजूदगी में PWA के सेक्रेटरी का काम सँभाल लें। बन्ने (सज्जाद ज़हीर) को उर्दू में पार्टी का रिसाला (कौमीजंग) निकालने के लिए बंबई बुला लिया गया था और ऐहतशाम को तो तुम जानते हो, उन्हें संगठन-आंदोलन का कोई तजुर्बा नहीं है। इसलिए अमृतराय के सुझाव पर रामविलास को यह काम सौंपा था। अब उनसे कहना कि तुम आ गए हो इसलिए, वे अब सेक्रेटरी नहीं रहे, क्या उन्हें बुरा नहीं लगेगा। पार्टी में नए आए हैं, पार्टी स्पिरिट से परिचित नहीं हैं। खैर, तुम्हें क्या फ़र्क़ पड़ता है पुराने साथी हो, हमारी परेशानी समझ सकते हो। मैंने कहा, तजुर्बा तो रामविलास को भी नहीं है। मेरे पीछे उन्होंने PWA की किसी शाखा से संपर्क नहीं रखा, न कोई पत्र या सर्क्युलर भेजा, और न कोई मुहिम चलाई। हाँ, बुरा उन्हें ज़रूर लगेगा, क्योंकि पार्टी में नए हैं और उस समय आए हैं, जब आने में कोई जोखिम नहीं थी। बहरहाल काम तो चलना चाहिए और मैं PWA के संगठन का काम चलाता रहूँगा, बेशक नाम के सेक्रेटरी रामविलास बने रहें। और मैंने 'जनपदीय भाषाओं का प्रश्न' शीर्षक से एक बहुत लंबी रिपोर्ट तैयार की और संयुक्त प्रांत के प्रगतिशील लेखकों की कौंसिल की मीटिंग बुलाई। मीटिंग यशपालजी के घर पर नवंबर 1945 में हुई, जिसमें रामविलास, अमृतराय, प्रकाश चंद्र गुप्त के अलावा लगभग हिंदी के बीस अन्य प्रमुख साहित्यकार उपस्थित थे। मैंने रिपोर्ट पेश की और उस पर यशपालजी ने थोड़ा-सा मतभेद भी प्रकट किया, किंतु बाद में उन्होंने भी उस प्रस्ताव के साथ रिपोर्ट को प्रकाशित करने पर रज़ामंदी ज़ाहिर की, जिसे अंत में मैंने पेश किया था और जिसका समर्थन रामविलास ने किया था। उसके बाद जब रामविलास पार्टी के वामपंथी भटकाव के

दौर में AIPWA के महामंत्री अर्थात् डिक्टेटर बनाए गए, तो उन्होंने मूलतः एक फ़िरकापरस्त हिंदीवादी की तरह जो एक वृहत्तर राष्ट्र की निराधार कल्पनाओं के ताने-बाने बुनता रहता है, रामविलास ने भी इतिहास को तोड़-मरोड़ कर सिद्ध किया—जी नहीं—फ़तवा दे डाला कि एक वृहत्तर हिंदी-राष्ट्र पैदा हो रहा है—हिंदी-क्षेत्र की दर्जनों जनपदीय (ethnic) बोलियों (?) को अपदस्थ करके और इस विशाल क्षेत्र की मातृभाषा बनकर—उसी तरह जैसे रूसी भाषा अनेक बोलियों को पीछे धकेलकर एक वृहत्तर रूसी राष्ट्र की मातृभाषा बन गई ! हिंदी द्वारा संपूर्ण भारत-विजय की संप्रदायवादी कल्पनाओं में पले कॉलेजों और विश्वविद्यालयों के अध्यापकों-प्राध्यापकों के कान में इस फ़तवे के स्वर मेघ मल्हार और जय-जयवंती के स्वरों जैसे मधुर लगे। 'हिंदी-साम्राज्य' का आँचल उनकी कल्पना में कश्मीर से कन्याकुमारी तक फैलता दिखाई देने लगा। 'लौह-लेखनी' के धनी डॉक्टर ने जो घोषणा कर दी थी ! सारे 'हिंदीवादी' विद्वान् (!) मुरीद बन गए, इस आशा में कि हिंदी के अखिल भारतीय साम्राज्य में समाज और राजनीति में 'हिंदीवादियों' और उनके 'वंशजों' का सदा वर्चस्व रहेगा और उन्हें कभी बेरोज़गारी का सामना नहीं करना पड़ेगा। अवधी, मैथिली, भोजपुरी, ब्रज, राजस्थानी वग़ैरह का अस्तित्व तक मिट जाए तो उनकी बला से—उनसे कौन-सी रोटी मिलती है, उन्हें ! रामविलास भूल गए कि उन्होंने कुछ साल पहले जनपदीय भाषाओं के विकास की बात का समर्थन किया था। भूलना स्वाभाविक था, क्योंकि रामविलास की मनोवृत्ति, संस्कार, स्वभाव, भावनाएँ और महत्त्वाकांक्षाएँ डिमॉक्रेटिक चेतना के विपरीत थीं।

सन् 1948 में भारतीय कम्युनिस्ट पार्टी के अंदर एक ज़बर्दस्त और खतरनाक वामपंथी भटकाव आया था। आपको याद होगा। देश के बँटवारे और देश की आज़ादी के करीब एक-सवा साल बाद बी.टी. रणदिवे के वामपंथी और घोर संकीर्णतावादी गुट ने पार्टी पर कब्ज़ा कर लिया और पी.सी. जोशी और उनके उदारपंथी (वास्तव में डिमॉक्रेटिक और राष्ट्रीय आंदोलन के साथ मिलकर काम करनेवाले) साथियों को संशोधनवादी (जो पार्टी की भाषा में एक गाली के समान है) कहकर उन्हें कठोर अनुशासन के तहत रखकर खूब ज़लील किया गया। भारत की आज़ादी को एक धोखा बताया गया—गांधी और नेहरू की नीतियों को एंग्लो-अमरीकन साम्राज्यवाद की हिमायत करनेवाली नीतियाँ बताया गया। पी.सी. जोशी की नीति के समर्थक साथियों को पार्टी के भूमिगत कम्यूनों में ज़लील किया जाने लगा। डॉ. अहमद जैसे वरिष्ठ नेता को अपनी पुनर्शिक्षा के लिए कम्यून के बर्तन माँजने का काम सौंपा गया। और इस तरह रणदिवे और उनके पोलिट-ब्यूरो के साथियों ने देश को इस बार सही अर्थों में ब्रिटिश साम्राज्यवाद और उनके पिट्ठू केरेन्सकी चांग-काई शेक जैसे भारतीय पूँजीवादी-सामंतवादी नेताओं (गांधी-नेहरू-कांग्रेस) से मुक्त करके एक ही हल्ले में सोशलिज़्म क़ायम करने के लिए समाजवादी-क्रांति

छेड़ने का ऐलान कर दिया। इस 'infantile disorder' (बचकानी उच्छृंखलता) ने बलात् बुद्धि और विवेक के कपाट बंद करके पार्टी के वामपंथी साथियों में एक ऐसी विक्षिप्त और Subjectivist मानसिकता पैदा कर दी, जो संक्रमणकारी रोग बनकर आज तक उनकी अक्ल पर हावी है और अपने ही पैर में कुल्हाड़ी मारने की नीतियों की हिमायत करती है। खैर, सन् '48-'49 में जिन नेताओं ने क्रांति के नाम पर अपने किसान, मज़दूर, विद्यार्थी-संगठनों का अपनी ऊल-जलूल नीतियों से विघटन किया, जिन वरिष्ठ, अनुभवी और संतुलित दिमाग़ के साथियों को ज़लील करके, उन पर झूठे आरोप लगाकर बदनाम करने की कोशिश की, उनकी चौकड़ी में एक पाँचवें सवार, 'खाट-तोड़' क्रांतिकारी रामविलास शर्मा भी शामिल हो गए थे, क्योंकि उन्हें अब बाज़ाप्ते प्रगतिशील लेखक संघ के एक बँधुआ अधिवेशन में 'महासचिव' बनाया गया था। 'बँधुआ' इसलिए कि केवल पार्टी के कट्टर वामपंथी सदस्य-लेखक ही बुलाए गए थे। अधिवेशन पार्टी-संचालित तमाशा था। विक्षिप्त मानसिकता के वातावरण में स्वतंत्र विचार और मतभेद की कोई गुंजाइश ही नहीं थी। मैं इस कॉन्फ्रेंस में मौजूद तो नहीं था, लेकिन जो थे उनसे ऐसा ही कुछ सुना था। देश का बँटवारा होने के समय सज्जाद ज़हीर को पाकिस्तान की कम्युनिस्ट पार्टी का महासचिव बनाकर लाहौर भेज दिया गया था। खुशकिस्मत थे कि बी.टी. —रामविलास की विशेष मानसिकता में पड़कर बाएँ बाजू की ओर भटकने से बच गए गो पाकिस्तान की सरकार ने उन्हें और महाकवि फ़ैज़ को रावलपिंडी कॉन्सप्रेसी केस में गिरफ़्तार करके जेल में डाल दिया था। मैं '47 में क़बाइली हमले के बाद से ही कश्मीर में था और वहाँ कश्मीर के नेशनल कल्चरल फ्रंट का संगठन कर रहा था। सरदार पटेल केंद्रीय गृहमंत्री थे। कम्युनिस्ट पार्टी ने जिस मसनूई क्रांति का बिगुल बजाकर राष्ट्रीय आंदोलन से सीधी टक्कर लेने की जो नीति अपनाई थी, उसके देखते सरदार के आदेश पर सरकार ने कम्युनिस्टों की धर-पकड़ शुरू कर दी थी। इसलिए गिरफ्तारी का वारंट मेरे नाम भी शाया किया गया और तामील के लिए वह वारंट कश्मीर सरकार को भेजा गया। मैं अपने दोस्त डी.पी. दर के साथ रहता था जो उप गृहमंत्री थे। बख़्शी गुलाम मोहम्मद (गृहमंत्री) के आदेश पर वारंट की तामील रोक दी गई और कश्मीर की मंत्रि परिषद् (केबिनेट) में यह मामला पेश हुआ। शेख मोहम्मद अब्दुल्ला ने कहा कि जो शख़्स कश्मीर की हकूमत का विरोध न करके हमारे साथ मिलकर कश्मीर की जनता को पाकिस्तान के खिलाफ़ मुनज़्ज़म कर रहा हो, उसे हम क्योंकर गिरफ्तार करें ? इसलिए हम केंद्रीय सरकार के इस वारंट की तामील हर्गिज़ नहीं करेंगे। कश्मीर राज्य में कम्युनिस्ट तहरीक के नेता प्रसिद्ध क्रांतिकारी कॉमरेड धन्वन्तरी थे, जो जम्मू में रहते थे। उन्होंने रणदिवे को लिख दिया था कि कश्मीर की विशेष परिस्थितियों में उनकी कांग्रेस और राष्ट्रीय आन्दोलन विरोधी नीति आत्मघाती सिद्ध होंगी। शेख़ अब्दुल्ला और नेशनल कॉन्फ्रेंस

के साथ पूरी तरह सहयोग करने की कश्मीरी सी.पी.आई. की पुरानी नीति बदस्तूर जारी रहेगी। लेकिन प्रगतिशील साहित्य के 'खटिया-तोड़ डिक्टेटर' को कौन रोक सकता था ? मौका देखकर रामविलास ने पार्टी के नए मुख-पत्र 'कौमी आवाज़' में हिंदी के सभी वरिष्ठ प्रगतिशील लेखकों को अपने एक ही फ़तवे से प्रतिक्रियावादी घोषित कर दिया ! इनमें राहुल सांकृत्यायन, यशपाल और अश्क आदि थे, लेकिन मुख्य प्रहार मेरे ऊपर था, क्योंकि एक स्वयंसिद्ध तर्क की आड़ लेकर दावा किया गया था कि जब तक प्रगतिशील आंदोलन पर मेरा (शिवदान सिंह चौहान का) प्रभाव बना रहेगा, तब तक प्रगतिशील साहित्य विकास नहीं कर सकेगा। शायद उनका तर्क सही ही था, क्योंकि इन सारे स्वतंत्र-मना लेखकों के रहते प्रगतिशील आंदोलन की रचनात्मक उपलब्धियों का इतिहास अप्रैल सन् 1936 से लिखा जाता और आला हज़रत और उनके सींग-पूँछ कटा के बछड़ा बने नए रंगरूट चेलों का ज़िक्र इस व्यापक परिप्रेक्ष्य में किसी प्रकार भी गौरवशाली नहीं होता, विशेषकर वामपंथी 'बचकाना उच्छृंखलता' की प्रवृत्ति के उस साहित्य (?) के बाद जिसका आग़ाज महासचिव के फ़तवों की गड़गड़ाहट के बीच वरिष्ठ लेखकों की टोपी उछालकर किया जा रहा था। तभी तो आगे चलकर यह दावा किया जा सकता था—बिना किसी झिझक के—कि सच्चे अर्थों में प्रगतिशील साहित्य का आरंभ सन् 1943 में हुआ, सन् 1949-50 में वह अपनी पूरी बुलंदी पर पहुँच गया, लेकिन '52 तक पहुँचते-पहुँचते संशोधनवादियों की साज़िशों से उसे एक बड़ा झटका लगा (यानी पालिसी भी बदल गई) और जेडनोव की भारतीय प्रतिमूर्ति हमारा यह महापंडित-महान् इतिहासकार वगैरह-वगैरह सब तरफ से महान् महासचिव भी, यद्यपि प्र.ले.सं. पुनः अपने उसे व्यापक आधार को प्राप्त नहीं कर सका जो उसने आरंभ में अपने लिए चुना था और जिसने देश की सभी भाषाओं के साहित्यों की धारा ही बदल दी थी। बहरहाल, उस समय मुझे साहित्य जैसी गंभीर चीज़ से ऐसा खिलवाड़ करना बुरा लगा और मैंने 'मानव आत्मा के शिल्पियों से' शीर्षक इसके विरोध में एक लंबा लेख लिखा। रामविलास और उनकी चपरकनाती ब्रिगेड ने एक स्वर से उस समय के हिंदी साप्ताहिकों में मेरे विरुद्ध लेख लिखे। उनमें भी, वे ही आरोप, वे ही चरित्रहनन, वे ही गालियाँ (टीटोवादी, संशोधनवादी, विघटनवादी आदि !) 'उल्टा चोर कोतवाल को डाँटे' वाली कहावत चरितार्थ हो रही थी। ख़ैर यह भोंडा मज़ाक जल्द ही ख़त्म हो गया, अपनी भूमिका समाप्त करके—अर्थात् प्रगतिशील लेखक संघ और आंदोलन को पंगु और विकलांग बनाकर, उसे एक उदात्त मानववादी प्रवृत्ति की गद्दी से नीचे घसीटकर और संकीर्ण वर्गवाद की दलदल में धकेलकर, जनमानस को अधिक जागरूक और सुसंस्कृत बनाने की बजाय, हर पुनीत विचार, भाव, नैतिक आचरण और महान् व्यक्ति का मखौल उड़ाकर।

कौल साहब ! आप परेशान हो रहे होंगे कि मैं यह सारे गढ़े मुर्दे क्यों उखाड़

रहा हूँ। दरअसल आदमी की स्मृति भी तो कब्रिस्तान ही है, जहाँ से यादों की लाशें उखाड़कर पोस्टमार्टम के लिए हम ले आते हैं। खैर बात लंबी हो गई है, लेकिन आपने जो प्रश्न पूछा था, उससे इसका संबंध है। असंगत नहीं है। एक बार 'रामविलास-चौहान विवाद' की पूरी अंतरंग तस्वीर सामने आनी ही चाहिए, अन्यथा यही प्रचारित किया जाता रहेगा कि 'दो दिग्गजों' की आपसी लड़ाई के कारण प्रगतिशील लेखक संघ विघटित हो गया। पार्टी में ऊपर से नीचे तक यही समझा जाता रहा है। और काफ़ी हद तक लेखकों की भी यही धारणा है। लेकिन यह ग़लत है। इस विवाद में कुछ भी व्यक्तिगत नहीं है—कम-से-कम मेरी ओर से। रामविलास अगर वैचारिक मतभेद को व्यक्तिगत विरोध समझते हों तो वे जानें। यह दो प्रवृत्तियों, सौंदर्य-दृष्टियों, इतिहास-चेतना और विश्वबोध का फ़र्क है, जो परस्पर विरोधी है।

जैसा कि मैं आरंभ में ही बता चुका हूँ कि 'भारत में प्रगतिशील साहित्य की आवश्यकता' मेरा पहला लेख था जो प्रगतिशील लेखक संघ की स्थापना के बाद लिखा गया था, अपनी ओर से उस समय की मार्क्सवाद के नाम पर प्रचलित धारणाओं के आधार पर। उसकी मान्यताओं में बहुत कुछ Vulgar Sociological स्थापनाएँ थीं। कुछ अनुभव बढ़ते ही मुझे इस ख़ामी का अहसास हुआ और मैंने निश्चय किया कि काफ़ी फेर-बदल करने के बाद भी इस लेख को Vulgar Sociology की गिरफ्त से नहीं बचाया जा सकता, और मैंने अपने निबंध-संग्रह में लेख को शामिल करने का इरादा छोड़ दिया था। जिन दिनों रामविलास शर्मा अपनी स्थानापन्न सचिवता को स्थायी के रूप में बदलवाने के लिए पार्टी नेताओं से मेरे ख़िलाफ़ शिकायतें कर रहे थे, उस समय ही मैंने उन्हें बता दिया था कि 'प्रगतिवाद' नाम के संग्रह में मैं इस लेख को नहीं दूँगा, यद्यपि मैंने बहुत से 'नोट्स' जोड़कर इसकी Vulgar Sociological मान्यताओं का असर कम करने की कोशिश की है। रामविलास भी इस बात से समहत थे। जब तक पार्टी में वामपंथी भटकाव नहीं आया, रामविलास शर्मा प्र.ले.सं. के महासचिव नहीं बने और एक विशिष्ट मानसिकता का दौर शुरू नहीं हुआ, तब तक रामविलास ने इस लेख के विरुद्ध या मेरे विरुद्ध कुछ भी नहीं लिखा।

कम्युनिस्ट पार्टी और सोवियत यूनियन में होनेवाले साहित्यिक विकास से प्रभावित तमाम दुनिया के लेखकों में Vulgar Sociology की प्रवृत्ति का भी काफ़ी ज़ोर था। हिंदी या भारतीय भाषाओं का साहित्य भी इसका अपवाद नहीं था। अपनी ओर से काफ़ी प्रयत्न करके भी, मैं दावे के साथ नहीं कह सकता कि मैंने सन् 1946 में 'साहित्य की परख' नाम से जो लेख रेडियो-वार्ता के लिए लिखा था, उस समय मेरा लेखन Vulgar Sociology की प्रवृत्ति से पूरी तरह मुक्त हो गया हो। जीवन इतना वैविध्यपूर्ण है कि उसमें घटनेवाली अनंत घटनाओं और प्रसंगों को

देखने-परखने की दृष्टि को हर प्रकार की संकीर्णता से मुक्त करना आसान काम नहीं है, विशेषकर उस समय जिस विश्वदर्शन में हमें आस्था थी उसे सूक्ष्म पर बड़े पैमाने पर distort किया जा रहा था, स्तालिन द्वारा, जिसे विश्व के कम्युनिस्ट आंदोलन का एकमात्र नेता माना जाता था। कृपया इस बात को ध्यान में रखें। मेरी दिलचस्पी आरंभ से ही ज्ञान-विज्ञान की उन सभी विधाओं में रही है, जिनका सीधा संबंध इतिहास और मानव-समाज के भौतिक और आध्यात्मिक चिंतन, खोज आदि से है, रात के दो बजे तक पढ़ते रहना एक प्रकार से नित्य-प्रति का नियम रहा है—पिछले साठ बरस से। जेल से लौटकर मैं अपने परिवार या पिता से एक बार भी नहीं मिला था। इसके अलावा कश्मीर से लौटने के एक साल बाद एक ऐसी प्रिय हस्ती की मृत्यु की खबर मिली कि तत्काल के लिए मेरा मन उचाट हो गया। तब तक सुना कि पिता अवकाश ग्रहण करके गाँव पहुँच गए हैं। मैंने दिल्ली आकर रहने का इरादा किया और अपनी किताबें और कपड़े बाँधकर लखनऊ से चल पड़ा। आगरे पहुँचकर माता-पिता और परिवार से मिलने गाँव चला गया। अभी कुछ दिन ही वहाँ रुका था कि दिल्ली रेडियो से 'साहित्य की परख' विषय पर एक वार्ता प्रसारित करने का निमंत्रण आया। गाँव में ही बैठकर मैंने लिखा तो लेख काफी लंबा हो गया। उसमें पहली बार मैंने पार्टी से संबद्ध लेखकों में Vulgar Sociology की बढ़ती हुई प्रवृत्ति का ज़िक्र किया और रामविलास शर्मा की 'भारतेंदु हरिश्चंद्र' और 'प्रेमचंद' नामक पुस्तकों से और अमृतराय की पुस्तक 'नई समीक्षा' से Vulgar Sociological आलोचना की कुछ मिसालें दीं, जो साहित्य के मूर्ख-से-मूर्ख विद्यार्थी की आँखों में चुभ सकती थीं। भारतेंदु को शेक्सपियर से बड़ा नाटककार और प्रेमचंद को गोर्की से बड़ा उपन्यासकार घोषित करना—ऐसा बचकाना मूल्यांकन क्या रामविलास जैसे आलोचक को शोभा देता था। अमृतराय जैसे संभ्रांत और प्रतिभाशाली लेखक के लिए क्या यह शोभा देता था कि एक चुनौती फेंक कर दावा करें कि 'विजयी विश्व तिरंगा प्यारा' को महान् साहित्य न कहने का कौन साहस कर सकता है ? दोनों में से किसी का मैंने चरित्रहनन नहीं किया था, कोई गाली नहीं दी थी, सिर्फ मिसाल देकर बताया था कि Vulgar Sociology की प्रवृत्ति का क्या स्वरूप है। दोनों में से किसी के साथ मेरा वैमनस्य नहीं था, न ईर्ष्या-द्वेष का प्रश्न था। क्या इस बढ़ती हुई नाकारा प्रवृत्ति की ओर संकेत करके मैंने गलती की थी ? आशा की थी कि पार्टी के लेखक खुलेआम इस विषय पर ईमानदारी से बहस चलाएँगे। लेकिन सन् 1946 से लेकर 1949 तक रामविलास चुप्पी साधे रहे, कोई प्रतिक्रिया नहीं ज़ाहिर की और फिर जब 'कौमी आवाज़' के लेख में उन्होंने अपनी प्रतिक्रिया ज़ाहिर की तो उसमें 'साहित्य की परख' का कोई जिक्र नहीं था। ज़िक्र था तो मेरे दस साल पहले (1936) के लेख 'भारत में प्रगतिशील साहित्य की आवश्यकता' का, या दो-तीन साल बाद लिखे लेख 'क्या साहित्य प्रौपेगैण्डा है ?'

का, जो मैंने हंस में छापा था ! चरित्रहनन और गाली-गलौज के लिए पहले लेख को चुनने का क्या औचित्य था जिसे मैंने उनकी जानकारी में जानबूझकर त्याग दिया था ? और दूसरे लेख से कुछ वाक्य पूरे पैरा के संदर्भ से हटा लेकर उनके असली अर्थ और आशय से बेहूदा खिलवाड़ करने का भी क्या औचित्य था !

ख़ैर रामविलास की जो भी मंशा रही हो, या फिर किसी भी बहस को इतने नीचे स्तर पर घसीट लाना उनका स्वभाव है, जिससे वे कभी ऊपर नहीं उठ सकते, मैं ऐसी अटकलबाजी में नहीं पड़ना चाहता। हाँ, लेखकों, पाठकों और पार्टी के नए-पुराने साथियों की जानकारी के लिए इतना अवश्य दावे के साथ कह सकता हूँ और इसकी तसदीक़ अगर चाहें तो स्वयं रामविलास से कर सकते हैं कि इस सारी कटुता और आपसी झगड़े की बात का बतंगड़ बना दिए जाने के बावजूद मेरी ओर से सदा कोशिश रही है कि हम दोनों उन कार्यों में, उन साहित्यिक हलचलों में सहयोग कर सकें जो देश में समाजवाद की शक्तियों को और ताकत बख्श सकें। हालाँकि उनके समस्त लेखन में जानकार और अनुभवी आलोचकों को संकीर्णता और एकांगीपन का हर कदम पर साक्षात्कार होता है, फिर भी कश्मीर से लौटकर जब मैंने राजकमल से 'आलोचना' (त्रैमासिक) निकालने की योजना बनाई और उसमें सहयोग करने के लिए रामविलास को लिखा तो एक पोस्टकार्ड पर दो पंक्तियों का टका-सा जवाब मिला कि मैं फरमाइश पर नहीं लिखता। एक बार ऐसा ही एक पंक्ति का जवाब मिला—'डेढ़ सौ रुपया पारिश्रमिक के रूप में अग्रिम भेज दो। धर्मयुग इतना ही देता है'। ऐसे ही एक-दो पत्र और भी होंगे, मेरे पत्रों के जवाब में। अफ़सोस होता रहा है सामान्य सौजन्य के इस Vulgar Sociologist रूपांतरण पर। मुबारक हो ! मेरा ज़मीर फिर भी नहीं माना—और उनकी 70वीं जयंती को ध्यान में रखकर मैंने सोवियत लैंड नेहरू अवार्ड कमेटी में उन्हें प्रथम कोटि का पुरस्कार देने का प्रस्ताव रखा और जब रामविलास पुरस्कार लेने आए तो नामवर सिंह की जगह मैंने ही हिंदी साहित्य में उनके योगदान से संबंधित प्रशस्ति-पत्र पढ़कर सुनाया ! इस पर भी अगर इस मिथक को प्रचारित करने में किसी का स्वार्थ है कि प्र.ले. आंदोलन का शीराज़ा इसलिए बिखरा कि हम दोनों आपस में लड़ते रहे, तो मैं इससे अधिक और कुछ नहीं कह सकता।

(अप्रैल, 1993)

बलिदान तथा सांप्रदायिकता*

श्री गणेश शंकर विद्यार्थी 25 मार्च, 1931 को इसी शहर में शहीद हुए थे। वह भीषण हिंदू-मुस्लिम दंगा, जो शायद उस समय तक का सबसे भयंकर सांप्रदायिक नरसंहार था, उसने आगे चलकर होनेवाले हिंदू-मुस्लिम दंगों का पैटर्न निश्चित किया था। याद रहे कि ऐन उसी समय कराची में राष्ट्रीय कांग्रेस का अधिवेशन हो रहा था। भारत का स्वतंत्रता संग्राम अपनी चढ़ती कला पर था और भारत की जनता मुकम्मल आज़ादी की जंग में बड़ी से बड़ी कुर्बानी देने के लिए कटिबद्ध थी–बस राष्ट्र नेता महात्मा गांधी और जवाहरलाल नेहरू के आह्वान का इंतजार था। लाहौर कांग्रेस में ब्रिटिश सरकार को भारत को आज़ादी देने के लिए एक साल की जो मोहलत दी गई थी, उसकी अवधि समाप्त हो गई थी। सारा वातावरण, विदेशी शासन के दमनचक्र का मुकाबला करने के लिए इंकलाबी शायर रामप्रसाद बिस्मिल के शब्दों में, 'सरफरोशी की तमन्ना' के नारों से गूँज रहा था। वह एक मायने में 'दौरे शहीदी' था, जिसका आग़ाज़ (आरंभ) एक महीना पहले चंद्रशेखर 'आज़ाद' ने इलाहाबाद के अल्फ्रेड पार्क में पुलिस की गोली से शहीद होकर किया था।

ब्रिटिश सरकार ने आसन्न जन-आंदोलन को कुचलने के लिए पूरी तैयारी कर रखी थी। कराची से 'पूर्ण स्वतंत्रता' के लिए सत्याग्रह का ऐलान होने से पहले ही उसने प्रहार किया–भारतीय जनता की भावनाओं और उसके आत्म-सम्मान को ठोकर मारकर, यानी जन-प्रतिवाद के बावजूद 23 मार्च, 1931 को लाहौर जेल में देश के तीन आज़ादी के दीवाने नौजवानों, शहीदे-आज़म सरदार भगत सिंह और उनके साथ सुखदेव और राजगुरु को फाँसी देकर और फिर दो दिन बाद ही, राष्ट्रीय एकता, डिमॉक्रेटिक विचारधारा और राजनीति में धर्मनिरपेक्षता, सभ्याचार, राष्ट्रीय संग्राम के इन तीनों आधारस्तंभों को हिंदू-मुस्लिम दंगे के डायनेमाइट से उड़ाया गया, इसी कानपुर शहर में, अंग्रेज हकूमत की शह पर फैलाई गई नफ़रत भरी अफवाहों

*महामहिम श्री बी. सत्यनारायण रेड्डी, माननीय शिक्षा मंत्री श्री रमाशंकर कौशिक, डॉ. विश्वंभरनाथ उपाध्याय, कुलपति, कानपुर विश्वविद्यालय तथा अन्य लेखकों की उपस्थिति में 16 अप्रैल, 1991 को कानपुर विश्वविद्यालय में दिया गया भाषण।

के ज़रिये, एक-दूसरे के विरुद्ध संदेह जगाकर। सांप्रदायिक हिंसा की इस भीषण आग को बुझाने में श्री गणेश शंकर विद्यार्थी ने अपने प्राणों की आहुति दी और शहीद हो गए।

सांप्रदायिक एकता की ख़ातिर दिए गए विद्यार्थीजी के इस बलिदान से एक उतनी ही उदात्त मानववादी और सेक्युलर परंपरा का आरंभ हुआ, जितनी उदात्त मानववादी और डिमॉक्रेटिक परंपरा उन असंख्य क्रांतिकारियों और स्वतंत्रता सेनानियों के बलिदानों की है, जिन्होंने देश की आज़ादी की खातिर गोलियाँ खाईं और जेलों में असह्य यातनाएँ झेलीं। शहादत की दोनों परंपराएँ एक-दूसरे की पूरक हैं।

और जिनके हाथों विद्यार्थीजी या आज़ादी मिलने के बाद गांधीजी शहीद हुए, उनके मानस-पुत्र आज जिस दंभ और उद्दण्डता से इतिहास को तोड़ते-मरोड़ते हैं, डिमॉक्रेटिक और सेक्युलर विचारों और मानव-मूल्यों को ठुकराते हैं, भारतीय राष्ट्र और भारतीय संस्कृति को हिंदू-सांप्रदायिकता का पर्याय घोषित करके अनेकानेक मानवजातीय समुदायों और संस्कृतियों के परस्पर आदान-प्रदान से लगातार समृद्धि होती जानेवाली ऐक्य-भावना का गला घोंट रहे हैं, हिंदुत्व की स्थापना के लिए, अर्थात् राजनीतिक सत्ता हथियाने के लिए वे भोली-भाली, अज्ञान और ग़रीबी से पीड़ित सहज विश्वासी हिंदू जनता को राम जन्मभूमि और बाबरी मस्जिद की समस्या खड़ी करके जिस तरह सांप्रदायिक हिंसा और धर्मान्धता को बढ़ावा दे रहे हैं, वह हर देशभक्त और जनवादी व्यक्ति के लिए गंभीर चिंता का विषय बन गया है। गांधीजी ने आशा व्यक्त की थी कि विद्यार्थीजी का 'निष्पाप खून हिंदू-मुस्लिम ऐक्य को सुदृढ़ बनाएगा'। दुर्भाग्य से ऐसा नहीं हुआ, जो हुआ वह यह कि हिंदू और मुस्लिम संप्रदायवादी ब्रिटिश साम्राज्यवाद की मदद से, हिंदू और मुसलमान जनता में, एक-दूसरे के प्रति भय, संदेह, नफ़रत और भ्रांतियाँ पैदा करने में सफल हो गए, जिससे देश का बँटवारा हुआ और पाकिस्तान बना। संप्रदायवादियों ने राष्ट्र या नेशन की अवधारणा को इतना संकीर्ण बना दिया कि वह हिंदू या मुस्लिम संप्रदाय का पर्याय बन गई। नतीजा यह हुआ कि भारतीय भाषाओं के आधुनिक साहित्यों में सूफी संतों—कबीर, दादू, नानक और शेख फरीद की उदात्त मानववादी परंपरा धुँधली पड़ती गई और उसकी जगह अपने-अपने धार्मिक संप्रदाय को ही बुद्धिजीवी, कवि और साहित्यकार, राष्ट्र का पर्याय मान बैठे—हिंदू कवि या उपन्यासकार चाहे बंगाल का हो या महाराष्ट्र का या उत्तर प्रदेश का, उसकी अंतश्चेतना हिंदू राष्ट्रवाद या मुस्लिम राष्ट्रवाद की अलगाववादी भावना से कहीं-न-कहीं प्रभावित ज़रूर है, चाहे वह चेतन रूप में हिंदू-मुस्लिम ऐक्य का समर्थक क्यों न हो। हिंदू हों या मुसलमान बुद्धिजीवी या ऊँची जाति के भद्र लोग, उन सभी में प्रायः एक द्वैत भावना काम करती रही है। जब अंग्रेज़ों ने आकर बंगाल में अपने पैर जमा लिए तो पाश्चात्य

सभ्यता की चुनौतियों के प्रति वहाँ के भद्रलोक में परस्पर-विरोधी प्रतिक्रियाएँ हुईं। सभी धर्मों के अमीर लोग चाहते थे कि उन्हें ही यहाँ की सत्ता और संस्कृति का वारिस माना जाय। राजा राममोहन राय, ईश्वरचंद्र विद्यासागर, द्वारकानाथ ठाकुर, कवि डिरोज़ियो और देवेंद्रनाथ ठाकुर ने योरुप के उदारतावादी और जनवादी (डिमॉक्रेटिक) चिंतन से प्रभावित होकर, सुधारवादी आंदोलन का सूत्रपात किया। इसके विपरीत राजा राधाकांत देव ने पाश्चात्य शिक्षा का भरपूर लाभ उठाने का समर्थन करते हुए जात-पाँत के भेदभाव पर आधारित अपनी ब्राह्मणी परंपराओं और रूढ़ियों का पुनरुद्धार करने पर ज़ोर दिया। शिष्ट वर्ग के लोगों की द्वैत भावना का परिणाम यह हुआ कि इस सदी के आरंभ में सनातन धर्म सभा अपनी विरोधी संस्था आर्य-समाज से मिल गई और सुधारवादी सर सैयद अहमद खाँ के अलीगढ़ी बौद्धिक अनुगामी, खिलाफत आंदोलन में अपने विरोधी देवबंद के रूढ़िवादियों के साथ मिल गए। स्वामी दयानंद सुधारवाद के साथ-साथ पुनरुत्थानवाद के भी समर्थक थे। वे चतुष्वर्ण व्यवस्था के भी समर्थक थे। वे ब्राह्मणवाद के नहीं, ब्राह्मणों में फैले भ्रष्टाचार और अंधविश्वास के विरोधी थे। सुधारवाद और पुनरुत्थानवाद का गठजोड़, आसानी से राजनीतिक सत्ता हथियाने की महत्त्वाकांक्षा पैदा होते ही, ब्राह्मणी संप्रदायवाद में परिवर्तित हो सकता था, जैसा कि हुआ। ब्राह्मण होकर भी राजा राममोहन राय और ईश्वरचंद्र विद्यासागर ने मानववादी दृष्टि से बुद्धि संगत सुधार का जो आंदोलन शुरू किया था, उसने आगे चलकर उन्नीसवीं सदी में ही अक्षयकुमार दत्त, जी.जी. अगारकर, एम.जी. रानाडे, आर.जी. भंडारकर और बहराम मलाबारी जैसे दिग्गज विचारक पैदा किए। राष्ट्रीय कांग्रेस के उदारपंथी नेता भी ऐसे ही दिग्गज विचारक थे, रूढ़िग्रस्त ब्राह्मणी धर्म और मनुष्यों में ऊँच-नीच, छुआछूत का भेदभाव करनेवाली समाज-व्यवस्था को वे सप्रश्न दृष्टि से देखते थे। लेकिन उग्रवादियों के मुकाबले में जब वे बदनाम हो गए और अपना प्रभाव खो बैठे तो कांग्रेस में भी सुधारवादी और पुनरुत्थानवादी प्रवृत्तियाँ एक-दूसरे में विलय हो गईं, और कांग्रेस की राजनीति पर भी ब्राह्मणी सांप्रदायिकता का रंग चढ़ने लगा। राजनीतिक उग्रवाद और संप्रदायवादी राजनीति का गठबंधन हो गया। बालगंगाधर तिलक कांग्रेस में उग्रवादियों के नेता थे, एक महान् देशभक्त, विद्वान् और प्रचारक। सबसे पहले 'स्वराज मेरा जन्मसिद्ध अधिकार है' की क्रांतिकारी उद्‌घोषणा उन्होंने ही की थी। लेकिन उनका सामाजिक दृष्टिकोण उतना ही रूढ़िवादी और पुनरुत्थानवादी था। लड़कियों के बाल-विवाह पर पाबंदी लगाने का उन्होंने विरोध किया, विट्ठल भाई पटेल द्वारा अंतर्जातीय विवाह को वैध करार देनेवाले बिल का उन्होंने हिंदू विरोधी और ब्राह्मण विरोधी कहकर विरोध किया। राजनीतिक उद्देश्यों की पूर्ति के लिए एक संगठित हिंदू सांप्रदायिक मोर्चा तैयार करने के उद्देश्य से उन्होंने महाराष्ट्र में एक बड़े पैमाने पर गणपति और शिवाजी के उत्सव मनाने का सिलसिला शुरू किया, जिससे हिंदुओं में पुनरुत्थानवादी

भावनाओं और अंधविश्वासों को बढ़ावा मिला। उन्होंने 'एक शक्तिशाली हिंदू राष्ट्र' का निर्माण करने का आह्वान भी किया।

जर्मन भाषाविद् मैक्समूलर ने संस्कृत, फ़ारसी, यूनानी जैसी प्राचीन भाषाओं में पर्याप्त साम्य पाकर एक इण्डो-यूरोपीय भाषा-समूह या भाषा-कुल की अवधारणा की थी। संस्कृत साहित्य में शिष्ट संबोधन के लिए 'आर्य' शब्द के प्रयोग से प्रभावित होकर उसने अपनी खोज के ऐतिहासिक महत्त्व से उत्साहित होकर इस भाषा-कुल को 'आर्य-कुल की भाषाएँ' कह डाला, जिससे यह ध्वनि भी निकलती थी कि अति प्राचीन काल में मध्य एशिया में कोई प्रोटो-आर्य जाति के यायावर कबीले रहते थे, जो कालांतर में यूनान, योरुप, रूस, फारस और भारत में जा बसे। आधुनिक नृशास्त्र के अनुसार समस्त मानव जाति मूलतः एक है, फिर भी रंग-भेद के आधार पर मनुष्य मात्र को तीन प्रजातियों (रेसेज़) में बाँटा गया है–गोरे रंग के कॉकेशियन, पीले रंग के मंगोलियन और काले रंग के अफ्रीकी नेग्रिटो। इनमें से कोई भी जाति मानवीय गुणों, सौंदर्य बोध, नैतिक भावना या बौद्धिक क्षमता, रचनात्मक-कल्पना शक्ति और शारीरिक पराक्रम में दूसरी जाति से श्रेष्ठ या घटिया नहीं है–यह परीक्षित वैज्ञानिक सत्य है। तीनों प्रजातियों का रंग-भेद उसी तरह का है जैसे गुलाब के फूल अनेक रंगों के होते हैं। युग-युगांतर से तीनों प्रजातियों के यायावरी क़बीले उनके अनुकूल वातावरण और भोजन की तलाश में एक-दूसरे देशों में प्रवास करते रहे हैं–भाषाई, सामाजिक-सांस्कृतिक और धार्मिक भिन्नताओं और अक्सर ज़र और ज़मीन पर क़ब्ज़ा जमाने के लिए आपस में होनेवाले युद्धों और नरसंहारों के बावजूद। विशेषकर भारत में तीनों प्रजातियों में हजारों साल से इतना अधिक मिश्रण हुआ है कि हमारे देश में शायद ही कोई हो जो वर्णसंकर नहीं है। यह तब जब ब्राह्मणवाद ने रोटी-बेटी के मानवीय-संबंधों की क्रूर वर्जनाओं में जकड़बंद करके इंसानों को ऊँच-नीच के आधार पर नियोजित करनेवाली, धार्मिक अंधविश्वासों से पोषित, घोर अमानवीय और क्रूर सामाजिक अन्याय की मूर्तिमान चतुष्वर्ण व्यवस्था को स्थायी रूप से सुरक्षित रखने और उसका अतिक्रमण करनेवालों को दंडित करने के भयंकर विधान रचे थे। मगर जीवन की धारा को किसी विधान की पिटारी में बाँधकर कौन, कब तक रख सका है ?

हाँ, इतना ज़रूर हुआ कि मैक्समूलर की अवधारणा से निकलनेवाली इस ध्वनि से कि आदिकाल में कोई स्वर्णकेशी आर्य जाति थी, पाश्चात्य, पूँजीवादी देशों के गोरे लोगों को अन्य पाँचों महाद्वीपों के देशों और सातों समुद्रों में फैले हजारों द्वीपों में बसी अश्वेत जातियों को साम-दाम-दंड-भेद की नीति का प्रयोग कर आर्थिक लूट-खसोट के लिए गुलाम बनाने का एक विज्ञान-सम्मत बहाना मिल गया। अपनी गोरी चमड़ी और कुछ के सुनहरे बालों के कारण साम्राज्यवादियों को इस नतीजे पर पहुँचने में जरा भी देर नहीं लगी कि वे ही श्रेष्ठतर (सुपीरियर) आर्य जाति के असली

वंशज हैं, और बाकी दुनिया के अश्वेत लोग विभिन्न निम्नकोटि के। एक प्रकार से मनुष्य और जानवर के बीच की प्रजातियों के हैं। हालाँकि उन दिनों फ्रांसीसी क्रांति के समतावादी और उदार मानववादी डिमॉक्रेटिक विचारों का बोलबाला था लेकिन साम्राज्यवादियों की दृष्टि में इन विचारों और ईसाई धर्म की अहिंसा, करुणा और प्रेम पर आधारित नैतिकता का केवल योरुप के गोरे निवासियों के लिए ही मूल्य था। डार्विन के 'विकास सिद्धांत' की मनगढ़ंत व्याख्या करके साम्राज्यवाद के पोषक समाजशास्त्रियों ने 'सोशल डार्विनिज़्म' नाम से एक समाजशास्त्रीय सिद्धांत की उद्‌भावना कर डाली। ईश्वर ने काली जातियों को गौरांग प्रभुओं की सेवा के लिए बनाया है और उन्हें प्रतिवाद करने पर कीड़े-मकोड़ों की तरह मारा जा सकता है—इस मानवद्रोही सिद्धांत की यही मूल विचार-वस्तु थी। पश्चिम में एक मिथिकल आर्य-जाति की कल्पना ने रंग-भेद पर आधारित एक क्रूर और नृशंस जातिवाद को जन्म दिया।

किंतु हमारे यहाँ सामाजिक वैषम्य का औचित्य सिद्ध करने के लिए 'सोशल डार्विनिज़्म' जैसे किसी मसनूई सिद्धांत का सहारा लेने की ज़रूरत नहीं थी। हिंदुओं के विभिन्न बुद्धिजीवी समुदायों के लोकप्रिय नेताओं और विद्वानों को लगा जैसे मैक्समूलर ने वेदों की भाषा से भी पहले की प्रोटो (आदि) संस्कृति के अस्तित्व की संभावना का संकेत करके यह सिद्ध कर दिया है कि ब्राह्मणी सभ्यता और संस्कृति की जननी और कोई नहीं, वह आर्य जाति ही थी, जो इण्डो-यूरोपीय भाषाएँ बोलती थी। विवेकानंद, तिलक, रानाडे, केशवचंद्र सेन, अरविंद घोष, बंकिम चंद्र आदि उस ज़माने के प्रमुख हिंदू विद्वानों को इस विचार ने प्रभावित किया। स्वामी दयानंद सरस्वती तो आर्य जाति की मिथक से इतने प्रभावित हुए कि इसे सत्य मानकर उन्होंने ब्राह्मणवादी कल्पना के वैदिक धर्म का पुनरुत्थान करने का बीड़ा उठा लिया और आर्य-समाज की स्थापना कर डाली।

भारतीय इतिहास फिर एक मिथक का हिस्सा बन गया। अपने पूर्वज आर्यों के मूल-स्थान की खोज शुरू हुई। तिलक महाराज से लेकर संपूर्णानंदजी तक अनेक विद्वानों ने उत्तरी ध्रुव से लेकर मध्य एशिया में रवीबा की घाटी के बारे में अटकलें लगाईं—अंत में संपूर्णानंदजी ने अपनी कल्पना को इतनी लंबी यात्राओं पर दौड़ाने की बजाय कुछ तर्क जुटाकर सिद्ध कर दिया कि आर्यों का आदि देश कोई और नहीं स्वयं भारत ही था—इस प्रकार इस बौद्धिक प्रयास ने ब्राह्मण-संप्रदाय को अंग्रेजों से अपने आपको श्रेष्ठ समझने का अवसर प्रदान किया। इससे नेशनलिस्ट भावना की भी तुष्टि हुई और हिंदू सांप्रदायिकता को भी बल मिला। दरअसल तब से हिंदू सांप्रदायिकता उत्तरोत्तर अधिक संगठित और आक्रामक होती गई है।

इन सब बातों की चर्चा मैंने अकारण नहीं की। मेरा उद्देश्य यह बताना है कि हिंदू या मुस्लिम संप्रदायवाद का उत्थान हमारे देश की विशिष्ट परिस्थितियों के

कारण हुआ। दोनों फिरकों की सांप्रदायिकता में अनेक समानताएँ भी हैं—दोनों मानववादी डिमॉक्रेटिक भावना और परंपरा की कट्टर विरोधी हैं, और उच्च जातियों और नगरों के संपन्न व्यवसायी और पेशेवर समुदायों के आर्थिक हितों की समर्थक और पोषक प्रवृत्तियाँ हैं। तिलक महाराज का जब तक राष्ट्रीय कांग्रेस पर वर्चस्व रहा, तब तक भारतीय राष्ट्रवाद और हिंदू संप्रदायवाद में गहरा अंतःसंबंध भी बना रहा। उस समय तक हिंदू संप्रदायवाद मुख्यतः रूढ़िग्रस्त समाज में किंचित् सुधार लाने और लुप्त धार्मिक परंपराओं और पद्धतियों का पुनरुत्थान करने में विशेष रुचि लेता था या सरकारी नौकरियाँ हथियाने में मुसलमानों से आगे रहने के लिए अंग्रेज़ी शिक्षा के प्रसार में योग देता था। इस प्रकार दोनों फ़िरकों की सांप्रदायिकता, अंग्रेज़ी शासन की बरकतों का पूरा फ़ायदा उठाने में अपने-अपने संप्रदाय का लाभ देखती थी। विदेशी गुलामी से निजात पाना संप्रदायवादियों के प्रोग्राम में कभी नहीं शामिल रहा। इसलिए तिलक के बाद जब गांधीजी ने राष्ट्रीय आंदोलन का नेतृत्व सँभाला तो उन्होंने कांग्रेस को राष्ट्रीय स्वतंत्रता संग्राम के लिए समस्त भारतीय जनता की सामान्य संगठित शक्ति बनाने की कोशिश की। उन्होंने जाति, धर्म, रंग, सेक्स या गरीब-अमीर का भेद न करके सभी भारतीयों (विभिन्न जातीय इकाइयों), नेशनलिटीज़ (मजदूर-किसान, पूँजीपति-ज़मींदार, बुद्धिजीवी-दस्तकार, हिंदू-मुसलमान, पारसी, सिख, ईसाई) के लिए राष्ट्रीय कांग्रेस के दरवाज़े खोल दिए ताकि ये सभी अपने और एक-दूसरे के हितों के लिए मिलकर आवाज उठा सकें। राष्ट्रीय कांग्रेस जनमानस में एक स्वतंत्र डिमॉक्रेटिक और धर्मनिरपेक्ष भारत का निर्माण करने की आकांक्षाएँ जगाकर लोगों को साम्राज्यवाद से टक्कर लेने के लिए संगठित करने लगी। जलियाँवाला बाग के हत्याकांड में हजारों हिंदू-मुसलमान और सिखों का पवित्र खून मिलकर बहा था और उसने सांप्रदायिक एकता की सकल मानववादी धर्मनिरपेक्ष भावना को मज़बूत किया था। गांधीजी अपने आप को सनातनधर्मी हिंदू कहते थे, लेकिन दरअसल वे बौद्धों और जैनों की अहिंसावादी श्रमण-परंपरा और मध्यकालीन सूफी-संतों और भक्तों की मानव-प्रेम और एकता पर ज़ोर देनेवाली समन्वयवादी परंपरा के स्वयं एक महान् संत थे। एक इतिहासकार के अनुसार उन्होंने श्रमण और ब्राह्मणवादी पुनरुत्थानवाद की परंपराओं और अभिजातवर्गीय तंत्र और डिमॉक्रेटिक तंत्र के बीच की खाई पाटने का प्रयत्न किया, जिसमें वे सफल नहीं हो सके। हिंदू और मुस्लिम दोनों फिरकों के संप्रदायवादी उन्हें अपने मार्ग का रोड़ा समझने लगे। यह हमारे देश का सौभाग्य है कि इस सदी में भारतीय जनमानस को कवि गुरु रवींद्रनाथ टैगोर, महात्मा गांधी और जवाहरलाल नेहरू जैसे महान् विश्व मानवों ने डिमॉक्रेटिक और धर्मनिरपेक्ष भावनाओं और विचारों से समृद्ध किया। यही कारण है, राष्ट्रीय आंदोलन और आज़ादी के बाद राष्ट्रीय कांग्रेस और उससे निकले अनेक समाजवादी और वामपंथी ग्रुप पारस्परिक झगड़ों और हिंदू या मुस्लिम सांप्रदायिकता

के प्रश्न पर अपनी ढुलमुल नीतियों के बावजूद, इन सिद्धांतों में कमोबेश आस्था रखते हैं और ब्राह्मणवादी सांप्रदायिकता को, जिसका प्रतिनिधित्व करनेवाली विश्व-हिंदू परिषद्, भारतीय जनता पार्टी, शिवसेना और परदे के पीछे से उनका संचालन करनेवाला राष्ट्रीय स्वयं सेवक संघ जैसी संस्थाओं को देश की एकता के लिए सबसे बड़ा आंतरिक ख़तरा समझते हैं।

बहुसंख्यक हिंदू संप्रदाय के नाम पर बोलनेवाले इन संगठनों और उनके नेताओं का असली उद्देश्य केंद्र और राज्यों में सत्ता पर एक बार क़ब्जा करके देश के डिमॉक्रेटिक तंत्र का खुलेआम ब्राह्मणी जातिवाद और संप्रदायवाद के हित में और भारत के मुसलमानों, अनुसूचित जनजातियों और शूद्रों-अछूतों तथा अन्य मानवजातीय समुदायों (एथनिक-ग्रुप्स) और धर्मों को ब्राह्मणवादी व्यवस्था का बंधक बनाकर रखना है, जैसा कि ब्राह्मणी सांप्रदायिकता प्राचीन काल से करती आ रही है। जब अपने बंधक तथाकथित हिंदू-समाज में अपनी चिरंतन श्रेष्ठता/देवत्व को मान्य करवाने के लिए ब्राह्मणी सांप्रदायिकता हिंदुओं की तीन-चौथाई आबादी को रोटी-बेटी के सबसे साधारण और मूलतः मानवीय संबंधों के दायरे से सदा के लिए बहिष्कृत रखती है, तो वह उनको, जो मानव-संबंधों के प्रति अधिक उदार और मानववादी दृष्टिकोण और आचरण की माँग करते हैं—कैसे बर्दाश्त कर सकती है ? इसलिए राष्ट्रपिता गांधी को रास्ते से हटाना ज़रूरी हो गया। उनके हत्यारे, नाथूराम गोडसे ने अपने लेख में इस जघन्य कार्य के औचित्य की जो दलीलें दी हैं, उन्हें अनदेखा करना भारतीय राष्ट्र के विघटन की जो साजिशें बाहर के साम्राज्यवादियों और अंदर के संप्रदायवादी करते आए हैं, उनमें प्रच्छन्न रूप से मदद करने के बराबर है। गोडसे के अनुसार गांधी की समन्वयवादी नीतियाँ हिंदू धर्म के लिए घातक बन गई थीं, क्योंकि नीची अब्राह्मण जातियों और पेशेवर दस्तकारों आदि को अहिंसात्मक रीति से अपने अधिकारों के लिए संगठित करके 'गांधी पेशवाओं के वंशजों के पितृसत्तात्मक विश्वबोध (जीवन-दर्शन) को उलट रहा है।' उसकी ओर राष्ट्रीय स्वयं सेवक संघ के अन्य नेताओं की दृष्टि में हिंदू-मुस्लिम एकता के लिए गांधी की कोशिशें, हिंदुओं को पौरुषहीन और नपुंसक बना रही थीं। हिंदू जाति मुसलमानों से लड़कर ही अपना पुंसत्व पुनः प्राप्त कर सकती है—यह सारे ब्राह्मणी सांप्रदायिकता के पण्डों का बद्धमूल विश्वास है। क्या यही कारण नहीं है कि राष्ट्रपिता की हत्या की निंदा न गोल्वालकर ने की, न देवरस ने, न अटल बिहारी वाजपेयी ने और न एल.के. अडवानी ने। इसके विपरीत यह दावा करके कि 'कांग्रेस कल्चर' ही देश में अस्थिरता पैदा करने के लिए जिम्मेदार है और नेहरू की धर्मनिरपेक्षता एक नकली कृत्रिम किस्म की धर्मनिरपेक्षता है, जिसने बहुसंख्यक हिंदू जाति को बंधुआ बना रखा है, और बेचारा हिंदू आज गर्व से नहीं कह सकता कि वह हिंदू हैं, 'हिंदुत्व' की स्थापना का नारा देनेवाले नेता, गोडसे के कार्य की जघन्यता को लगातार मौन

समर्थन देते आए हैं।

पंडित जवाहरलाल नेहरू ने कहा था कि अल्पसंख्यकों की सांप्रदायिकता आत्म-रक्षात्मक होती है लेकिन बहुसंख्यकों की सांप्रदायिकता आक्रामक होती है। नेहरू ने भारतीय जनता और बुद्धिजीवियों को आगाह भी किया कि अगर हिंदू राष्ट्रवाद (सांप्रदायिकता) केंद्रीय सत्ता पर कब्ज़ा करने में सफल हुआ तो उसका शासन हिटलरी फासिज़्म का भारतीय रूप होगा। जिन्होंने आज़ादी के बाद से हिंदू सांप्रदायिकता के बढ़ते चरणों की चाप सुनी है, वे जानते हैं, ये पैर बेगुनाहों की लाशों और उनके जलकर खाक हुए घरों को कुचलते हुए गुजरे हैं।

एक सज्जन विभूति नारायण राय ने आजादी के बाद के 40 सालों में हुए हिंदू-मुस्लिम दंगों के प्रामाणिक आंकड़े एकत्र किए हैं, जो किसी इंसानपरस्त व्यक्ति का हौसला पस्त करने के लिए पर्याप्त हैं। हिंदू संप्रदायवादियों और उनके संगठनों, संघों, सेनाओं, परिषदों और दलों द्वारा यह दावा करने के बावजूद कि दंगे हमेशा मुसलमान ही शुरू करते हैं और दंगों में जान-माल का नुक़सान हिंदुओं का ही होता है, विभिन्न राज्य सरकारों द्वारा बैठाए गए न्यायिक कमीशनों ने जो तथ्य एकत्र किए हैं, वे हिंदू संप्रदायवादियों के इन दावों का खंडन करते हैं। तथ्यों से सिद्ध है कि आज़ादी के बाद से अब तक देश-भर में आठ हजार के करीब जो हिंदू-मुस्लिम दंगे हुए हैं, उनमें से एक भी ऐसा नहीं रहा जिसमें मरनेवालों की संख्या 90 मुसलमान और 10 हिंदू के अनुपात से अधिक भिन्न रही हो। इसी तरह जो संपत्ति लूटी-जलाई और नष्ट की गई उसका अनुपात भी 75 फीसदी मुसलमानों की और बीस या पच्चीस फीसदी हिंदुओं की। मिसाल के लिए न्यायमूर्ति जगमोहन रेड्डी के अनुसार सन् 1960 के अहमदाबाद के भयंकर दंगे में 512 मारे गए—24 हिंदू, 413 मुसलमान, 75 की शिनाख्त नहीं हो सकी। 6742 मकान नष्ट किए गए, जिनमें से 651 घर हिंदुओं के थे, 6071 मुसलमानों के। 142, 324, 068 की संपत्ति नष्ट हुई—75, 85, 845 रुपए की हिंदुओं की, 347, 38, 224 रुपए की मुसलमानों की। कमोबेश यही अनुपात, भिवंडी, जलगाँव, राँची, हटिया, जमशेदपुर, अलीगढ़, बनारस, बंबई, मुरादाबाद, मेरठ जैसे अन्य बड़े दंगों में भी रहा। क्या इससे सिद्ध नहीं है कि आक्रामक कौन है, दंगा कौन शुरू करता है, उसके लिए हफ्तों और महीनों पहले से झूठी अफवाहों का बाज़ार कौन गरम करता है, फिर जब धार्मिक उन्माद और भय-आशंका का वातावरण पैदा हो जाता है, तब दूसरे पक्ष की ओर से एक कंकड़ी भी फेंके जाने को, व्यक्तिगत कहा-सुनी या हाथापाई को बहाना बनाकर कौन सारी बस्ती में क़त्लो-गारद का समा खड़ा कर देता है—क्या यह भी बताने की जरूरत है ? क्या हर बार अपना चौगुना खून बहाने के लिए, चौगुनी संपत्ति नष्ट करवाने के लिए और चौगुने ही अपने घर जलवाने के लिए कोई अल्पसंख्यक संप्रदाय आठ हजार बार एक ही ग़लती दोहराता जाएगा ? लेकिन आक्रामक हिंदू सांप्रदायिकता

के नात्सी गोवेल्स की उस प्रचार नीति पर चलती है कि किसी भी झूठ को बार-बार दोहराया जाए तो कुछ दिनों में लोग सच मानकर उस पर यकीन करने लगेंगे। ऐसा ही हो रहा है। समय बहुत कठिन है। हर व्यक्ति को तर्क और विवेक से काम लेना चाहिए, अन्यथा झूठ के प्रचार की आँधी में सत्य पर पैर जमाकर खड़े रहना असंभव हो जाएगा।

डिमॉक्रेसी और मानववाद का तकाज़ा है कि सांप्रदायिक भावना से ऊपर उठकर अगर मानव मात्र के हित में तत्काल न सोच सकें, तो कम-से-कम इस साधारण सच्चाई का दामन तो न छोड़ें कि हमारा भारत किसी भी संप्रदाय से बड़ा है, और यह कि डिमॉक्रेसी का अर्थ यह नहीं है कि अगर हिंदू संप्रदाय बहुसंख्यक है, तो यह देश उनका ही है, छोटे संप्रदायों को गैर समझा जाय या जो मानवोचित और डिमॉक्रेटिक अधिकार हर किसी को मिलने चाहिए, उन्हें उनसे वंचित रखा जाय। साथ ही यह भी याद रखना जरूरी है कि भारतीय संस्कृति, भारतीय राष्ट्र, हिंदू संस्कृति या राष्ट्र का पर्याय नहीं है। भारतीय संस्कृति के निर्माण में हड़प्पा संस्कृति के लोगों से लेकर अब तक भारत में बाहर से आए विभिन्न मानव समुदायों का योगदान है—उनमें अरब, ईरानी, तुर्क, मंगोल जैसी प्राचीन जातियों का संगीत-कला-स्थापत्य भाषा-विज्ञान-आरोग्यशास्त्र आदि सभी के विकास में और उन्हें समृद्ध करने में पूरा योगदान है।

इस कम्पोज़िट भारतीय कल्चर का वैविध्य ही इसकी महानता है।

अंत में, कॉलेज के दिनों में मैंने हिंदी के प्रसिद्ध विद्वान् और श्रेष्ठ कवि पं. रामनरेश त्रिपाठी को कॉलेज में भाषण देने के लिए बुलाया था। उन्होंने आज से 55 साल पहले के हिंदू संप्रदायवादियों की कूपमण्डूकता की खिल्ली उड़ाते हुए घर, रसोई, भोजन की चीजों, बर्तनों, पोशाकों, मिठाइयों, पकवानों आदि के नामों की व्युत्पत्ति बताते हुए कहा कि इनमें से अधिकतर तुर्की, अरबी या फ़ारसी भाषा के हैं। इनके बगैर हमारे घरों में तवा, चूल्हा, कड़छी या पहनने का कुर्ता-पाजामा, मिठाई-पकवानों में बरफी, इमर्ती, बालूशाही, समोसा वगैरह कुछ भी नहीं रहेगा। इसलिए कूपमण्डूकता त्यागकर गांधीजी के शब्दों में अपने घर की खिड़कियाँ खोल कर रखें, तभी सांप्रदायिकता का ज़हर हमारे अंदर के वातावरण को दूषित नहीं कर सकेगा और भारतीय जनतंत्र अपने सभी नागरिकों को समान अधिकार और सुविधाएँ दे सकेगा।

'नई कविता' और कुछ प्रगतिशील कवि

'नई कविता' के एकमात्र प्रवक्ता और व्याख्याकार हमारे तथाकथित 'नए कवि' ही हैं और उन्होंनें अपने वक्तव्यों-विवेचनों से 'नई कविता' को समझने में मदद देने की बजाय भ्रामक धारणाएँ ही अधिक फैलाई हैं। सबसे दिलचस्प बात तो यह है कि जो अपने को प्रयोगशील या प्रयोगवादी पुकारते थे, उन्होंने तो 'नए कवि' के रूप में अपना नया नामकरण किया ही, कुछ प्रगतिशील कवि भी इधर कुछ दिनों से अपने को 'नया कवि' घोषित करने लगे हैं और चाहते हैं कि उनकी कविता को 'नई कविता' समझा जाए।

नए-पुराने का संघर्ष सनातन है और जिनकी चेतना जड़ीभूत नहीं हो गई है, या जिनकी भावनाएँ अपने दक़ियानूसी आचार-विचारों के कठघरे में बंद रहने में ही तृप्ति नहीं पातीं, उनको छोड़कर साधारण-से-साधारण मनुष्य में भी 'नए' के प्रति स्वाभाविक मोह और आकर्षण होता है। इसलिए आज की कविता के आगे 'नई' विशेषण लग जाने के बाद से, आप शायद अनुमान करेंगे कि उसके प्रति प्रबुद्ध पाठकों और प्रगतिकामी आलोचकों का उत्साह सहज ही उमड़ पड़ा होगा कि 'नई कविता' सचमुच बेहद पॉपुलर होगी। लेकिन ऐसा कुछ नहीं हुआ है। रूढ़िवादी पाठकों और आलोचकों को तो 'नई कविता' निश्चित रूप से भोंडी, उच्छृंखल और नीरस लगती है, लेकिन जो लोग रूढ़िपंथी नहीं हैं और जिनका विश्वास है कि कला और साहित्य का विकास साहसपूर्ण प्रयोगों और प्रगतिशील विचार-तत्त्व की अभिव्यक्ति के द्वारा ही संभव है, जो साहित्य और कला में नई प्रगतियों के समर्थक हैं, वे भी 'नई कविता' का स्वागत नहीं कर पाए। दरअसल प्रबुद्ध पाठकों और आलोचकों से 'नए कवियों' की यही शिकायत है कि जान-बूझकर उनकी उपेक्षा की जा रही है और उन्हें साहित्य में उस स्थान से वंचित रखा जा रहा है, जिसके वे अधिकारी हैं।

उनकी इस शिकायत में शायद आंशिक सच्चाई है। 'नई कविता' का जैसा वस्तुपरक मूल्यांकन अपेक्षित है, वैसा आलोचकों ने अभी तक नहीं किया है। साथ

ही शायद यह भी सच है कि इन तथाकथित 'नए कवियों' में स्वीकृति और मान्यता पाने की उतावली इतनी अधिक है कि उन्होंने आरंभ से ही, जब उनका कृतित्व चंद एक संदिग्ध कोटि की कविताओं तक ही सीमित था, गुट बाँधकर स्वयं अपनी ही वकालत करना और अपना ढिंढोरा पीटना शुरू कर दिया। आत्म विज्ञापन के लिए वे पाश्चात्य जगत् में प्रचलित 'नई आलोचना' से आवश्यक विचार-सूत्र लेकर अपनी कविताओं पर आरोपित करते आए हैं।

पाश्चात्य जगत् से मुराद योरुप और अमेरिका के उन पूँजीवादी देशों से है, जिनके एशियाई-अफ्रीकी साम्राज्यों का विध्वंस हो रहा है और जहाँ की सभ्यता और संस्कृति में भी प्रगति और विकास का कोई नया मार्ग न दिखाई देने के कारण (क्योंकि उपनिवेशों की लूट पर पलनेवाली संस्कृति के स्रष्टा समाजवाद के नाम से ही भयभीत हो जाते हैं) मूल्यों के ह्रास और विघटन की प्रक्रिया भयंकर गति से चल पड़ी है, जहाँ इस ह्रास और विघटन को जीवन की अनिवार्यता मानकर विचारकों में 'अस्तित्ववाद' जैसे समाजद्रोही दर्शनों का व्यापक प्रचार हुआ है और जहाँ कुंठा, अनास्था और मानवद्रोह की प्रवृत्तियों से आक्रांत कविता को 'नई कविता' और उसको औचित्य प्रदान करनेवाली आलोचना को 'नई आलोचना' के नाम से पुकारा जाता है। हमारे अपने सामाजिक जीवन में सभी प्रकार की क्षुद्रताएँ, असमानताएँ हैं, वैषम्य हैं, ऊँच-नीच के भेद हैं, शोषण-दोहन और अनाचार हैं, मनुष्य के जीवन की कीमत नगण्य है, मनुष्य के गौरव और गरिमा का तो अभी सच्चा एहसास भी नहीं है, असह्य गरीबी है और उससे भी ज्यादा असह्य धोखाधड़ी का बोलबाला है। इन सब कुत्साओं और कुरीतियों के बावजूद हमारा लोकमानस मूल्यों के विघटन और ह्रास को अनिवार्य मानकर त्रास पीड़ित नहीं है और न इस स्थिति को 'चिरवर्तमान' के मत्थे मढ़कर उसका दार्शनिक औचित्य ही खोजता है।

कारण स्पष्ट है। हमने साम्राज्य खोया नहीं बल्कि संघर्ष करके अपनी स्वतंत्रता पाई है और वर्तमान जीवन की कुरूपताओं को मिटाकर एक नए समाजवादी जीवन का निर्माण करने की संभावना अब हमें दिखाई देने लगी है। समाजवाद के मार्ग से ही इस नए जीवन का निर्माण संभव है। हमारे लोकमानस को भी यह मार्ग पूरी तरह स्वीकार है; क्योंकि हमारी जनता इतिहास के परिप्रेक्ष्य में वर्तमान की कुरूपताओं और भविष्य के नए जीवन, दोनों को वस्तुपरक दृष्टि से देखने में समर्थ है। लेकिन लोकजीवन और लोकमानस से असंपृक्त कुछ व्यक्तिवादी कवियों ने जब पाश्चात्य जगत् में प्रचलित 'नई कविता' के अंदाज में कुंठा, अनास्था और मानवद्रोह की भावनाओं से प्रेरित होकर हिंदी कविता में प्रयोग शुरू किए, अपनी कविता का भी 'नई कविता' के रूप में नामकरण किया और पाश्चात्य 'नई आलोचना' से विचार-सूत्र उधार लेकर अपनी अनगढ़, दुरूह और दुर्बोध कविता पर आरोपित किए, तो स्वाभाविक है कि प्रबुद्ध पाठकों और आलोचकों ने उनकी कविता और आलोचना

को, नए के प्रति सहज आकर्षण होने के बावजूद, संदेह की दृष्टि से देखा।

पाश्चात्य देशों की 'नई कविता' और 'नई आलोचना' ने अपना औचित्य सिद्ध करने के लिए एक विशेष तर्कवाद की ईजाद की है, जो वहाँ के सामान्य लोगों को चाहे अनर्गल प्रलाप या 'स्नोबरी' का प्रदर्शन क्यों न लगता हो, लेकिन वहाँ के बुद्धिजीवियों के विक्षिप्त मानस में उसकी अनुकूल प्रतिक्रिया होती है, इसलिए वहाँ के बुद्धिजीवी वर्ग में इस तर्कवाद को व्यापक समर्थन प्राप्त है। लेकिन हमारे देश में सामान्य लोगों की बात तो अलग, बुद्धिजीवी वर्ग के अधिकांश भाग को भी यह तर्क अपील नहीं करता। हर तर्कवाद की सीमाएँ होती हैं, उसे अपनाने का मतलब होता है, उसकी परिधि में ही अपनी चेतना को बंद कर लेना। इसलिए हमारे इन 'नए कवियों' ने पाश्चात्य 'नई आलोचना' और 'नई कविता' के तर्कवाद को जब अपनाया तो उन्हें अपनी चेतना को भी उसके कठघरे में बंद कर देना पड़ा। संभवतः उनकी मूल प्रवृत्ति और भावना पहले से ही ऐसी थी और पाश्चात्य देशों की कविता और आलोचना में समानधर्मा प्रवृत्ति और भावना का पहले से ही इतना व्यापक प्रचार देखकर वे उससे संबद्ध हो गए हों। बहरहाल इस बात से कोई फर्क नहीं पड़ता, क्योंकि उनकी कविता और आलोचना में कुंठा, अनास्था और मानवद्रोह है तो साथ ही साम्यवाद विरोध भी है जो इस समय पाश्चात्य कविता और आलोचना का मूल स्वर बन गया है।

पूँजीवादी जगत् की कला और साहित्य में एक विचित्र और अत्यंत जटिल परिस्थिति पैदा हो गई है। दरअसल एक अंतर्राष्ट्रीय षड्यंत्र ने ही इस विचित्र स्थिति को पैदा किया है। इस अंतर्राष्ट्रीय षड्यंत्र और उसका जाल बिछानेवाले व्यवसायी और राजनीतिक षड्यंत्रकारियों की करतूतों को संक्षेप में समझ लेने की ज़रूरत है। जिन्हें प्रभाववादियों (इम्प्रैशनिस्ट्स) के बाद से पाश्चात्य चित्रकला के अमानवीकरण का इतिहास मालूम है, वे जानते हैं कि योरुप और अमरीका के कला-व्यवसायियों ने किस तरह अपनी बिक्री बढ़ाने के लिए उन 'नए कलाकारों' को प्रोत्साहन दिया है, जिनको न तो रेखा का ज्ञान है, न आकृति का और न जिनमें मानवीय संवेदना ही है। सिज़ाने के समय से, जिसने पहले पहल चित्रकला का अमानवीकरण किया था, यह प्रवृत्ति विभिन्न छद्म नामों में चलती आ रही है, कभी पोस्ट-इम्प्रैशनिज़्म के नाम से, तो कभी क्यूबिज़्म या वोर्टिसिज़्म के नाम से। जो कलाकार जितना ही अधिक विक्षिप्त और पागल होता है, और जितने विचित्र ढंग से मानव-आकृति को विकृत करके अमूर्त्त और वीभत्स बना सकता है, यानी अपनी विषय-वस्तु में से मानवीय भावनाओं और फॉर्म (रूप सौंदर्य) को निचोड़कर फेंक सकता है, और रंगों के अनियंत्रित और अक्सर बेहूदे छितराव से ऐसी अमूर्त्त आकृतियाँ बना सकता है, जिनका साधारण मनुष्य की अनुभूति या दृश्य-चेतना से कोई साम्य न हो, उसको उतना ही बड़ा कलाकार सिद्ध करने के लिए इन व्यवसायियों ने 'नए आलोचकों'

की एक बड़ी-सी फौज पाल रखी है। इन 'नए आलोचकों' की विचित्र और ऊबड़-खाबड़ भाषा में लिखी समीक्षाओं को पढ़ने के बाद भी दर्शकों को सिज़ाने, मैतिसी, पिकासो जैसे विश्वविख्यात कलाकारों के चित्रों में भी कोई आनंद नहीं आता और न ये चित्र उनकी समझ में ही आते हैं, लेकिन अपनी नासमझी पर खीज जरूर पैदा होती है, क्योंकि सभी 'नए आलोचक' एक स्वर से चिल्लाते हुए दिखते हैं कि इन तथा अन्य 'नए कलाकारों' के चित्र समझ में नहीं आते, साधारण दर्शक की समझ में आनेवाली चीज ही नहीं हैं, क्योंकि वे महान् हैं ! जो कृति समझ में न आ सके, वह अनिवार्यतः महान् ही हो सकती है—मनुष्य की बौद्धिक-चेतना को कुंठित करके अपनी क्षमताओं में हीन भावना उत्पन्न करनेवाला यह तर्क 'नई आलोचना' का सबसे कारगर ब्रह्मास्त्र है। कभी साहसपूर्ण प्रयोग, कभी दुस्साहसी वैयक्तिक कल्पना, कभी रूढ़ियों को ठुकराकर एकदम नया रास्ता निकालने की अद्भुत क्षमता, तो कभी किसी और प्रवाद को आधार बनाकर 'नए आलोचक' इन 'नए कलाकारों' के नाम के इर्द-गिर्द गौरव-मंडल का वृत्त खींचते हैं और उनके जीवन की एक-एक घटना को, उनके विक्षिप्त और असामाजिक, उच्छृंखल, सनकी और अक्सर छिछोरे व्यवहार को रहस्यमंडित करके उसे एक किंवदंती का रूप दे देते हैं। इस व्यवसायिक 'रैकेट' से सबको लाभ होता है। व्यवसायी ऐसे चित्रों को, जिनके निर्माण में कोई समय नहीं लगता, क्योंकि चित्रकार को कैनवस पर सीधी-टेढ़ी रेखाओं में कुछ रंग ही बिखेरने होते हैं, अपने पैसेवाले मूर्ख ग्राहकों में, लाखों रुपयों में तुरंत बेच लेते हैं। 'नए आलोचकों' को लाभ है क्योंकि उन्हें कमीशन मिलता है और 'नए कलाकारों' को लाभ है, क्योंकि अगर यह 'रैकेट' न होता तो शायद ग्राहक उनके बेहूदे चित्रों को मुफ्त भी अपने घरों में टाँगना पसंद न करते।

कला की 'नई प्रवृत्ति' को अक्सर 'रूपवादी' कहा जाता है, क्योंकि 'नए आलोचकों' का दावा है कि नए कलाकार 'नई वस्तु' को अभिव्यक्ति देने के लिए अभी रूपगत प्रयोगों में संलग्न हैं। इस तरह 'वस्तु' का तो यों भी बहिष्कार हो गया—यद्यपि यह बात सच नहीं है, क्योंकि कुंठा, अनास्था, मानवद्रोह और समाजवाद का विरोध, कविता में हो या चित्रकला में, वह उसकी अंतःप्रेरणा और मूल वस्तु ही है, चाहे वस्तु-सत्य से उसका पूर्ण विच्छेद ही क्यों न हो। इस बात को तो हर विवेकशील व्यक्ति समझता है। लेकिन जिस बात पर अक्सर पाठकों और दर्शकों का ध्यान नहीं जाता, वह यह है कि जीवन के सत्य से असंलग्न इन रूपगत प्रयोगों के परिणामस्वरूप, विशेषकर चित्रकला में और एक बड़ी सीमा तक 'नई कविता' में भी रूप-सौंदर्य की भी हत्या हो गई है।

लेनिनग्राद के हरमिटाज (विंटर पैलेस में स्थित विशाल कला संग्रहालय) और मॉस्को की त्रेतियाकोव गैलेरी में प्राचीन काल के फ्रेंच, इतालवी, स्पेनिश, डच चित्रकारों, लियोनार्दो विंची, रफेल, माइकेल ऐंजेलो, टिशियन, ब्रूगेल, रूबेन्ज, वॉन

गॉग और प्राचीन रूसी चित्रकारों इवानोव, पेरोव क्रेम्सकोई, म्यासोयदोव, घे, रेपिन, सुरीकोव, लेवीतान, सेरोव आदि के महान् चित्रों से सजे हुए विशाल कमरों में कल्पनातीत मानव और दृश्य सौंदर्य और सत्य की अद्भुत नुमायश देखने के बाद जब मैं आधुनिक पाश्चात्य कलाकारों की कृतियों से सजे कमरों में गया तो मुझे एक विचित्र अनुभूति हुई। हरमिटाज में आधुनिक पाश्चात्य कलाकारों के हॉल में जाते ही लगा जैसे एक निर्जन, निर्जीव दुनिया में उस जीरो डिग्री के शीत में किसी ने मेरे कपड़े उतारकर मुझे धकेल दिया हो और जैसे चित्रों की बेढंगी, बेडौल और विकृत आकृतियाँ टकटकी बाँधे मेरी ओर घूर रही हों। अभी मैं जहाँ से आया था, वहाँ मानव समाज की हलचल थी, लोगों का तुमुलनाद था, प्रेमियों का हास्य और रोदन था, अभावग्रस्त अभिशप्त लोगों की हृदय को कचोटनेवाली चीत्कार थी, क्रोध, व्यंग्य और अन्याय था—वह परिचित जीवन का परिचित संसार था, कला की भाषा में मूर्त और अविस्मरणीय। लेकिन आधुनिक चित्रकारों की यह दुनिया। रंग रूप की तरह यहाँ की हवा भी झीनी थी। लगा जैसे अभी एक प्रलयकारी झंझावात्, खेत-खलिहानों, बस्तियों, मैदानों और जंगलों को तहस-नहस करके और मनुष्यों के कपड़ों को ही फाड़कर नहीं, बल्कि उनके शरीरों को भी विकलांग और उनकी आत्मा को कुंठित और निस्तेज बनाकर गुज़र गया है और इस ध्वंस और टूटी-फूटी दुनिया में अब एक मनहूस खामोशी छाई हुई है, लोगों के भाव-प्रेम, घृणा, क्रोध, भय और पीड़ा के भाव--जैसे इन निर्जीव आकृतियों के विकृत चेहरों पर बर्फ की तरह जमे हुए हैं, उनके भीतर जीवन का स्पंदन नहीं है। सोवियत कलाकारों की कृतियों के कमरों में नग्नता और नगण्यता की ऐसी अनुभूति तो नहीं हुई, क्योंकि वहाँ सोवियत जनता के अद्भुत संघर्ष और निर्माण, अपनी सफलताओं पर हर्ष और उल्लास के चित्र थे, मूर्त, जीवन की गति से स्पंदित, मानव भावनाओं से युक्त। लेकिन मुझे लगा कि न जाने क्यों, सोवियत चित्रकारों के रंगों में वह जादू, वह अद्भुत चमत्कार नहीं है जो मिसाल के लिए रेपिन के चित्रों में है। सोवियत जीवन की वास्तविकता के मुकाबले में ये चित्र फीके और फोटोग्राफिक लगे। सोवियत कलाकार पथभ्रष्ट, कुंठाग्रस्त और मानवद्रोही नहीं हैं, वे अपने नए जीवन से पूर्ण सामंजस्य का अनुभव करते हैं, फिर भी रूसी जीवन में जो महान् परिवर्तन आ रहे हैं, उनको चित्रों में चिरस्मरणीय बनानेवाली कलात्मक क्षमता उनमें क्यों नहीं है ? उनमें चित्र इतने हल्के-फुल्के, व्यंजनारहित क्यों हैं ? ये प्रश्न मेरे मन में उठे और मैंने अपने रूसी मित्रों से पूछा भी। वे भी सोवियत चित्रकला की इन खामियों के प्रति सचेत हैं।

कहने का मतलब यह कि प्राचीनकाल से लेकर अधुनातन कला-चित्रों को एक साथ, एक समय में देखने पर ही ह्रास की उस प्रक्रिया का पूरा एहसास होता है, जो पाश्चात्य चित्रकला को अमानवीय और अमूर्त बना रही है। सोवियत कला में ऐसी कोई विकृति तो नहीं आई, लेकिन लगता है कि नए युग और जीवन को महान्

कलात्मक अभिव्यक्ति देने लायक किसी नए यथार्थवादी माध्यम का विकास वे अभी तक नहीं कर पाए हैं। यह नया माध्यम क्या होगा, यह तो नहीं कहा जा सकता, लेकिन पाश्चात्य कला की अमानवीकृत रूपाकृतियों को वे कभी भी सोवियत जीवन के मानवतत्त्व और प्राकृतिक सौंदर्य की अभिव्यक्ति का माध्यम नहीं बना सकेंगे, इतना तो वे स्पष्ट देखते और समझते हैं।

हिंदी की 'नई कविता' के प्रसंग में यह सब बातें कहने की ज़रूरत इसलिए पड़ी कि 'नए कवियों' के वक्तव्यों और प्रचार से आतंकित होकर कुछ प्रगतिशील कवि भी अपने को 'नए कवि' और अपनी कविता को 'नई कविता' कहकर पुकारने लगे हैं। उनका तर्क है कि 'नई कविता' पर केवल कुंठावादियों, मानवद्रोहियों और साम्यवाद विरोधियों की ही इजारेदारी नहीं है। प्रगतिवाद और प्रगतिशील जैसे शब्द अब साहित्य में नहीं चल सकते क्योंकि उनमें मतवादी संकीर्णताओं की गंध बस गई है, इसलिए प्रगतिशील कवियों को भी चाहिए कि वे अपने को 'नए कवि' घोषित करें और अपने विरोधियों के अस्त्र से ही उनको मात दें। यानी 'नई कविता' की भाषा और टेकनीक अपनाकर उसके माध्यम से प्रगतिशील विचारतत्त्व को अभिव्यक्ति दें। हमारे कुछ प्रगतिशील कवियों की इस मासूम अनुकरण वृत्ति का एक विचित्र परिणाम यह हुआ है कि आज व्यष्टिवादी, समष्टिवादी, आस्थावादी, अनास्थावादी, मानवद्रोही, मानवप्रेमी, साम्यवाद विरोधी और साम्यवाद के समर्थक, ये सभी अपने को 'नए कवि' घोषित करने लगे हैं और अपनी कविता को 'नई कविता' पुकारते हैं। लेकिन कुंठावादी और अनास्थावादी, जिन्होंने पाश्चात्य देशों की 'नई कविता' का अनुकरण किया है, इन प्रगतिशीलों की नए ढंग की कविता को 'नई' पुकारने से इंकार करते हैं, क्योंकि उसमें अभी तक सामाजिक भावना का पूर्ण बहिष्कार नहीं हुआ है। इन दिग्भ्रांत प्रगतिशील कवियों का ख़्याल है कि कविता के आगे 'नई' का विशेषण जैसे कोई सुर्ख़ाब का पर है और उन्हें चाहिए कि उसे छीनकर अपनी कविता के आगे लगा लें, नहीं तो वे मान्यता पाने की दौड़ में पिछड़ जाएँगे या यह कि उन्हें 'आधुनिक' नहीं समझा जाएगा। लेकिन 'नई' का विशेषण 'आधुनिक' का पर्याय नहीं है, और न 'नई कविता' आधुनिक युग की भावना का प्रतिनिधित्व ही करती है। पूँजीवादी जगत् में आधुनिक युग की भावना द्वैतग्रस्त है। एक साम्यवाद की विचारधारा से प्रेरित है दूसरी साम्यवाद विरोध से, एक पॉज़िटिव और प्रगतिशील है दूसरी निगेटिव और प्रतिक्रियावादी है। 'नई कविता' इस दूसरी प्रवृत्ति और विचारधारा की प्रतिनिधि है और जब से शीतयुद्ध छिड़ा है, तब से सारे पूँजीवादी जगत् में 'नई कविता' और 'नई आलोचना' ने साम्राज्यवादियों की प्रचार मशीन से गठबंधन कर लिया है। 'नए कवियों' और उनके प्रचारकों ने अपने मानवद्रोह को छिपाने के लिए एक आकर्षक शब्दजाल बिछाया है कि लेखक को राजनीतिक विचारधाराओं और आंदोलनों से तटस्थ और असंबद्ध होना चाहिए,

यद्यपि वे खुलेआम साम्यवाद और प्रगतिशील विचारधाराओं के विरुद्ध प्रचार करते हैं। उनकी दृष्टि में साम्यवाद-विरोध राजनीति से तटस्थता की कसौटी है, क्योंकि उनके अनुसार इस समय मनुष्य इतिहास के वृत्त से बाहर प्रस्तुत क्षण में ही जीवित है। भविष्य उसके आगे अब नहीं रहा, क्योंकि भविष्य में मनुष्य साम्यवादी 'निरंकुशता' को चुपचाप सहन ही नहीं कर लेगा, बल्कि खुशी-खुशी अपना भी लेगा। इसलिए वर्तमान में ही मानवता को साम्यवाद की भावी गुलामी से मुक्ति दिलानी होगी। इस वाग्जाल का अर्थ आपकी समझ में नहीं आएगा, लेकिन इतना आप जरूर समझ जाएँगे कि साम्यवाद की बढ़ती हुई शक्ति इन मानवद्रोहियों के लिए एक भयंकर दुःस्वप्न बन गई है और ये विक्षिप्त 'नए कवि' और लेखक आज शहर के अंदेशे से दुबले काज़ियों की क़तार में जा खड़े हुए हैं।

जो भी हो, साम्यवाद से मनुष्य को मुक्ति दिलाना चूँकि इन नए कवियों के बस की बात नहीं है, इसीलिए तो वे साम्राज्यवादियों के प्रचार-छकड़े पर सवार होकर उन शेखचिल्लियों का ढोल पीट रहे हैं, जो अणुअस्त्रों और फौजी षड्यंत्रों से विश्व के साम्यवादी देशों और साम्यवादी आंदोलन को मिटाने के सपने देखते हैं। खैर, आर्थिक दृष्टि से 'नए कवियों' और 'नए आलोचकों' का यह पेशा काफी फायदेमंद है, इसलिए कविता, साहित्य या मनुष्य के भविष्य को क्या होता है; इससे इन मानवद्रोहियों को कोई गरज नहीं है। उन्हें तो ख्याति और पैसे चाहिए, जो उन्हें पर्याप्त मात्रा में साम्राज्यवादियों, उनके 'कल्चरल फाउण्डेशंज' और 'कल्चरल फ्रीडम काँग्रेसों' से मिल जाते हैं और उनकी कलाहीन रचनाओं का 'सिंडिकेटिड' प्रचार तो होता ही है।

लेकिन आश्चर्य तो उन प्रगतिचेता कवियों और आलोचकों पर होता है जो न जाने किस हीनभावना से पीड़ित हैं और इन लोगों की जमात में शामिल होने के लिए लालायित हैं और अपने अनुभवहीन मासूम अंदाज में सोचते हैं कि 'नए कवि' कहलाकर वे एक ही ढेले से तीन शिकार कर लेंगे—सबसे पहले प्रगतिशील होते हुए भी 'प्रगतिशील' कहे जाने की 'बदनामी' से बच जाएँगे, फिर कविता में मानवद्रोही भावनाओं की जगह मानववादी और प्रगतिशील भावनाओं को अभिव्यक्ति देकर 'नई कविता' का इन कुंठाग्रस्त 'नए कवियों' से उद्धार कर लेंगे और तब केवल उनको ही 'नए कवि' पुकारा जाएगा और अंत में इन स्वनामधारी 'नए कवियों' की भाषा, रूप-योजना, टेकनीक और आलोचना के नाम पर संगठित आत्मप्रचार की शैली, शब्दावली और गुटबाजी की नकल करके, जिसके कारण उन तरुण या किशोरवय के प्रतिभाहीन कवियों को भी अकस्मात् अखिल भारतीय ख्याति और मान्यता मिल जाती है जिन्हें कविता तो दूर, एक सार्थक वाक्य भी नहीं लिखना आता, वे भी ख्याति और मान्यता प्राप्त कर लेंगे। नरेश मेहता और 'कृति' ये उनके गुट के कवि इस धारणा से ही प्रेरित दिखते हैं और चूँकि मानवद्रोही 'नए कवियों'

का गुट अब 'आधे तीतर आधे बटेरों' को तब तक अपनी जमात में शामिल करने को तैयार नहीं है, जब तक कि वे खुलेआम उनकी साम्यवाद-विरोधी विचारधारा में दीक्षित होकर उनके पास नहीं जाते, इसलिए जल्दी से ख्याति और मान्यता पाने की हवस में इन पूर्वकालीन प्रगतिशील कवियों को अपने पहले दोनों उद्देश्य त्यागकर 'नए कवि' पुकारे जाने के लिए मजबूरन यह दीक्षा भी लेनी पड़ती है और 'डॉ. ज़िवागो' जैसे प्रसंगों पर तटस्थता की नकाब उतार के पूँजीवादी जगत् के सभी मानवद्रोहियों के साथ समवेत स्वर में साम्यवाद पर कीचड़ उछालकर अपनी पात्रता सिद्ध करनी पड़ जाती है, जैसा कि 'कृति' के दूसरे और तीसरे अंकों से जाहिर है। स्पष्ट है कि 'नए कवि' की उपाधि पाने की अवसरवादी कोशिश में, हमारे कतिपय प्रगतिशील कवि ही घाटे में रहे हैं, क्योंकि इस छीना-झपटी में उन्हें अपनी प्रगतिशीलता से ही हाथ धोना पड़ा है। यह बिलकुल स्वाभाविक ही था। पुरानी कहावत भी है कि कोयलों की दलाली में हाथ काले होते हैं।

ये मित्र पाश्चात्य देशों या भारत की साहित्यिक हलचलों से अपरिचित नहीं हैं और जानते हैं कि सारे पूँजीवादी जगत् में 'नई कला', 'नई कविता' और 'नई आलोचना' का आंदोलन विशिष्टतः और मूलतः प्रतिक्रियावादी और मानव-द्रोही है कि यह आंदोलन वर्तमान शीतयुद्ध में साम्राज्यवादियों के तत्त्वावधान में साम्यवाद विरोध का अड्डा बन गया है, कि जो लेखक या कलाकार जितना ही अधिक कुंठाग्रस्त, अहंवादी, अनास्थावादी, अनैतिक और असामाजिक चेतना का व्यक्ति होता है और अपनी रचनाओं में इन प्रवृत्तियों और इस प्रकार की अनुभूतियों को जितनी तीव्रता से व्यक्त कर सकता है, उसे उतना ही अधिक महान् और मौलिक सिद्ध करने के लिए पूँजीवादी पत्र-पत्रिकाएँ उसका प्रचार करती हैं। वे जानते हैं कि केवल इस प्रवृत्ति और दृष्टिकोण के लेखकों और कलाकारों और उनकी रचनाओं के लिए ही 'नए' या 'नई' का विशेषण रूढ़ हो गया है। वे यह भी जानते हैं कि 'नए कवि' या 'नई कविता' से तात्पर्य लेखक की तरुणाई या दृष्टिकोण और शैली की 'आधुनिकता' से नहीं है, यद्यपि कभी-कभी लोगों को गुमराह करने के लिए 'नई' को 'आधुनिकता' का पर्याय भी घोषित किया जाता है।

'आधुनिकता' केवल विक्षिप्ति, कुंठा, अनास्था और मानवद्रोही व्यक्तिवाद तक ही सीमित नहीं है—दरअसल यह आधुनिक मानव के एक अत्यंत छोटे, किंतु साधन-संपन्न और अवकाशभोगी वर्ग का ही दृष्टिकोण है, नहीं तो पूँजीवादी देशों की अधिकांश जनता इस दृष्टिकोण को नापसंद करती है और उसकी दृष्टि में 'आधुनिकता' का अर्थ है वह दृष्टिकोण जो वर्तमान समाज के वैषम्यों, कुत्साओं, कुरीतियों और जर्जर रीति-रिवाजों के प्रति मनुष्य को सचेत करे ताकि मनुष्यमात्र सहयोग, समानता और बंधुत्व के आधार पर अपने भावी जीवन का निर्माण कर सकें—शोषण, ऊँच-नीच के भेदभाव और युद्धों के त्रास से मुक्ति पा कर। हमारे

ये अब तक के प्रगतिशील मित्र इन सब तथ्यों से परिचित हैं, लेकिन फिर भी तत्काल ख्याति और मान्यता पा लेने की महत्त्वाकांक्षा उनमें इतनी बलवती हो उठी है कि 'नए कवि' कहलाने की खातिर वे अपने आदर्शों और सिद्धांतों तक को तिलांजलि देकर 'नई कविता' के आंदोलनकारियों से समझौता करने को तत्पर दिखते हैं। 'नई कविता' में प्रगतिशील दृष्टिकोण भरकर वे उसका उद्धार कर सकेंगे और मानवद्रोहियों के प्रभाव से उसको मुक्त कर देंगे, यह स्वयं अपने अवसरवाद पर पर्दा डालने या अपने मन को समझाने की अनुभवहीन कोशिश है। यह तो ऐसा है जैसे कोई प्रतिक्रियावादी उद्देश्यों से मुक्ति दिलाने का बहाना करके क्रिस्टोफरों के दल या कू-क्लक्स-क्लां में जाकर भर्ती हो जाए, क्योंकि उन दलों की वर्दियाँ और नकाब अत्यंत आकर्षक और रहस्यमय हैं और उनके पास असीमित प्रचार साधन हैं ! कतिपय प्रगतिवादी आलोचकों के गैर-जिम्मेदार व्यवहार से या कुछ अधकचरे कवियों की भावना-शून्य तुकबंदियों से साहित्य में प्रगतिशील आंदोलन चाहे तत्काल के लिए बदनाम हो गया हो, लेकिन आधुनिक युग की सबल व्यापक भावना 'प्रगतिशील' ही है और मूलतः समाजवाद की विचारधारा से प्रेरित है। इसलिए हमारे कवियों और साहित्यकारों को, विशेषकर नई पीढ़ी के तरुण रचनाकारों को प्रगतिशील शब्द से संकोच दिखाने की ज़रूरत नहीं है। उनका दृष्टिकोण और भावना यदि प्रगतिशील है, भारतीय समाज और जीवन के प्रगतिशील विकास में यदि उनकी आस्था है और वे यदि अपनी कविता में सूक्ष्म या स्थूल रीति से, तुकांत या अतुकांत, छंदबद्ध या छंदमुक्त कविता के रूप में उद्‌बोधनात्मक अभिव्यक्ति के द्वारा या वैयक्तिक अनुभूतियों और अभिनव उपमानों के माध्यम से युग-जीवन की प्रगतिशील आकांक्षाओं और भावनाओं को व्यक्त करते हैं तो उन्हें अपने आप को प्रगतिशील कहने से शर्माना नहीं चाहिए। उनकी ख्याति और मान्यता तो उनके कृतित्व से ही स्थायी हो सकेगी। कृत्रिम और संगठित प्रचार से कुछ दिनों के लिए ही नाम कमाया जा सकता है। छायावाद के महाकवियों के बाद सामने आनेवाले प्रगतिशील कवियों की सूची लंबी है—नरेंद्र शर्मा, सुमन, गिरिजाकुमार माथुर, शमशेर बहादुर सिंह, केदारनाथ अग्रवाल, त्रिलोचन शास्त्री, भारतभूषण अग्रवाल, नागार्जुन, रामविलास शर्मा, गजानन माधव मुक्तिबोध, रांगेयराघव, भवानीप्रसाद मिश्र, नीरज, गोपालकृष्ण कौल तथा अन्य सैकड़ों तरुण कवि युग की प्रगतिशील विचार और भावना की कलात्मक अभिव्यक्तियों के कारण ही मान्य हैं, और उनका काव्य-कृतित्व 'नई कविता' के इस छोटे से गुट की तुलना में अधिक महत्त्वपूर्ण और मूल्यवान है, और रहेगा।

साहित्य के अन्य रूपों, उपन्यास, कहानी, नाटक तथा निबंध को भी ध्यान में रखें तो हिंदी साहित्य की सबसे प्रबल और शक्तिशाली विचारधारा आज भी मूलतः प्रगतिशील है। इसलिए समाजवादोन्मुखी भारतीय लोक मानस से असंपृक्त,

पाश्चात्य देशों के विक्षिप्त और आत्मरत कवियों और कलाकारों की नकल करके भारतीय चिंताधारा को शीतयुद्ध में साम्राज्यवादियों के प्रचार मार्ग पर गुमराह करने की कोशिश करनेवाले स्वार्थी कवियों के इस छोटे से गुट से आतंकित होकर 'प्रगतिशील' शब्द से घबराना किसी भी ईमानदार लेखक को शोभा नहीं देता। विश्व में प्रतिक्रियावादी और प्रगतिशील शक्तियों का संघर्ष जब तक जारी है, तब तक साहित्य और कला में इन दोनों प्रवृत्तियों का संघर्ष भी जारी रहेगा और जीवनाकांक्षी, आस्थावान तथा मानववादी साहित्य की विशाल परंपरा को मानवद्रोही साहित्य से अलग दिखाने के लिए उसे 'प्रगतिशील' कहकर पुकारने की सार्थकता भी बनी रहेगी। लेकिन जिनके हृदय में विश्वास का प्रकाश नहीं है या जो वर्तमान की अनिश्चितता से घबराकर अस्तित्व-रक्षा के लिए या सस्ती ख्याति पाने के लोभ में दोनों नावों पर पाँव रखकर चलना चाहते हैं, उनसे कुछ भी कहना व्यर्थ है क्योंकि अवसरवादी सत्य और असत्य, उचित और अनुचित का विचार करके अपने कर्तव्य का निर्णय नहीं करते। इतिहास उन्हें 'घर का न घाट का' बनाकर छोड़ देगा। ऐसे कवि-बंधुओं से मेरा निवेदन है कि वे अपने दृष्टिकोण और कार्यों पर एक बार अपनी संकीर्ण महत्त्वाकांक्षाओं को अलग रखकर ईमानदारी और वस्तुपरक दृष्टि से सोचकर देखें। इतना ही पर्याप्त होगा।

समकालीन जीवन-संदर्भ और प्रेमचंद*

धर्मेन्द्र गुप्त : *प्रेमचंद अपने युग के सर्वश्रेष्ठ द्रष्टा कथाकार थे। उस युग के संदर्भ में अपने व्यक्तिगत अनुभवों को ध्यान में रखते हुए आप उपर्युक्त कथन से कहा तक सहमत हैं ?*

शिवदानजी : इस प्रश्न को जरा व्यापक संदर्भ में देखना चाहिए। संभव है कि 'प्रेमचंद अपने युग के सर्वश्रेष्ठ द्रष्टा कथाकार थे', इस मान्यता से सब लोग सहमत न हों। 'सर्वश्रेष्ठ' कथाकार किसके ? हिंदी के, हिंदुस्तान के या सारे संसार के ? प्रेमचंद को लेकर ये प्रश्न उठाए जा सकते हैं, क्योंकि देश में उस युग में रवींद्र और शरत् थे और संसार में गोर्की, रोम्यां रोला, और टॉमस मान आदि। इसलिए प्रश्न को व्यापक संदर्भ (राष्ट्रीय और अंतर्राष्ट्रीय, सामाजिक और सांस्कृतिक) में देखना चाहिए। जिस समय प्रेमचंद ने लिखना शुरू किया, उस समय हमारे देश में राजनीतिक चेतना का अभी उदय ही हो रहा था, और उपनिवेशीय गुलामी से मुक्ति का क्या लक्ष्य है, वह पूरी तरह से स्पष्ट और व्याख्यायित नहीं हो पाया था। उस समय देश की जो सामाजिक स्थिति थी, वह आज से बहुत भिन्न थी। भारतीय समाज वैसे भी दुनिया के अन्य समाजों से काफी भिन्न है, क्योंकि इसका आधार वर्ण-व्यवस्था है, जो मनुष्य की बराबरी को स्वीकार नहीं करता। इस मानवद्रोही व्यवस्था को इतने हज़ार वर्षों से साहित्य और कला में और सामाजिक रूढ़ियों और परंपरा में सम्मानित किया गया है कि उसके संस्कारों से मुक्ति पाना किसी भी व्यक्ति के लिए दुस्साध्य है। ऊँच-नीच, छुआछूत और जाति-भेद के वातावरण में ही यहाँ हर बालक के संस्कार बनते हैं। वह बालक जब बड़ा होकर लेखक

*'विषय-वस्तु' के सम्पादक श्री धर्मेन्द्र गुप्त को दिया गया इण्टरव्यू—जुलाई 1980

बनता है तो अनायास इन्हीं संस्कारों के अष्टावक्रीय चश्मे से वह अपने आसपास के जीवन को देखता है। उसे जो तस्वीर नज़र आती है वह विकृत होती है। अगर लेखक की मानवीय करुणा जाग्रत् होती है तो वह इस तस्वीर को बदलने का संघर्ष न करके उसकी पर्दापोशी करता है, ताकि वह उतनी विकराल और अमानवीय नज़र न आए। यही कारण है कि भारतीय साहित्य और संस्कृति की इतनी विशाल परंपरा में यथार्थ चित्रण की परंपरा का प्रायः अभाव है। यही कारण है कि साहित्य और कला की रचना या तो उच्च सामंती वर्ग के मनोरंजन के लिए होती रही है, जिसमें अगर अभावग्रस्त, शोषण पीड़ित और निम्न जातियों के पात्र आते हैं तो उनको हास्यास्पद और मानव गौरव से रहित दिखाया जाता रहा है, या आम लोगों में धार्मिक उन्माद पैदा करने के लिए की जाती रही है, ताकि लोग अपने जीवन की विषमताओं को भूलकर परासत्ता में आस्था जगाए रखें। अर्थात् स्वयं अपने से कट जाएँ। इन दोनों प्रवृत्तियों को हम पुराने भारतीय साहित्य का मूल स्वर कह सकते हैं।

प्रेमचंद ने जब लिखना शुरू किया, उस समय इन दोनों प्रवृत्तियों की जकड़ उच्चवर्गीय और उच्चजातीय नवोदित बुद्धिजीवियों के मानस पर काफी गहरी थी। इसलिए प्रेमचंद को, जिन्होंने इस परंपरा से विद्रोह किया, उनकी अपनी विकास-प्रक्रिया में रखकर देखना चाहिए। यह बात उस युग के दूसरे महान् कथाकारों, रवींद्रनाथ ठाकुर और शरत्‌चंद्र चट्टोपाध्याय पर भी लागू होती है। यह विकास-प्रक्रिया दरअसल एक लंबे संघर्ष की कहानी है। ऐसा संघर्ष जो इन लेखकों को स्वयं अपने संस्कारों से करना पड़ा। उन्हें अपने लिए एक ऐसा रास्ता बनाना पड़ा, जिस पर चलकर वह यथार्थ चित्रण की उस मंजिल तक पहुँच सकें, जहाँ मनुष्य को मनुष्य के रूप में देखा जाता है और सामाजिक, आर्थिक और जातिगत भेदों से नहीं आँका जाता। इसलिए यह सोचना गलत है कि प्रेमचंद शुरू से ही एक यथार्थवादी लेखक थे और पुराने संस्कारों की प्रतिच्छाया उनकी रचनाओं में नहीं मिलती। एक व्यक्ति के नाते उनकी सहज प्रवृत्ति मानववादी थी, (इस कारण नहीं कि वह एक गरीब घर में पैदा हुए थे, या उन्होंने गरीबी झेली थी।) क्योंकि वह दूसरों के दुःख-दर्द के प्रति अधिक संवेदनशील थे और अपने जीवन के अभावों से ऊपर उठकर दूसरों के दुःख-दर्द

को महसूस कर सकते थे। यह मूल प्रवृत्ति उनके लेखन में रास आई और उन्होंने लोगों के जीवन को जैसा देखा वैसा, उसकी समस्त विसंगतियों के साथ चित्रित करने की कोशिश की। उनकी प्रारंभिक रचनाओं में इसीलिए हू-ब-हू 'नेचुरलिस्टिक' या 'फोटोग्राफिक' चित्रण अधिक है। यथार्थवाद की ओर बढ़ने के यह पहले प्रयास थे। अभी तक नारी और पुरुष, ऊँची जात और नीची जात के लोगों की बराबरी का पूरा अहसास प्रेमचंद को नहीं हुआ था, लेकिन इन रिश्तों में अन्याय का बोध होने लगा था। वह एक युग द्रष्टा की तरह उस समय तक, (चर्न्शेवस्की के शब्दों में) 'मानवीय संभावना की दृष्टि से' मानव जीवन के समग्र का यथार्थ चित्रण नहीं कर सकते थे। मिसाल के लिए 'वरदान' की नायिका के सामने घर से निकाले जाने पर कोई आत्मसम्मानपूर्ण विकल्प नहीं रहता। उस समय तक अपने अधिकारों के लिए संघर्ष करने का कोई स्पष्ट मार्ग उन्हें सुझाई नहीं देता जैसा कि 'गोदान' में नज़र आता है या उनकी कहानी 'कफ़न' में अनकहे ही प्रतिबिंबित है। 'प्रेमाश्रम' में वे एक 'किसान-यूटोपिया' की कल्पना करते हैं, जैसे तुलसीदास ने 'राम-राज्य' के रूप में एक सामंती यूटोपिया की कल्पना की थी। दोनों ही अव्यावहारिक, भ्रमों की सृष्टि करनेवाली, लेकिन प्रेमचंद की भ्रामक किसान-यूटोपिया में सामंती व्यवस्था के प्रति नवजाग्रत, किंतु असंगठित किसान के प्रतिवाद की झलक थी। उसकी वर्ग-चेतना के आरंभिक रूप की झलक।

इसलिए उनके रचनाकार की इस विकास-प्रक्रिया के संदर्भ को नहीं भूलना चाहिए।

धर्मेन्द्र गुप्त : *प्रेमचंद की परंपरा की बहुत दुहाई दी जाती रही है। इसकी आप किस रूप में व्याख्या करते हैं। क्या वास्तव में कोई प्रेमचंद की परंपरा है ? यदि है तो आज के संदर्भ में वह क्या है ?*

शिवदानजी : परंपरा भी एक गतिमान कन्सेप्ट है। हर मौलिक लेखक या कलाकार जहाँ पुरानी परंपराओं से एक-न-एक सीमा तक जुड़ा होता है, वहाँ वह एक नई परंपरा का सूत्रपात भी करता है। यानी वह पुरानी को दोहराता ही नहीं बल्कि उसमें अपने युग की चेतना से नए तत्त्व जोड़ता है और उसे अपने युग की आकांक्षाओं का माध्यम बनाकर उसका नवीकरण करता है।

इसलिए प्रेमचंद की कोई परंपरा न हो, यह संभव ही नहीं। हमारे समाज में बहुत-सी परस्पर विरोधी शक्तियाँ काम कर रही

हैं। कुछ हमको आगे ले जाने की कोशिश करती हैं तो कुछ हमें पीछे घसीटने की ओर। इस द्वंद्व में जो शक्तियाँ इतिहास-पथ के झाड़-झंखाड़ काटकर मानवता के लिए आगे बढ़ने का थोड़ा भी पथ प्रशस्त करती हैं, वही श्लाघ्य हैं और प्रगतिशील हैं, और अनुकरणीय भी। 'अनुकरणीय' किस अर्थ में ? यह जरा पेचीदा सवाल है। अनुकरणीय का अर्थ अगर दोहराना समझा जाए तो परंपरा का कन्सेप्ट (Concept) गतिमान न होकर जड़तावादी बन जाएगा। और अंततः परंपरा एक निरर्थक शब्द हो जाएगा।

प्रेमचंद या किसी भी महान् कलाकार की परम्परा का अर्थ है कि जिन मानवीय मूल्यों की स्थापना के लिए उन्होंने संघर्ष किया, या जीवन के यथार्थ का जिस हद तक उन्होंने आकलन किया, उससे अगली स्थितियों का आकलन नई पीढ़ियाँ करें। यह एक विकासमान कन्सेप्ट (Concept) है। जिस तरह जीवन की निरंतरता नई पीढ़ियों के आने से समाप्त नहीं होती बल्कि चरितार्थ होती है, उसी तरह प्रेमचंद जैसे मानववादी लेखकों की परंपरा, नए मानववादी लेखकों के आने से समाप्त नहीं होती, बल्कि उसमें एकसूत्रता, एक निरंतरता, एक स्वतंत्र, साम्य-जीवन के सुदूर लक्ष्य की ओर बढ़नेवाली मानव-यात्रा के विभिन्न पड़ावों का सिलसिला लक्षित होता है। प्रेमचंद ने नैचुरलिज़्म से यात्रा शुरू की और वह भारतीय साहित्य को अपनी अंतिम रचनाओं में उस यथार्थवाद की दहलीज तक ले जाने में समर्थ हुए जो विश्व-साहित्य को शेक्सपियर, बाल्ज़क और टॉलस्टॉय की देन थी। और इस तरह उन्होंने हिंदी के आंचलिक साहित्य को विश्व-साहित्य की प्रगतिशील धारा के समकक्ष लाकर खड़ा कर दिया।

धर्मेन्द्र गुप्त : प्रेमचंद पर पुरानेपन का आरोप लगाया जाने लगा है। आज उनकी शतवार्षिकी पर आप उन्हें किस तरह याद करते हैं।

शिवदानजी : पुरानेपन का आरोप कोई नई चीज नहीं है, और इसका लक्ष्य कोई प्रेमचंद ही नहीं हैं। देखा जाए तो यह एक मनोवैज्ञानिक समस्या भी है। प्रतिभावान लेखक हर युग और हर पीढ़ी में पैदा नहीं होते। दुर्भाग्य से वे अपवाद ही होते हैं। इसलिए एक प्रतिभावान लेखक और दूसरे प्रतिभावान लेखक के बीच का अंतराल कभी-कभी तो काफी लंबा हो जाता है। इस बीच न लेखन बंद होता है और न उसकी चर्चा। जिनमें प्रतिभा की कमी होती है उनकी दृष्टि में पुराने प्रतिभाशाली लेखक हर समय खटकते हैं। इसलिए कुछ नए

शाब्दिक प्रयोग करके, या अपने तत्कालीन जीवन की हलचल और प्रवृत्तियों के चित्रण को ही वे नवीनता और महानता का पर्याय समझ लेते हैं और दावे करते हैं कि वह नए हैं और बाकी सब पुराने हैं। इस दृष्टिकोण को स्वार्थपरक न भी कहें तो संकीर्ण तो कहना ही होगा। और यह संकीर्णता जितनी बढ़ती जाती है, उतनी ही नवीनता की कसौटी भी सिकुड़ती जाती है। शताब्दी से दशक, दशक से वर्ष ही नवलेखन का मापदंड बन जाता है। जिंदगी का चित्रण कितनी गहराई से और कितनी कलात्मकता से किसी ने किया है, साहित्य और कला का यह शाश्वत मापदंड भुला दिया जाता है। लेकिन सत्य यह है कि महान् यथार्थवादी साहित्य और कला की कृतियाँ कभी पुरानी नहीं पड़तीं। और इस दृष्टि से प्रेमचंद आज भी पुराने नहीं हैं।

धर्मेन्द्र गुप्त : *प्रेमचंद की दृष्टि क्या थी ? एक आदर्शवादी विचारक, गांधीवादी चिंतक अथवा साम्यवादी। आप उन्हें इनमें से कुछ मानते हैं ?*

शिवदानजी : आदर्श विचारक और गांधीवादी चिंतक तो बहुत कुछ एक ही बात है। आदर्श विचारक और गांधीवादी में कोई मौलिक भेद नहीं है। प्रेमचंद के चिंतन में कुछ वैसा ही विरोधाभास मिलता है जैसा कि टॉलस्टॉय के चिंतन में। उनके इस विरोधाभास को बहुत महत्त्व देने की अब जरूरत नहीं है, और न उनको गांधीवादी या साम्यवादी खूँटी पर टाँगकर देखने की जरूरत है। हालाँकि उसके प्रति आलोचक सजग रह सकते हैं।

धर्मेन्द्र गुप्त : *प्रेमचंद को प्रगतिवादी भी बड़ा लेखक मानता है, और वह भी जो अपने को किसी वाद से नहीं जोड़ता। प्रेमचंद को लेकर यह विरोधाभास क्यों है ? क्या प्रेमचंद का लेखन ऐसा है जो सबको संतुष्ट करता है ? अगर सबको संतुष्ट करता है तो उसका वास्तविक मूल्य आपकी दृष्टि में क्या है ?*

शिवदानजी : प्रेमचंद प्रगतिशील लेखक थे, प्रगतिवादी (मार्क्सवादी) नहीं। यद्यपि वह धीरे-धीरे साम्यवादी विचारधारा की ओर बढ़ रहे थे और उसके प्रति उनमें गहरा सद्भाव था। प्रगतिवादी अगर उनको बड़ा लेखक मानते हैं तो इसका कारण यह है कि वह एक बड़े मानववादी लेखक थे, जिन्होंने भारतीय जीवन के यथार्थ को बड़ी गहराई और सच्चाई के साथ पेश किया। और जो किसी वाद से अपने को नहीं जोड़ता, यानी तटस्थता का आडंबर करता है वह अगर प्रेमचंद को मानता है तो इसलिए कि और कोई चारा नहीं है। एक हकीकत

को नकारना संभव नहीं है। एक जमाना था, जब इस तरह के वादहीन मुखौटेवाले लोग प्रेमचंद के मानववादी दृष्टिकोण की कटु आलोचना करते थे। मिसाल के लिए सरस्वती के उप-संपादक ठाकुर श्रीनाथसिंह ने 'घृणा के प्रचारक प्रेमचंद' के नाम से एक लेखमाला प्रकाशित की थी जिसमें उन पर वर्गों के बीच, ऊँची-नीची जातों के बीच, गरीब और अमीर के बीच घृणा का प्रचार करने का आरोप लगाया था। आज जमाना बहुत बदल गया है और इस तरह के आरोप लगाना संभव नहीं है। इसलिए प्रतिक्रियावादी आमतौर पर वादों से तटस्थ होने का उपक्रम करते हैं और प्रेमचंद को न पसंद करते हुए भी पसंद करने का दावा करते हैं।

धर्मेन्द्र गुप्त : *प्रेमचंद का लेखन प्रतिबद्ध लेखन का आदर्श लेखन कहा जाता है। क्या आप इससे सहमत हैं ? यदि हैं तो उनकी प्रतिबद्धता प्रथमतः किसके प्रति थी ?*

शिवदानजी : हर मानववादी लेखक प्रतिबद्ध तो होता ही है। क्योंकि समाज में इतना शोषण, दोहन और भेदभाव है कि वह दुखी और पीड़ित के प्रति अपने मन की समस्त करुणा और सहानुभूति उँड़ेले बिना नहीं रह सकता। और जो आततायी हैं और पीड़क हैं उनके प्रति वह अपने आक्रोश को किसी-न-किसी रूप में व्यक्त किए बिना भी नहीं रह सकता। यह केवल राजनीतिक प्रतिबद्धता या किसी पार्टी या दल के प्रति प्रतिबद्धता का प्रश्न नहीं है, बल्कि यह तो समाज की उन शक्तियों के प्रति आक्रोश और जनसाधारण के प्रति सहानुभूति का प्रश्न है, जिनमें से एक शोषक है, दूसरा शोषित।

धर्मेन्द्र गुप्त : *प्रेमचंद के साहित्य की गहनता, विस्तार और विविधता उनके परवर्ती लेखन में क्रमशः लुप्त हुई है। क्या आप इससे सहमत हैं ?*

शिवदानजी : प्रेमचंद के बाद का हिंदी साहित्य गहनता, विस्तार और विविधता की दृष्टि से कम मूल्यवान है, यह कहना उचित नहीं होगा। यह जरूर है कि प्रेमचंद के बाद पाश्चात्य साहित्य के प्रभावों से अनेक अति-आधुनिकतावादी प्रवृत्तियाँ आईं, जिनमें अत्यंत कलावादी, रूपवादी और मानवद्रोही प्रवृत्तियाँ भी शामिल हैं और उन्होंने एक समवेत स्वर से अपने को हिंदी साहित्य की मुख्य धारा घोषित करके एक आतंक-सा कायम कर दिया है। लेकिन इस बीच कथा-साहित्य में तुलनात्मक दृष्टि से स्थायी मूल्य की जो भी रचनाएँ आई हैं, वह प्रेमचंद की परंपरा को ही अग्रसर करती हैं।

यशपाल, अमृतलाल नागर, नागार्जुन, रेणु और अनेक नौजवान लेखकों की यथार्थवादी कृतियाँ इस बात की पुष्टि करती हैं।

धर्मेन्द्र गुप्त : *प्रेमचंद का कथा साहित्य आज भी लोकप्रिय है। लेकिन आज हिंदी में लोकप्रिय लेखन तो सस्ते मनोरंजन के रूप में लिया जाता है। एक सच्चाई यह भी है कि आज जो तथाकथित आधुनिक लेखन सामने आ रहा है, वह बहुत सीमित पाठक वर्ग में सिमटकर रह जाता है। इस संदर्भ में प्रेमचंद की लोकप्रियता हमारे लिए किस प्रकार आदर्श है।*

शिवदानजी : प्रेमचंद आम लोगों के लिए, आम लोगों के बारे में लिखते थे, इसलिए आम लोगों में प्रिय थे और आज के बहुत से आधुनिकतावादी लेखक अपने समानधर्मा मध्यवर्गीय बुद्धिजीवियों के लिए लिखते हैं, इसलिए स्वाभाविक है कि उनका पाठक वर्ग सीमित है। सस्ते मनोरंजन का साहित्य अगर आज बहुत ज्यादा छप रहा है और बिक रहा है तो इस विकृति के लिए अनेक सामाजिक और राजनीतिक कारण हैं। यह सिर्फ हिंदी की ही नहीं सारे पूँजीवादी देशों की समस्या है। मुनाफे के लिए पूँजीपति और व्यापारी कुछ भी कर सकता है, और सस्ता और अश्लील साहित्य बेचकर अगर ज्यादा मुनाफा कमा सकता है तो उसे लोगों की रुचि भ्रष्ट होने का कोई मलाल नहीं होता। ऐसे तुच्छ कोटि के तथाकथित साहित्य की लोकप्रियता एक भिन्न प्रकार क़ी लोकप्रियता है और उसे प्रेमचंद की लोकप्रियता से नहीं तोला जा सकता। श्रेष्ठ साहित्य की लोकप्रियता इसलिए होती है कि वह पाठक को नई दृष्टि और नई समझ जीवन के बारे में देता है, इस कसौटी को नहीं भूलना चाहिए। साथ ही यह भी नहीं भूलना चाहिए कि प्रेमचंद (या रवींद्र, शरत्, गालिब, इक़बाल) की लोकप्रियता केवल शिक्षित-वर्ग तक ही सीमित है। वर्ग-भेद और निरक्षरता ने इस पूँजीवादी-सामंतवादी व्यवस्था में 80 प्रतिशत से भी ज्यादा लोगों को विश्व-साहित्य और कला की महान् उपलब्धियों से वंचित रखा है, जिनमें वर्तमान युग के इन महान् लेखकों की कृतियाँ भी शामिल हैं।

प्रश्न : *'हंस' की याद आपको आती ही होगी। क्या आज फिर आप 'हंस' के प्रकाशन की आवश्यकता महसूस करते हैं ? अगर आज 'हंस' का प्रकाशन प्रारंभ किया जाए तो उसका क्या रूप होना चाहिए।*

आज के लेखन में उसका क्या योग होगा ?

शिवदानजी : चालीस साल पहले जब मैंने 'हंस' का संपादन अपने हाथ में लिया था, तो उस समय प्रेमचंद की परंपरा का यह गतिमान कन्सेप्ट ही मेरे सामने था, जिसका मैंने अभी जिक्र किया है। मैं उस समय 22, 23 साल का एक नौजवान था। इसलिए मन में उमंग और उत्साह भी बहुत था। और मेरी कामना थी कि मार्क्सवाद के अध्ययन ने जो जीवन-दृष्टि दी थी वह साहित्य में एक नया प्रगतिशील स्वर, एक नई यथार्थवादी प्रवृत्ति उभारने में समर्थ हो।

इसलिए जरूरी था कि प्रेमचंद की परंपरा को आगे बढ़ाने के लिए उस समय के सभी प्रतिभाशाली लेखकों को (नए और पुराने दोनों को) एकजुट किया जाए और मैंने अपनी सामर्थ्य-भर 'हंस' को इसका मंच बनाया। उस समय 'हंस' की प्रतिष्ठा यह हो गई थी कि उसमें हर लेखक अपनी रचना प्रकाशित करने में गौरव महसूस करता था और जो लेखक उसमें स्थान पाते थे, उनको तत्काल साहित्यिक मान्यता मिल जाती थी।

अब ऐसी कोई पत्रिका नहीं है, और 'हंस' का अभाव शायद सभी को खटकता है। लेकिन बिखराव इतना है कि अब न तो 'हंस' को फिर से प्रकाशित करने के लिए साधन जुटाए जा सकते हैं और न शायद वह आज उस भूमिका को निभा सके।

फिर भी अगर 'हंस' पुनः प्रकाशित हो और मुझे उसका संपादन करना पड़े तो उन पुराने उद्देश्यों को नज़रअंदाज नहीं कर सकूँगा। हालाँकि यह नहीं कह सकता कि इसमें कितनी सफलता मिल सकेगी!

प्रासंगिकता से अधिक, शुक्लजी का ऐतिहासिक महत्त्व है*

पु. अग्रवाल : *सबसे पहले तो शुक्लजी के मूल्यांकन का सवाल है। आपने 'साहित्य की परख' शीर्षक निबंध में साधारणीकरण को एकांगी सिद्धांत कहा है। उन पर क्रोचे के सिद्धांत को विकृत करने व रिचर्ड्स के कुछ संदर्भच्युत वाक्यों द्वारा पुराने सिद्धांतों के पिष्टपेषण का आरोप लगाया है। रूढ़िवादी भी आप उन्हें मानते हैं। बाद में, 'हिंदी साहित्य के अस्सी वर्ष' में आपने लगभग यही मूल्यांकन दोहराया। आज, इतने वर्ष बाद क्या आपको शुक्लजी के पुनर्मूल्यांकन कीं ज़रूरत महसूस होती है ?*

शिवदानजी : सबसे पहले तो आपको यह जानकारी दूँ कि शुक्लजी का प्रभाव तब से मेरे मन पर है, जबकि मैं विद्यार्थी था। जब पहली बार उनको पढ़ा, उस वक्त मैं ईविंग क्रिश्चियन कॉलेज, प्रयाग में पढ़ता था, और साहित्य समिति का सेक्रेट्री था। मेरे साथ उस समय रामचंद्र द्विवेदी 'प्रदीप', जगदीशचंद्र माथुर आदि थे। हमने शुक्लजी को बुलाया। शुक्लजी आए और उन्होंने समिति में भाषण दिया। जहाँ तक शुक्लजी के प्रति आदर और श्रद्धा का सवाल है, वह मैं सदा से स्वीकार करता आया हूँ। शुक्लजी की मृत्यु के समय मैं 'हंस' का संपादक था; मैंने उन पर संपादकीय लिखा था, जो साहित्यानुशीलन में संकलित है। क्रिटिक होने के नाते मैं शुक्लजी के काम का 'क्रिटिकल' जायजा ही ले सकता था। यह संभव न था कि श्रद्धा को अपनी आलोचनात्मक बुद्धि पर आच्छादित हो जाने दूँ। शुक्लजी की देन स्वीकार करने के साथ ही उनकी सीमाओं को देखना आवश्यक है। उनके जमाने में विचारों का संघर्ष शुरू हुआ था। देश के वातावरण में आजादी और पुनरुथान

*शिवदानसिंह चौहान के साथ डॉ. पुरुषोत्तम अग्रवाल की बातचीत–अप्रैल 1986

की बात साथ-साथ चलती थी। हिंदू, हिंदू दृष्टि से बात करते थे और मुसलमान मुस्लिम दृष्टि से। इस प्रकार वहाँ संकीर्णता आ जाती थी। भारत की सम्मिलित विरासत में तमाम लोगों का योगदान है—हिंदू, बौद्ध, इस्लाम, ईसाइयत आदि धर्म, मतों, आदिवासियों की संस्कृतियों का—तमाम लोगों का। बहुत से लोग आज तक यह बात समझ नहीं पाए हैं। शुक्लजी भी देश को अपने संप्रदाय से ही जोड़कर देखते थे। वे हिंदू दृष्टि—उसमें भी वैष्णव दृष्टि—से चीज़ों को देखते थे। इसी वजह से आलोचना में कई लोगों के साथ न्याय नहीं कर सके। भक्ति के क्षेत्र में, उनकी आसक्ति रामभक्ति शाखा के प्रति अधिक थी। ज्ञानाश्रयी भक्तों की भी इसी कारण उन्होंने कटु आलोचना की।

पुरुषोत्तम : *तो, आप शुक्लजी के पुनर्मूल्यांकन की कोई ज़रूरत महसूस नहीं करते ?*

शिवदानजी : शुक्लजी की सबसे बड़ी देन है—साहित्य का सामाजिक दृष्टिकोण। लेकिन यह दृष्टिकोण समग्र न होकर, हिंदू दृष्टि पर ही आधारित था। इसी कारण उसमें ऐतिहासिक असंतुलन आ गया है।

पुरुषोत्तम : *आपने अभी कहा था कि संप्रदाय-सापेक्ष दृष्टि उस समय की ही विशेषता थी। तो क्या यह उचित नहीं कि उस समय के लोगों का मूल्यांकन करते हुए यह देखा जाए कि समय की इस विशेषता के बावजूद उन्होंने जनवादी तत्त्वों का कितना विकास किया ?*

शिवदानजी : इसके लिए मैंने शुक्लजी को पूरा श्रेय दिया है। लेकिन यदि समय को सारे विश्व के सदंर्भ में देखें तो युग की सबसे अग्रगामी चेतना ही कसौटी बनती है। इसी निकष पर हरेक को परखना चाहिए। शुक्लजी के समय तक बड़ी-बड़ी क्रांतियाँ हो चुकी थीं। इतिहास, दर्शन और समाजशास्त्र के क्षेत्रों में नई-नई उद्‌भावनाएँ करनेवाले लेखक हो चुके थे। ऐसे लेखकों से आलोचक को परिचित होना ही चाहिए। केवल देश के वातावरण के संदर्भ में देखें तो कह सकते हैं कि शुक्लजी अपने समय से आगे थे, लेकिन सारा दृश्य देखते हुए यह कहना कठिन होगा। इसलिए उस वक्त मैंने शुक्लजी की सीमाएँ बताई थीं।

पुरुषोत्तम : *आपका मूल्यांकन काफी विवादास्पद रहा है। 1952 में आपके द्वारा 'आलोचना' में शुक्लजी के बारे में एकाधिक लेख प्रकाशित किए जाने के बाद रामविलासजी ने प्रतिपादित किया कि पुरानी शब्दावली के बावजूद शुक्लजी के विचार काफी वैज्ञानिक थे।*

उन्होंने हैकेल की 'रिड्ल ऑफ दी यूनीवर्स' के अनुवाद की भूमिका का हवाला दिया, जहाँ शुक्लजी की वैचारिक सहानुभूति भौतिकवाद के साथ दिखती है। इस मूल्यांकन पर आपकी क्या टिप्पणी है ?

शिवदानजी : "शुक्लजी ने बहुत वैज्ञानिक दृष्टिकोण अपनाया" यह भी एक सापेक्ष बात है। जैसे···मनोविज्ञान को ही लें। इस क्षेत्र में, उस वक्त प्रचलित अनेक धाराओं में से एक—मैक्डूगल वगैरह के फैकल्टी मनोविज्ञान—को शुक्लजी ने अपनाया। लेकिन दूसरे मनोविज्ञान इससे बहुत आगे जा चुके थे। जैसे फ्रायड, व्यवहारवादी, पावलोव और गेस्टाल्ट स्कूल आदि, यह सच है कि साहित्य, भावों-विकारों से संबंधित ज्ञान के क्षेत्रों की जानकारी शुक्लजी को थी, लेकिन इतनी अधिक नहीं। या यूँ कहें कि ऐसा नहीं था कि उनके द्वारा पसंद की गई दृष्टि ही एकमात्र वैज्ञानिक दृष्टि थी कई बार तो उन्होंने एकांगी दृष्टि ही चुनी। लेकिन इतना मैंने हमेशा स्वीकार किया है कि जितनी भी जानकारी उन्हें थी, उसके आधार पर शुक्लजी ने समन्वित दृष्टि के विकास की कोशिश बराबर की। यह बहुत बड़ा प्रयत्न था, जो कि अब दिखाई नहीं देता। बल्कि इन दिनों तो और भी एकांगिता व संकीर्णता आ गई है। आलोचक को किसी का कोई एक सिद्धांत पसंद आ जाए, तो वह सारे साहित्य को उसी के अंतर्गत ले आना चाहता है।

पुरुषोत्तम : हिंदी में प्रगतिशील चेतना के विकास में आप शुक्लजी का कोई योगदान मानते हैं ?

शिवदानजी : क्यों नहीं ? बेशक उनका योगदान है। सबसे बड़ी बात यह है कि शुक्लजी से पहले की आलोचना में इतिहास और समाजशास्त्र को खास महत्त्व नहीं दिया जाता था। ऐतिहासिक-सामाजिक पृष्ठभूमि में हिंदी साहित्य के इतिहास को देखने का पहला प्रयास शुक्लजी का ही था।

पुरुषोत्तम : क्या उनकी आलोचना-पद्धति आज भी प्रासंगिक है ?

शिवदानजी : प्रासंगिकता से अधिक, उनकी पद्धति का ऐतिहासिक महत्त्व है। दरअसल शुक्लजी ने उपन्यास, कहानी, नाटक आदि का कोई गहरा विश्लेषण नहीं किया है। यह कोई शिकायत नहीं है। छप्पन वर्ष की अल्पायु में जितना शोध और आलोचना कार्य वे कर गए हैं, वह अपने आप में नुमायाँ चीज है। लेकिन, कथा-साहित्य की प्रमुखता के इस दौर में उनकी काव्यकेंद्रित आलोचना से आलोचक को कोई दिशा-निर्देश नहीं मिलता। यही बात नाटक के बारे में है।

वैसे हिंदी में नाटक कम हैं, अच्छे नाटक और भी कम हैं। कथा-साहित्य अपेक्षया समृद्ध है। अच्छी रचनाएँ हुई हैं, लेकिन उन पर आलोचनात्मक ध्यान कम दिया गया है। कई अच्छी रचनाओं की उतनी चर्चा नहीं हुई, जितनी होनी चाहिए थी।

पुरुषोत्तम : *मिसाल के लिए...*

शिवदानजी : मिसाल के लिए...'मैला आँचल'।

पुरुषोत्तम : *'मैला आँचल' की तो काफी चर्चा हुई है।*

शिवदानजी : उतनी नहीं, जितनी कि होनी चाहिए थी। वैसे भी हिंदी आलोचना का क्षितिज आजकल बड़ा संकीर्ण हो रहा है। लोग मित्रों की रचनाओं पर ही बहस करते हैं, समग्र रूप से कोई नहीं देखता। ख़ैर शुक्लजी का ज्यादा जोर काव्यधारा पर ही था। इसमें भी छायावादी कविता को स्वीकार करने में उन्हें काफी समय लगा। पहले तो वे परंपरा के दबाव में पुराने ढंग की कविता को ही सराहते रहे। ज्यादातर धार्मिक भावना से प्रेरित कविता को। इतिहास के दूसरे संस्करण में उन्होंने पहली दफे छायावादी कविता को 'एप्रिशिएट' किया, लेकिन वह भी ग्रजिंग एप्रिसिएशन ही है। पुरानी शब्दावली में, पुराने मानदंड पर छायावादी कविता को ढाल कर उसे एप्रिशिएट करने की कोशिश। प्रासंगिकता उस प्रयत्न की है, जो समय के साथ विकसित होने के लिए शुक्लजी ने किया। इस अर्थ में वे प्रासंगिक ही नहीं, हर आलोचक के लिए अनुकरणीय भी हैं।

पुरुषोत्तम : *लेकिन, साहित्य के केंद्र में अब उपन्यास-कहानी के होने के कारण शुक्लजी की काव्य-केंद्रित आलोचना-पद्धति प्रासंगिक नहीं है... ?*

शिवदानजी : इस मामले में तो हमारी सारी पुरानी भारतीय आलोचना अप्रासंगिक है, क्योंकि सारी बात काव्य को ध्यान में रखकर ही चलती रही है...

पुरुषोत्तम : *कथा साहित्य को सामने रखकर उससे आलोचना के प्रतिमान निकालने के लिए शुक्लजी के बाद स्वयं आपने और दूसरे प्रगतिशील आलोचकों ने क्या प्रयत्न किए ?*

शिवदानजी : कथा साहित्य को जीवन की सच्चाइयों की कसौटी पर ही कसना चाहिए। मैं कथा साहित्य के शास्त्रीय वर्गीकरण की पद्धति के हक़ में कभी नहीं रहा कि यह उपन्यास राजनैतिक है, यह सामाजिक है, वह मनोवैज्ञानिक है वगैरह; देखना चाहिए कि जिंदगी का समग्र चित्रण किस के अंदर है। समग्र का अर्थ बहुत-सी घटनाओं का

संकलन नहीं, बल्कि यह कि उपन्यास से पाठक को समय और वातावरण का सच्चा अहसास और विश्वसनीय तस्वीर हासिल हो।

पुरुषोत्तम : *याने उपन्यास और कहानी पर विचार का प्रस्थान बिंदु है प्रातिनिधिकता। 'साधारणीकरण और व्यक्ति-वैचित्र्यवाद' में शुक्लजी ने लिखा है कि 'सामान्य के प्रतिनिधि होकर ही विशेष हमारे यहाँ कविता में आते रहे हैं' मुझे लगता है कि यहाँ बात प्रातिनिधिकता की ही है...*

शिवदानजी : यह ठीक है। रचना में सामान्य और विशेष दोनों की अन्विति होनी चाहिए, अन्यथा रचना सार्वजनीन नहीं बनेगी। उसका साधारणीकरण नहीं होगा। मैंने साधारणीकरण के बारे में कहीं लिखा है कि यह एक तरह से सर्वमान्य सिद्धांत है...

पुरुषोत्तम : *जी, हाँ। आपने यह कहा है कि 'यदि इसका अभिप्राय प्रेषणीयता से है, तो इसे सिद्ध करने की कोशिश व्यर्थ है।'*

शिवदानजी : हाँ...व्यर्थ है। यह मैंने लिखा है। लेकिन यह बताना ज़रूरी है कि विशेष किस तरह सामान्य बनता है। शुक्लजी ने इस प्रक्रिया को धार्मिक नीतिमत्ता से बाँधने की कोशिश की है। उन्होंने साधारणीकरण को परंपरागत नैतिकता से बाँधने की कोशिश की है, लेकिन यह उससे ज्यादा विशद चीज़ है। सामान्य जीवन से लिये गए तथ्य का लेखक विशेषीकरण करता है। यह विशेषीकरण इतना सशक्त होना चाहिए कि पाठक के लिए वह फिर से सामान्य बन जाए—यह दोनों तरफ से चलनेवाली प्रक्रिया है। विशेष सामान्य तभी बनेगा जबकि वह साधारण मनुष्य की भावभूमि को छू सके। तुलसी के राम के मनुष्य-रूप का ही साधारणीकरण होता है, तुलसी द्वारा उन पर आरोपित भगवानत्व का नहीं।

पुरुषोत्तम : *तो, क्या आप मानेंगे कि अच्छे साहित्य की पहचान विचारधारा से नहीं, विश्वसनीय चरित्र-चित्रण से होती है ?*

शिवदानजी : विचारधारा से उस हद तक होती है, जहाँ विचारधारा मनुष्य की उदात्तता का प्रदर्शन कराए, लेकिन वह भी मानव-संबंधों के माध्यम से ही। उसके कार्य के द्वारा, कोरे शब्दों से नहीं।

पुरुषोत्तम : *तो, क्या प्रतिबद्ध लेखन अनुचित है ?*

शिवदानजी : नहीं, प्रतिबद्ध लेखन तो हमेशा हुआ है। लेकिन, साहित्य व कला के सौंदर्य के अपने नियम हैं। उनका उल्लंघन करके आप विचारधारा का प्रचार नहीं कर सकते। यदि आपकी विचारधारा इन नियमों को स्वीकार कर, जीवन के वास्तव को और गहराई से

व्यक्त करने में साथ देती है, तब तो यह विचारधारा का सदुपयोग हुआ, वरना तो यह 'टेंडेंशस राइटिंग' हो जाएगी, सांप्रदायिक लेखन हो जाएगा···

पुरुषोत्तम : *बतौर आलोचक के, आप प्रगतिशील विचारधारा से युक्त रचना को अधिक महत्त्वपूर्ण मानेंगे, या कि गैर-प्रगतिशील विचारधारा के बावजूद यथार्थपरक और विश्वसनीय रचना को ?*

शिवदानजी : एक घटना याद आती है। सन् '60 की बात है। मास्को में एक रोज़ चाइनीज राइटर्स यूनियन के सेक्रेटी मुझसे मिलने आए, मैंने उनकी जाँच करने के लिए पूछा कि तॉल्सतॉय के 'वार एंड पीस' को ज़्यादा बड़ी, ज़्यादा 'एबाइडिंग वैल्यू' की कृति मानेंगे या···मिसाल के लिए गोर्की के 'मदर' को ? तो, उन्होंने कहा कि गोर्की के 'मदर' को। यह 'वल्गर सोशियॉलॉजी' है। इसके ख़िलाफ़ मैं लड़ता रहा हूँ। दिक्कत यह है कि प्रतिबद्ध लेखक पर विचारधारा इस क़दर हावी हो जाती है कि वह इस चीज़ को समझ नहीं पाता। वह सोचता है कि बस विचारधारा ही प्रमुख है। दरअसल, विचारधारा तो आपके दिमाग़ का माहौल है–जिसमें आप तैरते हैं। वह एक 'कन्विक्शन' है, जिससे आप लिखते हैं। उसे आरोपित नहीं होना चाहिए। आखिर दूसरे लेखकों के भी 'कन्विक्शन' थे। मसलन तॉल्सतॉय का अपना नज़रिया था, लेकिन जब उन्होंने जीवन के चित्र पेश किए तो वह नज़रिया कहीं थोपा-सा नहीं दिखता। वे कहीं भी मानवीय तत्त्व को छोड़ते नहीं दिखते। इस मानवीय तत्त्व के बिना तो कला बन ही नहीं सकती। मानवीय तत्त्व के इस आग्रह के कारण ही तॉल्सतॉय ने बार-बार खुद अपनी वैचारिक सहानुभूति के विरुद्ध लिखा। यही बाल्ज़ाक के बारे में है। इसी सिलसिले में हिंदी की एक रचना 'धरती धन न अपना' याद आती है। इसकी भी कोई खास चर्चा हिंदी में नहीं हुई है। पांडुलिपि मेरे पास आई तो मैंने सिफ़ारिश की थी कि इसको ज़रूर छापा जाए। बड़ा सुगठित और अच्छा उपन्यास है। किसी विदेशी भाषा में निकला होता तो उसकी बड़ी मान्यता होती। लेखक ब्राह्मण हैं। उसकी सहानुभूति पूरी तरह से अछूतों के साथ हो, ऐसा नहीं है, उसकी कोशिश भी सिर्फ सहानुभूति देने की नहीं है, बल्कि उसने अपने वातावरण, संस्कार और दंभ से ऊपर उठकर अछूतों का सच्चा जीवन उकेरने की कोशिश की है। नतीजा यह है कि लेखक बड़े 'पावरफुल कैरेक्टर्स' पैदा कर सका है। अपने संस्कारों की

क्षुद्रता से ऊपर उठकर ही आप विशेष को सामान्य बना सकते हैं। अगर आप विशेष में अपने-ही संस्कार भर देंगे, तो वह सामान्य नहीं होगा।

पुरुषोत्तम : *'वल्गर सोशियॉलॉजी' का आरोप तो आपने शुक्लजी पर भी लगाया था…*

शिवदानजी : नहीं, उन पर तो नहीं लगाया, उन्हें मैंने एकांगी समाजशास्त्री ज़रूर कहा था। देखिए, मैंने प्रगतिशील और प्रगतिवाद का भेद किया है। साहित्य की हर श्रेष्ठ रचना अपने आप में प्रगतिशील होती है। रचना श्रेष्ठ ही कैसे होगी यदि वह अपनी कला के बल पर आपके मन में उदात्त विचार और भावनाएँ पैदा न कर सके ? अगर आपकी 'इंस्टिंक्ट्स' को 'एस्थेटिक' बनाने में, आपको और भी मानवीय बनाने में जो रचना मदद न करे, वह श्रेष्ठ कैसे होगी ? खैर शुक्लजी में एकांगिता थी, सो थी, लेकिन प्रगतिवाद की सोशियॉलॉजी को तो एकांगी नहीं होना चाहिए, बदकिस्मती से यहाँ तो 'वल्गर सोशियॉलॉजी' आ गई है। इसके ख़िलाफ़ मैं लड़ता रहा हूँ।

पुरुषोत्तम : *प्रगतिवादी आलोचना में 'वल्गर सोशियॉलॉजी' विकसित होने के क्या कारण रहे हैं ?*

शिवदानजी : जब आप यह समझें कि विचारधारा ही 'एस्थेटिक्स' है, तब यह चीज़ होती है। सोवियत क्रांति के बाद जोश में 'प्रोलितकल्ट', का आंदोलन चला। इसके लिए कोई कम्युनिस्ट पार्टी ने नहीं कहा था, बल्कि बाज़ाप्ते खुद लेनिन तो इसके ख़िलाफ़ थे। लेकिन माहौल जोश का था, सो वह आंदोलन चला और उन्होंने 'डिनाउंस' करना शुरू किया। शेक्सपियर समेत कई महान् लेखकों की निंदा की। यह गलत है। यह 'वल्गर सोशियॉलॉजी' है कि आप शेक्सपियर से अपेक्षा करें कि उन्होंने मज़दूरों के संगठन पर…

पुरुषोत्तम : *माफ करेंगे…*

शिवदानजी : अब आप यह कहेंगे कि मैंने इसे शुक्लजी पर लागू क्यों नहीं किया…।

पुरुषोत्तम : *न केवल यह कहूँगा, बल्कि एक और विरोधाभास की ओर आपका ध्यान खींचना चाहूँगा। आपने एक जगह लिखा है, 'तुलसीदास और भारतेंदु को अपने समय के प्रगतिशील कहना सापेक्षतावादी दृष्टि है'। यह आपने रामविलासजी के संदर्भ में लिखा है और इस प्रवृत्ति की आलोचना की है। पुराने लेखकों की ऐतिहासिक भूमिका को*

देखते हुए उन्हें प्रगतिशील या प्रतिक्रियावादी कहना और विकास की दृष्टि से उनके काम को उपयोगी या अनुपयोगी मानना अगर गलत है, तब तो मानना होगा कि 'प्रोलितकल्ट' का रवैया सही था।

शिवदानजी : नहीं, वैसे आपने कहा तो मुझे भी लगा कि बात में थोड़ा विरोधाभास है। बात यह है कि इसको मैंने ठीक शब्दों में व्यक्त नहीं किया है। दरअसल मेरा मतलब यह था कि तुलसी के पहले की जो सूफी प्रभावित भक्तिधारा थी, वह उस युग की अग्रिम चेतना को व्यक्त करती थी। कबीर, नानक आदि उस युग की अग्रिम चेतना के प्रतिनिधि थे। इन लोगों ने हिंदू-मुस्लिम मेल-मिलाप उत्पन्न करने की कोशिश की थी। वे 'सेक्टेरियन' नहीं थे। उनको तो हम कह सकते हैं कि वे अपने युग के प्रगतिशील थे। लेकिन बाद में ये जो 'सेक्टेरियन' धाराएँ चलीं, वे केवल हिंदू दृष्टि से प्रगतिशील कही जा सकती हैं।

पुरुषोत्तम : यहाँ फिर से विरोधाभास है। क्योंकि अभी-अभी आपने कहा था कि लेखक का मूल्यांकन विचारधारा के आधार पर नहीं, रचना के सौंदर्यपरक मूल्यों और उदात्तता के आधार पर किया जाना चाहिए ?

शिवदानजी : ठीक। लेकिन आप यह देखिए कि तुलसीदास में विचारधारा हावी है। वाल्मीकि में विचारधारा हावी नहीं है। तुलसी ने एक 'सेक्युलर' कहानी को 'रिलीजस' कहानी बना दिया। जहाँ विचारधारा हावी नहीं है, वहाँ तुलसी की रचना में सौंदर्य है, क्योंकि एक महान् कवि की प्रतिभा तो उनमें थी ही। इससे तो इंकार नहीं कर सकते। लेकिन विचारधारा का नतीजा यह है कि आज तक 'रामचरित मानस' का उपयोग सांप्रदायिक संकीर्ण कामों के लिए किया जा सकता है, किया जा रहा है। आप 'वार एंड पीस' का ऐसा उपयोग नहीं कर सकते।

पुरुषोत्तम : 'रिसरेक्शन' और 'अन्ना कैरेनीना' का उपयोग खास तरह के ईसाई मानवतावाद के लिए किया जा सकता है ?

शिवदानजी : लेकिन धार्मिक अंधविश्वास पैदा करने के लिए नहीं। ये रचनाएँ किसी प्रतिक्रियावादी आंदोलन की ध्वजा नहीं बन सकती। जबकि 'रामचरित मानस' के बारे में...आप मंदिरों में जाइए, वहाँ देखिए, सामान्य जीवन में देखिए कि 'हिंदू सॉलिडैरिटी' व अंधविश्वास पैदा करने के लिए इसका कितना इस्तेमाल होता है। अंधविश्वास के

विरोधी शुक्लजी भी नहीं थे, वहाँ उनकी एकांगिता सामने आती है। उन्होंने तुलसीदास द्वारा राम को 'मर्यादा पुरुषोत्तम' बना दिए जाने की आलोचना कहीं नहीं की। वाल्मीकि से तुलना कर, लौकिक कथा को धार्मिक कथा बना देने के लिए तुलसी पर कहीं आपत्ति नहीं की।

पुरुषोत्तम : 'रामचरितमानस' के दुरुपयोग का एक कारण क्या यह नहीं है कि हमने इसे प्रगतिशील विरासत का अंग बनाने की कोशिश न के बराबर की है ?

शिवदानजी : बहुत कोशिश की है। उसके मानवीय मूल्यों व सौंदर्य को प्रगतिवादी आलोचकों ने बार-बार रेखांकित किया है, लेकिन प्रतिक्रियावादियों के लिए तो वह सहज अस्त्र है। मानवीय तत्त्व और सौंदर्य से इंकार वे भी नहीं करते, बल्कि इनकी बात करते-करते ही 'रामचरितमानस' का उपयोग 'हिंदू सॉलिडैरिटी' के लिए बड़ी आसानी से कर ले जाते हैं। स्वयं शुक्लजी ने भक्ति आंदोलन के विकास को गलत ऐतिहासिक परिप्रेक्ष्य में रखा है; उन्होंने इसे मुसलमानों के अत्याचारों के परिणामस्वरूप उत्पन्न माना।

पुरुषोत्तम : शुक्लजी के विचार से तो उस समय का मुख्य संघर्ष यही था। लेकिन आपकी समझ से मध्यकालीन भारत का मुख्य अंतर्विरोध क्या था ?

शिवदानजी : वह सामंती ज़माना था। यहाँ बिखराव बहुत था। दस-दस कोस के फासले पर राजा बैठे थे। ऐतिहासिक परिदृश्य में देखें तो मुग़ल सत्ता 'यूनीफाइंग फोर्स' थी। अशोक के बाद पहली दफ़ा देश को मुगलों ने आकर एकीकृत किया। यह प्रगतिशील क़दम था। इसकी वजह से तिजारत बढ़ी दस्तकारियाँ बढ़ीं। वे चीज़ें हुईं जो यहाँ के सामंत नहीं कर सकते थे। इतिहास की दृष्टि से देखें तो यह 'ग्लोरियस पीरियड' है, हिंदू दृष्टि से देखें तो एकदम उलटी बात लगेगी। वास्तव में देश का ताल्लुक धर्म से नहीं है। यह देश सिर्फ हिंदुओं का नहीं, बल्कि यहाँ के सभी वाशिंदों का है। इस चीज को न देख पाने से दृष्टि संकीर्ण हो जाती है। शुक्लजी के साथ यही हुआ। बहुत-से प्रगतिवादी आलोचकों में भी बहुत भयंकर हिंदू संस्कार हैं, वे उससे ऊपर नहीं उठ सकते।

पुरुषोत्तम : ऐसे प्रगतिवादी आलोचकों से आपका अभिप्राय ?

शिवदानजी : स्वयं रामविलासजी हैं। वे इससे नहीं निकल पाते। अमृतराय हैं।

जबकि प्रेमचंद के पुत्र होने के नाते उनसे 'लिबरल' संस्कार की अपेक्षा की जाती है। प्रेमचंद इस तरह की संकीर्णता से ऊपर उठ सके थे। लेकिन अमृतराय उर्दू-हिंदी का सवाल लेकर उर्दू के ख़िलाफ़ हैं। यानी जहाँ पर भी कोई नाजुक सवाल आ जाए···जहाँ सवाल है, हिंदुस्तान के दोनों समुदायों की एकता के लिए कुछ कुर्बानी देने का···वहाँ आप कुरेद कर देखिए तो पाएँगे कि हिंदूवादी हैं, अपनी तमाम प्रगतिशीलता के बावजूद।

पुरुषोत्तम : अंत में, जानना चाहूँगा कि पिछले सत्रह बरस से जारी अपनी अनुपस्थिति को तोड़ने की आपकी क्या योजना है ?

शिवदानजी : मेरी योजना···देखिए, संघबद्ध कार्य करने की तो अवस्था अब मेरी है नहीं, वैसे अभी भी हो सकती है कि···क्योंकि मैं तो आंदोलन से जुड़ा रहा हूँ, वैचारिक सहानुभूति अभी भी मेरी है ही। लेकिन हिंदुस्तान का वामपंथ इस वक्त गुमराह है, बेहद गुमराह है। उसके सामने कोई दृष्टिकोण स्पष्ट नहीं है। इस वजह से, मैं उसके साथ पूरी तरह नहीं जा सकता। सो अनुपस्थिति तोड़ने का यही एक ढंग है कि अगर साधन जुट सकें, मैं कोई 'स्टेनो-टाइपिस्ट' इंगेज कर सकूँ—क्योंकि कुछ शारीरिक व्याधियों के कारण मैं बैठकर काम नहीं कर सकता—तो मैं कुछ काम कर सकता हूँ। जितना अभी तक लिखा है, उतना अभी और लिख सकता हूँ।

पुरुषोत्तम : उम्मीद है कि ये साधन जुटेंगे और जल्दी ही आपका मौन टूटेगा ?

शिवदानजी : अब अड़सठ का तो हो गया। कह नहीं सकता, कितनी 'एनर्जी' रह पाएगी, हर साल कुछ-न-कुछ घटती ही जाती है। आखिर कब तक चलेगा···?

मैला आँचल

'गोदान' प्रेमचंद का अंतिम उपन्यास था (अधूरे 'मंगलसूत्र' को छोड़कर) और 'मैला आँचल' फणीश्वरनाथ रेणु का पहला उपन्यास है। अनेक आलोचकों ने सन् 1954 में प्रकाशित होते ही 'मैला आँचल' की तुलना 'गोदान' से की। स्वर्गीय नलिन विलोचन शर्मा ने पूरे विश्वास से दावा किया कि 'यह उपन्यास 'गोदान' के बाद हिंदी का वैसा दूसरा महान् उपन्यास है।' 'गोदान' प्रेमचंद की कला का श्रेष्ठतम नमूना है और उनकी प्रौढ़तम रचना है। आज भी अधिकांश आलोचक 'गोदान' को हिंदी का अब तक का महानतम उपन्यास मानते हैं और 'मैला आँचल' या बाद में यशपाल के 'झूठा-सच' के अलावा हिंदी के और किसी उपन्यास के बारे में यह दावा नहीं किया गया कि वह 'गोदान' के बाद 'हिंदी का वैसा महान् उपन्यास है।' 'झूठा सच' यशपाल का न पहला उपन्यास है और न अंतिम ही, और अगर अपने शेष जीवन में वे उसकी कोटि का और कोई उपन्यास न दे सके तो निश्चय ही वह उनका अंतिम श्रेष्ठ उपन्यास कहा जाएगा।

इस बात से एक असाधारण तथ्य रेखांकित होता है। वह तथ्य यह है कि 'गोदान' जैसी प्रौढ़, यथार्थपरक रचना देने के लिए प्रेमचंद को तीस साल लंबी साहित्य-साधना करनी पड़ी थी। उनके पहले उपन्यास 'रूठी रानी' और 'गोदान' में कलात्मक प्रौढ़ता, अनुभव की व्यापकता और गहराई में जमीन-आसमान का अंतर है। दरअसल, 'गोदान' के संदर्भ में ही 'वरदान', 'प्रतिज्ञा', 'सेवासदन', 'प्रेमाश्रम', 'निर्मला', 'कायाकल्प', 'रंगभूमि', 'ग़बन', 'कर्मभूमि' आदि प्रेमचंद के अन्य उपन्यासों का आज मूल्य है। उनमें पाई जानेवाली अनेक ख़ामियों को, जैसे सामान्यतः सजीव चरित्र-चित्रण की कमी और जीवन-वास्तव पर यूटोपियन सरल-समाधान आरोपित करने की प्रवृत्ति, जिससे यथार्थ और कला दोनों खंडित होते हैं, अक्सर यह तर्क देकर नज़रअंदाज़ करना पड़ता है कि ये कृतियाँ उनकी प्रतिभा और सामाजिक चेतना के सतत विकास की साक्षी हैं। ऐसी स्थिति में 'मैला आँचल' को 'गोदान' के समान दूसरा महान् उपन्यास स्वीकार करने का अर्थ यह भी

निकलता है कि तीस साल तक साहित्य-साधना करने के बाद प्रेमचंद कला के जिस शिखर पर पहुँचे थे, 'रेणु' ने उस शिखर से ही अपनी सृजन-यात्रा का आरंभ किया, या दूसरे शब्दों में, रेणु उतने ही प्रौढ़ और व्यापक विश्वबोध और रचनात्मक प्रतिभा का मूलधन लेकर साहित्य के क्षेत्र में उतरे, जितने गहरे और व्यापक विश्वबोध और प्रतिभा की उपलब्धि के लिए प्रेमचंद को तीस साल तक रचना-प्रक्रिया की अनेक टेढ़ी-मेढ़ी और सँकरी गलियों में भटकना पड़ा।

यहाँ केवल एक तथ्य की ओर संकेत किया गया है। इसे मूल्यांकन नहीं समझना चाहिए। विश्व-साहित्य के इतिहास पर दृष्टि डालें, तो प्रायः ऐसा ही देखने में आएगा। तॉलस्तॉय हों या दोस्तोयव्स्की, डिकेन्स हों या हार्डी, उनकी प्रारंभिक कृतियाँ उनकी प्रौढ़तम औपन्यासिक कृतियों के मुकाबले में, जिनके कारण उनकी सार्वभौमिक महत्ता है, अपेक्षया कमज़ोर रचनाएँ थीं। यह ठीक है कि उनमें कला का शैथिल्य, यथार्थ-चेतना की कमी, नीरस प्रकृत-चित्रण का आग्रह, व्यक्तित्वहीन पात्रों का जमघट और घटना-प्रवाह पर अपने आदर्शवादी सरल-समाधानों को बलात् आरोपित करने की प्रवृत्ति नहीं मिलती, और उनकी प्रारंभिक रचनाएँ भी अपने आप में स्वतंत्र और अखंडित कलाकृतियों की हैसियत रखती हैं, लेकिन उनका कैनवस छोटा है और उनमें उतने व्यापक जीवन का चित्रण नहीं है, जितना उनकी परवर्ती महान् कृतियों में।

लेकिन विश्व-साहित्य में इसके कुछ अपवाद भी हैं, जैसे 'डॉन क्विक्ज़ोट' के लेखक सरवान्ते या 'धीरे बहो दोन रे' के रूसी लेखक शोलोखोव, जिनकी प्रथम रचनाएँ ही विश्व-साहित्य की शाहपारा बन गईं और जिनके मुकाबले का दूसरा कोई उपन्यास सरवान्ते या शोलोखोव फिर नहीं रच सके। विश्व-साहित्य के तो नहीं, हिंदी के सीमित संदर्भ में 'अज्ञेय' का नाम भी लिया जा सकता है, जो अपने अगले उपन्यासों में 'शेखर : 'एक जीवनी' तक नहीं पहुँच सके। अन्यथा यशपाल हों या अमृतलाल नागर, उपेंद्रनाथ 'अश्क' हों या नागार्जुन सब की रचनात्मक प्रतिभा को विकास की अनेक मंजिलों से गुज़रना पड़ा है।

'मैला आँचल' इस साधारण नियम का अतिक्रमण करनेवाला इतना सशक्त अपवाद था कि आलोचकों को शंका हुई कि उसके द्वारा रेणु ने अपने लिए 'इतना ऊँचा प्रतिमान स्थिर कर दिया है कि उसकी पुनरावृत्ति' असंभव नहीं तो कठिन अवश्य हो जाएगी और शायद रेणु का भी वही हश्र हो जो सरवान्ते या शोलोखोव का हुआ था और उनकी इतने ऊँचे शिखर से आरंभ की सृजन-यात्रा उच्चतर शिखरों को नापने की बजाय कहीं उससे नीचे उतरने की यात्रा न बन जाए। सौभाग्य से दो वर्षों के बाद ही रेणु का दूसरा उपन्यास 'परती परिकथा' प्रकाशित हुआ, जिसने इस शंका को निराधार सिद्ध कर दिया। दोनों में से कौन अधिक श्रेष्ठ है, यह विवादग्रस्त है और इसका अंतिम निर्णय करना संभव नहीं है, उसी तरह जैसे

तॉलस्तॉय के 'युद्ध और शांति' और 'अन्ना कैरेनीना' या दोस्तोयव्स्की के 'जुर्म और सज़ा' और 'महामूर्ख' में से किसी को भी दूसरे से श्रेष्ठ कहना निर्विवाद नहीं हो सकता।

रेणु और उनके इन दोनों महान् उपन्यासों के संबंध में आलोचकों और विशेषकर नई और कुछ पुरानी पीढ़ी के हिंदी उपन्यासकारों की प्रतिक्रियाएँ सचमुच दिलचस्प हैं और उनकी अनेक मनोग्रंथियों पर प्रकाश डालती हैं। 'गोदान' से 'मैला आँचल' की तुलना करके हिंदी के आलोचक और शोध-प्रबंधकार अक्सर जैसे धार्मिक-कोटि की अपराध भावना से ग्रस्त हो जाते हैं। उन्हें शायद लगता है कि एक अपरिचित नवागंतुक को भावावेश में आकर अपने एकमात्र आराध्य देवता की बग़ल में एक ही आसन पर बिठाकर उन्होंने कोई अपराध कर डाला है, जिससे शायद आराध्य देवता का अपमान होता है। कहाँ प्रेमचंद और कहाँ यह नया-नया लेखक रेणु ! इस गलती का निराकरण करने के लिए वे 'गोदान' और 'मैला आँचल' में कृत्रिम भेदों की कल्पना करके 'मैला आँचल' का अवमूल्यन करने लगते हैं, ताकि उसे एक दरजा नीचे ही रखा जाए।

यह मानकर भी कि दोनों समष्टिमूलक उपन्यास हैं, स्वयं नलिन विलोचन शर्मा ने एक विचित्र तर्क पेश किया कि 'गोदान' का मुख्य पात्र 'समग्र भारतीय जीवन' है, जबकि 'मैला आँचल' का मुख्य पात्र 'बिहार का एक छोटा-सा अंचल' है। उनका ही दूसरा तर्क है कि 'गोदान' का स्थापत्य 'महाकाव्योचित' है जबकि 'मैला आँचल' एक 'सुसंबद्ध स्थापत्य' का उपन्यास है। 'मैला आँचल' का अवमूल्यन करने के लिए ही इन तर्कों को गढ़ा गया है, जो तथ्यों पर आधारित नहीं हैं और अगर होते भी तो उन्हें मूल्यांकन की कसौटी नहीं बनाया जा सकता। अवध के किसी बेलारी और सेमरी नाम के गाँवों की कहानी, जहाँ के होरी और उसके जमींदार राय अमरपाल सिंह 'गोदान' के प्रमुख पात्र हैं, अगर 'समग्र भारतीय जीवन' की कहानी हो सकती है, तो मिथिला के मेरीगंज गाँव की कहानी 'समग्र भारतीय जीवन' का प्रतीक क्यों नहीं बन सकती, अगर उसमें भी एक शोध-प्रबंधकार डॉ. गणेशन के शब्दों में, 'सामाजिक जीवन को उसकी पूर्णता में देखा गया है', या कि, रेणु के ये उपन्यास ('मैला आँचल' और 'परती परिकथा') 'उपन्यास नहीं हैं, जीवन ही हैं'। इसके अलावा 'समग्र भारतीय जीवन' को प्रतिबिंबित करने के लिए कोई-न-कोई 'छोटा-सा अंचल' ही कथा-क्षेत्र के रूप में चुनना पड़ेगा, चाहे वह कलकत्ता, बंबई जैसे महानगरों का कोई मोहल्ला हो, या अवध, बिहार, पंजाब या केरल का कोई गाँव।

इस प्रसंग में 'अंचल' शब्द का प्रयोग अनेक भ्रांत धारणाओं का कारण बना है। उपन्यास का नाम है, 'मैला आँचल'। रेणु ने अपनी संक्षिप्त भूमिका के आरंभ में ही कहा है कि "यह है मैला आँचल, एक आंचलिक उपन्यास।" इसमें से 'आंचलिक उपन्यास' पद की आलोचकों ने अपनी व्याख्याओं में खूब छीछालेदर की

है और नई पीढ़ी के कथाकारों को तो मानो अपने संकीर्ण और सीमित मध्यवर्गीय अनुभवों और अक्षमताओं पर 'आधुनिकता' का लेबल चिपकाने का मौका मिल गया। 'आंचलिक उपन्यास' कहकर जैसे रणु ने 'मैला आँचल' की लघुता को स्वयं ही परिभाषित कर दिया हो, और इस बात को लेकर नए कथाकारों ने ग्राम-कथा और नगर-कथा का विवाद इस अंदाज में उठाया कि चूँकि तेज़ी से नगरीकरण हो रहा है, इसलिए आधुनिक मानव के जीवन, उसके विलगाव, भय, त्रास और कुंठाओं का प्रतिबिंबन नगर-कथा के माध्यम से ही हो सकता है, अर्थात् शहरी मध्यवर्ग के अनुभव और जीवन को रूपायित करके ही। देहातों की जिंदगी आंचलिक है, कूपमण्डूक और परिवर्तनहीन, समय से पिछड़ी हुई, इसलिए युग की चेतना का प्रतिनिधित्व नहीं करती। इस प्रकार के तर्कवाद की ध्वनि स्पष्ट थी—आंचलिक उपन्यास सच्चे अर्थ में 'आधुनिक' नहीं है या कि उसकी विषय-वस्तु 'आधुनिक जीवन' को प्रतिबिंबित नहीं करती। आंचलिक यानी ग्राम-कथा उपन्यास के विकास का अगला कदम नहीं, बल्कि पीछे की ओर ले जानेवाला क़दम है। इस प्रकार प्रारंभिक उत्साह के बाद आलोचकों और नई पीढ़ी के उपन्यासकारों की ओर से रेणु के दोनों महान् उपन्यासों का कृत्रिम तर्कवाद से अवमूल्यन करने और अब लगभग एक दशक से बहसों में उनके अस्तित्व मात्र की उपेक्षा करने का ही भाव रहा है। दरअसल रेणु ने 'मैला आँचल' का शीर्षक सुमित्रानंदन पंत की 'भारत माता' कविता से लिया है, जिसमें भारत माता को 'ग्रामवासिनी' कहा गया है, जिसका 'खेतों में फैला है श्यामल, धूल भरा मैला-सा आँचल'। यह 'आँचल' सारे देश का प्रतीक है, किसी 'छोटे-से अंचल' का नहीं। रेणु ने अपनी भूमिका में स्वयं कहा है कि उन्होंने एक छोटे-से गाँव को 'पिछड़े गाँवों का प्रतीक मानकर—इस किताब का कथा-क्षेत्र चुना है।' चूँकि भारत के सभी गाँव आज भी पिछड़े हैं, स्वयं भारत समग्र रूप में एक पिछड़ा देश है, इसलिए वस्तुतः मैला आँचल का मुख्य पात्र 'समग्र भारतीय जीवन' है, गोदान की तरह ही।

शहरी जीवन के उपन्यासकारों और अध्यापक वर्ग के आलोचकों ने जिनमें से अधिकांश हिंदी के अंधाधुंध संस्कृतीकरण को 'आधुनिकता' और शिष्ट-वर्गीय संस्कृति का माध्यम समझते हैं और अपनी मातृभाषाओं को गँवारू बोलियाँ मानने लगे हैं और इस प्रकार ग्रामों में बसनेवाली 85 फ़ीसदी जनता के जीवन से एकदम कट गए हैं, या कटने में ही गौरव का अनुभव करते हैं, 'मैला आँचल' और 'परती परिकथा' की भाषा पर भी गहरी आपत्ति उठाई। नलिन विलोचन शर्मा की निष्पक्ष दृष्टि में 'मैला आँचल की भाषा से हिंदी समृद्ध हुई है। 'रेणु' ने कुशलता से ऐसी शैली का प्रयोग किया है जिसमें आंचलिक भाषा-तत्त्व परिनिष्ठित भाषा में घुलमिल जाते हैं।' इस वक्तव्य में आंचलिक 'भाषा-तत्त्व' और 'परिनिष्ठित भाषा' जैसे पदों में निहित मान्यताएँ चाहे सरासर अवैज्ञानिक क्यों न हों, लेकिन रेणु की भाषा का

उन्होंने स्वागत किया, इसमें संदेह नहीं। कम-से-कम उन्होंने 'शुद्धतावादियों' की तरह यह दुराग्रह तो नहीं किया कि तथाकथित हिंदी-क्षेत्र की जिन आठ-दस बड़ी और प्राचीन भाषाओं का हक छीनकर हिंदी विकास कर रही है, उसे मैथिली, भोजपुरी, मगही, अवधी, ब्रज, राजस्थानी, छत्तीसगढ़ी, बघेली, मालवी, हरियाणवी आदि भाषाओं के शब्दों और भाषा-तत्त्वों की परछाईं से भी बचाना चाहिए, यानी ऊँच-नीच के भेदभाव पर आश्रित हमारी वर्ण-व्यवस्था को स्थायी रूप से भाषा के क्षेत्र में भी लागू कर देना चाहिए, जिससे नगरों के सुविधाभोगी शिष्ट-वर्गों की भाषा और इस विशाल क्षेत्र की जन-भाषाओं में कोई आदान-प्रदान न हो और अगर हो भी तो केवल एकतरफा। काश्मीरी, पंजाबी, मराठी, गुजराती, तेलगू, तमिल, कन्नड़, मलयाली, उड़िया, बंगाली, असमिया आदि भाषाओं में ऐसा विभेद नहीं है, क्योंकि अपने-अपने क्षेत्रों में वे नगर और ग्राम के बहुसंख्यक जनों की मातृभाषाएँ हैं, अगर कोई भेदभाव बरता जाता है तो उन क्षेत्रों के अल्पसंख्यक आदिवासियों की भाषाओं के साथ ही (यद्यपि जनवादी दृष्टि से यह किसी भी प्रकार स्पृहणीय नहीं है) वहाँ साहित्य की भाषा अगर बोलचाल की भाषा का परिनिष्ठित रूप है तो इसका वही अर्थ नहीं है, जो हिंदी में समझा जाता है, क्योंकि हिंदी, अवधी, ब्रज, राजस्थानी, मैथिली आदि किसी भी भाषा का 'परिनिष्ठित' रूप नहीं है। इनका परिनिष्ठित रूप देखना हो तो तुलसी, सूर, मीरा और विद्यापति के काव्य में देखना चाहिए। यह विषयांतर परिप्रेक्ष्य को स्पष्ट करने के लिए ज़रूरी था, क्योंकि रेणु के उपन्यासों में आए मैथिली भाषा के शब्दों पर जो आपत्तियाँ उठाई गईं, वे इस ऊँच-नीच की बद्धमूल भावना के कारण ही। उपेंद्रनाथ 'अश्क' को 'मैला आँचल' के रसास्वादन में कठिनाई महसूस हुई, क्योंकि एक तो उसकी 'शैली एकदम नई है', दूसरे, उसमें 'स्थानीय शब्दों का बाहुल्य' है। इन दोनों बातों को उन्होंने उपन्यास की त्रुटियों की सूची में गिनाया है। दरअसल 'नई शैली' का तर्क तो एक बहाना मात्र है, क्योंकि नई-से-नई शैली के पाश्चात्य उपन्यासों को पढ़कर हमारे शहरी उपन्यासकारों ने कभी रसास्वादन में कमी की शिकायत नहीं की, बल्कि ज्वायस, काफ़्का, वर्जीनिया बुल्फ़, कामू, सार्त्र को पूरी तरह बिना समझे भी वे उनके रसास्वादन का दम भरते हैं। इसलिए वस्तुतः उनकी शिकायत रेणु के उपन्यासों में 'स्थानीय शब्दों के बाहुल्य' से है, जैसे द्विजों की बस्ती में अछूत बसा दिए गए हों। 'अश्क' ने इन शब्दों को 'देहाती' कहा है, अर्थात् 'वे सारे शहरी शब्द जो देहात में जाकर बिगड़ जाते हैं।' अन्य उपन्यासकारों और शोधकर्ताओं ने उन्हें 'स्थानीय' कहा है। स्टाइन्बेक के उपन्यास 'ग्रेप्स ऑफ राथ' में देहाती शब्दों के बाहुल्य के बावजूद इन लोगों ने 'रसास्वादन' की शिकायत नहीं की, लेकिन यह तर्क 'मैला आँचल' और मैथिली भाषा की महत्ता का अवमूल्यन करने के लिए निस्संकोच इस्तेमाल किया गया। जेल के लिए 'जेहल', नौजवान के लिए 'लौजमान', वालेन्टियरी के लिए 'मोलटियरी', ज्योतिषी के लिए 'जोतखी',

डिस्ट्रिक्ट बोर्ड के लिए 'डिस्टीबोट' आदि अंग्रेजी, संस्कृत और फारसी के असंख्य शब्द, जिनका प्रयोग रेणु ने किया है, 'देहाती' शब्द नहीं हैं, बल्कि अन्य भाषाओं से लिये गए अब शुद्ध मैथिली भाषा के शब्द हैं, क्योंकि मैथिली भाषियों के कंठ में ढलकर उनके रूप मैथिल हो गये हैं, उसी तरह जैसे लैटिन का 'कार्पोरियर' या ग्रीक का 'क्रुप्टीकोस' अंग्रेज़जनों के कंठ में 'कार्पोरेट' और 'क्रिप्टिक' बन गए हैं। योरुप की अन्य भाषाओं में उनके उच्चारण और हिज्जे भी एक-दूसरे से भिन्न हैं। अगर भारतीय भाषाशास्त्रियों की भेदभावपूर्ण दृष्टि से देखें तो योरुप की सब भाषाओं को ग्रीक और लैटिन के 'भ्रष्ट' रूप (अपभ्रंश) मानना पड़ेगा और वहाँ भी इन भाषाओं को ग्रीक और लैटिन का परिनिष्ठित रूप देने के लिए आंदोलन चलाना जरूरी समझा जाएगा। कुछ का दुराग्रह बढ़कर उन्हें ग्रीक और लैटिन की 'देहाती' भाषाएँ भी घोषित कर सकता है। बहरहाल 'स्थानीय शब्दों' के प्रयोग को असार्थक और संप्रेषण में बाधक बताकर इन मित्रों ने एक तीर से कई शिकार करने की व्यर्थ कोशिश की है। अपने संकीर्णतावादी दुराग्रहों के कारण 'मैला आँचल' के रसास्वादन में उन्हें चाहे कठिनाई होती हो और उन्हें उसके पात्र बिलकुल 'स्थानीय' महत्त्व के ही क्यों न लगते हों, लेकिन इससे 'मैला आँचल' की सार्वभौमिक महत्ता पर कोई आँच नहीं आती। उदाहरण के लिए रूसी भाषा में अनूदित 'मैला आँचल' का पहला सत्तर हज़ार प्रतियों का संस्करण एक सप्ताह के अंदर ही समाप्त हो गया और असंख्य पाठकों और अनेक आलोचकों ने उसकी भूरि-भूरि प्रशंसा की। रूसी की तरह अंग्रेज़ी, फ्रेंच, जर्मन, इतालवी, स्पैनिश, चीनी, अरबी आदि विश्व की अन्य समृद्ध भाषाओं में अनूदित होकर जब 'मैला आँचल' विश्व-साहित्य का एक मान्य शाहपारा बन जाएगा, तब जाकर शायद हिंदी के विद्वानों और हमारी साहित्य अकादमी को विश्वास होगा कि रेणु भी एक महान् उपन्यासकार है, और मैला आँचल आज़ादी के बाद के भारतीय जीवन का सबसे कलात्मक और यथार्थवादी महाकाव्य है।

अंत में 'मैला आँचल' के बारे में केवल कुछ ही शब्द। मेरे विचार में चूँकि हर भारतीय भाषा के प्रबुद्ध पाठक स्वयं पढ़कर सीधे इसकी कहानी, इसके हाड़-मांस के सजीव पात्रों और उनके दुःख-दर्द में ध्वनित होनेवाले समग्र भारतीयजनों की व्यथा और इसकी सूक्ष्म संवेदनात्मक भाषा और कला का साक्षात्कार करना पसंद करेंगे, इसलिए मैं इनका वर्णन-विवेचन करके कृति और पाठकों के बीच में नहीं आना चाहता। केवल दो-एक सामान्य तथ्यों की ओर संकेत कर देना पर्याप्त समझता हूँ।

'गोदान' में अगर आज़ादी से पहले के भारत और गरीब और अमीर किसान और जमींदार के परस्पर संबंधों का यथार्थ चित्र पेश किया गया है, तो 'मैला आँचल' में आज़ादी के बाद का। इन दोनों चित्रों में काफी अंतर है। 'गोदान' में अपेक्षया एक स्थिर समाज का चित्र है जिसमें वर्णव्यवस्था की तरह हर वर्ग की स्थिति पहले

से परिभाषित है और उस स्थिति का अतिक्रमण संभव नहीं दिखता। 'मैला आँचल' में किसान ही नहीं, छोटी और नीच कही जानेवाली जातों और आदिवासियों में भी ऊपर उठने की, वर्ग और जात दोनों दृष्टियों से, एक ज़बर्दस्त हलचल दिखाई देती है, लेकिन पुरानी जात-पाँत और वर्ग-व्यवस्था का शिकंजा इतना मज़बूत है कि हर बार सर उठाते ही शोषक वर्गों और उच्च वर्गों के झूठ-फरेब, पैसे और पक्षपात के आगे उन्हें मात खानी पड़ती है। यह एक प्रक्रिया है, जो आजादी के बाद से, वोट तथा अन्य डिमोक्रेटिक अधिकारों, साम्यवाद और जनवाद के प्रति घोषित प्रतिबद्धताओं, विकास-योजनाओं और औद्योगीकरण के बावजूद पहले से और भी ज्यादा तेज हो गई है और जिसका परिणाम यह है, जिसे सरकार भी स्वीकार करने पर बाध्य है, कि आज़ादी के बाद भारत के ग़रीब (90 फीसदी लोग) और भी ग़रीब हो गए हैं और अमीर और भी ज्यादा अमीर। यह प्रक्रिया अत्यंत संश्लिष्ट है और सामान्य जीवन में किस प्रकार कितनी वेदना, दुःख और विक्षोभ फैलाती हुई घटित होती है, इसका यथार्थ चित्रण 'मैला आँचल' में मिलता है, एक ऐसी सूक्ष्म व्यंजनापूर्ण शैली में कि हर शब्द अपनी जगह पर सार्थक लगता है। 'मैला आँचल' के छोटे-छोटे पात्र भी आज़ादी के बाद की दुनिया के प्रति निरंतर जागरूक दिखाई देते हैं, जीवन की समस्याओं के प्रति कतई उदासीन नहीं हैं और उनकी प्रतिक्रियाएँ मध्यवर्ग के शहरी लोगों को अटपटी और गँवारू चाहे लगें, लेकिन उनमें क्षुद्रता या उच्छृंखलता नहीं है। उनके व्यंग्य-विनोद भी हल्के और सस्ते नहीं हैं, बल्कि जीवन-यथार्थ के किसी-न-किसी गंभीर पहलू को उद्घाटित करते हैं। सारे पात्र इतने जीवंत हैं कि लगता है रेणु ने उपन्यास न रचकर चतुर्दिक् से 'सिनोरामा' के दर्जनों कैमरे मेरीगंज पर लगा दिए हों, जिसमें से आप एक साथ ही गाँव के पूरे परिदृश्य को देख रहे हों। चूँकि सभी पात्र सजीव हैं, इसलिए अविस्मरणीय भी हैं। बढ़ते हुए अन्याय, भ्रष्टाचार और जनद्रोह के विरुद्ध बामनदास की शहादत और कालीचरन का जागरूक संघर्ष तो इतनी प्रतीकात्मक घटनाएँ हैं कि वे स्वातंत्र्योत्तर राजनीति को मूर्त्त चित्रों में परिभाषित कर देती हैं। 'मैला आँचल' में समग्र भारत की जो कहानी अनूठे शब्द-शिल्प से अंकित की गई है, उसका सत्य पाठक के मनों में समय के साथ अपने नाना रूपों में लगातार उद्घाटित होता जाता है। यह मैला आँचल की कालजयी जीवंतता और शक्ति का सबसे बड़ा सबूत है।

साहित्यिक अनुवाद की समस्या

आज़ादी के बाद से हिंदी-भाषा में विश्व-साहित्य की महान् कृतियों के साहित्यिक अनुवादों की समस्या विशेष रूप से महत्त्वपूर्ण हो गई है। वैज्ञानिक और टेकनीकल पुस्तकों के अनुवादों को भाषा-शास्त्रियों की कमेटियों द्वारा बनाए गए पारिभाषिक कोशों की सहायता से संभव और सफल बनाया जा सकता है। आइंस्टीन के 'सापेक्षतावाद', मार्क्स के 'ऐतिहासिक भौतिकवाद' या फ्रायड के 'मनोविश्लेषण शास्त्र' का अनुवाद विश्व की पिछड़ी-से-पिछड़ी भाषा में सफलतापूर्वक किया जा सकता है—नए गढ़े हुए या उधार लिए हुए पारिभाषिक शब्दों की सहायता से। लेकिन हैमलेट या मेघदूत का पूर्णतः सफल अनुवाद संभव नहीं है। वैज्ञानिक तथा टेकनीकल पुस्तकों के अनुवाद से, उस भाषा का, जिसमें इस सामग्री का अनुवाद किया जाता है, शब्द-भंडार बढ़ता है और उसके माध्यम से विचार करने की सीमा का विस्तार होता है। लेकिन साहित्यिक अनुवाद अपने आप में एक रचनात्मक क्रिया है। यह आवश्यक नहीं कि इससे उस भाषा का शब्द-भंडार और अधिक समृद्ध हो ही, क्योंकि साहित्यिक अनुवाद का महत्त्व नए शब्दों का भंडार बढ़ाने की दृष्टि से नहीं होता। साहित्यिक अनुवाद भाषा को अभिव्यक्ति के नए माध्यम, नए प्रकार और नए रूपों से समृद्ध करता है। इसीलिए साहित्यिक अनुवाद एक रचनात्मक क्रिया है और अत्यंत कठिन कार्य है।

वैसे सिद्धांततः यह बात मानी जाती है कि किसी भी रचना का एक भाषा से दूसरी भाषा में अनुवाद किया जा सकता है। लेकिन व्यवहारतः केवल अभिधार्थ का ही दूसरी भाषा में पूर्णतः प्रेषण हो सकता है। मूल भाषा में, उसके बोलनेवालों की विशिष्ट ऐतिहासिक और सांस्कृतिक परंपरा के कारण, किसी शब्द या अभिव्यक्ति में जो ध्वनि-सौंदर्य, व्यंग्यार्थ तथा सूक्ष्म वर्ण, गंध और आभा पैदा हो जाती है, उसको किसी अन्य भाषा में ज्यों-का-त्यों प्रेषित कर सकना एक प्रकार से असंभव कार्य है। शब्दकोश देखकर ऐसे शब्दों या अभिव्यक्तियों का सही-सही अनुवाद नहीं किया जा सकता। मिसाल के लिए फ्रेंच भाषा के L'Affaire या

L'Amour शब्दों का हिंदी शब्दकोशों में जो अनुवाद मिलता है, वह निहायत भोंडा और गँवारू है। दरअसल अफ़ेयर हमारी सांस्कृतिक परंपरा की चीज़ ही नहीं है। साहित्यिक अनुवाद की इन कठिनाइयों को देखते हुए ही शायद स्वर्गीय कॉडवेल ने कहा था कि कविता का अनुवाद तो हो ही नहीं सकता। हिंदी में एक मज़ाक प्रचलित है। मीर का शेर है–''उनके देखे से जो आ जाती है मुँह पर रौनक, वह समझते हैं कि बीमार का हाल अच्छा है'।' बहुत सीधा-सादा, बोलचाल की भाषा का शेर है। लेकिन इसका अनुवाद किसी शुद्धतावादी ने किया–''उनके दर्शन से जो आ जाती है मुख पर आभा, वह समझते हैं कि रोगी की दशा उत्तम है'।' मीर के शेर की कैसी छीछालेदर हुई है, इस शब्दानुवाद में, जबकि अनुवाद में मूल भाषा की बहर (छंद), शब्द-योजना, गठन आदि ज्यों-की-त्यों उधार ले ली गई है ? देखे की जगह दर्शन, मुँह की जगह मुख, रौनक की जगह आभा, बीमार की जगह रोगी, हाल की जगह दशा और अच्छा की जगह उत्तम, केवल ये शब्द ही तो बदले गए हैं, लेकिन मूल शेर का नाद-सौंदर्य और व्यंजना जैसे मर गई और जादू उड़ गया। और अगर भाषा अपरिचित हो, विदेशी हो, जिसकी गठन, काव्य-परंपरा, छंद-योजना आदि विशिष्ट हों, तो ऐसे शब्दानुवाद से कविता का क्या हश्र होगा, इसका अनुमान आप सहज ही कर सकते हैं।

साहित्यिक अनुवादों की इन दुर्निवार कठिनाइयों के बावजूद आदिकाल से एक भाषा की महान् कृतियों का अनुवाद दूसरी भाषाओं में होता आया है–काव्य-पुस्तकों का भी और गद्य-कृतियों का भी। यदि ऐसा न होता तो मनुष्य की संस्कृति इतना विकास न कर पाती। प्रतिभाशाली व्यक्तियों ने इन कठिनाइयों पर विजय पाने की सतत चेष्टा की है और चेष्टा के परिणामस्वरूप ही साहित्यिक अनुवादों के क्षेत्र में अनेक सफल और असफल प्रयोग होते आए हैं और अनुवाद-संबंधी कुछ सामान्य सिद्धांतों का भी विकास हुआ है।

साहित्यिक अनुवाद-संबंधी यह पुरानी धारणा है कि अनुवाद इतना सुंदर होना चाहिए कि अनूदित पुस्तकें उस साहित्य का अभिन्न अंग बन जाएँ, जिसमें उनका अनुवाद किया जाए। अंग्रेजी के पाठकों को बाल्ज़क, सरवान्ते, बोक्रेशियो, तॉलस्तॉय, गोगोल या पुश्किन की कृतियों का संपूर्ण आनंद पाने के लिए फ्रेंच, स्पैनिश, इतालवी या रूसी भाषाओं को जानने की ज़रूरत नहीं पड़ती। मूलभाषा के अस्तित्व से अपरिचित रहकर भी वे इन महान् लेखकों की कृतियों को अपनी ही भाषा की कृतियाँ समझकर पढ़ सकते हैं–सफल अनुवादों के कारण। इस धारणा के आधार पर ही यह पुराना सिद्धांत चला आ रहा है कि एक तो अनुवाद सही होना चाहिए, दूसरे उसमें मूल पुस्तक की समस्त कलात्मक खूबियाँ और वैविध्य भी हो। गेटे ने इस प्राचीन सिद्धांत को अधिक स्पष्ट रूप देने के लिए, 'अनुवाद एक रचनात्मक क्रिया है', इस बात पर ज़ोर दिया। इसका मतलब है कि जिसमें

सृजनात्मक प्रतिभा नहीं है और जो अनुवाद-कार्य को रचनात्मक क्रिया के रूप में नहीं अपनाता, वह सफल अनुवादक नहीं हो सकता। इसके बाद गेटे ने अपना सिद्धांत प्रतिपादित किया कि कोई अनुवादक व्यक्तिगत रूप से अनुवाद का चाहे जो ढंग या तरीका अपनाए, लेकिन उसका कर्तव्य है कि मूल-लेखक जिस वातावरण की सृष्टि करना चाहता था, अनुवादक अपनी भाषा में उसकी पुनःसृष्टि करे, और लेखक की भाषा की विशिष्टताओं और कलात्मक दृष्टि को अनुवाद में ऐसी अभिव्यक्ति दे कि पाठक उसकी पूरी अनुभूति कर सकें। पुश्किन ने भी 'कलात्मक या रचनात्मक पुनराभिव्यक्ति' का सिद्धांत प्रतिपादित किया था। गेटे और पुश्किन के सिद्धांतों का तात्पर्य यह है कि अनुवाद करते समय किसी भाषा पर अन्य भाषा के उन शब्दों के प्रयोग और वाक्य-विन्यास को न थोपा जाए जो उसके स्वभाव के प्रतिकूल हैं, बल्कि अनुवादक को चाहिए कि वह उसके रचनात्मक या कलात्मक पर्यायों की तलाश करे। इसके लिए उसे अपनी भाषा की समस्त उपलब्धियों—मुहावरे, उक्तियाँ आदि—का इस्तेमाल करना चाहिए, ताकि ये शब्द पाठक के मन में वही अर्थ-सृष्टि करें, वहीं भावना जगाएँ, वही प्रभाव-सरणियाँ उत्पन्न करें, जो मूल लेखक ने अपनी भाषा के पाठकों में पैदा करनी चाही थीं। इसलिए शब्दों का नहीं, कलात्मक रूपों और अर्थ-योजनाओं का अनुवाद जरूरी है, जिनके अंतर्गत लेखक की शैली, शब्दों की लय, ध्वनि, वर्ण, गंध आदि सभी बातें आती हैं। ऐसा अनुवाद तभी संभव है जब मूल रचना के प्रति एक हक़ीक़तनिगार की तरह वफादारी बरती जाय साथ ही एक प्रेरित कलाकार की तरह उसको पुनराभिव्यक्ति दी जाय, ताकि लगे कि जैसे पुस्तक सीधी उस भाषा में ही लिखी गई है जिसमें उसका अनुवाद किया गया है। फिट्सजैरल्ड ने उमरख़ैयाम की रुबाइयों का और मॉड ने तॉलस्तॉय की औपन्यासिक कृतियों के जो अनुवाद किए हैं, वे ऐसे ही पुनराभिव्यक्त श्रेष्ठ अनुवाद हैं।

लेकिन विश्व की किसी भी भाषा के सभी अनुवादक इन प्राचीन सिद्धांतों के अनुसार अनुवाद-कार्य नहीं करते रहे। इनमें से कुछ तो शौकिया अनुवाद करते हैं और इस बात की परवाह नहीं करते कि अनुवाद किस कोटि का है किस कोटि का नहीं। अधिकतर लोग तत्काल आर्थिक लाभ की दृष्टि से अनुवाद-कार्य करने लगते हैं, और मूल पुस्तक के साथ मनमानी करने में संकोच नहीं करते। इनमें से कुछ लोग मूल-पुस्तक को अधिक आसान बनाने के लिए उन प्रसंगों, वाक्यों या कलात्मक अभिव्यक्तियों को छोड़ देते हैं, जिन्हें वे स्वयं समझने में असमर्थ होते हैं, या फिर अपनी भाषा का स्थानीय रंग लाने के लिए शालीन अभिव्यक्ति को गँवारू बना देते हैं। हिंदी में तो ऐसा भी होता है कि अनुवादक कभी-कभी मूल रचना का ऐसा मनमाना भारतीयकरण कर डालते हैं कि उसका सौंदर्य ही गायब नहीं हो जाता, बल्कि वह एक निकृष्ट रचना बन जाती है। हिंदी में दुर्भाग्य से ऐसे अनुवादों की बाढ़-सी आ गई है। आगा हश्र काश्मीरी ने शेक्सपियर के नाटकों के साथ बहुत-कुछ

ऐसी ही स्वेच्छाचारिता बरती थी। आजकल का उदाहरण यह है कि श्यामू संन्यासी ने गोर्की के 'अलिफ दंपति' को अनुवाद में रधिया और हरनारायण बना दिया है और गिरजाघर की प्रार्थना के स्थान पर महावीरजी के मंदिर की आरती कर दी है, पात्रों को पान खिलवाया है और फ्रेंच शब्दों की जगह बंगला के शब्द रख दिए हैं। कम-से-कम इतनी स्वेच्छाचारिता तो अंग्रेज़ी, रूसी, जर्मन, फ्रेंच, चीनी आदि विश्व की अन्य समृद्ध भाषाओं के अनुवादक अब नहीं ही बरतते। वहाँ तो अनुवाद के नाम पर ऐसी विकृतियों को छापने के लिए आज प्रकाशक मिलना भी दुर्लभ होगा। लेकिन कुछ समय पहले पाश्चात्य देशों में भी साहित्यिक अनुवादों के क्षेत्र में ऐसी ही मनमानी और धाँधली चलती रही होगी, जिसकी प्रतिक्रिया वहाँ 'वैज्ञानिक अनुवाद' की धारा के रूप में हुई थी। बजाय इसके कि इस स्वेच्छाचारिता को रोकने के लिए गेटे और पुश्किन के सिद्धांतों पर जोर दिया जाता, कुछ अनुवादकों ने एक नए ही सिद्धांत का प्रतिपादन किया। उन्होंने कहा कि अनुवाद को वैज्ञानिक होना चाहिए, यानी अनुवादक को चाहिए कि वह हर शब्द का सटीक पर्याय ही तलाश न करे, बल्कि अनुवाद में वाक्य-विन्यास और शब्द-विन्यास भी मूल के अनुसार ही रखे। दरअसल यह अक्षरशः शब्दानुवाद का सिद्धांत वैज्ञानिक भले ही लगे, लेकिन इससे मूल रचना की शक्ति, आभा, कला और आत्मा सभी का हनन हो जाता है। इससे अनुवाद एक टेकनीकल क्रिया बन जाती है, रचनात्मक नहीं रहती और उससे मूल कृति के सभी प्राणवान गुण समाप्त हो जाते हैं। अनुवाद की यह धारा पाश्चात्य देशों में अधिक दिन तक नहीं चल सकी। लेकिन हिंदी में इस प्रकार के उदाहरण अक्सर देखने को मिल जाते हैं। नेमिचंद्र जैन ने स्तैन्धाल के महान् उपन्यास 'स्कार्लेट एण्ड ब्लैक' का बहुत-कुछ शब्दानुवाद ही किया है; परिणामतः वाक्य-विन्यास अंग्रेज़ी का है, जिससे भाषा में प्रवाह तो है ही नहीं, पढ़कर ऊब पैदा होती है।

इसलिए 'साहित्यिक अनुवादों की समस्या' का गंभीरता से अध्ययन ज़रूरी है। खड़ीबोली हिंदी का कोई परंपरागत साहित्य नहीं है। भारतेंदु से ही साहित्य की सुसंबद्ध परंपरा शुरू होती है। इससे पहले की जो फुटकर रचनाएँ प्राप्त हैं, वे अधिकांशतः संस्कृत ग्रंथों के अनुवाद-मात्र हैं। फोर्ट विलियम कॉलेज के समय से हिंदी में भारतीय तथा इतर-भारतीय भाषाओं के हजारों ग्रंथों का अनुवाद हो चुका है और यह प्रक्रिया आज़ादी के बाद से तो और भी ज्यादा तेजी से चल पड़ी है। फिर भी इने-गिने अनुवाद ही ऐसे हैं, जिन्हें पढ़कर पाठक को लगे कि वह अनूदित नहीं बल्कि मौलिक कृति पढ़ रहा है। मूल लेखक की रचना के साथ मनमानी किए बगैर पाठकों को ऐसी अनुभूति करा सकना ही एक सफल अनुवादक की सबसे बड़ी सफलता है। मैंने और श्रीमती विजय चौहान ने तॉलस्तॉय, बाल्ज़क, गोर्की, चेखब, पुश्किन, बर्नर्ड शॉ, तुर्गनेव, दोस्तॉयवस्की, मोपासां, हेन्सक्रिश्चियन एंडर्सन, स्टीफन ज्वाइग आदि की अनेक कृतियों के जो अनुवाद किए हैं, वे किस सीमा तक सफल

और श्रेष्ठ अनुवादों की कोटि में आते हैं, इसका निर्णय तो पाठक ही कर सकते हैं; लेकिन जहाँ तक संभव है, स्वेच्छाचारिता या शब्दानुवाद की तथाकथित वैज्ञानिकता से हमने बचने की कोशिश की है और भरसक वही वातावरण पैदा करने का प्रयत्न किया है जो लेखक अपने पाठकों के लिए पैदा करना चाहता था। ऐसा करने के लिए हमें विभिन्न लेखकों की शैली के अनुसार अनुवाद की शैलियाँ भी बदलनी पड़ी हैं और भाषा को चुस्त और शालीन बनाने के लिए उर्दू के प्रचलित शब्दों का भी खुलकर प्रयोग किया गया है।

मेरा विचार है कि अनुवाद कार्य को रचनात्मक क्रिया समझकर ही किसी महान् कृति के अनुवाद में हाथ लगाना चाहिए।

(जनवरी, 1960)

जीवन-वृत्त

नाम	: डॉ. शिवदान सिंह चौहान, डी.लिट् (मानद, कानपुर विश्वविद्यालय), लेखक-आलोचक, स्वतंत्रता सेनानी।
जन्म स्थान	: ग्राम बमानी, पोस्ट सेमरा, जिला आगरा (उत्तरप्रदेश)।
जन्मतिथि	: 15 मार्च, 1918 (पंद्रह मार्च, उन्नीस सौ अठारह)
शिक्षा	: इलाहाबाद विश्वविद्यालय से 1937 में बी.ए.।
पत्र व्यवहार का स्थायी पता	: सी-211, साकेत, नई दिल्ली-17, दूरभाष : 6962451
साहित्यिक कृतियाँ व प्रकाशन	: विवरण संलग्न पृष्ठों पर।
संप्रति	: 'हिंदी साहित्य में प्रगतिशील आंदोलन का संस्मरणात्मक इतिहास' लिखने में व्यस्त।
सम्मान	1. हिंदी अकादमी दिल्ली द्वारा 88-89 में सम्मानित। 2. कानपुर विश्वविद्यालय द्वारा अपने एकादश दीक्षांत समारोह 1993 के अवसर पर डी. लिट् की मानद उपाधि से सम्मानित।
पुरस्कृत पुस्तकें	1. 'कश्मीर : देश व संस्कृति'—उत्तरप्रदेश सरकार द्वारा पुरस्कृत (1951)। 2. 'तीन पीढ़ी' (गोर्की के उपन्यास का अनुवाद)—केंद्रीय शिक्षा मंत्रालय द्वारा पुरस्कृत (1954)।

3. 'जुर्म और सजा' (दोस्तोयव्स्की के उपन्यास का अनुवाद)—पंजाब सरकार द्वारा पुरस्कृत (1956)।
4. 'महामूर्ख' (दोस्तोयव्स्की का बृहद् उपन्यास ईडियट का अनुवाद) पंजाब सरकार द्वारा पुरस्कृत (1958)।

अन्य भाषाओं में अनूदित :

1. 'साहित्य के अस्सी वर्ष' पुस्तक का रूसी भाषा में अनुवाद और पाठ्य पुस्तक के रूप में प्रयोग (1960)।
2. बंगाल के अकाल (1943-44) पर लिखे एकांकी नाटक 'मरने दो' का सर्वश्रेष्ठ भारतीय एकांकी-नाटकों के संकलन में रूसी भाषा में प्रकाशित।

अंग्रेजी भाषा में निबंध और भाषण

1. अंग्रेज़ी में लिखे अनेक साहित्यिक निबंध और लेख हिंदुस्तान टाइम्स, नेशनल हेराल्ड और पैट्रियट आदि दैनिक पत्रों तथा कई मासिक पत्रिकाओं और 'लोटस' नामक अफ्रो-एशियाई लेखन की अंतर्राष्ट्रीय त्रैमासिक (अंग्रेजी) पत्रिका में प्रकाशित लेख।
2. ताशकंद (उज़बेकिस्तान) में आयोजित प्रथम अफ्रो-एशियाई लेखक सम्मेलन (1958) में 'अफ्रो-एशियाई देशों के बीच सांस्कृतिक आदान-प्रदान' की समस्या पर लिखित भाषण।
3. मास्को में आयोजित (1960) प्राच्यवेत्ताओं के पच्चीसवें विश्व-सम्मेलन में 'भारतीय काव्य शास्त्र : उद्‌भव, विकास और आधुनिक प्रासंगिकता' पर अंग्रेज़ी में लिखित भाषण जिसके लिए सम्मेलन के अध्यक्ष अकेदिमीशियन बाबाजान ग़फूरोव ने अपने समापन भाषण में विशेष रूप से लेखक की सराहना की।
4. लियो तॉलस्तॉय के निधन की पचासवीं

पुण्यतिथि के अवसर पर गोर्की विश्व साहित्य संस्थान द्वारा आयोजित लेखकों के अंतर्राष्ट्रीय सेमिनार तथा अन्य समारोहों में एक भारतीय प्रतिनिधि के रूप में भाग लेते हुए 'तॉलस्तॉय भारत में' तथा 'तॉलस्तॉय और संस्कृति का संकट' विषयों पर अंग्रेज़ी में लिखित भाषण।

5. हिरोशिमा और नागासाकी पर अमरीका द्वारा अगस्त 1946 में गिराए अणु बमों के विरुद्ध प्रतिवाद के लिए विभिन्न देशों के शांति आंदोलनों के प्रतिनिधियों के 1966 सम्मेलन में 'दूसरा हिरोशिमा नहीं चाहिए' विषय पर अंग्रेज़ी में लिखित भाषण।

राष्ट्रीय संस्थाओं और आंदोलनों में भाग :

1. 'इलाहाबाद स्टूडेण्ट्स असोसिएशन' का संयोजक और फिर जनरल सेक्रेटरी (1936-37-38)।
2. 'अखिल भारतीय स्टूडेण्ट्स फेडरेशन' के संस्थापकों और उसकी कार्यकारिणी के सदस्यों में से एक। सन् 1937 में इसकी प्रथम कान्फ्रेंस का उद्घाटन पंडित जवाहरलाल नेहरू ने और इसका सभापतित्व श्री मोहम्मद अली जिन्ना ने किया था।
3. अ.भा. प्रगतिशील लेखक संघ की इलाहाबाद शाखा का एक मंत्री (डॉ. विशंभर पाण्डेय, प्रसिद्ध इतिहासज्ञ और भूतपूर्व गवर्नर उड़ीसा और स्वतंत्रता सेनानी के साथ) 1937-38।
4. सन् 1938 में लखनऊ में आयोजित प्रगतिशील लेखक संघ की अखिल भारतीय हिंदुस्तानी कॉन्फ्रेंस में मंत्री का कार्यभार सँभाला (1938 से 1942 तक)।
5. इलाहाबाद में विद्यार्थी और प्रगतिशील लेखकों के आंदोलनों के अलावा राष्ट्रीय

कांग्रेस, कांग्रेस सोशलिस्ट पार्टी और अंग्रेज सरकार द्वारा ग़ैरकानूनी घोषित भारतीय कम्युनिस्ट पार्टी का भी सक्रिय सदस्य।

6. बनारस में रहकर 'हंस' के संपादन के दौरान भारतीय कम्युनिस्ट पार्टी की बनारस शाखा के सेक्रेटरी का भी कार्यभार सँभाला (1941-अगस्त 1942 तक), जब सन् '42 के 'भारत छोड़ो' आंदोलन में डी.आई. आर. के अंतर्गत गिरफ्तार करके डॉ. संपूर्णानंद, श्रीप्रकाश गुप्त तथा बनारस कमिश्नरी के अन्य नेताओं के साथ बनारस की डिस्ट्रिक्ट जेल और फिर सेंट्रल जेल में नजरबंद कर दिया गया।
7. जेल से रिहा होने के बाद बंगाल के भयंकर अकाल के बारे में 'हंस' का विशेषांक संपादित कर और 'हंस' से मुक्त होकर लखनऊ गया, जहाँ कम्युनिस्ट पार्टी के प्रांतीय हेडक्वार्टर और कम्यून में रहकर कल्चरल सेक्रेटरी की हैसियत से यू.पी. भर में पार्टी के सांस्कृतिक कार्यक्रमों का संचालन।
8. सन् 1946 में 'साहित्य की परख' विषय पर वार्ता प्रसारित करने के लिए आकर दिल्ली में ही प्रवास करने का निश्चय और डॉ. अख्तर रायपुरी, प्रसिद्ध उर्दू कवि फ़ैज अहमद फ़ैज, कवि डॉ. तासीर, हिंदी के प्रसिद्ध कथाकार जैनेंद्र कुमार, विष्णु प्रभाकर, चौधरी शेरजंग आदि लेखकों को साथ लेकर प्रगतिशील लेखक संघ की दिल्ली शाखा का संगठन और जनरल सेक्रेटरी की हैसियत से प्रतिमास उसकी मीटिंगों का प्रबंध और संचालन। अगस्त 1947 में भारत स्वतंत्र हुआ लेकिन हिंदुस्तान और पाकिस्तान दो भागों में भारत का विभाजन।

दोनों ओर भयंकर सांप्रदायिक नरसंहार। परिणाम, लाखों की तादात में अपना सर्वस्व लुटाकर पाकिस्तान से आए शरणार्थियों के पुनर्वास की विकट समस्या। दिल्ली में केंद्रीय सरकार की ओर से श्रीमती सुचेता कृपलानी की अध्यक्षता में एक 'सेण्ट्रल रिलीफ कमेटी' का गठन। प्रसिद्ध क्रांतिकारी और लेखक चौधरी शेरजंग के साथ कमेटी की ओर से किंग्जवें कैम्प में शरणार्थियों के पुनर्वास का प्रबंध करने का दायित्व। सांप्रदायिक दंगों को दबाकर शांति स्थापित करने का दायित्व चौधरी शेरजंग ने उठाया और कैंप में नित्य जहाज़ पर जहाज़ भर कर आनेवाले शरणार्थियों के रहने-खाने का प्रबंध करने का दायित्व शिवदान सिंह चौहान ने।

9. नवंबर 1947 में सारे शरणार्थी कैंपों का प्रबंध मिलिटरी को सौंप दिया गया। उन्हीं दिनों पाकिस्तान का कश्मीर पर हमला। भारतीय फौज द्वारा हमलावरों को कश्मीर घाटी से बाहर निकाल दिए जाने पर यू. एन.ओ. के आग्रह पर युद्ध-विराम। शेख अब्दुल्ला और पंडित नेहरू की इच्छा पर प्रगतिशील लेखक संघ की ओर से शिवदान सिंह चौहान ने दिल्ली में उपलब्ध प्रमुख हिंदी-उर्दू के लगभग 20 लेखकों का डेलीगेशन तैयार किया, जिसमें चौधरी शेरजंग, विष्णु प्रभाकर, स्वर्गीय ख़्वाजा अहमद अब्बास और रामानंद सागर आदि थे। कश्मीर में भारतीय फौज के लिए गोला-बारूद से भरे बक्सों के ऊपर एक डेकोटा विमान में बैठकर अगले दिन ही (30 नवंबर 1947) को श्रीनगर पहुँचे। 15

दिनों तक डेलीगेशन कश्मीर की घाटी के विभिन्न स्थलों का निरीक्षण करके, जहाँ पाकिस्तानी हमलावरों ने कश्मीरी जनता पर जुल्म ढाए थे, चौधरी शेरजंग और शिवदान सिंह चौहान को छोड़कर बाकी डेलीगेशन दिल्ली वापस आ गया। शेरजंग को अवैतनिक कर्नल का दर्जा देकर कश्मीर की 'नेशनल मिलिशिया' के संगठन का और शिवदान सिंह चौहान को 'नेशनल कल्चरल फ्रंट' का (अवैतनिक) सेक्रेटरी के रूप में संगठन और संचालन का भार स्वर्गीय गुलाम मोहम्मद सादिक ने सौंपकर श्रीनगर में ही रोक लिया। चौहान मई 1951 तक (लगभग साढ़े तीन साल) कश्मीर के प्रगतिशील, पाकिस्तान-विरोधी सांस्कृतिक फ्रंट का संचालन करते रहे—फ्रंट की नाट्य मंडली को लेकर घाटी के दूरदराज इलाकों में जनता की तात्कालिक समस्याओं पर नाटक दिखाकर जागृति फैलाते फिरे। इस बीच अवकाश के क्षणों में शोध करके 'कश्मीर : देश व संस्कृति' नाम से एक ग्रंथ की रचना और 'कोंग पोश' नाम से कश्मीरी भाषा में पहली बार एक त्रैमासिक पत्रिका का अपनी देख-रेख और कथाकार 'परदेसी' और कवि 'नादिम' के संपादन में प्रकाशन।

10. मई 1951 में कश्मीर से लौटकर राजकमल प्रकाशन के श्री ओमप्रकाश से मिलकर हिंदी में 'आलोचना' नाम की एक त्रैमासिक पत्रिका निकालने की योजना। हिंदी के प्रमुख लेखकों और आलोचकों के उत्साहपूर्ण समर्थन और सहयोग से, 1 अक्टूबर 1951 को शिवदान सिंह चौहान के संपादन में 'आलोचना' त्रैमासिक का प्रकाशन, जो

हिंदी पत्रकारिता के क्षेत्र में एक महत्त्वपूर्ण क़दम था।

11. सन् 1956 के उत्तरार्द्ध में अ.भा. प्रगतिशील लेखक संघ की ओर से आमंत्रित (प्रथम एशियाई लेखक कान्फ्रेंस) के आयोजन में श्री सज्जाद जहीर और मुल्कराज आनंद को सक्रिय सहयोग।
12. सन् 1961 से 'आल इंडिया पीस कौंसिल' के कल्चरल और 'इंडो सोवियत कल्चरल सोसाइटी' के भी कल्चरल कमीशन के मंत्री की हैसियत से सक्रिय।
13. 'सोवियत लैंड' साप्ताहिक के प्रकाशन के साथ ही 1964 में जब 'सोवियत लैंड नेहरू पुरस्कार कमेटी' का गठन हुआ तब से ही हिंदी भाषा के प्रतिनिधि के रूप में उसके सदस्य। बाद में कवि श्री हरिवंश राय बच्चन का स्थान रिक्त होने पर नेहरू पुरस्कार कमेटी के उत्तर भारतीय भाषाओं के बोर्ड का 1992 में सोवियत लैंड बंद होने तक चैयरमैन।
14. 1962 में स्वामी विवेकानंद की जन्मशती के अवसर पर रूमानिया की शांति परिषद के नियंत्रण पर बुखारेस्ट की यात्रा।
15. 1962 में ही विश्व शांति और निरस्त्रीकरण के सम्मेलन में भाग लेने के लिए मास्को की यात्रा।

    1965 से 1967 तक 'इण्डो सोवियत कल्चरल सोसाइटी' के नेशनल मंत्री और महामंत्री का कार्यभार। इस बीच प्रथम **इण्डो-सोवियत कल्चरल फ़ेस्टिवल** का एक बड़े पैमाने पर संयोजन, जिसमें प्रमुख भारतीय और सोवियत संगीतज्ञों और नृतक-नृत्यांगनाओं ने भाग लिया।
16. अगस्त 1967 में भारत की स्वतंत्रता की

बीसवीं वर्षगाँठ के अवसर पर उज़्बेकिस्तान में विशेष रूप से मनाए जानेवाले समारोहों में भारतीय कलाकार मंडल के नेता की हैसियत से ताशकंद और उज़्बेकिस्तान के नगरों की यात्रा।

संपादित पत्र-पत्रिकाएँ :

1. **प्रभा**—इलाहाबाद से प्रकाशित प्रगतिशील विचारधारा और लेखन का प्रथम हिंदी मासिक (1937-38)।
2. **नया हिंदुस्तान**—इलाहाबाद से भूमिगत भारतीय कम्युनिस्ट पार्टी का हिंदी में प्रकाशित प्रथम साप्ताहिक मुख-पत्र (1938-39) (जो दूसरा महायुद्ध छिड़ने पर ज़ब्त कर लिया गया)।
3. **हंस**—बनारस के महान् उपन्यासकार प्रेमचंद द्वारा प्रकाशित और संपादित प्रमुख हिंदी मासिक पत्र हंस का उनके निधन के कुछ वर्षों बाद 1940 के उत्तरार्द्ध से 1944 के पूर्वार्द्ध तक संपादन—इस अवधि में हंस केवल हिंदी ही नहीं, बल्कि अखिल भारतीय प्रगतिशील लेखन का सबसे प्रतिष्ठित मुख-पत्र बन गया।
4. **आलोचना** (त्रैमासिक)—राजकमल प्रकाशन के सहयोग से हिंदी में उच्च स्तर की आलोचनात्मक त्रैमासिक पत्रिका का संस्थापक और नवंबर 1951 से जनवरी 1953 तक, तथा पुनः जुलाई 1963 से दिसंबर 1966 तक संपादक।
5. Socialist World Perspectives (अंग्रेज़ी त्रैमासिक) संस्थापक, संपादक, शिवदान सिंह चौहान (1976-1980)।

संलग्न : साहित्यिक कृतियों का विवरण

अनुसंधान और आलोचना

1. **रक्त-रंजित स्पेन**–(स्पेन के गृहयुद्ध के अंतर्राष्ट्रीय महत्त्व का विवरण विवेचन) प्र. लक्ष्मी आर्ट प्रेस, दारागंज, प्रयाग, 1938, पृष्ठ 156, **भूमिका–पंडित जवाहरलाल नेहरू**
2. **प्रगतिवाद निबंध संग्रह**–प्र. प्रदीप कार्यालय, मुरादाबाद, 1946, पृष्ठ 344
3. **साहित्य की परख (निबंध संग्रह)**–प्र. इंडिया पब्लिशर्स, इलाहाबाद, 1948
4. **कश्मीर : देश व संस्कृति**–प्र. राजकमल प्रकाशन, दिल्ली, 1949, पृष्ठ 207
5. **हिंदी गद्य साहित्य**–प्र. राजकमल प्रकाशन, दिल्ली, 1952, पृष्ठ 173
6. **हिंदी साहित्य के 80 वर्ष**–प्र. राजकमल प्रकाशन, दिल्ली, 1954, पृष्ठ 244 (रूसी भाषा में अनूदित)
7. **हिंदी साहित्य की समस्याएँ**–प्र. आत्माराम एंड सन्ज, 1954, पृष्ठ 310
8. **साहित्यानुशीलन**–प्र. आत्माराम एंड सन्ज, 1955, पृष्ठ 287
9. **आलोचना के मान**–प्र. रणजीत प्रिंटर्स एंड पब्लिशर्स, दिल्ली, 1958, पृष्ठ 179
10. **आलोचना के सिद्धांत**–प्र. राजकमल प्रकाशन, दिल्ली, 1960, पृष्ठ 185
11. **आधुनिक संस्कृति के निर्माता**–प्र. रणजीत प्रिंटर्स एंड पब्लिशर्स, दिल्ली, पृष्ठ 175
12. Nationalities Question in U.S.A. and U.S.S.R. (अंग्रेजी में) प्र. स्टर्लिंग पब्लिशर्स प्रा. लि., 1976, पृष्ठ 190
13. **बाबा पृथ्वीसिंह आजाद, लेनिन के देश में**–प्र. नवयुग पब्लिशर्स, दिल्ली, 1978, पृष्ठ 154, भारत की प्रमुख भाषाओं में अनूदित
14. **पत्रिकाओं में प्रकाशित निबंधों का संग्रह**–प्रकाशक के पास
15. **पत्र-पत्रिकाओं में प्रकाशित अंग्रेजी निबंधों का संग्रह**–प्रकाशक के पास

संपादित पुस्तकें

1. **युग छाया**–(एकांकी नाटकों का संकलन)–प्र. राजकमल प्रकाशन।
2. **काव्यधारा**–(श्री गोपाल कृष्ण कौल के साथ, नए कवियों की रचनाओं का संकलन), प्र. आत्माराम एंड सन्ज, दिल्ली, 1955
3. **आधुनिक कहानियाँ**–प्र. आत्माराम एंड सन्ज, दिल्ली
4. **आधुनिक एकांकी**–प्र. आत्माराम एंड सन्ज, दिल्ली
5. **नवकथा मंजरी**–प्र. रणजीत प्रिंटर्स एंड पब्लिशर्स, दिल्ली
6. **गद्य निकुंज**–प्र. आधुनिक साहित्य सदन, दिल्ली
7. **ताज की छाया में**–(डॉ. राम गोपाल सिंह चौहान के साथ–आगरे के कथाकारों

की क़हानियों का संकलन)

8. **ताज की छाया में**–(डॉ. राम गोपाल सिंह चौहान के साथ–आगरे के कवियों की कविताओं का संकलन)

शिवदानसिंह चौहान तथा पत्नी प्रो. श्रीमती विजय चौहान द्वारा अनूदित (हिंदी में) विश्व साहित्य की कुछ महान् कृतियाँ (क्लासिक्स)

अनूदित उपन्यास

दोस्तोयव्स्की

1. **जुर्म और सजा**– (Crime and Punishment), (भूमिका अनु.) प्रकाशक, रणजीत प्रिंटर्स एंड पब्लिशर्स, चाँदनी चौक, दिल्ली
2. **कारावास**– (Notes From Underground) प्रकाशक–नेशनल पब्लिशिंग हाउस, दिल्ली
3. **वासना**– (My Uncle's Dream)–प्र. आत्माराम एंड सन्ज, दिल्ली
4. **महामूर्ख**– (Idiot)–प्र. नेशनल पब्लिशिंग हाउस, दिल्ली

पुश्किन

5. **कप्तान की बेटी**–(Captain's Daughter), (भूमिका अनु.) प्र. रणजीत प्रिंटर्स एंड पब्लिशर्स, दिल्ली

मैक्सिम गोर्की

6. **तीन पीढ़ी**– (Artamonovs), (भूमिका अनु.) प्र. सरस्वती प्रेस बनारस–दूसरा संस्करण–किताबघर, गांधी नगर, दिल्ली-31

लेव तॉल्स्तॉय

7. **प्रेम या वासना**– (krutxer Sonata) प्र. हिंद पाकेट बुक्स प्राइवेट लिमिटेड, दिल्ली
8. **हुस्सार**– (Hussars) प्र. हिंद पाकेट बुक्स, दिल्ली

इवान तुर्गनेव

9. **पहला प्यार**–(First Love) प्र. हिंद पाकेट बुक्स, दिल्ली

चेखब

10. **संघर्ष**–(The duel) प्र. हिंद पाकेट बुक्स, दिल्ली

बाल्ज़क

11. **क्या वह पागल था**–दो लघु उपन्यास–Commission in lunacy तथा Gobsek–(भूमिका अनु.) प्र. राजपाल एंड सन्ज, दिल्ली

विक्टर ह्यूगो

12. **पेरिस का कूबड़ा**–(Hunchback of notre dum का संक्षिप्त), (भूमिका अनु.) प्र. हिंद पाकेट बुक्स, दिल्ली

मोपासां

13. **एक औरत की जिंदगी**–(A Woman's life), (भूमिका अनु.) प्र. राजपाल एंड सन्ज, दिल्ली

चार्ल्स डिकेन्स

14. **दो शहरों की दास्तान**–(A tale of two cities) (संक्षिप्त) प्र. हिंद पाकेट बुक्स, दिल्ली

स्टीफन ज़्वीग

15. **बुजदिल**–(Beware of pity), (भूमिका अनु.) प्र. नेशनल पब्लिशिंग हाउस, दिल्ली

आल्बेयर कामू

16. **प्लेग**–(Plague) प्र. राजकमल प्रकाशन, दिल्ली

मुल्कराज आनंद

17. **वापसी**–(The sword and the sickle) प्र. राजपाल एंड सन्ज, दिल्ली
18. **गाँव**–(The Village) प्र. राजपाल एंड सन्ज, दिल्ली

आस्कर वाइल्ड

19. **डोरियन ग्रे की तस्वीर**–(The picture of dorian gray) प्र. रणजीत प्रिंटर्स एंड पब्लिशर्स, दिल्ली

राबर्ट बेन

20. **मुगल-ए-आज़म**–(The Great Moghul) अभी अप्रकाशित

अनूदित कहानी संग्रह

21. **स्टीफेन ज़्वीग की महान् कहानियाँ**–(भूमिका अनु.) प्र. आधुनिक साहित्य सदन, दिल्ली
22. **युद्ध की कीमत**–(भूमिका अनु.) क्रांति के बाद के सोवियत कथाकारों की श्रेष्ठ

कहानियों का संग्रह, प्र. राजकमल प्रकाशन, दिल्ली
23. **आधुनिक चीनी कहानियाँ**—प्र. रणजीत पिंटर्स एंड पब्लिशर्स, दिल्ली
24. **हैन्ज एण्डरसन की कहानियाँ**—प्र. रणजीत प्रिंटर्स एंड पब्लिशर्स, दिल्ली
25. **रूसी लोक कथाएँ**—(अलेक्सी तॉल्स्तॉय की जुबानी) प्र. आत्माराम एंड सन्ज, दिल्ली

अनूदित नाटक

जार्ज बर्नर्ड शॉ

26. **डाक्टर की उलझन** (The Doctor's dllemma) (भूमिका अनु.)
27. **मिसेज वारेन का पेशा**—(Mrs. Warren's profession) (भूमिका अनु.)
28. **शैतान**—(The Devil's Disciple) (भूमिका अनु.)
तीनों नाटक अलग-अलग पुस्तकों में राजपाल एंड सन्ज से प्रकाशित
29. **काँच के खिलौने**—(The glass Menagerie) ले. टेनेसी विलियम, **घर वापिसी का लंबा सफर**—(The long voyage home) ले. यूजीन ओ नील, तथा
ठोस सोने की मोटर—(The solid gold cadilac ले. हावर्ड दीशमान तथा बाजे एस. काफयान) (भूमिका अनु.) प्र. राजपाल एंड सन्ज, दिल्ली
30. **जादू के रंग**—(The magic paints) प्र. रणजीत पिंटर्स एंड पब्लिशर्स, दिल्ली

साहित्यिक निबंध

31. **व्यक्तित्व का विघटन**—(Disintegration of personality and other essays) ले. मैक्सिम गोर्की, प्र. राजकमल प्रकाशन, दिल्ली

जीवनी

32. **द्वारकानाथ टैगोर : एक विस्मृत अग्रदूत**—(Dwarka nath Tagore : A forgotten pioneer, A biography by Krisha Kriplani) प्र. नेशनल बुक ट्रस्ट ऑफ इंडिया

इतिहास

33. **भारतीय जनता का इतिहास तथा संस्कृति**—**भाग**-III—ले. आर.सी. मजूमदार—प्र. विद्याभवन, बंबई।